W0369520

De Boerenoorlog

Martin Bossenbroek

De Boerenoorlog

Athenaeum—Polak & Van Gennep
Amsterdam 2012

De illustraties in dit boek zijn voor zover mogelijk opgenomen in overleg met de rechthebbenden; wie verder rechten kan doen gelden wordt verzocht contact op te nemen met de uitgever om alsnog in een regeling te voorzien.

Athenaeum—Polak & Van Gennep,
Singel 262, 1016 AC Amsterdam

Omslag Studio Jan de Boer
Omslagfoto NZAV-Fotoarchief, Amsterdam
Foto auteur © Jos Uljee
Kaarten © Erik Eshuis
Boekverzorging Hannie Pijnappels

ISBN 978 90 253 6993 4 / NUR 686
www.uitgeverijathenaeum.nl

Inhoud

Proloog

Erfenisdag

Bloemfontein, 24 september 2011

Als ergens de herinnering aan de Boerenoorlog levend wordt gehouden, is het in Bloemfontein. De juridische hoofdstad van Zuid-Afrika – in Pretoria zetelt de regering, in Kaapstad het parlement – is de geboorteplaats van zowel het voormalige apartheidsregime als van het huidige ANC-bewind, maar van die twee historische gebeurtenissen is hier opvallend weinig terug te vinden. De oorlog die de toenmalige Boerenrepublieken Transvaal en Oranje Vrijstaat van 1899 tot 1902 uitvochten met Groot-Brittannië, heeft daarentegen een volwaardige *lieu de mémoire*. Een monument en een museum, naast elkaar gelegen in een ruim opgezet park.

Dat niemand eraan hecht Bloem, zoals de inwoners hun stad liefkozend noemen, te brandmerken als de plek waar de kiem werd gelegd voor de wereldwijd verafschuwde apartheid, is begrijpelijk. In 1914 werd hier de *Nasionale Party* opgericht, de politieke beweging die in 1948 officieel het systeem van rassenscheiding doorvoerde. Het ultieme symbool van blank racisme. Dat is geen dierbare herinnering, geen tekst voor een gevelsteen of plaquette.

Anders ligt dat met het geboortehuis van het ANC, de partij die in 1994 de macht van de blanken overnam en nu nog steeds bezit. Het *(South) African (Native) National Congress* is van nog ouder datum dan de *Nasionale Party* en heeft eveneens zijn wortels in Bloemfontein. Het werd op 8 januari 1912 opgericht in een kerkje in Fort Street, vlak bij het station. Het gebouw staat er nog. Alle reden om het in te richten als een *liberation heritage site*, een cultuurhistorische herinneringsplek van zwart nationalisme à la Nelson Mandela's cel op Robbeneiland. Zeker met het oog op het eeuwfeest van het ANC dat over drieënhalve maand uitbundig zal worden gevierd.

Dat is ook inderdaad het idee. Het moet alleen nog worden gerealiseerd. Jarenlang had niemand naar het kerkgebouwtje omgekeken. Pas onlangs werd het tijdens de voorbereidingen van de feestelijkheden 'herontdekt'. Probleem is dat het inmiddels een andere bestemming heeft. Er zit een autoplaatwerkerij in, zo te zien nog in vol bedrijf. Het terrein ligt bezaaid met autowrakken en afval. Dat wordt kort dag. Naar verluidt ruikt de eigenaar geld. Maar zegslieden van het ANC houden vol dat hij er binnenkort uit gaat en dat het kerkje vóór 8 januari 2012 in oude staat hersteld zal zijn.[1]

Onder dat soort tijdsdruk hoeft een paar kilometer verderop, aan *Monument Road*, niet te worden gewerkt. De twee bouwwerken gewijd aan de Boerenoorlog staan er al decennialang. Het museum in Bauhaus-stijl dateert van 1931. Het monument, gedomineerd door een 35 meter hoge gedenknaald, is zelfs bijna net zo oud als het ANC. Het werd onthuld in 1913.

Het park waarin museum en monument liggen is een oase van rust, met kortgeschoren gazons en ruisende bomen. Het heeft een slagboom en openingstijden. De tijd lijkt hier te hebben stilgestaan. Die indruk wordt bevestigd bij een eerste terreinverkenning. Al snel blijkt het hele park in feite één groot herinneringscentrum, maar dan anno jaren vijftig. Precies zoals het oorspronkelijk moet zijn bedoeld. Aan de boodschap is niets veranderd. De kanonnen en de treinwagons, de standbeelden, de herdenkingsmuur en -stenen en de beeldengroep aan de voet van de gedenknaald vertellen allemaal hetzelfde historische verhaal. Dat van het lijden en het strijden van het Boerenvolk in de Tweede Vrijheidsoorlog – zoals de Boeren zelf het conflict met de Britten aanduidden, na hun eerste onderlinge confrontatie in 1880-1881.

Het is het verhaal van de twee nietige Boerenrepublieken die de oorlog opgedrongen kregen door de imperialistische supermacht Groot-Brittannië. Tot ieders verbazing verzetten ze zich zo succesvol, eerst in reguliere veldslagen en vervolgens in een hardnekkige guerrilla, dat de getergde Britse opperbevelhebbers hun toevlucht namen tot systematische terreur tegen de burgerbevolking. Zodoende vermengde heldendom zich met slachtofferschap. Die gedachte wordt in het park aanschouwelijk uitgewerkt.

Drie standbeelden representeren even zovele stadia van de oorlog. *Afskeid 11-10-1899* laat het vertrek naar het front zien van een strijdlustige jonge Boer bij het uitbreken van de oorlog. *Die banneling* toont een grootvader met kleinzoon aan de reling van een schip, als symbool voor de vele duizenden krijgsgevangen Boeren die in de loop van de oorlog door de Britten werden overgebracht naar kampen overzee. *Die Bittereinder 31 mei 1902* verbeeldt de toestand van de overgebleven commando's aan het eind van de oorlog: een moegestreden Boer op een scharminkelig paard, getekend door jaren van ontberingen maar desondanks met rechte rug.

Dat is de herinnering die hier wordt gekoesterd. David tegen Goliath. Alleen moest deze David het uiteindelijk toch opgeven, toen het lijden ondraaglijk werd. Dat laatste komt tot uiting in de cirkelvormige verhoging waaruit de gedenknaald oprijst. De tekst tussen de beelden en plaquettes laat aan duidelijkheid niets te wensen over: 'Dit nationaal monument is opgericht ter nagedachtenis aan de 26.370 vrouwen en kinderen die in de concentratiekampen zijn omgekomen en aan de andere vrouwen en kinderen die elders tengevolge van den oorlog 1899-1902 zijn bezweken – onthuld op 16 december 1913.'

Voor eenentwintigste-eeuwse bezoekers is dat een ontregelende tekst. Het woord 'concentratiekampen' is sinds de Tweede Wereldoorlog onlosmakelijk verbonden met de door de nazi's beraamde en planmatig uitgevoerde massamoord op de joden. Die associatie had het woord in 1913 uiteraard niet en moet er ook niet met terugwerkende kracht aan worden gegeven. Vanuit het heden geredeneerd, dekt het woord 'interneringskampen' de lading beter. Dat waren de toenmalige Britse kampen wel, en grootschalig ook. De opeenvolgende opperbevelhebbers Lord Roberts en Lord Kitchener wilden de burgerbevolking weg hebben van het oorlogsterrein, om de Boerencommando's tot overgave te dwingen. In totaal werden honderdvijftienduizend personen, merendeels vrouwen en kinderen, geïnterneerd. Onder erbarmelijke omstandigheden, dat staat vast, zodanig dat inderdaad bijna een kwart van hen – in overgrote meerderheid kinderen – het niet overleefde. Oftewel zo'n tien procent van de hele bevolking van beide Boerenrepublieken.

Zo geeft het Nationale Vrouwenmonument – de officiële benaming van het bouwwerk – vooral uitdrukking aan het leed van het Boerenvolk. En verklaart het in één moeite door waarom de strijd uiteindelijk niet kon worden volgehouden. Maar ook hier ontbreekt de heroïek niet. Het monument is opgedragen 'aan onze heldinnen en lieve kinderen,' met daaronder een strofe uit het Onzevader. 'Uw wil geschiede' duidt op een ongeschonden geloof in goddelijke lotsbeschikking. Ook de vijf graven die sindsdien in het monument zijn ingemetseld, getuigen van de vermenging van heldendom en slachtofferschap. Hier liggen de stoffelijke resten van Emily Hobhouse, de Britse activiste die de misstanden in de kampen aan het licht bracht, maar ook die van de meest volhardende *bittereinders*: de Vrijstaatse president Marthinus Steyn en zijn vrouw Tibbie, geestelijk leidsman van de commando's 'Vader' Kestell en de meest legendarische Boerengeneraal van allemaal, Christiaan de Wet.[2]

Voor Nederlanders van een zekere – gevorderde – leeftijd vormt dit alles een herkenbaar beeld. De Boeren als tragische helden. Dat romantische aureool is tot ver na de Tweede Wereldoorlog om hen heen blijven hangen in het Nederlandse collectieve geheugen. Wie is opgegroeid met de jeugdboeken van L. Penning, heeft bovendien direct de associatie met titels als *De Verkenner van Christiaan de Wet*. Een van de vijf deeltjes uit de fameuze Wessels-serie, oorspronkelijk verschenen tussen 1900 en 1904, en herdrukt tot in de jaren zeventig van de 20e eeuw.

De Boeren in Pennings boeken waren stoere, onverschrokken pioniers, godvrezend maar verder voor geen 'bloeddorstigen Kaffer' of 'wild gedierte' bang. Mannen met baarden. Met een psalm op de lippen en een geweer in de aanslag trokken ze ten strijde tegen een overmacht aan verraderlijke 'Rooineks'. Vechtend voor een rechtvaardige zaak. Hele generaties Nederlandse jongens – en niet alleen in Pennings eigen orthodox-protestantse kring – hebben die ongelijke, maar heldhaftige strijd steeds weer beleefd. Goed tegen kwaad. De Boerenoorlog.

De avonturen die Penning zijn hoofdpersonen, veldkornet Louis Wessels en zijn onafscheidelijke metgezel Blikoortje, liet beleven, waren een mengeling van feit en fictie, vervlochten door een groot inlevingsvermogen. De wereld die hij beschreef, kende hij niet uit eigen waarneming – net als zijn tijdgenoot Karl May nog nooit in Amerika was geweest toen hij Winnetou en Old Shatterhand creëerde. Maar over gebrek aan documentatie had Penning bij het schrijven niet te klagen. Toen hij met zijn Wessels-reeks begon, verkeerde heel Nederland in een roes van onstuimige Boerenliefde. Alles en iedereen leefde fel mee met de vrijheidsstrijd van de twee in het nauw gedreven republieken. Omdat de verbindingen met Transvaal en Oranje Vrijstaat in de beginfase nog niet verbroken waren, kon het strijdverloop op de voet worden gevolgd – en beschikte Penning over meer dan genoeg ooggetuigenverslagen.

Op sympathie konden de Boeren overal op het Europese continent rekenen, maar nergens waren de steunbetuigingen zo emotioneel geladen als in Nederland. Dat had alles te maken met de gevoelens van stamverwantschap die de oorlog hier losmaakte. Tot diep in de negentiende eeuw was er nauwelijks omgekeken naar de verre neven in zuidelijk Afrika. De Boeren, of Afrikaners zoals ze ook wel werden genoemd, waren in meerderheid afstammelingen van Nederlandse kolonisten die zich daar vanaf 1652 in het spoor van Jan van Riebeeck hadden gevestigd. Maar dat besef had in het moederland nooit tot grote betrokkenheid geleid, eerder tot meewarigheid over hun archaïsche opvattingen en levenswijze.

Daarin kwam radicaal verandering toen de Boeren zich met succes verzetten tegen het Britse gezag – eerst in 1880-1881 en vervolgens langer dan iedereen verwacht had vanaf 11 oktober 1899. Plotseling werden zij ontdekt als loten aan dezelfde Nederlandse stam, die het aloude Geuzenbloed in de aderen hadden stromen. Als verloren zonen werden ze in de armen gesloten, des te hartstochtelijker door de late herkenning. Hun liefdevolle opname in de familiekring had bovendien een verbroederend effect. Elke rechtgeaarde Nederlander identificeerde zich met hun heldenstrijd, van de jeugdige koningin Wilhelmina tot haar eenvoudigste onderdaan, niet alleen in de Randstad en de protestantse middenzone van het land, maar ook in het katholieke zuiden en het vrijzinnige noorden. Menigeen droomde hardop van een nieuw Nederland onder het Zuiderkruis.

De vereenzelviging werd in de hand gewerkt doordat de Nederlandse samenleving tegen de eeuwwisseling toch al in de ban was geraakt van militant nationalisme. Het eigen koloniale leger leek na decennia moeizaam opereren eindelijk de sleutel te hebben gevonden voor de definitieve onderwerping van de Indische archipel. Lombok en Atjeh waren sinds kort namen die niet meer met schaamte maar met trots werden uitgesproken – en vervolgens in menigte op straatnaamborden verschenen. Het machtsvertoon in Indië werkte aanstekelijk, en smaakte naar meer. In dat klimaat werd het 'rechtvaardige' geweld van de Boeren bewonderd en verwelkomd. Naast Indische buurten verrezen er in tal van Nederlandse steden ook Transvaalbuurten, met straten vernoemd naar de Transvaalse leiders 'Oom Paul' Kruger en Louis Botha, en vele anderen onder wie natuurlijk ook Steyn en De Wet.

Er was wel een verschil, een levensgroot verschil. In Indië kon er daadwerkelijk zelf worden opgetreden – en hard ook. Binnen een paar jaar werd het Nederlandse gezag feitelijk gevestigd tot in alle uithoeken van de Indische archipel. Daar kon met recht worden gesproken van 'Ons Indië'. In Zuid-Afrika liep het anders. Dat was van meet af aan al meer een kwestie van toejuichen dan van deelnemen. Afgeleid heldendom. Er waren genoeg individuele Nederlanders die zich als vrijwilliger meldden of zich anderszins sterk maakten voor de Boerenzaak, maar als land stond Nederland volstrekt machteloos. Het was – juist vanwege Indië – te bang voor de toorn van Groot-Brittannië, dat destijds nog soeverein heerste over de wereldzeeën.

Toen de krijgskansen in Zuid-Afrika keerden en de onafwendbare nederlaag van de Boeren zich steeds duidelijker aftekende, kon niets of niemand dat voorkomen. Ook de grote mogendheden schrokken er voor terug *Mighty England* tegen zich in het harnas te jagen. Het effect was ontnuchterend. Steeds meer Nederlanders ontwaakten uit de droom. De Boerenliefde bekoelde even snel als zij was opgebloeid. Na de oorlog bleef een kleine kern van getrouwen de lotgevallen van de Boeren volgen, maar voor het gros van de Nederlandse bevolking hernamen ze hun plek in de nevelen van de geschiedenis. De Boerenhelden leefden in Nederland alleen nog voort in jongensboeken – tot de jaren zeventig – en tot op de dag van vandaag in straatnamen, voor zover die niet inmiddels zijn omgedoopt tot Steve Bikoplein of Nelson Mandelastraat.[3]

Lijkt het herinneringspark in Bloemfontein dus zelf wel een overblijfsel uit lang vervlogen tijden, binnen in het museum wacht een verrassing. Hier heeft de tijd níét stilgestaan, althans niet overal. Het eerste teken is onmiskenbaar. De entree heeft twee blikvangers. De ene is een origineel harmonium, de trots van ieder Boereninterieur, waaromheen het hele gezin zich verzamelde voor het dagelijkse psalmgezang. Tot diep in de twintigste eeuw was het ook in Nederlandse orthodox-protestantse huiskamers een vertrouwd meubelstuk. Daar pal boven echter hangt als contrast een recenter verzamelpunt van huiselijk leven: een breedbeeldtelevisie, met een diapresentatie die een voorproefje geeft van wat het museum zoal te bieden heeft. En op dat scherm is al een glimp te zien van de nieuwe tijd.

Daarvoor moet de bezoeker wel enig geduld opbrengen. De route voert eerst door tentoonstellingszalen die nog geheel in oorspronkelijke staat lijken te verkeren. Ze zijn vernoemd naar de bekende voormannen. Steyn en De Wet, Kruger en Botha, en eentje naar Koos de la Rey, '*die Leeu van die Wes Transvaal*'. Dat de zaal gewijd aan de 'concentratiekampen' is vernoemd naar Emily Hobhouse, past ook in het van buiten bekende patroon. Tot zover niets nieuws. Hetzelfde geldt voor het museale concept, dat gebaseerd is op het aloude ordeningsprincipe '*plenty is beautiful*'. Onderschriften in het Afrikaans en het Engels. Bach volgt je door alle zalen. Heel erg jaren vijftig allemaal, en als zodanig een fantastisch tijdsbeeld.

Maar dan toch eindelijk die verrassing. De Sol Plaatje-zaal. Genoemd naar de enige zwarte Zuid-Afrikaan van wie een dagboek bekend is uit de Boerenoorlog, opgetekend in het door de Boeren belegerde plaatsje Mafeking. Plaatje behoorde bovendien in 1912 tot de oprichters van het ANC. Een gelukkige keus als symbool voor een historische waarheid die pas in de jaren tachtig van de twintigste eeuw ten volle werd onthuld. De Boerenoorlog mocht dan zijn begonnen als een *white man's war*, de vijandelijkheden beperkten zich niet tot de blanken. Ook de niet-blanken – de autochtone zwarte en gekleurde bevolking en de immigranten uit Brits-Indië – werden in het conflict meegezogen. Actief en passief, als deelnemers en als slachtoffers. Naarmate de oorlog vorderde, ging de strijd steeds meer tussen Boer en Brit én Bantoe, de verzamelnaam voor de grootste niet-blanke bevolkingsgroep.

Verantwoordelijk voor die ontdekking was Peter Warwick. In 1983 publiceerde hij zijn *Black People and the South African War 1899-1902*. Het boek was een eyeopener. Warwick documenteerde de verschillende manieren waarop de zwarte en gekleurde bevolking bij de oorlog betrokken raakte. Op grond daarvan introduceerde hij ook een nieuwe naam: de Zuid-Afrikaanse Oorlog.

Om te beginnen, zo betoogde Warwick, werden de Boerencommando's in de beginfase vergezeld door zo'n zeven- à negenduizend zogeheten *agterryers*, zwarte en gekleurde knechten. Ook de Britten maakten van meet af aan gebruik van ongewapende zwarten en kleurlingen voor alle mogelijke ondersteunende taken. In de guerrillafase nam het aantal niet-blanke hulpkrachten bij de Boeren sterk af en liep het bij de Britten juist enorm op. Bovendien zetten de laatsten toen vele zwarten en kleurlingen paramilitair in, als koeriers, verkenners en bewakers. Maar ook in uitgesproken gevechtsfuncties, dus voorzien van wapens. Tegen het eind van de oorlog waren er circa dertigduizend bewapende zwarten en kleurlingen in Britse dienst. Ter vergelijking: het totale Britse leger bestond toen uit zo'n tweehonderdvijftigduizend man. Het aantal nog actieve Boerencommando's was inmiddels geslonken van zestigduizend tot vijftienduizend.

Behalve in dienst van de Boeren of de Britten, waren er ook steeds meer niet-blanken die in stamverband of als volk deelnamen aan de oorlog, als bondgenoten van een van de strijdende partijen. Of beter gezegd, van de Britten. In het begin van de oorlog maakten ook de Boeren incidenteel, namelijk bij de belegering van Mafeking, gebruik van een bevriende stam, de Rapulana Barolong, maar daar bleef het wel zo'n beetje bij. Andersom deden de Britten juist steeds vaker een beroep op de gewapende hulp van zwarte en gekleurde volken. Eerst bleef dat beperkt tot de buurlanden van Transvaal en Oranje Vrijstaat: Bechuanaland, Griqualand, Basutoland en Zoeloeland. Maar gaandeweg spoorden de Britten ook stammen binnen de grenzen van de Boerenrepublieken aan tot actieve deelname, in het bijzonder de Kgatla en de Pedi, in het noordwesten en oosten van Transvaal.

Stonden Boer en Bantoe in de loop van de oorlog dus steeds vijandiger tegenover elkaar, ze hadden ook iets gemeen. Op last van Kitchener werden ook zwarte en gekleurde families, voor zover niet ingeschakeld bij de Britse oorlogsinspanningen, systematisch verwijderd uit het operatiegebied. En net als de Boerenvrouwen en -kinderen werden ze opgesloten in – aparte – interneringskampen. Toevallig genoeg ook honderdvijftienduizend in totaal, onder even beroerde omstandigheden. Met als gevolg vergelijkbaar dramatische sterftecijfers, ook hier met name onder de kinderen. Officiële cijfers vermeldden veertienduizend dodelijke slachtoffers, maar dat aantal werd door Warwick herberekend tot minstens twintigduizend.[4]

In de Sol Plaatje-zaal vormen Warwicks bevindingen de belangrijkste leidraad. Het is bovendien niet de enige plek waar het museum blijk geeft in ieder geval gedeeltelijk met zijn tijd te zijn meegegaan. In een bijgebouwtje is een educatieve ruimte ingericht waar de Boerenoorlog wordt ingepast in de nationale geschiedenis van het nieuwe, multiraciale Zuid-Afrika. Schoolklassen vinden hier niet alleen uitleg over de oorsprong van de Afrikaner evergreen '*Sarie Marais*', maar ook over het ellendige lot van blanke én zwarte kinderen in de interneringskampen. Dat laatste in drie talen: Afrikaans, Engels en isiZulu, na het Engels de tweede lingua franca in Zuid-Afrika.

Het is een 'inclusieve' terugblik op de Boerenoorlog die opvallend afsteekt bij de 'exclusieve' Afrikaner interpretatie in de rest van het museum – en in het park. Dat is even wennen, maar kennelijk kan dat samengaan in het huidige Zuid-Afrika. Het is een bijzondere combinatie, die het herinneringsterrein aan *Monument Road* het karakter geeft van een archeologische opgraving. Alleen zijn de opeenvolgende aardlagen hier niet boven elkaar gelegen, maar lopen ze grillig door elkaar heen over het terrein.

De herinnering aan de Boerenoorlog als archeologische vindplaats, dat moet ook de verklaring zijn voor de nadrukkelijke bemoeienis van ANC-prominenten met de honderdjarige herdenking van de oorlog, in de jaren 1999-2002. De bodemvondst die zij toen presenteerden, was het lijden van de hele bevolking. De Boerenoorlog als collectieve ervaring – die interpretatie paste perfect in het toen nog springlevende ideaal van Zuid-Afrika als regenboognatie. Het presidentschap van Nelson Mandela stond in het teken van nationale verzoening, en zijn opvolger vanaf juni 1999, Thabo Mbeki, trok die lijn door tijdens de herdenking van de Boerenoorlog.

Bij de officiële opening van de plechtigheden op 9 oktober 1999 in Brandfort, in de buurt van Bloemfontein, herdacht Mbeki in het bijzijn van de Hertog van Kent iedereen die door 'het historisch getij' was meegesleept in 'een bittere, kostbare, langdurige oorlog... Afrikaners, de Britten, Afrikanen, Kleurlingen, Australiërs, Canadezen en Nieuw-Zeelanders.' Zo'n oorlog mocht nooit meer gebeuren, stelde Mbeki. Onder erkenning van alle heldendaden van toen, van alle partijen, riep hij op om voortaan te dromen van nieuwe helden en heldinnen, 'die de architecten zullen zijn van een niet-raciaal, vreedzaam en welvarend Zuid-Afrika.'

Ook de toenmalige vicepresident, de huidige president Jacob Zuma, manifesteerde zich nadrukkelijk als een boodschapper van verzoening. Hij sprak een dag later in Mafikeng, de oude, in ere herstelde naam van Mafeking. Uiteraard over Sol Plaatje en zijn dagboek dat 'een uniek zwart perspectief' bood op de oorlog. Maar ook over 'onze historische verantwoordelijkheid om te verzoenen en de oude wonden te helen'. Alle uiteenlopende ervaringen, zowel van blanken als van zwarten, dienden volgens Zuma samen te komen in 'één integraal verhaal... Hoe pijnlijk onze geschiedenis ook geweest moge zijn, het is een gezamenlijk verleden waarvan geen enkele Zuid-Afrikaan is buitengesloten'. Om die integrale benadering te onderstrepen, introduceerde ook hij een nieuwe naamsvariant: de *Anglo-Boer South African War*.[5]

Afgaande op de bijeenkomst vandaag in het museum is die suggestie niet aangeslagen. Het is zaterdag 24 september 2011, in Zuid-Afrika is dat *Heritage Day*, oftewel *Erfenisdag* – in Nederland zouden we zeggen Erfgoeddag. Ter gelegenheid daarvan organiseert het museum een speciale ochtend, die in het teken staat van honderdtienjaar *Anglo-Boer War*, of in het Afrikaans: *Anglo-Boereoorlog*. Aan die naam wordt consequent vastgehouden.

Die consequentie ontbreekt in de benaming waaronder het museum zichzelf presenteert. Nu eens is het – de oorspronkelijke naam – *Oorlogsmuseum van die Boererepublieke*, dan weer – de officiële naam – *Anglo-Boer War Museum*. Het wekt inmiddels geen verbazing meer, evenmin als de 'archeologische' samenstelling van het programma. Een wetenschappelijke lezing over de (Anglo-)Boerenoorlog als 'eerste mediaoorlog' is ingeklemd tussen voorlichtingsdvd's over het Nationale Vrouwenmonument en het museum zelf. Daarna volgt de presentatie van een bundel met oorlogsherinneringen. De ochtend wordt afgesloten met de onthulling van een *installasiekuns-uitstalling* van de Johannesburgse kunstenaar Willem Boshoff.

Dat laatste onderdeel is lastig te herleiden tot een van de inmiddels bekende 'aardlagen'. Het kunstwerk drukt Boerenleed uit, maar niet exclusief. Ook is het bepaald niet inclusief bedoeld, het is verre van verzoenend. Het is integendeel een felle aanklacht, ontstaan uit woede en verdriet over de tienduizenden kinderen – blank, zwart en gekleurd – die destijds in de Britse interneringskampen zijn omgekomen. Formeel eindverantwoordelijk daarvoor, zo redeneert Boshoff, was het toenmalige Britse staatshoofd, koningin Victoria. Hij verwijt haar en haar vier opvolgers op de Britse troon, tot en met de huidige koningin Elisabeth, dat zij nooit hun excuses hebben aangeboden voor wat hij beschouwt als een regelrechte oorlogsmisdaad. De titel van het werk luidt *32,000 Darling Little Nuisances* en verwijst naar het totale aantal kinderen dat bij benadering is omgekomen in de kampen. De uitdrukking 'schattige kleine lastposten' refereert aan een uitspraak van koningin Victoria zelf. Het kunstwerk confronteert de vijf levensgroot geportretteerde monarchen met de namen van alle 1142 jeugdige slachtoffers in een van de beruchtste kampen, Bethulie.

Na afloop van de onthulling is de zestigjarige Boshoff graag bereid tot een toelichting. Met zijn forse gestalte en lange baard oogt hij als een authentieke Afrikaner, en dat is hij ook, zij het met de uitstraling van een hippie. Bethulie lag vlak bij de boerderij van zijn grootvader.

Onder de daar omgekomen kinderen droegen er twee precies dezelfde namen als hijzelf. Zijn hele familie is getekend door de oorlogservaringen, en ook hij is er nooit van losgekomen. Maar hij verafschuwt extreem rechtse groeperingen als de Afrikaner Weerstandsbeweging die de herinnering aan de kampen misbruiken voor propagandadoeleinden. Hij is overtuigd pacifist, heeft dienst geweigerd onder het apartheidsregime en kent naar eigen zeggen alleen persoonlijke en humanitaire drijfveren.

Wel legt hij een direct verband tussen de Boerenoorlog en de verkrampte, reactionaire mentaliteit van een groot deel van de Afrikaners in de 20e eeuw. De angst om als volk opnieuw te worden veroordeeld tot een marginaal bestaan, wellicht zelfs te worden gedecimeerd, zou volgens Boshoff hebben geleid tot een overreactie. Het collectieve oorlogstrauma deed bewegingen opbloeien als de *Nasionale Party*, die een volledige afscherming van de eigen cultuur nastreefden en een compromisloze toe-eigening van de macht. Om ten slotte de ultieme illusie van veiligheid te zoeken in het 'desastreuze apartheidsstelsel'.[6]

Redeneringen als deze doen al langer opgeld, ook in wetenschappelijke kring. De veronderstelde causale relatie met de invoering van de apartheid is een van de vijf grote thema's in de historiografische discussie over de Boerenoorlog.

Het eerste is de oorlog als atypische climax van het Britse imperialisme. Kenmerkend voor de '*Scramble for Africa*' (1880-1914) was de gewelddadige onderwerping van de zwarte en gekleurde bevolking van vrijwel geheel Afrika door de legers van Europese mogendheden. De Boerenoorlog was de enige grootschalige krachtmeting van blank tegen blank. Hoe grootschalig, blijkt wel uit de kosten die Groot-Brittannië moest maken. Dacht de Britse regering in oktober 1899 nog uit te komen met tien miljoen pond, in mei 1902 sloot de balans op 217 miljoen pond. Ter vergelijking: dat was twaalf procent van het Britse bruto nationaal product in 1900. Vanwege die enorme uitgaven is veel onderzoek gedaan naar de vraag wat Londen heeft bewogen om de oorlog te beginnen. De antwoorden variëren van economische en politieke tot psychologische en geostrategische motieven. Met uiteindelijk toch een belangrijker stem voor de politici in *Whitehall* dan voor de bankiers in de *City*.[7]

Het tweede thema is de al dan niet directe lijn tussen de Boerenoorlog en Eerste Wereldoorlog. Politiek en militair. Voor Groot-Brittannië was de breed gedragen sympathie voor de Boeren op het Europese continent een van de aanleidingen de eigen internationale positionering te herzien, naast de opkomst van nieuwe economische en militaire grootmachten als de Verenigde Staten en Duitsland. De traditionele Britse *Splendid Isolation* voldeed niet langer en werd vervangen door een streven naar bondgenootschappen. Dat werd het begin van een bouwsel van diplomatieke dominostenen, die in de zomer van 1914 niet meer overeind te houden waren. In militair opzicht gaf de Boerenoorlog in de eerste fase van de reguliere veldslagen bovendien een voorproefje van de zinloze slachtingen als gevolg van massale, frontale aanvallen op een ingegraven tegenstander.[8]

Ook in een derde opzicht wees de Boerenoorlog vooruit naar komende militaire conflicten. De wetenschappelijke bijdrage aan *Erfenisdag* was goed gekozen. Niet eerder was er in een oorlog zo'n belangrijke rol weggelegd geweest voor de (massa)media. Nog nooit waren zij zo royaal vertegenwoordigd. In totaal waren in het oorlogsgebied zo'n tweehonderd correspondenten actief, merendeels uit Groot-Brittannië, maar ook uit andere delen van het Britse rijk en de Verenigde Staten. Hun mobiliteit en snelheid van verslaggeving werden in de hand gewerkt door stoomschepen, stoomtreinen en vooral een uitgebreid netwerk aan telegraafverbindingen. Behalve de schrijvende pers en andere ooggetuigen droegen ook tekenaars, fotografen en filmers bij aan de wereldwijde beeldvorming. Met behulp van het overvloedig aangeleverde materiaal kwam in de Europese en Amerikaanse publieke opinie een ware propagandaslag op gang tussen beide partijen, waarbij het er soms even fanatiek aan toe ging als op het oorlogstoneel.[9]

Het vierde thema is al grotendeels aan bod geweest: de ingrijpende gevolgen voor de burgerbevolking van beide Boerenrepublieken in de tweede fase van de oorlog. Tweehonderddertigduizend blanken en niet-blanken werden opgesloten, zeker zesenveertigduizend van hen overleefden het niet. Bovendien trokken de Britse troepen systematisch brede sporen van vernieling door Transvaal en Oranje Vrijstaat. In de guerrillafase gaf de Boerenoorlog dus ook alvast een indruk van het verwoestende effect van 'totale oorlogen' als de Tweede Wereldoorlog.[10]

Ten slotte als vijfde het thema dat Willem Boshoff aansneed: de Boerenoorlog als voedingsbodem voor het blanke nationalisme, uitmondend in de apartheidsideologie. Daar is al het nodige over geschreven, maar nog lang niet alles. Hetzelfde geldt voor het complementaire onderwerp: de relatie met de *anti*-apartheidsbeweging. Want ook de ontwikkeling van het zwarte nationalisme is niet los te zien van de Boerenoorlog. De hooggespannen verwachtingen die de zwarte en gekleurde leiders zich hadden gevormd van een Britse overwinning, kwamen direct al in het vredesverdrag bedrogen uit. In de nasleep van de oorlog moesten zij nog meer slikken. Tot hun bittere frustratie werd de niet-blanke bevolking met instemming van het Britse bestuur juist – letterlijk – van steeds meer grondrechten uitgesloten. Evenmin als de *Nasionale Party* kwam het ANC uit de lucht vallen.[11]

Deze laatste invalshoek heeft verreweg de hoogste actualiteitswaarde. Dat betekent logischerwijs ook de meeste maatschappelijke en wetenschappelijke aandacht. Alle reden om in de epiloog juist op dit onderwerp terug te komen.

Maar eerst moet, gedachtig de woorden van Zuma, het héle verhaal worden verteld. Dat lijkt vanzelfsprekender dan het is. Boeken met een integraal verhaal van de Boerenoorlog zijn er niet of nauwelijks. Er zijn werken die nadrukkelijk als zodanig zijn bedoeld en die inderdaad een heel eind in de buurt komen. Grofweg worden er twee perspectieven gehanteerd. Er zijn schrijvers die het verhaal vertellen vanuit de Britse hoofdrolspelers, zowel in Groot-Brittannië als in Zuid-Afrika. Daarnaast zijn er auteurs die het denken en doen van de Boerenleiders als uitgangspunt nemen. In de best geslaagde boeken komen beide gezichtspunten afwisselend aan bod, en wordt er ook aandacht besteed aan de lotgevallen van de niet-blanke bevolking.[12]

Maar een gemeenschappelijk kenmerk van al deze werken, hoe informatief en tot de verbeelding sprekend sommige ook zijn, is dat er één invalshoek ontbreekt. Nergens wordt het verhaal van de Boerenoorlog verteld vanuit Nederlands perspectief. En daarmee ontbreekt een cruciale schakel in de keten van oorzaak en gevolg. Zowel in de aanloop naar de oorlog als tijdens het conflict zelf speelde de *Dutch Connection* een belangrijke rol. Niet alleen feitelijk, door de inbreng van Nederlanders op sleutelposities, maar – minstens zo belangrijk – ook psychologisch. De onstuimige Boerenliefde in Nederland mocht dan niet uitmonden in een gedurfde politieke stellingname, emotioneel fungeerde het aloude moederland wel degelijk als steun en toeverlaat voor de Boerenzaak in Europa. Dat werd niet alleen zo gevoeld in Transvaal en Oranje Vrijstaat, maar ook in Groot-Brittannië. Kenmerkend genoeg stelde de Britse premier Lord Salisbury aan de vooravond van de oorlog ronduit dat het er in Zuid-Afrika om ging '*that we, not the Dutch, are Boss*'.[13]

De Nederlandse betrokkenheid met name in de aanloopfase is een aspect van de Boerenoorlog dat ook in de recente Nederlandstalige literatuur vrijwel over het hoofd is gezien. In een ouder werk als *Onder Krugers Hollanders. Geschiedenis van de Nederlandsche Zuid-Afrikaansche Spoorweg-Maatschappij* van P.J. van Winter, uit 1937, werd daarover nog hoog opgegeven. Gelet op het strategische belang van de door de NZASM aangelegde en beheerde spoorwegen was dat volkomen terecht. Maar na de Tweede Wereldoorlog is van die betoogtrant niets meer terug te vinden. In de historiografie over de banden tussen Nederland en Zuid-Afrika is sindsdien de aandacht vooral gericht op de stam-, taal- en geloofsverwantschap.[14]

In dit boek wordt het verhaal van de Boerenoorlog voor het eerst ook vanuit Nederlands perspectief verteld. En daar blijft het uiteraard niet bij. Om het verhaal écht compleet te maken, wordt dit nieuwe gezichtspunt ingepast in het grotere geheel. Dat betekent dat het vertelperspectief door het hele boek heen geregeld wisselt, van Boer naar Brit en weer terug en, waar het verhaal erom vraagt, naar Nederlander.

Drie personen worden in het bijzonder gevolgd, omdat zij de drie verschillende perspectieven destijds perfect hebben verwoord en nu nog steeds personifiëren. De Boerenoorlog maakte hen groter, en zij brengen de oorlog dichterbij. Direct, door hun dagboeken, brieven en reportages, maar ook na afloop, in hun herinneringen en bespiegelingen. De Nederlandse jurist Willem Leyds, de Engelse oorlogsverslaggever Winston Churchill, de Boerencommando Deneys Reitz. Jonge mannen, aan het begin van hun werkzame leven. Elk van hen strijdend voor de goede zaak, ieder voor zich overtuigd van het eigen morele gelijk. In het *Anglo-Boer War Museum* in Bloemfontein staan hun afbeeldingen dicht bij elkaar. In het echt liepen hun ideeën en ervaringen mijlenver uiteen. Hun gezamenlijke verhaal begint in juni 1884, in het Amsterdamse Amstelhotel.

ZUID-AFRIKA
1884 - 1899
DUITS
ZUIDWEST
AFRIKA
BECHUAN
(Brits Prote
BRI
BECHUANALA
GRIQ
LAND
WEST
Oranje
(Gariep)
Oranje
Port Nolloth
Concordia
Hopetow
ATLANTISCHE OCEAAN
KAAPKO
De Aar
Beaufort West
KAAPSTAD

MATABELELAND/RHODESIË
Limpopo (Krokodilrivier)
Zoutpansberg
ZUID AFRIKAANSE REPUBLIEK (TRANSVAAL)
MOZAMBIQUE
(Portugees)
D
Leydsdorp
Waterval Boven
Waterval Onder
Kaap Muiden
Komati Poort
Rustenburg
PRETORIA
Krugersdorp
JOHANNESBURG
Welverdiend
Springs
Heidelberg
Ermelo
Barberton
Lourenço Marques
Delagoa Baai
Potchefstroom
Klerksdorp
Viljoensdrift
Vaal
SWAZI LAND
TONGA LAND
Heilbron
Kroonstad
Charlestown
ORANJE VRIJSTAAT
Bethlehem
nstroom
ZOE-LOE LAND
Harrismith
Brandfort
Ladysmith
Winburg
Drakensbergen
Estcourt
BLOEM-FONTEIN
NATAL
BASUTO LAND
PIETER MARITZ-BURG
DURBAN
Springfontein
Oranje
Bethulie
Aliwal North
Stormberg
Queenstown
NIE
EAST LONDON
Port Alfred
RT
BETH
INDISCHE OCEAAN
Spoorlijnen 1884
Spoorlijnen 1899
0
200 km

Deel 1

Voor de Goede Zaak

juni 1884 – oktober 1899

Willem Leyds

Een bijzondere ontmoeting

Amsterdam, juni 1884

Het was een aanbod dat hij makkelijk kon weigeren. Cum laude gepromoveerd, nog maar net vijfentwintig, protegé van alle hooggeleerde heren van de gerenommeerde rechtenfaculteit in Amsterdam. Willem Leyds kon vele kanten op. De rechterlijke macht in Indië, hoogleraar in Groningen, of die betrekking bij de Nederlandsche Bank. Hij had de carrièrelijnen voor het uitkiezen.

Dus waarom zou hij ingaan op zo'n bizar aanbod? Staatsprocureur in Transvaal, dat was wel het laatste dat hij zich ooit had voorgesteld. Een land bevolkt door steil-calvinistische veeboeren, een staat niet veel ouder dan hijzelf, daar viel voor een vrijzinnig jurist weinig eer te behalen. Om van de culturele onherbergzaamheid van de Zuid-Afrikaanse hoogvlakte maar te zwijgen. Leyds was niet alleen academisch geschoold maar ook artistiek begaafd. Hij speelde cello in een strijkkwartet met Alphonse Diepenbrock, las Homerus met Willem Kloos en was bevriend met Frederik van Eeden. En dan nu naar Transvaal, die intellectuele woestijn, zoals zijn verloofde Louise Roeff het fijntjes voor hem samenvatte?

Als hij al twijfelde, kwam het door de persoonlijkheid van de man die hem het aanbod had gedaan. Paul Kruger had hem geïmponeerd, met zijn postuur, zijn donkere ogen en zware bas, zijn zelfverzekerde directheid. Maar het was wel een stem geweest uit een andere wereld, een echo uit het verleden. De Transvaalse president was het prototype van de Afrikaner, een man van het Woord, het geweer en de onafzienbare weidegronden. Met bovendien opvallend weinig aandacht voor zijn uiterlijk. Leyds gold als een knappe jongeman, gesoigneerd tot in de puntjes van zijn modieuze snor. De bijna zestigjarige Boerenleider viel vooral op door zijn massieve morsigheid, zeker in de luxueuze suite van het Amstelhotel waar ze elkaar hadden gesproken.

Het contrast was Leyds te schril, de afstand te groot, de beslissing te radicaal. Een paar uur later liet hij weten voor de eer te bedanken. Maar zo makkelijk kwam hij er niet vanaf. Kruger nam geen genoegen met zijn weigering en overreedde hem om er nog eens goed over na te denken. Het was donderdag 12 juni 1884, de dag na Leyds' promotie. Over twee dagen zou de Transvaalse president uit Amsterdam vertrekken. Vooruit dan, Leyds ging er nog maar eens met Pierson over praten.[1]

De aarzeling van Leyds was begrijpelijk. Nederland wist nog niet zo goed wat het aan moest met die Boeren. Er was alom grote bewondering voor hun succesvolle verzet tegen het Britse koloniale bestuur. Maar die heldenstatus was van vrij recente datum, december 1880 om precies te zijn, en daardoor nog wat broos.

Er waren vele tientallen jaren van vergetelheid en verguizing aan voorafgegaan. Sinds de Kaapkolonie in 1806 definitief was overgenomen door de Britten, waren de blanke kolonisten ter plekke steeds meer uit het gezicht verdwenen. Ook in Nederland, het geboorteland van de meeste van hun voorouders. Dat zij zich in de jaren vijftig van de negentiende eeuw weer aan het Britse bewind hadden ontworsteld en de onafhankelijke republieken Oranje Vrijstaat en Transvaal – samen officieel de Zuid-Afrikaanse Republiek – hadden gesticht, werd voor kennisgeving aangenomen. Het besef van stamverwantschap was geleidelijk aan vervaagd, ja verdoezeld, als de achterlijke tak van de familie waarover men maar liever zwijgt.

In de schaarse berichten die over de Boeren waren doorgedrongen, waren steeds vaker beschuldigingen opgedoken. Ze heetten lui, dom, schijnheilig en, het allerergste, ze mishandelden 'arme Kaffers'. Nu praktiseerden de Boeren inderdaad een oudtestamentisch geïnspireerd racisme, compleet met slavernij, waarvoor ze zich in geen enkel opzicht schaamden. Integendeel, zendelingen die de zwarte bevolking probeerden te winnen voor het christendom, werden ronduit tegengewerkt. Het waren dan ook vooral de zendingsgenootschappen die schande van de Boeren spraken en de negatieve toon zetten in de publieke opinie, eerst in Engeland, later ook in de rest van Europa. In Nederland kwam de meest belastende getuigenis à charge van dominee P. Huet, in 1869. Hij had er twaalf jaar zendingspraktijk op zitten, en schreef in *Het lot der zwarten in Transvaal* uitgebreid over roof, moord en andere gruwelpraktijken waaraan de Boeren zich schuldig maakten.

Hun toch al bedenkelijke reputatie had nog meer schade opgelopen in de jaren zeventig. Aanvankelijk leek de toenmalige Transvaalse president Thomas Burgers het tij in de beeldvorming te keren. In 1875 bereisde hij Europa om steun te verwerven voor ambitieuze ontwikkelingsplannen. In Nederland maakte hij in ieder geval in liberale kring een gunstige indruk. Hij wist niet alleen diplomatieke banden aan te knopen maar ook een lening los te krijgen voor de aanleg van een spoorweg vanuit Transvaal naar de Indische Oceaan. Bovendien kreeg hij van de dichteres Catharina van Rees een volkslied mee naar huis. 'Kent gij dat volk vol heldenmoed', luidde de openingsregel, maar of Burgers die na terugkomst in Transvaal uit volle borst heeft meegezongen, valt te betwijfelen. Al snel bleek het Boerenvolk het vertrouwen in hem te hebben verloren. Lening en spoorweg liepen in het honderd en onderlinge verdeeldheid was het gevolg. Twee jaar later konden de Britten vrijwel zonder slag of stoot een einde maken aan de onafhankelijkheid van de Zuid-Afrikaanse Republiek. Vanaf 12 april 1877 wapperde de *Union Jack* in het regeringscentrum Pretoria.[2]

Weinigen in Nederland lieten daar toen een traan om. Aan de universiteiten van Utrecht, Amsterdam en Leiden werden nog wel protesten aangetekend tegen de staatsrechtelijke onrechtmatigheid van het Britse optreden, maar medeleven met de Boeren klonk daar niet in door. Eigen schuld, oordeelden de liberalen. Hadden ze Burgers maar niet moeten laten vallen. Eigen schuld, vonden ook Abraham Kuyper en zijn orthodox-protestantse achterban, politiek verenigd in de Antirevolutionaire Partij (ARP). Hadden ze Burgers maar nooit een kans moeten geven.

Pas toen de Boeren in december 1880 naar de wapens grepen om de annexatie ongedaan te maken en daar binnen de kortste keren nog in slaagden ook, voltrok zich het wonder. Als bij toverslag ondergingen de zwarte schapen van de familie een metamorfose in de beeldvorming. Plotseling herrezen ze als verre maar volle neven, behorend tot dezelfde roemruchte stam der Hollanders, met hetzelfde Geuzenbloed in de aderen. Eenvoudig van geest maar gezond van verstand en hooguit wat meer dan in Nederland gebruikelijk was gehecht aan traditionele normen en waarden. Maar ja, wie zou dat niet wezen, in donker Afrika?

Het waren niet de minsten die verantwoordelijk waren voor deze chute. Het was de vaderlandse intellectuele elite die niet alleen de argumenten leverde voor de spectaculaire opwaardering van de Boeren maar ook vooropliep in actiebereidheid. Nou ja, actie? Adressen, brochures, redactionele commentaren, solidariteitsbijeenkomsten, collectes, dat soort acties. Maar toch, spectaculair was het, de radicale omslag in de publieke opinie. En het waren professoren van naam die het voortouw namen.

Initiatiefnemer was Pieter Harting, gevierd hoogleraar in onder meer de farmacologie, anatomie, zoölogie en geologie en als zodanig een van de laatste natuurwetenschappelijke omnivoren aan de universiteit van Utrecht. Op 23 december 1880 plaatste hij een oproep 'Aan de Britsche Natie' in het *Utrechtsch Provinciaal en Stedelijk Dagblad*. Het appelleerde aan rechtvaardigheidsgevoel, ten gunste van de 'met ons Nederlanders door afstamming verwante bevolking' van Transvaal, en het kreeg in korte tijd grote bijval. Toen het twee weken later onder de titel '*To the People of England*' werd aangeboden aan koningin Victoria, was het voorzien van 6082 handtekeningen. Eenentachtig daarvan waren gezet door hooggeleerde collega's van Harting, en dat mocht opvallend veel heten, op een totaal van honderdtachtig professoren in heel Nederland.

Voeg daarbij de vele honderden predikanten, officieren, burgemeesters en leden van gemeenteraden, Gedeputeerde Staten en Staten-Generaal die het adres eveneens hadden ondertekend, en de conclusie ligt voor de hand: juist het ontwikkelde deel der Nederlandse natie raakte in vuur en vlam voor de zoveel minder ontwikkelde Boeren. Dat kon onmogelijk geestverwantschap zijn, dat had nog het meeste weg van puur nationalistische projectie. En dat was het ook. Hartings initiatief markeerde het begin van een periode waarin steeds hartstochtelijker en steeds concreter zou worden geloofd in de droom van een Groot-Nederland. Gesterkt door de eigen verovering van de Indische archipel, maar ook dankzij het afgeleide heldendom van de stamverwante Boeren in Zuid-Afrika. Tegen de eeuwwisseling zou het nationalistische vuur nog veel hoger oplaaien, maar dit was alvast een fikse voorbrander.

Met een hoofdrol, zoals gezegd, voor Harting. Het succes van zijn oproep bracht hem tot een volgend initiatief, de oprichting van het Hoofdcomité ter behartiging van de belangen der Transvaalsche Boeren. Een select Utrechts gezelschap, stuk voor stuk hoogleraren met liberale opvattingen, met slechts één uitzondering. Ook jonkheer Gerard Beelaerts van Blokland, referendaris op het ministerie van Justitie en van huis uit sterk betrokken bij Zuid-Afrika, trad toe. Hij was orthodox-protestants en zou zich spoedig aansluiten bij de ARP.

Zoals de naam al aangeeft was het Utrechtse comité niet het enige in zijn soort. Wel het meest bedachtzame, want Harting en de zijnen zagen de bevordering van de Boerenzaak nadrukkelijk beperkt tot 'alle geoorloofde d.i. vreedzame, met de neutraliteit van ons vaderland strookende middelen'. Het moest allemaal geen aanstoot geven aan de Britse regering en publieke opinie. Van de wilde plannen die elders door locale comités werden bekokstoofd, zoals de vorming van een vrijkorps en samenwerking met de Ierse nationalisten, wilden de Utrechtenaren dan ook niets weten.

Hun voorzichtigheid wekte hier en daar wrevel, onder meer in de hoofdstad. Daar werd, eveneens in januari 1881, het Amsterdams Comité voor Transvaal opgericht, dat een meer gemengde samenstelling kende. Naast liberalen telde het conservatieve, radicale en antirevolutionaire leden. Onder de laatstgenoemden ook ARP-leider Kuyper, tevens hoofdredacteur van *De Standaard* en hoogleraar godgeleerdheid aan de drie maanden eerder geopende Vrije Universiteit. Hij kon zich goed vinden in de scherpere toon en de zelfbewustere stellingname van het Amsterdamse gezelschap. Die uitte zich onder meer in de doelstelling om eerst en vooral humanitaire hulp te verlenen aan de slachtoffers van het oorlogsgeweld. In het Boerenkamp, welteverstaan. De opstelling van het Rode Kruis, dat weigerde om slechts een van de strijdende partijen bij te staan, veroordeelde Kuyper als 'tot onrecht leidende neutraliteit'.

Maar alle verschillen in toonzetting en positiebepaling binnen de pro-Boerbeweging deed er niet zoveel meer toe, toen de Boeren in staat bleken de Engelsen geheel op eigen kracht te verslaan. Op 27 februari 1881 deelden ze de genadeklap uit, op de berg Majuba, een naam die nog lang zou nasuizen in Engelse oren. De Utrechtse en Amsterdamse comités besloten daarop om de krachten te bundelen. Op 12 mei was het zover. In Utrecht vond de oprichtingsvergadering plaats van de Nederlandsch Zuid-Afrikaansche Vereeniging (NZAV). Harting werd erevoorzitter, bij acclamatie. Hij sprak gloedvolle woorden over 'de plichten, die de bloedverwantschap oplegt.'

Het was een gedenkwaardige fusie – de NZAV bestaat tot op de dag van vandaag – maar aan een van haar meest bijzondere aspecten kwam al een jaar later een einde. Liberalen en antirevolutionairen bleken toch te onnatuurlijke bondgenoten. Vanwege de nauwe geloofsbanden claimde Kuyper een speciale relatie tussen het orthodox-protestantse volksdeel en de Boeren, die verder ging dan stamverwantschap. In zijn ogen was er sprake van ware geestverwantschap, maar voor die exclusieve aanspraken kreeg hij binnen de NZAV geen ruimte. In de zomer van 1882 stapte hij uit het bestuur, samen met Paul Fabius en Frans Lion Cachet. De laatste publiceerde nog hetzelfde jaar *De Worstelstrijd der Transvalers aan het Volk van Nederland verhaald.* Daarin kwam het specifiek antirevolutionaire geluid wel volop aan bod, getuige passages als deze: 'Was de schijnbaar hopelooze kamp, tegen het machtige Engeland, drie maanden te voren, in ootmoedig vertrouwen op de hulpe Gods aangevangen, dat vertrouwen was niet beschaamd geworden. De Republiek was vrijgevochten.'[3]

De vrijheid van de Transvalers was op dat moment overigens nog steeds relatief. De oorlog was dan wel afgesloten met een daverende dreun, de vrede kende vooralsnog een open einde. De Conventie van

Pretoria, die op 3 augustus 1881 werd getekend, liet volop ruimte voor uiteenlopende interpretaties. Dat kwam vooral door het diplomatieke woordenspel waartoe de Britse onderhandelaars op last van het kabinet-Gladstone hun toevlucht hadden genomen. In een en dezelfde zin verkreeg Transvaal 'geheel Zelfbestuur' en bleef het onderworpen aan de 'Suzereiniteit van Hare Majesteit', dat wil zeggen koningin Victoria. Wat dat laatste inhield wist niemand precies, maar dat het de bewegingsvrijheid van de Boerenrepubliek drastisch inperkte, met name in de contacten met andere staten, stond vast. Voor het Britse thuisfront werd op die manier de illusie van oppergezag in stand gehouden. De Boeren hadden er om dezelfde reden lange tijd niet aan gewild. Ze waren ten slotte alleen maar bereid tot ondertekening in ruil voor de toezegging dat de Engelse regering bereid bleef tot aanpassingen, als de praktijk daartoe aanleiding zou geven.[4]

En dat gebeurde natuurlijk, in ieder geval in de ogen van de Boeren. In 1883 werd besloten een deputatie naar Londen te sturen om te onderhandelen over herziening van de conventie. Kruger, begin dat jaar tot president verkozen, stond aan het hoofd, en hij werd vergezeld door een generaal en een dominee, Nicolaas Smit en Stephen du Toit. Behalve Londen zouden ze ook het Europese vasteland aandoen, met in feite hetzelfde doel als Burgers in 1875. Hoezeer Kruger in tal van opzichten ook verschilde van zijn voorganger, hij was net zo doordrongen van de noodzaak van verdere ontwikkeling van Transvaal. Een nationale bank om de overheidsfinanciën te saneren en een eigen spoorwegverbinding met de zee waren in zijn ogen onontbeerlijk. Daarnaast had hij een nieuwe staatsprocureur nodig. Tot voor kort was de functie vervuld door de theoloog Pieter Jorissen, destijds in het spoor van Burgers overgekomen uit Nederland, maar inmiddels te licht in het wetboek bevonden – en te vrijzinnig in de leer. Hij was zonder veel plichtplegingen ontslagen. De gedachten gingen nu uit naar een geschoolde rechtsgeleerde, die de uitbouw van het bestuursapparaat voor zijn rekening zou moeten nemen – het liefst natuurlijk eentje die uit het goede orthodox-protestantse hout was gesneden.

Met dat wensenlijstje op zak vertrok de deputatie richting Europa. De ontvangst in Londen in november 1883 was welwillend. De minister van Koloniën in het kabinet-Gladstone, Lord Derby, bleek bereid de suzereiniteit te heroverwegen. Mits de Boeren zich op hun beurt inschikkelijk zouden tonen in de afbakening van hun zuidwestelijke grenslijn. Daar voelden ze eigenlijk weinig voor, maar een breekpunt werd het niet en de sfeer tijdens de onderhandelingen bleef goed. Kruger mocht op bezoek bij koningin Victoria, nam de gelegenheid te baat om haar te demonstreren hoe je hete koffie drinkt van je schoteltje en ging uiteindelijk akkoord. In de Conventie van Londen kwam het begrip suzereiniteit als zodanig niet meer voor. Het enige wat daar nog wel aan herinnerde was artikel 4. Dat verplichtte de Zuid-Afrikaanse Republiek om verdragen die zij met 'eenigen Staat of Natie, behalve met den Oranje-Vrijstaat' of 'met eenigen Inboorlingen-Stam ten oosten of ten westen' zou sluiten ter goedkeuring voor te leggen aan de Britse regering. De ondertekening vond plaats op 27 februari 1884, op de kop af drie jaar na de slag om Majuba.[5]

Over het eerste deel van hun Europese missie konden Kruger en consorten dus tevreden zijn. En op het vervolg hadden ze zich inmiddels terdege voorbereid. Al in Londen ontvingen ze hooggeplaatste personen uit Nederland. Beelaerts van Blokland trad op als hun juridisch adviseur bij de onderhandelingen met Lord Derby. Dat beviel zo goed dat hem prompt de vacante functie van staatsprocureur werd aangeboden. De antirevolutionaire jonkheer liet echter zijn recente verkiezing tot lid van de Tweede Kamer prevaleren. Wel aanvaardde hij een aanstelling tot buitengewoon gezant van de Zuid-Afrikaanse Republiek in Europa.

Ook Kuyper maakte zijn opwachting in Londen. Samen met Du Toit beijverde hij zich om de beschuldigingen van zendeling John MacKenzie en anderen te weerleggen. Die beweerden dat de Boeren het niet zo nauw zouden nemen met 'de plicht [...] die van Godswege tegenover de Indianen, Negers, Kaffers, of welk ander gekleurd ras of volk ook, op elk belijder van den Christus en elk minnaar van menschelijkheid rust.' Het resulteerde in een uitvoerig adres aan de leden van de *Anti-Slavery Society* en de *Aborigines Protection Society*, dat volgens Du Toit zijn uitwerking niet miste.[6]

Veel materiëler van aard was het bezoek dat vertegenwoordigers van de Amsterdamse *haute finance* aan de Engelse hoofdstad brachten. Onder aanvoering van Willem Mees en Nicolaas Pierson, president respectievelijk directeur van de Nederlandsche Bank, bespraken zij met de deputatie de mogelijkheden van de gewenste nationale bank en spoorweg. Ze hadden slecht en goed nieuws. Volgens de bankiers was het vertrouwen van de internationale geldmarkt in de Transvaalse economie nog te fragiel om met succes een banklening te kunnen plaatsen. Een emissie voor een spoorweg achtten zij echter wel mogelijk. In Amsterdam zouden de plannen nader kunnen worden uitgewerkt.

Zodoende was al het nodige voorwerk verricht toen Kruger, Du Toit en Smit de oversteek maakten naar Nederland. De goede stemming waarin ze verkeerden, werd versterkt door het uitbundige onthaal hier te lande. Vanaf het moment dat ze voet aan wal zetten in de Rotterdamse haven, op 29 februari 1884, viel hun de ene hartverwarmende verwelkoming na de andere massale toejuiching ten deel, waar ze zich ook vertoonden. In Den Haag verschenen ze op het balkon van Hotel des Indes om de ovaties van het publiek in ontvangst te nemen. In Amsterdam zong de menigte het drietal luidkeels toe, tijdens hun rijtoer vanaf het Centraal Station. En zo ging dat wekenlang door. Het programma voorzag in een uitgebreide rondreis, die hen behalve in de drie grote steden ook in Leiden, Utrecht, Amersfoort, Arnhem, Kampen en Groningen bracht. En in Den Briel, niet te vergeten, waar 'de Geuzen van de negentiende eeuw' met veel gevoel voor historische symboliek op 1 april hun opwachting maakten.

Het was spontaan, massaal enthousiasme, dat paradoxaal genoeg in de hand werd gewerkt door het gebrek aan eensgezindheid binnen de pro-Boerbeweging. De saamhorigheid van drie jaar eerder was ver te zoeken. Kuyper en zijn antirevolutionaire volgelingen hadden zich al in 1882 afgezonderd, en inmiddels bestonden er naast de NZAV ook nog een Emigratiecommissie, een Permanente Commissie, een Gemengde Commissie en een Regelingscommissie. Met allemaal verschillende bestuurders, die elkaar verdrongen om de Transvaalse deputatie een speciale ontvangst te bereiden, compleet met prominenten uit eigen kring. Gevolg was dat in ieder geval Kruger kennismaakte met half hoogwaardig Nederland, koning Willem III en koningin Emma voorop. Ministers, Kamerleden, leden van de Raad van State, militaire en rechterlijke autoriteiten, een keur aan Utrechtse,

Amsterdamse en Leidse hoogleraren, diplomaten, leden van Provinciale Staten, burgemeesters en gemeenteraadsleden, iedere gezagsdrager die zichzelf serieus nam wilde 'Oom Paul' persoonlijk ontmoeten.[7]

Hoe strelend voor hun ego het eerbetoon ook was, Kruger, Du Toit en Smit vergaten intussen niet waar hun missie eigenlijk om draaide. Een nationale bank, een spoorweg en een staatsprocureur, daarvoor waren ze naar het continent gekomen. Dat die bank te hoog gegrepen was, hadden Mees en Pierson al in Londen duidelijk gemaakt. Maar dan stonden er nog steeds twee zaken op hun lijstje die ze absoluut wilden overhouden aan hun bezoek.

En daarvoor moesten ze in Amsterdam zijn, zoveel was zeker. Tussen alle huldigingen door voerden ze intensief overleg met vertegenwoordigers van de financiële wereld. Er leek schot in de zaak te komen toen zich twee ingenieurs aandienden, Johannes Groll en David Maarschalk, die wel brood zagen in de Transvaalse spoorwegplannen. Beide mannen hadden hun sporen verdiend op Java, bij de Nederlandsch-Indische Spoorweg Maatschappij, en genoten een uitstekende reputatie, niet alleen op hun vakgebied maar ook als organisatoren en financiers. Juridisch geadviseerd door Jacob Moltzer, hoogleraar aan de hoofdstedelijke Rechtenfaculteit, ontwierpen ze een conceptconcessie voor het aanleggen en exploiteren van een spoorweg van Pretoria naar de havenplaats Lourenço Marques aan de Indische Oceaan. Het laatste stuk van dit traject liep door de kolonie Mozambique, en het was dus noodzakelijk dat het moederland, in casu Portugal, zijn medewerking zou verlenen. Met dat voorbehoud werd op 16 april 1884 een voorlopige overeenkomst getekend.

Een dag later reisde de Transvaalse deputatie, weer terzijde gestaan door Beelaerts van Blokland en nu ook door Maarschalk, af naar Lissabon. Daar wachtte hun een onaangename verrassing. De Portugese regering had voor het tracé over het eigen grondgebied inmiddels een aparte concessie verstrekt aan de Amerikaanse zakenman Edward McMurdo. Deze bleek vast van plan zijn sleutelpositie uit te buiten. Het Transvaals-Nederlandse gezelschap vreesde zelfs dat hij de concessie alleen maar in de wacht had gesleept om haar later te kunnen verkopen aan de hoogste bieder. Wilde men niet afhankelijk zijn van dit soort speculatie, dan bleef alleen de mogelijkheid over van een alternatief tracé, naast dat van McMurdo. Dat kon geen spoorlijn zijn, omdat diens concessie dat verbood, maar misschien wel een tramlijn. De Portugese regering vond het goed en verleende toestemming voor een tram met dierentractie. Oftewel, een paardentram.

Dat was slikken. Terug in Amsterdam moest de Transvaalse deputatie alle mogelijke moeite doen om de financiers niet te laten afhaken. Het was dat Groll en Maarschalk ook nog steeds in de onderneming geloofden, anders was een streep gegaan door de spoorwegplannen. Op 24 mei 1884 werd de concessie getekend en daarmee de grondslag gelegd voor de Nederlandsche Zuid-Afrikaansche Spoorweg-Maatschappij (NZASM). Nu was het nog afwachten of er voldoende animo zou zijn bij 'het geldbeleggend publiek' om de benodigde vijftien miljoen gulden bijeen te brengen.[8]

En er moest nog een staatsprocureur worden gevonden. In de tussentijd waren al diverse rechtsgeleerden van naam gepolst, zowel van protestantsen als van liberalen huize, maar tevergeefs. Onder hen ook professor Moltzer die een uitstekende indruk had gemaakt bij de totstandkoming van de spoorwegconcessie. Evenmin als de andere gegadigden bleek hij bereid zijn gevestigde positie op te geven voor een onzeker bestaan in het verre, ruige Transvaal. De hardvochtige wijze waarop de Boeren waren omgesprongen met Jorissen, de vorige Nederlander in het ambt, was daarbij geen aanbeveling. De tijd begon te dringen. Op advies van Beelaerts van Blokland verlegde Kruger begin juni 1884 zijn aandacht naar een jongere generatie juristen. Zou Moltzer dan misschien iemand kunnen aanbevelen?

Over die vraag hoefde Moltzer niet lang na te denken. Uiterst getalenteerd, jong en energiek, maar ook ernstig en betrouwbaar, met een groot verantwoordelijkheidsgevoel, dat kon maar één persoon zijn: de aanstaande jonge doctor Willem Leyds, promovendus van zijn directe collega Strafrecht Gerard van Hamel. Maar dan luisterde het allemaal heel nauw. De Transvaalse deputatie ging eerst nog van 7 tot 10 juni naar Berlijn, voor een bezoek aan keizer Wilhelm I en kanselier Bismarck, en zou op 14 juni uit Nederland vertrekken. De promotie van Leyds was op 11 juni. Het moest dus in die laatste drie dagen gebeuren. Moltzer ging een afspraak arrangeren.[9]

Die had de hierboven beschreven uitkomst. Kruger ontmoette Leyds in het Amstelhotel en bood hem aan staatsprocureur te worden in Transvaal. Leyds sloeg het aanbod in eerste instantie af, maar op aandringen van Kruger beloofde hij er nog eens over na te denken – om vervolgens te rade te gaan bij Pierson.

Het werd een indringend gesprek. Als een van zijn hoogleraren was Pierson uitstekend op de hoogte van de kwaliteiten van Leyds. Als directeur van de Nederlandsche Bank had hij hem zelfs een betrekking aangeboden. Maar nu praatte hij op hem in vanuit een andere invalshoek: het belang van de ontwikkeling van het stamverwante Transvaal, het belang van de Nederlandse inbreng in de spoorwegplannen waarbij Pierson en Moltzer zelf nauw betrokken waren. Ook wees hij op de waardevolle professionele ervaring die Leyds zou kunnen opdoen, en op het riante salaris dat bij de functie hoorde. Dat bedroeg liefst duizend Engelse ponden per jaar, oftewel twaalfduizend gulden, net zoveel als een Nederlandse minister verdiende. En die baan bij de Nederlandsche Bank werd voor hem vrijgehouden.

Dat waren klinkende argumenten, die Leyds een heel eind op weg hielpen om zijn mening te herzien – en de bedenkingen van zijn verloofde weg te nemen. Er bleven nog twee punten over die hem weerhielden, één van spirituele, één van materiële aard.

Over het eerste punt sprak Leyds zich openlijk uit tegenover Kruger, toen hij opnieuw op bezoek ging in het Amstelhotel. Hij geloofde in God, maar was geen lid van een kerkgenootschap, was dat een bezwaar? Op die bekentenis verzonk de Boerenleider in diep gepeins, nam enkele '*harde teue aan sy pyp*' en verklaarde toen dat dit geen struikelblok hoefde te zijn, mits de nieuwe staatsprocureur zijn plichten getrouw zou nakomen.

Het tweede punt betrof Leyds' bezorgdheid om net als Jorissen zomaar te worden afgedankt. Niet iets om met Kruger te bespreken, maar Moltzer wist raad. Samen stelden ze een waterdicht contract op. Elke eerste van de maand zou een twaalfde deel van het honorarium van duizend pond worden uitbetaald in goud. Hij kreeg een voorschot van tweehonderd pond voor de reiskosten naar Pretoria. De looptijd van de aanstelling bedroeg drie jaar, en indien 'Mr. W.J. Leyds niet op minstens gelijke voorwaarden wordt herbenoemd', zou hij recht hebben op nog eens een ‘onmiddellijke uitkeering van £ 1000’. Dat alles bij elkaar gaf zekerheid genoeg.

Blij was Kruger niet, toen Moltzer hem het contract voorlegde. Hij vond het getuigen van wantrouwen. Maar ja, het was zaterdagochtend 14 juni 1884, hij stond op het punt te vertrekken, veel keus had hij niet. Terug naar Transvaal zonder staatsprocureur? Grommend zette hij zijn handtekening.

Ook Leyds tekende het contract. Voor drie jaar. Dacht hij.[10]

Want gij zijt stof

Pretoria, oktober 1884

Na alle beproevingen onderweg was de eindbestemming een verademing. 'Pretoria heeft nog al een gunstigen indruk op ons gemaakt,' schreef Louise Leyds aan de familie thuis, 'het ligt heel lief tusschen de bergen en de huizen zien er van buiten ook vroolijk en vriendelijk uit, meestal met een veranda met rozen of klimop, en tuinen er om heen.' Willem vond het zelfs 'een paradijsje'. Ze logeerden in het European Hotel, maar Louise had al een huis op het oog 'dat zoo van buiten gezien mijn hart gestolen heeft'. Op maandag 6 oktober zou Willem worden beëdigd, ze hadden nog het weekend om bij te komen van de uitputtende reis.[11]

Het was allemaal razendsnel gegaan, de afgelopen maanden. Het contract dat Willem toch nog had getekend, hun huwelijk in Amsterdam en de wittebroodsweken in Engeland, daarna alle voorbereidingen voor het vertrek en de inscheping op het stoomschip *Trojan*. De zeereis zouden ze het liefst snel vergeten. Ze hadden het slecht getroffen met het weer. Het was guur en regenachtig, zelfs rond de evenaar, het schip slingerde en stampte 'op een heel eigenaardige manier'. Louise was voortdurend zeeziek, kwam de hut amper uit, en als ze al trek had in eten, viel dat vies tegen. Het was 'natuurlijk een Engelsche tafel' en 'dus a priori niet recht eetbaar', maar de 'manier van klaar maken' verbijsterde 'zelfs Louise, zelfs Louise zeg ik', die toch enkele jaren in Engeland had gewoond en dus wel wat gewend was.

Willem had nog wat afleiding door het contact met andere passagiers. De meest opmerkelijke reisgenoten waren de leden van 'de Duitsche expeditie naar Angra Pequena' – een kustplaats in Zuidwest-Afrika, het huidige Namibië. Het was Leyds' eerste kennismaking met de grote politiek. De Duitse kanselier Bismarck had nooit veel gegeven om koloniën, maar juist die zomer was hij van mening veranderd. De expeditie aan boord van de *Trojan* was een 'geheel particuliere onderneming van den Bremer millionnair-koopman Lüderitz' die 'daar groote stukken van de inboorlingen gekocht' had en zich inmiddels kon verheugen in officiële bescherming: 'Angra is dus de eerste Duitsche kolonie,' constateerde Leyds, min of meer terecht – Togo en Kameroen waren net een paar weken eerder eveneens uitgeroepen tot Duits protectoraat. En Leyds zelf was dus ooggetuige van de entree van een nieuwe, belangrijke speler op het Zuid-Afrikaanse toneel.[12]

Door het slechte weer kwam de *Trojan* een dag te laat aan in Kaapstad. Willem en Louise Leyds misten daardoor de mailtrein, en moesten een paar dagen doorbrengen aan de voet van de Tafelberg. Het werd een heuse cultuurschok. Vooral Louise, toch al niet in beste doen na de zeereis, kreeg de schrik van haar leven. 'Daar stonden we op den wal in den fellen zonnegloed, omgeven door een kring van zwarte, gele, bruine, enz. menschen. Wij Amsterdammers klagen over de indringerigheid der Joden; ach! gezegend Amsterdam! Joden zijn bescheiden in vergelijking van dit volk en ze zijn daarenboven zoo klein in getal.' En dan de straten, of wat daarvoor doorging. 'Ik denk dat de Kapenaars die kale rots maar liever moesten afbreken om er de straten in Kaapstad mee te beleggen, want die zijn in een erbarmelijken toestand. Regent het, dan is het dikke modder, waait er een van de *vele, hevige* winden, dan gaat men door dichte stofwolken.'[13]

Ze waren er dan ook niet rouwig om Kaapstad achter zich te laten. Op dinsdag 23 september namen ze de trein naar het noordoosten, zich niet bewust van het maanlandschap dat hun te wachten stond. 'Verschrikkelijk', vatte Willem dit deel van de tocht later samen in een brief aan Moltzer. Louise schreef ontzet aan een vriendin in Indië over 'een woestijn, waar geen struik, geen boom groeide, geen water, geen vogel, of insect te zien was, niets dan steen-massa's. En zoo elk uur een stationnetje, een paar huizen, soms slechts één. Vreeselijk eentonig.' En dat veertig uur lang, vijfenvijftig tussenstops tot aan De Aar, zo'n beetje halverwege de zestienhonderd kilometer naar Pretoria. In De Aar hield de reguliere spoorlijn op. Er lagen nog wel rails tot aan Kranskuijl, maar daarvoor moesten ze overstappen in een open goederenwagon. Twee banken met een zeil erboven.

In Kranskuijl hielden ook de rails op. De reis naar de volgende bestemming, Kimberley, ging per postkoets. 'Nog al amusant', vond Louise later, en gezien de bezetting van het voertuig getuigde dat van een opmerkelijk gevoel voor humor. De bagage werd hoog bovenop, achterop en aan de zijkanten van de koets gestapeld en met touwen vastgesnoerd. Voorop zaten twee koetsiers en drie passagiers, één passagier lag op het dak, boven op de bagage. Binnenin moesten twee vrouwen, drie moeders met baby's, vier kinderen en één 'ontzettend dikke, zware, groote man' een plekje zien te vinden. En het echtpaar Leyds natuurlijk.

Eenmaal op weg werden de tien paarden 'voortdurend geslagen' en 'de passagiers slingerden vreeselijk heen en weer'. Af en toe bleef de wagen 'even op de twee wielen schommelen alsom zich te bedenken welken kant hij zou nemen'. Geen wonder dat de paarden om de drie uur werden ververst. Ook de temperatuur schommelde mee. 'We hadden het overdag warm, 's avonds en vooral 's nachts erg koud, vooral wanneer de wagen heel hard reed.' Gelukkig viel er buiten geleidelijk aan meer te genieten. 'De natuur werd iets beter, nu waren het niet alleen struiken, maar ook dor gras' met hier en daar grote termietenheuvels. Bij Beaconsfield, een voorstadje van Kimberley, reden ze vlak langs 'de tenten der kaffers'. Geschokt noteerde Louise: 'Walgelijk smerig en zoo klein!'

De aankomst in Kimberley was een belevenis, al was het maar vanwege het trompetgeschal waarmee elke postkoets er werd binnengehaald. Het was een typische *boomtown*, uit de grond gestampt na de spectaculaire diamantvondsten in 1871. De ontginning van de rijke velden had sindsdien een groot litteken geslagen in het landschap. *The Big Hole* was een bron van welvaart voor zeer velen, maar zoals meestal ongelijk verdeeld: fortuinen voor de magnaten, goed geld voor de tussenhandel, grijpstuivers voor de veelal zwarte delvers.

Louise Leyds was het 'een gruwel. De heele stad bestaat uit niet anders dan gelukzoekers en uitvaagsel, uit menschen die in korten tijd en met weinig moeite rijk willen zijn.' De beruchte afgraving wilden ze nog wel met eigen ogen zien, maar daar vlakbij waren ze plotseling omringd door 'een massa gekleurde menschen... Zoo woest en ruw gingen ze met elkaar om en keken ons zoo nieuwsgierig aan.' Dus toen gingen ze maar weer snel terug. Gelukkig hadden ze er een hotel 'dat zelfs in Amsterdam een goed figuur zou maken'. Met mooie meubelen, 'en blanke bedienden'. Daar was het beter toeven dan buitenshuis. Net als in Kaapstad was er in Kimberley geen plaveisel, maar des te meer wind en daardoor 'roode stof. We liepen voortdurend in een dichte stofwolk. De wind zwiepte de stof voor ons, achter ons, overal.'

Van Kimberley was het nog zo'n vijfhonderd kilometer naar Pretoria. Dat kwam neer op nog eens ruim drie dagen met de postkoets, een veel kleinere dit keer en 'werkelijk iets erger nog dan verschrikkelijk. De Kimberley-wagen was er heerlijke luxe bij.' Door de grote kieren tussen de planken konden ze 'den weg er door heen' zien. En andersom kwam dus ook alle stof ongehinderd naar binnen. Daarvan hadden ze vooral nog last tijdens het eerste deel van de reis, door Oranje Vrijstaat. Eenmaal de Vaal over, de grensrivier waaraan Transvaal zijn naam dankte, werd het beter, zeker vanaf Potchefstroom. Meer begroeiing, minder stof.

De aankomst in Pretoria maakte het helemaal goed. Het was alleen jammer dat het al donker was, 'want het ligt werkelijk lief tusschen de heuvels'. Maar dat zagen ze dus pas de volgende dag, vrijdag 3 oktober, tien dagen nadat ze uit Kaapstad waren vertrokken. Er was hier in ieder geval volop water, 'dat uit een fontein opborrelt'. En gelukkig ook volop bomen, treurwilgen vooral, 'die groeien hier welig; in 15 jaren heeft men een grooten, schaduw-rijken boom'. Centraal lag 'een groot plein waarop nu veel ossenwagens uitgespannen staan van boeren die voor het avondmaal naar Pretoria zijn gekomen met die wagens en daarin logeeren'. Het deed Louise denken aan hun eigen grote hutkoffers, die op net zulke ossenwagens nog ergens onderweg moesten zijn. Dat kon nog wel even duren. Desondanks voelden ze zich 'hier al heelemaal gewend. De kaffers alleen zijn ons nog wat vreemd. Ze loopen soms geheel naakt door de stad, alleen een wollen deken of beestenvel om zich heen geslagen.'[14]

Het zijn prachtige, inzichtelijke brieven, waarin Willem en Louise Leyds hun eerste indrukken van Zuid-Afrika verwoordden. Zeker Louise toonde zich een opmerkzaam verslaggever, met oog voor veelzeggende details. Op grond daarvan zullen hun familie en vrienden zich levendig hebben kunnen voorstellen wat een cultuurschok het voor hen was, om daar opeens rond te reizen, in die verre, vreemde, stoffige wereld. Eenentwintigste-eeuwse lezers beleven wellicht een andere cultuurschok, vanwege het onverbloemde vertoon van blank superioriteitsgevoel. Aan welke aspecten van het primitieve leven in Transvaal het geciviliseerde echtpaar Leyds ook zou moeten wennen, niet aan het vaste geloof van de Boeren in de eigen verhevenheid boven de gekleurde bevolking.

Maar er bleef genoeg over waarmee ze wel moeite hadden. Voor Willem waren dat met name de werkomstandigheden. Die waren, zo schreef hij na zijn eerste week aan Moltzer, op zijn zachtst gezegd 'tamelijk ongeordend'. Om te beginnen was 'mijn aankomst niet bepaald vrolijk'. Kruger bleek de brief die hij vanuit Kaapstad had gestuurd, nog niet te hebben gelezen, 'en niemand was er om ons te verwelkomen'. Pas de volgende ochtend kwam generaal Smit naar het European Hotel om hen te begroeten. Leyds ging maar meteen mee naar de Volksraad, het hoogste wetgevende orgaan, om alvast kennis te maken.

Het echte werk begon op maandagmorgen, na het afleggen van zijn ambtseed. Gewoontegetrouw wilde Leyds zich zo snel mogelijk inlezen in de dossiers, maar dat viel niet mee. 'De wetten hier! Het is om wanhopig te worden. Overvloed genoeg. Maar er worden steeds nieuwe wetten gemaakt zonder dat men zich recht de oude herinnert. Vandaar verwarring en tegenstrijdigheid zonder eind. Verbeeld U, dat op mijn kantoor niet eens een volledig stel Staatscouranten is.' Ook trof Leyds geen 'blauwboeken' aan – oftewel *Blue Books*, officiële Engelse overheidsuitgaven – die 'onontbeerlijk' waren voor 'iemand die, zooals ik, met alles onbekend' was. Toen zijn verzoek om deze aan te schaffen werd afgewezen, liet hij prompt een set komen 'voor mijzelven', die hij uit eigen zak betaalde. Er was dus 'genoeg voor mij te doen. Een stel van in elkaar grijpende wetten is hier hoog noodig. Mijn streven zal natuurlijk in die richting zijn.'[15]

Uit dat voornemen bleek al dat de functie van staatsprocureur veel meer inhield dan alleen het instellen van vervolging en het leidinggeven aan het justitieel apparaat. Dat zou ook geen dagtaak zijn geweest, want met de misdaad liep het toen nog wel los in Transvaal. Ook het toezicht op de politie en de gevangenissen kon hij er makkelijk bij hebben. Veel tijdrovender waren de juridische adviezen die hij geacht werd te geven, 'over allerlei onderwerpen, je kunt zoo gek niet bedenken. Ik word voor een levende encyclopaedie gehouden, die zij zoo maar op het een of ander woord mogen of kunnen opslaan.' Met die 'zij' doelde Leyds om te beginnen op de staatspresident, Kruger dus, die aan het hoofd stond van de Uitvoerende Raad, verder bestaande uit de commandant-generaal, de superintendent van Naturellen, de staatssecretaris, de notulist en twee stemgerechtigde leden zonder specifieke functie. Maar ook de leden van de Volksraad konden zich tot hem wenden, net als 'alle ambtenaren'. Voeg daarbij zijn nauwe betrokkenheid bij de besluitvorming in de Uitvoerende Raad en het is niet overdreven te stellen dat Leyds' positie in feite overeenkwam met die van een minister van Justitie.

Die positie bracht de bijbehorende werkdruk met zich mee. De dagen begonnen vroeg in Pretoria en duurden lang. Al in zijn eerste week had hij er vier avondvergaderingen op zitten, en nam hij daarna nog werk mee naar huis. Bovendien maakte het klimaat iedereen 'lui. Loopen, wandelen schijnt na eenigen tijd verblijf hier bijna onmogelijk te worden. Het maximum hersenarbeid per dag schijnt vijf uren te zijn, wil men er geen schadelijke gevolgen van ondervinden. Menigeen reeds heeft zich hier overwerkt. Maar met vijf uren kan ik onmogelijk toe.' Het zouden er dan ook standaard twee à drie keer zoveel worden.[16]

Naast 'de tijd en het klimaat' stuitte Leyds ook direct al op tegenstanders van vlees en bloed. In zijn kennismakingsgesprek met opperrechter John Kotzé kwam en passant het ontslag van de vorige staatsprocureur ter sprake. Leyds liet zich ontvallen dat hij daarover inhoudelijk geen mening had, maar wel kritiek had op de procedure. Jorissen was immers ontslagen zonder gelegenheid te krijgen zichzelf te verdedigen. Dat was niet in de haak, vond Leyds, die pas na het gesprek van anderen vernam 'dat Kotzé zelf de moving spirit in deze intrige geweest was'. Het kwam nooit meer goed tussen beide mannen.

Hetzelfde gold voor de relatie met Du Toit, een van de leden van de Transvaalse deputatie in Europa. Ook hij had een belangrijke rol gespeeld in het ontslag van Jorissen, maar in zijn geval was er nog een, meer structurele, reden voor de breuk. Du Toit was in 1880 een van de oprichters geweest van de Afrikaner Bond, een politieke organisatie in de Kaapkolonie die streefde naar samenvoeging met de andere Engelse kolonie Natal én met de onafhankelijke republieken Oranje Vrijstaat en Transvaal: '*'n Afrikaner Bond, waarin al wat Afrikaner is sig thuis voel en samenwerk tot heil van 'n Verenigde Suid-Afrika*.' Dit ontluikende Afrikaner nationalisme kon aanvankelijk rekenen op een welwillende houding van Kruger, getuige de aanstelling van Du Toit tot superintendent van Onderwijs in Transvaal.

Maar na terugkeer van de deputatie uit Europa waren er snel barsten gekomen in de vertrouwenspositie van Du Toit. Hij ging eigengereid te werk in een delicate grenskwestie, en bemoeide zich volgens Leyds met allerlei zaken buiten zijn eigen onderwijsterrein: 'Zijn departement verwaarloozende zat hij gevraagd en ongevraagd steeds in den Uitv. Raad en gaf daar zijn opinies over alles en nog wat.' Schadelijker nog voor zijn positie was dat Du Toit er steeds openlijker voor uitkwam de eenheid van alle Afrikaners hoger te stellen dan de onafhankelijkheid van de Zuid-Afrikaanse Republiek. Dat uitte zich onder meer in de bevordering van hun spreektaal, het Afrikaans, ten nadele van de officiële taal in Transvaal, het Nederlands.

Daarin vond hij de president vierkant tegenover zich. De onafhankelijkheid van Transvaal was Kruger veel dierbaarder dan het Afrikaner eenheidsstreven. Het enige boek dat hij ooit las en altijd bij zich droeg, was een bijbel – in de Nederlandse Statenvertaling welteverstaan. Liever dan te vertrouwen op de in zijn ogen verengelste Afrikaners uit de Kaapkolonie, verliet hij zich sindsdien steeds meer op Nederlandse medewerkers, te beginnen op zijn nieuwe staatsprocureur. Voor Du Toit was de botsing met Kruger aanleiding een eigen krant te beginnen, *De Republikein*, waarin hij Leyds en andere Nederlanders geregeld op de korrel zou nemen.

Zo werd Leyds al snel na aankomst in Pretoria geconfronteerd met de scheidslijnen binnen de Transvaalse samenleving. Gelukkig was hij vlot van begrip. Al direct na zijn eerste werkweek drong hij bij Moltzer aan op terughoudendheid: 'Wik en weeg s.v.p. wat gij vertelt als komend uit mijn bron. U weet niet hoe spoedig een praatje zijn terugweg vindt naar Afrika. En een kleinigheid kan mij groot kwaad doen.' Dat waren realistische woorden. Als nieuwkomer in de Boerengemeenschap was Leyds kwetsbaar, door zijn nationaliteit, zijn vrijzinnige opvattingen en niet te vergeten zijn jeugdige uiterlijk. Een beetje Boer had een baard. Daarvan was Leyds zich wel bewust – al vóór Kimberley was hij begonnen zijn baard te laten staan – maar dat maakte hem nog geen echte Boer. Daarvoor was meer nodig, een rotsvast geloof, om maar het belangrijkste te noemen.[17]

Overigens zou dat nog moeilijk kiezen zijn geworden. Net als het nationalisme en de taal zorgde ook het geloof voor verdeeldheid binnen de Transvaalse samenleving. Hoe klein het getal der Boeren ook was, hun kerkelijke onderscheidingsdrang was groot. De Engelse *Blue Books* die Leyds raadpleegde vermeldden als bevolkingsaantal binnen '*the Transvaal Territory*' eind jaren zeventig niet veel meer dan tweeëndertigduizend (volwassen mannelijke) '*Europeans of Dutch origin*' en nog eens ruim vijfduizend '*Europeans of Non-Dutch origin*'. Uiterst bescheiden aantallen, zeker vergeleken met de meer dan zevenhonderdzeventigduizend '*Kaffirs*' die de Engelsen hadden geteld, maar voldoende om er drie kerkgenootschappen op na te houden. Alle drie protestants, en min of meer gemodelleerd naar het patroon van de Nederlandse kerksplitsingen in de negentiende eeuw. Zo was er een Nederduits Hervormde Kerk, een Nederduits Gereformeerde Kerk en een Gereformeerde Kerk, elk met eigen gebouwen, predikanten en erediensten.

Het laatstgenoemde kerkgenootschap was het kleinste, jongste en meest traditionele van de drie. Maar belangrijker: het was de kerk van Kruger. In 1859 had hij behoord tot de eerste leden die zich hadden afgescheiden om een Vrije Gereformeerde Gemeente te stichten 'overeenkomstig de leer, tucht en dienst der Vaderen, zooals die zich te

Dordrecht in de jaren 1618 en 1619 hebben geopenbaard'. Calvinisme in zijn meest orthodoxe vorm, gekenmerkt door een onwankelbaar geloof in predestinatie en een almachtige, in ieders persoonlijke leven ingrijpende God. De Bijbel, in het bijzonder het Oude Testament, vormde het enige vaste richtsnoer voor de gelovigen, die uitsluitend psalmen zongen in de eredienst en geen 'wereldse' gezangen. Zij zagen zichzelf als het nieuwe volk van Israël, als uitverkorenen, met Transvaal als het beloofde land.

De buitenwereld keek anders tegen hen aan. 'Doppers' werden ze genoemd, een term waarvan de oorsprong onduidelijk is, maar de betekenis glashelder: ze golden als oerconservatief en onbehouwen. Kruger zelf werd daarnaast door menig tegenstander ook nog eens aangeduid als een 'takhaar', een woudloper zonder enige innerlijke of uiterlijke beschaving.

Op Leyds lijken alle schimpscheuten over de man die hij terzijde moest staan, niet veel vat te hebben gehad. De klachten die de eerste maanden in zijn brieven voorkomen, hebben betrekking op de grote werkdruk onder primitieve omstandigheden, het klimaat of de intriges van Du Toit. Over Kruger als persoon geen kwaad woord. Wel een verrassend compliment, toen Leyds aanwezig was geweest bij een godsdienstoefening: 'Wij hebben Psalm 25 vers 8 gezongen. De President las het voor. Prachtig, moet ik zeggen. Ik heb zelden zoo mooi hooren voorlezen.'[18]

Landhonger

Veertienstroom, januari 1885

De diplomatieke vuurdoop van Leyds was meteen ook een fysieke uithoudingsproef. In januari 1885 besloot Kruger dat de situatie aan de zuidwestelijke grenzen zijn persoonlijke bemoeienis vereiste. En zijn staatsprocureur moest mee naar het betwiste gebied, voor de juridische finesses, er waren hoge Engelsen bij betrokken. Dat maakte het overigens nog geen hogeschoolwerk. De omstandigheden waren primitief, het zou diplomatie worden van de koude grond. De grond waarop ze sliepen, welteverstaan. Met 'altijd vleesch' dat stonk en 'nooit groenten', met 'brood dat meestal steen-hard is', en met 'altijd iets dat koffie heet'. Onderhandelen in weer en wind.

Kruger was daar in zijn element. Het hoge veld, de onmetelijke hoogvlakte aan beide zijden van de Vaal, was zijn natuurlijke omgeving. Hij had er zijn eerste leeuw geschoten op zijn veertiende, zijn eerste militaire commando gevoerd op zijn zeventiende, zijn linkerduim verloren toen zijn geweer ontplofte. In tijden van vrede had hij er boerderijen en kerken gebouwd, runderen, schapen en paarden geweid, gejaagd op olifanten en neushoorns. In de talrijke confrontaties tegen zwarte tegenstanders was hij altijd voorop gegaan in de strijd. Een toonbeeld van oerkracht was hij geweest, op zijn zestigste nog steeds een beer van een vent, littekens als eremedailles.

Voor Leyds, net drie maanden in functie, was dit alles volstrekt nieuw. Hij was dan wel geboren in Indië, niet onbekend met het buitenleven, maar spelen op de veranda met altijd een baboe in de buurt was toch anders. Als stadsjongen, al droeg hij nu dan een baard, viel hij in het niet naast zo'n natuurmens. Maar omvallen deed Leyds niet. Fysiek was hij nooit een kneus geweest. Behalve in leervakken had hij op school uitgeblonken in gymnastiek. Op de universiteit had hij niet alleen gemusiceerd, maar ook geschermd en op de schietbaan gestaan. En hier toonde hij zijn taaiheid. Het kostte hem moeite, maar 'toch geloof ik niet dat het tochtje mij lichamelijk nadeel doet,' schreef hij stoer aan Louise.[19]

De plek waar Kruger en Leyds hun Engelse tegenspelers zouden ontmoeten, eind januari, was het meest zuidwestelijke stukje Transvaal. Het valt het best te omschrijven als een landtong, omringd door drie andere staatkundige eenheden: de Boerenrepubliek Oranje Vrijstaat in het oosten, de Engelse Kaapkolonie in het zuiden en Bechuanaland in het westen. Om dat laatste gebied draaide het allemaal. Een staat in de Europese betekenis van het woord was dat nog niet. Het werd sinds jaar en dag bewoond door Khoikhoi en Bantoes, verspreid over diverse rivaliserende rijkjes. Een paar jaar eerder hadden er zich ook kleine groepjes 'trekboeren' uit Transvaal gevestigd, naar eigen zeggen op verzoek van twee van de twistende stamhoofden, Moshette in het noorden en Massouw in het zuiden. Als beloning claimden de blanke kolonisten de zeggenschap over hun woongebieden, die ze in 1882 respectievelijk 1883 uitriepen tot de republieken Gosen en Stellaland.

De nieuwe ministaatjes waren een doorn in het oog van de Engelsen. Uitbreiding van het Transvaalse grondgebied naar het westen zag Londen als een bedreiging van de eigen strategische positie. Op die manier zouden de Boeren de enige vrije handelsweg naar het noorden blokkeren, en zelf ongehinderd kunnen doorstoten naar het westen, wie weet helemaal naar het kustgebied aan de Atlantische Oceaan. Handelend optreden was geboden. De Conventie van Londen bood in februari 1884 de gelegenheid de zuidwestelijke grenzen van Transvaal te fixeren. Drie maanden later kwamen de Britten met twee andere zwarte hoofden in het gebied, Montsioa en Mankoroane, overeen dat het hele zuiden van Bechuanaland, tot aan de rivier de Molopo, een protectoraat zou worden. Brits Bechuanaland heette het gebied officieel vanaf mei 1884.

Einde van Gosen en Stellaland, zo leek het. Maar daar dacht Du Toit anders over. Als speciaal commissaris naar Gosen gestuurd, verklaarde hij in september van dat jaar dat Transvaal voortaan zowel Moshette als Montsioa onder 'hare bescherming' zou nemen. Het kleine Boerenrepubliekje Gosen was met andere woorden opeens ingelijfd bij de grote broer. Om dit ceremonieel kracht bij te zetten liet hij in de hoofdstad Rooi-Grond de Transvaalse vlag hijsen. 'Zonder dat hem daaromtrent eenige instructie was gegeven,' noteerde Leyds afkeurend. Sterker nog, toen Pretoria ervan vernam, werd Du Toit direct te verstaan gegeven 'dat niet te doen, en indien het reeds gebeurd mocht zijn, de vlag neer te halen'.

Maar het kwaad was al geschied. Het kwam de Transvaalse regering te staan op een scherp Brits protest, het betrof hier immers een dubbele schending van de Conventie van Londen: zowel eigenmachtige gebiedsuitbreiding als een verdrag met zwarte hoofden zonder Britse goedkeuring. Dat werd des te ernstiger opgenomen doordat Duitsland zich sinds augustus 1884 nu ook formeel in de Zuid-Afrikaanse regio had gemeld, met zijn protectoraat over Angra Pequena en verre omstreken. De Engelse onderhandelaars die Kruger en Leyds in januari 1885 tegenover zich vonden, waren dan ook niet uitgekozen op inschikkelijkheid.

Aan het hoofd stond luitenant-generaal Charles 'Jerusalem' Warren. Hij dankte die bijnaam niet aan zijn geloofsijver, maar aan belangrijke opgravingen in Palestina – hij was ook professioneel archeoloog. Verder was hij zo arrogant en eigengereid als een Engelse hoofdofficier maar kon zijn. Vijftien jaar later zou hij dat overtuigend bewijzen tijdens de slag bij Spionkop, een van de grootste Engelse nederlagen in de Boerenoorlog. In Bechuanaland bleef wapengeweld uit, maar dat lag niet aan Sir Charles. Hij popelde om de '*Republics of Robbers*' een lesje te leren, liever kwaadschiks dan goedschiks. Voor het geval het zover zou komen, had hij een troepenmacht van vierduizend man meegenomen, plus nog 'een corps naturellen'. Kleurlingen onder de wapens, dat was volgens Leyds 'een maatregel, die velen het hoofd deed schudden.' Vele Boeren, bedoelde hij natuurlijk.

Die schudden toch al het hoofd over het tweede lid van de Engelse delegatie, John MacKenzie. Voor de Boeren was hij de verpersoonlijking van de kwaadsprekerij. De zendeling bezeten van de duivel, die hen al jarenlang beschuldigde van racisme, moord, doodslag en uitbuiting. Voor de leden van de *London Missionary Society* was hij de held, die zegenend zendingswerk deed onder de zwarten en ook nog eens politiek ijverde voor hun rechten. Eerder had hij de Transvaalse deputatie in Londen het leven zuur gemaakt in de publieke opinie. Terug in Zuid-Afrika was hij aangesteld als de eerste *deputy commissioner* in het nieuwe protectoraat Brits Bechuanaland. Dat duurde niet lang, het besturen ging hem minder goed af dan het prediken, maar Warren wilde hem bij per se bij de besprekingen met de Boeren hebben.

Het derde delegatielid had Warren er juist liever niet bij gehad, maar hij kon niet om hem heen. Cecil Rhodes had, nog maar eenendertig jaar oud, al fortuin en naam gemaakt in Kimberley en Kaapstad. Hij was op weg naar nog veel grotere rijkdom en reputatie, en zou uiteindelijk ultieme roem beleven door zijn naam te geven aan de nieuwe staat Rhodesië, het huidige Zimbabwe. In januari 1885 was Rhodes parlementslid in de Kaapkolonie en de opvolger van MacKenzie als *deputy commissioner*. Warren vond hem veel te redelijk. Leyds constateerde dat je wel zaken met hem kon doen: 'Rhodes heeft zich stipt aan onze afspraak gehouden, anders dan Warren.' Kruger meende na afloop dat hij nog heel wat te stellen zou krijgen met 'deze jongeman'.

Uiteindelijk zou Kruger gelijk krijgen, de Boeren zouden ooit de grond vervloeken waarop Rhodes liep, maar zover was het toen nog niet. In de tenten in Veertienstroom en Blignautspont waar ze de drie Engelse onderhandelaars ontmoetten, was Warren de hardste noot. Gekraakt kregen ze hem niet. Zijn troepenmacht was een sterke troef, en op afstand wist hij zich verzekerd van de steun van hoge commissaris Sir Hercules Robinson in Kaapstad en minister van Koloniën Lord Derby in Londen. Geen duimbreed gaf Rhodes toe. Er waren bijkomende kwesties waarover viel te marchanderen, zoals de beschuldigingen van veediefstal over en weer door de Engelsgezinde

Mankoroane en de bondgenoot van de Boeren, Massouw, maar in de grenskwestie zat geen beweging. Daar veranderde de geslepenheid van Kruger noch de spitsvondigheid van Leyds iets aan. 'Een staatsman kan zijn pleizier wel op,' schreef Leyds aan Louise, 'vooral als hij strijden moet voor een zaak, die zwak staat.' Zo was het. Gosen en Stellaland waren doodeenvoudig niet te verdedigen, niet met het wetboek, niet met de wapens.

De uitkomst van de besprekingen was dat de Engelsen het zuidelijk deel van Bechuanaland opwaardeerden van protectoraat tot kroonkolonie, te besturen vanuit Kaapstad. Het gebied boven de rivier de Molopo werd een nieuw Brits protectoraat. De Engelsen hadden hun corridor naar het noorden veiliggesteld, en de expansie van Transvaal naar het westen de pas afgesneden.

Leyds keerde ziek terug naar Pretoria. Het bedorven vlees had hem te pakken gekregen.[20]

Wat in 1884 en 1885 in Bechuanaland gebeurde, was niets nieuws onder de Zuid-Afrikaanse zon. Al sinds de jaren twintig van de negentiende eeuw was de regio het toneel van steeds verdergaande staatsvorming, met de daarbij onvermijdelijke confrontaties tussen expanderende blanke en zwarte rijken. Inzet was de zeggenschap over land, menskracht, vee, handel en strategische posities. Land om te beweiden, te bewerken of te ontginnen. Menskracht om het zware werk te doen, of om nieuw land te veroveren. Vee om van te leven en mee te pronken. Handel om geld te verdienen, geweren te kopen, aanzien te verwerven. Strategische posities om te houden wat je had en te krijgen wat je wilde. Macht, roem, rijkdom, status. Dat waren de persoonlijke ambities, vermengd met ondernemingszin, vrijheidsdrang, geloofsijver en vaderlandsliefde. Wat begon als vage invloedssferen, ontwikkelde zich in de loop van de negentiende eeuw tot een *survival of the fittest* in een *frontier*samenleving, en mondde uit in steeds nauwkeuriger vastgelegde grenzen en in kaart gebrachte territoria.

Dat proces is het best te schetsen vanuit twee vertrekpunten, het ene in het zuidwesten, het andere in het oosten. In demografische termen ging het daarbij om een expanderende blanke bevolkingskern in de Kaapkolonie en een dynamisch zwart machtscentrum in het huidige KwaZulu-Natal.

De zuidwestelijke kuststreek rond Kaapstad vormde het vertrekpunt voor de uitwaaiering van blanke kolonisten. Begin negentiende eeuw woonden daar twee rivaliserende groepen. Het Nederlandssprekende deel claimde de oudste rechten, daterend van de vestiging van een verversingspost ter plekke door Jan van Riebeeck in 1652. Sinds die tijd waren de kolonisten weliswaar vermengd geraakt met Duitse en Franse immigranten en niet-blanke slavinnen, maar ze hielden hun overwegend Nederlandse afkomst in ere, net als het geloof van hun zeventiende-eeuwse voorvaderen. Daarnaast woonden er blanken van Britse origine. Ze volgden in het voetspoor van de Britse troepen die de Kaapkolonie op Nederland veroverden, eerst van 1795 tot 1803 en vervolgens definitief in 1806. Sindsdien kregen de Engelssprekende kolonisten steeds meer de overhand, ook al door een welbewuste immigratiepolitiek. Zij hechtten aan de verworvenheden van de Verlichting en beriepen zich op een hogere vorm van beschaving. Dat zette kwaad bloed bij de Nederlandse afstammelingen.

Behalve met elkaar concurreerden de blanke kolonisten aan de Kaap met tal van niet-blanke stammen. Naar hun herkomst en taal waren deze in te delen in drie grotere bevolkingsgroepen. De oudste bewoners waren de Bosjesmannen, of San. Zij leefden in kleine gemeenschappen van jagers en verzamelaars, en waren in de loop der tijd steeds verder teruggedrongen naar bergachtige streken en halfwoestijnen zoals de Karoo. De tweede groep was die van de Khoikhoi. Het waren nomaden die met hun kuddes koeien, schapen en geiten grote gebieden bestreken, verspreid over de westelijke helft van het huidige Zuid-Afrika. De blanke kolonisten noemden hen Hottentotten – zo klonk hun taal in Nederlandse oren. De derde groep onderscheidde zich van de andere twee in leefwijze en huidskleur. De Bantoes bedreven veelteelt en landbouw en hadden een donkerder uiterlijk dan de San en de Khoikhoi. Naar hun verspreidingsgebied waren er drie subgroepen te onderscheiden. In het noordwesten leefden de Damara en de Ovambo. In het binnenland, op het hoge veld, de Bechuana en de Basuto. En van het zuidoosten tot het noordoosten waren de belangrijkste Bantoestammen de Xhosa, de Swazi en de Zoeloes.

Zo strikt als het onderscheid hier wordt gemaakt, was de praktijk overigens niet in alle opzichten. De verschillende bevolkingsgroepen concurreerden niet alleen met elkaar, er was ook sprake van contact, uitwisseling en vermenging. Het sprekendste voorbeeld van dat laatste waren de Griqua, halfbloeden voortgekomen uit (officiële en officieuze) relaties tussen blanken en Khoikhoi, en begin negentiende eeuw inmiddels erkend als een apart volk. De eerlijkheid gebiedt om vast te stellen dat de onderlinge betrekkingen tussen blank, bruin en zwart in de meeste gevallen minder liefdevol waren. Geweld was aan de orde van de dag. In het oosten van de Kaapkolonie raakten eerst Nederlandse en vervolgens Engelse kolonisten zo vaak in de clinch met de Xhosa dat de 'grensoorlogen' er werden genummerd – in 1818 waren ze al toe aan nummer vijf.

Maar dit alles speelde zich nog af ten zuiden van de Oranje, of Gariep in de taal van de Khoikhoi, de langste rivier van Zuid-Afrika, ontspringend in de Drakensbergen en ruim achttienhonderd kilometer verder naar het westen uitmondend in de Atlantische Oceaan. De belangrijkste zwarte tegenkrachten tegen de blanke expansiedrift vonden hun oorsprong ten oosten van de Drakensbergen, vanaf de jaren twintig.

Shaka was de naam van de koning die daar, in Natal, met meedogenloze hand de basis legde voor een mythisch Zoeloekoninkrijk. Zijn regimenten, of *impis*, zaaiden dood en verderf in het hele kustgebied langs de Indische Oceaan. Rivalen vluchtten alle kanten op en bouwden vanuit hun wijkplaatsen eigen rijken op, die op hun beurt weer nieuwe migratiestromen op gang brachten. Mozelekatze zocht zijn heil in het westen, over de Drakensbergen naar het stroomgebied van de Vaal op het hoge veld, en stichtte daar het Matabelekoninkrijk. Moshoeshoe nam zijn toevlucht tot een onneembare vesting in het hooggebergte van Basutoland, het tegenwoordige Lesotho. In 1828 werd Shaka vermoord door zijn broer Dingaan, maar het Zoeloekoninkrijk behield zijn angstaanjagende reputatie.[21]

Dat ondervonden ook de blanke kolonisten van overwegend Nederlandse afkomst die in de jaren dertig vanuit de Kaapkolonie uitzwermden in noordoostelijke richting. Afrikaners heetten ze al, Boeren werden ze genoemd als ze zich ergens vestigden, en als geheel werd deze groep pioniers aangeduid als Trekkers, of in hun eigen woorden, als Voortrekkers. Ze wilden hun vrijheid terug. Onder het

Engelse juk vandaan, grazige weides afbakenen waar hun ossenwagens hen maar brachten, en hun kleurlingen geknecht houden zoals ze gewend waren. Zo zag hun vrijheid eruit. Ze vertrokken in golven, bij elkaar zo'n vijftienduizend mannen, vrouwen en kinderen, in een Grote Trek die verschillende vertakkingen kende. Sommigen trokken over de Oranje, anderen nog verder naar het noorden over de Vaal, weer anderen naar het oosten afbuigend tot over de Drakensbergen naar Natal.

Die laatste groep stuitte op Dingaan, in februari 1838. Het werd een bloedige kennismaking. De ontvangst in zijn hoofdplaats uMgungundlovu ontaardde in een moordpartij, met honderden slachtoffers onder de Trekkersgezinnen en hun Khoikhoibedienden. In december namen de Boeren wraak. Bij de rivier de Ncome bleken hun geweren en favoriete 'lager'-opstelling – een kring van onderling verbonden huifkarren – een dodelijke combinatie. Van de tienduizend Zoeloestrijders, gewapend met assegaaien, kwamen er drieduizend om. De Boeren telden slechts vier gewonden, onder wie hun leider Andries Pretorius. Ze herdoopten de Ncome in Bloedrivier en riepen 16 december uit tot Dingaansdag. De Zoeloekoning zelf vluchtte naar het noorden en werd van de troon gestoten. De Boeren stichtten de Republiek Natalia, met Pietermaritzburg als hoofdstad.

In Transvaal had de confrontatie tussen de blanke nieuwkomers en de gevestigde zwarte machthebber een vergelijkbare afloop. Hier was het Mozelekatze die zijn *impis* afstuurde op de Trekkers, onder wie de twaalfjarige Paul Kruger. Maar ook hier bleek de assegaai geen partij voor lager en geweer. Bovendien kregen de Boeren steun van bondgenoten, de Griqua en Bechuana. Toen Mozelekatze ook nog eens in de flank werd aangevallen vanuit het koninkrijk Zoeloe, trok hij met al zijn Matabelevolgelingen naar het noorden, tot boven de Limpopo, of Krokodilrivier.

Het succes van de Grote Trek bracht ook de Engelsen in beweging. Met name de jonge Boerenrepubliek in Natal baarde hen zorgen. De verstoring van de status quo in het gebied raakte de veiligheid van de Engelse handelspost aan de Indische Oceaan, Port Natal – het huidige Durban. Dat was een argument dat in de Kaapkolonie, maar meer nog in het moederland zwaar woog. Als de regering in Londen één factor in het Zuid-Afrikaanse krachtenspel serieus nam, dan was het wel het belang van ongestoorde zeeroutes naar Azië, in het bijzonder Brits-Indië. Pleisterplaatsen als Kaapstad en Port Natal speelden een cruciale rol in dit strategische concept. Dat verklaart de inzet van het fregat *Southampton* van de *Royal Navy,* met genoeg versterkingen aan boord om de macht in Natal over te nemen. In 1843 werd het geannexeerd en als nieuw district toegevoegd aan de Kaapkolonie.

Opnieuw onder Engels gezag, dat was voor de meeste Boeren in Natal moeilijk te verteren. Onder aanvoering van Pretorius trokken zij verder, of beter gezegd terug, naar het westen, weer de Drakensbergen over, om zich te vestigen op het hoge veld tussen de Oranje en de Vaal. Maar ook daar bleven ze niet uit de greep van de Engelsen. Wederom was het argument dat de Trekkers de bestaande machtsverhoudingen verstoorden. Het gouvernement in Kaapstad wilde geen onrust aan zijn koloniale grenzen. In 1848 werd ook dit nieuwe vestigingsgebied van de Boeren geannexeerd. Het kreeg de naam *Orange River Sovereignty.*

Deze annexatie had niet het gewenste effect. Tegen wil en dank raakte het Britse bestuur verstrikt in de lokale conflicten tussen de Boeren en de Basuto van Moshoeshoe, het bleef onrustig in het gebied en de kosten liepen hoog op. Militair konden de Engelsen geen beslissing forceren omdat ze al snel in beslag werden genomen door opnieuw een grensoorlog met de Xhosa, nummer acht inmiddels (1850-1853). De enige uitweg bleek de aftocht. De Engelsen lieten het hoge veld aan de Voortrekkers. De Conventie van Zandrivier van 1852 smaakte als een persoonlijke genoegdoening voor Andries Pretorius. Groot-Brittannië erkende de onafhankelijkheid van het gebied ten noorden van de Vaal, voortaan officieel Zuid-Afrikaanse Republiek geheten, officieus Transvaal. In 1854 legde de Conventie van Bloemfontein hetzelfde vast voor het gebied tussen de Oranje en de Vaal. *Orange River Sovereignty* werd omgedoopt in Oranje Vrijstaat.[22]

Tot in de jaren zeventig legden de Engelsen zich hierbij neer. Ze lieten de Zuid-Afrikaanse Republiek en Oranje Vrijstaat ongemoeid. Daar woonden nog steeds niet veel meer dan enkele tienduizenden Boeren, in betrekkelijk isolement. Hun enige verbindingen met de beschaafde buitenwereld waren de wagensporen naar het zuiden. In naam waren de Boerenrepublieken dan wel onafhankelijk, in staatsvorming en economische groei bleven ze ver achter bij de Kaapkolonie. Indien nodig, redeneerden de Engelsen, konden ze altijd nog ingrijpen.

Die redenering bleek te kloppen, toen er diamanten werden gevonden. Het hele krachtenspel veranderde radicaal. Tot dan toe was de expansiedrift van alle betrokken partijen gericht geweest op land om te beweiden, te verbouwen of strategisch te versterken. Vanaf 1867 kwam daar een nieuwe, buitengewoon krachtige drijfveer bij: land om uit te graven, op zoek naar bodemschatten. De diamantvondsten werden gedaan in de streek waar de Vaal uitmondt in de Oranje, het eerst bij Hopetown, vervolgens op meer plaatsen in het stroomgebied. In 1870 en 1871 werden hallucinerende hoeveelheden aangetroffen op en nabij Colesberg Kopje. Daar bleken in totaal vier vulkanische 'pijpen' van gestolde, diamant houdende lava aan de oppervlakte te komen. Een maand na hun ontdekking waren er al duizenden mannen aan het graven op honderden individuele kavels. New Rush werd de naam van hun razendsnel en chaotisch uitdijende tentenkamp. Een toepasselijke naam. In 1873 telde de plaats al dertienduizend blanke en dertigduizend zwarte inwoners, de grootste stad in Zuid-Afrika na Kaapstad. Colesberg Kopje zelf verdween geheel van de aardbodem. Het werd tot honderden meters diep uitgegraven tot *The Big Hole*, de immense krater die Willem en Louise Leyds op de heenreis naar Pretoria zo graag met eigen ogen hadden willen zien.

De gevolgen van de diamantwinning waren ingrijpend. Midden in een tot dan toe puur rurale samenleving werd uit het niets een dynamische stad opgetrokken, steunend op slechts één pijler: grootschalige en, naarmate er dieper gegraven werd, steeds meer industriële mijnbouw. De diamantvelden fungeerden niet alleen als een ongekende aanjager van de economie en als een magneet voor tienduizenden arbeidsmigranten, ze brachten ook een verandering teweeg in de politieke machtsverhoudingen.

De diamanten werden gevonden in betwist grensgebied. Er lagen claims van Transvaal, van Oranje Vrijstaat en van Griqualand West, een van de twee territoria die sinds de jaren dertig waren toegewezen aan het Griquavolk – Griqualand Oost, ten oosten van Basutoland, was het andere. In de territoriale verwarring en anarchie als gevolg van de plotselinge instroom van duizenden gelukzoekers, wendde Nicolaas Waterboer, de 'Kapitein' van de Griqua, zich tot de Engelsen om hulp. Niet tevergeefs. In oktober 1871 riep gouverneur van de Kaapkolonie Sir Henry Barkly, zonder op officiële goedkeuring van Londen te wachten, Griqualand West uit tot een Engelse kroonkolonie. Tegelijkertijd liet hij de grens met Oranje Vrijstaat definitief afbakenen, zorgvuldig net ten oosten van de diamantvelden. De twee Boerenrepublieken protesteerden, maar konden hun eigen claims onvoldoende kracht bijzetten. In juli 1873 kreeg New Rush demonstratief een nieuwe naam: Kimberley, naar de toenmalige Engelse minister van Koloniën.[23]

Onder diens opvolger Lord Carnarvon werd de annexatiekoers met kracht voortgezet, nu ook vanuit Londen. De nieuwe regering-Disraeli had uitgesproken imperialistische ambities. Lord Carnarvons ideaal voor Zuid-Afrika behelsde een federatief bestuur, zoals hij eerder ook had gerealiseerd in Canada. Dat de Boerenrepublieken hier niets voor bleken te voelen, vond hij geen bezwaar. Ze hadden ook gesputterd tegen de inlijving van de diamantvelden bij de Kaapkolonie, om zich er vervolgens toch bij neer te leggen. Daarbij kwam dat de in 1872 aangetreden Transvaalse president Burgers er in Engelse ogen gevaarlijke ideeën op na hield. Hij wilde het isolement van de Zuid-Afrikaanse Republiek doorbreken, onder meer door het aanleggen van een spoorlijn naar de Portugese kolonie Mozambique aan de Indische Oceaan. Op rondreis in Europa wist hij daarvoor diplomatieke en financiële steun te verkrijgen. Dat strookte niet met de Zuid-Afrikaanse eenheidsgedachte van Lord Carnarvon. Hij zocht naar een gelegenheid om Transvaal dan maar gewoon te annexeren, en werd op zijn wenken bediend.

In 1876 liep een veldtocht van de Boeren tegen Sekhukhune, koning van de Pedi in het oosten van Transvaal, uit op een mislukking. Het werd Burgers zwaar aangerekend, net als het financiële bankroet waartoe zijn projecten inmiddels hadden geleid. Lord Carnarvon zag zijn kans. De Boeren waren verdeeld en daardoor verlamd. Vijfentwintig man bereden politie uit Natal onder leiding van Theophilus Shepstone bleken voldoende om een einde te maken aan vijfentwintig jaar onafhankelijkheid. Op 12 april 1877 werd de annexatie van Transvaal afgedwongen.

Na deze *walk-over* waren de Engelsen *in the winning mood*. De net in Kaapstad gearriveerde nieuwe hoge commissaris Sir Bartle Frere was een even gedreven imperialist als Lord Carnarvon, maar veel ongeduldiger. Naar zijn overtuiging stonden vooral de nog resterende zwarte rijken in de weg van de federatieplannen. Hij besloot ze stuk voor stuk aan te pakken. Eerst werd in de negende – en laatste – grensoorlog afgerekend met de Xhosa. Vervolgens sloegen de Engelse troepen diverse 'opstanden' neer, onder meer in Griqualand Oost en West. Toen vond Bartle Frere het tijd voor een definitieve confrontatie met het koninkrijk dat hij beschouwde als de grootste bedreiging voor het Britse oppergezag over Zuid-Afrika: de Zoeloes.

Sinds de jaren dertig imponeerde het Zoeloekoninkrijk niet meer door zijn omvang, maar zijn militaire reputatie was nog altijd bloedstollend. De impliciete oorlogsverklaring die Bartle Frere in december 1878 aan koning Cethswayo stuurde, getuigde dan ook van moed. Overmoed, oordeelden velen, toen de eerste veldslag eindigde in een catastrofe. Op 22 januari 1879 werd een Engelse troepenmacht bij Isandhlwana overlopen door twintigduizend Zoeloekrijgers. Aan beide zijden vielen meer dan duizend doden – voor Engeland betekende het de grootste militaire nederlaag in zijn hele koloniale geschiedenis.

Zo'n nederlaag kon niet ongewroken blijven. In allerijl werd versterking opgetrommeld en een nieuwe commandant benoemd. Generaal Sir Garnet Wolseley had zijn sporen verdiend in India, Rusland, China, Canada en West-Afrika. Een levende legende, '*Our Only General*' volgens de Britse pers. Maar voordat hij op het strijdtoneel arriveerde, was de Zoeloeoorlog al voorbij. Zijn voorganger Lord Chelmsford was er alles aan gelegen om toch nog zelf de rekening voor Isandhlwana te vereffenen, en slaagde daarin op de valreep. Op 4 juli 1879 leidde hij de beslissende aanval op de koninklijke kraal in Ulundi. Aan Wolseley restte de beslissing over de toekomst van het Zoeloerijk. Hij kende geen mededogen. Cethswayo werd gevangengenomen, diens rijk opgedeeld in dertien stukken. Het machtige Zoeloekoninkrijk was niet meer.

Nog in hetzelfde jaar stelde Wolseley ook orde op zaken in het oosten van Transvaal. Met een overmacht aan geregelde en ongeregelde troepen, onder wie zo'n achtduizend Swazi, versloeg hij de Pedi en nam hij hun koning Sekhukhune gevangen. Alle georganiseerde, gewapende verzet onder de zwarte bevolking was nu gebroken. De Engelsen leken heer en meester in heel Zuid-Afrika. De federatie kon worden gesmeed.

Maar zover kwam het niet, om te beginnen door een wisseling van de wacht in het Engelse kamp. In april 1880 werd Disraeli als regeringsleider opgevolgd door de liberaal William Gladstone, allerminst een *empirebuilder* uit overtuiging. Lord Carnarvon verdween van het Londense toneel, Bartle Frere werd teruggeroepen uit Kaapstad, en Wolseley moest naar een nieuwe brandhaard, in Egypte dit keer.

Het verdwijnen van deze imperialisten pur sang bood nieuwe mogelijkheden voor de Transvaalse Boeren, al leek het daar aanvankelijk niet op. In april 1877 waren ze onderling verdeeld geweest en overdonderd door Shepstones machtsgreep, maar ze hadden nooit berust in de annexatie. Tot tweemaal toe hadden Boerenvertegenwoordigers, onder wie Paul Kruger, tevergeefs hun zaak bepleit in Londen. Van Gladstone mocht nu meer begrip worden verwacht. Toen deze in juni 1880 liet weten toch niet bereid te zijn tot een koerswijziging, gaven de Boeren de hoop op een vreedzame oplossing op. Dankzij Chelmsford en Wolseley waren ze verlost van hun gevaarlijkste zwarte tegenstanders, de Zoeloes en de Pedi. Nu de Engelsen zelf nog. Onder leiding van Kruger, Piet Joubert en Marthinus Pretorius bereidden ze zich voor op oorlog. Tijdens een massaal bezochte bijeenkomst in Paardekraal riep dit driemanschap (opnieuw) de republiek uit. Op 20 december 1880 bleek dat het menens was.

Bij Bronkhorstspruit, vijftig kilometer ten oosten van Pretoria, kwam het tot de eerste echte militaire krachtmeting tussen Boer en Brit. Een memorabel moment. Al decennialang voerden de twee rivaliserende blanke bevolkingsgroepen in Zuid-Afrika oorlog, maar tot dan toe altijd tegen zwarte tegenstanders, geweren tegen assegaaien. Tegen elkaar hadden ze zich altijd beperkt tot imponeergedrag. Nooit eerder waren ze onderling voluit slaags geraakt. En nu voor het eerst: blank tegen blank, geweer tegen geweer.

De Engelsen hadden er het meeste moeite mee. Hun officieren kregen het doodeenvoudig niet voor elkaar deze nieuwe tegenstander serieus te nemen. Ze vonden de Boeren maar een zootje ongeregeld, met die corduroy broeken en slappe hoeden. Die werkten als een rode lap op hun spreekwoordelijke arrogantie, en verleidden hen tot elementaire tactische blunders. Zo verging het kolonel Philip Anstruther bij Bronkhorstspruit, zo verknoeide generaal-majoor Sir George Pomeroy Colley het tot driemaal toe, bij Laing's Nek, Ingogo en ten slotte op de Majuba, op 27 februari 1881. In die laatste beslissende slag vielen aan Engelse kant tweeënnegentig doden, onder wie Colley zelf, en honderdvierendertig gewonden. De Boeren telden er één dode en vijf gewonden.

Het waren bij lange na niet de aantallen slachtoffers als bij Isandhlwana, maar voor de Engelsen was de schande er niet minder om. Koningin Victoria en de conservatieve oppositie eisten op hoge toon vergelding. Maar nu bleek dat het wel degelijk verschil maakte wie er in *Whitehall* regeerde. Gladstone vreesde voor escalatie van het conflict naar heel Zuid-Afrika en besloot zijn verlies te nemen. Zodoende bleven de gewelddadigheden beperkt tot vier veldslagen in ruim twee maanden. De Boeren hadden het conflict, dat later ook wel de Eerste (Anglo-)Boerenoorlog zou worden genoemd, of door hen zelf de Eerste Vrijheidsoorlog, onbetwist gewonnen.[24]

De vrede bleek vervolgens aanzienlijk lastiger te winnen. Het kostte de Transvaalse Boeren nog eens drie jaar, en Kruger een derde retourtje naar Londen, om onder de formele Britse suzereiniteit uit te komen. De prijs die de Conventie van Londen daarvoor eiste, bestond uit gefixeerde buitengrenzen. En op dat punt toonde de regering-Gladstone zich in het geheel niet toegeeflijk, zoals Kruger en Leyds in januari 1885 ondervonden in Bechuanaland. Binnenlands had de Zuid-Afrikaanse Republiek haar onafhankelijkheid dan wel herwonnen, haar verdere expansie was aan banden gelegd, zo leek het.

Goud

Johannesburg, januari 1887

Het zal de familie in Amsterdam geduizeld hebben. Hoe zat dat nu met dat goud in Transvaal? Begin augustus 1886 schreef Louise Leyds dat zij en Willem erover dachten 'om eens naar de goudvelden van Barberton te gaan, waar tegenwoordig een groote drukte heerscht'. Eind september had ze het opnieuw over Barberton, driehonderdvijftig kilometer ten oosten van Pretoria, niet ver van de grens met Mozambique, als 'de hoofdplaats der goudvelden' die 'in eenige maanden van een klein plaatsje een stad geworden' was. Vier maanden later bleek de reis heel ergens anders naartoe te zijn gegaan. 'We hebben een heerlijk uitstapje gemaakt naar de goudvelden,' begon haar brief van vrijdag 4 februari 1887. 'We gingen met ons eigen rijtuig en paarden' en 'kwamen tegen 11 uur in Witwatersrand'. Witwatersrand? Maar dat was een bergrug ten zuiden van Pretoria, hooguit vijftig kilometer ver. Waar lag dat goud nu eigenlijk?[25]

Het was niet alleen verwarrend voor buitenstaanders. Ook experts tastten lange tijd in het duister over de Transvaalse bodemschatten. Dát er goud voorkwam, stond al tientallen jaren vast. Daarvoor zagen de monsters die op tal van plekken werden gevonden er te veelbelovend uit. De vraag was alleen: kon je het ook winstgevend uit de bodem halen? Sommigen zagen in elke glinsterende rivierbedding gouden bergen weerspiegeld, maar de geologische werkelijkheid bleek telkens ontnuchterend.

Tot 1883. In dat jaar werd in De Kaap – een vallei in het oosten van Transvaal, niet te verwarren met de Kaap(kolonie) aan de zuidwestkust – een profijtelijke goudader blootgelegd. In 1884 volgde een nieuwe vondst, weer een jaar later de ontdekking van het spectaculair rijke *Sheba Reef.* Bij elkaar meer dan genoeg voor een authentieke *gold rush*, compleet met *boomtown*. Inderdaad, Barberton. De taferelen die zich in 1871 na de diamantvondsten in Kimberley hadden afgespeeld, herhaalden zich nu hier. Duizenden gelukzoekers creëerden binnen de kortste keren een compleet mijnwerkersstadje, zinderend van activiteiten en op hol geslagen fantasieën. Alles erop en eraan. Kantoren, winkels, bars, hotels, clubs, *music halls*, bordelen, en niet te vergeten een effectenbeurs, waar van 's ochtends vroeg tot 's avonds laat driftig werd gehandeld in de verwachting van nog meer fabelachtige vondsten.

Kimberley en de *City* handelden vol overgave mee. *Kaffirs*, zoals de aandelen in de goudmijnen van Barberton werden genoemd, gingen *sky high* in Londen, tot het honderdvoudige van hun uitgiftewaarde. Mijnbouwbedrijven die niets anders te bieden hadden dan een ronkende prospectus vergaarden moeiteloos aandelenkapitaal. Het was pure speculatie, niet gebaseerd op exploitatie, maar op kansberekening. En zoals bekend kan het dan gruwelijk misgaan. Dat gebeurde ook. Al snel werd duidelijk hoe absurd hoog de verwachtingen gespannen waren, en de *Barberton Bubble* spatte abrupt uiteen. Van de duizenden claims leidden er uiteindelijk slechts vijf tot rendabele mijnen. De rest ging in rook op, net als de fortuinen die er in waren geïnvesteerd. Transvaals goud was een extreem riskante belegging gebleken.

Dat is een van de verklaringen voor de aarzeling, zowel bij mijnbouwdeskundigen als in financiële kringen, toen in de loop van 1886 nieuwe goudvondsten werden gedaan in de Witwatersrand. De andere verklaring zat 'm in de bijzondere verschijningsvorm van het goud in de Rand, zoals die bergrug ook wel werd genoemd. Het edele metaal kwam er niet voor in de vorm van klompjes, of als gouderts in kwartskristallen. Het zat verstopt in een grondlaag die de Boeren 'banket' noemden, naar de gelijknamige sinterklaastraktatie, en dan meestal ook nog in een geringe concentratie. Het relatief lage gehalte werd echter meer dan gecompenseerd door de immense afmetingen van het hele met goud doorregen gebied. Om in de sfeer van de goedheiligman te blijven, het betrof eigenlijk een monsterlijk grote 'banketstaaf' van tweehonderd kilometer lang, tientallen kilometers breed en op sommige plekken vier kilometer diep.

Die gigantische reikwijdte was aanvankelijk natuurlijk nog niet bekend. Sterker nog, ook waar het banket aan de oppervlakte kwam, overtuigde het lang niet elke kenner. Historisch is nog altijd de misser van de gerenommeerde Amerikaanse mijningenieur Gardner Williams. Na een inspectietocht van tien dagen langs alle tot dan toe bekende vindplaatsen liet hij de volgende oneliner noteren: '*If I rode over these reefs in America I would not get off my horse to look at them. In my opinion they are not worth Hell room.*' Voor alle duidelijkheid, hij stond óp de grootste goudvoorraden ter wereld.[26]

Alle scepsis ten spijt waren er ook ingenieurs en financiers die wel heilig geloofden in de potentie van de Rand – en ernaar handelden. Net als in Barberton was daarbij een hoofdrol weggelegd voor de diamantmagnaten uit Kimberley. Voorop ging Joseph Robinson, afkomstig uit de Kaapkolonie en berucht om zijn hardhandige manier van zakendoen. Hij zat zelf diep in de schulden, maar kreeg in juli 1886 toch voldoende kapitaal mee naar de Rand om er links en rechts grote percelen land op te kopen – en daarmee de basis te leggen voor een nieuw fabelachtig fortuin. Zijn financier was Alfred Beit, geboren in Hamburg, opgeleid in Amsterdam, en in Kimberley uitgegroeid tot de meest geslepen en kapitaalkrachtige diamanthandelaar van allemaal. Beit was gelieerd aan twee andere Duitsers, Julius Wernher en Hermann Eckstein. Alle drie begonnen ze hun carrière in dienst van Jules Porgès & Cie, een vanuit Parijs opererend internationaal handelshuis. Ook de naamgever zelf, als Yehuda Porges geboren in Wenen en opgegroeid in Praag, had tien jaar eerder de Lichtstad verruild voor de Diamantstad, en verlegde nu zijn aandacht naar de Goudstad in opbouw.

Natuurlijk ontbrak ook Cecil Rhodes niet in het gezelschap, met zijn vaste compagnon Charles Rudd. Rhodes stond in Kimberley bekend als degene die alles kocht van iedereen, of beter gezegd, hij kocht alles én iedereen. Diamanten of pompinstallaties, paarden of concurrenten, het was hem om het even. Als er één principe was dat Rhodes met overtuiging toepaste, was het bundeling van krachten. Maar dan wel onder zijn eigen regie. Opkopen, omkopen, uitkopen, dat waren zijn sleutels tot succes. Financieel gesteund door de Rothschilds, was hij drukdoende met zijn grootste zakelijke kunststuk: de opbouw van een volledig diamantmonopolie voor de door hem opgerichte *De Beers Mining Company* – genoemd naar de broers van wie hij het land had gekocht. Beit deed al mee, in 1888 zou de laatste nog overgebleven grote concurrent volgen. Het was de even clowneske als gehaaide Barney Barnato, als Barnet Isaacs geboren in Londen. Hij zou uiteindelijk bezwijken voor Rhodes' aanbod van het lidmaatschap van de *Kimberley Club*, een zetel in het parlement van de Kaapkolonie en zevenduizend aandelen in de nieuwgevormde *De Beers Consolidated Mines*, '*the richest, the greatest, and the most powerful Company the World has ever seen*'. De miljoenen die Barnato met deze deal verdiende, gebruikte hij om fors te investeren in de Rand.[27]

Het was dus een select en al buitengewoon gefortuneerd gezelschap dat de aanzet gaf tot de georganiseerde goudwinning in de Witwatersrand. Niet direct op volle kracht, vanwege de recente ervaringen in Barberton, maar met genoeg overtuiging om opnieuw een *gold rush* te ontketenen en een nieuwe *boomtown* te laten verrijzen. Op het hoge veld, achttienhonderd meter boven de zeespiegel, en dit keer een blijvertje. In oktober 1886 werd een terrein, bekend als Randjeslaagte, afgebakend voor de weer in menigte toestromende gelukzoekers. Als naam werd gekozen voor Johannesburg, niemand weet meer precies waarom.[28]

Drie maanden later, toen Willem en Louise Leyds een kijkje kwamen nemen in het tentenkamp, was het 'een heele drukte en al een uitgebreid dorp dat men niet van het eene einde tot het andere te voet kan gaan. Natuurlijk is alles nog maar primitief. Men ziet daar bv. een huisje van riet en klei, in maar één dag opgezet. Op een bordje staat STANDARD BANK, of TRANSVAAL HOTEL enz.' Er was nog maar één houten huis te vinden, 'het mijncommissaris-kantoor, waarin ook het postkantoor is'. Nog eens drie maanden later, in april 1887, zag het er al weer heel anders uit. 'Het is verwonderlijk hoe snel plaatsen als Johannesburg opkomen,' schreef Louise aan de familie. 'Zes maanden geleden was het nog een kale vlakte', bij hun bezoek hadden ze er alleen nog maar 'tenten en hutten van klei' aangetroffen en 'nu is het al een uitgestrekte plaats, waar al veel huizen staan en nog steeds gebouwd wordt'.[29]

En dat was nog maar het prille begin. Aan kapitaal en arbeid was van meet af aan geen gebrek in de Rand, maar de goudwinning vergde er een industriële aanpak en dus een zorgvuldige voorbereiding. Er was springstof nodig om rotsen op te blazen, hout om schachten te stutten, steenkool om stoommachines te laten draaien, die op hun beurt drilboren en vergruizers aandreven. Het verpulverde erts werd, vermengd met water, over koperen platen bedekt met kwik geleid. De gouddeeltjes bonden zich aan het kwik en werden daarvan door verhitting weer gescheiden. Dan pas had je puur goud in handen. Dat procedé was technisch niet heel erg ingewikkeld, maar het kostte wel flink wat tijd om alle benodigde grondstoffen en machinerieën ter plekke te krijgen. Toen die logistieke operatie eenmaal op gang was gekomen, in de loop van 1888, dijde Johannesburg pas echt goed uit.

Nog één keer dreigde er een kink in de kabel te komen. Vanaf een meter of zestig, zeventig diep bleek het gouderts vermengd met pyriet, het onder mijnwerkers gevreesde '*fool's gold*'. Bij zo'n samenstelling heb je niets aan kwik. Vanaf 1890 stagneerden daardoor de groei van de goudmijnindustrie en de toestroom van immigranten. Maar aan de oplossing werd voortvarend gewerkt. Cyaankali. Dat zorgde wel voor de gewenste chemische reactie. Ontwikkeld in Glasgow, en direct getest en toegepast door Wernher, Beit & Co., de erfopvolger van Jules Porgès & Cie. Bij proefnemingen bleek de nieuwe methode zelfs veel effectiever dan de oude. Cyaankali haalde de goudresten eruit die het kwik liet zitten. In 1892 keerde het vertrouwen volledig terug en puilden de straten weer uit van de nieuwkomers.

Sindsdien stond op de groei van Johannesburg geen maat meer, niet in Zuid-Afrika, niet in enig ander land ter wereld. Tien jaar na de stichting, in 1896, zou de stad al honderdduizend inwoners tellen. Ruim veertigduizend van hen waren zwarten, afkomstig van het hele

Zuid-Afrikaanse subcontinent. Zij deden het zware, ongeschoolde werk, boven en onder de grond. Daarnaast woonden er vijfduizend kleurlingen en ruim vijftigduizend blanken. Zij deden het werk waarvoor enige scholing noodzakelijk werd geacht, technisch, administratief of financieel. Slechts zesduizend van hen waren geboren in Transvaal zelf. Tweederde was Engelstalig, afkomstig uit de Kaapkolonie en Groot-Brittannië, de rest was een mengelmoes uit alle windstreken: Russische joden, Duitsers, Nederlanders. Eén ding had de overgrote meerderheid gemeen: het waren mannen, jong en ongetrouwd. Dus ook bars, gokhallen en bordelen deden fantastisch goede zaken. Als Johannesburg al werd vergeleken met andere steden, dan was het met een combinatie van Monte Carlo en Sodom en Gomorrha.[30]

En met Kimberley natuurlijk, in zekere zin de 'moederstad'. Wel bleef er een duidelijk onderscheid tussen beide steden, dat te maken had met de verschillen in winning en marktwaarde van goud en diamanten. In Kimberley was aanvankelijk in het wilde weg gegraven, door tal van claimhouders met grotere of kleinere perceeltjes blauwe grond, waaruit de diamanten min of meer als eindproduct tevoorschijn kwamen. Dat bood mogelijkheden te over voor de degenen die het eigenlijke werk deden om stenen achterover te drukken en zelf te verkopen. Omdat de marktwaarde van diamanten een kwestie is van vraag en aanbod, kwamen mijnexploitanten al snel tot de conclusie dat de verkoopprijs alleen op peil te houden was door regulering. Dat wil zeggen, door gedoseerd te produceren én door het eigen personeel te controleren.

Vandaar dat Rhodes cum suis van meet af aan uit waren op concentratie. Daarin werden ze geholpen door het oplopen van de technische en organisatorische moeilijkheidsgraad naarmate er dieper werd gegraven. En ze hielpen zichzelf door het aanscherpen van de controles. Die gingen uiteindelijk heel ver. Na iedere werkdag werden de zwarte mijnwerkers onderworpen aan een uitgebreide visitatie. Haar, neus, mond, oksels, navel, anus, elk lichaamsdeel dat maar diamanten kon bevatten, werd minutieus onderzocht. Met speciale aandacht voor, mogelijkerwijs zelf aangebrachte, verwondingen. Een week voordat hun contract afliep, moesten de mijnwerkers naar het *detention house*. Daar werden hun handen geketend in een soort van bokshandschoenen, en hun stoelgang zorgvuldig bijgehouden. Als die geen dagelijkse regelmaat vertoonde, kregen ze een purgeermiddel. Uiteraard met de bedoeling om eventueel ingeslikte diamanten alsnog te onderscheppen. Daarvoor was zelfs een soort productielijn ingericht. De afwatering van de toiletten leidde rechtstreeks naar een zeefband, aflopend van grof tot extra fijn, om de uitgepoepte edelstenen meteen naar grootte te sorteren.[31]

Niet bepaald hightech, maar wel tekenend voor de fanatieke systematiek van de bedrijfsvoering. Het duurde zeventien jaar, toen was de chaos van de beginfase in Kimberley geëvolueerd in een geolied monopolie. Vanaf 1888 werd de wereldhandel in diamanten gedomineerd door De Beers.

Johannesburg liet een andere ontwikkeling zien. Vanaf de eerste dag vereiste de goudwinning in de Rand grondstoffen en machines, en dus kapitaal en organisatie. Alleen al daardoor kwam versnippering van claims en percelen hier niet voor – en konden individuele mijnwerkers er niet zomaar met het eindproduct vandoor gaan. Het waren de diamantmagnaten van Kimberley die het voortouw namen bij de vorming van uiteindelijk zo'n tien mijnsyndicaten, en zodoende ook naam en faam verwierven als goudbaronnen. Symbolisch voor de macht van de '*Randlords*' en gezichtsbepalend voor Johannesburg was *Corner House*, waar Hermann Eckstein de scepter zwaaide. Maar de machtsconcentratie liep nooit uit op een monopolie. Dat had alles te maken met de waardebepaling van goud. Net als diamant wordt het gebruikt voor sieraden en kent het een aantal industriële toepassingen, maar de belangrijkste economische functie van goud is die van onderpand voor het wereldwijde monetaire systeem. Opgeslagen in de kluizen van nationale banken onttrekt het zich aan een simpel marktmechanisme van vraag en aanbod. Monopolievorming om de prijs op te drijven heeft dan ook geen zin. De enige zekere manier voor goudmijnbouwbedrijven om de winst te vergroten is het verlagen van de kosten.

Er was natuurlijk nog een ander essentieel verschil tussen beide steden: de staatkundige ligging. Kimberley was door de Engelsen binnen de grenzen van de Kaapkolonie getrokken. Johannesburg lag in het hart van de Boerenrepubliek Transvaal, tussen de vorige hoofdstad Potchefstroom en het nieuwe regeringscentrum Pretoria in. Het contrast had niet grotesker kunnen zijn. Midden op de grazige weides van het hoge veld verrees uit het niets een nieuw Babylon, in een negentiende-eeuwse industriële variant. Een voorpost van het internationale grootkapitaal, waar de Mammon heerste en niet langer de God Onzer Vaad'ren. Paul Kruger had er maar één woord voor. Johannesburg was Duivelstad.[32]

Maar ook in Johannesburg moesten de Transvaalse wetten worden gehandhaafd. Voor Willem Leyds betekende dat aanzienlijk meer werk. Behalve bij het hooggerechtshof in Pretoria fungeerde hij ook als aanklager bij de zogeheten 'rondgaande hoven'. Door de enorme toestroom naar de goudvelden brachten deze rijdende rechters steeds meer zittingsdagen door in De Kaap en vooral in de Rand. Ook moest er een heel nieuw politieapparaat worden opgezet in Barberton en Johannesburg, compleet met korpsen bereden politie en ondersteund door een inlichtingendienst.[33]

Het ging daarbij ook steeds vaker om een ander soort vergrijpen dan bijvoorbeeld veediefstal. Een voorproefje van hetgeen hem te wachten kon staan, kreeg Leyds al in de loop van 1886. Het was de zaak van de staat versus Alois Nellmapius, die voor veel ophef zorgde, vooral vanwege de belangenverstrengeling tot op het hoogste niveau. Voor Leyds was het een professionele meesterproef en persoonlijkheidstest tegelijk.

Nellmapius was een Hongaarse zakenman die al sinds 1873 in Transvaal actief was. Hij kon bogen op uitstekende connecties in de hoogste kringen, zelfs op een hechte vriendschap met Kruger. Het had hem diverse lucratieve contracten opgeleverd, onder meer voor de vervaardiging van buskruit. Als directeur van de kruitfabriek was hij echter in de problemen gekomen. De Londense hoofddirectie beschuldigde hem van het privégebruik van bedrijfsgelden en deed daarvan aangifte in Pretoria. Leyds zag voldoende rechtsgrond om Nellmapius strafrechtelijk te vervolgen. Tot instemming van de rechterlijke macht, maar tot misnoegen van de politieke machthebbers.

De zaak liep hoog op. De Uitvoerende Raad, president Kruger incluis, sprak zich nadrukkelijk uit tegen vervolging. Staatssecretaris

Willem Bok, zelf commissaris bij de kruitfabriek, drong erop aan 'de vrienden van den H. Nellmapius op onze hand te houden'. Menigeen was bezweken, maar Leyds trotseerde de zware politieke druk en zette door, naar eigen zeggen omdat het 'eenvoudig mijn plicht' was. Eind september 1886 kwam het tot een rechtszaak, die hij overtuigend won. Nellmapius verdween achter de tralies.

Maar niet voor lang. Binnen een paar dagen was hij weer op vrije voeten, op gezag van de Uitvoerende Raad. Dat was aanleiding tot verontwaardiging onder het rechterlijk apparaat en in handelskringen, 'want welken waarborg had men in 't vervolg als een vonnis zoo maar vernietigd werd?' Opperrechter Kotzé liet Nellmapius prompt opnieuw gevangennemen. Het was nu hard tegen hard: de Uitvoerende Raad liet dit niet over zijn kant gaan en wilde Kotzé hardhandig tot de orde roepen.

Leyds was bepaald geen vriend van Kotzé, maar hij vond wel dat deze het gelijk aan zijn kant had. Hij drong aan op een gematigder opstelling, maar slaagde er niet in Kruger te overtuigen. Totdat in zekere nacht om kwart voor vier aan de deur werd geklopt in huize Leyds. In de brief die Louise de volgende ochtend aan het thuisfront schreef klonk de verbazing nog door: 'daar is waarlijk de President.' Hij bleek toch te zijn overgeheld naar Leyds' zienswijze. 'Tot half zes hebben ze zitten praten in de huiskamer. W. stelde een andere brief op.' Intussen had Louise andere zorgen: 'Ik lag onder de hand in bed te jammeren over mijn kleed en stoelen, want u weet dat er niet alleen wijze woorden komen uit Oom Paul's mond, maar ook het noodige spuwsel. Ik vond dan ook de verwachte verrassing, gelukkig waren de stoelen er vrij van gekomen.'

De politici wonnen de machtsstrijd. Maar dankzij Leyds werd Kotzé de gelegenheid geboden zonder al te veel gezichtsverlies bakzeil te halen. Nellmapius kreeg gratie. Het schaadde de reputatie van Transvaal als rechtsstaat, maar het imago van staatsprocureur Leyds was ongeschonden. Sterker nog, door zijn onberispelijke taakopvatting won hij aanzien. Hij had geen baard meer nodig om respect af te dwingen. Trots schreef hij aan zijn schoonvader: 'De veroordeling van N. was dus een heele triomph voor mij, en heeft, tusschen ons gezegd, natuurlijk niet nagelaten mijn prestige te verhoogen.'[34]

De Nellmapius-affaire speelde ook een belangrijke rol in Leyds' afwegingen over zijn toekomst. Begin april 1886 had hij samen met Louise nog een fles champagne opengetrokken op het verstrijken van de helft van zijn contracttermijn. Onmiskenbaar heimwee naar Holland, dat wellicht nog extra was gevoed door de dood van hun eerste zoontje, vijf maanden na zijn geboorte. Echter, eind 1886 was een terugkeer naar Nederland niet meer aan de orde. De Nellmapius-affaire had makkelijk een breekpunt kunnen worden. Leyds had er de brui aan kunnen geven, uit afkeer van de vriendjespolitiek van de Boerenleiders. Dat deed hij niet. Ook zijn relatie met de marchanderende Kruger liep geen schade op. Met zijn zevenentwintig jaar was Leyds, zeker naar Transvaalse begrippen, nog steeds een jonkie, maar hij had zich nu geheel op eigen kracht bewezen in het grote, politiek gevoelige, werk. Hij had onafhankelijk stelling genomen, zelfs lijnrecht tegenover de president, en was daarin gesterkt door diens nachtelijke boetedoening. Kennelijk bood hem dat zoveel professionele en persoonlijke genoegdoening dat hij de evidente gebreken van de Boeren voor lief nam.[35]

Het is zelfs niet overdreven te stellen dat Leyds eind 1886 definitief was gewonnen voor de Boerenzaak. Dat bleek in de eerste plaats uit zijn reactie op twee koninklijke onderscheidingen die hem in november werden aangeboden, de ene door de regering van Portugal, de andere door die van Groot-Brittannië. De Portugese ridderorde aanvaardde hij volgaarne. Voortaan mocht hij de versierselen dragen van *Cavalleiro da Real Ordem de Nossa Senhora da Conceiçao de Villa Vicoza*. Voor de benoeming tot *Knight Commander in the Most Distinguished Order of Saint Michael and Saint George* bedankte hij, net als Kruger het *Grand Cross* in dezelfde orde aan zich voorbij liet gaan. Anders dan de president van Oranje Vrijstaat, Johannes Brand, wilden ze zich niet laten inpalmen door het Britse eerbetoon. Met het oog op wat ze allemaal nog te stellen zouden krijgen met het Verenigd Koninkrijk zou het ook wel een wrange bijsmaak hebben gehad: '*Sir Paul*' en '*Sir William*'.[36]

In december 1886 volgde een tweede, nog veel overtuigender bewijs van Leyds' gestegen aanzien én vereenzelviging met de Boerenzaak. Het decor was Paardekraal, niet ver ten westen van de plek waar

Johannesburg net was gesticht. In december 1880 was daar het sein gegeven tot de gewapende opstand tegen de Engelsen. Een jaar later was die gebeurtenis herdacht met een massaal bezocht vierdaags festival. De twaalfduizend aanwezige Boeren waren onthaald op een feestprogramma, maar ook op stichtende woorden. Zo had Kruger indringend gesproken over Gods wonderbaarlijke wegen. De overwinning bij Bloedrivier in 1838, de verjaging van de Matabele uit Transvaal, de onafhankelijkheid in 1852, de herkregen vrijheid eerder dat jaar. Volgens Kruger allemaal bewijzen van de niet-aflatende zegen des Heeren. In zijn ogen waren de Boeren een uitverkoren volk. De bijeenkomst had alle kenmerken van een *invented tradition*, met de viering van Dingaansdag op 16 december als hoogtepunt.[37]

Vijf jaar later, in december 1886, kwamen er weer duizenden Boeren met hun gezinnen samen in Paardekraal. Opnieuw die wonderlijke mengeling van wijding, markt en vertier. Ook Willem en Louise Leyds waren van de partij. Louise keek haar ogen uit, naar de meer dan elfhonderd ossenwagens, naar het 'dorp of stad van tenten', net zo uitgestrekt als Pretoria zelf, naar het stenen monument en de tribune in het midden. Opnieuw was er 'heel wat vroolijkheid en veel feestelijks'. Louise genoot vooral van het vuurwerk, het schijfschieten en het muziekcorps. Slecht te spreken was ze alleen over 'de totale afwezigheid van een zekere onmisbare gelegenheid, dat vooral daarom zoo lastig was, daar er zoo veel menschen waren'.

Willem concentreerde zich op meer serieuze zaken. Eervol genoeg was hij een van de sprekers, en hij kweet zich vol empathie van die taak. Als was hij geboren en getogen op het hoge veld sprak hij over de vele moeilijkheden die 'ons volk ten zegen geweest' waren. 'Wij moeten den Allerhoogste daarvoor dankbaar zijn.' Alle 'vijanden onder de menschen, onder de dieren, in de natuur' hadden de Boeren de gelegenheid gegeven te tonen wat zij waard waren. Bovendien was het een leerschool geweest. 'Dit alles was een middel in Gods hand. Het was tucht.' In het bijzonder de Boerenleiders waren volgens hem gelouterd door de voortdurende 'strijd voor vrijheid en recht'. Zij hadden 'het meeste geleerd. Beproefd in het gevaar en pal staande voor de rechten van dit volk en van deze Republiek zijn zij door Gods hulp gevoerd door een leerstoel van ondervinding.'[38]

Daar was niets afstandelijks meer aan. Willem Leyds had partij gekozen, op een opmerkelijk moment, op een opmerkelijke plek. De symboliek was te opvallend om te negeren. Paardekraal en Johannesburg, december 1886. Twee tentenkampen, nog geen vijfentwintig kilometer van elkaar. Beide plekken vol van leven en bedrijvigheid, maar het verschil had niet groter kunnen zijn.

In Paardekraal verzamelde zich het oude Transvaal. Het hechtte aan traditie, stapelde stenen op ter herinnering aan een dierbaar verleden, dankte de Heer voor alle beproevingen die Hij te doorstaan had gegeven, vierde feest met Bengaals vuur en vertrok na een paar dagen weer per ossenwagen, ieder voor zich naar zijn eigen afgelegen hoeve. Tot over vijf jaar! Hopelijk was er dan helemaal niets veranderd.

In Johannesburg werd in razende vaart een nieuw Transvaal uit de grond gestampt. Letterlijk. Hier was ieders blik gericht op de toekomst. Het wachten was op dynamiet, steenkolen, stoommachines. De langverwachte gouden bergen waren nu toch eindelijk echt aangetroffen, en de hele wereld verdrong zich om de buit te verdelen. Het groeide maar door. Tentdoek, riet en klei werden hout, ijzer en steen. Drank vloeide in overvloed, vrouwen waren te huur.

En dat binnen een en dezelfde staat. Dat kon onmogelijk lang goed gaan, dat moest wel botsen. Twee maanden later, in februari 1887, vond de eerste, min of meer officiële, ontmoeting plaats tussen oud en nieuw. President Kruger ging op bezoek in Johannesburg om zelf een indruk te krijgen van de nieuwkomers binnen de landsgrenzen. Het beviel slecht. Hij werd beleefd ontvangen, daar niet van, maar kreeg ook meteen een waslijst met dringende verzoeken voorgelegd. Een dagelijkse postdienst, een eigen gemeenteraad, een speciale rechtbank voor concessiekwesties, lagere belastingen, vertegenwoordigers in de Volksraad. De president reageerde bits. Dat ging hem allemaal veel te snel. Er was in Transvaal maar één wet en daaraan had iedereen zich te houden, ook in Johannesburg, waarschuwde hij. Veranderingen kostten tijd. Daarover moest je lang en zorgvuldig nadenken.[39]

In ieder geval wist Kruger zich daarbij nog geruime tijd verzekerd van de steun van zijn staatsprocureur. Het was duidelijk dat Leyds zijn plek had gevonden aan de zijde van de president. Ook andersom was er alom tevredenheid over zijn functioneren. In juli 1887 oordeelde de Volksraad positief over het voorstel van de Uitvoerende Raad om zijn – op 6 oktober aflopende – contract te verlengen. Of beter gezegd, te hernieuwen, want de overeenkomst die Leyds destijds samen met Moltzer had opgesteld, voorzag in een extra uitkering ineens van duizend pond, omgerekend twaalfduizend gulden. Nu het contract afliep en hij een nieuw dienstverband aanging, kreeg hij die bonus keurig uitbetaald. 'Het is geen fortuin,' stelde hij realistisch vast, en inderdaad viel het in het niet bij de rijkdommen die een Cecil Rhodes of een Alfred Beit op even jeugdige leeftijd al hadden vergaard. Maar toch, het was 'een aardig sommetje en ik ben er dan ook zeer mee in mijn schik'.[40]

Concessies

Pretoria, juni 1887

Het was toch al een mooie winter voor Willem en Louise Leyds. Sinds april woonden ze in een groot nieuw huis, aan het marktplein, met acht kamers en aan de achterkant 'een verandah van druiven'. In mei kregen ze opnieuw een zoontje, Louis, een 'lekker vet' ventje met 'een klein fijn gezichtje', dat voorspoedig opgroeide. En begin juni kwam er heuglijk nieuws uit Amsterdam. Eindelijk waren er geldschieters gevonden voor de zo vurig gewenste spoorlijn naar de Indische Oceaan. Althans, de maatschappij die daarvoor moest gaan zorgen kwam er nu toch echt. Op 21 juni 1887, ruim drie jaar nadat de concessie was verleend, werd de oprichtingsakte van de Nederlandsche Zuid-Afrikaansche Spoorweg-Maatschappij gepasseerd. De NZASM bestond. En Leyds werd regeringscommissaris.[41]

Samen met zijn hernieuwde contract als staatsprocureur bevestigde de benoeming het vertrouwen dat de Boerenleiders en met name Kruger in hem stelden. Voor de president was de spoorlijn naar Lourenço Marques niet zomaar een project. Het was onderdeel van 'de Groote Zaak', een kwestie van levensbelang. Kruger was ervan overtuigd dat Transvaal een eigen verbinding met open zee moest hebben, liefst ook een eigen haven. Anders kon de Boerenrepubliek een verdere zelfstandige ontwikkeling wel vergeten. Helemaal na de goudvondsten in de Rand, waarop zich zoveel begerige ogen richtten.

Regeringscommissaris bij de maatschappij die moest zorgen voor die levenslijn, was dus een verantwoordelijke functie. Dat de keus op Leyds viel, was niet vanzelfsprekend, maar wel begrijpelijk. Vanaf het moment dat hij in Transvaal was aangekomen, had hij zich ingezet voor de realisering van de spoorwegplannen. Uit plichtsbesef ten opzichte van Kruger, uit loyaliteit met zijn leermeesters Moltzer en Pierson, die zo nauw verbonden waren met de hele onderneming, maar evenzeer uit eigenbelang. Die spoorweg voelde ook voor hem persoonlijk steeds meer als een levenslijn. In een openhartige brief aan Moltzer had hij dat al eens heel precies uitgelegd, namelijk 'om er mee te bewijzen, dat van Holland *wel* iets te verwachten is' en 'om daardoor implicite aan te toonen dat men van mij ook wat verwachten kan, of liever van Holland *door* mij, dat ik in Holland ook iets waard word geacht'. Zodoende zou hij zijn 'positie oneindig versterken'.

Dat bleek maar al te waar, nu de NZASM daadwerkelijk een feit was. Zowel in Amsterdam als in Pretoria steeg Leyds in achting. Moltzer verzekerde hem 'dat wij aan uw trouw beleid het behoud der Nederlandsche concessie te danken hebben'. En Krugers erkentelijkheid bleek wel uit de eervolle aanstelling, die bovendien een aardig extraatje opleverde. Als regeringscommissaris ontving Leyds nog eens 250 pond bovenop zijn vaste jaarsalaris van 1000 pond.[42]

Maar toch. Achteraf bekeken had hij de benoeming misschien beter niet kunnen aanvaarden. Tegenover alle winst stond ook een gevoelig verlies, namelijk zijn reputatie van onkreukbaarheid. Nog maar driekwart jaar eerder had Leyds zich in de rechtszaak tegen Nellmapius onderscheiden door zijn onafhankelijke opstelling en zijn zuivere taakopvatting. Bij alle gekonkel en vriendjespolitiek van de Boerenleiders, Kruger incluis, had hij zich een wonder van rechtschapenheid getoond. En juist dat imago van onberispelijkheid zette hij met de benoeming tot regeringscommissaris van de NZASM op het spel. Immers, belangenbehartiger én toezichthouder tegelijk, dat was vragen om moeilijkheden, dat moest wel scheve ogen geven. Het maakte Leyds kwetsbaar voor verdachtmakingen in de binnen- en buitenlandse pers, zoals die van Percy Fitzpatrick, spreekbuis van de *Randlords*. Die zou later schamperen dat het allemaal één vooropgezet plan was geweest: Leyds' benoeming tot staatsprocureur in 1884, op voorspraak van dezelfde '*gentlemen in Holland*' die de spoorwegconcessie hadden verworven, en diens vertrek naar Transvaal '*as the agent of the concessionaires in order to protect and advance their interests, although at the same time in the service of the Republic.*'[43]

Dat soort complottheorieën was nu met goed fatsoen niet meer te ontkrachten. Leyds had ook in dit opzicht openlijk partij gekozen, vóór de droom van Kruger, vóór de belangen van zijn Amsterdamse netwerk, vóór de manier waarop de Boeren politiek bedreven. Naar eigen overtuiging diende hij nog steeds uitsluitend het Transvaalse en het Nederlandse belang, die hij in elkaars verlengde zag, maar voor de buitenwereld was hij zijn onschuld kwijt. Hij was onderdeel van het systeem geworden, ook om Leyds hing voortaan de kwade reuk van de belangenverstrengeling.

Want dat mag gerust een wezenlijk kenmerk van de Transvaalse politiek worden genoemd. Zo rechtzinnig als de Boeren waren in geloofszaken, zo slordig waren hun politieke mores. Of misschien beter gezegd: zo onderontwikkeld, niet los te zien van de groeistuipen van hun nog jonge republiek. Land bevechten op vijandelijke zwarte stammen, dat beweiden met runderen, schapen en paarden en vervolgens verdedigen tegen opdringerige Britten, dat was nog geen staat opbouwen. Daarvoor was meer nodig, veel meer: handel, nijverheid, verkeer, infrastructuur, kortom, economische bedrijvigheid. En die kwam niet vanzelf op gang, die moest gestimuleerd en georganiseerd. Maar hoe kreeg je dat vliegwiel aan het draaien?

Voor Kruger lag de oplossing in het economische model dat hem begin jaren tachtig was aanbevolen door – jawel – Nellmapius. Beperk de import en bevorder de export, luidde diens simpele devies. Trek kapitaalkrachtige buitenlandse ondernemers aan die bereid zijn bedrijven op te zetten voor de vervaardiging van basisproducten als kleren, leer, meel en suiker. Verleen hun daarvoor concessies en andere voorrechten en bescherm hun bedrijven met hoge invoertarieven. Op die manier worden er goederen geëxporteerd en komt er geld het land binnen, in plaats van andersom. Het was niet bepaald een vernieuwende gedachte – het deed denken aan het mercantilisme uit vroeger eeuwen en stond haaks op de negentiende-eeuwse vrijhandelsleer – maar waarschijnlijk juist daarom omarmde Kruger de aanbevelingen van harte.

Als dank verkreeg Nellmapius in oktober 1881 de twee monopolies die hij had aangevraagd, een voor de productie van suiker, uit maïs en bieten, de ander voor die van gedistilleerd. Bij de opening van de brandewijnstokerij, anderhalf jaar later, was Kruger zelf aanwezig om een toast uit te brengen – met een glas melk, je bent geheelonthouder of je bent het niet. Dronkenschap was natuurlijk uit den boze, sprak hij, maar een borrel na een dag hard werken kon geen kwaad, en deze eerste fabriek in Transvaal – toepasselijk Eerste Fabrieken geheten – had dan ook zijn volledige instemming.

Nellmapius' voorbeeld werd door velen gevolgd. De gunstige condities van het concessiestelsel bleken inderdaad een grote aantrekkingskracht uit te oefenen op ondernemende figuren. Er viel heel wat te vergeven. De fabricage van papier, zeep, lucifers, touw. Het uitbaten van marktgebouwen en slachthuizen. De aanleg en exploitatie van water-, gas- en elektriciteitsleidingen. En al snel natuurlijk de meeste lucratieve onder de concessies, althans in potentie: kavels grond, eerst in De Kaap, vervolgens in de Rand, om goud uit te winnen. Plus alles wat daarbij kwam kijken: de winning van steenkool en ijzer, het transport van grondstoffen en machines, de levering van buskruit en dynamiet.[44]

Laatstgenoemd recht was aanvankelijk ook aan Nellmapius toebedeeld. Na zijn geruchtmakende rechtszaak ging de concessie eind 1887 over op Eduard Lippert, maar er rustte geen zegen op de '*plofstowwe*'. Enkele jaren later zou ook deze concessiehouder ernstig in opspraak raken, en met hem opnieuw de hele politieke top, Kruger voorop. Het was illustratief voor de fraudegevoeligheid van het systeem. De veelheid aan exclusieve overheidscontracten trok niet alleen bonafide ondernemers aan, maar ook avonturiers en speculanten, op zoek naar snelle winsten. Daarbij waren degenen die de concessies te vergeven hadden nu niet bepaald geschoold in de leer van de staatsfinanciën. Geen onafhankelijk toezicht, geen controlemechanismen, geen strikte scheiding tussen publiek en privé. Al snel gonsde het van de geruchten van nepotisme, machtsmisbruik en omkoping. De kern van die geruchten was waar. Het concessiestelsel werkte corruptie in de hand.[45]

Leyds was in principe ook geen voorstander van het stelsel. Hij was 'in het algemeen tegen concessies, of liever gezegd: monopolies'. Die deden zijns inziens 'een land geen goed, maar kwaad. En in plaats van de industrie van een land vooruit te helpen, werken zij die integendeel tegen. Vrijheid in handel, vrijheid in industrie is volgens mijns oordeel datgene waarnaar wij moeten streven.' Echter, 'op elken regel zijn uitzonderingen. En zoo ook hier. Er zijn dingen, die de Staat niet over kan laten aan private personen, maar die de Staat geheel en al aan zich moet trekken, met andere woorden, waarvan de Staat het monopolie bezitten moet.' Zaken waarbij de veiligheid van de staat in het geding was, zoals vuurwapens, kruit en dynamiet. En niet te vergeten: spoorwegen.[46]

Maar dat betekende wel dat ook een onderneming als de NZASM de schijn tegen had van belangenverstrengeling. Tijdens de lange en moeizame ontstaansgeschiedenis waren al geregeld vraagtekens gezet bij haar bestaansrecht. De Nederlandse concessiehouders hadden in 1884 bij lange na niet het benodigde aandelenkapitaal bij elkaar gekregen, en ook daarna regen de tegenslagen aaneen. De drijvende krachten Groll en Maarschalk overleden kort na elkaar. De Amerikaanse speculant McMurdo, die de concessie had verworven voor het Portugese deel van het traject, bleef dwarsliggen. De Volksraad stelde zich steeds kritischer op. En het meest zorgelijke: de concurrentie rukte op, van drie kanten. Zowel vanuit het zuidwesten, het zuiden als het zuidoosten vorderde de spoorwegaanleg in de Kaapkolonie en Natal gestaag, richting Transvaal. In 1884 moesten Willem en Louise Leyds de laatste tweehonderd kilometer van Kaapstad naar Kimberley nog afleggen per postkoets, in 1885 stoomde de eerste locomotief triomfantelijk de diamantstad binnen. Hetzelfde jaar reikten ook de vertakkingen van de zuidelijke spoorlijn vanuit de havensteden East London en Port Elisabeth tot aan de grenzen van Oranje Vrijstaat. En nog een jaar later was het zuidoostelijke tracé, lopend vanaf Durban in Natal, al gevorderd tot aan Ladysmith.

Daar konden de drie nieuwe concessiehouders van de NZASM in oprichting, Rudolf van den Wall Bake, Jacob Cluysenaer en Johannes Groll junior, helemaal niets concreets tegenoverstellen. Er kwam pas weer schot in de zaak door de spectaculaire goudvondsten, die de economische vooruitzichten van Transvaal gunstig beïnvloedden en daarmee ook de winstverwachtingen van de beoogde spoorwegmaatschappij. Financiers overwonnen geleidelijk aan hun aarzelingen. Op aandringen van Leyds – via Moltzer – nam de Amsterdamse bankier Adriaan de Marez Oyens in maart 1886 het initiatief voor een obligatielening aan Transvaal van vijfhonderdduizend gulden. De lening slaagde, Leyds kreeg de credits, en Kruger de kredieten die hij nodig had voor de conversie van oude leningen en de aanleg van watervoorzieningen op de goudvelden.

Het was een positief signaal en het kwam net op tijd om de president ervan te overtuigen dat hij nog steeds op het goede paard wedde: de 'oosterlijn' naar Lourenço Marques, aan te leggen en te exploiteren door een Nederlandse maatschappij. In de tussentijd had Kruger, mismoedig over de stagnatie van het project, kortstondig met het idee gespeeld van een aansluiting op het spoorwegnet in de Kaapkolonie en Natal, maar daarvan wilde hij na de goudvondsten en de geslaagde lening niets meer weten. Hij keerde terug naar zijn oorspronkelijke plan en hield daar in ongenaakbare koppigheid aan vast. Tegen alle oppositie in binnen de Uitvoerende Raad. Tegen alle pressie in van de gouddelvers in Johannesburg, die aandrongen op een spoorverbinding met hun moederstad Kimberley. De enige tegemoetkoming waartoe Kruger zich bereid toonde in de beslissende vergadering in de Volksraad, was om een termijn te stellen waarbinnen de Nederlandse maatschappij daadwerkelijk moest zijn opgericht: september 1887.

Dat lukte dus ruim, in juni, maar wel met flinke steun van buitenaf. Van het benodigde beginkapitaal voor de oprichting van de NZASM van ruim twee miljoen gulden werd slechts 581 000 gulden gefourneerd door Nederlandse financiers, onder wie het grootste deel opnieuw door De Marez Oyens. 891 000 gulden was afkomstig van twee Duitse financiële instellingen, de *Berliner Handels-Gesellschaft* en het bankiershuis *Robert Warschauer & Co.* De overige 600 000 gulden werd namens de Zuid-Afrikaanse Republiek toegezegd door Kruger in eigen persoon.

Dat maakt op het eerste gezicht een merkwaardige indruk. Een jaar eerder nog blij zijn met een lening van vijf ton uit Amsterdam, en in mei 1887 zes ton retour sturen om een Nederlandse spoorwegmaatschappij te helpen financieren? De verklaring was simpel, en bestond uit vier letters: goud. De ongekende bodemschatten van de Rand werkten als het vliegwiel voor de Transvaalse economie waaraan Nellmapius Kruger niet had kunnen helpen. Maar, eerlijk is eerlijk, dankzij alle concessies profiteerde de staatskas nu wel rechtstreeks en overvloedig mee van de *booming business*. Bedroegen de overheidsinkomsten in 1886 nog geen tweehonderdduizend Engelse ponden, in 1887 werd meer dan het drievoudige binnengehaald. In Nederlandse guldens meer dan zeveneneenhalf miljoen. Daar bleef genoeg van over om te investeren in de realisering van Krugers grote droom. Dat de twee directeuren van de NZASM Nederlanders waren, Van den Wall Bake en Cluysenaer, geen probleem. Dat de raad van commissarissen bestond uit vier Nederlandse en drie Duitse bankiers, akkoord. Kruger nam genoegen met twee regeringscommissarissen, buitengewoon gezant Beelaerts van Blokland in Nederland en Leyds in Transvaal. Als die spoorlijn er maar zou komen.[47]

Het is niet waarschijnlijk dat Kruger bekend was met Goethes *Faust*, waarin de hoofdpersoon zijn ziel verkoopt aan de duivel. Het enige boek dat hij las, was de Statenbijbel, maar ook daarin staan passages die hem te denken moeten hebben gegeven. In drie van de vier evangeliën in het Nieuwe Testament – Mattheüs, Marcus en Lucas – komt het verhaal voor van Jezus die een duivel uitdrijft. De farizeeërs wisten het nu zeker: 'Hij werpt de duivelen uit door Beëlzebul, den overste der duivelen.' Het kost niet veel verbeeldingskracht om de gelijkenis te zien, nog los van de – laten we maar zeggen, toevallige – naamsverwijzing naar de vierde evangelist. Johannesburg was voor Kruger Duivelstad, waar niet de God Onzer Vaad'ren maar de Mammon werd vereerd. Toch schrok hij er niet voor terug om mee te profiteren van het gesteente waaruit de stad was opgetrokken, het duivelse goud.

De symboliek kreeg zelfs vaste vorm. Ook bij Paardekraal, de gewijde *lieu de mémoire* van het Boerenverleden, werd goud gevonden. In 1887 ontstond er een nieuwe nederzetting die, goed bedoeld maar schrijnend, werd vernoemd naar de president. Krugersdorp. Het lijkt psychologisch allemaal moeilijk te verenigen. Ook het antwoord van Jezus aan de farizeeërs zal Kruger geen hart onder de riem hebben gestoken: 'Maar Hij, kennende hunne gedachten zeide tot hen: "Een ieder koninkrijk, dat tegen zichzelf verdeeld is, wordt verwoest; en een huis, tegen zichzelf (verdeeld zijnde), valt."'[48]

Maar goed, daar zag het in 1887 nog helemaal niet naar uit. Integendeel. Het hele land bloeide op door het goud en de vooruitzichten waren schitterend. Begin 1888 schreef Louise Leyds trots aan de familie in Nederland: 'Men zou de Transvaal kunnen vergelijken bij een leelijk meisje dat plotseling rijk is geworden en dat door veel vrijers het hof wordt gemaakt die haar vroeger niet aankeken. De Kaap vooral is zoo zoetsappig mogelijk. De Kaap loopt heelemaal leeg en het stroomt hier in. De huizen in Pretoria komen op als paddestoelen en steeds is er gebrek aan huizen. Over ons, waar vroeger een ellendig krotje stond, wordt nu een prachtig huis gebouwd.' Bekroning van de bouwwoede in Pretoria was het nieuwe gouvernementsgebouw aan het Kerkplein, waarvan Kruger in mei 1889 de eerste steen legde. Drie imposante verdiepingen in neorenaissancestijl. Leyds kon nauwelijks wachten: 'Ik heb mijn beambten een diner beloofd als wij er in trekken; zoo blij zal ik zijn als wij uit het tegenwoordig hok kunnen trekken, waar geen lucht is, maar wel tocht, geen ruimte maar wel stof; om niet te spreken van motten, houtwormen en ratten.'[49]

Bij al deze voortvarendheid staken de vorderingen van de NZASM schril af. Na de officiële oprichting in juni 1887 was direct een team van vijf Nederlandse ingenieurs uitgezonden. In november begonnen zij met de opmetingen, aan het oostelijke einde van het tracé, tegen de grens met Mozambique. Dat bleek een ongelukkige keuze. Ze arriveerden er midden in de Zuid-Afrikaanse zomer, als het ter plekke vanwege de hitte en de malaria ondraaglijk is, zeker voor ongeacclimatiseerde Hollanders. Twee van hen bezweken al snel, een derde diende geschrokken zijn ontslag in. Toen directeur Cluysenaer een halfjaar later zelf naar Transvaal kwam om een nieuwe start te maken, kreeg hij meteen het volgende slechte nieuws. De onderhandelingen over tariefafspraken met McMurdo's maatschappij zaten nog steeds muurvast. Om druk op die ketel te zetten, besloot Kruger – het moet hem persoonlijk aan het hart zijn gegaan – om alle werkzaamheden aan de oosterlijn stil te laten leggen.

Gelukkig voor de NZASM diende zich een alternatief aan. Kleinschalig weliswaar en veel minder tot de verbeelding sprekend, maar wel van cruciaal belang om een voet tussen de deur te krijgen. Het ging om de aanvoer naar Johannesburg van de voor de industriële goudwinning zo onmisbare steenkolen. Eerder al was een concessieaanvraag van Isaac Lewis en Sammy Marks voor een 'kolenlijn' vanuit het zuiden afgewezen – vooral op advies van Leyds, die betoogde dat zo'n lijn vooruit zou lopen op 'een verlenging van de spoorlijn door de Vrijstaat naar de Vaalrivier.' En het was nu eenmaal 'de politiek der Regeering om den aanleg dier lijn te doen plaats vinden van het Noorden naar het Zuiden.' Maar er lagen nog twee andere aanvragen, van Thomas Tancred, de aannemer van het Portugese deel van de oosterlijn, en van Lippert, van het dynamietmonopolie. Beiden beoogden een verbinding met kolenmijnen ten westen van Johannesburg. Daar voegde Cluysenaer een NZASM-aanvraag aan toe. Een ultrakort spoorlijntje, meer een tramlijn, naar Boksburg in het oosten, waar recentelijk kolenvelden waren ontdekt, maar nog niet allemaal geclaimd. Wat hij in één moeite door ook graag deed.

In juli 1888 werden de drie aanvragen besproken in de Volksraad. Het ging er levendig aan toe. Krugers voorkeur voor de NZASM was algemeen bekend, en hij kreeg het zwaar te verduren. Verscheidene leden verweten hem altijd maar de Hollanders voor te trekken. Hij moest al zijn boze ongeduld in de strijd werpen – en Leyds juist urenlange geduldige toelichtingen – om uiteindelijk een meerderheid te overtuigen. In januari 1889 kon de aanleg beginnen. Ruim een jaar later werd de 'Randtram' in gebruik genomen. Het was amper 27 kilometer, maar het hielp de NZASM op weg, en de exploitatie van spoorlijn én kolenmijn bleek even profijtelijk als leerzaam.[50]

In juli 1888 deed zich ook voor Leyds persoonlijk een nieuwe kans voor. De ambtstermijn van staatssecretaris Bok liep eind dat jaar af. Hij was herkiesbaar, maar Kruger droeg Leyds voor als tegenkandidaat. De Volksraad volgde die aanbeveling en koos met achttien tegen twaalf stemmen voor Leyds. Die was natuurlijk vereerd, maar had nog wel twee kanttekeningen. Volgens de wet was hij te jong, de vereiste leeftijd was dertig jaar, en dat zou hij pas worden op 1 mei 1889. Verder vond hij het niet logisch dat een hogere functie slechter betaalde. Eerder dat jaar was zijn salaris als staatsprocureur verhoogd tot twaalfhonderd pond (los van zijn honorarium als regeringscommissaris bij de NZASM), terwijl de staatssecretaris nog op de begroting stond voor duizend pond.

Dat was schrikken voor menig Volksraadlid, zowel vanwege Leyds' salariseisen als zijn jeugdige leeftijd – waarvan kennelijk niet iedereen zich bewust was geweest. De definitieve beslissing werd opgeschort tot de volgende zittingsperiode. Tijd genoeg voor Kruger om alle plooien glad te strijken. Boks ambtstermijn werd een paar maanden verlengd, en op 2 mei 1889 begon Leyds zijn werkzaamheden als staatssecretaris. Een maand later ging de Volksraad akkoord met de verhoging van zijn salaris tot twaalfhonderd pond. Leyds kreeg alleen het dringende advies van enkele leden om zijn baard weer te laten staan – zoals vijf jaar eerder, toen hij net in Transvaal was aangekomen.

Het mocht met recht een bliksemcarrière heten. Op z'n vijfentwintigste in een vreemd land geparachuteerd als staatsprocureur, zeg maar minister van Justitie, nog vóór zijn dertigste met ruime meerderheid verkozen tot staatssecretaris, zeg maar rustig premier, minister van Binnenlandse Zaken en Buitenlandse Zaken tegelijk. De tweede man in de politieke hiërarchie, direct onder en nauw samenwerkend met de president. Of, in zijn eigen functiebeschrijving: 'Er bestaan geen bepaalde grenzen aan het Staatssecretariaat. Er heerscht hier groote centralisatie. Alles komt ten slotte terecht bij de Regeering (dwz. President en Staatssecretaris) die in sommige gevallen den bijstand van den Uitvoerenden Raad noodig heeft. Alle stukken voor de Regeering bestemd, worden door de ambtenaren gericht aan den Staatssecretaris, die op zijn beurt alle Regeeringsmissieven en minuten teekent.'[51]

Een verantwoordelijke en veeleisende functie derhalve, waar hij de eerste maanden helemaal alleen voor stond. Half mei 1889 vertrok Louise met de kleine Louis en de allerkleinste, de begin februari geboren Willemine, voor een paar maanden naar Nederland, op familiebezoek. Ze hadden de vage afspraak gemaakt dat Willem zou proberen haar eind dat jaar te komen ophalen, maar dat ging nog niet meevallen. Er speelden nogal wat zaken waarbij Kruger hem niet kon of wilde missen, of waarbij hijzelf niet gemist wilde worden.

De meeste daarvan hadden te maken met de verbindingen van Transvaal met de buitenwereld: spoorwegen en havens. Begin maart 1889 hadden Kruger en Leyds in Potchefstroom besprekingen gevoerd met een delegatie uit Oranje Vrijstaat, onder leiding van de nieuwe president Frank Reitz. Er werden drie verdragen gesloten, met verreikende gevolgen. In de eerste plaats een spoorwegconventie, waarbij Reitz beloofde dat de lijnen vanuit de Kaapkolonie en Natal zonder toestemming van Transvaal niet verder zouden worden doorgetrokken dan tot Bloemfontein en Harrismith. Kruger op zijn beurt zegde toe zonder goedkeuring van Oranje Vrijstaat geen verbinding met de buitenwereld te zoeken dan in oostelijke of zuidelijke richting, naar Lourenço Marques of de Vrijstaat dus, en niet 'buitenom' naar Kimberley. De tweede overeenkomst was een handels- en vriendschapsverdrag, en de derde een politieke en militaire alliantie, die de basis legde voor de gezamenlijke strijd tegen Engeland, tien jaar later. De bewuste bepaling luidde: 'De Zuid-Afrikaansche Republiek en de Oranje-Vrijstaat verbinden zich wederzijds en verklaren zich bereid elkander met alle krachten en middelen te ondersteunen, wanneer de onafhankelijkheid van een der twee Staten van buiten bedreigd of aangetast mocht worden.'[52]

Op korte termijn had de spoorwegconventie de grootste gevolgen. Het was duidelijk dat de 'Engelse' lijnen weer de nodige terreinwinst gingen boeken en dat de 'race naar de Rand' dus nog niet gelopen was. Een meevaller was wel dat de Portugese regering zich eind juni 1889 van haar meest doortastende kant liet zien. De Engelse pressie trotserend, besloot Lissabon McMurdo's concessie wegens het niet nakomen van de afgesproken termijn in te trekken. Daarmee lag de zaak weer open. Beelaerts van Blokland hervatte ogenblikkelijk de besprekingen over een tariefovereenkomst, nu rechtstreeks met de Portugese autoriteiten.

In afwachting daarvan speelde er net als een jaar eerder opnieuw een interne spoorwegkwestie in de Volksraad. In juli 1889 ging het om het traject Pretoria-Johannesburg, en wederom lagen er drie aanvragen voor, waaronder een van de NZASM en een van 'die beroerde Lippert'. Dit keer konden Kruger en Leyds hun zin niet doordrijven. Schrale troost was dat geen van de aanvragen werd gehonoreerd en dat een voorstel tot verlenging van de Randtram – in het westen tot Krugersdorp, in het oosten tot Springs, met een totale lengte van 81 kilometer – er wel moeiteloos doorkwam. Voor Kruger persoonlijk was er ook goed nieuws. De Volksraad ging akkoord met verhoging van zijn salaris, van tweeduizend tot maar liefst achtduizend pond per jaar.[53]

Het leek Leyds een geschikt moment om zijn verlof aan te kaarten bij de president. Maar Kruger beriep zich op de situatie aan de oostgrens. Daar, ten zuiden van Mozambique, lagen twee gebieden met een nog niet vastgelegde staatsrechtelijke status, Swaziland en Tongaland. Kruger voelde veel voor annexatie. Het zou Transvaal een eigen verbinding met zee geven, en een eigen haven, Kosibaai. Leyds was minder enthousiast. Kosibaai had bij lange na niet de mogelijkheden van Delagoabaai. Maar inmiddels was een Transvaalse delegatie ter plekke aan het onderhandelen met de Engelsen. Kruger had zijn staatssecretaris liever bij zich in de buurt, voor het geval er direct moest worden gereageerd – al had hij kunnen weten dat de Engelsen Transvaal nooit een eigen haven zouden gunnen en hem alleen maar aan het lijntje hielden.

Voor Leyds was het een van de nadelen van zijn nieuwe functie. Een ander nadeel ondervond hij ook al snel: al dan niet subtiele omkooppogingen. Zo ontving hij in juli 1889 een concessievoorstel, met bijgevoegd een persoonlijke brief en een cheque van tien pond. Hij maakte er zich oprecht boos over. Aan Louise schreef hij: ‘Ik heb vandaag weer zoo’n beleedigenden brief gekregen van een kerel die mij wou omkoopen. Ik zal er kopie van sturen, en dat van mijn antwoord. Dat laatste zal ik vandaag nog niet schrijven, want ik ben er nog te warm over. Wat mij in die dingen altijd het meest hindert, is dat ik het na vijf jaar eerlijken arbeid nog niet zoo ver gebracht heb van bij iedereen bekend te zijn als een onomkoopbaar man.’ Hij zou er mee moeten leren leven. Sinds hij regeringscommissaris bij de NZASM was geworden, had hij de schijn tegen. Voor sommigen is partijdigheid hetzelfde als omkoopbaarheid.

Er waren ook voordelen. Eerbewijzen die zijn ego streelden bijvoorbeeld. Ook daarvan zou hij er nog veel ontvangen in zijn politieke loopbaan, maar het eerste was wel meteen een bijzondere. Zo’n driehonderd kilometer ten noorden van Barberton, bekend van de eerste *gold rush*, was opnieuw een veelbelovende ader aangeboord: het Selati-goudveld. De nederzetting ter plekke kreeg de naam toegewezen van de staatssecretaris: Leydsdorp. Hij was er wat trots op, zo liet hij Louise weten: 'Ik ben benieuwd hoe het dorp, dat mijn naam draagt, zich zal ontwikkelen. Daarin ligt natuurlijk wat ijdelheid, maar elkeen heeft de zijne. Ik vind het wel, dat mijn naam met dit land, vooral met de goud-industrie, behoort verbonden te blijven.'[54]

Hij zal het niet zo bedoeld hebben, maar de symboliek is niet te missen. Na Krugersdorp nu ook Leydsdorp, omringd door goudvelden. Geen idealen zonder concessies. Levensgrote concessies. De duivel bestrijden met zijn eigen goud. Belangen verstrengelen met landsbelang. Voor de 'Groote Zaak'.

Op 19 september 1889 ontving Leyds een telegram van Beelaerts van Blokland dat de tariefovereenkomst met Portugal een feit was. De bouwstop voor de oosterlijn werd direct opgeheven. De NZASM kon nu echt aan het werk. Het sterkte hem in zijn verlofplannen. Hij wilde 'weg, omdat ik voel dat het mij lichamelijk en geestelijk goed zal doen'. Als hij zijn Europese trip nu eens combineerde met zakelijke besprekingen? Onder het mom nog steeds van een privéreis? Kruger ging overstag. Op 8 oktober stemde hij toe. Drie weken later ging Leyds in Kaapstad scheep op de *Grantully Castle*.[55]

Boerenliefde, Hollanderhaat

Amsterdam, november 1889

Ze hadden elkaar een halfjaar niet gezien, en Louise hoopte vurig haar man een tijdje helemaal voor zichzelf alleen te hebben. 'Als je hier komt moet je je aan mij wijden, en niet aldoor naar al die lui vliegen,' had ze hem per brief al op het hart gebonden. Aan haar, en aan de kinderen natuurlijk. Louis 'begint nu te converseeren' en op Willemientje zou hij 'bepaald verliefd' worden, 'zoo tevreden en lief kan ze rondkijken met haar donkere oogen'. Ook Willem had erg uitgekeken naar hun hereniging, maar hij wist al bij voorbaat dat hij zich niet uitsluitend op zijn gezin kon richten. Hij had zijn verlof er alleen maar door gekregen op voorwaarde dat het ook politiek nut zou hebben.[56]

Oftewel havens en spoorwegen. Half november kwam hij in Amsterdam aan, begin december werd hij alweer verwacht in Lissabon. Sinds de Portugezen een halfjaar eerder McMurdo's concessie hadden ingetrokken, circuleerden er allerlei wilde plannen over de strategisch zo belangrijke zuidelijke kuststreek van Mozambique. Niet alleen in Londen en in Kaapstad, maar ook in Pretoria. De diepe haven van Delagoabaai was toch echt veel aantrekkelijker dan Kosibaai met zijn zandbanken. Wellicht dat er alsnog iets te regelen viel met de Portugezen? Een afspraak voor een bezoek van Leyds aan Lissabon was snel gemaakt, 'in stilte' omdat de Portugese regering dan 'minder last had van Engelsche pressie'.

Natuurlijk lekte het bezoek uit, maar toen wist Leyds al wat hij weten wilde. Het was duidelijk dat de wildste plannen geen kans maakten. 'De Portugeezen zijn bang dat zij in zee zullen worden gedreven,' rapporteerde hij aan Kruger. Ze voelden niets voor de verkoop van een strook grond in Mozambique aan Transvaal als een corridor naar zee. En ook niet voor een eigen laad- en losplaats voor de NZASM in de haven van Lourenço Marques. Zijn conclusie was dat Portugal 'ten opzichte van onze intenties moet worden gerust gesteld; dat zij vooral den indruk krijgen dat wij niet tégen, maar met haar sámen willen werken.' De boodschap die hijzelf in Lissabon afgaf, was dat de Transvaalse regering het als 'een onvriendschappelijke daad' zou beschouwen als er wél speciale voorrechten zouden worden gegund aan anderen, lees: Engeland.[57]

Het was niet het enige dossier dat Leyds had meegenomen naar Europa. Na Portugal bezocht hij Frankrijk en België, om er – vergeefs – belangstelling te wekken voor de oprichting van een Transvaalse stoomvaartmaatschappij. En in Nederland had hij vooral veel spoorwegzaken te bespreken. Met oude bekenden als Beelaerts van Blokland en Moltzer. Maar ook met de nieuwe bestuurders van de NZASM, die hij nog lang niet allemaal kende: grootfinancier De Marez Oyens om te beginnen, en de directeuren Van den Wall Bake en Gerrit Middelberg, de laatste per 1 januari 1890 de opvolger van Cluysenaer.

Daarnaast was hij natuurlijk benieuwd hoe er nu in Nederland tegen Transvaal werd aangekeken. Bij zijn vertrek, ruim vijf jaar geleden, mochten de Boeren zich verheugen in een grote populariteit. De succesvolle vrijheidsoorlog tegen de Britten lag toen nog vers in het geheugen. Kruger, Smit en Du Toit waren in februari 1884 in het hele land ontvangen als helden. Alleen hadden al die massale toejuichingen helaas geen bijpassend concreet vervolg gehad. Er was aanzienlijk uitbundiger gezwaaid met vlaggetjes dan met chequeboekjes.

Al snel werd het Leyds duidelijk dat in die situatie weinig veranderd was. Aan hoogdravende woorden over stamverwantschap geen gebrek, maar het grote geld gaf nog steeds niet thuis als het ging om investeringen in de Zuid-Afrikaanse Republiek. Daar hadden de spectaculaire goudvondsten nauwelijks iets aan veranderd. De moeizame financiering van de NZASM sprak wat dat betreft boekdelen. De Amsterdamse haute finance belegde haar kapitalen liever in Nederlands-Indië, waar de touwtjes in eigen, vertrouwde handen waren en het bedrijfsleven ruim baan kreeg van het gouvernement. Vergeleken met dit tropische ondernemersparadijs waren de rendementen en de risico's in de Boerenrepubliek veel lastiger te calculeren. Met uitzondering van de NZASM en twee financiële instellingen, de Nederlandsche Bank- en Credietvereeniging voor Zuid-Afrika en de Pretoria Hypotheek-Maatschappij, had de Nederlandse economische activiteit in Transvaal nog steeds niet veel te betekenen – en daar zou maar weinig verandering in komen.[58]

Wat gold voor bedrijven, gold ook voor mensen. Onder meer vanuit de Nederlandsch Zuid-Afrikaansche Vereeniging (NZAV) waren er volop initiatieven genomen om een grote emigratiestroom naar Transvaal op gang te brengen, maar zonder succes. Vraag en aanbod sloten niet goed op elkaar aan. Er bleek eigenlijk alleen emplooi voor enkele specifieke beroepscategorieën, zoals onderwijzers, ambtenaren en dominees. Voor de Transvaalse groeisector bij uitstek, de mijnindustrie, ontbrak het in het moederland aan geschoolde arbeidskrachten. En er was geen serieus Nederlands mijnbouwbedrijf ter plekke om die te werven en op te leiden. Dat deze laatste factor verschil maakte, bleek uit het – opnieuw uitzonderlijke – voorbeeld van de NZASM. Nederlanders hadden ook niet bepaald een reputatie als spoorwegbouwers, maar dat weerhield de maatschappij er niet van meer dan de helft van haar personeel uit het moederland te betrekken.[59]

Heel veel nauwer had Nederland de banden met de Zuid-Afrikaanse Republiek dus niet aangehaald, de afgelopen vijf jaar. Maar gedroomd werd er nog volop over Transvaal. In de nationalistische verbeelding van de vaderlandse intellectuele elite, verzameld in of beter gezegd versnipperd over de verschillende pro-Boerverenigingen, oefenden de Afrikaner 'neven' nog altijd een romantische aantrekkingskracht uit. Met het bijbehorende gebrek aan objectiviteit. De liefde voor de Boeren maakte zo niet blind, dan in ieder geval bijziend. Hun gespannen verhouding met de moderne tijd werd met de mantel der stamverwantschap bedekt. En van de onderlinge tegenstellingen in Transvaal waren al helemaal weinig Nederlanders zich bewust.

Een treffend voorbeeld daarvan leverde het bezoek van Du Toit aan Nederland, begin oktober 1889, ruim een maand voordat Leyds weer voet op vaderlandse bodem zette. Het was een beetje een merkwaardig geval. Du Toit moest ter plekke de mogelijkheden bespreken van een eigen Transvaalse universiteit, en daarvoor was hij nu niet bepaald de aangewezen persoon. Als medeoprichter van de Afrikaner Bond was Du Toit een verklaard tegenstander van een grotere Hollandse invloed in Transvaal – en een van de felste critici van Leyds. De enige reden dat Kruger hem had uitgekozen lag in zijn veronderstelde goede relatie met de antirevolutionaire voorman Kuyper, stichter van de Vrije Universiteit.

Maar juist Kuyper hield de boot af, terwijl het bestuur van de NZAV Du Toit met alle egards ontving. Feestelijk ingehaald, compleet met rijtuig, krans en volkslied. Louise Leyds, ook in Amsterdam maar niet bij de ontvangst, vond het 'een ware schande'. Briesend van verontwaardiging schreef ze aan Willem 'dat men door den man, die ons Hollanders zoo met slijk had geworpen, zooveel eer te bewijzen, toonde geen nationaal eergevoel te bezitten'. En De Marez Oyens was nota bene betrokken bij de organisatie! Ze ging zelfs zo ver om de secretaris van de NZAV, de Amsterdamse hoogleraar filosofie Bellaar Spruyt, er persoonlijk op aan te spreken. Ten huize van Moltzer, die – 'goddank!' – zelf niet bij de ontvangst aanwezig was geweest. Louise zag al helemaal voor zich hoe Du Toit, 'nadat hij in zijn kamer alleen was, zich de buik vasthield van het lachen, bij zichzelf denkend: die goede Hollanders, al trapt men ze, ze likken me toch de handen.'[60]

De toonzetting doet wellicht wat overdreven aan, maar begrijpelijk was de verontwaardiging van Louise Leyds wel. Willem zelf had Du Toit kort daarvoor nog bondig getypeerd als 'die vervloekte huichelaar'. Het stak natuurlijk dat juist die man in Nederland werd gefêteerd door degenen die Leyds beschouwde als zijn medestanders. Dat was dan ook wel de belangrijkste les, na vijf jaar weer terug in het vaderland. Ten aanzien van de Boeren en hun Republiek gold in Nederland: terughoudendheid in zaken, hartelijkheid in de persoonlijke omgang. Leyds had zich de afgelopen jaren precies in tegenovergestelde richting ontwikkeld. Zijn toewijding aan de Boerenzaak had zich steeds meer verdiept, maar zijn persoonlijke relaties met de Boerenleiders waren nog altijd afstandelijk en kritisch.[61]

Die relaties werden er niet beter op, toen Leyds zich, samen met zijn gezin, in maart 1890 weer vervoegde in Pretoria. Vrijwel direct werd hij geconfronteerd met een persoonlijke aanval, gelanceerd door P.J. Scherpenseel, onbedoeld geassisteerd door D.H. Schmüll. De twee mannen hadden eerder benoemingen als consuls van de Zuid-Afrikaanse Republiek in respectievelijk België en Nederland aan hun neus voorbij zien gaan – Beelaerts van Blokland had hen gewogen en te licht bevonden – en Scherpenseel zocht genoegdoening. Hij was bovendien vertegenwoordiger van een Frans-Belgisch spoorwegsyndicaat dat aasde op concessies in Transvaal. Een concurrent van de NZASM dus. Redenen genoeg om Leyds op de korrel te nemen.

De munitie was een brief van Leyds zelf. Geschreven in 1886 aan Schmüll, die een afschrift had doorgestuurd aan Scherpenseel. Leyds stond destijds nog op vertrouwelijke voet met Schmüll, en was helemaal vol van de Nellmapius-affaire. Onbeschroomd had hij zijn mening gegeven over de Boerenleiders, in het bijzonder generaal Smit en vicepresident en commandant-generaal Piet Joubert. 'Vertrouw Generaal Smit niet te veel,' stond er in, en 'de sleutel tot Piet Joubert's gedrag moet gij zoeken in zijn jalouzie op den President. Zijn candidaatschap voor den Presidentszetel was indertijd zeer ernstig gemeend. Elken keer dat hij "President" tegen een ander moet zeggen, doet het hem leed. Hij haat daarenboven de Hollanders met een innigen haat.'

Dat waren geen fraaie kwalificaties over directe collega's, en toen de brief zijn weg had gevonden naar de *Transvaal Advertiser*, kreeg Leyds het zwaar te verduren. Bij de Volksraad kwamen memories binnen waarin werd aangedrongen op een grondig onderzoek. De pers speculeerde op zijn aftreden en Kruger riep hem boos ter verantwoording. Leyds werd gedwongen om excuusbrieven te schrijven aan de twee beledigde generaals en aan Kruger zelf. Hij ging diep door het stof: 'Het was toen 1886 en het is nu 1890. Ik heb zinds dien tijd zoowel Generaal Smit als Generaal Joubert nader leeren kennen; ik heb zindsdien het voorrecht dagelijks met hen te mogen samenwerken en het doet mij innig leed dat ik mij toen in zulk een geest en in zulke bewoordingen over hen heb uitgelaten.' Hoe er ook over hem besloten zou worden, 'in ieder geval is mijn hoop dat zulks zijn moge in het belang van deze Republiek waaraan ik nu reeds jaren al mijn beste krachten heb gewijd en die ik zoo lief heb gekregen.'

Kruger, Smit en Joubert namen genoegen met deze boetedoening, en daarmee was het politieke levensgevaar voor Leyds geweken. De Volksraad sputterde nog wel na, maar Kruger nam het daar resoluut voor hem op. Als christen had hij Leyds vergeven, en hij riep de leden op dat ook te doen. Iedereen had wel eens onbezonnen momenten.[62]

Zo werd het hem vergeven, maar vergeten werd de brief niet. Tegenstanders mochten er met graagte naar verwijzen, als het anti-Hollandse vuur weer eens hoog oplaaide. Tenslotte was Leyds als staatssecretaris het onbetwiste boegbeeld van de Hollanders in Transvaal en dus ook de kop-van-jut voor alle Hollanderhaters. Daar waren er meer van dan de Boerenvrienden in Nederland zich realiseerden. Algemene steen des aanstoots was de 'parmantigheid' van de Nederlanders – Willem en Louise Leyds niet uitgezonderd. Ze lieten maar al te duidelijk blijken neer te kijken op het geringe beschavingsniveau van de Boerenbevolking. Ze weigerden Afrikaans te spreken, gingen niet of veel minder trouw ter kerke en beperkten hun sociale contacten tot andere Nederlanders. Daardoor bleven Boer en Hollander ondanks alle goede bedoelingen vreemdelingen voor elkaar en werden ze geen echte landgenoten.

Die kritiek leefde het sterkst onder doppers en takharen, Krugers traditionele en diepgelovige achterban. In minder orthodoxe kringen, verenigd rond vicepresident Joubert, richtten de grieven tegen de Nederlanders zich vooral op de onevenredig grote machtspositie die zij onder Paul Kruger zouden innemen. Ze pikten, zo heette het, de banen in van minstens zo getalenteerde Transvalers, Vrijstaters en Kapenaars en belemmerden het Afrikaner eenheidsstreven. Weer een andere achtergrond had de afkeer van de Nederlanders in Johannesburg en omstreken. De overwegend Engelstalige en -gezinde immigranten in de goudmijnindustrie zagen hen als Krugers *inner circle*. De kliek die ervoor verantwoordelijk was dat zij het zelf niet verder schopten dan de status van tweederangsburgers, 'Uitlanders' in het Boerenspraakgebruik.[63]

Het lijkt alles bij elkaar nogal veel eer voor de Nederlanders in Transvaal. Zoveel waren het er niet, verhoudingsgewijs. Daar staat tegenover dat ze in een beperkt aantal sectoren inderdaad sterk vertegenwoordigd waren. Dat gold voor het onderwijs, de kerken en – het meest in het oog springend – de overheidsdienst, met name in de hogere rangen. Tussen de vijftien en twintig procent van het ambtenarenapparaat bestond uit Nederlanders, met uitschieters bij de staatssecretarie en het departement Onderwijs, waar ze de meerderheid uitmaakten. Het was vooral de grote zichtbaarheid op die bestuurlijke sleutelposities, met Leyds als belangrijkste exponent, die het beeld heeft doen ontstaan van een Nederlands machtsblok in Pretoria.[64]

Plus natuurlijk het Hollanderbolwerk bij uitstek, de NZASM. Als er één instelling voedsel gaf aan de anti-Hollandse ressentimenten, dan was het wel de langzaam aan op stoom rakende Nederlandsche Zuid-Afrikaansche Spoorweg-Maatschappij. De ingebruikname van de Randtram in maart 1890 maakte daaraan geen einde, evenmin als de komst van de nieuwe directeur. Gerrit Middelberg was een ervaren, in Duitsland en Engeland geschoolde ingenieur, hij ontpopte zich als een trouwe kerkganger – bij de doppers – en hij bleek goed te kunnen omgaan met mensen, in de directiekamer en op de werkvloer. De juiste man op de juiste plek derhalve, maar ook hij kon het slechte imago van zijn maatschappij niet oppoetsen.

Voor een deel was dat te verklaren door de vele landgenoten onder zijn personeel van wie het zedelijk gedrag in Boerenogen wél te wensen overliet. De werving in het moederland was niet direct gebaseerd op godsvrucht en geheelonthouding. De diepere verklaring moet echter worden gezocht in economische en politieke wedijver. De maatschappij bezat een van de felst begeerde concessies in heel Transvaal, waarover al jaren veel te doen was. De Kaapkolonie en Natal stonden te popelen om hun eigen gouvernementslijnen door te trekken naar het noorden en aansluitend ook de klus in Transvaal te klaren. De Uitlanders van de Rand moesten toezien hoe zij werden overgeleverd aan de tarievenwillekeur van een monopolist. En iedereen wist dat de maatschappij de hoge bescherming genoot van Kruger – en van Leyds uiteraard. De NZASM was het troetelkind van de president, voorbestemd om uit te groeien tot het krachtigste instrument in zijn onafhankelijkheidspolitiek. De spoorweg naar de Indische Oceaan moest de levensader worden voor Transvaal, de motor van een zelfstandige ontwikkeling, vrij van Engeland, los van het Afrikaner eenheidsstreven, ongrijpbaar voor de *Randlords*. De NZASM was in alles een politiek bedrijf.[65]

En dus was het ook inzet van politieke strijd, met alle geven en nemen dat daarbij hoort, zoals bleek in de loop van 1890. Vrijwel gelijktijdig met de persoonlijke aanval op Leyds, kwam ook de NZASM weer zwaar onder vuur te liggen. Niet toevallig was het vicepresident Joubert die het voortouw nam. In twee uitvoerige open brieven stelde hij lastige vragen over het (dis)functioneren van de NZASM. Kruger besefte dat er iets moest gebeuren. De kritiek was voor een deel terecht. Om de oppositie de wind uit de zeilen te nemen was een tegemoetkoming in enigerlei vorm niet te vermijden.

Samen met Leyds ontbood Kruger Middelberg om te overleggen over wijzigingen in de spoorwegconcessie. Na een paar weken van stevige gesprekken en telegrafische contacten met Amsterdam waren ze eruit. Het resultaat legde enerzijds de NZASM meer aan banden. De zeggenschap van de Republiek in de vaststelling van tarieven en tracés werd vergroot, de deadline voor de voltooiing van de oosterlijn aangescherpt tot 31 december 1894. Verder moest de maatschappij accepteren dat er toch ook een zuiderlijn zou komen, van Pretoria via Johannesburg naar de Vaal, waar deze zou aansluiten op de 'Kaapse' lijn vanuit Bloemfontein. Ten slotte verviel het bestaande voorkeursrecht van de NZASM op alle locale lijnen. Daar stond als grote compensatie tegenover dat de maatschappij het exclusieve recht verkreeg op alle hoofdverbindingen met het buitenland, dus met inbegrip van het Transvaalse deel van de zuiderlijn. Ook kwam er nog een vertakking van de oosterlijn bij, en wel naar Barberton.

De nieuwe concessie was een waagstuk, voor beide partijen. Voor de NZASM namen de ondernemersrisico's sterk toe. Meer kilometers spoorlijn, aan te leggen binnen een kortere termijn. De regering op haar beurt zette het politieke uitgangspunt op het spel dat Johannesburg absoluut eerder verbonden moest zijn met Lourenço Marques dan met de havensteden in de Kaapkolonie. Voordeel voor allebei was dat de politieke storm luwde. De bespreking van de aangepaste conceptconcessie in de Volksraad verliep volgens het bekende patroon. Een speciale commissie uit zijn midden delibereerde uitvoerig over het voorstel, bij Kruger thuis, waar de '*ou president*' de afzonderlijke leden net zo lang bewerkte met argumenten, intimideerde dan wel vierkant uitschold, totdat ze het met hem eens waren. Op 25 juni 1890 keurde de Volksraad de gewijzigde concessie in haar geheel goed.[66]

Maar de wereld buiten Pretoria liet zich minder makkelijk dwingen. Eind 1890 tekende zich een crisis af in de internationale financiele wereld, die zou aanhouden tot in 1892. Al die tijd waren de kredietmogelijkheden beperkt. Beleggers hielden hun geld vast. Geen gunstige situatie voor een spoorwegmaatschappij die grote sommen aanvullend werkkapitaal nodig had om extra kilometers spoorlijn versneld aan te leggen. Tegelijkertijd kampte de goudmijnindustrie in de Rand met het pyrietprobleem. Bij de winning in diepere lagen voldeed kwik niet meer als hulpmiddel. De eerste laboratoriumtesten met cyaankali als alternatief waren veelbelovend, maar het duurde enige tijd voordat het productieproces daarop was ingesteld. In 1890 en 1891 bleven de opbrengsten flink achter bij de verwachtingen. Daardoor kwam ook de Transvaalse overheid direct in de problemen. Nu haar voornaamste inkomstenbron minder overvloedig vloeide, kon zij zich het uitbundige uitgavenpatroon van de laatste jaren niet meer veroorloven.

Bij Kruger drong die boodschap niet direct door. Alsof er nog niet genoeg spoorwegperikelen waren, liet hij zich in juli 1891 door de Franse baron Eugène Oppenheim een nieuw avontuur aanpraten. De Selati-spoorlijn, lopend van de oosterlijn bij de grens met Mozambique naar de gelijknamige goudvelden. De baron mocht zelf namens de Republiek in Europa op zoek naar geldschieters. Leyds was faliekant tegen. De spoorlijn zou het naar hem genoemde Leydsdorp ontsluiten, maar zijn wantrouwen was groter dan zijn ijdelheid. Via Beelaerts van Blokland liet hij de gangen van Oppenheim nagaan. Al spoedig bleek dat deze bezig was links en rechts 'de staatslening rond te venten' en daardoor 'het crediet van onzen Staat onherstelbaar te bederven'. Kruger was woedend toen hij ervan hoorde, op Leyds welteverstaan, en de zaak-Oppenheim gaf aanleiding tot een van de heftigste aanvaringen tussen beide mannen. Aan Beelaerts van Blokland schreef Leyds later: 'Eenmaal na een hevige scène heb ik op het punt gestaan mijn betrekking neer te leggen.' Dat deed hij niet, en uiteindelijk kreeg hij zijn zin. Oppenheim werd te verstaan gegeven zijn dubieuze financieringspogingen te staken.[67]

De financiële problemen moesten dus op een andere manier worden opgelost. Voor de NZASM werd de situatie nijpend. De ergste nood was verlicht met voorschotten, maar de dringend noodzakelijke langlopende leningen had de maatschappij niet los weten te krijgen. Het was november 1891, en het geld raakte op. Hoe nu verder?

Rhodes & Company

Pretoria, juli 1892

De redding kwam uit onverwachte hoek. Wie in november 1891 had voorspeld dat de NZASM over het dode punt zou worden geholpen door Rhodes, Robinson en Rothschild, was voor gek verklaard. Toch was dat ruim een halfjaar later de verrassende conclusie. De Nederlandsche Zuid-Afrikaansche Spoorweg-Maatschappij, het belangrijkste werktuig van Krugers onafhankelijkheidspolitiek, was overeind gehouden door Engelse financiers. Dat klinkt niet erg logisch, en ook destijds kwam dat voor menigeen als een schok.

Het begon met een noodsprong van hoofdingenieur W. Verwey, bij afwezigheid van Middelberg de hoogste man van de NZASM in Pretoria. Een telegram met slecht financieel nieuws uit Amsterdam bracht hem begin december 1891 'tot een staat van slapeloosheid', waarin hij geen andere oplossing zag dan een beroep te doen op de Kaapkolonie. Op eigen verantwoording, 'tot redding van de eer der maatschappij en van mij zelven'. Het was op zichzelf geen onzinnig idee. De Kaapkolonie had een evident belang bij de voltooiing van de zuiderlijn. Daar stond tegenover dat er in Kaapstad iemand aan het bewind was die niet bepaald bekendstond als een medestander van Kruger.

Cecil Rhodes had sinds zijn eerste ontmoeting met Kruger en Leyds in Veertienstroom en Blignautspont in januari 1885 niet stilgezeten. In 1888 dwong hij zijn laatste concurrent in Kimberley tot een fusie, met een diamantmonopolie voor *De Beers Consolidated Mines* als resultaat. In 1889 richtte hij met zijn vaste zakenpartners de *British South Africa Company* (BSAC) op, die bij koninklijk charter vrijwel soevereine rechten verkreeg over een onmetelijk gebied ten noorden van Transvaal. In 1890 werd hij, mede dankzij de steun van Jan Hofmeyr en diens Afrikaner Bond, premier van de Kaapkolonie. Rhodes had dus drie, heel verschillende, sleutelfuncties – qua belangenverstrengeling kon Leyds niet aan hem tippen – maar in elk van die hoedanigheden was hij een gepassioneerd wegbereider van het *British Empire*. Zijn dromen bestreken het Afrikaanse continent. Zijn dadendrang richtte zich op heel zuidelijk Afrika.[68]

In Rhodes' ideaal van een federatief Zuid-Afrika onder Britse leiding paste geen zelfstandigheidspolitiek van een onhandelbare Boerenrepubliek. Al helemaal niet sinds het economische zwaartepunt van de regio daarheen was verschoven. Het goud van de Rand had de verhoudingen op zijn kop gezet. Transvaal kon niet langer genegeerd, omzeild, geïsoleerd. Er moest iets mee. De goudmijnen waren al van bevriende magnaten. Als Rhodes zich nu ook meester zou kunnen maken van de verbindingen met de buitenwereld, had hij Transvaal in de tang. Krugers tegemoetkoming in 1890 om toch een zuiderlijn toe te staan, was een belangrijke eerste stap geweest. Kaapstad en de andere havens van de Kaapkolonie, Port Elisabeth en East London, zouden hun spoorverbinding krijgen met Johannesburg. Dat wil zeggen, als de NZASM tenminste haar contractuele verplichtingen over de aanleg van het Transvaalse deel zou nakomen, en niet voortijdig over de kop zou gaan.

Natuurlijk was dat laatste voor Rhodes ook een optie. De NZASM failliet, opgeruimd staat netjes, ruim baan voor een nieuw, liefst Engels, bedrijf. Maar er was ook iets voor te zeggen om in te gaan op het verzoek van Verwey, en de NZASM uit de financiële nood te helpen. Of eigenlijk waren er wel drie redenen te bedenken.

De eerste was dat er een kaper op de kust lag: Natal. Dat was weliswaar ook een Britse kolonie, maar net als de Kaapkolonie had het een eigen bestuurlijke verantwoordelijkheid, een eigen economisch beleid en een eigen haven. Durban lag driehonderd kilometer dichterbij Johannesburg dan East Londen, de dichtstbijzijnde haven van de Kaapkolonie. Ook de spoorlijn vanuit Durban was al gevorderd tot aan de grens met Transvaal en Natal dong de laatste tijd nadrukkelijk naar de gunsten van Kruger. Het was niet uitgesloten dat Kruger, na een eventueel faillissement van de NZASM, een verbinding met Durban zou verkiezen boven een aansluiting op de Kaapse lijn.

De tweede reden was dat Rhodes zelf naast de zuiderlijn nog een ander ijzer in het vuur had. Of in ieder geval meende te hebben. Gewend om groot te denken, had hij het plan opgevat om het laatste, Portugese, deel van de oosterlijn te kopen, en meteen maar Lourenço Marques erbij. De Portugezen zaten krap bij kas. In de Londense *City* trof Rhodes kapitaal en animo genoeg voor zo'n tot de verbeelding sprekende overname, die Transvaal volledig en definitief zou insnoeren. Maar om die investering rendabel te maken, moest de oosterlijn er wel komen.

En dan was er nog een derde reden. Nu de NZASM de vragende partij was, konden er allicht aanvullende voorwaarden worden gesteld. Bijvoorbeeld over de exploitatie van de zuiderlijn. Alles bij elkaar voldoende redenen voor een positieve kansberekening. Vandaar dat de Kaapse minister van Openbare Werken James Sivewright toestemming kreeg om met Verwey te onderhandelen. Ook in Amsterdam werd instemmend gereageerd. Heel veel tijd hadden de onderhandelaars niet nodig. Op 10 december 1891 kwamen Sivewright en Verwey tot een overeenkomst. De Kaapkolonie stelde bouwfondsen ter beschikking van ten minste 300 000 pond – het bedrag zou uiteindelijk oplopen tot 550 000 pond, oftewel 6,5 miljoen gulden. Naast obligaties van de NZASM kreeg de Kaapse spoorwegmaatschappij daarvoor in ruil het recht om, zolang de oosterlijn nog niet was voltooid, de dienst op de zuiderlijn te onderhouden. Dus in Transvaal zelf.

Het was een bittere pil voor de NZASM, het was slikken voor Kruger en Leyds, maar er viel niet veel te kiezen. En het was nog maar het begin. Het geld uit de Kaapkolonie was bedoeld voor de zuiderlijn. Voor de veel langere oosterlijn was nog veel meer werkkapitaal nodig. In februari 1892 kreeg de NZASM met pijn en moeite een extra voorschot van 600 000 gulden los van Nederlandse en Duitse bankiers. Maar de Transvaalse regering kon voor een lening van 100 000 pond

– bestemd voor de uitbreiding van haar aandelenpakket in de maatschappij – alleen terecht bij een van de *Randlords*, Joseph Robinson.

Het waren nog steeds maar druppels op een gloeiende plaat. Nodig was een veelvoud van dit soort bedragen, en zo'n kapitale investering moest uit Europa komen. Zowel de bestuurders van de NZASM als de Transvaalse regering – vertegenwoordigd door de directeur van de Nationale Bank W. Knappe – gingen op zoek. Enkele maanden later had Knappe als eerste beet. In het hart van de Londense *City* nog wel, bij de gerenommeerde bankiersfamilie Rothschild. Ook dit leek geen voor de hand liggende uitkomst, maar de verklaring is simpel. Het bankiershuis had grote belangen in Kimberley en Johannesburg, werkte nauw samen met Rhodes en was uitstekend op de hoogte van alle economische ontwikkelingen in de regio. Dus ook die in de Rand. De goudmijnindustrie bleek in het voorjaar van 1892 met dank aan de cyaankali volledig hersteld van de inzinking en maakte zich op voor een nieuwe spectaculaire groeispurt. Voor de Rothschilds bood dat genoeg zekerheid om de Zuid-Afrikaanse Republiek de gewenste substantiële lening te verschaffen. Tweeënhalf miljoen pond, oftewel dertig miljoen gulden. Een belangrijke voorwaarde was wel dat '*the money being spent exclusively within the limits of the Republic*'. De clausule was ingefluisterd door Rhodes. Transvaal mocht het geld natuurlijk niet gebruiken om Lourenço Marques voor zijn neus weg te kapen.

Dat gebeurde dan ook niet. Pretoria zette vrijwel het hele bedrag om in aandelen van en leningen aan de NZASM. Daarvoor moesten Kruger en Leyds alleen nog wel de goedkeuring van de Volksraad zien te verkrijgen. Eind juni 1892 stond de Rothschild-lening op de agenda, maar drie weken daarvoor wachtte hun al een eerste test, Leyds in het bijzonder.

Zijn ambtstermijn als staatssecretaris zou binnen afzienbare tijd verstrijken, en begin juni stemde de Volksraad over een mogelijke herverkiezing. Dat was geen formaliteit. Er waren tal van memories binnengekomen, met scherpe kritiek op zijn persoon en zijn functioneren. De oppositie had veel weg van die van twee jaar eerder, na de onthulling van zijn brief aan Schmüll. Mikpunten waren opnieuw Leyds' onkerkelijkheid en zijn 'Hollandse' manier van doen, maar dit keer in het bijzonder de combinatie van de functies van staatssecretaris en regeringscommissaris van de NZASM. Leyds kon er niet onderuit zijn commissariaat neer te leggen. Daarmee was in één klap de angel uit het debat. Met twintig tegen drie stemmen werd hij herkozen als staatssecretaris. De Rothschild-lening kostte vervolgens nog wel het gebruikelijke duw- en trekwerk, maar uiteindelijk kwam ook die er ongeschonden door. Begin juli 1892 verscheen de overeenkomst in de Transvaalse *Staatscourant*. Leyds én de NZASM konden verder.[69]

Ook Rhodes ging onvermoeibaar door. Hij had grootse plannen, en veel haast. Diamanten, goud, politieke macht, het was al niet weinig voor een half mensenleven – hij was nog geen veertig – maar Rhodes wilde meer, veel meer. Nog meer spoorwegen en nog een haven dus, maar vooral meer land, oneindig veel meer land voor al zijn mateloze dromen. Het satirische tijdschrift *Punch* tekende hem ten voeten uit: als '*The Rhodes Colossus*', een moderne variant van de Kolossus van Rhodos uit de klassieke oudheid. Wijdbeens verheven boven Afrika, '*Cape to Cairo*' in één reuzenstap. '*To make the world red for England*': een telegraafverbinding, een spoorlijn, en dan de vanzelfsprekende annexatie. '*I would annex the planets if I could*', was een van zijn gevleugelde uitspraken, dus dan was een continent nog niet eens zo hoog gegrepen.

Naar het noorden dus, dieper het binnenland in. Bechuanaland, in 1885 binnen de Britse invloedssfeer gemanoeuvreerd, was slechts een tussenstop. Rhodes' ogen waren gericht op het gebied daarboven, de eindeloze savanne ten noorden van de rivier de Limpopo. Het bijbelse land Ophir zou er hebben gelegen, de mijnen van koning Salomo moesten er nog ergens te vinden zijn, naar verluidt in het noordoostelijke deel dat bekendstond als Mashonaland. Fortuinjagers vertelden elkaar fantastische verhalen over de rijkdommen die er voor het opscheppen lagen. De Rand was er niets bij. Rhodes kon niet wachten om het land in bezit te nemen. Er was echter één probleem. Of eigenlijk twee.

Ten eerste was het gebied bewoond. Sinds zij eind jaren dertig door de Voortrekkers uit Transvaal waren verdreven, leefden daar de Matabele. Koning Mozelekatze was opgevolgd door zijn zoon Lobengula. Vanuit de koninklijke kraal in Bulawayo heerste hij in naam over een gebied dat grofweg overeenkwam met het huidige Zimbabwe. Zijn gezag werd min of meer erkend door de andere daar levende volken, onder wie de Mashona. Lobengula was een imponerende verschijning volgens al zijn blanke bezoekers. En dat waren er nogal wat. Rhodes bestookte hem met afgezanten, die allemaal terugkwamen met levendige beschrijvingen van een even wrede als charmante geweldenaar: '*very much like a wild beast*', maar met '*a very pleasant smile*' en in al zijn zwaarlijvigheid '*every inch a king*'. Sommigen kwamen ook terug met een getekende overeenkomst, en daar ging het Rhodes natuurlijk om. Het cruciale document werd bemachtigd door zijn vertrouwde zakenpartner Charles Rudd, in oktober 1888. Daarin stond Lobengula, in ruil voor duizend Martini-Henrygeweren met munitie, een stoomboot op de rivier de Zambesi en een maandelijkse toelage van honderd pond sterling, de complete en exclusieve zeggenschap af over alle bodemschatten in zijn rijk. Er viel juridisch van alles af te dingen op de overeenkomst, maar daar hield Rhodes zich niet mee bezig. Hij had zijn felbegeerde concessie, die een jaar later werd bekroond met een koninklijk charter voor zijn *British South Africa Company*, oftewel soevereine rechten in Matabeleland en Mashonaland.[70]

Eén probleem opgelost. Het andere werd gevormd door de Boeren. Kruger had als zestienjarige jongen nog geholpen Mozelekatze uit Transvaal te verjagen, en in zijn ogen schiep dat een blijvende band met de Matabele. Aan de oost- en de westgrens van Transvaal wist hij zich gebonden aan de bepalingen van de Conventie van Londen van 1884, maar over de noordgrens stond daarin geen woord. Kruger voelde zich dan ook vrij om naar believen overeenkomsten te sluiten met de Matabele – en dat deed hij ook. In 1887 kwam Pieter Grobler namens de Zuid-Afrikaanse Republiek een verdrag van vrede en vriendschap overeen met Lobengula. Ook Kruger had dus een document, dat naar zijn overtuiging recht gaf op aanspraken. En vervolgens op genoegdoening, toen 'consul' Grobler in juli 1888 onder verdachte omstandigheden werd vermoord in het grensgebied van Bechuanaland. Volgens Kruger zat Rhodes erachter. De zaak werd geschikt met smartengeld voor de weduwe Grobler, maar de principiële kwestie bleef onopgelost. Wie had de oudste rechten dan wel de sterkste papieren ten noorden van de Limpopo?

Toen in januari 1890 het gerucht de ronde deed dat een groepje Boeren in Transvaal zich opmaakte voor een ouderwetse *trek* naar Mashonaland, dreigde de situatie te escaleren. In Kaapstad was net een nieuwe hoge commissaris gearriveerd, Sir Henry Loch. Hij eiste op hoge toon dat Kruger de onderneming zou afblazen. Kruger had met diens voorganger, Sir Hercules Robinson, na een stroef begin een goede persoonlijke verstandhouding opgebouwd. Hij nam zich voor dat ook met Sir Henry te proberen. Hij nodigde hem uit voor een persoonlijke ontmoeting. Rhodes was ook welkom. Leyds, net terug van zijn Europese verlof, zou Kruger vergezellen.

De bijeenkomst vond plaats op dezelfde plek waar Kruger en Leyds vijf jaar eerder vergeefs hadden onderhandeld over Gosen en Stellaland, en zou de geschiedenis ingaan als de Conferentie van Blignautspont. Dat was een weidse benaming. De Conferentie van Berlijn, van november 1884 tot februari 1885, waar westerse diplomaten scheidslijnen trokken dwars door de kaart van Afrika, dat was een conferentie. Blignautspont op 12 en 13 maart 1890, dat waren vier blanke mannen in een tent, een vlek in het veld. De deling van Afrika in miniatuur. Opvallend afwezig waren de zwarte heersers over wie werd beslist: koning Lobengula van Matabele- en Mashonaland, koning Ngwane V – ook wel Bhunu – van Swaziland en de stamhoofden Zambaan en Oembegisa van Tongaland.

Hun lot was met elkaar verbonden geraakt door een idee dat Kruger al eerder had geopperd en in Blignautspont hoopte te kunnen vastleggen. Het kwam neer op een grote uitruil: hij was bereid om alle aanspraken ten noorden van de Limpopo te laten vallen, indien de Engelsen op hun beurt Transvaal de vrije hand zouden geven in Swaziland en Tongaland, met inbegrip van Kosibaai. Zover wilde Loch bij lange na niet gaan. Met zijn opvallend lange, grijze baard had hij uit de verte wel iets weg van een Boerenleider, maar hij sprak de taal van het cricketveld, niet van de bush. Leyds vond hem op zich 'een aangenaam man, maar driftig en niet geheel vrij van Jingoisme', die te veel afging op 'inlichtingen van ons hatende ondergeschikten'.[71] Het tegenvoorstel van Loch was een kant-en-klare conceptconventie, met veel slechtere voorwaarden voor Transvaal. Daarover wenste hij niet te onderhandelen.

Kruger was onaangenaam getroffen door Lochs weinig toeschietelijke houding, en beriep zich op de noodzaak van overleg met de Uitvoerende Raad en de Volksraad. Zodoende werd er niets getekend in Blignautspont. Pas na maanden van heen-en-weer ruziën kwamen beide partijen op 2 augustus 1890 tot overeenstemming. Leyds had altijd zijn reserves gehad en was nog steeds tegen, maar Kruger bleek bereid om ver te gaan voor de mogelijkheid van een geheel eigen spoorlijn en haven. De conventie hield in dat Transvaal afstand deed van alle aanspraken op Matabele- en Mashonaland, en tevens akkoord ging met de uitbreiding van het Britse koloniale spoorwegstelsel tot aan zijn grenzen. In ruil daarvoor erkende Engeland de geldigheid van alle concessies die de Boeren al hadden verworven in Swaziland. Dat gebied zou onder gezamenlijk toezicht komen te staan. Ook kreeg Transvaal het recht – en daar was het Kruger vooral om te doen – een strook grond in Swaziland en Tongaland te kopen, net breed genoeg voor de aanleg van een spoorlijn en een haven. Bijkomende voorwaarde was dat het zich na die aankoop zou aansluiten bij het Tolverbond tussen de Engelse koloniën en Oranje Vrijstaat.[72]

Zo kreeg iedereen wat. Rhodes kreeg de vrije hand voor zijn *British South Africa Company*. Nog voordat de conventie was ondertekend, in juli 1890, stuurde hij zijn pioniers al op pad, richting het beloofde goudland in het noorden. Onder hen veel zonen van goeden huize, '*youngsters of the la di da class*'. Dat verhoogde de betrokkenheid van het thuisfront, wist Rhodes. Half september kwamen ze aan op hun bestemming, een heuvel in Mashonaland. Ze noemden het *Fort Salisbury*, naar de Engelse premier, hesen de *Union Jack*, drie hoeraatjes voor koningin Victoria, en het gebied was ingelijfd. Spijtig voor de pioniers en hun opdrachtgever was wel dat de gedroomde rijkdommen nergens te vinden waren. Lord Randolph Churchill, invloedrijk conservatief politicus en aandeelhouder van de BSAC, kwam in eigen persoon over uit Londen om het te onderzoeken, maar zijn conclusie was duidelijk. '*Mashonaland... is neither Arcadia nor an El Dorado*.'

Weinig van waarde in de bodem, dan maar het land erboven onderling verdeeld of verkocht aan de hoogste bieder. Rhodes had overal zijn mannetjes voor, en dit werd een klus voor 'Doctor Jim'. Leander Starr Jameson was Schot van geboorte, arts van professie en avonturier uit roeping. Een man naar Rhodes' hart, doortastend op het dol-drieste af. Hij regelde voor Rhodes wat iedereen al had zien aankomen: de afrekening met de Matabele. Lobengula ging het conflict uit de weg, stuurde brieven en gezanten tot aan koningin Victoria toe, wist zijn einde zo nog een paar jaar te rekken. Maar in november 1893 was het zover. Jameson forceerde de aanleiding en voltrok het vonnis met niet veel meer dan duizend man, voorzien van de nieuwste Maxim machinegeweren. Daar waren de speren en ook de Martini-Henrygeweren van de Matabele niet tegen opgewassen. Lobengula vluchtte weg uit Bulawayo, en pleegde zelfmoord. Al snel sprak niemand meer van Matabeleland, en iedereen van Rhodesië.[73]

Een heel land, vernoemd naar jezelf. Dat was meer dan Kruger kreeg. De conventie van augustus 1890 gaf Transvaal de gedeelde controle over Swaziland en het voorwaardelijke recht op aankoop van een spoorwegtracé naar Kosibaai in Tongaland. Dat betekende dat er nog heel wat te bespreken viel. Niet zozeer met de Swazi en de Tonga, die moesten maar afwachten wat de uitkomst zou worden. Maar des te meer met de Britse koloniale gezagsdragers in Kaapstad en in Londen. Jarenlang sleepten de onderhandelingen zich voort. Sir Henry Loch lag nog het meest dwars. Uiteindelijk was het minister van Koloniën Lord Ripon die besloot de Boeren tegemoet te komen. In november 1893 onder voorwaarden, vervolgens in december 1894 definitief, werd Swaziland een protectoraat van Transvaal. De jonge koning Ngwane v had het maar te accepteren. Voor Kruger was het een enorme opsteker. De toegangspoort naar de kust stond eindelijk open, een eigen haven leek binnen bereik.

Des te groter was de teleurstelling toen die poort binnen de kortste keren weer werd dichtgesmeten – en gebarricadeerd. Met de complimenten van Sir Henry, die kort daarop zou vertrekken als hoge commissaris en op de valreep Kruger opnieuw een onaangename verrassing bezorgde – net als bij hun kennismaking vijf jaar eerder in Blignautspont. Dit keer pleitte Sir Henry met klem voor een snelle annexatie van het aangrenzende deel van Tongaland, de gebieden van Zambaan en Oembegisa. Lord Ripon vond het wel een passend afscheidscadeau. Op 16 maart 1895 werd Tongaland formeel ingelijfd. Na alle verwachtingen die 'Groot-Brittanje' jarenlang had gewekt, noteerde Leyds bitter, trok het nu 'onverwachts dezen Britschen muur op, die Swaziland, en daardoor de Zuid-Afrikaansche Republiek tevens, van de zee afsloot'.[74]

Het kwam dus echt allemaal aan op de oosterlijn. Sinds de Rothschild-lening van juli 1892 was geld niet langer het grootste probleem, en al helemaal niet meer toen in november ook de stemming op de financiële markten van Amsterdam en Berlijn ten goede gekeerd bleek. Met nog eens een lening van 31 miljoen gulden rechtstreeks aan de NZASM als resultaat. Het stelde de maatschappij in staat om met man en macht door te werken. Dat was nodig ook, want er waren nog genoeg problemen van andere aard. Technisch, logistiek en niet te vergeten personeel. Directeur Middelberg en hoofdingenieur Breuning, de opvolger van Verwey, hadden er hun handen vol aan. De grootste stok achter de deur was de in sneltreinvaart voltooide zuiderlijn. Op 1 januari 1893 werd de nieuwe verbinding in gebruik genomen. Pretoria en Johannesburg waren nu rechtstreeks verbonden met Kaapstad.

Ook politiek was de oosterlijn nog steeds een hoofdpijndossier, dat de Transvaalse regering volop bezighield. Bij de presidentsverkiezingen van februari 1893 was de 'Hollandse' spoorlijn en alles wat daaraan vastzat de belangrijkste inzet van een heftige campagne. Vicepresident Piet Joubert had het al twee keer vergeefs tegen Kruger opgenomen, in 1883 en 1888, maar dit keer was de verwachting dat 'Slim Piet' een goede kans zou maken. Het scheelde uiteindelijk ook niet veel. Kruger had al zijn status en overtuigingskracht nodig – en volgens zijn verslagen rivaal ook de nodige malversaties – om nipt te winnen: 7911 tegen 7246 stemmen. Krugers machtspositie was duidelijk niet onaantastbaar.

Dat was een gegeven waarmee hij en Leyds rekening moesten houden, ook in de buitenlandse politiek. De oosterlijn was diplomatiek natuurlijk altijd al een ingewikkeld verhaal geweest. Een Hollandse spoorlijn, lopend van een Engelse Goudstad op Transvaals grondgebied naar een Portugese zeehaven, medegefinancierd door Duits en Engels kapitaal. Plus een opdringerige buurman – '*The Rhodes Colossus*' – in het zuiden, westen en noorden, die eropuit was het Portugese uiteinde van de spoorlijn over te nemen en zo ook nog eens oosterbuur te worden. Op een smalle binnenlandse machtsbasis vergde dat nog meer diplomatieke evenwichtskunst, met name van Leyds. Hij had zijn commissariaat neergelegd, maar binnen de Transvaalse regering bleef hij de spoorwegman. Zowel de contacten met de NZASM als die met de buitenlandse betrokkenen liepen via het bureau van de staatssecretaris.

Zodoende zijn de spoorwegperikelen goed te volgen in Leyds' officiële en particuliere correspondentie. Daaruit blijkt dat ook hij in het voorjaar van 1893 slecht te spreken was over de NZASM, met name over de directie. Om te beginnen had hij wel wat meer dankbaarheid verwacht voor de lening die de Transvaalse regering ten behoeve van de maatschappij had losgekregen bij Rothschild. Nadat de NZASM in november 1892 zelf ook een kapitale lening had binnengehaald, werd nog maandenlang gesteggeld over de voorwaarden waarop de Rothschild-gelden zouden worden verstrekt. Verder vond Leyds het hoog tijd om de standplaats van de directie te verplaatsen van Amsterdam naar Pretoria. Dat zou de daadkracht van de maatschappij ten goede komen, en de kritiek ondervangen dat de directie slechts oog had voor de belangen van de Europese aandeelhouders. Voor Leyds moest de NZASM nadrukkelijk óók het Transvaalse nationale belang dienen. Korte tijd speelde hij zelfs met de gedachte om het allemaal anders aan te pakken: nationalisatie van de NZASM en dan in een soort van *pool* met de Britse koloniale spoorwegmaatschappijen. Het bleef bij een oprisping. In de tweede helft van 1893 herstelde de relatie zich. Over de directiestandplaats werd een compromis bereikt. Van den Wall Bake bleef vanuit Amsterdam werken, maar Middelberg, die tot dan toe pendelde tussen Europa en Zuid-Afrika, zou zich vanaf begin 1894 voor langere tijd in Pretoria vestigen.[75]

Wel had Leyds duidelijk gemaakt dat hij zijn eigen afwegingen maakte. Het economische belang van de NZASM speelde nog steeds een rol, maar het politieke belang van Transvaal woog voor hem nu definitief het zwaarst. Daarbij hoorden ook diplomatieke afwegingen, zoals hij bewees toen zich een derde deelnemer meldde voor de '*race to the Rand*': Natal.

De overeenkomst tussen Transvaal en de Kaapkolonie over de zuiderlijn had in de andere Britse kolonie de wens van een rechtstreekse verbinding tussen Durban en Johannesburg alleen maar versterkt. Natal drong steeds nadrukkelijker aan op het doortrekken van de eigen spoorlijn, die was gevorderd tot de grensplaats Charlestown. Het belangrijkste pressiemiddel was dat het zich anders zou richten op een aansluiting op de Kaapse lijn. Ondenkbaar was dit niet. Er liep al een lijn van Ladysmith in Natal naar Harrismith in Oranje Vrijstaat, en het was niet ingewikkeld om die te verlengen. Dat zou zeer nadelig zijn voor Transvaal. Het was niet gebaat bij economische krachtenbundeling van beide Britse koloniën, maar juist bij hun onderlinge concurrentie. Voor Kruger en Leyds woog dit argument uiteindelijk zwaarder dan de te verwachten inkomstenderving voor de oosterlijn. Ze besloten gehoor te geven aan de aandrang uit Natal. Ook de Volksraad ging akkoord. In februari 1894 kwam de overeenkomst tot stand. Transvaal zou nog een derde spoorverbinding krijgen met het buitenland, nu naar Durban in het zuidoosten.

Daarvoor moest eerst nog wel een en ander nader worden besproken. Natuurlijk met de NZASM, die de nieuwe rivaal met lede ogen zag komen. De enige troost voor de maatschappij was dat ook deze lijn uiteindelijk door haar zou worden geëxploiteerd. Maar ook de direct of indirect betrokken externe partijen moesten worden ingelicht: Natal zelf, Oranje Vrijstaat en niet te vergeten Portugal. Elk van drieën kreeg een eigen versie van hetzelfde verhaal voorgeschoteld. Dat Transvaal doodeenvoudig geen keus had, en dat die andere twee lijnen niet ten koste zouden gaan van die ene van hun. Leyds mocht het gaan uitleggen, tot in Lissabon aan toe, en deed dat als een veelbelovend diplomaat. Op zijn Europese trip deed hij in januari 1894 ook nog even Berlijn aan. Een nuttig bezoek. Hij werd er ontvangen door de jonge keizer Wilhelm II, die zich zeer betrokken toonde bij de hele onderneming. Toen de oosterlijn in september 1894 haar voltooiing naderde, kon iedereen zich vinden in het Transvaalse driewegstelsel.

Iedereen? Voor Cecil Rhodes golden andere maatstaven. In dezelfde maand meldden de kranten dat hij Lourenço Marques had gekocht. Zulk soort berichten hadden eerder de ronde gedaan, maar dit keer leek er wel degelijk iets aan de hand. Koning Gungunhana van Gaza, gelegen in het grensgebied van Mozambique en het nieuwgevormde Rhodesië, maakte zich tegelijkertijd op voor een aanval op de havenstad, en bovendien liet de Engelse consul ter plekke matrozen aan land zetten. Dat kon toch geen toeval zijn? Het had verdacht veel weg van een vijandige overname. Vanuit Lourenço Marques en Pretoria werden ongeruste telegrammen verzonden. Vanuit Berlijn dirigeerde de keizer drie oorlogsschepen richting Delagoabaai.[76]

Levenslijn

Lourenço Marques, juli 1895

Het bleek loos alarm. Althans, de Britten beweerden bij hoog en bij laag dat ze geen kwaad in de zin hadden. Leyds dacht er het zijne van, maar constateerde tot zijn genoegen dat zij zich in allerlei diplomatieke bochten wrongen tegenover Berlijn. Dat was pure winst voor Transvaal. Er was overduidelijk een nieuwe speler in het spel, waarmee ook '*Mighty England*' terdege rekening moest houden. Al langer hadden Kruger en hij hun hoop gevestigd op het opkomende Duitsland, maar nu leek de tijd rijp om die machtige bondgenoot aan zich te binden.

Keizer Wilhelm II had niet veel aanmoediging nodig. Hij had eerder al de 'oude loods' Bismarck afgedankt en zelf het roer in handen genomen. Zijn stijl was hooghartig en overhaast, zijn favoriete manoeuvre de ramkoers. 'Willy' was een kleinzoon van koningin Victoria – zoals half vorstelijk Europa van haar afstamde – maar in zijn geval was water dikker dan bloed. Het water van de wereldzeeën welteverstaan, waarover de *Royal Navy* nu wel lang genoeg geheerst had. Hij wilde een eigen trotse vloot, een '*Platz an der Sonne*' voor Duitsland en een hoofdrol in de internationale politiek voor zichzelf. Zuidelijk Afrika leek hem wel een geschikt oefenterrein.

In Pretoria werden die signalen dankbaar opgevangen. De interesse van de keizer was Leyds al opgevallen bij zijn bezoek aan Berlijn in januari 1894. Hij was toen met alle egards ontvangen op het jaarlijkse *Ordensfest*: 'De Keizer heeft mij tweemaal toegesproken, de Keizerin éénmaal,' noteerde hij verguld. Hij kreeg de groeten mee voor president Kruger, en de keizerlijke zegen voor 'het spoedig gereed komen van den Delagoa spoorweg'. De gelegenheid om het ijzer te smeden, lag dan ook voor de hand: de officiële, feestelijke ingebruikname van de oosterlijn. Daarvan, zo opperde Leyds in de Volksraad, zou 'een beetje politiek vertoon' gemaakt kunnen worden door 'Duitschland en Holland uit te noodigen zich te doen vertegenwoordigen door een oorlogsschip in de Delagoabaai'. Wat hem betreft zou Frankrijk daar ook welkom zijn, maar met dat land onderhield Duitsland onder Wilhelm II eveneens een moeizame relatie. Dus bleven de uitnodigingen beperkt tot de landen van waaruit was geïnvesteerd in de spoorlijn. Engeland zou dan ook van de partij zijn, net als gastland Portugal. Dat zou het effect van het Duitse oorlogsschip alleen maar vergroten, legde Leyds uit aan Beelaerts van Blokland: 'een demonstratie is niet van politieke beteekenis voor ons ontbloot.'[77]

De uitnodigingen gingen de deur uit in juli 1894. De festiviteiten zouden een jaar later plaatsvinden. Dat had wel eerder gekund, de oosterlijn werd al op 1 januari 1895 in bedrijf genomen, maar dan was het hoogzomer en ongezond heet in Lourenço Marques. Niet verstandig met al die hoogwaardigheidsbekleders. Bovendien was er zo meer voorbereidingstijd. Dat kwam Leyds niet slecht uit, want het grootste deel van de organisatie kwam bij hem terecht, boven op zijn normale bezigheden. Daarbij rekende hij het tot zijn taak de nieuwe bondgenoot te informeren over de precieze staatsrechtelijke positie van Transvaal. Het belangrijkste punt was de vermeende Britse suzereiniteit. Volgens Leyds was daarvan geen sprake meer sinds de Conventie van Londen van 1884. Toch ging dat vermaledijde begrip de laatste tijd weer sterker rondzingen in Britse regeringskringen. Hij stuurde diverse memories met officiële documentatie naar Berlijn, om althans de Duitse regering van het staatsrechtelijke gelijk van Transvaal te overtuigen. Voor een breder publiek deed hij dat nog eens dunnetjes over in de vorm van een artikel in de *Kölnische Zeitung*.

Ook Kruger deed het nodige om de banden met Duitsland en het Duitse staatshoofd in het bijzonder aan te halen. Op geheel eigen wijze. De spontane krijgshaftige reactie van Wilhelm II op de dreigende Engelse overname van Lourenço Marques had de oude Boerenkrijger goedgedaan. Een paar maanden later, op 27 januari 1895, greep Kruger de keizerlijke verjaardag aan om iets terug te doen. Tijdens een diner in Pretoria, aangeboden door de Duitse consul Franz von Herff, bracht hij niet alleen een heildronk uit op de keizer, hij stak ook een onnavolgbaar Krugeriaans verhaal af. Transvaal als een kind dat uit zijn kleren was gegroeid, maar van Engeland geen nieuw pak kreeg. Duitsland dat wel inzag dat Transvaal in de groei was en bijpassende grotere kleren nodig had. Waarvoor de opgroeiende jongeling op zijn beurt buitengewoon erkentelijk was. De Bijbels geïnspireerde gelijkenis leverde Kruger, via Beelaerts van Blokland, een telegrafische dankbetuiging van de keizer op, met diens verzekering van 'blijvenden steun'.[78]

De hartelijkheid tussen beide staatshoofden kreeg een vervolg tijdens de festiviteiten van 8 tot en met 10 juli 1895. De officiële genodigden uit binnen- en buitenland verzamelden zich in Pretoria. Van daaruit ging het in feestelijk versierde treinen naar het oosten. Vijfhonderdzestig kilometer over het hoge veld, het lage veld, en dan de ultieme bekroning. De zee, Lourenço Marques. Vooral voor Kruger was het een glorieus moment. Eindelijk was het zover. Zolang als hij president was, vanaf 1883, had hij gestreden voor de 'Groote Zaak'. Zijn voorganger Burgers was erop stukgelopen, hij had volgehouden. Het was een uitputtingsslag geweest, menigeen had de moed verloren, maar daar was het reddende water. De Indische Oceaan. Transvaal had zijn levenslijn met de buitenwereld. En in de haven een Duits oorlogsschip. Aan boord wachtte hem een felicitatietelegram van de keizer. Het was bedoeld, verzekerde Von Herff aan Leyds, om 'te doen uit komen dat Duitschland het Engelsch worden van Delagoabaai nooit zou toelaten'.[79]

Dat kon je 'over het algemeen een groot succes' noemen, zoals Leyds deed in een 'nabetrachting' van de feesten. Het was ook zíjn overwinning, de bekroning van zíjn vasthoudendheid. Toch was hij persoonlijk niet in de beste stemming. Hij had hard moeten werken, te hard naar zijn zin, voelde zich al een tijd niet fit, en ook de gezondheid van zijn gezin liet te wensen over. Louise had te kampen met 'verschrikkelijke hoofdpijnen' en was voor haar herstel een paar maanden naar Durban. Door haar afwezigheid miste hij ook de eerste twee dagen van de feestelijkheden, 'omdat mijn jongen ziek was en de dokter mij aanraadde de stad niet te verlaten.' Gelukkig knapte Louis wat op, en kon Leyds de laatste dag alsnog naar Lourenço Marques, net op tijd om samen met Kruger een bezoek te kunnen brengen aan het Nederlandse oorlogsschip, de *Koningin Wilhelmina*. Al was ook dat geen onverdeeld genoegen. Vormelijk en gehecht aan decorum als hij was, stoorde Leyds zich aan de onverzorgdheid van de officieren. Die 'waren natuurlijk in gala, maar verscheidenen hadden een ongeschoren gezicht! De stoppels op het gezicht van den President die mij vroeger bij zulke gelegenheden zoo dikwijls hinderden, mogen mij van nu af aan niet meer prikken!' Daarmee vergeleken waren de 'Engelsche gouverneurs, admiraal en officieren... oneindig veel meer correct'.[80]

Maar goed, ondanks alle persoonlijke malheur, was de zakelijke balans van de nu operationele oosterlijn buitengewoon positief. Sinds 1 januari 1895 beschikte Transvaal over de zo vurig gewenste eigen spoorlijn naar de zee, met alle voordelen van dien. Politiek bestond de winst uit een niet door Engelsen gecontroleerde verbinding met de buitenwereld, plus een Europese bondgenoot die bereid en in staat leek de Engelse bemoeizucht in te dammen.

Economisch was er nu meer bewegingsvrijheid, zowel beleidsmatig voor de Transvaalse overheid, als bedrijfsmatig voor de NZASM. Behalve de oosterlijn kregen Middelberg en consorten – zo bepaalde het contract met de Kaapse spoorwegmaatschappij – per direct ook de zuiderlijn in beheer. De bedrijfsresultaten schoten meteen spectaculair omhoog. Sloten de boeken van de NZASM eind 1894 nog rond de 2,5 miljoen gulden, al snel tekende zich af dat 1895 een veelvoud zou opbrengen. Uiteindelijk liep de jaaromzet op tot bijna 20 miljoen gulden, waarvan 4,5 miljoen gulden winst.

Dat was sensationeel veel geld. En het mooie was, vanuit Transvaals perspectief, dat volgens de spoorwegconcessie liefst vijfentachtig procent van de nettowinst, in dit geval dus 3,9 miljoen gulden, toekwam aan de overheid. Los nog van het dividend waarop zij als grootaandeelhouder ook recht had. Het had meer dan tien jaar geduurd, maar nu de treinen eenmaal reden, werd het wachten meer dan beloond. De NZASM bleek een fantastische inkomstenbron voor de Transvaalse staatskas.[81]

Politiek, economisch, financieel. De oosterlijn gaf de Zuid-Afrikaanse Republiek in één klap veel meer armslag. En haar leiders, president en staatssecretaris in het bijzonder, een enorme mentale opsteker. Kruger en Leyds waren jarenlang verguisd om hun halsstarrigheid, beschimpt om hun Hollandse vriendjespolitiek. Maar dit bewees hun gelijk. Een eigen verbinding met de zee, in vertrouwde handen, daar was het hun om te doen geweest, daar plukte nu heel Transvaal de vruchten van.

Nou ja, heel Transvaal? Er was natuurlijk nog steeds die exotische enclave, vijftig kilometer ten zuiden van de hoofdstad. In 1886 begonnen als een tentenkamp, amper tien jaar later honderdduizend inwoners, Johannesburg was een wereldstad in wording. Daar kon je heel verschillend tegenaan kijken. In de ogen van Lady Sarah Wilson, een zuster van Lord Randolph Churchill, was het '*a wonderful town, especially wonderful from its youth*'. De drukte op straat, de gejaagde blikken, de fanatieke haast deden haar denken aan de Londense *City*. Voor Zuid-Afrika's eerste vrouwelijke intellectueel Olive Schreiner was het juist '*a great, fiendish, hell of a city,*' niets dan uiterlijk vertoon en verdorvenheid, met zijn stadspaleizen, bordelen en gokhallen.[82] En dan waren dit nog dames van de wereld. Voor de doorsnee Boer was Johannesburg niet eens van een andere wereld. Het was van een andere planeet, met een dampkring ongeschikt voor aards leven.

Kruger had ook liever dat dat zo bleef. Zijn eerste bezoek aan Johannesburg, in februari 1887, had hem niet vrolijk gestemd – en de gouddelvers al evenmin. Sindsdien waren de verhoudingen er niet beter op geworden. Hij was er nog een paar keer terug geweest, maar nooit tot genoegen. In maart 1890, op de heenweg naar de bespreking met Sir Henry Loch in Blignautspont, had zich zelfs een akelig incident voorgedaan. Het was midden in de pyrietcrisis, er heerste onzekerheid in de tot dan toe zo zelfverzekerde Goudstad. Kruger was opgewacht door een ronduit vijandige menigte, die '*Rule Britannia*' en '*God Save the Queen*' had ingezet en de Transvaalse Vierkleur – roodwit-blauw met groen – had neergehaald en vertrapt. Een minder onverschrokken man zou zich bedreigd hebben gevoeld. Kruger maakte er een parabel van. Die betogers, vertelde hij Sir Henry na aankomst in Blignautspont, deden hem denken aan een baviaan die hij ooit had gehad. Het beest was gek op hem, liet zich door niemand anders aanhalen. Totdat het per ongeluk zijn staart brandde in het kampvuur en hem furieus aanviel. Zo waren ook die Johannesburgers. Ze hadden hun vingers gebrand met speculeren, en nu gaven ze de schuld aan Paul Kruger.

Wat er geworden is van de baviaan, vertelt de anekdote niet. Dat Johannesburg nu definitief uit de gratie lag, werd snel duidelijk. Curatele en uitsluiting, dat was de enige aanpak die Kruger kon bedenken om het in zijn ogen onbetrouwbare *Fremdkörper* in de hand te houden. En tijd rekken. Tot dan toe gold de regel dat nieuwkomers in Transvaal na vijf jaar en tegen betaling van vijfentwintig pond konden worden genaturaliseerd. Volwassen mannen kregen dan tevens stemrecht voor de presidents- en Volksraadverkiezingen.

Overigens was deze regel alleen van toepassing op blanken. Anders dan in de Kaapkolonie, konden zwarten in Transvaal geen aanspraak maken op burgerrechten. Immigrant of inheems, dat maakte geen verschil. Hetzelfde gold voor kleurlingen en Aziaten. Of, zoals Leyds aan de jonge activist Mohandas Gandhi uitlegde: '*though the culture of a Brahmin is on a totally different plane, the Kaffirs would not understand that difference. For them it is an easy division: blacks and whites.*'[83] Onderscheid naar huidskleur zou pas heel veel later aan het Boerengeweten gaan knagen.

In 1890 vond Kruger het tijd ook de scheidslijnen tussen de blanke bevolkingsgroepen onderling aan te scherpen. De term 'Uitlanders' mocht dan inmiddels zijn ingeburgerd, de nieuwkomers zelf moesten voortaan geduld oefenen. De wachttijd voor staatsburgerschap en stemrecht werd verlengd tot veertien jaar, de kiesgerechtigde leeftijd verhoogd tot veertig jaar. Als goedmaker kregen de Uitlanders wel al na vier jaar stemrecht voor een eigen, Tweede, Volksraad. Die mocht zich bezighouden met allerhande economische zaken, maar niet met het echte strategische werk: munt- en bankwezen, belastingen, concessies en spoorwegen. Een eigen gemeentebestuur kreeg Johannesburg niet. De inwoners moesten het doen met het in 1887 ingestelde Gezondheids-Comité – inderdaad: voertaal Nederlands. Het speciaal voor de goudvelden opgerichte politiekorps – de naam Zuid-Afrikaansche Republiek Politie (ZARP) zegt het al – viel rechtstreeks onder Pretoria. Het rekruteerde uitsluitend '*burghers*'. In de praktijk waren de Zarps vaak landloze Boeren, '*bijwoners*' die hun heil hadden gezocht maar niet gevonden in Johannesburg.

Een reactie bleef niet uit. In augustus 1892 organiseerden de Uitlanders zich in de *Transvaal National Union*. Voorzitter werd de advocaat Charles Leonard die zich bij de oprichting publiekelijk afvroeg: '*Who made the Transvaal?*' Wie had gezorgd voor de economische opbloei? Het antwoord liet zich raden: '*We! Yet we are told that we are birds of passage, and that, because they were here before us, we have no rights.*' Daarin hoopten de initiatiefnemers verandering te brengen. Jaar in jaar uit stuurden ze petities, voorzien van duizenden handtekeningen, naar Pretoria. Tevergeefs. De enige respons was een mobilisatieoproep die een aantal Uitlanders – van Engelse, Nederlandse en Duitse origine – in mei 1894 kreeg om zich aan te sluiten bij een strafexpeditie tegen een zwart stamhoofd in het noordoosten van Transvaal. Vijf Engelse 'dienstplichtigen' weigerden, werden gearresteerd, veroordeeld en onder gewapend escorte alsnog naar het oorlogsterrein op de Zoutpansberg gestuurd.

De *National Union* presenteerde hen prompt als martelaren voor de goede zaak. Geen stemrecht? Dan ook geen dienstplicht. De opwinding onder de Engelsen was groot, tot in Londen aan toe. Minister van Koloniën Lord Ripon stuurde hoge commissaris Sir Henry Loch naar Pretoria om de zaak te bespreken. Bij diens aankomst deed zich een voor Kruger nog pijnlijker incident voor dan vier jaar eerder in Johannesburg. In zijn eigen hoofdstad, het Boerenbolwerk bij uitstek, moest de oude president meemaken hoe Sir Henry aan het station werd opgewacht door een enthousiaste menigte. Enthousiast voor *Queen and Country*, voor alle duidelijkheid. Dat was al buitengewoon zuur. Onderweg naar het hotel werd het nog erger. Uit het publiek werd een Engelse vlag in het presidentiële rijtuig gegooid. Hoe Kruger ook sloeg met zijn stok, hij kreeg de vlag niet van zijn schouders. En dit keer had hij achteraf geen relativerende anekdote bij de hand.

De symboliek was veelzeggend, maar de zaak zelf werd geschikt. Er lag inmiddels een verzoek uit Londen om Britse onderdanen vrij te stellen van commandodienst. Leyds was vóór, vooral omdat dit een wijziging zou inhouden van de Conventie van Londen, die hij meteen als een *quid pro quo* kon presenteren aan de Britse regering voor een 'amendatie van sommige andere artikelen' – hij bedoelde natuurlijk vooral artikel 4, het artikel waarop de Britten hun suzereiniteitsaanspraken baseerden. De Volksraad ging akkoord. Voortaan konden ingezetenen zonder burgerrechten hun commandodienst afkopen.[84]

Maar de voornaamste grief van de Uitlanders bleef. Politiek achtergesteld, terwijl ze economisch van het allergrootste gewicht waren voor de Boerenrepubliek. Dat gold voor de werknemers in de goudmijnindustrie, dat gold al evenzeer voor de werkgevers, de *Randlords*, in ieder geval in hun eigen beleving. Ook zij hadden zich verenigd, in een deftige *Chamber of Mines*, met Kruger als honorair – en immer afwezig – president. De eerste echte president was Hermann Eckstein van *Corner House*. Alle grote mijnbouwondernemingen waren vertegenwoordigd. De bezwaren die in dit gezelschap leefden tegen Kruger en Leyds, richtten zich eigenlijk maar op één onderdeel van hun politiek, maar dat was wel de hoeksteen: het economisch protectionisme, in het bijzonder dat vervloekte maar o zo taaie concessiestelsel. Voor alles wat er nodig was voor de goudwinning stuitten de mijnbaronnen op onaantastbare monopolies, licenties en tarieven. Arbeidskrachten, water, voedsel, mijnhout, chemicaliën, gereedschappen, machines, en vooral steenkool, dynamiet en treinvervoer. Voor alles moest Pretoria toestemming geven. Voor alles was de Rand aangewezen op het hechte familie- en relatienetwerk rond Kruger en zijn Hollanders, voor alles betaalden de mijnbouwondernemingen naar hun gevoel – en vaak objectief aantoonbaar – meer dan op een vrije markt.

Tot welke misstanden dat kon leiden, werd geïllustreerd door de jarenlang met tussenpozen oplaaiende dynamietkwestie. Eind 1887 had Eduard Lippert het monopolie op '*plofstowwe*' overgenomen van Nellmapius. De concessie betrof de fabricage van dynamiet, niet de invoer. In 1892 kwam echter aan het licht dat het geen grondstoffen waren die Lipperts Zuid-Afrikaansche Maatschappij voor Ontplofbare Stoffen importeerde, maar het kant-en-klare eindproduct. Dat hij vervolgens met tweehonderd procent winst doorverkocht aan de mijnbouwondernemingen. Het werd een schandaal, Kruger en Leyds kregen vanzelfsprekend de wind van voren, en de concessie werd ingetrokken. Maar het was niet het einde van Lippert. Na eindeloze beraadslagingen in en rond de Volksraad werd in 1894 een nieuwe concessie uitgeschreven. De *Chamber of Mines* deed er nu zelf een gooi naar, maar ook Lippert dong opnieuw mee. En tot veler verrassing won hij. De heropgerichte Zuid-Afrikaansche Maatschappij voor Ontplofbare Stoffen kreeg voor vijftien jaar het monopolie op de vervaardiging van dynamiet, buskruit en munitie. Wat toen nog niet bekend was, maar enkele jaren later opnieuw tot grote verontwaardiging zou leiden, was dat Lippert een deal had gesloten met een van de grootste dynamietproducenten ter wereld, de *Nobel Trust Dynamite Company*, inmiddels een Duits-Brits concern. De *Randlords* waren grof gezegd opnieuw te grazen genomen.[85]

Een volgende frontale botsing tussen het Transvaalse staatsbelang en de commerciële belangen van de Rand liet niet lang op zich wachten. Dit keer ging het niet alleen tussen Pretoria en Johannesburg. Ook Kaapstad was er direct bij betrokken. In technische zin zat daar zelfs de aanstichter. John Laing, de opvolger van Sivewright als minister van Openbare Werken onder Rhodes, gaf in januari 1895 de aanzet tot een tarievenoorlog met de NZASM.

Twee jaar lang was de door de Kapenaars beheerde zuiderlijn de enige spoorverbinding met de Rand geweest, met alle economische voordelen van dien. Vanaf 1 januari 1895 kwam daar de oosterlijn bij, geëxploiteerd door de NZASM, die tevens het beheer overnam van het Transvaalse deel – 78 kilometer – van de zuiderlijn. Dat laatste zou ook gaan gebeuren met de zuidoosterlijn, waarvan de voltooiing vóór het eind van het jaar werd verwacht. De rollen zouden dan totaal omgedraaid zijn. De NZASM zou alle troeven in handen hebben, te meer daar de oosterlijn en de zuidoosterlijn logistiek de beste uitgangspositie hadden. De afstand van Lourenço Marques naar Johannesburg bedroeg 630 spoorkilometers, die van Durban 770. De drie havens in de Kaapkolonie, East London, Port Elisabeth en Kaapstad, lagen met respectievelijk 1070, 1150 en 1630 kilometer veel verder weg. Om de Kaapse lijn niet ten onder te laten gaan in die concurrentieslag zag

Laing twee mogelijkheden: een vast marktaandeel bedingen – hijzelf dacht aan de helft van alle treinvervoer naar de Rand – of de eigen tarieven verlagen.

De NZASM voelde niets voor fiftyfifty. Bovendien was het niet langer aan de Kapenaars om eisen te stellen, vond directeur Middelberg. Vanuit Amsterdam viel Van den Wall Bake hem bij: 'Het zwaartepunt moet verplaatst worden en buiten de sfeer van Engelschen invloed komen. In verhouding tot dat belang is geldverdienen bijzaak, maar geldverdienen zal ermede samengaan als de beide concurrenten diep doordrongen worden van onzen onwrikbaren wil om de wet voor te schrijven.' Na jaren van afhankelijkheid waren de directeuren van de NZASM nu eindelijk de baas en dat wilden ze weten ook. Ze weigerden verder te gaan dan een derde deel voor elke lijn.[86]

Toen de onderhandelingen vastliepen, stapte Laing over op het alternatieve scenario. Tariefsverlaging. Het antwoord van de NZASM liet niet lang op zich wachten. Tariefsverhóging op het Transvaalse deel van de zuiderlijn, in ieder geval voor overzees aangevoerde goederen. Nu werd het menens. De volgende zet leek een stap terug. De goederen uit de Kaapkolonie werden voortaan aan de Transvaalse grens overgeladen op ouderwetse ossenwagens. Via twee doorwaadbare plaatsen – Viljoensdrift en Sanddrift – konden die de Vaal over en dan verder naar de Rand. Vele tientallen per dag. Omslachtig, maar effectief genoeg om Middelberg bij de Transvaalse regering te laten aandringen op een tegenmaatregel. Kruger en zeker Leyds voelden er wel voor. In de Zuid-Afrikaanse wintermaanden stond het water te hoog voor de ossenwagens, maar in oktober zouden de transporten worden hervat. Tenzij Pretoria ingreep. En dat gebeurde. Eind augustus liet Kruger weten dat de driften in de Vaal vanaf 1 oktober 1895 zouden zijn gesloten voor goederen van overzee.

Daarmee was de 'driftencrisis' een feit. Kaapstad protesteerde fel, net als Johannesburg, dat terzelfdertijd de zoveelste petitie om kiesrecht voor de Uitlanders zag afgewezen. Voor Rhodes was het aanleiding voor een hernieuwde poging de Engelse krachten te bundelen tegen de dwarse Boeren. Dit keer met geweld. Sir Henry Loch had hem het concrete idee aan de hand gedaan. Na diens roerige bezoek aan Pretoria in mei 1894 had de hoge commissaris het plan opgevat voor een opstand onder de Uitlanders, gevolgd door een invasie van Britse koloniale troepen. Hij had het zelfs formeel voorgesteld aan Londen, maar minister van Koloniën Lord Ripon had het tegengehouden. Veel te riskant.

In augustus 1895 was de rolverdeling anders. Sir Henry was vervangen door zijn voorganger, Sir Hercules Robinson, boven de zeventig inmiddels en kwakkelend met zijn gezondheid. Van hem had Rhodes weinig te verwachten of te duchten. Lord Ripon daarentegen had na de verkiezingen plaats gemaakt voor een nieuw soort politicus.

Joseph Chamberlain was qua afkomst een buitenbeentje in het kabinet, waarin premier en minister van Buitenlandse Zaken Lord Salisbury zich vooral had omringd met conservatieve aristocraten uit eigen kring – en eigen familie. 'Joe' Chamberlain kwam uit de industriestad Birmingham. Een selfmade ondernemer, rijk geworden in de schroeven en vol ambities de politiek ingegaan. Eerst als burgemeester en daarna als parlementslid nog uitgesproken liberaal, was hij in verzet gekomen tegen Gladstones plannen voor Iers zelfbestuur en overgestapt naar de liberaal-unionisten. Hij geloofde heilig in de organische eenheid van het Verenigd Koninkrijk, en in het verlengde daarvan in de verheven opdracht van het Britse wereldrijk. Qua wereldbeeld was zijn toetreden tot het conservatieve kabinet-Salisbury dan ook geen onlogische stap.

Chamberlain was de eerste Britse minister van Koloniën met een coherente imperialistische ideologie. Zijn credo luidde '*that the British race is the greatest of the governing races that the world has ever seen*'. En die adel verplichtte. Overzeese gebiedsuitbreiding alleen was niet genoeg. '*It is the duty of a landlord to develop his estate.*' Woorden naar Rhodes' hart. Bovendien hield Chamberlain van aanpakken. Zijn eerste ministeriële besluit gold de renovatie van het stoffige *Colonial Office*. Tapijten, behang, meubelen en vooral kaarten en globes, alles moest nieuw, elektriciteit in plaats van gaslicht. Ruim baan voor de moderne tijd.

Dat was goed nieuws voor Rhodes, en heel slecht nieuws voor de Boeren. Rhodes had de sluiting van de driften aangevochten als een schending van de Conventie van Londen, waarvan artikel 13 Transvaal het recht zou ontzeggen op een ongelijke behandeling van goederen, '*coming from any part of Her Majesty's dominions*'. Chamberlain nam deze redenering volledig over en zette Pretoria voor het blok. Als Kruger de driften niet weer zou openstellen, zou een Britse koloniale expeditiemacht daar wel voor zorgen. Om het dreigement kracht bij te zetten, kregen troepentransportschepen op weg naar Brits-Indië het bevel om hun route te verleggen richting Kaapstad. De tarievenoorlog dreigde uit te lopen op een echte oorlog.

Opmerkelijk genoeg durfde Leyds het risico wel aan. Toegeven was zijns inziens 'een bewijs van zwakte'. Kruger oordeelde anders. Hij besloot tot een tactische terugtocht. Begin november 1895 gingen de driften weer open. De tarievenstrijd was nog lang niet beslist, maar de dreiging van een openlijke militaire confrontatie tussen Britten en Boeren was – tijdelijk – geweken.[87]

Leyds' opstelling kwam niet zozeer voort uit strijdlust als wel uit onderschatting van de ernst van de situatie. In de tweede helft van 1895 lieten zijn analytische scherpte en realiteitszin het duidelijk afweten. Het was een inspannend jaar geweest, met wisselende resultaten. De voorbereidingen voor de feestelijkheden in Lourenço Marques hadden hem veel energie gekost. Het moeizaam verworven protectoraat over Swaziland was in maart gevolgd door de domper van de Britse annexatie van Tongaland. Daar stonden natuurlijk als grootste winstpunten tegenover de succesvolle ingebruikname van de oosterlijn en de demonstratieve steun van de nieuwe, machtige bondgenoot Duitsland. Toch lijkt het erop dat juist die laatste twee resultaten zijn zicht op de economische en diplomatieke manoeuvreerruimte van Transvaal te roze hebben gekleurd. Kruger leed aan hetzelfde euvel, maar die kwam snel tot zijn positieven toen hij door Chamberlain werd gedwongen zijn kaarten te laten zien. Leyds bleef tot in november naar Pretoria telegraferen toch vooral het been stijf te houden.

Daarmee is meteen een van de verklaringen genoemd voor zijn vertekende beeld van de werkelijkheid. Ten tijde van de driftencrisis was hij niet op zijn post, maar voerde hij besprekingen in Natal over spoorwegzaken – waarbij zijn gastheren ook nog eens meer begrip toonden voor het standpunt van Transvaal dan van de Kaapkolonie. Uiteraard beschikte Leyds daar niet over alle informatie die hem in

Pretoria zou hebben bereikt. Gevolg was dat hij de kwestie puur juridisch interpreteerde – de sluiting van de driften was niet in strijd met de Conventie van Londen, meende hij – en de internationale politieke dimensie minder scherp op zijn netvlies had.[88]

Maar dat is niet de enige verklaring. Minstens zo belangrijk was zijn fysieke en geestelijke toestand. Leyds was doodmoe en hij was het zat. Begin 1895 had hij zijn nood al geklaagd bij zijn leermeester en vriend Moltzer. Niet alleen Louise en Louis hadden te kampen met gezondheidsproblemen, ook hij bleef maar sukkelen. Eerst een 'langdurige papagaaienkwaal (zoo noemen de Portugeezen diarrhee)' en daarna wilde zijn 'keel maar niet in orde komen'. Hij wist wel hoe het kwam: 'Het staat in verband met mijn algemeene gezondheidstoestand; ik moet aansterken en een tijd lang goed uitrusten. Ik voel het noodig te hebben. Van jongs af aan heb ik hard gewerkt, zonder rust, meestal zonder Zondagsrust zelfs, dikwijls 20 uur op een dag.'

Ook ergerde hij zich veel meer dan vroeger aan Kruger. Naarmate de president 'ouder wordt, wordt het erger. Hij wordt doof, langzaam van begrip, baziger dan ooit (als dat mogelijk is) en onhandelbaarder en lomper tegenover het publiek, vooral het vreemde, dan hij ooit geweest is... De algemeene Afrikaansche fout om vertrouwen en wantrouwen allerwonderlijkst te plaatsen en te verwisselen, wordt bij hem sterker.' Leyds 'moest maar tusschen alles door zeilen maar gemakkelijk en pleizierig is het niet... Somtijds verlang ik wel eens er van af te zijn. Mijn hemel, wat is het toch een hondebaantje.'[89]

In juli 1895 werd zijn gemoedstoestand er niet beter op. Hij stoorde zich aan Krugers gedrag bij de feestelijkheden in Lourenço Marques, had woorden met hem over het bezoek aan Lipperts nieuwe dynamietfabriek en botste over de toekenning van een steenkoolconcessie. Het bracht hem tot serieuze twijfels over zijn toekomst in Transvaal. Moltzer had zijn leerstoel in Amsterdam net verruild voor een zetel in de Raad van State, en Leyds speelde met de gedachte om te proberen hem op te volgen. Toen hij er voor zichzelf uit was en Moltzer liet weten dat hij in ieder geval graag op de voordracht zou willen, was het te laat.

Het leverde hem een reprimande op van Louise: 'Als je niet naar Holland gaat, zou ik wel eens aan M. [Moltzer] schrijven wat je werkelijk het beste denkt voor je zelve. Als je over al het prozaische van je positie heen alleen het ideale er van ziet en geniet dan zou ik zeker hier blijven. Als dat niet het geval is, en je verlangt eens wat anders, dan zou ik zeker dat aan M. eens schrijven dat er ten minste eenige lui in Holland zijn die weten wat je wilt. Dit professoraat was misschien de aanleiding geweest tot een politieke loopbaan in Holland voor je. Maar als niemand iets weet van je omstandigheden dan gebeurt er niets en laten ze je hier met je idealen.'[90]

Duidelijke taal, die Leyds er in ieder geval toe bracht om resoluter voor zichzelf te kiezen als het erop aankwam. Begin november 1895 was dat zover. Na gedane spoorwegzaken hield hij nog een paar dagen vakantie in Durban, waar Louise al sinds juli verbleef. Zijn gezondheid knapte er niet van op. Aan zijn waarnemer in Pretoria, H. van Boeschoten, stuurde hij kort achter elkaar twee telegrammen. In het eerste vroeg hij de Uitvoerende Raad om verlof: 'Tot mijn verdriet is mijn keel erger in plaats van beter en moet ik voor mijn laryngitis zonder uitstel onder behandeling en dadelijk naar Europa.' In het tweede telegram was hij nog beslister: 'Dokter zegt uitstel behandeling onverantwoordelijk. Kwaal niet levensgevaarlijk maar dreigt gebruik keel voor altijd te ontnemen. Dokter zegt behandeling in Afrika mogelijk maar erkent specialiteit in Europa beter ook voor rust, omgeving, enz. Ik hoop President enz. zullen tegemoet komen.' En als klap op de vuurpijl: 'Als ik geen verlof krijg zal ik ontslag moeten nemen.'[91]

Dat bleek niet nodig. Op 10 november 1895 kon hij Moltzer schrijven dat hij had geboekt op de *Dunottar Castle* die twee weken later vertrok uit Kaapstad. Hij zou alleen gaan. 'Gij kunt begrijpen hoe graag ik Louise mee zou nemen en hoe ongaarne zij mij alleen laat gaan, maar dan moeten de kinderen ook mee en de juffrouw en dat kan Bruintje niet trekken. Deze ongelukkige reis zal mij al genoeg geld kosten. Enfin, als ik maar genees.'

Zijn hoop was gevestigd op dokter Fränkel, beroemd specialist te Berlijn. Na een voorspoedige overtocht en een korte stop in Amsterdam 'om de familie te zien', reisde hij snel door naar de Duitse hoofdstad. Al na het eerste bezoek, op 18 december, was hij optimistisch gestemd: 'Consult gunstig, genezing zeker.' Een week later, op eerste kerstdag, schreef hij aan Moltzer tevreden dat de behandeling werkte: 'En daar heb ik nu in Afrika een jaar mee gezeten, zonder dat iemand er iets aan doen kon. Het heeft mij het leven verbitterd. Het inspuiten, insmeren en electriseeren dat ik nu onderga lijkt zo eenvoudig', dat hij zich afvroeg of het wel nodig was geweest om al die kosten te maken. 'Als ik het paleis aanzie waarin Fritz Fränkel woont, denk ik wel eens met angst aan mijn beurs.' Ook miste hij zijn gezin: 'Het is erg eenzaam hier. Wel zijn de menschen vol attenties, maar zij kunnen het gemis van vrouw en kinderen toch niet vergoeden.' Dat had hij vooral sterk gevoeld bij het kerstdiner waarvoor hij eerder die avond was uitgenodigd: 'zoiets is toch eigenlijk een familiefeest. Een man voelt zich een vreemde eend in de bijt.'[92]

Tegen de jaarwisseling was de melancholie voorbij, om plaats te maken voor pure paniek. Oudejaarsdag 1895 ontving Leyds bericht 'dat troepen van de Chartered Co in Rustenburg ingetrokken zijn'. Een Engelse inval in Transvaal, nu toch echt! Hij zond meteen 'kabel op kabel naar Pretoria', maar kreeg geen antwoord. 'Waarschijnlijk houden de Engelschen al mijn telegrammen tegen.' Dan maar een brief. Vertwijfeld schreef hij aan Louise: 'In welken toestand, waar ben je?... Was je met de kinderen maar met mij meegegaan!'[93]

Te wapen

Berlijn, januari 1896

Volgens Rhodes was het '*easier than Matabeleland*'. Meer aansporing had Jameson niet nodig. Doctor Jim was altijd in voor een gokje, en de afrekening met Lobengula was alweer twee jaar geleden. Tijd voor een nieuw waagstuk, nu met een mooie ridderlijke *touch*. Landgenoten in nood. '*Thousands of unarmed men, women and children of our race... at the mercy of well-armed Boers.*' Zo stond het in de brief die hij had meegekregen van de samenzweerders in Johannesburg. De datum mocht hij zelf invullen, als het moment daar was. De dramatiek werkte goed op de strijdlust van zijn mannen. Vierhonderd man bereden politie uit Rhodesië, honderd vrijwilligers uit de Kaapkolonie, nog eens honderd man gekleurde hulptroepen. Zes Maxim machinegeweren, drie stuks geschut. Geen imponerende strijdmacht, maar volgens Jameson groot genoeg. Die zogenaamde militaire kwaliteiten van de Boeren waren '*the biggest bubble of the century*'. Zondagnacht 29 december 1895 gaf hij het sein tot de inval. De raiders braken op uit Pitsani in Bechuanaland en trokken de grens over. Op weg naar een van de grootste fiasco's uit de koloniale geschiedenis.

De Jameson Raid was slecht bedacht en klunzig uitgevoerd. Het oorspronkelijke idee was van Sir Henry Loch. Een opstand van de Uitlanders in Johannesburg, een invasiemacht die te hulp schoot, en de hoge commissaris die als bemiddelaar zou aansturen op algemene verkiezingen, met stemrecht voor de Uitlanders. Exit Kruger. In de zomer van 1895 werkte Rhodes het idee uit tot een plan. Zijn zakenpartner Alfred Beit betaalde mee, Sir Hercules Robinson ging met knikkende knieën akkoord en Chamberlain liet zich precies genoeg informeren om officieel van niets te weten. *The Times* zegde een propagandacampagne toe. De *British South Africa Company* kreeg een strook grensgebied in Bechuana toebedeeld voor de stationering van een politiekorps, onder het mom van beveiliging van spoorwegaanleg. De opstand in Johannesburg zou worden georganiseerd door Charles Leonard, voorzitter van de *Transvaal National Union*, Lionel Phillips, de opvolger van Hermann Eckstein als president van de *Chamber of Mines*, de Amerikaanse ingenieur John Hays Hammond, de mijneigenaar George Farrar en Rhodes' broer Frank, voormalig cavalerieofficier. Wapens werden de stad in gesmokkeld en verstopt in de goudmijnen.

Het plan bevatte twee cruciale denkfouten. De eerste was dat alle betrokkenen hetzelfde einddoel voor ogen hadden. Dat was niet het geval. De tweede dat een opstand onder de Uitlanders onvermijdelijk was. De praktijk zou anders uitwijzen.

Rhodes had nog altijd zijn droom van één Zuid-Afrikaanse federatie onder Brits opperbestuur. Maar Chamberlain nam met niets minder genoegen dan de vestiging van rechtstreeks imperiaal bestuur. En Johannesburg was niet het opstandige kruitvat dat Rhodes en Jameson erin zagen. Er was onvrede in de stad, er laaide geen revolutionair vuur in de straten. Volgens de journalist Francis Younghusband paste dat ook niet bij de Johannesburgers. Volgens hem dachten die alleen maar aan geld verdienen. Dat gold zeker voor sommige *Randlords*. Joseph Robinson, Barney Barnato en anderen, vooral van Duitse afkomst, waren zonder meer op de hand van Kruger. In de loop van december 1895 krabbelden ook de samenzweerders terug. Ze raakten in de clinch met Rhodes over de vlag die de opstandige lading zou dekken. Dat moest absoluut de Transvaalse Vierkleur zijn, vonden ze. Hervormingen wilden ze, verder niets. Geen Britse vlag boven Johannesburg, verklaarde Hammond openlijk.

Eind december lieten ze Rhodes weten dat '*the polo tournament*' – de codenaam voor de opstand – moest worden uitgesteld. Tegelijkertijd ontving Rhodes uit Londen juist telegrammen met de aansporing om ogenblikkelijk te handelen. De Britse regering dreigde binnenkort de handen vol te krijgen aan een confrontatie met de Verenigde Staten – een uit de hand gelopen grensconflict tussen Brits-Guiana en Venezuela. Het leek Chamberlain beter om nu direct door te zetten óf om alles zeker twee jaar uit te stellen. Daarbij kwam dat een journaliste van *The Times*, Flora Shaw, had ontdekt dat de Transvaalse staatssecretaris Willem Leyds zich in Londen bevond, op doorreis naar Berlijn. Ze was een bewonderaarster van Rhodes, volledig ingewijd in het complot, en ze besloot Leyds te interviewen. Na afloop was Shaw er zeker van. Er was niets mis met hem. Hij was net even te opvallend op keelpastilles aan het zuigen. Ze had hem door. Leyds was op weg naar het vasteland voor een 'anti-Rhodes'-campagne. Zijn verondersteldekeelklachten waren niets anders dan een '*diplomatic illness*'. Dat was een extra reden tot haast.[94]

Besluiteloosheid was geen karaktertrek van Cecil Rhodes, maar met de tegenstrijdige boodschappen uit Londen en Johannesburg wist hij zich geen raad. Hij kwam niet verder dan halfslachtige telegrammen, die Jameson de ruimte lieten om zelf te beslissen. En dat deed hij, vol bravoure. Zelfs al had hij geen vijftienhonderd man gewapende troepen bij elkaar weten te krijgen zoals de bedoeling was, maar slechts vijfhonderd. Doctor Jim liet zich niet tegenhouden. Had hij niet eerder gepocht: '*I could drive them out of the Transvaal with five hundred men armed with sjamboks*'?

Vier dagen later was duidelijk wie de zweep hanteerde. Al op 30 december was Kruger op de hoogte van de inval. Jamesons mannen hadden wel telegraaflijnen doorgeknipt, maar niet die naar Pretoria. Binnen enkele uren waren honderden Boeren onder de wapenen. De opstand in Johannesburg bleef uit. De Boerencommandanten konden zich concentreren op de aanvallers. Op nieuwjaarsdag 1896 sloegen ze hen – toepasselijk genoeg – terug bij Krugersdorp. Een dag later, bij Doornkop, gaven de raiders zich over. Jamesons 'hulpactie' eindigde achter de tralies in Pretoria.[95]

Leyds kon opgelucht ademhalen. De goede afloop was nog dezelfde dag ook bekend in Berlijn. Hij hoefde zich geen zorgen meer te maken over zijn vrouw en kinderen. Zelf had hij nog steeds problemen met zijn telegrammen, maar via andere kanalen wist hij 'dat Pretoria (waar je waarschijnlijk bent) onaangetast is gebleven, dat de Engelsche troepen verslagen zijn en Jameson, White en Willoughby te Pretoria in den tronk zijn.'

Nu hij toch in de Duitse hoofdstad was, kon hij wellicht van nut zijn voor de goede zaak. Niet dat Flora Shaw gelijk had. Leyds was werkelijk naar Europa gekomen om zijn stem te redden. Maar de behandeling van dokter Fränkel sloeg goed aan en dit was natuurlijk een politieke buitenkans. Rhodes en Jameson hadden de Boerenrepubliek een geweldige dienst bewezen. 'Het gansche continent is met ons,' stelde Leyds vast, hij zou gek zijn om daar geen gebruik van te maken. 'Heel Duitschland jubelt. Hoog en laag, groot en klein. Alle kranten zijn vol.' Het vervulde hem met hernieuwde energie: 'Ik doe al wat ik kan om geheel Europa tegen Engeland op te hitsen. Ik werk als een paard... Gisteren was ik bij den Rijkskanselier. Eergisteren was de Hertog van Mecklenburg bij mij in het hotel om te feliciteeren. En zoo voort.'

Andersom maakte de Duitse regering ook gebruik van zijn aanwezigheid. Minister van Buitenlandse Zaken Marschall von Bieberstein informeerde bij Leyds 'of wij het alleen afkonden en Jameson baas konden worden zonder hulp van buitenaf'. Leyds' bevestigende antwoord klonk door in het gelukstelegram dat keizer Wilhelm II op 3 januari 1896 aan Kruger stuurde. Het telegram paste in de recente uitwisseling van hartelijkheden tussen beide staatshoofden. Diplomatiek baarde het opzien door de zinsnede dat het de Boeren was gelukt de aanval af te slaan '*ohne an die Hilfe befreundeter Mächte zu appellieren*'. Drie dagen later werd Leyds op audiëntie ontvangen. Zijn dankbetuigingen voor de openlijke steun van de keizer werden beantwoord door diens verzekering 'dat, als de zaak anders was geloopen, hij troepen van het Duitsche oorlogschip, toen te L.M. liggend zou hebben doen landen en Jameson uit de Transvaal zou hebben "*herausgeschmissen*".' De krijgshaftige taal werkte aanstekelijk. Leyds adviseerde Pretoria niet toegeeflijk te zijn tegenover de opstandelingen. 'Uwe zaak heeft algemene sympathie en steun, ook bij regeeringen, wanneer gij u krachtig toont... Van de gevangenen moet minstens één Hoofd vallen.'[96]

Behalve van de politiek ondervond Leyds in Duitsland ook volop steun van de zakenwereld. Hij was vooral ingenomen met de spontane hulp van een oude bekende: 'De ijverigste van allen is Lippert. Hij is er express voor uit Hamburg met zijn vrouw gekomen en heeft nu zijn intrek genomen hier in hetzelfde hotel.' Vergeten was alle gedoe dat Leyds in de afgelopen jaren met de zakenman had gehad in dynamiet- en spoorwegkwesties. 'Het gaat hem zoo van harte af. Nu is het sentiment bij hem en geen berekening.' Ze hadden heel wat te bespreken. Een Duits-Franse telegraafverbinding met zuidelijk Afrika, ter doorbreking van het Engelse monopolie. Een eigen maildienst op Europa. En niet te vergeten de versterking van de Transvaalse defensie. Moderne wapens hadden de Boeren nodig, om zich te verdedigen tegen een volgende aanval. Lippert was daarvoor de geschikte contactpersoon. Hij deed in alle soorten explosieven, en had de goede ingangen bij de wapenindustrie.[97]

Toen Leyds half februari 1896 uit Duitsland vertrok, kon hij tevreden zijn. Een geslaagde behandeling van zijn keelklachten – het kostte hem uiteindelijk duizend mark – hernieuwde diplomatieke steun op het hoogste niveau en nuttige zakelijke contacten. De enige teleurstelling was dat hij zijn idee van een internationale conferentie er niet door had gekregen. Duitsland en ook Rusland leken er wel voor te voelen, maar de Uitvoerende Raad had hem niet gesteund. Joubert en opperrechter Kotzé vonden het te riskant, en Kruger wilde het niet forceren. Leyds vond het wel jammer 'dat Pretoria mij niet de vrije hand heeft gelaten. Alles was om zoo te zeggen klaar voor een garantie der groote mogendheden voor de onafhankelijkheid en neutraliteit der Republiek op de wijs van België en Zwitserland.'[98]

Daar stond het bijzondere persoonlijke genoegen tegenover van een ontmoeting met Otto von Bismarck, tachtig jaar oud en teruggetrokken levend op zijn landgoed *Friedrichsruhe*. Het werd 'een interessante dag voor me, een der dagen van mijn leven', schreef hij aan Louise. 'De eerste indruk was *zeer* oud. Maar langzamerhand, onder het "Frühstück" en vooral na een paar glazen champagne, kwam hij bij.' Eenmaal op gang gekomen, bleek Bismarck niet meer te stuiten. Leyds verbaasde zich over zijn verrassend hoge stem, en over zijn ongegeneerde uitspraken. De keizerin en haar hofdames, Duitslands koloniale politiek, en vooral de Engelsen moesten het ontgelden. Die laatsten waren voor geen cent te vertrouwen, waarschuwde de voormalige ijzeren kanselier. Privé kon je met een Engelsman best opschieten, maar zodra hij de politiek inging hing hij zijn geweten naast zijn regenjas aan de kapstok. Voor iemand die als staatsman model stond voor het begrip *Realpolitik*, was dat een intrigerende typering. Leyds zal er ongetwijfeld aan hebben teruggedacht, toen hij op de terugreis in Londen een kort beleefdheidsbezoek bracht aan Joe Chamberlain.[99]

Eind maart 1896 was Leyds terug in Pretoria. Met vrouw en kinderen was alles goed, afgezien van de 'gewone' gezondheidsklachten van Louise en Louis. Ook de president trof hij in goeden doen. Tijdens de raid had Kruger zijn kalmte bewaard, na afloop behield hij het overzicht. Terwijl vele Boeren schreeuwden om wraak, op de raiders, op de samenzweerders, op heel Johannesburg, liet hij zijn politieke vernuft spreken. Strategische grootmoedigheid was nu geboden, hield hij de andere Boerenleiders voor. Jameson en zijn mannen uitleveren aan Engeland, zodat ze daar zouden worden berecht voor het oog van een argwanende wereld. Hij kreeg het erdoor, net als de aanpak van de samenzweerders in Johannesburg.

Bij het begin van de raid hadden deze zich met tientallen anderen verenigd in een *Reform Committee*, in de hoop toch nog politieke winst te kunnen boeken. Dat bleek, opnieuw, een vergissing. Ze werden vrijwel allemaal opgepakt en berecht – een enkeling, zoals Leonard, ontsprong de dans. De zadeltassen van Jameson en zijn raiders bevatten overvloedig bewijsmateriaal. Telegrammen, codeboeken en niet te vergeten een kopie van de dramatische brief. Vijf samenzweerders – Phillips, Hammond, Farrar, Frank Rhodes en de secretaris van het *Reform Committee* Percy Fitzpatrick – kregen de doodstraf. Anderen gevangenisstraf en boetes.

De doodvonnissen leidden tot een verhitte discussie in de Uitvoerende Raad. Kruger pleitte voor een groots, publicitair te benutten, gebaar jegens de veroordeelden. Leyds, inmiddels aangeschoven, verklaarde zich faliekant tegen enige kwijtschelding. Voor deze ene keer vond hij zijn vaste tegenspeler generaal Joubert aan zijn zijde. Het compromis werd er in etappes door Kruger doorgedrukt. Eerst omzetting in vijftien jaar cel, vervolgens in geldboetes. In totaal moesten de samenzweerders tweehonderdduizend Engelse ponden betalen. Ze kregen het vergoed van Rhodes en Beit. Dat konden beide steenrijke financiers er nog wel bij hebben. Alles bij elkaar kostte de Jameson Raid hen het dubbele. De man.[100]

Het was een leerzaam lesje in leiderschap dat de zeventigjarige Kruger ten beste gaf. Krachtig in de strijd, vergevingsgezind na de overwinning. Iedereen schaarde zich achter Oom Paul. Alle twijfel aan zijn beoordelingsvermogen was op slag verdwenen, alle kritiek op zijn familie- en vriendjespolitiek verstomde. Zijn onbehouwen manieren werden gewoon weer op de koop toe genomen. Tijdelijk natuurlijk, maar het effect was onmiskenbaar. Na het proces werd alle bewijsmateriaal opgenomen in een 'groenboek', dat Rhodes en Jameson aanwees als de hoofdschuldigen en zinspeelde op de medeplichtigheid van de Britse regering. De Boeren vonden elkaar in vastberaden eensgezindheid en gezamenlijke afkeer van de Engelsen.

En in gezamenlijke beproevingen. Alsof de duivel ermee speelde, spande in 1896 ook nog eens de natuur tegen hen samen. Droogte, sprinkhanen, voedselschaarste en daarbovenop de runderpest. Het leken alle plagen van Egypte wel, schreef Leyds in mei aan de hertog van Mecklenburg. '*Ein Glück für die alten Egypter dass es damals noch keine Engländer gab*', voegde hij er fijntjes aan toe. Maar dat verhinderde de Boeren niet de moed erin te houden. Welke verwoestende uitwerking deze eerste epidemische dierziekte in Afrika zou krijgen, kon Leyds toen nog niet overzien. Uiteindelijk bezweken zo'n 2,5 miljoen runderen, naar schatting tachtig tot negentig procent van de rundveestapel op het Zuid-Afrikaanse subcontinent. Ook schapen, varkens en geiten bleken vatbaar voor het virus, net als in het wild levende gnoes, koedoes en antilopen. De ontreddering onder de direct getroffen blanke en zwarte veehouders was totaal. Ook voor de samenleving als geheel werkte de epidemie ontwrichtend. Ondanks de nieuwe spoorlijnen, was de ossenwagen nog altijd verreweg het belangrijkste transportmiddel.[101]

Eén geluk bij al dit ongeluk – je kunt het ook een schrijnend contrast noemen – was de meer dan florissante staat van de financiën. Als om de absolute scheiding tussen de pastorale en de industriële wereld in Transvaal te onderstrepen, was het in 1896 *booming business* in de Rand. Hier geen runderpesttragiek, hier ook geen naweeën van de mislukte staatsgreep. Er werd gewoon, of beter gezegd, buitengewoon veel goudgeld verdiend. De NZASM en de Transvaalse staatskas profiteerden grandioos mee. De spoorwegmaatschappij zag haar omzet oplopen van 20 tot 36 miljoen gulden en de winst van 4,5 tot 10,5 miljoen. Dankzij de niet aan te slepen steenkolen en de goederenstromen via de ooster- en de zuidoosterlijn, die niet in plaats van, maar bovenop de aanvoer via de zuiderlijn kwamen. Bij contract ging van die 10,5 miljoen gulden winst weer 85 procent oftewel bijna 9 miljoen rechtstreeks naar de staat. Mede daardoor bedroegen de Transvaalse overheidsinkomsten dat jaar het nooit eerder vertoonde getal van 3,9 miljoen pond. Oftewel 47 miljoen gulden.

Overigens kwam dat ook politici en ambtenaren persoonlijk ten goede. Het salarisniveau binnen de overheidsdienst werd flink opgetrokken. Voor Leyds betekende het bijvoorbeeld dat zijn jaarwedde – al eerder toegenomen van 1200 pond in 1889 tot 1650 pond in 1893 – in één keer steeg tot 2300 pond.[102]

47 miljoen Nederlandse guldens. Dat was machtig veel geld. In andere valuta: 80 miljoen Duitse marken dan wel 100 miljoen Franse francs. Daar kon je in Duitsland en Frankrijk een menigte geweren en kanonnen voor kopen. Dat is precies wat de Transvaalse regering deed. Tijdens de Jameson Raid was gebleken dat veel van de opgeroepen burgers niet beschikten over geschikte wapens. In allerijl had commandant-generaal Joubert links en rechts kleine partijen geweren bijbesteld. Maar dat was niet afdoende voor de onvermijdelijke volgende keer. De Uitvoerende Raad besloot dat iedere weerbare man van overheidswege in geval van nood moest kunnen beschikken over een modern geweer. Binnen een paar maanden werd een grote voorraad geweren en bijbehorende ammunitie ingekocht. Zelfs dubbelop. Geld was niet het probleem. Eerst dertigduizend Martini-Henrygeweren, omdat Joubert daaraan gewend was. Vervolgens ook nog eens zevenendertigduizend Mausers met twintig miljoen patronen, toen

uit testen bleek dat die eigenlijk superieur waren. Licht, stevig, makkelijk hanteerbaar, geschikt voor snelvuur, zuiver op de lange afstand, kleine, lichte patronen, rookloos kruit. Het modernste van het modernste. Een paar jaar later zou juist die laatste investering zich dubbel en dwars uitbetalen.

Daarnaast werden op strategische plekken verdedigingswerken aangelegd dan wel versterkt. En de artillerie werd op peil gebracht. Vóór de Jameson Raid bestond het arsenaal uit nog geen twintig stuks geschut. Een reeks bestellingen in Duitsland en Frankrijk – Krupp- en Creusotkanonnen van divers kaliber – bracht het totaal op tachtig. Plus nog vierendertig Maxim machinegeweren. Alles voorzien van ruim voldoende munitie. Aan de bewapening zou het nu niet meer liggen.[103]

Bleef nog de dreiging van binnenuit. Ook daartegen wilde de Uitvoerende Raad zich beter kunnen beschermen. Dat vereiste strengere wetgeving en een scherper politioneel toezicht. Om te beginnen werd een nieuwe Perswet aangenomen. Kruger en Leyds hadden al jarenlang veel te stellen gehad met oppositiebladen als *Land en Volk* en *The Star*. De nieuwe wet verbood voortaan anonieme bijdragen in de kranten, alsmede artikelen die strijdig waren met de goede zeden, een bedreiging vormden voor orde en rust, dan wel een lasterlijk of ophitsend karakter hadden. Dit alles ter beoordeling door de president. Twee andere nieuwe wetten, de Vreemdelingenwet en de Uitzettingswet, vergrootten de mogelijkheden om ongewenste immigranten tegen te houden respectievelijk over de grens te zetten. De Boeren groeven zich in en zetten hun stekels op.

In ieder geval tegen alles wat Engels was. Alles wat Afrikaner was, deelde de verontwaardiging over de raid en schoot te hulp. Bij de presidentsverkiezingen in Oranje Vrijstaat, in februari 1896, werd de Afrikaner kandidaat Marthinus Steyn met grote meerderheid verkozen. Steyn was jurist, opgeleid in Leiden en in Londen. In theorie had zijn voorkeur twee kanten op gekund. In de praktijk maakte hij geen geheim van zijn Boerensolidariteit. Het contract met de Kaapse spoorwegen werd opgezegd, de dienst binnen de Vrijstaat in eigen beheer genomen. De Volksraad in Bloemfontein zegde Transvaal militaire hulp toe in geval van nood. De Volksraad in Pretoria maakte er een wederzijdse toezegging van. In maart 1897 werd de nauwere band tussen de twee Boerenrepublieken bekrachtigd door een politiek verbond. Dat was een welkome steun in de rug én een flinke uitbreiding van de vuurkracht. De Oranje Vrijstaat beschikte over nog eens twaalfduiznd Martini-Henry's, twaalfduizend Mausers, vierentwintig kanonnen en drie machinegeweren.[104]

In de Kaapkolonie was de schok al even groot. Jan Hofmeyr en zijn Afrikaner Bond voelden zich verraden en trokken hun steun aan Rhodes in. Hij had zich onmogelijk gemaakt en moest direct opstappen als premier. Het Kaapse parlement publiceerde vervolgens een 'blauwboek' dat in grote lijnen tot dezelfde conclusie kwam als het Transvaalse 'groenboek': de Kolossus '*directed and controlled the combination*'.

Daarbij bleef het niet voor Rhodes. Hij moest ook vrezen voor de toekomst van het naar hem genoemde land. Chamberlain, beducht voor zijn eigen politieke hachje, dreigde het charter van de *British South Africa Company* in te trekken. Rhodes zag geen andere uitweg dan chantage. Hij beschikte over voldoende telegrammen van Chamberlain om diens voorkennis van de raid overtuigend te kunnen aantonen. Hij had ook een goede advocaat, die de boodschap op subtiele wijze overbracht. Daarmee was het voortbestaan van de BSAC verzekerd – en tegelijkertijd van Chamberlains politieke carrière.[105]

Maar nog niet van Rhodesië zelf. Jameson had het gros van de Rhodesische politietroepen meegenomen voor zijn inval in Transvaal. Na hun nederlaag en gevangenneming moest het hele immense gebied het doen met niet meer dan zestig man blanke politie. Onafhankelijk van elkaar trokken de Matabele en de Mashona dezelfde conclusie. De pioniers van de BSAC hadden hen verjaagd van hun land, beroofd van het grootste deel van hun vee en gedwongen tot zware arbeid. Daar kwamen – net als in Transvaal – de droogte, de sprinkhanen en de runderpest nog eens overheen. Nu was hun kans. Hun wapens hadden ze niet ingeleverd. Die waren verstopt. Ze kwamen in opstand, allebei met dezelfde strijdwijze: ze pleegden overvallen op afgelegen boerderijen, handelsposten en nederzettingen. Er vielen in totaal vijfhonderd doden en gewonden, zo'n tien procent van de blanke bevolking.

Deze tactiek vervulde de overlevenden met afgrijzen, maar redde waarschijnlijk hun kolonie. Directe, massale aanvallen op de nauwelijks verdedigde bestuurscentra Bulawayo en Fort Salisbury zouden veel rampzaliger zijn uitgepakt. Nu was er tijd voor de BSAC om hulptroepen aan te voeren uit de Kaapkolonie en Natal. Rhodes zette zichzelf aan het hoofd. De campagne werd één lange vergeldingsactie: '*You should kill all you can, as it serves as a lesson to them when they talk things over at their fires at night.*' Zijn instructies werden nauwgezet uitgevoerd. Onder de Matabele en de Mashona vielen duizenden, volgens sommige schattingen tienduizenden slachtoffers. Olive Schreiner schreef er *Trooper Peter Halket of Mashonaland* over, een literaire aanklacht tegen de nietsontziende koloniale oorlog. Ze had ooit geloofd in Rhodes, dit was haar afrekening met hem. In 1897 was de blanke orde in Rhodesië hersteld.[106]

Ook in Europa had de Jameson Raid gevolgen, maar minder eenduidig dan in zuidelijk Afrika. In eerste instantie waren de reacties in de politiek en de publieke opinie nog wel overzichtelijk. Woede over de schending van Transvaals onafhankelijkheid, opluchting over het weerwerk van de Boeren, leedvermaak over de jammerlijke raiders. Dat was het globale beeld op het Europese continent, het meest expressief in Duitsland, Frankrijk en Nederland, respectievelijk Engelands grootste koloniale rivalen en de naaste stamverwant van de Boeren.

In Engeland zelf lag de zaak gecompliceerder. Ook daar was verontwaardiging, met name over de mijnmagnaten en hun cynische machtsspelletjes. Een kritische beschouwer als John Hobson werd er door gesterkt in zijn theorie in wording. In *Imperialism* (1902) zou hij betogen dat er maar één echte aanjager was van het hele imperialistische rad van avontuur, namelijk het '*financial imperialism*' van de Londense *City* met zijn internationale vertakkingen. Lang niet iedereen ging zo ver als Hobson, maar een gevoel van onbehagen kon menigeen niet onderdrukken. Dit hoorde toch eigenlijk niet. Alleen stond het ongemak niet op zichzelf. Het vocht met een moeilijk te bedwingen nationale trots. Die mannen dúrfden tenminste. Doctor Jim had in ieder geval wat gedáán. *Poet Laureate* Alfred Austin raakte zo geïnspireerd door de 'hulpbrief' dat hij dichtte over '*girls in the gold-reef city, there are mothers and children too*'. Geen wonder dat de raiders hen te hulp waren geschoten. '*So what can a brave man do.*'[107]

De tweeslachtigheid in Engeland verdween als bij toverslag door toedoen van het 'Krugertelegram' van keizer Wilhelm II. Zijn niet te missen toespeling op militaire steun aan Transvaal kwam aan als een directe belediging, een bewijs van Duitse agressie. De verontwaardiging richtte zich nu massaal op Berlijn. '*It is considered very unfriendly towards this country,*' liet koningin Victoria haar kleinzoon weten. De serieuze kranten onderstreepten haar afkeuring, de populaire pers schreeuwde het uit. In de Londense haven, in winkels en in bars werden Duitsers lastiggevallen. In de Londense *music halls* zong het publiek acteurs, verkleed als Jamesons '*troopers*', strijdlustig toe: '*We don't want to fight, but by Jingo if we do!*'

Het wekte dan ook geen verbazing dat het proces tegen de raiders, in juni 1896, tamelijk milde straffen opleverde. De hoofdverdachten, Jameson en zijn tweede man Willoughby, kregen vijftien maanden cel. Jameson zou die straf niet eens uitzitten. Hij werd ziek, kreeg strafvermindering en vóór het eind van het jaar was hij alweer op vrije voeten.

Chamberlain kwam er helemaal genadig vanaf. Een parlementaire onderzoekscommissie voelde hem en de andere direct betrokkenen – Rhodes, Beit, Jameson, Phillips en Leonard – wel aan de tand, maar kwam niet verder dan zorgvuldig ingestudeerde verklaringen. De belastende telegrammen kwamen bij de commissie niet op tafel. Wel bij Lord Salisbury, samen met Chamberlains ontslagaanvraag. De premier voelde er echter niets voor zijn inmiddels populairste minister te laten gaan. Hij weigerde zijn ontslag, en stemde in met de *cover-up*, inclusief de deal met Rhodes. De onderzoekscommissie concludeerde dat Chamberlain noch zijn ambtenaren iets te verwijten viel. Salisbury's liberale voorganger Lord Rosebery kwam tot een andere conclusie: '*I have never read a document at once so shameful and so absurd.*'[108]

Hoe dan ook, vanaf juli 1896 had Chamberlain ten opzichte van Transvaal zijn handen vrij. Rhodes had geprobeerd de zaak te forceren met geweld, maar had gefaald. Chamberlain koos voor het geduldige diplomatieke handwerk van aantrekken en afstoten. Niet via Kaapstad, maar rechtstreeks vanuit Londen, de regie in eigen handen.

Zijn openingszet was het uitnodigen van president Kruger. Een persoonlijke ontmoeting in de Engelse hoofdstad zou het wederzijdse wantrouwen kunnen wegnemen, suggereerde hij. Ze zouden kunnen spreken over zaken als de veiligheid van Transvaal en de economische ontwikkeling van Zuid-Afrika. Dat is goed, luidde het antwoord uit Pretoria, en dan ook graag over de vervanging van de Conventie van Londen door een nieuw verdrag zónder een artikel 4. Wel, dat was niet wat Chamberlain bedoelde. Maar over de grieven van de Uitlanders wilde hij weer wel graag praten. Zo ging het diplomatieke steekspel een paar maanden heen en weer. Kruger hield de boot af, Leyds zorgde voor de juridisch verantwoorde formuleringen.

Het bevorderde beider populariteit in *Whitehall* niet. In een interne notitie typeerde Chamberlain Kruger als '*an ignorant, dirty, cunning and obstinate man who has known how to feather his own nest and to enrich all his family and dependants*'. En Leyds vertrouwde hij al helemaal niet, met zijn zogenaamde gezondheidsklachten en geïntrigeer in Berlijn. Daarin stond hij niet alleen in Londen. Lippert, in juni 1896 op bezoek in de *City*, trof er minder vijandigheid aan tegen Duitsers dan tegen 'Dr Leyds'. Volgens zijn zakenrelaties stond die in Londen bekend als '*the snake in the grass*'. De '*Hollander-Cry*' ging zover dat een bevriende bankier Lippert had toevertrouwd: '*Give us up Dr Leyds, and we will give up Rhodes.*'[109]

Als het aan Leyds zelf had gelegen, waren zijn critici op hun wenken bediend. In de Zuid-Afrikaanse winter van 1896 keerden de gezondheidsperikelen in volle hevigheid terug. Half augustus klaagde hij zijn nood bij Moltzer. 'Ik heb zorgen omtrent de toekomst, en de toestand van mijn keel is daarvan in de eerste plaats oorzaak.' Direct na de behandeling in Berlijn was hij optimistisch geweest, maar nu voelde hij 'het zeer goed: wanneer ik dit leven in deze omgeving en met de hulp die mij hier ten dienste staat, voortzet, zal ik mijn stem onherstelbaar verliezen. Gij kunt u voorstellen wat dat voor mij die geen geld heeft, moet beteekenen.' Ook zijn vrouw en zoontje waren er opnieuw niet best aan toe. 'Louise mag geen zomer meer hier blijven. De hitte geeft haar zekere hoofdpijnen, die *mogen* niet terugkomen.' En Louis kon 'noch tegen de hitte noch tegen de wintermaanden. Hij is altijd in Juni en Juli ziek; gij weet dat zijn de ongezonde maanden bij ons. Nu dit jaar had hij eerst bronchitis en toen typheuze koorts.'

Leyds zag eigenlijk maar één oplossing: weg uit Afrika, terug naar Europa. Moltzer kon hem daarbij helpen. Bij zijn laatste bezoek hadden ze er al eens over gesproken dat Transvaal bij de grote Europese mogendheden diplomatiek niet op niveau werd vertegenwoordigd. Beelaerts van Blokland deed wat hij kan, maar vanwege zijn parlementaire verplichtingen altijd vanuit Den Haag. Er zouden eigenlijk echte gezantschappen moeten komen in Berlijn, Parijs, Londen en Lissabon. Voor zo'n post zou Leyds zeer geschikt zijn. Hij had toen nog tegengeworpen 'dat ik de Boeren niet mag laten zitten', maar nu hij zich realiseerde 'dat mijn eigen gezondheid mij buiten gevecht zal stellen', ging dat argument niet meer op. 'Ik *moet* op mijzelven letten als ik bedenk dat ik mijn stem opgeofferd heb in en door den dienst.' Zou Moltzer, 'mijn beste vriend', genegen zijn om een brief te schrijven aan Kruger? Daarbij zou het 'goed zijn er ook op te wijzen – zonder een cijfer te noemen – dat de vertegenwoordigers der Republiek *goed* betaald moeten worden omdat zij volgens de in die wereld geldende regels tot uitgaven verplicht zijn, die het onmogelijk is te ontwijken'.

Moltzer wachtte niet lang. Binnen een paar weken richtte hij zich tot Kruger, in een uitvoerig en zorgvuldig schrijven, dat geheel aan Leyds' wensen voldeed. Extra overtuigend maakte hij het door een persoonlijke ontboezeming. 'Ik, die zelf ten gevolge eener stem- en keelaandoening, in het vorig jaar mijn betrekking als Hoogleeraar aan de Universiteit van Amsterdam heb moeten opgeven, ik weet bij ervaring helaas hoe de overmatige inspanning van het stemorgaan eens menschen lichaamskracht kan sloopen. Maar, met diep gevoelde erkentelijkheid, kan ik bij ervaring ook getuigen, welk een heerlijke weldaad aan mij is bewezen, toen de Regeering van mijn land – door een trouw vriend van mij daartoe te rechtertijd opgewekt – een vroegtijdige verwoesting mijner gezondheid voorkwam, door mij het hooge staatsambt op te dragen, dat ik thans bekleed.'[110]

De boodschap was duidelijk. Transvaal had echte gezanten nodig om zijn belangen beter te behartigen. Leyds dreigde zich in zijn huidige functie over de kop te werken. Maar met zijn diplomatieke gaven zou hij als gezant in Europa de Boerenzaak nog buitengewoon goed kunnen dienen.

Kruger was niet direct enthousiast. Hij wilde zijn vertrouwde staatssecretaris niet kwijt. Hij ging erover nadenken. In afwachting daarvan hakten Willem en Louise Leyds alvast één knoop door: hun kinderen, nu negen en zeven jaar oud, gingen terug naar Nederland. Louise ging mee om hen onder te brengen op een vertrouwd adres en een school te regelen. Met kerst gaven ze een afscheidspartijtje. Begin januari 1897 zwaaide Willem vrouw en kinderen uit in Lourenço Marques.

Het viel hem zwaar. Te meer daar hij het kort daarop ook in zijn werk stevig te verduren kreeg. Naar aanleiding van een rechtszaak over mijnrechten stelde opperrechter Kotzé een principiële kwestie aan de orde: wie had het laatste woord als het ging om de wetgeving in Transvaal? Tot dan toe was dat de Volksraad, maar nu eiste hij voor het Hooggerechtshof het recht op alle nieuwe wetten te toetsen aan de grondwet. Het leidde tot een openlijke machtsstrijd tussen de politieke en rechterlijke macht. Deze diepe crisis in het hart van de Zuid-Afrikaanse Republiek raakte niet alleen Leyds' functioneren. Ook persoonlijk was hij aangeslagen. De vier overige rechters van het hooggerechtshof steunden Kotzé, ook 'Ameshoff een rechter die dat door mij is en die den Staat een slag heeft toegebracht, die... niet minder dan misdadig is.' Want dat vond Leyds nog het ergste. In zijn ogen zetten Kotzé en de andere rechters puur uit politieke ambitie en 'persoonlijke ijdelheid' het hele rechtssysteem op de helling, terwijl Transvaal zich toch al in een benarde positie bevond. 'Voor de Engelschen is deze uitspraak een triomph,' stelde hij bitter vast, 'als een van de bewijzen dat reform noodig is om rechtszekerheid voor persoon en eigendom te scheppen.'

De tegenzet van de politiek was een wetsvoorstel om besluiten van de Volksraad expliciet bindend te verklaren voor 'ieder Gerechtshof'. In de beslissende vergadering voerde Leyds tegen zijn gewoonte in uitgebreid het woord, ten gunste van het primaat van de politiek. De Volksraad stemde in met het voorstel. De president werd gemachtigd om leden van de rechterlijke macht die zich niet bij deze beslissing wensten neer te leggen te ontslaan.

Zover kwam het vooralsnog niet, maar voor Leyds was de maat vol. 'Ik ben nu zoowat beslooten niet aan te blijven als Staatssecr.,' noteerde hij half februari 1897 in het dagboek dat hij voor zijn vrouw bijhield. Hij sprak met Kruger een scenario af. Als zijn herverkiezing eind mei erdoor zou zijn, zou hij 'dadelijk daarop voor gezondheid naar Europa' gaan. De president zou dan het gezantschap met de Volksraad 'zoeken te arrangeeren en ik zal met Beelaerts praten, die niet over het hoofd gezien mag worden.' Voor de zekerheid besprak hij met NZASM-directeur Middelberg in strikt vertrouwen een alternatief scenario. Over een aanstelling voor 'een £ 1000 of zoo iets als adviseur of iets dergelijks' viel te praten. Eenmaal in Europa had hij dus twee opties. 'Wat ik dan doen zal,' schreef hij in gedachten aan Louise, 'hangt af van vele omstandigheden: geld, commissarisschap, ZASM, enz. jijzelf enz.'[111]

Diamond Jubilee

Londen, mei 1897

Een diplomatenleven in Europa had zo zijn aantrekkelijke kanten. Twee dagen na aankomst in Plymouth op 16 april 1897 was Leyds doorgereisd naar Nederland. Eerst naar Den Haag, naar vrouw en kinderen, die het goed maakten. Familie en vrienden opgezocht, wat zakelijke besprekingen in Amsterdam, en toen de hele maand mei afwisselend in Londen en Parijs. Vooral in de Engelse hoofdstad had hij veel nuttige gesprekken gevoerd met interessante mensen. Persoonlijk contact werkte toch altijd het beste.

Zelfs Chamberlain was ontdooid. Hun eerdere ontmoeting, ruim een jaar geleden, was niet veel meer geweest dan een formele kennismaking. Nu had de Engelse minister van Koloniën de tijd genomen voor een openhartige gedachtewisseling. Kennelijk had Leyds daarin geen slechte indruk gemaakt. Chamberlain beval hem bij collega-politici aan als '*the ablest representative*' van de Zuid-Afrikaanse Republiek en bezorgde hem de ene na de andere uitnodiging. In juni vierde koningin Victoria haar zestigjarig jubileum op de troon en er waren heel wat festiviteiten in Londen. Leyds had al drie mooie plaatsen gekregen – voor zichzelf en Louise en voor haar zuster – om de *Jubilee Procession* op 22 juni te bekijken. Nu werden hem ook nog drie kaartjes aangeboden voor de *Naval Review* op 26 juni. Met een persoonlijk briefje erbij van Chamberlain: '*It will be a fair sight and will I am sure interest you.*'[112]

Het was het scenario dat Leyds had afgesproken met Kruger, maar dan twee maanden vervroegd. Het toeval wilde dat Beelaerts van Blokland op 14 maart 1897 plotseling overleed. De Zuid-Afrikaanse Republiek had nu helemaal geen diplomatieke vertegenwoordiger meer in Europa. President Kruger verbleef op dat moment in Bloemfontein, voor de ondertekening van het politiek verbond met Oranje Vrijstaat. Drie dagen later telegrafeerde hij aan Leyds 'dat ik mij maar moet klaar maken voor de reis'. De opdracht die hij meekreeg was ruim. De stemming peilen in Europa, zowel bij de regeringen waarmee Transvaal betrekkingen onderhield als in de publieke opinie. En vervolgens aanbevelingen doen om het aanzien van de Zuid-Afrikaanse Republiek te verbeteren.[113]

Dat laatste was nodig. De Jameson Raid was al meer dan een jaar geleden. De verontwaardiging op het Europese continent had plaatsgemaakt voor verontrusting, dat wil zeggen onder de aandeelhouders van de goudmijnen. Rhodes – als schuldige aangewezen in Pretoria en Kaapstad maar officieel vrijgepleit in Londen en daar weer volop actief – en Chamberlain deden wat zij konden om het vertrouwen in de Transvaalse regering te ondermijnen. Rhodes door als vanouds te kopen wat hij nodig had, in dit geval krantenverhalen over het vermeende schrikbewind van de Boeren over de goudmijnen. Chamberlain door de diplomatieke druk op Kruger op te voeren. Begin maart 1897 liet hij twee depêches opstellen. In de ene werd de Boerenrepubliek beschuldigd van stelselmatige schendingen van de Conventie van Londen. Zo was Pretoria zonder de Engelse regering erin te kennen toegetreden tot de Conventie van Genève – ter bescherming van de gewonden op het slagveld – en onderhandelde het over traktaten met Oranje Vrijstaat en Portugal. De tweede eiste de onmiddellijke herroeping van de Transvaalse Vreemdelingenwet. De Britse vertegenwoordiger in Pretoria William Conyngham Greene overhandigde de twee depêches half april persoonlijk aan Kruger, begeleid door de impliciete dreiging dat een groot aantal Britse schepen op weg was naar Zuid-Afrika.

Leyds kwam rond die tijd aan in Engeland, zich van geen depêches bewust. Daar kreeg hij een paar dagen later een telegram over, van zijn waarnemer in Pretoria, Van Boeschoten. Hij kon er niet direct wijs uit. Pas een kleine week later volgde ook de tekst van de depêches zelf. Daarop besloot hij zijn plannen te wijzigen. Eind april lichtte hij Pretoria in. Het oorspronkelijke idee was geweest dat hij zich als gezant zou presenteren in de diverse hoofdsteden. Hij was voorzien van geloofsbrieven, maar dan moest hij wel 'het heele rijtje rond... met de officiëele presentaties en plichtplegingen daarbij'. Met het oog op die depêches was het beter om zijn positie als 'reizend Staatssecretaris' niet op te geven en zoveel mogelijk in Londen te blijven. 'Men kent mij niet en is vol verkeerde denkbeelden. Men denkt dat ik Londen express vermijd uit vijandschap, men vermoedt dat ik weer dadelijk met Duitschland en Frankrijk zal gaan intrigeeren en coquetteeren en men zal, als ik nu daarheen ga, dadelijk daarvan gebruik maken om op de slechtste passies van het Engelsche volk te werken door weer te spreken van German intrigue enz. Ik geloof dat ik op dit moment het meeste nut in Londen zal kunnen stichten.' Daarom had hij voor vier maanden zijn intrek genomen in de flat van Montagu White, de Transvaalse consul in Londen, als uitvalbasis voor zoveel mogelijk gesprekken. Hij begon meteen: 'De volgende week eet en lunch ik met vriend en vijand.'[114]

Naast politici wilde Leyds ook graag vooraanstaande rechtsgeleerden spreken. Naar zijn eigen professionele mening was er staatsrechtelijk niets mis met de recente wetgeving in Transvaal en het traktaat met Oranje Vrijstaat, maar het was natuurlijk veel overtuigender als internationaal erkende juristen die mening onderschreven. Leyds mocht ook Tobias Asser tot zijn Amsterdamse leermeesters rekenen, en deze had al toegezegd de zaak de bekijken, net als de Utrechtse rechtsgeleerde Jan de Louter. Om begrijpelijke redenen wilde hij er ook een Engelsman bij. Dat lukte. John Westlake, dé Engelse autoriteit op het gebied van het internationale recht, was bereid zich erin te verdiepen, en via hem kon Leyds ook nog terecht bij diens Franse evenknie, Edouard Clunet.

Jammer genoeg bleken de hooggeleerde heren het onderling niet geheel eens. Met het advies van Asser schoot Leyds niet veel op. Hij moest vooral op zoek naar precedenten, luidde diens suggestie. Ter verontschuldiging vermeldde Leyds dat Assers vrouw ernstig ziek was en hijzelf daardoor 'zeer down'. De Louter vond het traktaat tussen Transvaal en Oranje Vrijstaat niet in strijd met de letter, maar wel met de geest van de Conventie van Londen. Clunet concludeerde dat Transvaal naar believen verdragen mocht sluiten met Oranje Vrijstaat, dus ook dit traktaat dat voorzag in vrije toegang voor Vrijstaatse burgers. Westlake zag het weer anders. Volgens hem zou Engeland nu hetzelfde recht kunnen opeisen voor zijn eigen staatsburgers. Daarnaast achtte hij de Vreemdelingenwet niet strijdig met de Conventie van Londen, maar de Uitzettingswet wel. Niet direct het unanieme deskundigenoordeel waarmee Leyds Chamberlain om de oren had willen slaan, maar toch, hij stond niet meer helemaal met lege handen.[115]

Over een ander geschilpunt, de grieven van de Uitlanders, had Leyds zich intussen zelf al luid en duidelijk uitgesproken. Direct na aankomst in Plymouth werd hij geïnterviewd door de Franse krant *Le Temps*. Hij was er eens goed voor gaan zitten. Om te beginnen, betoogde hij, kon de Transvaalse mijnwetgeving de vergelijking met andere landen uitstekend doorstaan. De belastingen en importtarieven voor de mijnindustrie waren verlaagd, net als de telegraafkosten, dankzij een subsidie van de Transvaalse overheid. Over de prijs van steenkool en dynamiet – de grootste stenen des aanstoots – viel volgens Leyds ook wel te praten. Maar daarbij moest niet worden vergeten dat het verhoudingsgewijs om geringe kosten ging. De gemiddelde maandelijkse goudopbrengst van de Rand had een waarde van maar liefst achthonderdduizend pond. Aan de aanvoer van steenkolen waren de mijneigenaren niet veel meer kwijt dan dertigduizend pond per maand. Nog geen vier procent. Dat kon toch geen remmende factor voor de goudproductie worden genoemd? Tot slot verklaarde Leyds dat ook de grieven van de Uitlanders wel op te lossen waren. Als ze maar niet telkens werden opgestookt door die paar financiers en imperialisten die uit waren op oorlog.[116]

Voor Leyds' doen waren het pittige publieke uitspraken. Ze trokken flink de aandacht. Hij was duidelijk niet naar Europa gekomen om zich op de vlakte te houden. Als openingsstatement voor de geplande gesprekken deed het interview hem geen kwaad. Het werkte eerder als een intrigerend visitekaartje. In drie weken Londen – eind april tot en met 19 mei 1897, onderbroken door een paar dagen Parijs – sprak hij inderdaad vele politieke prominenten. Premier en minister van Buitenlandse Zaken Lord Salisbury zelf niet, maar wel diens neef, *Leader of the House of Commons*, Arthur Balfour, 'een buitengewoon man', en Salisbury's schoonzoon, onderminister voor de Koloniën Lord Selborne, en invloedrijke parlementsleden als H. Asquith en Henry Labouchère, tevens uitgever van het spraakmakende weekblad *Truth*. Verder had hij onder meer ontmoetingen met de voormalige hoge commissaris voor Zuid-Afrika Sir Henry Loch en de zakenman Sir Charles Tennant, 'een van de rijkste mannen van Engeland', die geld had zitten in 'de dynamietzaak'. Een uitnodiging om te komen dineren bij Lord en Lady Rothschild moest hij afslaan vanwege een al vastgelegd bezoek aan Parijs.[117]

Maar de belangrijkste ontmoeting moest natuurlijk die met Chamberlain worden. Leyds ontving de officiële uitnodiging op 10 mei, daags nadat de Volksraad in Pretoria, op aandrang van de Uitvoerende Raad, had besloten de Vreemdelingenwet te herroepen – officieel vanwege klachten uit de buurstaten. Chamberlain verwees in zijn uitnodigingsbrief expliciet naar dit tegemoetkomende gebaar van de Transvaalse regering, die daarmee de weg opende voor een vriendschappelijke bespreking van alle geschilpunten. Eerst informeel, dat leek hem het beste. Schikte aanstaande zaterdag 15 mei om twee uur, lunch?[118]

Dat schikte. Na afloop deed Leyds uitvoerig verslag aan Van Boeschoten. Zodoende wist ook Pretoria al snel dat het gesprek 'een niet vijandigen geest' droeg en 'tegen het einde meer vriendschappelijk' werd. Ook onderminister Lord Selborne was erbij aanwezig. Maar het was vooral Chamberlain die het woord voerde.

Hij begon met een onvervalste beginselverklaring: 'Engeland heeft in Z.A. een paramount interest, dat het ten allen koste wil handhaven. Wat de Conventie [van Londen] betreft, Engeland kan niet toelaten, dat daarvan wordt afgeweken. Het zal daaraan met alle macht vasthouden en zal er desnoods oorlog voor maken. Arbitrage op dat punt kunnen wij niet toelaten.' Na deze onwrikbare stelling te hebben betrokken, ging Chamberlain concreet in op afzonderlijke punten. De onderwerpen in de depêches die hij had gestuurd waren op zich 'geene punten van groot belang'. Het was 'de accumulatie' die hem tot de stellige overtuiging bracht dat Transvaal de Conventie wilde uithollen. Dat was niet alleen de opvatting binnen het ministerie, maar ook in de publieke opinie. Dan was er de juridische interpretatie van de Conventie: 'Ik heb vernomen, dat gij ander rechtsgeleerd advies hebt ontvangen dan ik.' Dat geloofde Chamberlain graag: 'Men kan over elke zaak wel van den eenen of anderen advokaat eene opinie ontvangen, zooals men die wenscht.' Maar hij had nu eenmaal te maken met 'de opinie van de lawyers van de Kroon', en die luidde anders.

Verder speelde er natuurlijk 'de kwestie der uitlanders'. De Transvaalse regering kon volhouden dat het ging om een interne aangelegenheid, maar daar stelde Chamberlain tegenover dat het Engelse onderdanen betrof. Hij had het recht om voor hen op te komen, net zoals hij dat zou doen in bijvoorbeeld Frankrijk. Realiseerde Leyds zich wel hoeveel klachten hem bereikten? 'Gij kunt U geen denkbeeld maken van de positie, waarin wij verkeeren tegenwoordig, het Engelsche publiek in Afrika en hier, de massa's brieven, die wij krijgen tegen U (zeker 90 van de 100 om oorlog te maken).' Kruger wilde een jaar eerder niet naar Engeland komen om daar persoonlijk over te spreken. Zou het nu geen goed idee zijn 'dat President Krüger U machtigde om met mij over die uitlandersgrievances te spreken en te raadplegen, wat er aan gedaan kan worden, hoe hun mond te stoppen is.'

In zijn antwoord weersprak Leyds direct dat Pretoria eropuit was 'om inbreuk te maken' op de Conventie van Londen. Uitvoerende Raad en Volksraad waren zich – bijvoorbeeld bij de betwiste toetreding tot de Conventie van Genève – totaal niet bewust geweest dat het Britse belang daarmee geschaad had kunnen worden. Engeland had het verdrag ten slotte zelf ook ondertekend. Bovendien was er een precedent – Leyds en zijn particuliere secretaris jonkheer F.A. van der Hoeven hadden Assers advies toch opgevolgd. 'Wij zijn n.l. tot de wereldpost-conventie toegetreden, op precies dezelfde wijze en toen hebt U er niets van gezegd.' Leyds had de indruk dat met name dit argument zijn uitwerking niet miste. Chamberlain en Selborne 'maakten toen ene beweging, alsof daar veel voor te zeggen was.'

Ook inzake de gewraakte wetten stelde Chamberlain zich ruimhartig op. De Vreemdelingenwet was van de baan, en de Uitzettingswet en de Perswet vond hij 'op zichzelf geen verbrekingen' van de Londense Conventie. Het was meer dat zij de Transvaalse regering in staat stelden tot inbreuken. Met andere woorden, 'als gij misdadigers of prostituées uitzet, dan zal ik er niets van zeggen, maar wel als gij om politieke redenen iemand uitzet die niets gedaan heeft'. Leyds was verguld met deze uitspraak, omdat hij nieuwe precedenten in het verschiet zag. Voorlopig, luidde zijn dringende advies aan Pretoria, die wetten dus uitsluitend toepassen met betrekking tot de genoemde categorieën: misdadigers en prostituees.

Ten slotte was er de volmacht aan Leyds om te onderhandelen over de grieven van de Uitlanders. Dat was een zaak die hij moeilijk per telegram kon voorleggen aan Kruger en de Uitvoerende Raad. Hij hield Chamberlain voor 'dat zulks misschien zelfs niet per brief zou kunnen gebeuren maar mijn persoonlijke terugkomst in Afrika zoude vereischen. De Heer Chamberlain zeide zulks te begrijpen.' Het had er alle schijn van dat de Engelse minister van Koloniën 'genegen was om in vredelievenden geest te werk te gaan.'[119]

Die indruk werd versterkt door de attenties die Leyds ten deel vielen in de dagen daarna. Chamberlain introduceerde hem bij de liberale oppositieleider Sir William Harcourt met lovende woorden over zijn '*education and experience*'. Leyds zelf was ook positief gestemd. 'Ik ben gelukkig,' schreef hij aan Van Boeschoten, 'dat de wrevelige stemming die bij mijn aankomst mij zeer treurig stemde, omdat ik ze aantrof niet alleen bij vijand maar ook bij vriend, veel is verminderd. De markt, zooals gij weet, is ontzaggelijk vooruitgegaan. Ik heb daartoe veel bijgedragen.' Hij kon met recht tevreden terugkijken op zijn inspanningen.[120]

En vooruit kijken naar de feestelijkheden. Eerst op 22 juni de *Jubilee Procession* en dan op 26 juni de *Naval Review*. De *Royal Navy* in volle glorie, dat beloofde helemaal een spektakel te worden. Nog wel even voor de zekerheid zorgvuldig laten nagaan op welk schip hij een plek zou krijgen. Het zou hem toch niet gebeuren dat hij zich plotseling in het gezelschap bevond van alle '*Colonial Premiers*'.[121]

Dat was een buitengewoon gelukkige ingeving. Discrete naspeuringen leerden Leyds dat het admiraalsschip *Wildfire* helemaal niet was bedoeld voor diplomaten, maar inderdaad voor de premiers van de Britse koloniën. De schellen vielen hem van de ogen. Het was allemaal doorgestoken kaart. Valse charme van Chamberlain. Een invitatie voor de *Aldershot Review*, een receptie met de prins en prinses van Wales, een uitnodiging bij de Chamberlains thuis in Birmingham, met als doortrapt detail een apart briefje van zijn vrouw Mary aan Louise. Alles opgezet met maar één doel: Leyds als vertegenwoordiger van de Zuid-Afrikaanse Republiek te compromitteren. Maar goed dat hij het had laten uitzoeken. Als hij erin getrapt was, had hij zich 'als republikeinsch Staatsman onmogelijk gemaakt'. Hij kon maar beter proberen Chamberlain verder zoveel mogelijk te ontlopen.[122]

Onder de *Jubilee Procession* kon hij niet meer uit, maar een list voor de *Naval Review* had hij snel bedacht. Naast Moltzer en Asser had hij nog een leermeester die hoog was gestegen. In politieke zin het hoogst, want Pierson was inmiddels minister van Financiën, tevens voorzitter van de Nederlandse ministerraad. 'Bovenlangs' regelde Leyds een uitnodiging voor een ander admiraalsschip, dat van de Nederlandse marine. '*Please don't trouble anymore*,' berichtte hij aan Chamberlain, hij kon deze uitnodiging onmogelijk afslaan. Er waren oude vrienden aan boord. En tot die tijd had hij verplichtingen in Parijs en Berlijn.[123]

Dat laatste was niet verzonnen. In Parijs had hij afspraken met minister van Buitenlandse Zaken Gabriel Hanotaux en president Felix Faure. Het gesprek met de laatste handelde vooral over de diplomatieke vertegenwoordiging van Transvaal. Faure had een uitgesproken voorkeur voor één gezant, speciaal voor Frankrijk. Met Hanotaux ging het over andere zaken, in het bijzonder over de 'zeer groote Fransche kapitalen' die waren geïnvesteerd in de Transvaalse goudmijnen. 'Het publiek is te Parijs,' had Leyds al gemerkt, 'nog meer dan in Engeland, er van overtuigd dat de Boeren tegen de mijnen handelen en het er op toeleggen die te benadeelen. Ik doe alle mogelijke pogingen om deze impressie uit te wisschen.' Dat bleek ook bij Hanotaux nodig. Deze drong er herhaaldelijk op aan 'dat wij voor de mijnindustrie moesten doen wat wij konden'. Het zou zeker een rol spelen bij de aanstaande

Franse verkiezingen in november, verzekerde Hanotaux, en 'tot zoolang hebt gij dus nog tijd om iets te doen; dat waren ongeveer zijn woorden. Hij sprak ze niet uit als een bedreiging, eerder vriendelijk; maar als men ze leest, heeft het er toch iets van.'[124]

Leyds had zo zijn eigen gedachten over de zorgen van de Franse aandeelhouders. Volgens hem hadden deze 'zich zeer laten bedotten. Zij hebben zich laten wijs maken dat slechte mijnen goed waren en zij hebben zich terreinen als goudmijnen in de handen laten stoppen, waar geen greintje goud te vinden is.' En nu dachten ze 'dat de shares weer tot de vorige koers zullen stijgen, als onze Regeering maar wil. Dat is hun door de Engelschen ingeprent. Het wordt hoog tijd dat zij de onmogelijkheid daarvan inzien; dat zij bedrogen zijn, *maar niet door ons*; dat er maatschappijen zijn die niet te redden zijn al zouden wij dynamiet voor niet leveren en per spoor alles voor niet vervoeren.'[125]

Er was voor Leyds ook goed nieuws in Parijs. Het kwam uit Pretoria. Op 27 mei 1897 kreeg hij bericht dat hij – opnieuw – was herkozen als staatssecretaris. De stemverhouding was een extra opsteker. Hij had in de Volksraad negentien van de vijfentwintig stemmen gekregen, vijf waren er naar Abraham Fischer gegaan, een kandidaat die hij zelf had aanbevolen, en één naar Herman Coster. Leyds vatte zijn verkiezing en vooral de stemmenverdeling op 'als een demonstratie tegenover Engeland en als een overwinning voor mijzelven... te meer daar ik zelf niet ter plaatse was en er dus zelf niets aan doen kon.'[126]

Tijdens de pinksterdagen was het gezin Leyds voor even herenigd in Den Haag. Met de kinderen ging het 'uitstekend', maar al snel moest Leyds weer door. Naar Berlijn, waar hij nog helemaal niet was geweest. Er bleek veel veranderd in de Duitse hoofdstad sinds zijn laatste bezoek, ruim een jaar geleden. Ook hier was het enthousiasme voor de Boerenzaak aanzienlijk bekoeld. Een audiëntie bij de keizer zat er niet meer in. De oude rijkskanselier Chlodwig zu Hohenlohe-Schillingsfürst ontving hem nog wel. 'De toon was zeer vriendelijk maar er valt niets buitengewoons te melden,' telegrafeerde hij bondig aan Pretoria. Net als in Frankrijk lag de verklaring in de zorgen die Duitse financiers hadden over verliesgevende investeringen in Transvaals goudmijnen. Van de consul in Frankfurt wist Leyds dat het ging om zo'n vijftien à twintig miljoen pond, 'voor Zuid- en West-Duitschland alleen'. Ook hier wezen de beschuldigende vingers in de richting van Pretoria: 'men heeft ze verteld dat, als de regeering zich in zekeren vragen tegemoetkomend toonde, de toestanden beter zouden worden.'[127]

Het was dus geen bijval die Leyds oogstte op het Europese vasteland. Het was kritiek en aansporing om meer rekening te houden met de verlangens van de mijnindustrie – en haar Europese aandeelhouders. Terecht of niet, dat deed in de beeldvorming niet ter zake, realiseerde hij zich. Waar het op aan kwam was beïnvloeding van de publieke opinie – en daarmee van de regeringen – ten gunste van de Boerenzaak. Een perscampagne tégen de verdachtmakingen van Rhodes, tégen de manipulaties van Chamberlain. Maar dat vereiste een veel ruimere jas voor de Transvaalse diplomatieke en consulaire dienst: 'Het is jammer dat ik mij niet verviervuldigen kan,' verzuchtte hij in een particulier schrijven aan Van Boeschoten, 'het is jammer dat ik niet op één plek zit. Het is jammer dat ik niet een vollediger personeel heb.' In die zin zou hij de Uitvoerende Raad na terugkomst in Pretoria in ieder geval adviseren, nam hij zich voor.[128]

Maar eerst nog die twee delicate 'feestweken' in Londen. Hoe om te gaan met de dubbele bodems van Chamberlain? Nog in Berlijn ontving hij uit Pretoria ongeruste berichten over Engelse troepenversterkingen rondom Transvaal. Het verzoek aan Leyds was om 'securiteit' te verkrijgen 'dat men geen oorlogzuchtige plannen tegen ons heeft.' Hij besloot om Chamberlain ronduit op de hoogte te stellen van de ongerustheid in Transvaal. Pretoria voerde een vreedzame politiek, schreef hij, en zou een geruststellend gebaar van Britse kant zeer op prijs stellen.[129]

Chamberlain speelde verbazing, en kaatste de bal terug. Al achttien maanden was de Transvaalse regering bezig versterkingen aan te leggen en enorme voorraden wapens en munitie in te slaan, antwoordde hij. Dat kon alleen worden uitgelegd als een voorbereiding op een mogelijk conflict '*with the Paramount Power*'. Het was naar zijn idee dus volstrekt logisch dat Engeland daarop reageerde. Om er vervolgens doodleuk aan toe te voegen dat Leyds tijdens de *Naval Review* nog steeds welkom was op het Engelse admiraalsschip. Hij kon zich voorstellen dat Leyds de voorkeur gaf aan het gezelschap van zijn landgenoten, maar dan zou hij wel wat missen: '*The Foreign Ships of War will be stationary and will not go down the Line.*'[130]

Nog steeds twee gezichten dus. Leyds moest op zijn hoede zijn. Zelfs verzoeken van fotografen om een portret te mogen maken, waren onderdeel van het plan om hem te compromitteren. Bij navraag bleken die steeds bestemd voor een of andere 'galerij van famous men of the Empire etc.' Bij de *Jubilee Procession* op 22 juni kon hij Chamberlain niet ontlopen. Na afloop kwam deze met zijn vrouw naar het echtpaar Leyds toe om hen uit te nodigen op het *Colonial Office*. Tijdens de lunch daar drong hij er nog eens op aan 'dat ik een volmacht kreeg om met hem te onderhandelen', want hij kon 'niet met twee tegelijk over dezelfde zaak handelen'. Leyds hield zoveel mogelijk de boot af, en niet alleen tijdens de *Naval Review*. Veelal 'wegens afwezigheid uit de stad', maar soms ook in vierkante bewoordingen. Zo maakte hij er geen geheim van de Prins van Wales niet te willen ontmoeten 'omdat hij in het publiek Rhodes de handen schudt'.

Dat was ook in algemene zin voor Leyds een soort van lakmoesproef. Als de hoofdschuldige van de Jameson Raid lid mocht blijven van de *Privy Council* – het hoogste politieke adviescollege van koningin Victoria – 'welk vertrouwen kan ons volk dan nog hebben in de goede trouw der Engelsche Regeering?' Zelf had hij daar weinig fiducie meer in. Ook de leden van de oppositie die hij had gesproken, oppositieleider Sir William Harcourt voorop, gaven 'geen haar om ons' en verdedigden de Boerenzaak niet 'om der rechtvaardigheids wille, maar alleen uit partij belang'. Begin juli weer terug in Parijs, had hij zijn conclusie getrokken: 'Op steun in Engeland behoeven wij niet te rekenen.' De Engelsen werden 'meer en meer gehaat in de wereld'. Dat voelden ze zelf heel goed, met als gevolg 'dat alle Engelschen zich veel meer aansluiten dan anders het geval zou zijn; après tout blijft elke Engelschman een Engelschman, al behoort hij tot de oppositie'.

Ook de jubileumfeesten zag Leyds in dat licht. De hele viering was bedoeld 'om het nationaliteitsgevoel der Engelschen op te wekken.' Dat was ongetwijfeld geslaagd, met name door de *Naval Review*, 'die was inderdaad machtig.' Maar van de *Jubilee Procession* was hij zelf toch minder onder de indruk. Dat was 'niet anders dan een optocht van soldaten'. De Engelsen wilden daarmee 'zichzelf en de wereld wijs maken of bewijzen dat zij *niet* een mogendheid zijn zonder leger.' Alleen waren ze daar totaal niet in geslaagd. Leyds vond de parade in dat opzicht maar 'een testimonium paupertatis'.[131]

Hij geloofde ook niet dat 'Engeland gemakkelijk tot den oorlog zal overgaan'. De stemming in het land was minder oorlogszuchtig dan bij zijn aankomst drie maanden eerder. Voor een Engelse inval in Transvaal viel zijns inziens niet direct te vrezen. Al moesten natuurlijk niet 'alle oplettendheid en voorzichtigheid, alle voorzorgsmaatregelen' uit het oog worden verloren. 'Dat zou tegenover Engeland altijd en onder iedere omstandigheid onverantwoordelijk zijn.'[132]

Hoe waar die woorden waren, ondervond Leyds vlak vóór zijn terugreis naar Zuid-Afrika. De laatste weken bracht hij door in Den Haag, bij zijn gezin, bijkomend van alle inspanningen. Begin augustus 1897, een week voordat hij scheep zou gaan, bezorgde Chamberlain hem een onaangename verrassing. Een dubbele, om in stijl te blijven. Eerst liet hij publiekelijk weten dat de Britse regering Cecil Rhodes definitief niet zou straffen. Vervolgens verklaarde hij in het Lagerhuis dat de Conventie van Londen was afgesloten '*between the suzerain and the subordinate power*'.[133]

Scheiding der geesten

Pretoria, februari 1898

‘En dan het hondsche humeur van den President.’ Leyds voelde zich diep beledigd. ‘Het is treurig zoo als de oude dag bij hem werkt. Zijn moraliteit gaat geheel verloren.’ Hij had er ‘eenige uuren lang’ niet van kunnen schrijven, ‘zoo beefde ik van het inhouden van mijn verontwaardiging en drift’. Kruger ‘schaamt zich niet om op de meest brutale en domme manier positief te liegen. Dit kan hem niet schelen; als hij maar door kan drijven, wat hij wenscht.’

President en staatssecretaris waren wel vaker gebotst, maar dit was een knallende ruzie, en het zat Leyds vreselijk hoog, ook een dag later nog, toen hij Louise schreef. Aanleiding was het zoveelste lasterlijke krantenartikel. Hij was wel wat gewend aan beledigingen en verdachtmakingen. Zeker van een bitsig oppositieblad als *Land en Volk*. Nu waren ze opnieuw op de proppen gekomen met die oude beschuldiging dat hij een godloochenaar zou zijn. Zelf haalde hij zijn schouders erover op. Maar Kruger had aangedrongen op een officiële ontkenning, een ingezonden stuk. Anders, zo voegde hij eraan toe, zou de Volksraad wel eens moeilijk kunnen doen over Leyds’ aanstelling als gezant.

Normaal had hij zijn emoties redelijk goed onder controle. Maar nu was Leyds ontploft. Dacht de president soms dat hij voor zijn ‘pleizier' als gezant naar Europa wilde? Als hij na al die jaren van toewijding aan de Boerenzaak nog steeds niet kon rekenen op het vertrouwen van de Volksraad, dan moesten ze maar tegenstemmen. Hij weigerde in ieder geval om zelf iets te schrijven in 'een gemeene courant als *Land en Volk*... die mala fide alles zou verdraaien of erover zwijgen om er later gewoon op terug te komen, evenals of er nooit iets ontkend was'. Kruger had voet bij stuk gehouden. Eind van het liedje was geweest dat hij iemand anders een reactie liet schrijven.[134]

Het sleet wel weer, maar Leyds had er steeds meer moeite mee, dat onmogelijke gedrag. Oom Paul voor zijn volk, potentaat voor zijn directe omgeving. Een wonder van wellevendheid was Kruger nooit geweest, en de ouderdom versterkt gebreken. Maar hij was nu eenmaal de onbetwiste leider van de Boeren, zeker na de Jameson Raid. Begin februari 1898 werd hij, tweeënzeventig jaar oud, opnieuw herkozen als president, voor zijn vierde termijn. De uitslag sprak voor zich: bijna dertienduizend stemmen, meer dan twee keer zoveel als de tegenkandidaten Schalk Burger en 'eeuwige verliezer' Joubert bij elkaar.

Gesterkt door de brede steun onder de Boerenbevolking zette Kruger zijn beleid met kracht voort. Opperrechter Kotzé kreeg zijn langverwachte ontslag en verdere concessies aan de Randbaronnen en de Uitlanders waren van de baan. Met name Burger had hen nog wel meer tegemoet willen komen. Hij was voorzitter geweest van de Industrieele Commissie, samengesteld uit ambtenaren en leden van de *Chamber of Mines*. De commissie had zich vanaf april 1897 gebogen over de 'noden' van de mijnindustrie en drie maanden later vergaande aanbevelingen gedaan aan de Transvaalse overheid: het dynamietmonopolie opheffen, de prijzen van steenkool en dynamiet verlagen, de NZASM nationaliseren en zich actiever inzetten voor de werving van goedkope, zwarte mijnwerkers.

Na de terugkeer van Leyds uit Europa, begin september 1897, was het rapport van de Industrieele Commissie uitgebreid besproken in de Eerste Volksraad. Afschaffing van het dynamietmonopolie ging Kruger te ver, maar andere aanbevelingen wilde hij, in ieder geval gedeeltelijk, wel overnemen. De prijs van dynamiet ging omlaag, net als diverse tarieven van de NZASM, die laatste tot een totaalbedrag van tweehonderdduizend pond per jaar. In nationalisering ineens van de spoorwegmaatschappij zag hij geen heil. Dat zou naar schatting zeven à acht miljoen pond kosten en het overheidsapparaat was niet berekend op het beheren van zo'n groot bedrijf. Op voorstel van Leyds werd besloten tot een overname op termijn: net zolang porties aandelen opkopen totdat de NZASM vanzelf zou zijn veranderd in een staatsbedrijf. Ook aan de verruiming van het arbeidsreservoir voor de mijnindustrie leverde de regering een bijdrage. In oktober 1897 bereikte Leyds een akkoord met de Portugese gouverneur over de werving van arbeidskrachten in Mozambique.[135]

Het was niet niks, maar het was minder dan de Industrieele Commissie had geadviseerd, en tevreden waren de tegenstanders niet. Ze moesten het er maar mee doen, vond Leyds. Na de herverkiezing van Kruger concentreerde hij zich zoveel mogelijk op twee zaken: een passende reactie op Chamberlains suzereiniteitsaanspraken en de voorbereidingen op zijn eigen aanstaande gezantschap.

Chamberlain had het niet gelaten bij zijn verklaring in het Lagerhuis. Ruim twee maanden daarna, op 16 oktober 1897, had hij de Engelse claim op suzereiniteit herhaald in een brief aan de Transvaalse regering. Sindsdien broedde Leyds op de beste tegenargumenten. Eind maart 1898 was hij eruit. Vol trots schreef hij Louise, die vooruit was gereisd naar hun kinderen in Nederland. Hij had 'in oude stukken een prachtige vondst gedaan', die de claim van Chamberlain 'om zoo te zeggen doodslaat'. De precieze formulering kostte hem veel tijd. Wat hij aan concepteksten van medewerkers kreeg, was hem niet goed genoeg. 'In deze depêche wensch ik, dat men hier en daar iets zal ontdekken, dat *speciaal* naar *mijn* hoofd en hand wijst.'[136]

Dat lukte. De missive die hij op 16 april 1898 namens de Transvaalse regering aan Chamberlain stuurde, begon met een zorgvuldige reconstructie van de totstandkoming van de Conventie van Londen. Anders dan in de voorafgaande Conventie van Pretoria (1881) kwam het begrip 'suzerein' daar niet in voor. Het was er welbewust uit verwijderd, betoogde Leyds. Dat bleek uit tekstvergelijking én uit diverse mondelinge en schriftelijke getuigenissen. De Engelse ondertekenaar Sir Hercules Robinson, destijds hoge commissaris en inmiddels bekend als Lord Rosmead, had het in een kranteninterview zelfs expliciet toegegeven – dat was zijn 'prachtige vondst'. Bovendien hadden Groot-Brittannië en de Zuid-Afrikaanse Republiek sindsdien consulaire vertegenwoordigers uitgewisseld. Dat kon alleen tussen onafhankelijke staten, evenals het inroepen van arbitrage. Ook dat laatste was al eens gebeurd met een clausule uit de Conventie van Londen. Het ging om de zogeheten koeliekwestie, over de al dan niet vrije vestiging van Aziaten uit de Britse koloniën. Transvaal was door de arbiter – het hooggerechtshof van Oranje Vrijstaat – in het gelijk gesteld en de Engelse regering had zich daarbij neergelegd. Het waren overtuigende argumenten. Leyds voelde zich zo zeker van zijn zaak dat hij afschriften van de brief van Chamberlain en van zijn eigen antwoord liet sturen naar de regeringen van Nederland, Duitsland, Frankrijk, Portugal, Zwitserland en de Verenigde Staten.[137]

Terzelfder tijd kwamen ook de laatste afspraken rond over Leyds' aanstelling als gezant. Op grond van zijn bevindingen in 1897 had hij aanvankelijk gepleit voor een forse uitbreiding van de diplomatieke dienst, met aparte vertegenwoordigers in Londen, Parijs, Berlijn en Lissabon. Kruger en de andere leden van Uitvoerende Raad vonden dat te duur worden. Het bleef bij één gezant, ondersteund door een ambtelijke staf in elk van die vier hoofdsteden, plus Den Haag en Brussel. De consulaire vertegenwoordigingen aldaar, net als die in Londen, Amsterdam en Frankfurt, werden gehandhaafd. Dat alles voor een bedrag van vijftienduizend pond per jaar, waarvan vierduizend pond voor de gezant, exclusief toelagen tijdens dienstreizen. Zes weken verlof en één keer per jaar of twee jaar overleg in Pretoria. Als standplaats koos Leyds voor Brussel. Den Haag vond hij vanwege 'dat gebabbel, die aanmerkingszucht! Over kleeding, over alles' minder geschikt.[138]

Binnenskamers stemde de Uitvoerende Raad al in april 1898 in met Leyds' aanstelling. Maar er waren nog twee akkefietjes af te handelen. Niet alleen bleef het verhaal dat hij 'aan geen God' geloofde hardnekkig rondzoemen, er was nog een beschuldiging bijgekomen. Leyds zou vijfhonderd pond hebben gekregen van de dynamietmaatschappij. Omkoping dus. Het was voor hemzelf en voor de regering als geheel beter om zijn naam te zuiveren voordat hij de functie van staatssecretaris zou verruilen voor die van gezant. Dit keer verzette Leyds zich niet tegen een officieel dementi. In de omkopingszaak verscheen hij voor het hooggerechtshof, dat hem vrijsprak. Aan de Volksraad overhandigde hij de bewijzen dat hij was gedoopt in Magelang op Java en stond ingeschreven als lidmaat van de Nederduits Hervormde Kerk te Pretoria.

Op 20 mei 1898 werd Willem Johannes Leyds officieel benoemd tot buitengewoon gezant en gevolmachtigd minister van de Zuid-Afrikaanse Republiek.[139]

De herverkiezing van Kruger was slecht nieuws voor Kaapstad. Sir Alfred Milner wist genoeg. Nog vijf jaar Boerendictatuur en Transvaal was definitief verloren. Sterker nog, '*the richest spot on earth*' zou de rest van het Zuid-Afrikaanse subcontinent meeslepen, losweken van het Britse Rijk. Het was toch al '*the weakest link in the Imperial chain*'. Wat gebeurd was in Amerika, dreigde ook hier. Geen dominion onder Britse vlag, maar een onafhankelijke staat. Geen Canada, maar een Verenigde Staten van Zuid-Afrika. Wat kwam er dan terecht van Chamberlains *Grand Scheme*? Hun beider geloof in de superioriteit van het Britse ras? Zijn conclusie was duidelijk. '*The waiting game*' werkte niet. Er moest iets veranderen, goedschiks of kwaadschiks.

Opperste toewijding aan het *British Empire*, daaraan had hij zijn benoeming tot hoge commissaris van Zuid-Afrika en gouverneur van de Kaapkolonie te danken. Alfred Milner werd gedreven door een fanatiek, bijna religieus nationalisme. Ter overcompensatie van zijn Duitse achtergrond, beweerden critici. Zijn grootmoeder was Duitse, hij zelf geboren in Hessen en getogen in Baden-Württemberg. Maar in Oxford was het allemaal samengekomen. Hij kreeg er zijn scholing en vond er zijn roeping. Klassieke kennis, politieke vaardigheden, sociaal-imperialistische bevlogenheid. Hij toonde zich een briljant student, in alle vakken. Na een paar jaar in de journalistiek, als redacteur van de *Pall Mall Gazette*, deed hij zijn eerste ervaring in het koloniale bestuur op in Egypte. Hij was er drie jaar onderminister van Financiën. Na afloop beschreef hij de zegeningen van het Britse bestuur in *England and Egypt*. Het boek was direct een klassieker. Het vestigde zijn naam als schrijver, bestuurder en vooral als imperialist in hart en ziel. Terug in Engeland kreeg hij een hoge functie bij het ministerie van Financiën. In 1894 werd hij geridderd tot *Companion*, in 1895 tot

Knight Commander of the Order of the Bath. Dat was wel zo passend voor zijn nieuwe functie. Sir Hercules opgevolgd door Sir Alfred. In mei 1897 kwam hij aan in Kaapstad.

Hij nam de tijd om zich te oriënteren. Niet dat hij geloofde in geduld, integendeel, maar op gezag van Chamberlain. De Jameson Raid had veel kwaad bloed gezet, ook onder de Afrikaners in de Kaapkolonie. Milner moest zich hoeden voor overhaaste stappen à la Rhodes. Afwachten was voorlopig het parool, en hopen dat de interne oppositie tegen Kruger aan kracht zou winnen. In de tussentijd reisde hij rond om land en bevolking te leren kennen en zich een mening te vormen over de beste aanpak.

Na de herverkiezing van Kruger was hij eruit. Eind februari 1898 legde hij Chamberlain in een particulier schrijven de twee keuzemogelijkheden voor. Óf hervormingen in Transvaal óf oorlog. Met de oude tiran aan het roer in Pretoria zaten die hervormingen er voorlopig niet in. De Boeren maakten onderling wel ruzie, maar dat ging over banen en contracten, niet over politieke keuzes. Er bleef dus geen andere mogelijkheid over dan naar een crisis toe te werken. Niet laten afleiden door details, maar stelselmatig de druk opvoeren. Tijdens de driftencrisis van 1895 was gebleken dat dreigen met geweld werkte. Kruger had de neiging om dan terug te krabbelen en concessies te doen. Dat zou ook nu wel gebeuren. Zo niet, dan maar oorlog. Die kon onmogelijk lang duren, en een Britse overwinning was zeker.[140]

Het was dan wel noodzakelijk dat alle Engelsgezinden de rijen sloten. Henry Binns, de gouverneur van Natal, kreeg van Milner de wind van voren toen hij Kruger na zijn herverkiezing een felicitatietelegram stuurde. Hoe kon hij dat nu doen? Het kwam er nu op aan de bokken van de schapen te scheiden. Niet eens zozeer tussen '*the English and the Dutch*', als wel tussen degenen die het despotische regime in Pretoria steunden en degenen die het verwierpen. Het was tijd voor álle inwoners van de Kaapkolonie en Natal om kleur te bekennen '*as loyal citizens of a free British Community*'.

Duidelijke taal, die Milner twee weker later publiekelijk kracht bijzette. Op 3 maart 1898 hield hij een toespraak in Graaff Reinet, zo'n zeshonderd kilometer ten noordoosten van Kaapstad, bij de opening van een nieuwe spoorlijn. Zijn gehoor bestond voornamelijk uit Afrikaners, en hij richtte zich rechtstreeks tot hen, in niet mis te verstane bewoordingen. Zij leefden in de Kaapkolonie in vrede en voorspoed en genoten ook verder alle voordelen van het Britse koloniale bestuur: vrijheid, recht, gelijkheid en zelfbestuur. Dat waren precies de omstandigheden die ontbraken in de Zuid-Afrikaanse Republiek. En toch waren er velen onder de Kaapse Afrikaners die sympathie voelden voor hun stamverwanten in Transvaal. Sympathie, daar kon hij nog wel enig begrip voor opbrengen. Maar degenen die meer gaven om de onafhankelijkheid van Krugers Boerenrepubliek dan om de eer en de belangen van hun eigen land, nee, die waren in Milners ogen ontrouw aan hun eigen vlag. Als ze dan toch hechtten aan een vreedzame oplossing voor heel Zuid-Afrika, konden ze beter hun invloed in Pretoria aanwenden voor hervormingen, zodat er een einde kwam aan de starheid van de Transvaalse regering.[141]

Subtiel was de boodschap niet. Wel duidelijk. Vriend en vijand begrepen meteen waar Milner op uit was. Een klein jaar had hij het veld verkend. Nu betrok hij zijn stellingen. Daarmee dwong hij heel blank Zuid-Afrika tot een keuze. Vóór of tegen het verlichte Britse bestuur, vóór of tegen het dictatoriale bewind van Kruger. Dat waren de enige twee opties die hij nog wenste te onderscheiden.

Het polariserende effect van Milners Graaff Reinetspeech werd een paar dagen later versterkt door de rentree in de Kaapse politiek van een oude bekende. Een interview in de *Cape Times* en een publiek optreden in de *Good Hope Hall* op 12 maart 1898 lieten er geen twijfel over bestaan. Cecil Rhodes was terug. De Jameson Raid en de opstanden in Rhodesië hadden de Kolossus beroofd van zijn gouden glans, maar van zijn voetstuk gevallen was hij niet. In september 1898 zouden er weer verkiezingen zijn voor het Kaapse parlement, en hij wilde opnieuw een gooi doen naar het premierschap.

Zijn politieke programma was in essentie weinig veranderd, net als zijn campagnestrategie. Nog altijd had hij geld genoeg om medestanders en tegenstanders te kopen, nog altijd droomde hij van een federatie van heel zuidelijk Afrika onder de *Union Jack*. Wel mikte hij nu op een andere groep kiezers. De Jameson Raid had het definitieve afscheid betekend van Jan Hofmeyr en zijn Afrikaner Bond. Rhodes had hen ingeruild voor een veel natuurlijker bondgenoot, de *South*

African League. Opgericht in mei 1896, was dit het nieuwe verzamelpunt van alle Engelse nationalisten in Zuid-Afrika. Grensoverschrijdend bovendien. De *League* had niet alleen afdelingen in de Kaapkolonie en Natal, maar ook in Transvaal en in het moederland, de *South African Association*.

Rhodes was dus terug in de politieke arena, nu openlijk als de kampioen van het '*jingoism*'. Hij was het ook die de pakkende leuze bedacht: '*Equal rights for every civilised man south of the Zambesi*.' Het kon zijn tegenstanders onmogelijk ontgaan. Behalve met geld smeet hij ook ouderwets met modder. De verkiezingscampagne was smerig en tot het eind toe spannend. De uitslag kwam als een verrassing. Niet Rhodes trok aan het langste eind, maar met een nipt verschil was de overwinning voor de *South Africa Party*, aangevoerd door William Schreiner. Met steun van de Afrikaner Bond werd hij de nieuwe premier.

Zijn politieke koers was gematigd. Net als zijn zuster Olive, de schrijfster, had Schreiner Rhodes ooit bewonderd, maar de Jameson Raid was ook voor hem het breekpunt geweest. Hij beschouwde zichzelf als een trouw onderdaan van koningin Victoria, die tegelijkertijd opkwam voor het recht van de Boerenrepublieken om zelf hun toekomst te bepalen. Dat was niet het soort teksten dat Milner en Rhodes wilden horen. Ze moesten er iets op verzinnen.[142]

Voor Leyds was het een hele overgang. Van Boerse streken naar diplomatieke protocollen. Enerzijds was het een verademing. Afkomstig uit een beschaafd burgerlijk milieu was hij zich altijd blijven ergeren aan de Transvaalse omgangsvormen. Het gebrek aan stijl en decorum, hij was er nooit aan gewend, had er nooit aan willen wennen. Gevoel voor verhoudingen, respect voor autoriteit, het was in Pretoria ver te zoeken. De Boerenzaak was hem dierbaar geworden, de Boeren zelf stonden hem tegen. Veertien jaar lang had hij tussen hen geleefd, hun zorgen gedeeld, hun dromen gekoesterd, maar een van hen was hij nooit geworden. Ondanks al zijn toewijding was hij een buitenstaander gebleven.

De status van zijn nieuwe functie deed hem goed. Leyds was een ijdele man, gevoelig voor eerbetoon. Bij openingen van de Volksraad en andere officiële gelegenheden droeg hij met graagte zijn decoraties. Als staatsprocureur had hij al een Portugese ridderorde, en als staatssecretaris kreeg hij daar nog onderscheidingen bij uit Nederland, België, Duitsland en Frankrijk. 'Willem de Lintjes-jager' was een van de snerende bijnamen die *Land en Volk* voor hem bedacht. Als gezant droeg hij natuurlijk een uniform. Het zat hem als gegoten, zij het dat het door zijn voorganger Beelaerts van Blokland 'veel te veel met goud beladen' was. Maar ja, dat was eigenlijk wel passend als gezant van de grootste goudproducent ter wereld.[143]

Er zaten ook nadelen aan zijn diplomatenbestaan. Corps diplomatique, dat betekende zeker in de negentiende eeuw chic en oude adel. Een burgerman vond daar niet zomaar zijn plek. Bovendien vertegenwoordigde hij een nouveau riche op het internationale toneel, een onbeduidende Boerenrepubliek die ook nog eens op gespannen voet stond met het machtigste land ter wereld. Alles bij elkaar geen ideale uitgangssituatie om voor vol te worden aangezien aan de Europese hoven. Net als in Pretoria begon hij als een buitenstaander. Verschil was dat hij er hier wel graag bij wilde horen.

Vanzelf ging dat niet. Het aanbieden van zijn geloofsbrieven kostte hem al een halfjaar. Hij zelf schreef het toe aan 'het noodlot'. Dat had zich 'weinig vriendelijk tegenover mij getoond'. Maar het had minstens zoveel te maken met diplomatieke gevoeligheden in de diverse hoofdsteden. Dat bleek al bij de eerste overhandiging van zijn *lettres de créance*, in Parijs. De ontvangst door president Faure op het Elysée, op 8 juli 1898, verliep nog geheel volgens protocol, inclusief aankomst per rijtuig met ere-escorte van kurassiers. De daarna gebruikelijke kennismakingsronde langs de andere diplomaten in de Franse hoofdstad stuitte echter op Engelse tegenwerking. Op last van Lord Salisbury hield ambassadeur Sir Edward Monson een officiële ontmoeting af.

Het was een voorproefje van de bejegening die Leyds overal op het continent te wachten stond. Londen protesteerde niet officieel tegen zijn accreditatie, maar verbood de eigen diplomaten alle formele contacten. Die officieuze boycot werkte ook door in de houding van andere regeringen. In Nederland viel dat nog mee. De ontvangst door koningin-regentes Emma en de jonge, aanstaande koningin Wilhelmina, begin augustus op paleis Soestdijk, verliep volgens protocol. Maar elders ging het stroever. Keizer Wilhelm II en de Belgische koning Leopold II lieten Leyds demonstratief lang wachten alvorens hem ceremonieel te ontvangen. Eveneens onder Britse druk onthield de Russische tsaar Nicolaas II Transvaal – en Oranje Vrijstaat – een uitnodiging voor de Internationale Vredesconferentie die in 1899 op zijn initiatief in Den Haag zou plaatsvinden.[144]

Behalve diplomatiek moest Leyds zich ook journalistiek weren. Al snel constateerde hij 'dat de stemming in Europa zeer tegen de Republiek is. Speciaal in Frankrijk is dat het geval.' Hij wist ook wel hoe dat kwam. Milner en Rhodes. Ze zaten ver weg, maar hun invloed reikte tot in de Franse redactielokalen. Via de *South African Association* in Londen kochten ze krantenpagina's vol halve waarheden over Transvaal. Hele leugens over Kruger. Verzinsels over hemzelf. *Le Figaro*, *La Liberté*, *Le Matin*. Allemaal te koop. Voor grof geld, maar dat was het probleem niet voor de mijnmagnaten van Kimberley en Johannesburg.

Voor Leyds was dat wel een probleem. Met gelijke munt terugbetalen was niet haalbaar. Het ging met tienduizenden ponden tegelijk. 'Ik voor mij geloof niet dat het de Republiek mogelijk zijn zal om zooveel geld ter verdediging te besteden als de vijanden hier doen ter aanval.' Toch moest er iets gebeuren 'om de juiste denkbeelden te verspreiden.' Een persbureau in Parijs, om te beginnen. 'De meest betrouwbare persoon dien ik daarvoor geschikt achtte' was de Franse journalist E. Roels. Voor duizend pond per maand verzorgde hij een knipseldienst – uit tientallen Franse, Duitse, Britse, Portugese en zelfs Russische bladen – en zette hij een actieve pro-Boercampagne op. Het was veel minder geld dan de tegenpartij ter beschikking had. Maar het was voor de goede zaak. Dat was ook wat waard: 'Het is hier een strijd van het geld tegen het recht.'[145]

Recht voor de Boerenzaak. Dat bleef ook als gezant Leyds' grootste drijfveer. Het doel was hetzelfde, maar het leven dat hij eraan wijdde, zag er totaal anders uit. Ceremonieel, geciviliseerd, extravert, met veel meer afwisseling en uiterlijk vertoon. En niet te vergeten, met veel meer beweging. Als reizend gezant was Leyds voortdurend op weg van de ene naar de andere hoofdstad. Tegen het eind van het jaar begon hij de 'vermoeienissen te gevoelen aan het vele reizen en werken verbonden. De afstanden hier in Europa zijn ook groot.'

Maar hij was er nog niet. Hij moest nog naar Lissabon en Sint-Petersburg, om ook daar zijn geloofsbrieven aan te bieden. Eind november 1898 vervoegde hij zich in de Portugese hoofdstad. De ontvangst verliep in drie stappen. Eerst door koning Carlos, toen in een ander paleis door koningin Amélie, en ten slotte door koningin-moeder Maria Pia die verblijf hield in Cascais. De treinreis daarnaartoe zou hem nog lang heugen. Om van het uitzicht te genieten, was hij op het open achterbalkon van de salonwagen gaan zitten. Dat bleek niet zonder risico. Opeens had hij 'de oogen vol kolen-gruis'. Hij ging nog wel op audiëntie – met tranende ogen – maar terug in Lissabon, moest hij 'tweemaal een operatieve behandeling ondergaan om van mijn lading steenkolen verlost te raken'. Verblind door kolengruis tijdens een treinreis, *Land en Volk* zou wel raad hebben geweten met de symboliek.

Sint-Petersburg haalde hij niet. Hij had er al bij voorbaat een hard hoofd in. 'Het moet nu in Rusland ontzettend koud zijn,' berichtte hij op 16 december 1898 aan Pretoria, 'ik zie daardoor erg tegen de reis op, en hoop dat ik er goed doorkom, wat mijne gezondheid betreft'. Voor de zekerheid ging hij nog even langs de dokter. Dat betekende het einde van de reisplannen. De arts verbood hem 'absoluut' naar Sint-Petersburg te gaan. Het waren weer zijn oude klachten. 'Mijn neus en keel eischen... oogenblikkelijke en dagelijksche behandeling.' Hij kreeg op zijn kop dat hij 'niet eerder gekomen was. Maar hoe kon ik dat? Ik zit altijd gejaagd tusschen de wielen en als ik mij ergens ophoud, heb ik ternauwernood tijd tot ademhalen.' Gelukkig had de Russische regering begrip voor de situatie. De tweede secretaris van het gezantschap, jonkheer Van der Hoeven, wiens moeder van hoge Russische adel was, kreeg toestemming om zijn geloofsbrieven te overhandigen aan tsaar Nicolaas II. Eind december 1898 was Leyds ook in Rusland geaccrediteerd als gezant van de Zuid-Afrikaanse Republiek.[146]

Het zinde Chamberlain maar niks. Hij had persoonlijk geen slechte indruk gekregen van Leyds, tijdens hun *Diamond Jubilee*-ontmoetingen in de zomer van 1897. Ook onderminister Lord Selborne was toen goed over hem te spreken. Absoluut aangenaam in de omgang, vond hij, Leyds was slim en zag er goed uit. En zijn 'ontsnappingstrucs', zoals bij de *Naval Review*, die kon Chamberlain wel waarderen. Leyds was in ieder geval geen achterlijke Boer.

Maar dat maakte hem des te gevaarlijker. Daar had ook de Zuid-Afrika-expert van het *Colonial Office*, Fred Graham, zijn minister nadrukkelijk op gewezen. Leyds had de reputatie door en door onbetrouwbaar te zijn, had hij gerapporteerd, hij gold als de gevaarlijkste tegenstander. Dat woog natuurlijk zwaarder dan 's mans persoonlijke charme, vond ook Selborne. '*All British South Africa... are united in believing him to be THE enemy.*' Waar of niet, wat telde was de beeldvorming. Leyds werd alom gezien als de kwade genius van de Boeren, met zijn '*Hollander Policy*'. Dat beeld moest vooral overeind blijven, en het liefst versterkt en uitgebuit.[147]

In het *Colonial Office* en het *Foreign Office* werd de handel en wandel van de nieuwe Transvaalse vertegenwoordiger in Europa dan ook met argusogen gevolgd. Het consigne luidde om Leyds diplomatiek naar vermogen tegen te werken en journalistiek in een kwaad daglicht te stellen. Niet officieel, want dat werkte averechts. Protest aantekenen tegen Leyds' accreditatie, schreef Lord Salisbury aan Chamberlain, zou de Engelse regering in verlegenheid brengen. Het zou vragen oproepen in de Europese hoofdsteden en voor je het wist, dook dan dat vermaledijde idee van arbitrage weer op. Een funest scenario. Dat kon zomaar leiden tot het ter discussie stellen van de Britse suzereiniteit over Transvaal.'[148]

Daar wilde Salisbury noch Chamberlain iets van weten. Het ging juist zo goed met de Engelse koloniale ambities. In de zomer van 1898 kwamen er zowaar besprekingen met Duitsland op gang, over een afbakening van beider invloedssferen in zuidelijk Afrika. Aanleiding waren de financiële problemen waarin Portugal gedurig verkeerde. De Portugezen hadden in Londen aangeklopt voor een lening, met als onderpand de inkomsten uit hun koloniën. Berlijn had daar lucht van gekregen en aangegeven mee te willen praten. De Engelse regering had toegestemd. Beide landen waren in gesprek geraakt – zonder Portugal – en vervolgens overgegaan tot echte onderhandelingen. Het resultaat was een Brits-Duits akkoord, ondertekend op 30 augustus 1898.

De afspraken reikten ver. Een eventuele lening zouden ze samen verstrekken, waarbij de Britten als onderpand de revenuen uit Centraal-Angola en Mozambique ten zuiden van de Zambesi bedongen. Dus met inbegrip van Delagoabaai. De Duitsers zouden de inkomsten uit de rest krijgen. Mocht Portugal het financieel helemaal niet meer kunnen bolwerken, dan werd het Portugese koloniale bezit conform deze scheidslijn onderling verdeeld. Voor Engeland was dit een groot strategisch succes. Wat de afloop ook zou zijn van de Portugese perikelen, Duitsland deed in ieder geval niet meer mee in de dans om Delagoabaai. Dat Portugal uiteindelijk zijn koloniën wist te redden door een lening te plaatsen in Parijs, deed niets af aan de positieve uitkomst voor Engeland. Het risico van een Duits bondgenootschap met Transvaal was in ieder geval van de baan.[149]

Het bleef niet bij deze ene succesvolle manoeuvre. Al heel snel deed zich een nieuwe gelegenheid voor. Dit keer in Noord-Afrika, waar de aloude koloniale rivaliteit tussen Engeland en Frankrijk dreigde uit te lopen op een gewelddadige confrontatie. Zoals de Britse imperialisten de *Union Jack* al zagen wapperen van de Kaap tot Cairo, zo droomde de Franse *parti colonial* van *le tricolore* van de Niger tot de Nijl. Die ambities stonden haaks op elkaar. De lengteas en de breedteas moesten elkaar ooit kruisen. Dat gebeurde in Fashoda, aan de bovenloop van de Nijl in het huidige Zuid-Soedan, in september 1898.

De hoofdrolspelers ter plekke heetten majoor Jean-Baptiste Marchand en Lord Kitchener of Khartoum. Zoals de namen al doen vermoeden, was het een ongelijke strijd. De eerste had er een barre tocht van twee jaar dwars door het Afrikaanse oerwoud op zitten, en beschikte over amper honderd man. De laatste kwam met een zegevierend leger rechtstreeks van de plaats waar hij de geduchte Soedanese Mahdistrijders op de knieën had gedwongen – en waarnaar hij zich voortaan mocht noemen. Het leed geen twijfel wie het ging winnen, als deze strijd zou worden uitgevochten. Zover kwam het niet. De vijandelijkheden bleven beperkt tot het hijsen van de Franse vlag door Marchand, en van de Egyptische vlag door Kitchener, vergezeld van een formeel protest. Daarmee tilde hij het conflict naar het niveau waar het thuishoorde, dat van de internationale machtspolitiek.

In Londen namen Lord Salisbury en vooral Chamberlain de handschoen vol overtuiging op. Hun tegenstander in Parijs was minister van Buitenlandse Zaken Théophile Delcassé. Die was minstens zo overtuigd van de rechtmatigheid van de eigen aanspraken en even gedreven door imperialistisch vuur. Het grote verschil zat 'm in de troefkaarten die beide partijen daadwerkelijk konden en bereid waren uit te spelen. In dat opzicht was het net zo'n ongelijke strijd als in Fashoda zelf. Salisbury en Chamberlain zaten politiek stevig in het zadel, wisten zich diplomatiek in de rug gedekt door het recente akkoord met Duitsland en beschikten ter plekke over een militaire overmacht. Delcassé opereerde in een politieke crisis, ondervond geen steun van zijn Russische bondgenoot en kon niets veranderen aan de militaire krachtsverhoudingen. Weliswaar had Frankrijk een veel groter leger dan Engeland, maar hoe kreeg je die soldaten in Afrika, zolang de *Royal Navy* heerste over de zeeën? Er zat niets anders op dan te passen. Op 3 november 1898 gaf Delcassé de opdracht aan Marchand om de aftocht te blazen.[150]

Britse winst op alle koloniale fronten dus. Chamberlain kon tevreden zijn. Frankrijk de pas afgesneden in Noord-Afrika. Duitse aanspraken afgekocht met Portugees bezit. Internationaal gesproken het rijk alleen in Zuid-Afrika. Nu die Boeren nog. Er lag nog steeds een notitie uit Pretoria van een halfjaar eerder. Gepietepeuter over de suzereiniteit. Ongetwijfeld het werk van Leyds. Daar moest nog iets mee. Zijn ambtenaren hadden hem aangeraden er niet inhoudelijk op te reageren. Zeker niet ingaan op die suggestie van arbitrage. Negeren en gewoon maar iets aanvechtbaars heel stellig herhalen, daar raakten ze altijd van in verwarring. Het was 15 december 1898. Chamberlain begon te dicteren.

Laatste kansen

Atlantische Oceaan, januari 1899

Verzoening. Een plan om de vrede te bewaren. De tegenstellingen tussen Pretoria en Johannesburg overbruggen. Onderhandelen in een geest van wederzijds begrip. Tegemoetkomingen. Het zou niet meevallen, maar het was de moeite waard. Oorlog zou alles kapot maken. Het kwam aan op de juiste personen. En de goede volgorde. Hij had wel een idee.

Het waren geen geringe gedachten die Willem Leyds bezighielden, tijdens de overtocht van Southampton naar Kaapstad. Oorlog of vrede, de toekomst van Zuid-Afrika, het voortbestaan van Transvaal als zelfstandige staat. Hij was op weg naar Pretoria om verslag uit te brengen van zijn bevindingen in Europa. Zijn eerste halfjaar als officieel gezant. Hij had stof tot nadenken genoeg meegekregen, en op zee ordende zich dat als vanzelf. Alles leidde tot één conclusie. Hoe sterk hij zich ook zou maken voor de Boerenzaak, in diplomatieke contacten of in perscampagnes, het echte probleem werd er niet door opgelost. Dat zat 'm in Transvaal zelf, in het conflict met de *Randlords* en de Uitlanders.

Pas als dat uit de wereld zou zijn, was er een serieuze kans om de gunst te winnen van de aandeelhouders van de goudmijnen, de politici en de publieke opinie in de Europese landen die ertoe deden –

Frankrijk, Duitsland en Rusland. Dan konden de Boeren zich in alle opzichten presenteren als de benadeelde partij, in het nauw gedreven door Britse machtswellust. Bleef het interne conflict voortbestaan, dan was de indruk niet weg te nemen dat ook de Boeren blaam trof, dat zij de mijneigenaren afpersten en hun werknemers discrimineerden. Dan bleef het diplomatiek en publicitair vechten tegen de bierkaai.

Op 28 januari 1899 was Leyds terug in Pretoria, bijna veertien jaar lang zijn woonplaats en werkplek. Er was niet heel veel veranderd in het laatste halfjaar, behalve de bezetting van twee sleutelposities. Na zijn benoeming tot gezant was Leyds als staatssecretaris opgevolgd door Frank Reitz, de voormalige president van Oranje Vrijstaat met wie Kruger in 1889 de vriendschapsbanden nauwer had aangehaald. Reitz had nadien ontslag moeten nemen om gezondheidsredenen, maar was inmiddels geheel hersteld en gaarne bereid om zijn politieke loopbaan voort te zetten in Transvaal. De jonge Jan Smuts was de nieuwe staatsprocureur – het begin van een lange, internationaal spraakmakende carrière. Beide mannen waren geboren in de Kaapkolonie en hadden hun juridische opleiding genoten in Engeland. Dat laatste was niet te merken aan hun fanatieke Afrikaner nationalisme. Zonen van het land, verstand van de wereld, zo gedroegen ze zich. Zelfbewuste, ontwikkelde Boeren, met een vanzelfsprekende aanwezigheid die de Hollander Leyds zich in beide functies nooit eigen had gemaakt. Samen met de oude president vormden zij het nieuwe leiderschap in Pretoria, verspreid over drie generaties: Kruger was inmiddels drieënzeventig, Reitz vierenvijftig, Smuts achtentwintig jaar oud.

Leyds' ideeën voor een verzoeningspoging met Johannesburg vielen bij hen alle drie in goede aarde, inclusief de tussenpersoon die hij in gedachten had. Eduard Lippert. Neef van de ongekroonde koning van de Rand, Alfred Beit, voormalig lastpost in spoorweg- en dynamietkwesties, maar na de Jameson Raid en de goede diensten die hij toen in Duitsland had bewezen op vertrouwelijke voet met Leyds. Via Lippert werd het openingsbod eind februari 1899 voorgelegd aan de vertegenwoordigers van de mijnindustrie. De Transvaalse regering was bereid tot concrete concessies inzake drie heikele kwesties: aanpassing van het dynamietmonopolie, verruiming van het kiesrecht voor Uitlanders en de aanstelling van een 'staatsfinancier' die orde op financiële zaken zou stellen. In ruil daarvoor vroeg Pretoria de mijneigenaren de persagitatie tegen de regering stop te zetten en zich te distantiëren van de *South African League*.

Het was een oprechte poging om te komen tot echte onderhandelingen. Met in eerste instantie veelbelovende vooruitzichten. Voor een aantal van de *Randlords* waren de voorstellen interessant genoeg voor serieuze besprekingen – en concrete tegenvoorstellen. Kruger onderstreepte zijn goede bedoelingen met drie verzoenende redevoeringen, in Heidelberg (18 maart), Rustenburg (27 maart) en in Johannesburg zelf (1 april). Was het tot een akkoord gekomen, dan zou hij zijn gelauwerd vanwege deze spectaculaire *Great Deal*. En initiatiefnemer Leyds zou wellicht de geschiedenis zijn ingegaan als 'Willem de Verzoener'.

Maar het mocht niet zo zijn. Oprechtheid werkt alleen van twee kanten. Bij de onderhandelingspartners speelde in ieder geval één persoon dubbelspel. Percy Fitzpatrick behoorde tot de samenzweerders in Johannesburg die voor hun betrokkenheid bij de Jameson Raid waren veroordeeld, eerst tot de doodstraf, vervolgens tot gevangenisstraf, uiteindelijk tot een geldboete. Die strafverminderingen hadden hem niet milder gestemd. Hij koesterde nog steeds een diepe afkeer van het Boerenregime, in het bijzonder van Kruger en Leyds. Dat juist hij door de mijneigenaren naar voren werd geschoven als contactpersoon, gaf te denken. Desondanks kreeg Fitzpatrick het voordeel van de twijfel van de Boerenleiders.

Smuts voerde diverse vertrouwelijke gesprekken met hem, niet wetend dat zijn gesprekspartner er van meet af aan op uit was de onderhandelingen te laten mislukken. In nauw overleg met zijn superieuren in Londen, Beit en Wernher en de Engelse vertegenwoordiger in Pretoria Conyngham Greene – en via hem met hoge commissaris Milner in Kaapstad – zorgde Fitzpatrick eind maart 1899 voor een abrupte ontknoping. Hij liet de geheime onderhandelingsresultaten lekken naar Engelstalige kranten in Johannesburg, Kaapstad en Londen. Met het beoogde effect. Begin april lag alles op straat, en iedereen die zijn nek had uitgestoken trok zich haastig terug op zijn stellingen. De *Great Deal* was van de baan, de kans op een interne oplossing tussen Pretoria en Johannesburg verkeken. Dat werd nog eens geïllustreerd door een petitie die de *South African League* terzelfder tijd opstelde. Het was een rechtstreeks appel, ondertekend door eenentwintigduizend Uitlanders, op koningin Victoria om een eind te maken aan hun achtergestelde positie in Transvaal.[151]

Leyds maakte de definitieve mislukking van zijn initiatief niet meer van nabij mee. Op 24 maart 1899 was hij uit Pretoria vertrokken, om zijn Europese diplomatenleven te hervatten. In Kaapstad had hij nog een oppervlakkige ontmoeting met Milner – beide mannen wisselden beleefdheden uit, geen woord over politiek – en handelde hij nog een laatste klus af. De depêche die Chamberlain op 15 december 1898 had gestuurd over de suzereiniteit, wachtte nog op een repliek. Op verzoek van Kruger en Reitz zou Leyds daarvoor zorgen, hij was tenslotte het best ingevoerd in de materie. In Pretoria was hij er niet aan toegekomen. Pas in Kaapstad kon hij de vereiste concentratie opbrengen. Op 30 maart, letterlijk op de valreep, stuurde hij zijn concepttekst naar Pretoria, alvorens scheep te gaan naar Europa.

Aan boord van de *Carisbrook Castle* werd volop gespeculeerd over de oorlogsdreiging en de vredeskansen. De meeste van zijn Engelse medepassagiers bleken van mening dat een oorlog onafwendbaar was. Die zou nu ook 'de sympathie hebben van het geheele Engelsche volk'. Leyds werd niet vrolijk van al hun verhalen. Twee maanden eerder, op de heenreis over de Atlantische Oceaan, was hij nog hoopvol gestemd. Nu sloegen de golven als sombere voorgevoelens tegen het schip. 'Het is duidelijk dat Engeland zich nu, na het Fachoda-incident en door de coalitie met Duitschland, meester voelt van de geheele aarde.'[152]

Sir Alfred Milner was aangenaam verrast. Vergaande hervormingen in Pretoria, inclusief erkenning van de Britse *paramountcy* in heel Zuid-Afrika, of anders oorlog. Dat was de koers die hij had uitgezet, nu ruim een jaar geleden in zijn Graaff Reinetspeech. Daar hield hij sindsdien geharnast – en steeds ongeduldiger – aan vast. Een verzoening tussen Boeren en *Randlords*, die voorbijging aan de Britse imperiale aanspraken, zou in zijn ogen een ramp zijn geweest. Vandaar dat hij opgetogen was toen Fitzpatrick de *Great Deal* opblies. Voeg daarbij de massaal ondertekende Uitlanderspetitie aan koningin Victoria en het was duidelijk: er lag hier een gouden kans om de publieke opinie in Engeland te mobiliseren – en daarmee Chamberlain tot spoed aan te zetten.

Die kans moest niet opnieuw worden verprutst. Een paar maanden eerder, rond kerst 1898, was dat wel gebeurd. Toen hadden de Uitlanders zich voor het eerst rechtstreeks tot het Britse staatshoofd gericht. Aanleiding was de dood van een Engelse ketelmaker, Tom Edgar. Hij was in zijn eigen huis neergeschoten bij een arrestatiepoging door een Johannesburgse politieman. De autoriteiten hielden het op noodweer. Voor de Engelse gemeenschap stond vast dat het ging om moord, begaan door een van de gehate 'Zarps'. Met hulp van de *South African League* werd een *Edgar Relief Committee* opgericht, en duizenden Uitlanders gingen de straat op om te protesteren. Ze eisten vervolging van de schutter, die inmiddels op borgtocht was vrijgelaten, en in algemene zin meer bescherming tegen politiewillekeur en meer politieke rechten. Zo kwam het ook te staan in de spontaan opgestelde petitie, die enkele dagen later werd aangeboden aan Harer Majesteits vertegenwoordiger in Kaapstad.

Milner zelf was destijds voor overleg in Londen. De reactie van zijn plaatsvervanger, luitenant-generaal Sir William Butler, tevens opperbevelhebber van de Britse troepen in Zuid-Afrika, was verrassend. Butler droeg de Boeren een warm hart toe, dat was bekend, en hij had weinig sympathie voor de Uitlanders. Ook dat was geen geheim. Maar niemand had verwacht dat hij botweg zou weigeren de petitie te accepteren. Dat deed hij wel. Bovendien informeerde hij Chamberlain dat het '*all a prepared business*' was, gefabriceerd door de *South African League*, die hij beschouwde als de '*direct descendants*' van de raiders en de reformers van 1895. Rhodes zat erachter, volgens Butler.

Dat laatste had hij mis. Het was ook toen al Fitzpatrick die – op de achtergrond – de regie voerde. Het was een vergissing die Milner hem allicht vergaf na zijn terugkeer in Kaapstad. Wat hij Butler daarentegen hoogst kwalijk nam was de weigering van de petitie, een ongehoorde handelwijze die Milner typeerde als '*out-Krugering Kruger*'. Hij beschouwde het als een openlijke en niet goed te praten doorkruising van zijn zorgvuldig uitgestippelde beleid. Als het aan hem had gelegen, was Butler meteen ontheven van zijn opperbevel. Met enige vertraging zou dat ook gebeuren. Een halfjaar later werd Butler gedwongen zijn ontslag in te dienen.

Zo lang hoefde Milner niet te wachten op een herkansing om Butlers blunder goed te maken. Eind maart 1899 werd hem de tweede petitie van de Uitlanders in de schoot geworpen. Potentieel explosief materiaal, wist hij op grond van zijn journalistieke ervaring bij *The Pall Mall Gazette*. Als het maar op de juiste manier werd benut, dan kon de kiesrechtkwestie uitgroeien tot een '*stirring battle cry*'. In Engeland zelf, daar moest het gebeuren.

In Zuid-Afrika had Milner de zaken publicitair al aardig voor elkaar. Hij onderhield nauwe betrekkingen met de hoofdredacteur van de *Cape Times*, en wist zich in Transvaal gesteund door twee kranten die het eigendom waren van Wernher, Beit & Co. *The Star* was al jaren de belangrijkste Engelstalige krant van de Rand en daar was in maart nog *The Transvaal Leader* bijgekomen. Beide kranten hadden een werkzaam aandeel gehad in het vertolken en aanjagen van de onvrede onder de Uitlanders, en gingen daar na het vastlopen van de onderhandelingen tussen Pretoria en Johannesburg met hernieuwde energie mee verder. Een belangrijke rol was weggelegd voor de hoofdredacteur van *The Star*, William Monypenny. Hij was speciaal uit *Fleet Street* overgekomen voor het opruiende raffinement, en bediende als correspondent ook het lezerspubliek van *The Times* in het moederland.

In Johannesburg liep zodoende alles naar wens voor Milner. Fitzpatrick en Monypenny waren de perfecte stokebranden om het nationalistische vuurtje telkens weer te laten oplaaien. Nu moest de vonk nog overslaan naar Londen. Dat bleek lastiger. De tweede Uitlanderspetitie trok er volop aandacht en bijval, in regeringskringen en in de publieke opinie, maar de heilige verontwaardiging waarop Milner had gehoopt, bleef uit. Tot zijn ergernis verdween Zuid-Afrika in de loop van april weer van de voorpagina's. Hoe moest hij het dan aanpakken? Chamberlain al te nadrukkelijk opjagen, zo had hij gemerkt, werkte averechts. Hoe zenuwslopend ook, er zat niets anders op dan te wachten op een nieuwe kans.

Een paar weken later was het zover. Chamberlain zelf bood de opening. Voor het *Blue Book* dat hij liet samenstellen over de jongste verwikkelingen in Transvaal had hij nog een pakkend statement nodig van de hoge commissaris. Dat kon hij krijgen. Milner ging er eens goed voor zitten. Hij moest er dan zelf maar '*some vitriol*' aan toevoegen. Het resultaat is bekend geworden als de '*Helot despatch*'. Net als de heloten in het klassieke Sparta, werden duizenden Britse onderdanen door de Boeren in slavernij gehouden, schreef Milner. Hun beroep op de Britse regering was tot nu toe vergeefs geweest. Waar was het wachten op? '*The case for intervention is overwhelming*', stelde hij vast, het bewind in Pretoria kwam met niets anders dan kwaadwillende leugens over de Britse bedoelingen.

Het was een waagstuk, dat realiseerde Milner zich terdege. Voor hetzelfde geld voelde Chamberlain zich onder druk gezet door de scherpe toonzetting. Of stuitte de expliciete oproep tot interventie op weerstand binnen het kabinet. Dit keer hoefde hij minder lang te wachten. Op 9 mei 1899 ontving hij het bevrijdende telegram: '*The despatch is approved. We have adopted your suggestion.*' Geweldig nieuws. Chamberlain was dus om, en Lord Salisbury kennelijk ook. *Whitehall* ging akkoord met directe interventie. Vreedzame interventie vooralsnog, maar van het een kwam het ander. Als het *Blue Book* werd gepubliceerd, zou zijn '*Helot despatch*' de Britse publieke opinie ongetwijfeld wakker schudden.

Spijtig was alleen dat er opeens vredesduiven opdoken. Eerst premier Schreiner en Hofmeyr in de Kaapkolonie en vervolgens president Steyn van Oranje Vrijstaat. Ze drongen aan op een persoonlijke ontmoeting met Kruger. Milner zag er niets in, maar voor het oog van de wereld kon hij moeilijk weigeren. Ook Chamberlain vond het een goed idee. De publicatie van het *Blue Book* werd zolang uitgesteld.

Op 31 mei 1899 vervoegde Milner zich in de door Steyn voorgestelde ontmoetingsplaats, het treinstation van Bloemfontein. Niet om te onderhandelen, maar om een ultimatum te stellen. Onmiddellijk volledig kiesrecht voor alle Uitlanders na vijf jaar, met terugwerkende kracht, en zeven vertegenwoordigers in de (Eerste) Volksraad. Zijn enige angst was eigenlijk dat Kruger, de sluwe oude vos, die eisen zou inwilligen. En na afloop zou gaan marchanderen. Dan kon Milner weer opnieuw beginnen met het opbouwen van de spanning. De Conferentie van Bloemfontein moest maar gewoon mislukken.

Dat lukte. Ook Kruger was niet met hoge verwachtingen naar de hoofdstad van Oranje Vrijstaat gekomen, maar hij hield zich wel aan de regels van het onderhandelingsspel. Concessies en compromissen. Zo toverde hij op de derde dag van de besprekingen een volledig uitgewerkte hervormingswet tevoorschijn. Vijf zetels in de Volksraad voor de goudmijndistricten en toekenning van het kiesrecht aan de Uitlanders binnen een variabele termijn: afhankelijk van hun verblijfsduur in Transvaal binnen twee tot zeven jaar.

In het licht van de demografische verhoudingen was dat geen geringe concessie. Volgens de laatste tellingen, opgenomen in de *Staatsalmanak voor de Zuid-Afrikaansche Republiek* van 1899, beliep het aantal stemgerechtigden – volwassen mannelijke Boeren dus – nog geen 30 000 man. De totale blanke bevolking in Transvaal was inmiddels aangegroeid tot bijna het tienvoudige: 290 000 personen, vrouwen en kinderen inbegrepen. Daarnaast vermeldden de statistieken een gekleurde bevolking van 600 000 personen. Onder de blanke bevolking bedroeg het aandeel van de mannelijke Uitlanders in Johannesburg en directe omgeving alleen al ruim 50 000. Voorzien van kiesrecht dus meer dan voldoende om de politieke verhoudingen binnen Transvaal ingrijpend te veranderen.[153]

Het aanbod van Kruger kwam dicht in de buurt van Milners eisen. Veelbelovend dichtbij, vond Chamberlain, die Milner prompt een felicitatietelegram stuurde. Gevaarlijk dichtbij, vond Milner zelf, die in allerijl tal van bezwaren opperde en Chamberlain waarschuwde dat de conferentie op breken stond. De reactie uit Londen – hou vol, '*Boers do not understand quick decisions*' – bereikte hem te laat. Op 5 juni 1899 brak Milner de besprekingen af. Hij kon zich weer wijden aan zijn oorspronkelijke plan: het aansturen op een directe confrontatie.[154]

Joe Chamberlain bleef nog lang aarzelen. Kruger moest op de knieën, dat was hij met zijn hoge commissaris in Zuid-Afrika eens. Maar als dat lukte met diplomatieke middelen, des te beter. Het hoefde niet per se met wapengeweld. Als de oude Boerenleider zich maar schikte naar de Britse voorwaarden. Gelijkberechtiging voor de Uitlanders, natuurlijk, die kwestie was nu zo hoog opgespeeld dat er zonder gezichtsverlies geen weg terug meer was. Maar het centrale geschilpunt was en bleef de Britse suprematie in Zuid-Afrika. Die moest Kruger erkennen. Hoe dan ook, linksom én rechtsom. Officieel én de facto.

Om die reden was Chamberlain verontrust over het antwoord dat hij uit Pretoria had gekregen op zijn missive van 15 december 1898 over de suzereiniteit. Het was gedagtekend op 9 mei 1899 en kennelijk niet meer opgesteld door Leyds. Die was eind maart al uit Pretoria vertrokken. De passages met juridische haarkloverij droegen nog wel zijn signatuur, maar er stond één zinsnede in die ongewoon recht voor zijn raap was. Die luidde dat het Transvaalse recht op zelfbestuur niet berustte op de Conventie van Londen van 1884, maar simpelweg op zichzelf stond. Zo zelfbewust, ja aanmatigend, had Leyds zich nooit geuit. Milner was er direct over gevallen. Ook Chamberlain vond de aanspraak van de Transvaalse regering op een volwaardige soevereine status volstrekt onaanvaardbaar. In zijn ogen was het een duidelijk bewijs dat '*our position as the paramount power in South Africa*' daadwerkelijk werd bedreigd.[155]

Alle reden om de Boerenrepubliek de diplomatieke duimschroeven aan te draaien. Maar oorlog? Zo ver was Chamberlain nog niet in juni 1899. Milners haast om de besprekingen met Kruger in Bloemfontein af te breken, had hem onaangenaam verrast, net als de hele ambtelijke staf van het *Colonial Office.* Met uitzondering dan van onderminister Lord Selborne, Milners steun en toeverlaat door dik en dun. Bovendien, als het uitdraaide op oorlog, dan was Chamberlain voor de noodzakelijke troepenmacht afhankelijk van het ministerie van Oorlog – en dat was meer dan een formele hindernis. Zijn collega-minister Lord Lansdowne stond aan het hoofd van een vermolmd en hopeloos verdeeld departement, waar de militaire dreiging van de Boeren nauwelijks serieus werd genomen. Voorbereidingen van enige betekenis waren er nog niet getroffen.

Ook buiten de regeringsburelen was de stemming nog niet unaniem oorlogszuchtig. Kranten als *The Times* en de *Morning Post* roerden naar vermogen de trom voor de Uitlanders. Percy Fitzpatricks' strijdbare boek *The Transvaal from Within* – uitgebracht op aanraden van Milner – groeide uit tot de bestseller van het zomerseizoen. Maar er klonken ook tegengeluiden. Publicatie van het *Blue Book*, met daarin de '*Helot despatch*', deed nog niet direct de vlam in de pan slaan. Hier en daar werd juist gereageerd met verbazing en scepsis. Het satirische weekblad *Punch* had een heel ander beeld bij '*such South African helot*': weldoorvoed, aan zijn vest een zware gouden ketting, niet van slavernij maar van rijkdom, chique kleren en een juwelen dasspeld, '*such a man may be many things, but a helot he is not*'.[156]

De oorlogsdreiging leek zelfs even helemaal verdwenen toen Pretoria half juli 1899 bereid bleek tot nog verdere concessies dan Kruger al had gedaan in Bloemfontein. De Volksraad nam een wet aan die voorzag in zes zetels voor de Uitlanders en kiesrecht na zeven jaar, met terugwerkende kracht. Voor Chamberlain was het reden om Milner – opnieuw – te feliciteren. Voor Milner was het aanleiding om zijn minister – opnieuw – te waarschuwen voor alle valstrikken en dubbele bodems in het Boerenvoorstel. Hij had ook een tegenvoorstel. Een gezamenlijke – dat wil zeggen Engels-Transvaalse – onderzoekscommissie, die zich zou moeten buigen over alle aspecten van de kiesrechtkwestie.

Selborne viel hem direct bij. Dat hielp om Chamberlain weer '*back on the old right tack*' te krijgen. Op 28 juli 1899, tijdens de enige zitting die het *House of Commons* dat jaar aan Zuid-Afrika wijdde, was zijn enthousiasme over de jongste hervormingen in Pretoria aanzienlijk bekoeld. Het ging niet over twee jaar korter of langer wachten op kiesrecht, hield hij de parlementsleden voor, het ging niet over de precieze details. Die konden – hij had Milners advies inmiddels opgevolgd – het best worden beoordeeld door een speciale commissie. Het ging over iets veel wezenlijkers. Het ging over '*the power and authority of the British Empire... It is the question of our predominance*'. Dat was duidelijke taal, die zowel de regeringspartijen als de oppositie overtuigde. Tevredengesteld ging het parlement op reces. De kabinetsleden vertrokken naar hun zomerresidenties. Chamberlain verkaste naar zijn landhuis *Highbury* in Birmingham, om zich te wijden aan zijn orchideeën. Het voorstel voor een gezamenlijke onderzoekscommissie werd voorgelegd aan de Transvaalse regering.

Drie weken later, op 19 augustus 1899, was er al een reactie uit Pretoria. Een gezamenlijke commissie werd beschouwd als een aantasting van Transvaals autonomie en derhalve afgewezen. Maar Kruger kwam wel weer met een nieuw, op het oog werkelijk opzienbarend, aanbod. Kiesrecht voor de Uitlanders na vijf jaar, met terugwerkende kracht, en tien zetels voor de Rand in een tot zesendertig leden uit te breiden Volksraad. Dat ging nog verder dan Milners eisen in Bloemfontein. Er stond dan ook wel wat tegenover. In ruil moest de Britse regering alle suzereiniteitsaanspraken opgeven en zich niet meer mengen in interne aangelegenheden.

Het had veel weg van een allerlaatste aanbod, de ultieme concessie – en dat was het ook. Voor de ontvangst in Kaapstad en Londen maakte het geen verschil. Die vertoonde hetzelfde patroon als de vorige keren. Milner deed het aanbod direct af als de zoveelste manoeuvre van de Boerenleider, een ontoereikende concessie die geen recht deed aan de Britse positie '*as the Paramount Power in South Africa*'. Chamberlain had weer een paar dagen meer nodig. In een eerste reactie sprak hij nog van '*a complete climb down*' van Kruger en liet hij Lord Salisbury weten dat de crisis was bezworen. Maar op 24 augustus bleek hij zich, onder de indruk van Milners argumenten, te hebben bedacht. En dit keer radicaal en definitief.

Zijn boodschap aan de premier en aan minister van Oorlog Lord Lansdowne luidde nu heel anders. De Boeren moesten opheldering geven over hun aanbod en hun volstrekt onacceptabele voorwaarden intrekken. Deden ze dat niet binnen een week à tien dagen, dan waren ze kennelijk niet uit op vrede. Dan moest er onmiddellijk een expeditieleger van tienduizend man worden uitgezonden. Twee dagen later gaf hij ook in het openbaar lucht aan zijn ongeduld. Staande op het gazon van *Highbury* hield hij een toespraak waarin hij de Boerenleider de wacht aanzegde. De Transvaalse president stelde onmogelijke voorwaarden en weigerde een deugdelijk onderzoek van zijn hervormingsvoorstellen. Dat kon zo niet doorgaan. '*The sands are running down in the glass.*'[157]

De dreiging was niet mis te verstaan. Maar Kruger gaf niet verder toe. Integendeel, Pretoria trok prompt het laatste aanbod in en liet de mogelijkheid van een gezamenlijke commissie open. Te halfslachtig naar Chamberlains zin. Op zijn verzoek riep Lord Salisbury de kabinetsleden van vakantie terug.

Op 8 september 1899 kwam het kabinet bijeen. Chamberlain presenteerde een memorandum, waarin hij zijn argumenten nog eens samenvatte. De Uitlanders die werden behandeld als '*an inferior race, little better than Kaffirs or Indians*'. De positie van Groot-Brittannië in Zuid-Afrika die op het spel stond, en in het verlengde daarvan het Britse aanzien in haar koloniën en de rest van de wereld. De Transvaalse president had bewezen niet goedschiks te willen ingaan op de gerechtvaardigde verlangens van de Engelse regering. Nu moest het maar kwaadschiks. Dat hoefde nog niet te betekenen, verzekerde Chamberlain enkele aarzelende collega-ministers, dat oorlog onvermijdelijk was. Kruger had de reputatie '*to bluff up to the cannon's mouth and then capitulate*'. Het voorgestelde expeditieleger van tienduizend man zou hem laten zien dat het menens was. Dan zou hij waarschijnlijk alsnog inbinden.

Niet alle ministers stemden in met Chamberlains zienswijze, en zeker niet met zijn hardhandige stijl, maar zijn laatste argument – de eindeloos bluffende Kruger – won het pleit. Het kabinet besloot tot onmiddellijke uitzending van de expeditiemacht. Pas als die in Natal was gearriveerd, naar verwachting begin oktober, zou de Boeren een ultimatum worden gesteld.

Het laatste woord was aan de premier, de respectabele Lord Salisbury. Het was een ernstig woord. Hij dacht niet dat Kruger zou terugkrabbelen. Het werd oorlog, was zijn stellige overtuiging, mogelijk de grootste oorlog voor Engeland sinds de Krimoorlog. En hij betreurde dat, vooral omdat hij de inzet zo minderwaardig achtte: '*all for people whom we despise and for territory which will bring no power to England.*' Maar er was geen andere keus. Het strategische belang van Zuid-Afrika voor het *British Empire* was te groot. Dat was ook zijn mening. Eerder al had hij het al heel pregnant uitgedrukt tegenover zijn schoonzoon, onderminister van Koloniën, Lord Selborne: '*The real point to be made good to South Africa is that we, not the Dutch, are Boss.*'[158]

Paul Krugers besluit stond vast: geen concessies meer. Chamberlain wilde oorlog. Dat bleek zonneklaar uit zijn onheilstoespraak van 26 augustus. Het stond ook met zoveel woorden in zijn missive van twee dagen later. Maandenlang had de Boerenleider alle mogelijke moeite gedaan om tegemoet te komen aan de Engelse eisen. Dit was het resultaat. Kruger geloofde er niet meer in. '*It is our country you want*', had hij Milner toegebeten, op de laatste dag van hun besprekingen in Bloemfontein begin juni. Het was nu drie maanden later, 2 september 1899, en hij had gelijk gekregen. Sterker nog, het was niet alleen Milner, ook 'Camberlen' wilde Transvaal inlijven bij het Britse rijk. Daarvan was hij nu wel overtuigd. De geestverwante Boeren in de Kaapkolonie en in Oranje Vrijstaat mochten nog zo aandringen op verdere onderhandelingen, hij zag er geen heil meer in. Hij had lang genoeg naar hen geluisterd. Schreiner en Hofmeyr, Steyn en zijn rechterhand Fischer, en natuurlijk zijn eigen staatssecretaris en staatsprocureur, Reitz en Smuts – ze hadden hem allemaal goedbedoelde adviezen gegeven, maar kijk eens waar die hem gebracht hadden.

Dat was al begonnen met de *Great Deal*, begin april. Natuurlijk, die was gesaboteerd door de kapitalisten, maar het was ook wel wat naïef geweest om zo'n vertrouwen te stellen in die Fitzpatrick. Ook de beantwoording van Chamberlains suzereiniteitsbrief, begin mei, was ondoordacht aangepakt. Leyds had nog een concepttekst opgesteld, in zijn gebruikelijke voorzichtige stijl, maar Reitz – of Smuts, dat was hem niet helemaal duidelijk – had er die passage aan toegevoegd over het inherente recht van Transvaal als volkenrechtelijk onafhankelijke staat. Dat was helemaal verkeerd gevallen bij Milner en Chamberlain, en Reitz was gedwongen zich in het vervolg van de correspondentie weer terug te trekken op een bescheidener stelling.

Om maar niet te spreken van alle frustrerende kiesrechtconcessies die ze Kruger hadden aangepraat – waarmee hij het eigenlijk helemaal niet eens was geweest. Eerst zijn voorstel aan Milner tijdens de Conferentie van Bloemfontein begin juni. Toen de door de Volksraad aangenomen hervormingswet half juli. Ten slotte het ultieme aanbod van 19 augustus, dat Milners eisenpakket zelfs nog overtrof. Met als resultaat? Dreigementen van Chamberlain. Hoe dieper hij boog, hoe hoger de Britten hun eisen opschroefden. Wat kon Kruger verder nog doen? Jonge Boeren popelden om de Engelsen de zee in te jagen. Bevriende regeringen maanden tot voorzichtigheid. Het was tijd voor een beslissing. Oorlog zou het worden.

In de Rand was die conclusie al eerder getrokken. In het eerste halfjaar van 1899 produceerden de goudmijnen nog recordopbrengsten, maar in de Zuid-Afrikaanse wintermaanden voltrok zich een omgekeerde *gold rush* in Johannesburg en omgeving. In augustus kwam een ware exodus op gang. Tienduizenden zwarte mijnwerkers werden naar huis gestuurd. Nog veel meer blanke Uitlanders zochten zelf een goed heenkomen. In september was het pure paniek. Een wilde uittocht van mijnwerkers, ambachtslieden, winkeliers, barkeepers, prostituees. Wie maar een plaatsje kon bemachtigen in een treinwagon, ossenkar of rijtuig naar de Kaapkolonie of Natal, vertrok. Eind september waren de meeste goudmijnen gesloten. Johannesburg was herschapen in een rustige provincieplaats.[159]

In Pretoria stond ook iedereen klaar om te vertrekken – naar het front. Reitz en Smuts waren het eens met Kruger. Oorlog was onvermijdelijk. Zeker na de zitting van het Britse kabinet op 8 september 1899, waarin werd besloten tot het uitzenden van een expeditiemacht. Ze hadden nog een maand voordat die troepen in Zuid-Afrika zouden arriveren. Die tijd moest worden benut. Smuts stelde in vliegende haast een plan op. Een verrassingsaanval, dat was zijns inziens het beste. De Boeren waren nu nog numeriek ver in de meerderheid. Als ze zo snel mogelijk massaal Natal zouden binnenvallen, konden ze moeiteloos doorstoten naar Durban en de daar aanwezige artillerie en krijgsvoorraden buitmaken. De Engelsen waren dan hun dichtstbijzijnde bevoorradingshaven kwijt. Grote kans dat vervolgens ook de Afrikaners in de Kaapkolonie in opstand zouden komen. Met een derde Boerenrepubliek tegenover zich zouden de Britten het heel zwaar krijgen. En Frankrijk, Rusland en Duitsland zouden waarschijnlijk niet aarzelen om daarvan te profiteren.[160]

Het klonk niet onlogisch, maar Smuts zou de kans niet krijgen om de proef op de som te nemen. Oranje Vrijstaat, beter gezegd president Steyn, was nog niet zo ver. Hij zag nog steeds mogelijkheden voor een vreedzame oplossing en bleef allerlei suggesties aandragen. Kruger ging daar alleen plichtmatig op in. Tijdverspilling, vond hij, maar hij wilde ook weer niet het bondgenootschap op het spel zetten door op eigen houtje in de aanval te gaan. Zodoende was het wekenlang wachten op Bloemfontein.

Dat was niets voor de heetgebakerde Smuts. Om toch alvast iets zinvols te doen, zette hij zich met hulp van zijn geestverwant Jacob de Villiers Roos aan het schrijven van een historisch strijdschrift. *Een eeuw van onrecht* was een vlammend protest tegen 'onze honderdjarige verdrukking en vervolging'. Het was bedoeld om alle Afrikaners in Zuid-Afrika, in de twee Boerenrepublieken zowel als in de twee Britse koloniën, op te zetten tegen 'een onrechtvaardig en gehaat gouvernement, 7000 mijlen van hier'. De rolverdeling in het pamflet was overzichtelijk. De Boeren waren de helden, de Britten de schurken. Het taalgebruik was gezwollen, de toonzetting overspannen – ook naar negentiende-eeuwse begrippen.

De Britten heetten van meet af aan vervuld te zijn van 'huichelachtigen annexatie- en rooversgeest'. Ze koesterden 'een misselijke liefde voor den naturel', die in werkelijkheid neerkwam op 'haat en minachting voor den Boer'. Sinds de ontdekking van 'de minerale rijkdommen van de Zuid-Afrikaansche Republiek' combineerden zij 'de oude welbekende politiek van bedrog met de nieuwe krachten van het kapitalisme' en trokken zij een 'cordon van roofdieren en roofvogels' op 'rondom ons arm gedoemd volkje'.

Ondanks 'al de opofferingen en rondzwervingen van ons diepgeteisterd volk' hadden de Boeren daartegenover 'eene waardigheid' opgebracht 'die de wereld herinnert aan eene nog smartvoller en grootscher lijdensgeschiedenis'. Ze hadden hun 'martelaarskruistocht' voortgezet, 'totdat elk deel van Zuid-Afrika rood geverfd' was 'met het bloed, niet zoozeer van weerbare mannen, als van vermoorde vrouwen en kinderen'. Daarbij waren ze blijven vertrouwen op 'de Gerechtigheid', die voort werkte 'volgens eeuwige wetten... onaangeroerd door menschelijken hoogmoed en wispelturigheid'.

Het slothoofdstuk leek een directe repliek op de '*Helot despatch*'. Milner was van Oxford, Smuts van Cambridge en minstens zo goed thuis in de klassieken. Hij kwam met een andere vergelijking. Engeland, dat 'uit alle hoeken van den aardbodem' troepen aanvoerde 'om dit handje vol volks te verpletteren', was als de Perzische koning Xerxes, 'met zijne millioenen tegen het kleine Griekenland optrekkende'. En de Boeren waren in die vergelijking natuurlijk de Spartanen, 'Leonidas en zijn 300 mannen, die te Thermopylae Xerxes en zijne trawanten onversaagd tegemoet traden'. Hoe de strijd ook zou aflopen, 'hetzij wij overwinnen, hetzij wij sterven: de Vrijheid zal in Zuid-Afrika rijzen als de zon uit de morgenwolken, als de Vrijheid rees in de Vereenigde Staten van Noord-Amerika. Dan zal het zijn van Zambezie tot aan Simonsbaai: "Afrika voor den Afrikaner."'[161]

Op 28 september 1899 was Kruger het wachten moe. Een paar dagen eerder had hij gehoord dat de Britse expeditiemacht zou worden gevolgd door een heel legerkorps. Transvaal mobiliseerde. Op 2 oktober volgde Oranje Vrijstaat. Ook Steyn zag geen andere uitweg meer.

Willem Leyds had het er moeilijk mee. Hij deed wat hij kon voor de Boerenzaak, maar hij zat ver weg. Diplomatie en publiciteit, dat was nu zijn rol, beleid maakte hij niet meer. Hij reisde heen en weer tussen Brussel en Den Haag, Parijs en Amsterdam, een enkele keer naar Berlijn. Het was nuttig, hij kreeg ook het nodige voor elkaar, maar toch. 'Ik wilde, dat ik te Pretoria zat,' schreef hij half augustus 1899 tot twee keer toe aan vertrouwelingen in Transvaal, 'ik meen bescheiden, dat ik er van eenig nut zou kunnen zijn'. De regering vroeg hem geregeld om raad, zijn telegraafrekening liep flink op, maar 'mondeling kan men den menschen heel wat meer zeggen dan per kabel op een afstand'.[162]

En dan niet alleen om hun een hart onder de riem te steken. Leyds had ook de nodige kritiek op zijn opvolgers in Pretoria. Hij miste een vaste, evenwichtige koers. Nu eens was hun opstelling te overmoedig, dan weer te nederig. Het duidelijkste voorbeeld was het antwoord op Chamberlains suzereiniteitsbrief. Daar had hij nog zo zijn best op gedaan. Allemaal voor niets door de onbezonnen zinsnede die ze zelf hadden ingevoegd. Daar wist Chamberlain wel raad mee. Die bleef daarop terugkomen. Ook de toon van de diverse kiesrechtvoorstellen vond Leyds niet altijd gelukkig getroffen. Die luisterde nauw, die moesten niet klinken alsof ze waren afgedwongen met het mes op de keel. Daar hielden de Engelsen niet van. De koersveranderingen in Pretoria maakten zijn taak als gezant ook lastiger. Hij werd niet altijd bijtijds geïnformeerd over nieuwe ontwikkelingen, en de helderheid van zijn instructies liet te wensen over.

Maar goed, het was natuurlijk zeer de vraag of zijn aanwezigheid in Pretoria werkelijk iets had uitgemaakt, nu Milner en Chamberlain zo overduidelijk uit waren op oorlog. En Beit niet te vergeten. Want daar had Leyds in zijn Europese uitkijkpost wel scherp zicht op. 'Alle financiëele groepen in Zuid-Afrika geïnteresseerd' liepen aan de leiband van Wernher, Beit & Co., stelde hij vast. Hun financiële kracht was zo groot 'dat de anderen er niet tegen op kunnen, en uit vrees van geboycot te worden, doen zij eenvoudig allen wat Beit wenscht (Wernher houdt zich meer kalm) en Beit op zijn beurt wordt geïnstrueerd door Chamberlain'.[163]

Zo bekeken, kon hij zich waarschijnlijk in Europa toch verdienstelijker maken dan in Transvaal. Enerzijds door de regering in Pretoria op de hoogte te houden van de stemming in de Europese hoofdsteden, zowel in de regeringscentra en de financiële kringen als in de publieke opinie. Anderzijds door Transvaal te vertegenwoordigen als belangenbehartiger en propagandist.

In die laatste hoedanigheid pakte hij de draad weer op van de pro-Boer-campagne die hij in 1898 had opgezet. Het was hoognodig. Na een bezoek aan Parijs eind april 1899 constateerde hij: 'Een groote pers-agitatie begint weer tegen de Republiek.' Het was zaak voortdurend alert te blijven om alle halve waarheden en hele verdachtmakingen te ontkrachten. Ook persoonlijk bleef hij niet buiten schot. Zo kwam *The Financial Times* met het verhaal dat Leyds zich als staatssecretaris zou hebben verrijkt met illegale goudhandel. Een slag in de lucht, maar lastig te pareren. Dat soort beschuldigingen was eenvoudiger te weerspreken dan uit de wereld te helpen.[164]

Speelde zodoende een deel van zijn werk zich af in de publiciteit, het merendeel voltrok zich in vertrouwelijkheid. Leyds' diplomatieke activiteiten varieerden nogal. Van mee helpen zoeken naar een geschikte staatsfinancier en bemoeienis met de Transvaalse inzending naar de Parijse wereldtentoonstelling van 1900 tot – heel delicaat – bemiddeling bij het loskrijgen van een in Lourenço Marques geblokkeerd munitietransport.

Het ging om een partij van tweehonderd Mausers en meer dan drieënhalf miljoen patronen, afkomstig van de *Deutsche Waffen- und Munitionsfabriken* met bestemming Pretoria. Er waren de afgelopen jaren al heel wat wapentransporten gepasseerd via Mozambique, maar nu opeens deden de Portugese autoriteiten moeilijk. Onder druk van Engeland, was de stellige overtuiging van de Transvaalse regering. Half augustus 1899 kreeg Leyds de opdracht spoorslags naar Lissabon af te reizen om de Portugezen op zijn beurt onder druk te zetten. Met daarbij het advies om de Duitse regering in te lichten. Het ging immers om Duitse goederen, vervoerd op een Duits schip – de *Reichstag*. Het advies nam Leyds over, de opdracht interpreteerde hij vrij. Hij vertrok niet naar Lissabon, maar overhandigde de Portugese gezant in Brussel een protestnota en concentreerde zich verder op indirecte beïnvloeding. Niet alleen met behulp van Berlijn, maar ook van Parijs. Uit Frankrijk zou namelijk binnenkort ook wapentuig via dezelfde route worden verscheept. Twee grote Creusotkanonnen, weliswaar verpakt als 'machinerie', maar de Fransen konden beter alvast op de hoogte zijn – en hun invloed bij Portugal aanwenden. De dubbele pressie werkte. Eind augustus werd de zending geweren en munitie door de havenautoriteiten in Lourenço Marques vrijgegeven.[165]

Met dank aan Duitsland en Frankrijk. Daarover moest Pretoria zich overigens geen verdere illusies maken, liet Leyds bij herhaling weten. Het ging in dit geval puur om eigenbelang. Als het er echt op aankwam viel van beide mogendheden geen steun te verwachten tegen Engeland. Zijn telegrammen spraken duidelijke taal. Op 3 augustus 1899 berichtte hij: 'in geval van oorlog zullen Duitschland en Frankrijk ons vriendelijk gezind zijn en zulks misschien toonen maar geen werkelijke hulp geven.' Op 25 september luidde zijn boodschap: 'Duitschland zal niets doen. Frankrijk zal gaarne Engeland moeilijkheden aandoen, maar op Frankrijk valt niet te rekenen. Het is wisselvallig. Wel is er volgens algemeene opinie kans dat Rusland zal optreden in Azië.'[166]

En dus juist evenzeer voordeel zou kunnen zien in een oorlog tussen Groot-Brittannië en Transvaal. Een principiële houding viel van tsaar Nicolaas II in ieder geval ook niet te verwachten. Onder Britse druk had hij Transvaal en Oranje Vrijstaat uitnodigingen onthouden voor de Vredesconferentie die van half mei tot eind juli 1899 in Den Haag plaatsvond. Al die tijd vertoonde Leyds zich maar liever niet in de residentie. 'Ik ben er in een scheeve positie.'[167]

Wel deed het hem goed dat deze uitsluiting van de Boerenrepublieken in Nederland op felle protesten stuitte, zowel in de pers als in het parlement. Dat was op zich hartverwarmend, zij het dat de kritiek hier te lande zich ten onrechte vooral richtte op minister van Buitenlandse Zaken Willem de Beaufort. De antirevolutionaire voorman Abraham Kuyper stelde de bewindsman zelfs persoonlijk verantwoordelijk voor het weren van 'de twee Hollandsche Gemeenebesten'. Hij verweet hem 'onvergeeflijke zwakheid'. Leyds wist beter. Het was allemaal al tevoren beslist, De Beaufort had alleen maar kunnen kiezen of delen. Wel of geen conferentie. In Den Haag of ergens anders.

Leyds wist ook dat alle ophef in Nederland internationaal niets te betekenen had en zeker in Engeland geen enkele indruk maakte. De Nederlandsche Vrouwenbond had tsaar Nicolaas II in het voorjaar een adres aangeboden ter ondersteuning van zijn vredesinitiatief, voorzien van 200 000 handtekeningen. De Nederlandsch-Zuid-Afrikaansche Vereeniging (NZAV) verzamelde in augustus 140 000 steunbetuigingen voor het manifest *Aan het Volk van Groot-Brittannië*, een hartstochtelijk pleidooi voor de Boerenzaak. Het werd allemaal beleefd in ontvangst genomen, maar handtekeningen legden in deze fase geen gewicht meer in de schaal. Het waren sympathieke initiatieven maar irrelevant.[168]

Die conclusie had Leyds enkele maanden eerder al getrokken, naar aanleiding van een handtekeningenactie in Transvaal die het in zich had er wél toe te doen. De petitie waarin 21 000 Uitlanders eind maart 1899 een beroep hadden gedaan op koningin Victoria, werd twee maanden later gevolgd door een petitie van 23 000 – overduidelijk andere – Uitlanders. Zij bleken er een tegengestelde mening op na te houden. Hun tekst vermeldde expliciet '*that we disagree with the sentiments and opinions expressed in the memorial* [de eerste petitie aan koningin Victoria] *because we know that life and property are as safe and secure in the S.A. Republic, as in any part of the civilized world.*' Deze Uitlanders waren juist heel tevreden met de Transvaalse regering. Dat was een heel ander geluid dan van de *South African League*. Een duidelijk bewijs dat de bonte immigrantengemeenschap in de Rand bepaald niet unaniem gekant was tegen het Krugerbewind.

De regering in Pretoria had niet geaarzeld om ook deze petitie onder de aandacht te brengen van de Britse regering, en afschriften te sturen naar Berlijn, Parijs, Den Haag en Washington. Maar vervolgens – misschien nog wel verrassender dan de petitie zelf – was er helemaal niets gebeurd. Totaal geen reactie, terwijl het eerdere beroep op koningin Victoria nog lang nasmeulde in de Britse pers. Sindsdien was het Leyds duidelijk. De tijd van handtekeningenacties was voorbij. Het kwam alleen nog maar aan op machtspolitiek.[169]

Die opvatting kwam ook tot uiting in een opmerkelijke correspondentie die Leyds van half juli tot eind september 1899 voerde. Het begon met een brief van zijn oude leermeester en vriend Moltzer. Lid van de Raad van State en nog steeds zeer begaan met het lot van de Boeren. Kon de Nederlandse regering wellicht nog iets doen om een gewelddadige confrontatie met Engeland te voorkomen? Zo ja, dan zou hij het direct opnemen met eerste minister Pierson, Leyds welbekend.

Leyds wist wel wat. Hij gaf zijn suggestie prompt door, maar die viel niet in goede aarde bij zijn andere voormalige leermeester. Een dringend beroep van koningin Wilhelmina – 'een jong meisje, aan het begin van haar loopbaan' – op koningin Victoria – 'een oude vrouw, aan het einde van haar leven'- vond Pierson te riskant. Hij wilde 'de Koningin niet aan een echec blootstellen'. Ook maakte hij meteen, mede namens minister van Buitenlandse Zaken De Beaufort, duidelijk dat van 'de Nederlandsche Regeering als Regeering' niets te verwachten viel. Net als alle andere mogendheden was Nederland daarvoor te afhankelijk van het machtige Engeland, eens te meer vanwege het kwetsbare Indië.[170]

Het had meteen het einde van de correspondentie kunnen zijn, ware het niet dat Pierson aanbood om als privépersoon in actie te komen. Hij was goed bevriend met George Goschen, als *First Lord of the Admiralty* lid van de regering Salisbury. Een persoonlijke brief zou wellicht helpen om de meningsvorming van het Engelse kabinet als het ware van binnenuit te beïnvloeden. De Nederlandse premier had de Engelsen en hun gevoel voor redelijkheid hoog zitten. Hij stond zelfs bekend als 'Anglomaan en hij erkent zelf dit te zijn'. Hij maakte geen geheim van zijn opvatting dat Transvaal al veel eerder 'een vrijzinnige politiek had moeten volgen' en een begin had moeten maken met 'het toelaten van het Engelsch op gelijken voet als het Hollandsch'. Als Leyds het een goed idee vond, wilde Pierson wel een poging wagen bij Goschen.

Leyds zag er niets in, maar toonde zich beleefdheidshalve dankbaar voor het aanbod. Wat volgde was een tamelijk schizofrene briefwisseling tussen beide mannen. Aan de ene kant Pierson die Leyds informeerde over steeds hoopgevender contacten met Goschen. Op grond daarvan had Pierson de overtuiging 'dat er een krachtige vredespartij is in het Britsche Kabinet.' Aan de andere kant Leyds die de academische mores in ere hield met de aanhef 'Hooggeachte leermeester', om vervolgens onacademisch direct duidelijk te maken hoe hij over Piersons optimisme dacht. Op 22 augustus 1899 was hij al zover dat hij onverbloemd schreef: 'Gij hebt nog hoop op de mogelijkheid om Goschen te winnen. Ik niet.' Desondanks ging Pierson door met schrijven, zowel aan Goschen als aan Leyds. Nog op 26 september herhaalde hij zijn geloof in 'een vredelievende strooming in het Britsche Kabinet'. Het begrijpelijke wantrouwen van Transvaal jegens Engeland moest concessies niet in de weg staan, betoogde hij. Zo kon tweetaligheid in de praktijk best werken, kijk maar naar het Belgische parlement.[171]

Het was aan dovemansoren gericht. Vijftien jaar eerder had Pierson een aarzelende jonge jurist nog richting Transvaal weten te praten, de mogelijkheden beklemtoond die in Pretoria voor hem openlagen als staatsprocureur. Nu probeerde hij een sceptische staatsman concessies aan te praten, de kansen breed uit te meten die er in Londen nog lagen voor vrede. Tevergeefs. Leyds geloofde niet meer in vrede. En in het Engelse kabinet had hij geen vertrouwen meer. Het kon nu maar beter beginnen.

Zo uitte hij zich ook tegenover Pretoria. Op 6 oktober schreef hij Reitz ronduit: 'Geheel Europa verwondert er zich over dat de burgers, na kennisgeving aan Engeland of liever na een vraag om hun troepen terug te trekken, niet den oorlog beginnen. Iedereen vindt het een zelfmoord, dat wachten tot een groot Engelsch leger in Natal zal zijn.' Op 9 oktober herhaalde hij die verwondering. Een dag later, op de vierenzeventigste verjaardag van Paul Kruger, de man die hem had gewonnen voor de goede zaak, ontving Leyds het langverwachte telegram. De Boeren hadden hun ultimatum gesteld. Morgen zou het oorlog zijn.[172]

HET OORLOGSGEBIED
oktober 1899 - juni 1900
RHODESIË
BECHUANALAND
(Brits Protectoraat)
Limpopo (Krokodilrivier)
ZUID-AFRIKAANSE
REPUBLIEK
(TRANSVAAL)
MOZAMBIQUE
Pietersburg
Derdepoort
Lydenburg
Komati
Poort
Ressano
Garcia
Machadodorp
Waterval
Onder
Delagoa Baai
PRETORIA
Witbank
Mafeking
Rustenburg
Kaap
Muiden
Middelburg
Bergendal
Lourenço
Marques
JOHANNESBURG
Ermelo
Potchefstroom
SWAZI
LAND
TONGA
LAND
Klerksdorp
Vaal
Roodewal
Heilbron
Volksrust
Kroonstad
Holkrans
ORANJE
VRIJSTAAT
Bethlehem
Dundee
ZOE-
LOE
LAND
KIMBERLEY
Winburg
Harrismith
Ladysmith
Modder
Magersfontein
Paardeberg
Colenso
Tugela
BLOEMFONTEIN
NATAL
Caledon
BASUTO-
LAND
PIETER MARITZBURG
Hopetown
DURBAN
Oranje
Bethulie
Aliwal-North
De Aar
Colesberg
Stormberg
Queenstown
KAAPKOLONIE
EAST-LONDON
INDISCHE OCEAAN
PORT
ELISABETH
0
200 km
POSITIES
oktober 1899 - februari 1900
Boeren
Britten
De door de Boeren belegerde plaatsen
Ladysmith, Kimberley en Mafeking

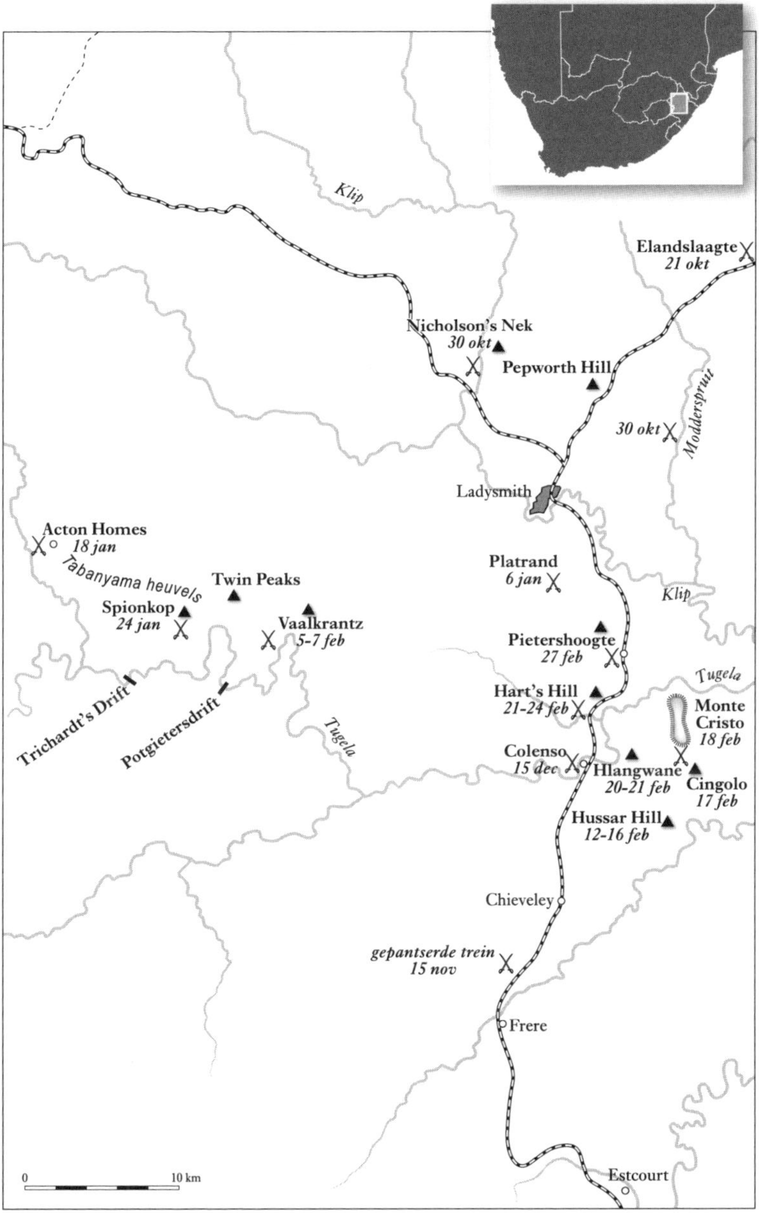

Klip
Elandslaagte
21 okt
Nicholson's Nek
30 okt
Pepworth Hill
30 okt
Modderspruit
Ladysmith
Acton Homes
18 jan
Tabanyama heuvels
Twin Peaks
Spionkop
24 jan
Vaalkrantz
5-7 feb
Platrand
6 jan
Klip
Pietershoogte
27 feb
Tugela
Trichardt's Drift
Potgietersdrift
Tugela
Hart's Hill
21-24 feb
Monte
Cristo
18 feb
Colenso
15 dec
Hlangwane
20-21 feb
Cingolo
17 feb
Hussar Hill
12-16 feb
Chieveley
gepantserde trein
15 nov
Frere
0
10 km
Estcourt

Deel II

Als een jongensboek

oktober 1899 – juni 1900

Winston Churchill

Rule, Britannia!

Southampton, 14 oktober 1899

Er waren mensen, in hoge legerkringen tamelijk veel zelfs, die Winston Churchill maar een publiciteitsbeluste medaillejager vonden, met zijn lispelende wisecracks, zijn bravourestukjes in de krant en zijn extravagante Amerikaanse moeder die al haar societyvriendjes inzette om hem aan de ene na de andere eervolle aanstelling te helpen. Churchill zelf zag dat anders. Hij was, naar zijn diepste overtuiging, voorbestemd tot het hogere, in ieder geval het bijzondere, en hij had haast. Zijn vader, Lord Randolph, was jong gestorven, en ook zelf had hij, dacht hij, niet lang te leven. Om te bereiken wat voor hem was weggelegd moest hij zo snel mogelijk opvallen, zich onderscheiden, beroemd worden, en de politieke carrière vervolmaken die zijn vader zo tragisch had moeten afbreken.

Dat was de reden dat hij, nog geen vijfentwintig jaar oud, al de halve wereld had afgereisd op zoek naar actie. Hoe riskanter hoe beter. Hij had onder vuur gelegen van Cubaanse guerrillero's, was aan de noordwestelijke grens van Brits-Indië ternauwernood ontsnapt aan de zwaarden van de Pathanen, en had tijdens de slag bij Omdurman in Soedan de sensatie meebeleefd van een cavaleriecharge tegen een overmacht aan Mahdistrijders. Nog geen schrammetje had hij eraan overgehouden. Wel de nodige bekendheid als schrijver, want hij had zijn militaire functie – tweede luitenant in het 4e Regiment Huzaren – steeds gecombineerd met freelance opdrachten als oorlogscorrespondent, voor bladen als de *Daily Graphic*, de *Daily Telegraph* en de *Morning Post*. Ook had hij zijn oorlogservaringen in Brits-Indië bewerkt tot een boek, *The Story of the Malakand Field Forc*e, dat goed had verkocht. Twee volgende boeken, *The River War* over de campagne in Soedan en de roman *Savrola*, stonden op het punt te verschijnen.

Tijd om het leger te verlaten, besloot hij in mei 1899, en zijn vlotte pen en persoonlijke charisma te benutten voor een lancering in de politiek. Hij kreeg een kans als een van de twee conservatieve kandidaten bij een tussentijdse verkiezing voor het Lagerhuis in het textielindustriestadje Oldham, in de buurt van Manchester. Maar beide conservatieven legden het af tegen hun liberale tegenstanders. Churchill ging op zoek naar een alternatief dat zijn naamsbekendheid en zijn financiële bewegingsvrijheid verder zou vergroten.

Al snel diende zich een mogelijkheid aan. Het werd oorlog in Zuid-Afrika, dat was in september wel duidelijk, en elke zichzelf respecterende Engelse krant wilde een eigen verslaggever ter plekke. Churchill kon kiezen uit de aanbiedingen. De *Morning Post* was zelfs bereid hem in ieder geval vier maanden lang het voor een oorlogscorrespondent vorstelijke honorarium van tweehonderdvijftig pond per maand te betalen, plus vergoeding van alle onkosten én – heel belangrijk als hij zijn artikelen weer wilde uitwerken tot een boek – behoud van copyright. Er was wel een liefde in zijn leven, maar hij miste het amoureuze fanatisme van zijn moeder, en de keus tussen Pamela Plowden en het nieuwe avontuur in Zuid-Afrika was snel gemaakt. Op zaterdag 14 oktober 1899 stond hij op de kade van Southampton, klaar om zich in te schepen aan boord van de *Dunottar Castle*.[1]

Een ambitieuze reporter had zich geen betere start kunnen wensen. Churchill was in Southampton ooggetuige van een van die klassieke openingsscènes in de rijke martiale geschiedenis van het Britse wereldrijk. De bevelhebber kiest zee, de expeditiemacht zet koers naar het slagveld aan de andere kant van de aardbol. De roemruchte generaal omringd door zijn stafofficieren, de uniformen omstuwd door een enthousiaste menigte. Half Southampton was uitgelopen, durfals op de daken van de treinwagons, waaghalzen tot in de havenkranen. Nieuw op de kade – en later aan boord – was de filmploeg van de *American Mutoscope and Biograph Company*. Churchill had hetzelfde lumineuze idee gehad, maar zijn beoogde zakenpartner had het laten afweten. Hij zou het alleen van zijn pen moeten hebben. Gelukkig was die vaardig genoeg – en filmbeelden kon je toch niet telegraferen.

Het inladen van de *Dunottar Castle* ging de hele dag door. Militairen, burgerpassagiers en journalisten, met al hun overvloedige bagage. Bergen koffers, stapels kisten, een imponerende verzameling wapens, paarden, polosticks, fietsen. Om vier uur precies arriveerde de speciale trein van de bevelhebber. Op de kade ging gejuich op. Daar was hij, de man die de Boeren een lesje ging leren. Generaal Sir Redvers Buller VC. Niet in uniform, maar met zijn rijzige gestalte in lange zwarte jas, grijze Bismarck-snor en grimmige kaken vertrouwenwekkend genoeg. Op de loopplank sprak hij afgemeten enkele afscheidswoorden. De menigte hief spontaan de vaste vaderlandslievende klassiekers aan. '*Rule, Britannia!*' en '*God Save the Queen*', met tussendoor '*For He's a Jolly Good Fellow*' en kreten als '*Give it to the Boers!*' en '*Remember Majuba!*'.

Het is de vraag of Buller aan dat laatste wel zo graag werd herinnerd. Hij was er bij geweest, bij die smadelijke Engelse nederlaag op de Majuba, in februari 1881, en hij had er een heilig ontzag aan overgehouden voor de militaire kracht van de Boerencommando's. Hij geloofde niet in de *walk-over* die menigeen voorspelde en stoorde zich aan het stoere '*Home for Christmas!*' dat thuisblijvers en opvarenden elkaar toeschreeuwden.[2]

Buller kende Zuid-Afrika maar al te goed. Hij had er behalve tegen de Boeren ook gevochten tegen de Xhosa en de Zoeloes – met aanzienlijk eervoller resultaat. In de slag bij Hlobane in Zoeloeland, in 1879, had hij zijn *Victoria Cross* (VC) verdiend, de hoogste onderscheiding die het Britse leger kende. Daarnaast had hij expedities meegemaakt in West-Afrika, Egypte en China. Buller had dus zijn sporen verdiend op het slagveld, al was dat inmiddels geruime tijd geleden. Sinds 1886 was hij niet meer actief geweest buiten Groot-Brittannië. Halverwege de jaren negentig kwam hij in aanmerking voor de positie van opperbevelhebber, maar hij werd gepasseerd en kreeg als troost het commando over Aldershot, de thuisbasis van het 1e (en enige) Britse legerkorps. Aan die functie en aan zijn eerdere ervaring op het oorlogsterrein dankte hij nu, inmiddels bijna zestig jaar oud, zijn benoeming tot bevelhebber van alle troepen in Zuid-Afrika – als opvolger van de in augustus op aandrang van hoge commissaris Sir Alfred Milner tot ontslag gedwongen luitenant-generaal Sir William Butler.

Het had een prachtige kans kunnen zijn om zich opnieuw te onderscheiden op de enige manier die er voor een Victoriaanse generaal echt toedeed. Een triomfantelijke veldtocht tegen een tot de verbeelding sprekende tegenstander. Maar Buller zelf zag dat tegen de Boeren zo één, twee, drie nog niet gebeuren. Daarvoor waren de voorbereidingen veel te laat en te gebrekkig op gang gekomen. Extra frustrerend voor hem was dat hij volkomen buiten de besluitvorming was gehouden. Bij vorige expedities overzee was de bevelhebber vaak een grote stem gegund in de te volgen strategie en de samenstelling van de expeditiemacht. Maar Buller had zelfs zijn eigen ondercommandanten niet mogen kiezen. Hij had maar moeten afwachten wat het overleg tussen minister van Oorlog Lord Lansdowne en opperbevelhebber veldmaarschalk Lord Wolseley opleverde – of beter gezegd, wat de uitkomst was van hun maandenlange geruzie.

Al vanaf juni 1899 had Wolseley er bij Lansdowne op aangedrongen om zo snel mogelijk 10 000 man naar de Kaapkolonie en Natal te sturen en het 1e legerkorps – inclusief reserves ruim 47 000 man sterk – alvast te mobiliseren, zodat het indien nodig ook direct kon vertrekken. De bewindsman vond dat allemaal veel te voorbarig, en veel te duur. Zolang nog niet duidelijk was of het wel echt oorlog zou worden, zolang zijn collega van Koloniën Joe Chamberlain nog aarzelde, hoefde hij geen haast te maken. Hij wist zich in die opvatting gesterkt door de stellige uitspraken van de plaatselijke commandant in Natal, de kolonie die in geval van oorlog het grootste risico liep van een Boereninvasie. Deze generaal-majoor, de houwdegen Sir Penn Symons, kwam al een paar dagen na aankomst in Durban – hij was overgeplaatst vanuit Brits-Indië – tot de conclusie dat 2 000 man wel genoeg was om heel Natal te verdedigen. Nou vooruit, stelde hij in tweede instantie, 5 000 man dan, maar meer was echt niet nodig.

Wolseley op zijn beurt beriep zich op het oordeel van een andere generaal-majoor, eentje die zijn meningen niet afvuurde als geweersalvo's, maar zich baseerde op rapporten en documenten. Sir John Ardagh, het hoofd van de inlichtingendienst van het ministerie van Oorlog, schatte het militaire potentieel van de Boeren veel hoger in dan Symons, en kwam tot een veelvoud aan benodigde troepen. Probleem was alleen dat de onder Ardaghs leiding opgestelde *Military Notes on the Dutch Republics* niet in alle opzichten consistent waren en ruimte lieten voor uiteenlopende interpretaties. Daar maakte Lansdowne dankbaar gebruik van. Hij veegde de sombere berekeningen van tafel, en wees Wolseley fijntjes op de geruststellende passages die eveneens in de notities te vinden waren.

Overigens zat ook Buller niet echt te wachten op Ardaghs adviezen, zij het om een andere reden. Hij retourneerde het rapport per kerende koerier met de mededeling dat hij zelf 'alles al wist van Zuid-Afrika'. Op dezelfde toon liet hij zich ook uit in een brandbrief die hij begin september, Lord Lansdowne passerend, richtte aan de premier, Lord Salisbury. Daarin klaagde hij zijn nood over de gebrekkige voorbereidingen, die naar zijn mening ernstige gevolgen zouden kunnen hebben, en over het feit dat hij, als beoogd bevelhebber, overal buitengehouden werd. Bullers hiërarchische faux pas kwam zijn toch al verstoorde persoonlijke verhouding met de minister van Oorlog niet ten goede, maar had geen directe consequenties voor zijn positie.

Of Lord Salisbury er door beïnvloed werd, is niet precies na te gaan. De premier liet het in ieder geval niet blijken. Wel had Buller het tij mee. Zijn hartenkreet kwam aan de vooravond van de kabinetszitting van 8 september 1899, waarin Chamberlain het voorstel presenteerde om een expeditieleger van tienduizend man naar Zuid-Afrika te sturen.[3] De instemming van zijn collega-ministers, inclusief Lansdowne en Salisbury, was goed nieuws voor Wolseley en Buller. Eindelijk werk aan de winkel. Nog niet het echte omvangrijke werk zoals zij hadden gewild, maar het was een begin.

Het bleek nog niet eens eenvoudig om zo'n bescheiden contingent troepen bij elkaar te krijgen. Daarbij wreekte zich de aloude stammenstrijd binnen het Britse leger. Dat kende twee rivaliserende facties, de Afrikaanse en de Indische 'Ring'. Wolseley stond aan het hoofd van de

'Afrikanen', het Indische leger gold als '*Roberts's army*', oftewel veldmaarschalk Lord Roberts of Kandahar, sinds een paar jaar terug in het Verenigd Koninkrijk, als hoogste militair in Ierland. Het was de bedoeling dat Brits-Indië het merendeel van de 10 000 man versterkingen zou leveren, maar de autoriteiten in Calcutta beriepen zich op onrust in het noordwestelijke grensgebied om hun bijdrage te beperken tot 5 500 man. De rest moest bijeen worden geschraapt: één regiment van Malta, één bataljon uit Alexandrië, één brigade van Kreta. De verwachting was dat alle versterkingen half oktober in Durban zouden zijn aangekomen.

Tegen die tijd zou de totale Britse troepenmacht in Natal, met inbegrip van de daar al aanwezige eenheden, 15 000 man sterk zijn. Volgens Wolseley absoluut genoeg om in ieder geval die kolonie succesvol te verdedigen tegen een aanval van de Boeren, zeker met een ervaren bevelhebber als Buller aan het hoofd. Lansdowne besloot anders. Aanvankelijk was hij van mening dat Symons de klus wel gewoon zelf kon klaren. Op aandringen van Wolseley benoemde hij toch een nieuwe commandant voor Natal. Het werd alleen geen 'Afrikaan', maar de 'Indische' luitenant-generaal Sir George White. Ook een *Victoria Cross* op zijn borst en genoeg andere decoraties, maar Chamberlain vond hem met zijn vierenzestig jaar te oud en te ingekakt. Daar trok Lansdowne zich niets van aan. White koos als onderbevelhebbers twee vertrouwelingen uit eigen kring, de kolonels Ian Hamilton en Sir Henry Rawlinson. Op 16 september 1899 vertrokken zij naar Zuid-Afrika.

Dit alles zinde Buller totaal niet. Hij was het al niet eens met Wolseley dat een troepenmacht van 15 000 man Natal afdoende zou beschermen tegen een vijandelijke inval. Daar kwam bij dat de opperbevelhebber een faliekant verkeerd strijdplan had aanbevolen. Hij had Lansdowne plechtig verzekerd dat de Biggarsbergen, ten noorden van Ladysmith, een geschikte verdedigingslinie vormden. Volgens Buller was dat een enorme taxatiefout. De rivier de Tugela, ten zuiden van Ladysmith, dát was zijns inziens de enige goed te verdedigen positie. En dan nog, zo hield hij Lansdowne voor tijdens een indringend gesprek, gevolgd door een persoonlijke brief, waren er veel meer versterkingen nodig om de Boeren tegen te houden.

Lansdowne was niet onder de indruk. Buller '*talked Boer*', vond hij, het was maar goed dat hij hem niet had gekend in de benoeming van White en diens onderbevelhebbers. Het was wellicht minder handig geweest dat Buller en White helemaal geen contact hadden gehad over de te volgen strategie. Maar goed, hoe erg was dat? Afgaande op het oordeel van Symons en de verzekering van Wolseley, had White genoeg troepen om de Boeren tot staan te brengen. Het uitzenden van het 1e legerkorps kon altijd nog.

Eind september besloot het Britse kabinet dat het er inderdaad van zou komen. Het feitelijke mobilisatiebevel volgde begin oktober, nadat Transvaal en Oranje Vrijstaat hun burgers onder de wapenen hadden geroepen. Inclusief reservisten telde het 1e Britse legerkorps 47 551 officieren en manschappen, voorzien van 122 stuks geschut. Drie infanteriedivisies, een divisie cavalerie, elf veldhospitalen, een afdeling pontonniers, een spoorwegcompagnie en twee verkenningsballonnen.

Eindelijk had Buller zijn zin, maar wel rijkelijk laat – te laat, vreesde hij. Vooral omdat uit telegrafische berichten al snel duidelijk werd dat de bevelvoerders in Natal zich niets aantrokken van zijn mantra '*Do not go north of the Tugela!*'. White begaf zich direct na aankomst van Durban naar Ladysmith, om daar zijn hoofdkwartier te vestigen. Symons had enkele dagen eerder Ladysmith juist verlaten, niet naar het zuiden, maar verder naar het noorden, in de richting van de Transvaalse grens. Hij was de Biggarsbergen zelfs overgetrokken met zijn brigade van vierduizend man en had zijn tenten opgeslagen in Dundee.

Dat was de situatie ter plekke toen de Boeren op 9 oktober 1899 hun ultimatum stelden. De eisen waren helder. Alle Britse troepen langs Transvaals grenzen moesten zich terugtrekken. De versterkingen die de Britten de laatste maanden naar Zuid-Afrika hadden gehaald, moesten weer vertrekken. De troepen die nog onderweg waren, moesten rechtsomkeert maken. Alle punten van onenigheid moesten door arbitrage worden beslecht. Waren deze vier eisen op 11 oktober om vijf uur 's middags niet ingewilligd, dan beschouwde de Zuid-Afrikaanse Republiek dat als een formele oorlogsverklaring van Groot-Brittannië.

De reacties in Londen waren bijna verrukt. '*They have done it!*', liet Chamberlain zich ontvallen. Geen moeizaam gesteggel meer over een eigen ultimatumtekst. Ook Lord Salisbury was blij dat er nu niets meer hoefde te worden uitgelegd aan het Engelse volk. Lord Lansdowne zond zijn felicitaties naar Chamberlain en verzekerde hem: '*My soldiers are in ecstasies.*'

Behalve dan die ene in Aldershot. Buller had sombere voorgevoelens, en die gingen niet weg. Hij had ze nog steeds toen hij zich op die zaterdagmiddag 14 oktober in Southampton inscheepte aan boord van de *Dunottar Castle*. Hoe dolenthousiast de menigte hem ook toejuichte, hij kreeg het maar niet uit zijn hoofd. '*Do not go north of the Tugela! Do not go north of the Tugela!*'[4]

De tengere, jongensachtig ogende verslaggever met het rossige haar die hem aan boord zag komen, nam zich meteen voor om zo snel mogelijk contact te leggen. Dat leek nogal vrijpostig, maar Winston Churchill was niet anders gewend. Hij was opgegroeid in de hoogste aristocratische kringen. Wijlen zijn vader, Lord Randolph, was een niet onomstreden maar alom bekend conservatief politicus geweest met invloedrijke relaties. Zijn moeder, de nog altijd begeerlijke Lady Randolph, geboren Jennie Jerome, had haar eigen uitgebreide kring van al dan niet liefhebbende vrienden. Van jongs af aan bewoog Churchill zich met grote – volgens sommigen al te grote – vanzelfsprekendheid binnen dit geprivilegieerde netwerk. En zelf sloot hij makkelijk nieuwe vriendschappen, die hij zorgvuldig onderhield.

Zodra hij wist dat hij naar Zuid-Afrika zou vertrekken, had hij geen tijd verloren laten gaan. Hij had alle mogelijke connecties aangesproken om zich zo goed mogelijk voor te bereiden. Hij was bovenaan begonnen, en dat was wonderwel uitgepakt. Chamberlain, een oude vriend van zijn vader, bleek ondanks de drukke oorlogsvoorbereidingen bereid hem persoonlijk te ontvangen. Bij de bewindsman thuis kreeg Churchill alle ruimte om vrijuit mee te speculeren over de krijgskansen, wat hij zelfverzekerd deed. Het leverde hem een waardevolle – en raak getypeerde – aanbevelingsbrief op, geadresseerd aan niemand minder dan de hoge commissaris in Kaapstad. Chamberlain introduceerde 'de zoon van zijn oude vriend' bij Sir Alfred Milner als 'een heel slimme jongeman', die de naam had 'verwaand' te zijn. Maar dat viel volgens Chamberlain reuze mee.

Het was niet de enige aanbevelingsbrief die Churchill meekreeg voor Milner. Ook George Wyndham, staatssecretaris van Oorlog, nam na een gezamenlijk diner de moeite om hem aan te prijzen vanwege zijn scherpe en vooral 'onbevooroordeelde' geest. Behalve met complimenten was Wyndham ook niet zuinig met informatie. Hij kwam er tegenover Churchill rond voor uit dat hij het optimisme van zijn minister, Lord Lansdowne, en van opperbevelhebber Lord Wolseley in het geheel niet deelde. De Boeren waren tot de tanden toe bewapend, waarschuwde hij, en vooral hun nieuwe, zware geschut zou de Britse troepen heel wat schade kunnen toebrengen.

Twee aanbevelingsbrieven van vooraanstaande politici aan de hoogste gezagsdrager in Zuid-Afrika, dat was een veelbelovend begin. Maar voor een journalist wel een beetje eenzijdig, vond Churchill. Wat hij nog nodig had was iemand met een andersoortige, ook persoonlijke betrokkenheid en relaties ter plekke. Wederom bracht de oude vriendenkring van zijn vader uitkomst. Daartoe behoorde ook Alfred Beit, de even rijke als machtige mijnmagnaat, zakenpartner van Cecil Rhodes en medefinancier van de Jameson Raid en menig anti-Boerperscampagne. Beit bezorgde Churchill nog eens vijf aanbevelingsbrieven, bestemd voor personen die hem verder konden introduceren binnen het mijnbedrijf en de Zuid-Afrikaanse politiek, ook die van de Afrikaners.[5]

Het spreekt voor zich dat deze gevestigde autoriteiten hun naam niet alleen leenden op grond van Churchills afkomst. Hij moest natuurlijk ook de gewenste, onvervalst imperialistische opvattingen huldigen. Daarover hoefde geen twijfel te bestaan. Churchill koesterde het diep-Victoriaanse geloof dat Brits bestuur een zegen was voor de mensheid, ook voor die volkeren en rassen die zich er eerst met volle overgave tegen verzetten. Over het conflict met de Boeren had hij zijn gedachten kort na de Jameson Raid, begin 1896, al eens op papier gezet in een – niet gepubliceerd – memorandum. Het was getiteld *Our Account with the Boers*, en sprak duidelijke taal. Geen halve maatregelen, het ging om vitale Britse belangen en om de rechten van de Uitlanders. Dat vereiste desnoods een 'gewetenloze' aanpak, met als conclusie: '*for the sake of our Empire, for the sake of our honour, for the sake of the race, we must fight the Boers.*' Oftewel, eerst onderwerpen, die Boeren, en ze daarna grootmoedig laten delen in de zegeningen van het Britse wereldrijk.

Een informeel gescreende, ideologisch zuiver bevonden '*embedded*' oorlogscorrespondent. Zo zou Churchill in eenentwintigste-eeuwse termen het best kunnen worden getypeerd bij zijn vertrek naar Zuid-Afrika. Met uitstekende contacten en – jaloersmakend voor hedendaagse beroepsbeoefenaren – met goed verzorgde secundaire arbeidsomstandigheden. Hij had de beschikking over een persoonlijke bediende, Thomas Walden, die eerder Lord Randolph had vergezeld op diens talrijke reizen, onder meer naar Mashonaland in 1891. Een ervaren reiziger kortom, die onder meer de inkoop had verzorgd van achttien flessen whisky, vierentwintig flessen wijn, zes flessen port en dito vermout en eau de vie en twaalf flessen limoensap.[6]

Dat hielp om de zeereis nog enigszins draaglijk te houden. Vergeleken met de vroegere zeilschepen die er maanden over deden, was de *Dunottar Castle* een snelheidsmonster, maar ook op deze grote oceaanstomer duurde de reis van Southampton naar Kaapstad nog altijd ruim twee weken. Churchill vond dat 'een grote hap uit de negentiende eeuw'. Bovendien werd hij bij een beetje golfslag al zeeziek. De eerste dagen kwam hij daardoor helemaal niet aan schrijven of enige andere activiteit toe. Toen het weer na Madeira opknapte – nieuws leverde de tussenstop niet op – sloeg de verveling toe. Churchill had zich voorgenomen om aan te pappen met Buller en zijn stafofficieren, maar dat leverde niet veel op. De generaal deed voorkomend tegen iedereen, ook tegen de journalisten, liet zich kuierend over het dek gewillig filmen door de Amerikanen – zonder te poseren – maar zweeg over zijn diepere gedachten. Ook Churchill kreeg hem niet aan de praat. Zijn eerste verslag voor de *Morning Post*, gedagtekend 26 oktober 1899, getuigde dan ook van groot ongeduld. 'Wat is een moderne zeereis toch afschuwelijk!' Verstoken van nieuws, meer dan veertien dagen lang, hij vond het 'een kwelling', zeker aan het begin van een oorlog. Uit pure frustratie dacht hij de meest extreme scenario's uit. Variërend van de verovering van Kaapstad door Kruger tot de inname van Pretoria door White of Symons.

Pas op 29 oktober, daags vóór aankomst in Kaapstad, kregen de opvarenden een eerste aanwijzing hoe de vlag er op het oorlogsterrein werkelijk bij hing. Eenduidig was het nieuws niet. Een stoomschip op terugreis dat hen op nog geen tweehonderd meter passeerde, voerde aan dek een lang zwart bord met daarop in witte letters de tekst: '*Boers defeated; three battles; Penn Symons killed.*' Dat zag er nogal tegenstrijdig uit. Hoewel? Churchill kende de onstuimige Symons goed, hij had hem meegemaakt in Brits-Indië, en wist dat hij altijd voorop ging in de strijd. De dood van een Britse generaal – hoe schokkend ook op zichzelf – kon dus best samengaan met een Britse overwinning. Een drievoudige zelfs, als ze de boodschap mochten geloven. En de Boeren verslagen. Als dat dan maar niet betekende dat het allemaal al voorbij was. Dan konden ze direct na aankomst meteen weer terug naar huis.

Iedereen gaf zich over aan drukke speculaties, in een gaandeweg steeds somberder stemming. Alleen Buller hield zoals gebruikelijk zijn mening voor zich. Na een paar minuten waagde een van zijn adjudanten toch een poging. '*It looks as if it will be over, sir.*' Daarop viel de bevelhebber voor het eerst tijdens de overtocht uit zijn rol van ondoorgrondelijke zwijger. '*I dare say there will be enough left to give us a fight outside Pretoria,*' bromde hij. Die woorden hadden een miraculeus effect. Alsof het orakel had gesproken, zo ging de blijde tijding van mond tot mond. De stemming aan boord monterde in één klap op. Sir Redvers zegt dat er nog genoeg te vechten overblijft![7]

Vierfrontenoorlog

Kaapstad, 31 oktober 1899

De intocht in Kaapstad zag er al even triomfantelijk uit als het vertrek uit Southampton. Ondanks de aanhoudende regen was er op de vroege dinsdagochtend ook hier een enthousiaste menigte op de been om de nieuwe bevelhebber toe te juichen. Saluutschoten klonken, de filmcamera draaide, de straten waren feestelijk versierd, en ook hier verborg Buller zijn ware gedachten, terwijl hij vanuit een open landauer minzaam wuifde naar het publiek langs de route naar *Government House*. Om tien uur werd hij verwacht bij de hoge commissaris.

Direct na het aanmeren van de *Dunottar Castle*, de avond tevoren, waren hem de eerste geheime telegrammen bezorgd. Die hadden zijn sombere voorgevoelens bevestigd. Het nieuws was heet van de naald en dramatisch. Van Milner kreeg hij de schokkende details. De Boerencommando's bleken naar alle kanten te zijn uitgebroken. Naar het noorden richting Rhodesië. Naar het westen, in twee gerichte aanvallen op de belangrijkste Britse grensplaatsen, Mafeking en de diamantstad Kimberley, die inmiddels werden belegerd. Naar het (zuid)oosten waren ze Natal binnengedrongen, zowel vanuit Transvaal als vanuit Oranje Vrijstaat. Daar was precies gebeurd wat Buller had gevreesd. White had zijn posities ten noorden van de Tugela niet kunnen houden. Bij Glencoe, Talana – waar Symons levensgevaarlijk gewond was geraakt – en Elandslaagte waren succesjes geboekt, zoals de boodschap luidde van het passerende schip. Maar daarna was het verschrikkelijk misgegaan bij de rivier de Modderspruit en bij Nicholson's Nek. Twee verpletterende nederlagen, nota bene op de dag van Bullers aankomst, maandag 30 oktober. White had zich met zijn resterende troepen halsoverkop moeten terugtrekken naar Ladysmith, en dreigde te worden omsingeld. '*Mournful Monday*', kopten de Engelse kranten later.

Dat was nog niet eens al het slechte nieuws dat de hoge commissaris te melden had. Veel dichterbij dan in Natal, onder zijn ogen in de Kaapkolonie, dreigde zich een nog grotere ramp te voltrekken. Milner was doodsbenauwd voor een algehele opstand onder de Afrikaners, opgestookt door de militaire successen van hun stamverwanten. Naar verluidt verzamelden zich de commando's nu ook aan de zuidgrens van Oranje Vrijstaat, klaar om de Kaapkolonie binnen te vallen, met alle mogelijke gevolgen van dien.

Een slechter begin had Buller zich nauwelijks kunnen denken. Het leek onvermijdelijk dat hij zijn strijdplan zou moeten bijstellen. Het oorspronkelijke idee was overzichtelijk. Met het complete 1e legerkorps zo snel mogelijk een frontale aanval inzetten op het hart van de Boerenrepublieken. Gewoon met volle kracht dwars door het midden. Dat was nu een riskant scenario geworden, in ieder geval voor de Engelse militairen en burgers in de belegerde steden. Vanuit Kimberley telegrafeerde Cecil Rhodes nu al moord en brand over het uitblijven van versterkingen. En White had geblunderd, maar moest nu iedereen in Ladysmith, wellicht zelfs in heel Natal daarvoor boeten? Dan was er nog de opstand die volgens Milner op uitbreken stond in de Kaapkolonie. Wat moest Buller doen? Toch alles op één kaart zetten, en zo ja, welke? Of zijn krachten verdelen? Hij had meer tijd nodig om een beslissing te nemen.[8]

Winston Churchill deed daar minder lang over, maar zijn keuze was ook minder ingewikkeld. Een oorlogscorrespondent hoort aan het front, en het was duidelijk waar de meeste actie te verwachten viel. Natal, in het bijzonder Ladysmith. Ook zonder geheime telegrammen was hij al snel op de hoogte van de ernst van de situatie daar.

Maandagavond laat, direct na het aanmeren van de *Dunottar Castle,* had hij links en rechts mensen aangeschoten om nieuwtjes los te krijgen en hij had meteen alle plaatselijke kranten doorgenomen. In de loop van de volgende dag werd hij net als Buller ontvangen door de hoge commissaris. Met dank aan Chamberlain en Wyndham voor hun aanbevelingsbrieven. Milner deelde zijn zorgen bijna net zo openhartig met de beginnende verslaggever als eerder met de gevierde generaal – alleen de onthutsende details van de Modderspruit en Nicholson's Nek hield hij voor zich. Mede daardoor kon Churchill nog dezelfde dag een uitgebreid verslag schrijven – en naar Londen sturen – voor de *Morning Post*.

Het was een actueel stuk, verlevendigd met een paar karakteristieke persoonlijke accenten. Zo stond hij uitvoerig stil bij het grote aantal dode en gewonde Britse officieren in de eerste oorlogsweken. Behalve Symons waren er nog meer bekenden van hem bij, die hij had ontmoet tijdens zijn militaire avonturen in Brits-Indië, Soedan of – een enkeling zoals luitenant Reggie Barnes – op Cuba. Het bracht Churchill tot een bitter verwijt aan het adres van de liberale oppositie in eigen land. Zijns inziens was het uitzenden van de benodigde versterkingen gevaarlijk lang opgehouden vanwege de stemmingmakerij tegen de oorlog door de '*Peace Party*'. Hij achtte '*these humanitarian gentlemen*' persoonlijk verantwoordelijk voor het grote verlies aan mensenlevens. Even stellig was hij over het verdere verloop van de oorlog. Hij voorspelde nog '*a fierce, certainly bloody, possibly prolonged struggle*'. Churchill was vastbesloten om daarbij zelf voorop te gaan. Uit journalistieke onderscheidingsdrang, maar evenzeer uit imperialistische overtuiging. '*We are at war with the pen as well as the sword.*'

Dus was er geen tijd te verliezen. Hij had zich weer kunnen inschepen aan boord van de *Dunottar Castle*, die verder zou varen naar Durban, maar dat duurde hem veel te lang. Er was een snellere manier, waarmee hij een paar dagen kon winnen. De trein naar East London, daar een nachtboot naar Durban en het laatste stuk weer met de trein. Samen met zijn bediende Thomas Walden en twee andere verslaggevers, John Atkins van de *Manchester Guardian* en Alister Campbell van *Laffan's News Agency*, vertrok hij 's avonds alweer uit Kaapstad. Het was nog steeds dinsdag 31 oktober. Op naar Ladysmith.[9]

En dan te bedenken dat het allemaal nog veel erger had kunnen zijn. Als de Boeren het vermetele aanvalsplan van Jan Smuts hadden doorgevoerd, dan was Natal waarschijnlijk al verloren geweest en de opstand in de Kaapkolonie wellicht een feit. De jonge staatsprocureur van Transvaal had het in zijn memorandum van begin september 1899 haarscherp uitgetekend. De militaire leiders van beide Boerenrepublieken moesten zijns inziens zo snel mogelijk een gezamenlijk plan opstellen voor 'een gecombineerde attaque op Natal'. Direct doorstoten naar Durban zolang de Engelse versterkingen nog niet waren aangekomen, daar alle wapentuig en voorraden buit maken, dat was de sleutel. Zo'n succesvolle raid zou het eigen moreel versterken, de Afrikaners in de Kaapkolonie in beweging brengen en Groot-Brittannië confronteren met nog een derde Boerenrepubliek. De grote Europese mogendheden zouden maar al te graag profiteren van het Britse echec. Hij wees met nadruk op de mogelijkheid 'om met Russische hulp een opstand op groote schaal in Indië op touw te zetten'.[10]

Het pleidooi van Smuts voor 'de offensieve methode' laat zich, vooral in zijn voorspelde politieke gevolgen, achteraf makkelijk afdoen als sciencefiction, maar indertijd was het geen onrealistisch scenario. Sterker nog, militair-strategisch was er niets tegen in te brengen. Zeker vóór de aankomst van de eerste tienduizend man versterkingen beschikten de Britten in Zuid-Afrika over veel minder troepen dan de Boeren op de been konden brengen. Dat rechtvaardigt de vraag waarom Smuts' plan niet werd uitgevoerd. Het antwoord is te vinden in vier, onderling nauw samenhangende, verklaringen. De eerste twee zijn te verbinden aan personen, de laatste twee hebben een structureel karakter.

De eerste en simpelste verklaring is dat het ontbrak aan Smuts' basisvoorwaarde: een gezamenlijk krijgsplan. Dat lag voor een flink deel aan president Steyn van Oranje Vrijstaat. Ook hij had een jonge jurist aan zijn zijde die aandrong op een verrassingsaanval tegen Natal, rechter Barry Hertzog, maar Steyn zelf wilde er niet aan. Hij bleef geloven in een vreedzame oplossing en hield daaraan vast, heel september lang. Tegen de tijd dat hij toe was aan mobilisatie van de Vrijstaatse troepen – 2 oktober – waren die tienduizend Britse militairen al aangekomen in Durban.

Maar ook toen was, met een deugdelijk krijgsplan, de kans op verovering van Natal nog volop aanwezig. Alleen, er was helemaal geen krijgsplan, ook niet in Pretoria. Volgens sommige zegslieden moet er wel degelijk zoiets zijn opgesteld, maar als dat al zo is, dan was het zo vreselijk geheim dat het sindsdien nooit meer boven water is gekomen – ook niet na honderd jaar archiefonderzoek. Feit is wel dat er een vast voornemen bestond. De vlak over de grenzen samengetrokken Engelse troepen moesten worden uitgeschakeld, verjaagd of geïsoleerd. Hoe precies, dat was afhankelijk van het krijgsverloop. Afspraken met de militaire collega's in Bloemfontein hadden de Transvaalse legerleiders ook niet gemaakt. Op 11 oktober wist Marthinus Prinsloo, hoofdcommandant van de Vrijstaatse troepen aan de grens met Natal, nog steeds niet wat er concreet van hem werd verwacht. Om 14:05 uur – let wel, amper drie uur vóór het verstrijken van het ultimatum aan de Engelsen – stuurde hij een veelzeggend telegram aan de Transvaalse commandant-generaal Piet Joubert: 'De manschappen zijn nu in positie, wij wachten op instructies.'[11]

Dat leidt als vanzelf tot de tweede verklaring: onwil en onvermogen van de militaire leiding in de Boerenrepublieken om een gecoördineerde aanvalsoperatie richting Durban op te stellen en uit te voeren. Dat gold in het bijzonder voor de opperbevelhebber. De 68-jarige Joubert teerde op oude militaire roem, behaald tegen zwarte tegenstanders maar vooral in de eerste krachtmeting met de Engelsen, achttien jaar eerder. Sindsdien had hij zich meer beziggehouden met de politiek, als vicepresident onder – en viermaal verliezend tegenkandidaat van – president Paul Kruger. Dat verloochende zich niet in zijn strategie, die eerder politiek dan militair kan worden genoemd. Zijn voorstelling van de nieuwe confrontatie met de Engelsen ging niet verder dan een hernieuwd 'Majuba', misschien op wat grotere schaal. Een paar flinke klappen uitdelen, net over de landsgrenzen, daar verdedigende stellingen innemen en afwachten wat er ging gebeuren, in de hoop dat de Engelsen zo waren geschrokken dat ze bereid waren te onderhandelen. Om die reden had hij persoonlijk het bevel op zich genomen van de troepen in Natal. Piet Joubert was een voorzichtig man, voor hem was de verdediging de beste aanval.

Joubert was niet de enige Boerenleider die zo dacht. Een verdedigende strijdwijze – een derde en meer structurele verklaring voor het uitblijven van een aanvalsoorlog – zat met name de oudere generatie Boeren in het bloed. Dat klinkt merkwaardig, voor een volk van – afstammelingen van – 'Voortrekkers' die hun hele grondgebied bij elkaar hadden veroverd, maar dat is het niet. In de talloze confrontaties met zwarte stammen hadden de Boeren altijd bij voorkeur geopereerd vanuit een lager, een carré van aaneengesloten huifkarren dat werkte als een primitieve maar effectieve vorm van *forward defence*. Ook het eerste militaire conflict met de Engelsen, in 1880-1881, was in essentie een verdedigingsoorlog, met primair een politiek doel. Een defensief strategisch concept was de Boeren dus vertrouwd, met als bijkomend voordeel dat het beter paste bij hun morele zelfbeeld. Deze oorlog, zo luidde het vaste verweer vanuit Pretoria, werd hun opgedrongen door de veroveringszucht van de Engelsen. De Boeren verdedigden zich daar alleen tegen, zíj waren niet uit op verovering van andermans land – althans, niet van andere blanken.

Maar ook als de militaire leiders van de Boerenrepublieken wel hadden besloten tot de door Smuts aanbevolen raid op Durban, dan nog hadden ze – de vierde en laatste verklaring – een levensgrote handicap moeten overwinnen. Wat de Boeren aan strijdkrachten op de been brachten, leek in niets op een professioneel staand leger dat was ingericht op het uitvoeren van een *grand strategy*. Het was – met uitzondering van de staatsartillerie – een volksmilitie, een *nation armée* die in principe bestond uit alle weerbare mannen tussen de zestien en de zestig jaar oud, in Transvaal en Oranje Vrijstaat bij elkaar zo'n zestigduizend man in totaal. Om de economie niet te ontwrichten, kwamen die in de praktijk nooit allemaal tegelijk in het veld, maar werden ze opgeroepen in wisselende sterkte en samenstelling, al naargelang de militaire noodzaak.

Dat maakte een gecoördineerde en dus logistiek gecompliceerde aanvalsactie al niet eenvoudig. Daar kwam bij dat het gevoel voor hiërarchie en discipline bij het Boerenvolk onder de wapenen niet bovenmatig was ontwikkeld. Er was een Transvaalse commandant-generaal, Joubert dus, een rang die in Oranje Vrijstaat niet bestond maar functioneel werd uitgeoefend door president Steyn. Er waren Transvaalse assistent-generaals, Piet Cronjé en Jan Kock, en een Vrijstaatse hoofdcommandant, de genoemde Prinsloo. Daaronder stonden de 'vechtgeneraals', die het bevel voerden over twee of meer regionaal ingedeelde commando's. Die legereenheden, in sterkte variërend van driehonder tot drieduizend man, werden geleid door commandanten, en waren op hun beurt ook weer districtsgewijs onderverdeeld in kleinere afdelingen, met aan het hoofd veldkornetten en assistent-veldkornetten.

Dat leek op een bevelsstructuur, maar eenmaal te velde werd die maar al te makkelijk doorkruist. Bijvoorbeeld doordat de bestaande religieuze en politieke tegenstellingen – tussen 'Kruger-mannen' en 'Joubert-mannen', om maar de bekendste te noemen – niet werden thuisgelaten. Ook verhielden de militaire rangen en standen zich moeilijk tot het gelijkheidsgevoel van de gemiddelde burger van de Boerenrepublieken. Niet voor niets droeg niemand een uniform – behalve de artilleristen – en waren alle genoemde officieren, tot aan de commandant-generaal toe, gekozen door hun 'ondergeschikten'. Het was eerder gebruik dan uitzondering dat beslissingen van hogerhand breeduit werden besproken, en soms rustig verworpen of genegeerd. Ook op het slagveld was elke Boer in de eerste plaats zijn eigen man.[12]

Dit alles verklaart waarom de Boerenvlaggen nog niet wapperden aan de Indische Oceaan op het moment dat Buller voet aan wal zette in Kaapstad. Het verklaart tevens waarom de Engelse bevelhebber zich terecht wel zorgen maakte over het krijgsverloop. De strategische zwakte van de Boerenstrijdwijze – defensief met veel ruimte voor individuele bewegingsvrijheid – bleek in de eerste twee oorlogsweken tegelijkertijd hun tactische kracht. In het directe gevecht toonden de gewapende burgers zich na een aarzelende start superieur aan de Britse beroepsmilitairen. Dat was extra zorgwekkend omdat het niet leek te gaan om toevalstreffers.

Om te beginnen hadden de Boeren nog steeds een numerieke meerderheid. Bij aanvang van de oorlog hadden Transvaal en Oranje Vrijstaat in totaal zo'n 35 000 man op de been aan de vier fronten, tegenover 25 000 Britse militairen. In Natal lagen de getalssterktes nog het dichtst bij elkaar – 17 500 Boeren en 16 000 Britten – maar juist daar hadden de Engelsen de grootste nederlagen geleden. De constatering moest wel zijn dat één Boer veel meer waard was dan één Tommy.

Dat klopte, en dat zat 'm in zijn paard en in zijn geweer. Iedere Boer had een paard, was infanterist en cavalerist tegelijk, en zodoende ongeëvenaard mobiel. Niet zozeer in het vuurgevecht zelf, want dan bleven de paarden zoveel mogelijk buiten schot onder de hoede van de *agterryers*, de zeven- à negenduizend zwarte en gekleurde bediendes die de Boerenstrijders vergezelden. Maar vóór, na en niet te vergeten tussen de schotenwisselingen door waren de Boeren in staat razendsnel van positie te veranderen en zo de tegenstander vanuit onverwachte hoeken te bestoken. Hun eigengereidheid was in dat soort gevechtssituaties alleen maar een voordeel.

Des te meer omdat iedere Boer ook een geweer had, en niet zomaar een geweer, maar het meest geavanceerde snelvuurwapen dat de Europese wapenindustrie eind negentiende eeuw te bieden had. Na de Jameson Raid had de Transvaalse regering – onder meer via de destijds in Duitsland kurende Willem Leyds – in allerijl grootscheepse bestellingen geplaatst, en Bloemfontein had dat voorbeeld gevolgd. Resultaat was dat de Boerenrepublieken nu beschikten over een arsenaal van in totaal vijfenveertigduizend Martini-Henrygeweren en, nog veel belangrijker, evenzovele Mausers. Ruimschoots genoeg om al hun gemobiliseerde burgers te voorzien van extra vuurkracht. Juist de Mausers pasten perfect bij de strijdwijze van de Boeren. Ze waren relatief licht, makkelijk te bedienen en hadden een groot bereik. De kogels waren klein, licht, in razend tempo te laden en af te vuren en bereikten een hoge snelheid. Ook een beperkt aantal schutters kon een waar spervuur onderhouden, terwijl het rookloze kruit ervoor zorgde dat ze zelf, op een à twee kilometer afstand verscholen achter rotsblokken of ingegraven in schuttersputjes, niet werden ontdekt. De Engelse soldaten hadden zodoende vaak het gevoel te vechten tegen een 'onzichtbare' vijand en wisten letterlijk niet waar ze het zoeken moesten.

Niet alleen individueel beschikten de Boeren over de modernste vuurwapens ter wereld, ook hun geschut was het beste dat voor goudgeld te koop was. Merendeels eveneens recentelijk aangeschaft en dus in uitstekende staat. Kleine Lee-Metford- en grote Vickers-Maxim machinegeweren – de laatste aangeduid als pom poms vanwege hun karakteristieke geluid. Kruppveldgeschut en als pièces de resistance vier 155 mm Creusotkanonnen. Deze imponerende *Long Toms* waren eigenlijk bedoeld als vestinggeschut, maar de Boeren zetten ze ook in op het slagveld – opnieuw een illustratie van hun *forward defence*. Het bij het uitbreken van de oorlog genationaliseerde spoorwegnet bewees daarbij goede diensten. Om ze te velde in stelling te brengen, liefst op een heuveltop, zetten de Boeren extra bespannen ossenwagens in. Dat was de moeite meer dan waard, want de *Long Toms* hadden een bereik van tien kilometer, twee keer zo ver als de Engelse Howitzers- en Armstrongveldkanonnen.

Zowel in getalsterkte, mobiliteit als vuurkracht waren de Boeren dus superieur. Bovendien waren ze bekend met het terrein en gewend aan het klimaat. Nog twee enorme pluspunten, want in ieder geval in Natal was het oorlogsterrein ruig en geaccidenteerd, en het voorjaar kwam er met striemende regens, koude nachten en, als het overdag opklaarde, brandende zon waartegen weinig beschutting te vinden was.[13]

Het verschil met de Britse troepenmacht tegenover hen had bijna niet groter kunnen zijn, strategisch, tactisch, operationeel en qua 'groepscultuur'. Daar stond een beroepsleger, dat hechtte aan hiërarchie, discipline en organisatie en de oude krijgskundige tradities in ere hield. De grootste innovatie van de laatste jaren was de verandering van uniform, van schietschijfrood naar schutkleurkaki. De Britse officieren waren standsbewuste aristocraten, poloverslaafde *war-horses*, die hun sporen hadden verdiend in koloniale *small wars*, dus tegen niet-blanke tegenstanders. Hun basishouding in het gevecht was zelfverzekerd, hun strategische reflex was het klassieke offensief. Zo werd het er op Aldershot ingeprent: eerst het bombardement door de artillerie, dan de stormaanval in gesloten formatie door de infanterie, de bajonet op het geweer, en ten slotte de charge van de cavalerie om de vluchtende vijand de pas af te snijden. Gewone soldaten hadden bij dit alles louter een uitvoerende rol. Het voetvolk werd niet geacht zelfstandig te denken of te handelen, uitsluitend bevelen op te volgen. Salvo's afvuren, de aanval inzetten of terugtrekken, alles gebeurde op commando.[14]

Volop stof tot nadenken dus, voor iemand die hartstochtelijk meeleefde en meedacht met het wel en wee van de Britse troepen. Churchill had tijd genoeg om alle nieuwe indrukken op zich te laten inwerken. De treinreis van Kaapstad naar East London zou in ieder geval drie dagen duren, en nu door de oorlog misschien nog wel langer. Het eerste deel naar De Aar voerde door hetzelfde kale, bultige woestijnlandschap van de Karoo dat Willem en Louise Leyds vijftien jaar eerder zo had gedeprimeerd.[15] Ook Churchill werd er niet vrolijk van: '*The scenery would depress the most buoyant spirits... Wherefore was this miserable land of stone and scrub created?*' Het nieuws dat hij onderweg, in Beaufort West, oppikte, stemde helemaal mismoedig. Op *Mournful Monday* bleken de Boeren in Natal liefst twaalfhonderd Britse militairen gevangen te hebben genomen.

Zijn eigen ervaringen versterkten die stemming. De spoorlijn van De Aar naar Stormberg, het volgende grote station op weg naar East London, liep parallel aan de grens met Oranje Vrijstaat. Het was het enige front waar de Boeren nog geen grootscheepse aanval hadden gelanceerd, maar die kon niet lang uitblijven, daarvan was iedereen overtuigd. Het wemelde van geruchten over oprukkende Boerencommando's. De bevestiging kwam toen Churchill en zijn medereizigers net in Stormberg waren gearriveerd. Hun trein bleek voorlopig de laatste die uit De Aar was gearriveerd. Stormberg zelf werd in allerijl ontruimd, net als alle andere plaatsjes in de omgeving. Churchill vond het een verstandig maar ontmoedigend besluit. Zelfs de trein klonk nu anders. Tot East London hoorde hij nog maar één cadans: '*Retreat, retreat, retreat.*'

Aan zijn moeder schreef hij een sombere, maar vastberaden brief. '*We have greatly underestimated the military strength and spirit of the Boers.*' Hij betwijfelde of één legerkorps wel genoeg zou zijn. In ieder geval werd het een heftige, bloedige strijd, zo verzekerde hij haar, waarin zeker tien- à twaalfduizend slachtoffers zouden vallen. Maar uiteindelijk zou Engeland winnen, daar twijfelde hij niet aan, evenmin als aan zijn eigen lotsbestemming. '*I shall believe I am to be preserved for future things.*' Het was een passage om te onthouden, met grote voorspellende waarde, in alle opzichten.

Ook door de volgende tegenslag liet hij zich niet uit het veld slaan. In East London vonden ze al snel een schip met bestemming Durban, maar door storm en zeeziekte werd de tocht voor Churchill een ware beproeving. Eenmaal aangekomen in Durban, zaterdag 4 november om middernacht, herstelde hij zich snel. Zondagochtend vroeg was hij al op het hospitaalschip *Sumatra*, op zoek naar vrienden. Hij trof er onder meer Reggie Barnes, zijn reisgenoot op Cuba, en later in India ploeggenoot in het prijswinnende poloteam van het 4e Regiment Huzaren. Het eerste weerzien was schrikken. Barnes was geraakt in zijn dij, en zijn hele been was '*absolutely coal black from hip to toe*'. Churchill vreesde het ergste, maar de dokter stelde hem gerust. Geen koudvuur, maar een enorme bloeduitstorting.

Barnes had de schotwond opgelopen in '*our brilliant little victory at Elandslaagte Station*', die de Engelsen korte tijd de hoop had gegeven dat zij de Boerenopmars konden stuiten. Barnes verhaalde van de wisselende krijgskansen tijdens die slag en de doorbraak in een daverende onweersbui, die de Boeren het zicht had benomen. De beslissende aanval was, tot groot genoegen van Churchill, geleid door een andere vriend van hem uit Indië, die het inmiddels tot brigadier-generaal had geschopt, Ian Hamilton. De overwinningsroes was van korte duur geweest. Ook Hamilton had zich nadien moeten terugtrekken, en bevond zich bij de rest van de Engelse troepen in het belegerde Ladysmith. Voor Churchill des te meer reden om daar zo snel mogelijk heen te willen. Het laatste nieuws in Durban luidde dat Ladysmith inmiddels onbereikbaar was, maar hij ging het toch proberen. Hij wist zeker dat '*Ian Hamilton would look after me and give me a good show*'.[16]

Elandslaagte behoorde ongetwijfeld tot Churchills categorie van '*good shows*', maar dan wel een met een bittere nasmaak. Op 21 oktober 1899 was daar, langs de spoorlijn tussen Ladysmith en Dundee, een gedenkwaardige slag geleverd, met een dramatische afloop voor alle betrokkenen – ook voor de Britse overwinnaars.

Het gevecht zelf leek het gelijk te bevestigen van de aanhangers van de beproefde Aldershot-tactiek. Generaal-majoor John French, aan het hoofd van 1300 man cavalerie en 550 man artillerie met 18 stuks geschut, en Hamilton, met zijn 1600 man infanterie, hielden zich keurig aan de vaste volgorde. Artillerie, infanterie, cavalerie. De enige afwijking van het handboek was dat Hamilton zijn formatie minder gesloten opstelde. Deze keer werkte de opzet. Na het inleidende bombardement volgde aan het eind van de middag de stormaanval, met de bajonet op het geweer en de strijdkreet 'Majuba!' op de lippen. Geholpen door het noodweer, dreven de Imperial Light Horse – dit keer te voet – en de ervaren infanteristen van het 1e Devonshire Regiment, het 1e Manchester Regiment en het 2e Gordon Highlanders, de Boeren uit hun stellingen. Sommigen vluchtten, anderen zwaaiden met witte zakdoekjes, maar een groep van zo'n vijftig Boeren zette plotseling een felle tegenaanval in. Dat zorgde voor tijdelijke verwarring onder de Britten, die al snel overging in grote woede over de bedrieglijke overgave. De opmars werd verbeten hervat en afgemaakt door de cavalerie, in een furieuze charge. Tot drie keer toe joegen de 5e Lancers en de 5e Dragoon Guards met hun lansen en sabels dwars door de vluchtende Boeren heen, zonder genade. Toen 's avonds de balans werd opgemaakt, bleek hoe zwaarbevochten de overwinning voor de Engelsen was. Ze telden 52 doden en 213 gewonden. Een hoge prijs voor een positie die op bevel van luitenant-generaal White kort daarna weer werd opgegeven.

De Boeren leden bij Elandslaagte nog zwaardere verliezen. 46 doden, onder wie assistent-generaal Jan Kock, die de veelbesproken tegenaanval had geleid, 105 gewonden die in handen waren gevallen van de Engelsen, en nog eens 189 man die zich hadden overgegeven. In totaal 340 van de 800 Boeren die de strijd waren aangegaan. Er waren wel verklarende omstandigheden. Kock had zich onverantwoord ver in vijandelijk gebied begeven, waardoor hij werd geconfronteerd met een viervoudige overmacht. Desondanks was het verliespercentage ongekend hoog, en de nederlaag schokkend. Extra schokkend was de strijdwijze die de Engelsen hadden toegepast. Elkaar doodschieten was tot daar aan toe, maar het gebruik van bajonetten, sabels en lansen was voor de Boeren uit den boze. Dat kon je verwachten van onbeschaafde, zwarte krijgers, vonden ze, maar blanken hoorden elkaar niet dood te spiesen. Ze waren dan ook hels over de slachtpartij die de Engelse cavaleristen onder de vluchtende Boeren hadden aangericht, zelfs onder degenen die al gewond waren of zich hadden overgegeven. Het was een harde les die de slag bij Elandslaagte hun nog eens extra inprentte: je moest de Engelsen op afstand houden; als ze te dichtbij kwamen, moest je je terugtrekken en een nieuwe stelling betrekken.[17]

Voor één eenheid in het Boerenleger kwam die les te laat: het Hollanderkorps. Amper een maand eerder, op 22 september 1899, was het opgericht, Nederlandse vrijwilligers wonend en werkend in Transvaal, die hun militaire diensten hadden aangeboden. Net zoals de Duitsers, Ieren, Scandinaviërs, Fransen, Italianen, Amerikanen, Russen en Oostenrijkers dat hadden gedaan, georganiseerd in eigen eenheden. In totaal ging het om zo'n 2000 buitenlandse vrijwilligers. De belangrijkste initiatiefnemer van het Hollanderkorps was Herman Coster, een jonge Leidse jurist die in 1895 in de voetsporen van Willem Leyds was getreden als staatsprocureur van Transvaal. Dat had hij niet lang uitgehouden. Al na twee jaar waren de nukken van de oude Kruger hem te veel geworden. Hij had ontslag genomen, maar was in Pretoria blijven werken. 450 (oud)landgenoten – en een enkele Belg – sloten zich bij zijn initiatief aan. Het grootste deel werd niet geschikt bevonden voor velddienst en ingezet voor bewakingstaken. De rest, zo'n 150 man sterk, vertrok begin oktober naar het front in Natal. Veel gelegenheid voor training kregen ze niet. Ze werden ingedeeld bij de legergroep van de overmoedige Kock. Slechter hadden ze het niet kunnen treffen. Elandslaagte was hun vuurdoop. Voor acht van hen, onder wie Coster, werd het ook hun laatste rustplaats. 54 andere Nederlanders vielen al dan niet gewond in handen van de Engelsen. Het restant werd na afloop verdeeld over andere commando's. Het Hollanderkorps hield op te bestaan als aparte gevechtseenheid.[18]

Zodoende kreeg de naam Elandslaagte een beladen klank, vooral in Nederland en in de Boerenrepublieken, maar ook in Engeland. En in Duitsland niet te vergeten, want onder de doden en gewonden waren ook 30 manschappen van het Duitse commando, dat nadien eveneens werd ontbonden.

Voor Churchill bleef Elandslaagte echter in de eerste plaats '*our little victory*', met een heldenrol voor zijn vriend Ian Hamilton, die ongetwijfeld nog meer huzarenstukjes voor hem in petto had. Het was nog maar een luttele tweehonderd kilometer naar Ladysmith. Het eerste stuk, van Durban naar de hoofdstad van Natal, Pietermaritzburg, gaf geen problemen. Vanaf daar reden er geen reguliere treinen meer. De verslaggevers konden er nog wel zelf eentje huren, wat ze prompt deden – de kosten waren voor hun opdrachtgevers. Een paar uur lang koesterden ze de illusie dat het ging lukken, maar toen was het afgelopen. Bij een klein station werden ze tegengehouden. Verderop, bij Colenso, hadden de Boeren de spoorbrug over de Tugela bezet. Er kon geen trein meer door. Ladysmith was nu effectief omsingeld. Dit was het eindpunt van hun lange reis.

Het plaatsje dat bij het stationnetje hoorde heette Estcourt. De oorlogscorrespondenten installeerden zich in tenten op het rangeerterrein. Terwijl zijn bediende Thomas Walden een plek zocht voor alle koffers en kisten, ging Churchill de omgeving verkennen. Estcourt was een Zuid-Afrikaans dorp als vele andere, weinig te beleven. Twee straten, driehonderd lage huizen van steen en golfplaat, gelegen in een dal, aan alle kanten omgeven door groene heuvels. Nauwelijks te verdedigen tegen een aanval van de Boeren, constateerde hij meteen. En achter die heuvels? Het was nog maar zeventig kilometer naar Ladysmith. Churchill kon zich niet voorstellen dat er geen manier was om er toch te komen.[19]

Kogelregen

Chieveley, 15 november 1899

De naam alleen al klonk raar. Een gepantserde trein. Het symbool bij uitstek van de negentiende-eeuwse vooruitgang in een middeleeuws harnas. Een locomotief als dolende ridder. Het kon er dan wel imponerend uitzien, maar, zoals Churchill zijn lezers van de *Morning Post* een paar dagen eerder al had uitgelegd, '*nothing is in fact more vulnerable and helpless*'. Eén opgeblazen spoorbrug en het was gebeurd. Dan kon het plaatstalen monster geen kant meer op en was het overgeleverd aan de genade van de vijand. Zeker de bescheiden uitvoering waarin ze nu Estcourt uit reden. De wagons hadden geen dak, de schietgaten hadden geen sluiters en de enige bewapening bestond uit een oud scheepskanon. De soldaten noemden 'm '*Wilson's death trap*'.

Wie Wilson was, wist Churchill niet, maar zo'n bijnaam zei genoeg. De twee collega-verslaggevers met wie hij zijn tent deelde, hadden wijselijk voor de eer bedankt, toen hij ze die ochtend om vijf uur wakker had gemaakt. De een – Leo Amery van *The Times*, een oud-schoolgenoot van Harrow die hij in Estcourt was tegengekomen – vond het te hard regenen. De ander, zijn reisgenoot vanaf Kaapstad John Atkins, had het wat assertiever geformuleerd. Hij werd betaald om de oorlog te verslaan vanuit het eigen kamp, klonk het vanaf zijn brits, en hij zag geen reden om het risico te lopen in het kamp van de vijand te belanden. Churchill gaf hem gelijk, maar was toch op pad gegaan. Hij had het de avond tevoren beloofd aan kapitein Aylmer Haldane, een dere oude bekende die hij hier tegen het lijf was gelopen. Haldane had hem in Indië aan zijn aanstelling bij de Malakand Field Force geholpen, waarover Churchill vervolgens zo succesvol had geschreven. Dat was wel een wederdienst waard. Bovendien, hij was oorlogscorrespondent, hij werd geacht zoveel mogelijk nieuws te vergaren en – minstens zo'n zwaarwegend argument – '*I was eager for trouble*'.

Die zou hij krijgen, al zag het daar niet direct naar uit. De eerste paar kilometer was er niets aan de hand. Voorop het scheepskanon met vier matrozen, dan twee gepantserde wagons met de Dublin Fusiliers. In het midden de locomotief met de kolentender, en dan weer twee gepantserde wagons met de Durban Light Infantry en een ploeg werklui. Achteraan een lading spoorwegmateriaal voor eventuele reparaties. honderdtwintig man in totaal, onder commando van Haldane. Churchill stond naast hem, in de voorste wagon bij de Ieren, en speurde met zijn verrekijker de omgeving af. Om half zeven kwamen ze bij het volgende station, Frere. Een patrouille van de Natalse politie kwam hen vertellen dat er geen Boeren waren gesignaleerd.

Verder dan maar naar de volgende halteplaats, Chieveley? Dat lag hoger, daar hadden ze een beter uitzicht. Haldane had van kolonel Charles Long, de garnizoenscommandant van Estcourt, opdracht gekregen om zo ver mogelijk door te rijden, liefst tot Colenso aan toe. De hellingen lagen er groen en vredig bij. Vooruit maar.[20]

De verkenningstochten met de gepantserde trein waren een dagelijkse corvee voor de in Estcourt samengetrokken troepen. De soldaten die aan de beurt waren vonden het een straf, de oorlogscorrespondenten vonden het onzinnig, maar Long was onverbiddelijk. Dat één patrouille te paard meer informatie opleverde dan het hele opzichtige, luidruchtige gevaarte deed niet ter zake. De kolonel hechtte aan de vaste routine, als om te demonstreren dat hij zich niet van de wijs liet brengen door de Boeren.

Churchill was nu al een dag of tien in Estcourt en hij hield niet van afwachten. Direct na aankomst had hij een mooie opsteker gekregen.

Goede berichten uit Londen. Zijn net verschenen nieuwe boek *The River War* over Kitcheners veldtocht in Soedan was lovend besproken. Reden te meer om zich ook hier te onderscheiden. Hij had laten rondvertellen dat hij een hoge beloning overhad voor degene die hem door de Boerenlinies heen naar Ladysmith zou loodsen. Hij had een paar keer beetgehad bij militaire gidsen, maar het was jammer genoeg steeds afgeketst. Hun superieuren vonden het niet zo'n geweldig idee '*to lead a bloody war correspondent into Ladysmith*'.

Dus eigenlijk was afleiding meer dan welkom. Churchill was al eerder mee geweest op verkenningstochten, één keer te paard met het complete garnizoen en één keer met dezelfde gepantserde trein. Ze waren toen helemaal doorgereden tot aan Colenso. Het laatste stuk in slakkengang. Op zo'n vijfhonderd meter van het plaatsje was de bevelvoerend officier – een andere dan Haldane – samen met een sergeant uitgestapt om te voet poolshoogte te nemen. Churchill had zich uiteraard bij hen gevoegd. Colenso bleek verlaten. Het was nog kleiner dan Estcourt en het was duidelijk '*ransacked and plundered by the Boers and the Kaffirs*'. Overal lag huisraad. Hier en daar een uitgebrand huis. Midden op de weg een dood paard, zijn vier benen stijf omhoog. Aan het eind van de straat zwaaide een achterblijver verschrikt met een wit vod aan een stok. '*But no Dutchmen were to be seen.*' Wel waren hier de spoorrails opgebroken en hingen de telegraaflijnen slap op de grond. Allemaal eenvoudig te repareren, en de brug over de Tugela was zelfs helemaal intact. Kennelijk wilden de Boeren er zelf nog gebruik van maken, concludeerde Churchill. Ze bleven maar kort in Colenso en de terugrit ging op volle snelheid. Onderweg de bekende soldatenverhalen. De een had zwarte stipjes gezien op de heuveltoppen. De ander dacht dat het onmogelijk Boeren geweest konden zijn, dat ze nog ver weg waren.

Maar dat was inmiddels een week geleden. Het was nu woensdag 15 november en dat er Boeren in de buurt waren stond wel vast. Maar waar precies? De trein naderde Chieveley, toen Churchill ze plotseling ontdekte. Een honderdtal ruiters in volle galop, zo'n anderhalve kilometer van de spoorlijn. In het station liet Haldane naar Estcourt telegraferen dat ze veilig in Chieveley waren aangekomen, en dat er Boeren in de directe omgeving waren. Het antwoord van Long liet niet op zich wachten. Ze moesten terug naar Frere en van daaruit de ontwikkelingen blijven volgen.

De machinist gaf maar al te graag gehoor aan het bevel. De trein zette zich weer in beweging, de andere kant op. De wagon met Churchill en Haldane en het scheepskanon nu dus achteraan. Om beter te kunnen zien ging Churchill op een kist staan. Na een paar kilometer kwamen ze uit een flauwe bocht en werd duidelijk dat het mis was. Op een rotsige heuvel vijfhonderd meter van de spoorlijn wachtten de Boeren hen op. Plotseling kwamen er '*three wheeled things*' over de top tevoorschijn. Hij zag een paar felle lichtflitsen, even was het onwerkelijk stil en toen barstte het los. Boven hun hoofd spatte een witte rookwolk uiteen. Hij sprong van zijn kist om dekking te zoeken. Het begon te hagelen tegen de beplating. Churchill had eerder onder vuur gelegen, op Cuba. Hij had oog in oog gestaan met mannen met kromzwaarden, bij Tirah en bij Omdurman. Maar dit was anders, heel anders. Repeteervuur en granaatscherven, afkomstig van honderden Mausers, een Maxim machinegeweer en twee veldkanonnen. Er was geen keus. Ze moesten erlangs. De machinist meerderde vaart.[21]

Voor de Dublin Fusiliers was het niet de eerste kennismaking met de vuurkracht van de Boeren. Bij Talana hadden ze nog een – zwaarbevochten – overwinning behaald, maar *Mournful Monday* was ook voor hen een smadelijke nederlaag geweest. Op 30 oktober waren ze bij de Modderspruit urenlang bestookt en uiteindelijk totaal ontredderd teruggevlucht naar Ladysmith. Schrale troost voor het Ierse zelfgevoel was dat de Schotse Gordon Highlanders en de Engelse regimenten het er minstens zo slecht vanaf hadden gebracht. Zoals het voor '*Tommy Atkins*' – de Britse 'Jan Soldaat' – sowieso een meevaller was dat de desastreuze afloop minder aan hem werd geweten dan aan zijn falende officieren.

Luitenant-generaal Sir George White voorop. Zijn optreden in Noord-Natal miste van meet af aan iedere realiteitszin, met uitschieters naar beide kanten. De beslissing om de Boeren op te wachten ten noorden van de Tugela getuigde van overmoed, maar na de eerste drie kleine overwinningen bij Glencoe, Talana en Elandslaagte viel hij ten prooi aan onzekerheid. Hij trok al zijn troepen overhaast terug in Ladysmith. Daar vatte hij nieuwe overmoed. Eén grote, beslissende confrontatie, zo leerden de boekjes het, zo ging hij het aanpakken.

Dagenlang liet hij verkenningen uitvoeren, onder meer met een observatieballon, dus hij wist precies waar de Boeren zich ophielden. Die lagen verspreid over een breed front op de heuvels ten noordoosten van Ladysmith, grofweg in een hoefijzervorm. De hoofdmacht van Joubert bevond zich in het midden, op Pepworth Hill. Daarop ging White zijn aanval concentreren. Een ouderwetse opmars annex stormaanval, uit te voeren door de bij Elandslaagte succesvolle infanteriebrigade van Ian Hamilton, ondersteund door artillerie en cavalerie, en dit keer met White zelf aan het hoofd. Op de rechterflank zou kolonel Geoffrey Grimwood met een tweede, vergelijkbaar samengestelde brigade een omtrekkende beweging maken richting Long Hill, daar de Boeren verjagen en dan vanuit het zuidoosten eveneens de aanval inzetten op Pepworth Hill. Als de Boeren door deze gecombineerde aanval gedwongen waren tot de aftocht, stond hun een onaangename verrassing te wachten. Op de Britse linkerflank zou luitenant-kolonel F.R.C. Carleton met de Royal Irish Fusiliers en de Gloucesters intussen Nicholson's Nek hebben ingenomen om de vluchtende Boeren de pas af te snijden.

Het was een wild plan. Dat vonden de meeste van zijn stafofficieren ook. De Boeren zaten nog behoorlijk ver weg, wierpen ze tegen, verscholen in de heuvels. Was het niet beter te wachten totdat ze dichter bij Ladysmith waren gekomen? White zette door, hij wilde per se een beslissende klap uitdelen. Hij had meer mannen tot zijn beschikking dan Joubert – twaalfduizend tegenover zevenenhalfduizend – en drie keer zoveel kanonnen – zestig om twintig. Bovendien was hij erg te spreken over de hinderlaag bij Nicholson's Nek die majoor W. Adye, een van zijn stafofficieren, had bedacht. Op zondag 29 oktober, na de laatste verkenningen, nam White de definitieve beslissing. Maandag werd de dag van de waarheid, zondagnacht zouden de troepen hun posities innemen. 's Avonds om elf uur vertrok Carleton met zijn colonne naar het noorden, richting Nicholson's Nek. Korte tijd later zetten ook de twee brigades zich in beweging, Grimwood naar Long Hill in het oosten, White zelf met Hamilton naar Pepworth Hill in het noordoosten.

De Boeren wisten niet wat er op hen af kwam, maar Joubert had een gelukkige hand van manoeuvreren gehad. Voorzichtig als hij was, had hij bij nader inzien zijn bedenkingen over de vooruitgeschoven positie op Long Hill. Zondagavond – de Britse verkenningsballon was al uit de lucht – gaf hij het daar gelegen Lydenburgcommando onder generaal Schalk Burger opdracht de heuvel te ontruimen en zich terug te trekken tot achter de Modderspruit. Terzelfder tijd kreeg hij het bericht dat er extra troepen waren aangekomen, vierhonderd 'Zarps' uit Johannesburg. Om het westelijke uiteinde van zijn 'hoefijzer' te versterken liet hij hen positie kiezen bij Nicholson's Nek. De derde meevaller was de aankomst op het oorlogsterrein van het zwaarste kaliber geschut waarover de Boeren beschikten, een fameuze *Long Tom*. Er waren liefst tweeëntwintig muilezels en honderden gespierde mannen voor nodig, maar toen stond het ontzagwekkende kanon bovenop Pepworth Hill, in de stelling die luitenant-kolonel S.P.E. Trichard van de staatsartillerie speciaal daarvoor had laten bouwen.

Hoe gelukkig deze drie ingrepen uitpakten bleek maandagochtend. Bij zonsopgang, om vijf uur, kwam Grimwood tot de ontdekking dat heel zijn nachtelijke opmars gericht was geweest op een verlaten heuvel. Zijn brigade werd wel onder vuur genomen, maar niet vanaf Long Hill. Het was de *Long Tom* die hen vanaf Pepworth Hill bestookte, en bovendien kwam er ook nog eens zwaar artillerie- en geweervuur uit het oosten. Dat laatste was zo intensief dat hij zijn aandacht daarheen moest verleggen. Daarmee viel het hele Britse strijdplan in duigen. In plaats van de aanval op Pepworth Hill te ondersteunen, had Grimwood al snel zelf hulp nodig. Die kwam er wel, van White en Hamilton, maar het gevolg daarvan was dat nu beide Britse brigades op andere plekken slag leverden dan ze hadden voorbereid. Van de zorgvuldig uitgetekende taakverdeling tussen de eenheden artillerie, infanterie en cavalerie bleef niets meer over. Het werd ieder legeronderdeel voor zich, het kwam nu aan op improviseren, en daarin bleken de Britse troepen – officieren zowel als manschappen – veruit de minderen van hun tegenstanders. Om half twaalf besloot White tot een algehele terugtocht, die onder de aanhoudende beschietingen van de oprukkende Boeren uitliep op een chaotische vlucht. De slag bij de Modderspruit, de eerste grootscheepse confrontatie tussen beide legers, eindigde zo in een kansloze Britse nederlaag.

Het werd allemaal nog extra pijnlijk door het gelijktijdige drama bij Nicholson's Nek. Of eigenlijk was de ellende daar nog vroeger begonnen, al om twee uur 's nachts. De colonne van Carleton – negenhonderdvijftig man infanterie en honderdvijftig man artillerie met berggeschut – was minder ver gevorderd dan de bedoeling was. Het zag er naar uit dat ze Nicholson's Nek niet vóór zonsopgang zouden bereiken. Carleton en Adye, die was meegegaan om zijn eigen plan in werking te zien, besloten om dan maar posities in te nemen op de nabijgelegen Cayingubo Hill. Maar toen sloeg het noodlot toe. Er brak, de precieze oorzaak is moeilijk te achterhalen, paniek uit. Losgeraakte stenen, geweerschoten, er doen verschillende versies de ronde. Zeker is dat de muilezels, bepakt met het demontabele berggeschut en de munitievoorraden, op hol sloegen en in het donker de heuvel af stormden. Tal van manschappen werden vertrapt, meegesleurd of zetten het zelf ook op een lopen. Einde missie, zo leek het, maar Carleton en Adye wilden het nog niet opgeven. Ze herstelden de orde en lieten de overgebleven troepen stellingen betrekken op de zuidelijke kant van de Cayingubo, in afwachting van vluchtende Boeren.

Ze hoefden niet lang te wachten, maar op de vlucht waren de Boeren allerminst. Alle tumult op de heuvel had de aandacht getrokken van drie verschillende eenheden. Zodra de dag aanbrak, opende een afdeling van het Pretoriacommando onder leiding van veldkornet Piet Zeederberg het vuur vanuit het zuidoosten. Vanaf de andere kant beklommen driehonderd Vrijstaters van het Heilbroncommando de – voor de Britten 'blinde' – noordelijke helling van de Cayingubo. Voor hun aanvoerder, waarnemend commandant Christiaan de Wet, was het een herhaling van Majuba. Hij was erbij geweest, achttien jaar geleden, en het ging weer precies zo. Ook nu lieten de Engelsen één helling vrij, ook nu konden de Boeren daar steeds verder oprukken, kruipend door het hoge gras en dekking zoekend achter de vele rotsblokken. Tegen acht uur kregen de Vrijstaters versterking van de Zarps van commandant G.M.J. van Dam. De Britse troepen op de zuidelijke helling zaten klem.

Haast hadden de Boeren niet. Ze klommen langzaam steeds hoger, wetend dat de hitte en de vermoeidheid hun tol zouden eisen. Tegen elf uur begonnen de voorste eenheden van de Gloucesters zich terug te trekken. Om half twaalf zag Carleton regelmatige lichtflitsen uit de richting van de Britse hoofdmacht. Een morseboodschap van White via de heliograaf, de zonnespiegel. '*Retire as opportunity offers*', las hij, maar daar was voor hen weinig kans op. Ze zaten ingesloten, en hun munitie raakte op. Om kwart over één verschenen hier en daar witte vlaggen. De Boeren kwamen prompt tevoorschijn uit hun schuilplaatsen. Carleton en Adye beseften dat het gedaan was en gaven zich over. Wie van de Gloucesters en de Royal Irish Fusiliers nog niet gesneuveld, gewond of gevlucht was – zo'n 840 man – werd krijgsgevangen gemaakt.

Nicholson's Nek trok de toch al ongelijke verliescijfers van de Modderspruit – de Engelsen vatten beide slagen samen tot één *Battle of Ladysmith* – nog verder uit balans. In totaal vielen op maandag 30 oktober 1899 onder de Boeren 16 doden en 75 gewonden. De Britten betreurden 106 doden, 374 gewonden en liefst 1284 krijgsgevangenen.

Maar opnieuw gold: het had nog veel erger kunnen zijn. Als commandant-generaal Joubert gehoor had gegeven aan de dringende verzoeken van zijn jongere bevelvoerders, dan hadden de Engelse kranten wellicht een nog treuriger alliteratie moeten bedenken dan *Mournful Monday*. Commandanten als De Wet en Louis Botha, de vervanger van de ziek geworden generaal Lukas Meyer aan het oostelijke uiteinde van het Boerenhoefijzer, popelden om de achtervolging in te zetten op de naar Ladysmith terug vluchtende Britse troepen. Maar Joubert gaf geen toestemming. De burgers waren te vermoeid, meende hij, hij wilde niet het risico lopen de overwinning alsnog te vergooien. Bovendien was het in zijn ogen '*onchristelik om 'n vlugtende vyand te agtervolg*'. De Wet, die vanaf zijn heuveltop lijdzaam moest toekijken hoe de vlakte zich vulde met gedemoraliseerde Britse soldaten, liet zijn frustratie de vrije loop. Alsof Joubert naast hem stond, siste hij: '*Los jou ruiters, los jou ruiters!*'[22]

Zodoende waren de Dublin Fusiliers bij de Modderspruit ontsnapt aan een soortgelijke vernedering als hun landgenoten van de Royal Irish Fusiliers bij Nicholson's Nek. De massale overgave van Britse militairen, meer nog dan de aantallen doden en gewonden, wekte binnen en buiten legerkringen grote ontsteltenis. Churchill had zich er enorm over opgewonden, ook in zijn stukken voor de *Morning Post*. In een persoonlijke brief aan de adjudant-generaal van de strijdkrachten Sir Evelyn Wood – ook zo'n oude vriend van de familie – had hij zich zelfs afgevraagd of de verantwoordelijke officieren niet moesten worden bestraft.[23]

Maar nu was het vijf dagen later, 15 november, en lag Churchill zelf onder vuur van de Boeren. Samen met de Dublin Fusiliers en kapitein Haldane dekking zoekend in een gepantserde trein die steeds sneller van de heuvel af denderde. Gaan we niet te hard? vroeg hij zich af, de Boeren hadden verderop vast de rails geblokkeerd. Hij draaide zich net om naar Haldane om te zeggen dat iemand de machinist moest waarschuwen, toen de klap kwam. Alsof de trein tegen een muur reed, zo abrupt kwam hij tot stilstand. De mannen in de wagon vlogen over elkaar heen. Nadat hij van de eerste schrik bekomen was, ging Churchill op zijn kist staan. Veel tijd om te kijken hoe de voorkant van de trein eraan toe was, kreeg hij niet. De kogels vlogen hem om de oren, en sloegen als een hagelstorm op de stalen platen. Hij dook weer naar beneden en overlegde met Haldane. Niemand van de Dubliners en de matrozen was gewond. Als zij nu het vuur van de Boeren zouden beantwoorden met hun geweren en het scheepskanon, dan ging Churchill op onderzoek uit. Haldane stemde toe.

Onder dekking van het treinstel rende Churchill, zich zo klein mogelijk makend, naar voren. De locomotief en de kolentender stonden nog op de rails, maar de drie wagons daarvóór waren ontspoord. Een groot rotsblok was genoeg geweest. De voorste wagon met het spoorwegmaterieel was omgeslagen en losgeschoten, en lag nu op zijn kop naast de rails. De twee volgende wagons, met de Durban Light Infantry en de werklui, waren geschaard. Eentje was een kwartslag gekanteld, allebei lagen ze voor een deel op de spoorlijn. Toen hij langs de locomotief rende, ontplofte er vlak boven zijn hoofd een granaat. Hij bleef ongedeerd, maar de machinist werd getroffen door een scherf. Met bebloed gezicht en veel misbaar kwam hij zijn locomotief uit. Hij was een burger, riep hij verontwaardigd, hij werd niet betaald om zich te laten kapotschieten, hij ging nu meteen dekking zoeken in een van de wagons.

Churchill realiseerde zich dat er zonder machinist geen ontsnappen mogelijk was, en gebruikte al zijn overredingskracht om de man te kalmeren. Als hij – Charles Wagner heette hij – op zijn post zou blijven, kon hij een onderscheiding tegemoet zien voor '*distinguished gallantry in action*', verzekerde Churchill hem, en dat werkte. Wagner veegde het bloed van zijn gezicht en klom weer in de locomotief. Churchill rende door naar voren. De mannen van de Durban Light Infantry waren uit hun wagon geslingerd, maar de meesten bleken in staat een geweer vast te houden en af te schieten. Hij rende weer terug naar achteren. Hij had een plan.

Dat Churchill zelf ook een burger was, een correspondent die geacht werd de oorlog te verslaan maar niet eraan deel te nemen, kwam geen seconde in hem op. Onder het vijandelijke vuur gedroeg hij zich onmiddellijk als de officier die hij was geweest, en nam hij automatisch de leiding. Ook kapitein Haldane accepteerde dat schijnbaar vanzelfsprekend, toen Churchill hem zijn plan uitlegde. De Dubliners en voorin de Durban Light Infantry moesten de Boeren met geweervuur op een afstand houden, dan zou Churchill proberen om de twee wagons die de rails blokkeerden, opzij te laten duwen en trekken door de locomotief. Met alle vaklui en gereedschap die ze bij zich hadden, zou dat normaal gesproken geen al te ingewikkelde klus zijn geweest. De moeilijkheid was alleen dat veel van de spoorwegarbeiders er inmiddels vandoor waren gegaan en dat het materiaal verspreid lag over de omgeving. En natuurlijk vooral dat de Boeren hen bleven bestoken. Het eigen scheepskanon was al vrij snel kapot geschoten.

Toch ging Churchill aan de slag, geholpen door de machinist die zijn aanwijzingen nu plichtsgetrouw opvolgde. Eerst werd de ene, half gekantelde, wagon ontkoppeld en van de rails af geduwd. De andere wagon zorgde voor meer problemen. Door een combinatie van stoom- en spierkracht – negen vrijwilligers trotseerden het spervuur van de Boeren – lukte het uiteindelijk om ook die van de rails te krijgen. Dat wil zeggen, bijna helemaal. Net genoeg om de kolentender te laten passeren, maar de locomotief was breder en kon er niet langs. Keer op keer zette de machinist opnieuw aan, heel voorzichtig, om de locomotief zelf ook niet te laten ontsporen. Pas bij de elfde of twaalfde keer – ze waren alles bij elkaar al meer dan een uur bezig – lukte het. De wagon werd iets omhoog getild, het schurende geluid van staal op staal, de locomotief helde gevaarlijk over naar rechts, maar wrong zich er uiteindelijk langs. De weg terug naar Estcourt lag voor hen open.

Dat wil zeggen, voor de locomotief. Tot Churchills ontgoocheling had de koppeling met de wagon erachter het op het beslissende moment begeven. Opnieuw terug met de locomotief, langs het obstakel, was een te groot waagstuk. De losgeraakte wagons met z'n allen opduwen, tot aan de locomotief, dat bood de Boeren evenzovele schietschijven. Er zat niets anders op dan de gewonden – inmiddels meer dan veertig man – in de locomotief en de tender te laden, en de rest te laten meerennen aan de beschermde kant. Achthonderd meter verderop, dichtbij het station van Frere, stonden wat huisjes. Daar konden ze mogelijk standhouden, terwijl de locomotief door zou rijden naar Estcourt, om versterking te halen.

De Boeren zagen dat hun prooi dreigde te ontsnappen, en verhevigden hun beschietingen. De machinist meerderde vaart, steeds meer manschappen kregen moeite om de locomotief bij te houden, en haakten af, onder wie Haldane. Bij de huisjes aangekomen, sprong Churchill van de locomotief, om de achterblijvers op te vangen. Wagner liet hij doorrijden, met de gewonden, veilig richting Estcourt. Zelf rende hij terug, langs de door een helling uitgegraven spoorlijn.

Wat hij niet wist, was dat de meeste achtergebleven manschappen zich inmiddels hadden overgegeven. De twee mannen zonder uniform die hij plotseling zag opduiken, waren niet, zoals hij even dacht, Engelse spoorwegarbeiders. Het waren Boeren. Met geweren, honderd meter van hem vandaan. Hij zette het op een lopen, hoorde links en rechts de kogels inslaan, voelde dat zijn hand werd geraakt, maar rende door en slaagde erin de helling langs de spoorbaan op te klauteren. Gered, leek het, maar boven aan de helling wachtte verder onheil. Aan de andere kant van de spoorlijn kwam een ruiter aan galopperen, een lange, donkere figuur, met zijn geweer in de aanslag. Op een meter of veertig liet hij zijn paard steigeren, en schreeuwde een commando. Churchill taxeerde zijn kansen. Hij kon 'm raken, en hij had – oorlogscorrespondent of niet – een Mauserpistool. Hij had eerder geschoten om te doden, in Tirah en in Omdurman. Hij greep naar zijn holster. Het pistool was weg. Langzaam stak hij zijn handen in de lucht.[24]

Oorlogsrecht

Pretoria, 18 november 1899

De aankomst op het station vond hij een verschrikking. Onderweg, lopend door Natal en tijdens de treinreis, was Churchill de Boeren bijna aardig gaan vinden. Ze waren nieuwsgierig, op een onbevangen manier, dromden om hem heen, gaven hem koffie en sigaren, verbonden zijn gewonde hand en vroegen honderduit. '*So they were not cruel men, these enemy*,' had hij verbaasd genoteerd, terwijl hij zich had ingesteld op ontberingen en vernederingen. Maar nu, hier op het perron in Pretoria, voelde het heel anders. Voor de eenvoudige, deugdzame burgers die naar het front gingen om have en goed te verdedigen, had hij in die drie dagen gevangenschap respect gekregen, zelfs sympathie. Hier hing vijandigheid in de lucht. En corruptie, niet te vergeten. Dit waren de profiteurs, de dikke buiken die anderen de kastanjes uit het vuur lieten halen. Glibberige types, Portugezen, Hollanders, allerlei verachtelijk volk. Lelijke vrouwen ook, met voddige kleren. Zeker twintig minuten stonden de Britten te kijk, in de volle zon.

Een hele rij fototoestellen legde hun schaamte vast. Krijgsgevangenen, overgeleverd aan de genade van de vijand, gedwongen om te gehoorzamen. Een paar dagen eerder had hij zich nog denigrerend uitgelaten over al die officieren die zichzelf en hun manschappen zo makkelijk overgaven. Nu had hij hetzelfde moeten doen. De ultieme vernedering. Van de politie met hun witte helmen – Zarps heetten ze, hoorde hij – moesten ze in het gelid gaan staan. Hijzelf, Haldane en nog een officier, de vijftig man van de Dublin Fusiliers en de Durban Light Infantry. Konden die niet ophouden met hun geginnegap? '*Now for the first time since my capture I hated the enemy.*'

Zijn bekendheid hielp hem hier niet. Aanvankelijk werd hij ingedeeld bij de soldaten. Haldane nam het voor hem op. Churchill hoorde bij de officieren, protesteerde hij. Niet omdat hij zich bij de trein in alle opzichten had gedragen als een officier, dat leek niet zo'n verstandig argument, maar omdat hij oorlogscorrespondent was en ook nog eens de zoon van een Lord. We hebben hier niets te maken met jullie Lords en Ladies, was het bitse antwoord. Bij een veldkornet had Haldane meer succes. Een paar minuten later werd Churchill weer verenigd met de twee officieren. Dat scheelde aanzienlijk in de soort behandeling. De soldaten werden afgemarcheerd naar de al met tweeduizend man bevolkte racebaan, voor officieren was de Staatsmodelschool, de opleidingsschool voor onderwijzers, provisorisch ingericht als gevangenis. Bij aankomst troffen ze er zo'n zestig andere Britse officieren.

Hij bekeek ze met gemengde gevoelens, maar in ieder geval waren ze hier weer Britten onder elkaar, in een relatief comfortabel onderkomen, en de verzorging bleek al spoedig meer dan voortreffelijk. Toch wilde Churchill maar één ding: zo snel mogelijk weg. Al meteen na zijn gevangenneming had hij zich beroepen op zijn journalistieke status. Hij was een burger en behoorde te worden vrijgelaten. Het was, dat besefte hij zelf maar al te goed, niet zo'n sterke redenering. Hij droeg een soort uniformjasje, en had een actieve, zelfs leidende rol gespeeld in een gevechtssituatie. Met evenveel recht had een krijgsraad te velde hem kunnen laten executeren. Bovendien mocht hij de Boer die hem gevangen had genomen – veldkornet Sarel Oosthuizen, al zou Churchill zelf zijn leven lang volhouden dat het Louis Botha in eigen persoon was geweest – wel dankbaar zijn. Toen Churchill werd opgebracht, had hij zich plotseling gerealiseerd dat hij nog twee clips munitie in zijn zakken had voor zijn Mauserpistool. '*Soft-nosed bullets*', oftewel dumdumkogels, buitengewoon bezwarend bewijsmateriaal. Eén clip wist hij ongemerkt op de grond te gooien, maar bij de tweede werd hij betrapt. '*What have you got there?*' vroeg de donkere ruiter in het Engels. Churchill speelde de vermoorde onschuld, en deed zijn hand open. '*What is it? I picked it up.*' Hij kwam ermee weg. De man pakte de clip aan, keek ernaar, en gooide 'm weg, zonder iets te zeggen.

De Boerenleiders aan wie zijn verzoek werd voorgelegd, wilden van geen vrijlating weten. Staatsprocureur Jan Smuts bevond zich in de tent van commandant-generaal Joubert toen deze de beslissing moest nemen. Smuts' advies was helder. Churchills optreden bij de trein was overduidelijk niet dat van een burger, maar van een militair, en wat voor één, er deden al volop heldenverhalen de ronde. Vasthouden als krijgsgevangene dus. Joubert dacht er precies hetzelfde over. Daarbij kwam dat hij geen al te beste herinneringen had aan Churchills vader, Lord Randolph, die zich acht jaar eerder, tijdens zijn reis in zuidelijk Afrika, erg negatief had uitgelaten over het Boerenbewind. Nadat Churchill al per trein was aangekomen in Pretoria, drong Joubert er nog eens per telegram op aan 'dat de zoon van Lord Churchill gedurenden den oorlog *niet* losgelaten zal worden'.

Het officiële verzoek dat Churchill vanuit de Staatsmodelschool indiende om erkenning van zijn burgerstatus, werd dan ook afgewezen. President Paul Kruger was zelf geneigd tot toegeeflijkheid, maar vond dat hij Joubert niet kon bruuskeren. Churchill bleef dus gevangen. Gelukkig was het regime uiterst draaglijk. Behalve aan vrijheid ontbrak het de Britse krijgsgevangenen aan niets. Ze sliepen met z'n zessen op een kamer, maar wie het 's nachts te heet vond, zoals Churchill, mocht de nacht ook doorbrengen op de veranda, slechts gescheiden van de straat door een simpel ijzeren hek. Een eigen mess-commissie zorgde voor aanvulling van de dagelijkse gevangeniskost. Ze konden kopen wat ze wilden bij locale leveranciers – alleen vuurwapens uitgezonderd. Zo verruilde Churchill de aan iedereen verstrekte mosterdgele kleding voor een donker tweed pak. Ook mochten ze vrijelijk contact onderhouden met de buitenwereld, via telegrammen, brieven en bezoekers. Churchill kon gewoon zijn bijdragen blijven sturen aan de *Morning Post*. Ook verder stelde de gevangenisdirectie zich welwillend op. Onderdirecteur J.W.B. Gunning, '*an amiable little Hollander*', deed wat hij kon om het verblijf voor de krijgsgevangenen aangenaam te maken, tot het uitlenen van boeken uit de nationale bibliotheek aan toe. Met de Transvaler van Portugese afkomst Louis de Souza, naast directielid ook secretaris op het departement van Oorlog en als zodanig de tweede man onder Joubert, bouwde hij zelfs een bijzondere band op. Beide mannen begonnen een correspondentie, en De Souza kwam geregeld op bezoek. Onder het genot van een fles whisky, nota bene door de bezoeker meegesmokkeld in een fruitmand, betwistten ze dan beschaafd elkaars krijgskansen. Compleet met kaarten van het strijdtoneel. Tegenstanders, maar gentlemen.

Over bezoek had Churchill toch al niet te klagen. De Amerikaanse consul Charles Macrum die, via via opgetrommeld door zijn moeder, kwam kijken hoe het met hem ging. Andere oorlogscorrespondenten die hem interviewden. Onderstaatssecretaris van Buitenlandse Zaken Pieter Grobler die met hem kwam discussiëren over het waarom van de oorlog. Hij was een bezienswaardigheid, zowel door zijn familienaam als door zijn recent verworven eigen faam. Exact wat hij altijd had gewild, maar wat had hij eraan als hij hier vastzat? Hij werd gek van het opgesloten zijn, hoe luxe ook. De hekken, de bewakers, de regels, hij haatte het, het voelde als een constante vernedering. Hij moest hier weg, hij bleef het proberen.

Hij schreef brief na brief aan de Transvaalse regering om zijn zaak te bepleiten. Hij haalde Haldane over om voor hem te getuigen. Hij richtte zich zelfs – op zijn verjaardag, 30 november – tot Edward, Prince of Wales, die zijn moeder tot haar vrienden mocht rekenen, in een lange brief met bijbedoelingen. Het ging hem er vooral om, zo schreef hij, om aandacht te vragen voor het dappere optreden van Charles Wagner, de machinist van de gepantserde trein. Maar in zijn verslag liet hij tevens scherp uitkomen dat hij zelf uitsluitend '*noncombatant*' actief was geweest. De passage was ongetwijfeld mede bedoeld voor de Transvaalse censor, net als zijn lovende woorden over de voorkomendheid, moed en menselijkheid van de Boeren. Dezelfde dag schreef hij nog een tweede lange brief, aan een andere bewonderaar van zijn moeder, de Amerikaanse ondernemer en politicus Bourke Cockran met wie hij zelf bevriend was geraakt op doorreis naar Cuba. Daarin gaf hij meer van zijn echte gevoelens bloot: '*I am 25 today – it is terrible to think how little time remains.*'[25]

Ongeduldig, beschaamd en daarbij mismoedig door het uitblijven van opbeurende berichten, zo sleet Churchill zijn dagen in de Staatsmodelschool. Voor een Britse patriot was er al niet veel goeds te melden over het krijgsverloop, maar alle nieuws van de vier fronten bereikte hem ook nog eens in een gekleurde Boerenversie. Daartegen was zelfs zijn gebruikelijke onverstoorbaarheid niet altijd bestand.

De eerste nacht in gevangenschap, koud en nat in een schuur in Natal, had hij al een aanval van somberheid gehad. Hij kon niet slapen, hoorde hoe de Boeren hun avondpsalmen zongen. Erger dan granaten, vond hij dat, '*it struck the fear of God into me*'. Wat als de oorlog echt onrechtvaardig was en de hemel zich tegen hen had gekeerd, omdat de Boeren inderdaad betere mensen waren dan zij? Hij zag het al helemaal voor zich: Ladysmith, Mafeking en Kimberley gevallen, het garnizoen in Estcourt ten onder, interventie van buitenlandse mogendheden, Zuid-Afrika verloren, dat zou het begin van het einde zijn.

De volgende morgen had de zon weer geschenen, en dat hielp om de schaduwen te verdrijven. Onderweg naar Pretoria combineerde hij het journalistiek nuttige met het persoonlijk onaangename, door uitgebreid notities te maken van de goedmoedige twistgesprekken met zijn bewakers. Zo kregen ook de lezers van de *Morning Post* een aardig idee van wat er leefde onder de gewone Boeren. Bijvoorbeeld over de schuldvraag: '*You know it's those damned capitalists and Jews who have caused the war.*' En over de omstreden cavaleriecharge bij Elandslaagte: '*We have heard that your Lancers speared our wounded.*' Maar het meest onthullende voor laat-negentiende-eeuwse Britse krantenlezers – en zeker voor eenentwintigste-eeuwse meelezers – was wat Churchill optekende uit de mond van ene Spaarwater, een Transvaalse Boer uit het district Ermelo. Het leek een zachtaardig man, die echter uit zijn slof schoot toen ze kwamen te spreken over het begrip 'vrijheid'. Die hadden ze in Transvaal en Oranje Vrijstaat wel, beweerde Spaarwater, maar in Natal en de Kaapkolonie was het leven '*not free*', omdat de zwarte bevolking daar veel te veel rechten had. '*Well, is it right that a dirty Kaffir should walk on the pavement – without a pass too? That's what they do in your British Colonies. Brother! Equal! Ugh! Free! Not a bit... WE know how to treat Kaffirs in THIS country...*

We educate 'em with a stick... They were put here by the God Almighty to work for us. We'll stand no damned nonsense from them.' Churchill had er verder het zwijgen toegedaan.

In Pretoria kregen zijn discussies met de vijand een beschaafd vervolg op bestuurlijk niveau, met De Souza en Grobler, maar hij werd er ook geconfronteerd met de heel wat minder fijnzinnige Transvaalse pers. Die maakte hem het verblijf in de Staatsmodelschool een stuk zwaarder. Vooral *De Volksstem* die voortdurend melding maakte van mythische Boerenoverwinningen en Britse lafheid stemde hem treurig. Schaamteloze propaganda natuurlijk, oordeelde hij, maar als je geen andere nieuwsbronnen had, zetten al die verdachtmakingen zich toch vast. Generaal Koos de la Rey die ook aan het westelijke front een gepantserde trein had buitgemaakt en daarin een voorraad dumdummunitie zou hebben aangetroffen. Zogenaamd misbruik van de witte vlag door het belegerde garnizoen van Mafeking, gevolgd door een nachtelijke bajonetaanval. Natuurlijk steeds weer die cavaleriecharge bij Elandslaagte. Nog meer vermeende vondsten van dumdumkogels na de slag bij Rietfontein. Generaal Kock die, zwaargewond achtergebleven op het slagveld van Elandslaagte, zou zijn beroofd van al zijn bezittingen, zelfs zijn kleren. Allemaal ongetwijfeld verzonnen of in ieder geval zwaar aangedikt, maar het voelde toch ongemakkelijk.

De meeste stampei maakten de Transvaalse bladen over de vermeende inzet van zwarte en gekleurde hulptroepen. Zowel in Mafeking als in Kimberley zouden de Britse bevelvoerders de lokale niet-blanke bevolking hebben gedwongen om mee te doen aan gevechtsacties. Dat was in strijd met de stilzwijgende afspraak tussen de oorlogvoerende partijen over een *white man's war*. Met name spraken de kranten schande van een incident in Derdepoort, een plaatsje in West-Transvaal, aan de grens met Bechuana. Op 25 november was daar in de buurt een Boerenlager aangevallen door een groep Kgatla onder leiding van Segale, een halfbroer van het stamhoofd Lentshwe. Ze zouden zijn bewapend en ondersteund door Britse troepen. Vervolgens zouden de Kgatlastrijders ook Derdepoort zelf zijn binnengevallen, daar een slachting hebben aangericht en een aantal Boerenvrouwen en -kinderen hebben meegevoerd naar Bechuana. Wat moest Churchill daar nu van denken?[26]

Willem Leyds wist heel goed wat hij daarvan moest denken, net zoals van Elandslaagte, die dumdum-kogels en het misbruik van de witte vlag. Het was ongetwijfeld waar. Het rechtstreekse telegraafverkeer met Pretoria werd sinds het uitbreken van de oorlog onmogelijk gemaakt door de Britse militaire censors, maar via allerlei omwegen en natuurlijk per mail kwamen hem geregeld betrouwbare berichten onder ogen over misdragingen van de Britse troepen. Al op 26 oktober 1899 stuurde hij vanuit het gezantschap in Brussel een persbericht de wereld in dat 'de Engelschen gekleurde inboorlingen wapenen en zich van hen bedienen om tegen de Boeren te vechten'. Als officiële vertegenwoordiger van de Zuid-Afrikaanse Republiek protesteerde hij fel – daar had hij geen directe opdracht van zijn regering voor nodig – tegen 'deze snoode en verderfelijke handeling... die in hare consequenties een groot gevaar oplevert voor alle blanken in Zuid-Afrika'.

En daar bleef het niet bij. De Britse soldaten gedroegen zich op het slagveld '*en vrais barbares*', schreef Leyds begin december aan de Russische gezant in Brussel, N. de Giers. De bewijzen stapelden zich op. Ze maakten ontwapende tegenstanders af alsof ze op zwijnenjacht waren, beroofden doden en gewonden van hun trouwringen en andere bezittingen, gebruikten witte vlaggen om militaire operaties te maskeren, en schoten met dumdumkogels en – giftige – lydietgranaten. Allemaal schendingen van het oorlogsrecht, zoals vastgelegd in de Conventie van Genève van 1864 en nog maar enkele maanden eerder tijdens de Internationale Vredesconferentie in Den Haag. Buiten het slagveld lapten de Britten eveneens internationale afspraken aan hun laars. Waar ze maar konden, kochten ze grote aantallen paarden en muilezels voor hun troepenmacht in Zuid-Afrika, ook in officieel neutrale landen als Italië en Spanje.

Het was niet toevallig dat Leyds juist zijn Russische collega in de Belgische hoofdstad zo indringend informeerde. De Giers had van tsaar Nicolaas II persoonlijk de opdracht om hem rechtstreeks op de hoogte te houden van het krijgsverloop. Dat wist Leyds, en via de gezant richtte hij zich dus bijna direct tot het Europese staatshoofd van wie nog het meest te verwachten viel. Nicolaas II was, anders dan zijn vrouw, een kleindochter van koningin Victoria, fel op de hand van de Boeren en wekte de indruk niet afkerig te zijn van een anti-Britse actie, desnoods op eigen houtje. Hetzelfde gold voor de Russische legerleiding en de publieke opinie. Maar minister van Buitenlandse Zaken graaf N.V. Muraviev en de overige ministers voeren een veel voorzichtiger koers. Aanhaken bij een Duits-Frans initiatief, akkoord, maar een eigen optreden, bijvoorbeeld door troepenconcentraties aan de grens met Afghanistan, achtte de Russische regering veel te riskant.[27]

Speculeren op de grillen van een autocratische vorst, heel kansrijk was het niet. Dat wist Leyds ook wel, hij had het na de Jameson Raid al eens meegemaakt met keizer Wilhelm II, maar veel keus had hij niet. Sinds het Brits-Duitse verdrag van augustus 1898 over de verdeling – in invloedssferen – van het Portugese koloniale bezit viel uit Berlijn weinig goeds meer te verwachten. Dat bleek eens te meer toen het Duitse keizerlijk paar eind november 1899 gewoon op familiebezoek ging in *Windsor Castle*, vergezeld door minister van Buitenlandse Zaken Bernhard von Bülow. Als het aan Chamberlain had gelegen, was dat zelfs het begin geweest van een nauwere samenwerking tussen beide landen, het liefst uitgebreid met de Verenigde Staten. Zo ver wilden de Duitsers niet gaan. Sinds het uitbreken van de oorlog was de anti-Britse stemming in de Duitse pers en publieke opinie verder opgelaaid, aangewakkerd door het expansiebeluste *Alldeutsche Verband*. Op meer dan een strikte neutraliteit ten opzichte van de oorlog in Zuid-Afrika wilden Wilhelm II en Von Bülow zich niet vastleggen. In ruil daarvoor kon Duitsland elders ter wereld concessies van Engeland afdwingen, ten gunste van de eigen imperialistische ambities, waarin de opbouw van een eigen vloot een steeds belangrijkere plaats innam.

Ook Parijs was niet bereid iets concreets te ondernemen. Het Franse publiek leefde al net zo mee als de Duitsers en de Russen. Boerensuccessen werden bejubeld, Britse nederlagen bespot, maar sinds Fashoda was de politieke speelruimte nu eenmaal beperkt. Als de Franse regering al iets deed, lag het op het terrein van de stille diplomatie. Het beste voorbeeld kreeg Leyds persoonlijk overhandigd op 4 november 1899, door een hoge ambtenaar op het Franse ministerie van Buitenlandse Zaken. Het was een document, zo werd hem verzekerd, dat was opgesteld in nauw overleg met, misschien zelfs wel door, minister Delcassé zelf. Deze verwachtte veel van dit *Appel aux Nations représentées à la conférence de la Haye*, een klemmend beroep op de Engelse regering namens '*la conscience universelle*' om te stoppen met de uitroeiing van een beschaafd volk. Het leek Delcassé verstandiger om zelf op de achtergrond te blijven. Leyds zou de verspreiding ter hand moeten nemen, steun verwerven in zoveel mogelijk landen, en op die manier de internationale druk op Londen kunnen opvoeren.[28]

Aanvankelijk was Leyds goed te spreken over het idee. De tekst sprak '*l'Angleterre philanthropique*' aan in plaats van '*l'Angleterre financière*', en pleitte voor het inroepen van '*les principes d'arbitrage*'. Dat lag in de lijn van zijn eigen inspanningen als gezant, en was ook expliciet nog eens verwoord in het Boerenultimatum van 9 oktober. Hij zette al zijn consulaire vertegenwoordigers aan het werk om contactpersonen te vinden die zouden zorgen voor vertaling, verspreiding en zo ruim mogelijke ondertekening van het *Appel*.

Dat bleek een hele organisatie. Vooral de precieze formulering van de verschillende vertalingen berokkende hem heel wat hoofdbrekens. Meer ondertekenaars betekende nu eenmaal lastiger redigeren. Opmerkelijk genoeg deden zich de grootste afstemmingsproblemen voor in Nederland. Daar kon Leyds sinds 29 oktober 1899 rekenen op extra ondersteuning van zijn publicitaire activiteiten door middel van een perskantoor in Dordrecht. Verantwoordelijk daarvoor was H.J. Kiewiet de Jonge, leraar op het plaatselijke gymnasium en secretaris van het Algemeen Nederlandsch Verbond (ANV). Het ANV was opgericht in de zomer van 1896, naar aanleiding van de Jameson Raid. Anders dan de NZAV, richtte het zich primair op de Nederlandse taalgemeenschap, dus met inbegrip van Vlaanderen. Maar sinds het uitbreken van de oorlog onderscheidde het ANV zich ook van de NZAV door een veel fellere toon en actievere opstelling. Het aanbod voor 'een wel-ingericht perskantoor' was daarvan een uiting. Leyds onderhield al een persbureau in Parijs, maar hij greep deze extra mogelijkheid 'om goedgezinde uitheemsche pers in vertaling steeds berichten te zenden in Hollandsch-Afrikaanschen geest' met beide handen aan.[29]

Kiewiet de Jonge maakte zich direct verdienstelijk. Hij verzorgde een Nederlandse uitgave en een Franse en een Duitse vertaling van *Een eeuw van onrecht*, het strijdschrift van Jan Smuts dat Leyds uit

Pretoria opgestuurd had gekregen. Met evenveel enthousiasme zette Kiewiet de Jonge zich aan de verspreiding van het *Appel*. Hij vertaalde de tekst zelf in het Nederlands – *Beroep op de Natiën, vertegenwoordigd bij het Haagsche Vredescongres* – en legde het resultaat voor aan prominente leden van het ANV. Daar ging het fout. De een na de ander had er iets op aan te merken. Dat zat 'm voor sommigen in juridische onvolkomenheden, maar het belangrijkste bezwaar bleek de strekking van de tekst. Het aandringen op arbitrage. Leyds constateerde tot zijn verbazing dat de stemming in Nederland 'oorlogzuchtiger is dan ergens elders,' dat 'eigenlijk niemand wil hooren van een ophouden van den oorlog hetzij door mediatie of op andere wijze... Het gaat immers zoo goed, waarom niet volhouden en de Engelschen in zee smijten? Dat is in Holland de algemeene gemoedsstemming.'

Het was een terechte constatering. Overal in Europa lag de sympathie van de bevolking bij de Boeren – 'geheel het Vasteland is vóór ons,' noteerde Leyds na het uitbreken van de oorlog verheugd – maar Nederland spande de kroon. Van deftige heren tot kleine luyden, van protestants noorden tot katholiek zuiden, van conservatief en liberaal tot antirevolutionair en sociaaldemocraat, wetenschappers, journalisten, middenstanders, iedereen leefde fanatiek mee met de nu voluit als stamverwanten erkende Boeren. Door het recente machtsvertoon van het Nederlandse koloniale leger in Indië – op Lombok in 1894 en in Atjeh in 1898 – was de samenleving al volop in de ban van militant nationalisme. De Boerensuccessen leken in het verlengde daarvan te liggen, voelden als eigen heldendaden. Handtekeningenacties, hulpcomités, geldinzamelingen, ambulances en de vurigste aanhangers meldden zich als militaire vrijwilligers. Zelfs Leyds had even die aandrang. Direct na het uitbreken van de oorlog schreef hij aan Pretoria: 'Ik wensch nog aan ZHEd. [president Kruger] te zeggen dat ik mij geheel ter zijner beschikking stel. Ik haat het hier in Europa te zitten en ik ben bereid elk oogenblik te komen en mijn leven te geven.'

Zover kwam het niet, net zoals de grote maatschappelijke opwinding ook niet resulteerde in politieke daden. De regering, in het bijzonder minister van Buitenlandse Zaken De Beaufort, hield het hoofd koel, en week – juist ter wille van het ongestoorde bezit van Nederlands-Indië – niet af van een strikte neutraliteitskoers. Ook Leyds had al snel zijn vaste lijn weer te pakken. Hij bleef streven naar enigerlei vorm van bemiddeling. Om die nu af te wijzen, zo betoogde hij half december tegenover zijn leermeester en vriend Moltzer, kwam in feite overeen met het standpunt van Engeland vóór de oorlog, 'toen het elke mogelijkheid van arbitrage of mediatie afwees, omdat het overtuigd was de sterkste te zijn van de twee partijen.' Maar nu er zoveel landgenoten van naam en faam waren die er zo over dachten, verzuchtte hij in hetzelfde schrijven, neigde hij er wel naar om het hele *Beroep* maar te 'abandonneeren'.[30]

Dan restte dus alleen nog de weg van de diplomatie. Leyds moest erkennen dat de spoeling dun was als het ging om mogelijke kandidaten voor bemiddeling. Behalve de Russische tsaar waren er eigenlijk maar twee gegadigden. De eerste resideerde dichtbij. De jonge Nederlandse koningin Wilhelmina was de Boeren hartstochtelijk goed gezind, dat was hem bekend. Eerder, in juli 1899, had hij al eens aan premier Pierson en De Beaufort gesuggereerd dat zij wellicht iets zou kunnen bereiken bij de oude Engelse koningin. De bewindslieden hadden het idee afgewezen, maar Wilhelmina had op persoonlijke titel toch een brief geschreven. Daarin had zij een beroep gedaan op Victoria's '*well-known feeling of humanity and magnanimity... to stop this war*'. Het had niets uitgehaald, de Engelse koningin had in haar antwoord de bal teruggekaatst: als Kruger zich redelijk opstelde, kwam er geen oorlog. Leyds was van deze eenmansactie van het jeugdige staatshoofd niet op de hoogte. Maar in december kreeg hij een andere aanwijzing dat de koningin niet ongenegen was 'om alleen of met anderen tusschenbeide te komen, nu of op een passend oogenblik in de toekomst'. Een persoonlijk beroep op de Duitse keizer? De vraag was natuurlijk hoe ver haar constitutionele vrijheid reikte. Hij kon niet veel anders doen dan afwachten.[31]

De tweede kandidaat voor een eventuele bemiddeling bevond zich ver weg, aan de andere kant van de Atlantische Oceaan. Eerlijk gezegd had Leyds persoonlijk niet veel fiducie in de Amerikaanse president William McKinley. In de Spaans-Amerikaanse oorlog (1898) had Engeland niet officieel maar feitelijk wel de kant gekozen van de Verenigde Staten. Leyds vreesde dat Washington nu bereid zou zijn tot een wederdienst. De Amerikaanse bevolking leek in meerderheid op de hand van de Boeren, maar veel minder fanatiek dan op het Europese vasteland. De Amerikaanse regering had dus behoorlijk wat manoeuvreerruimte. Dat gold in het bijzonder voor minister van Buitenlandse Zaken John Hay, aan wie McKinley de positiebepaling in het conflict grotendeels overliet. Dat voorspelde niet veel goeds. Hay was een verklaard anglofiel, die heilig geloofde in de superioriteit van de Anglo-Amerikaanse beschaving. Maar 'omdat men te Pretoria nu eenmaal hoop bleef koesteren op de mediatie der Verenigde Staten', deed Leyds wat er van hem werd verwacht. Hij liet de Transvaalse consul-generaal in Londen Montagu White verkassen naar Washington, en stelde de consul-generaal van Oranje Vrijstaat in Den Haag, Hendrik Muller, voor om hetzelfde te doen. Maar net als vele andere landgenoten achtte deze de tijd niet rijp voor bemiddeling: 'elke tusschenkomst zou, nu onze kansen zoo goed staan, ongaarne door mij worden gezien.'[32] White ging dus alleen naar de Verenigde Staten.

Bleef ten slotte nog de oppositie tegen de oorlog in het Britse rijk zelf. De dominions konden in dat opzicht worden afgeschreven. Canada, Australië en Nieuw-Zeeland hadden de kant van het moederland gekozen en waren al begonnen eigen contingenten naar Zuid-Afrika te verschepen ter versterking van de Britse troepenmacht. In Ierland lag het ingewikkelder. Er vochten Ieren in beide legers – de Dublin Fusiliers en de Royal Irish Fusiliers bij de Britten, de Irish Brigade bij de Boeren – en dat compliceerde de toch al moeizame verhoudingen tussen beide delen van het Verenigd Koninkrijk. In Dublin kwam het tot ongeregeldheden, maar die stonden op zichzelf. Er liep geen lijn naar de tegenstanders van de oorlog in Engeland.

Die waren er wel degelijk. Kerkelijke en sociaaldemocratische organisaties. Onafhankelijke liberale politici, wetenschappers, journalisten en zakenlieden, onder meer verenigd in het *South African Conciliation Committee* (SACC). Secretaris van de vrouwenafdeling van het SACC was Emily Hobhouse, die in het vervolg van de oorlog een hoofdrol voor zich zou opeisen. Zo ver was het toen nog niet. De meest prominente opponent van de oorlog in deze beginfase was de controversiële journalist William Stead. Hij was een even grote pleitbezorger van het Britse wereldrijk als van de wereldvrede, die hij in elkaars verlengde zag. Net terug van de Internationale Vredesconferentie in Den Haag publiceerde hij eind september 1899 de brochure *Shall I Slay My Brother Boer? An Appeal to the Conscience of Britain.* Het was een filippica tegen de aanstaande oorlog, '*this great crime*' die duizenden het leven zou kosten en uiteindelijk niets meer zou opleveren dan '*another and more distant Dutch Ireland*'. Het bleef niet bij dit eenmalige protest. Stead richtte een eigen *Stop the War Committee* op en gaf wekelijks een tijdschrift uit onder de titel *War against War in South Africa.*

In hem vond Leyds een welkome medestander voor zijn pro-Boercampagne. Stead schreef het voorwoord bij de Engelse vertaling van *Een eeuw van onrecht* en verklaarde zijn steun aan het *Beroep*. Maar aan een al te nauwe samenwerking kleefden voor beiden ook risico's. De associatie met de bevlogen vredesapostel sloot voor Leyds deuren die hij liever openhield. Stead was in Engeland vanwege zijn kritische opstelling een omstreden figuur. Anderzijds maakte Stead zich vanwege zijn contacten met de Transvaalse gezant zorgen om zijn eigen reputatie van onafhankelijkheid. Dat ging zover dat hij nog geen postzegel vergoed wilde hebben van Leyds, die in de '*Jingo papers*' steevast werd beticht van '*distributing thousands of pounds for the corruption of the Press*'.[33]

Wat dat soort verdachtmakingen betreft was er sinds het uitbreken van de oorlog niets veranderd. In de Britse pers gold Leyds nog steeds als de bron van alle kwaadsprekerij. Wel waren de krachtsverhoudingen nu gewijzigd. In de propagandaoorlog op het Europese continent was hij, net als de Boeren op het echte strijdtoneel, nu duidelijk aan de winnende hand, maar in Engeland manifesteerde het '*Jingo journalism*' zich krachtiger dan ooit. De protesten van Stead cum suis vormden niet meer dan bijgeluiden in een storm van luidruchtig nationalisme, dat zich des te agressiever uitte doordat er daadwerkelijk op los geschoten en gestoken kon worden. Tegenover het vredelievende SACC stonden tal van oorlogszuchtige verenigingen, zoals de *Imperial South Africa Association* (voorheen de *South African Association*), de *Primrose League* en de *Empire League*. De oorlog tegen de Boeren was populair in Engeland, in de sociëteiten en salons evengoed als in de pubs en *music halls*. Er stond echt iets op het spel. Overwinningen werden gevierd in populaire deuntjes, nederlagen betreurd in troostende versregels, dramatische episodes meebeleefd in nagespeelde filmscènes. Daarbij ontbrak het, net als in Pretoria, niet aan beschuldigingen. Wat *De Volksstem* de Britten in de schoenen schoof, wierp *The Times* de Boeren voor de voeten. Het misbruiken van de witte vlag, beroven van doden en gewonden, plunderen van bezette dorpen, ja ook het inzetten van zwarte hulptroepen, het was ook hier de vijand die zich er schuldig aan maakte. Het was overduidelijk dat de Britse troepen te maken hadden met een schaamteloos onbeschaafde tegenstander. De Boeren deugden niet.

Gelukkig stelden '*our Boys*' daar staaltjes van onvervalst heldendom tegenover. Zoals de jonge Winston Churchill, wiens naam op aller lippen lag na het op zich knullige incident met de gepantserde trein bij Chieveley. Alle gewonde militairen die met de gehavende locomotief terug waren gekomen in Estcourt, waren vol lof geweest over zijn durf en kordate koelbloedigheid. En dat als oorlogscorrespondent. Het verhaal had binnen de kortste keren de ronde gedaan, ook in het moederland, op weg geholpen door Churchills collega's Leo Amery en John Atkins, en niet te vergeten zijn bediende Thomas Walden. De laatste had Lady Randolph een brief geschreven, die werd gepubliceerd in de *Morning Post*. Helaas was Churchill gevangengenomen, moest Walden melden, maar hij wist vrijwel zeker dat hij niet gewond was. '*Every officer in Estcourt thinks Mr C. and the engine-driver will get the V.C.*,' schreef hij met plaatsvervangende trots, '*the driver says he was as cool as anything and worked like a nigger, and how he escaped he doesn't know, as about fifty shells hit the engine. Everyone in Maritzburg is talking about Mr Churchill.*'[34]

Voor een jongeman met brandende politieke ambities, die niets liever wilde dan beroemd worden, was dit natuurlijk fantastische publiciteit. De ellende was alleen, Churchill kon er niets mee. Hij zat nog steeds gevangen in de Staatsmodelschool in Pretoria. Het was inmiddels december 1899, en zijn herhaalde verzoeken aan de Transvaalse autoriteiten om te worden vrijgelaten op grond van zijn burgerstatus hadden geen effect gesorteerd. Op 8 december gooide Churchill het over een andere boeg. In een nieuwe brief aan De Souza, door te sturen aan Joubert, wierp hij zijn erewoord in de strijd: '*If I am re-*

leased I will give any PAROLE that may be required not to serve against the Republican forces or to give any information affecting the military situation.'

Verrassend genoeg was dat aanbod voor Joubert aanleiding om er nog eens goed over na te denken. Een paar dagen later bleek hij inderdaad van gedachten veranderd. Op 12 december stuurde hij een telegram aan staatssecretaris Reitz. Als Churchill inderdaad zijn erewoord zou geven, naar Europa zou terugkeren en daar waarheidsgetrouw verslag zou doen van zijn ervaringen in Transvaalse krijgsgevangenschap, dan trok hij zijn bezwaren in. Wel voegde hij er nog een sceptisch PS aan toe. 'Zal hy de waarheid gaan vertellen? Hy zal ook wel een aardje naar zijn vader hebben.'

De scepsis van Joubert was terecht, maar om een andere reden dan hij had gedacht. Churchill had in de tussentijd zijn ongeduld niet kunnen bedwingen. In plaats van lijdzaam op een antwoord te wachten, had hij al zijn energie en vindingrijkheid gericht op een alternatieve manier om vrij te komen. Ontsnappen. Al sinds zijn gevangenneming was hij alert op mogelijkheden om ertussenuit te knijpen. Eenmaal in de Staatsmodelschool, bedacht hij samen met een paar jonge officieren zelfs een spectaculair, zeg maar rustig sensationeel plan. Niet gewoon ontsnappen, maar met z'n allen de bewakers overmeesteren, de tweeduizend onderofficieren en soldaten op de racebaan bevrijden, Pretoria overnemen, Kruger en de rest van de Transvaalse regering gijzelen en dan een eervolle vrede afdwingen. Het was een doldriest idee, dat volledig tegemoetkwam aan Churchills hang naar stuntwerk, maar door de hogere Britse officieren in de Staatsmodelschool direct werd afgeschoten.

Dan maar iets bescheideners. Hij wist dat kapitein Haldane ergens mee bezig was. Samen met een medegevangene die aan de Boeren een hogere rang had opgegeven dan hij feitelijk bekleedde. Sergeant-majoor alias luitenant A. Brockie van de Imperial Light Horse. Voor Haldane was deze samenwerking aantrekkelijk. Brockie kende het land en sprak Afrikaans en Bantoe, een groot voordeel op de vierhonderdvijftig kilometer lange route naar de grens met Mozambique. Toen Churchill vroeg of hij ook mee mocht doen, reageerden beide officieren afwijzend. Hun ontsnappingsplan was mede gebaseerd op de veronderstelling dat ze niet direct zouden worden gemist. Appels werden in de Staatsmodelschool niet gehouden. Churchill was echter verreweg de bekendste gevangene, zijn afwezigheid zou zeker direct worden opgemerkt. Dus liever niet. Maar Churchill hield aan. Haldane besefte dat hij hem vanwege zijn heldhaftige en onbaatzuchtige houding bij de trein eigenlijk niet kon weigeren, en overreedde Brockie om er toch mee in te stemmen. Het was een extra risico, maar vooruit. Ze zouden met z'n drieën gaan.

Vanaf 9 december werd het een concreet plan. Ingewikkeld was het niet, maar het kwam wel aan op goede timing. Aan de rand van het terrein, vlakbij de ijzeren omheining stond een toiletgebouwtje. Daarin waren ze onttrokken aan het zicht van de bewakers, en konden ze een geschikt moment afwachten. Vroeg in de avond was het handigste. Zodra de bewakers zich omdraaiden, kwam het erop aan. Een korte sprint naar het ijzeren hek, via een richel zo snel mogelijk omhoog en erover klimmen, want dit was weer in het volle zicht, en dan aan de andere kant naar beneden springen, in de tuin van een leegstaand huis. Daar zou Haldane de rest van het plan ontvouwen.

Maandagavond 11 december moest het gebeuren. Churchill was erg zenuwachtig, maar schreef nog wel een 'afscheidsbrief' voor De Souza, achter te laten op zijn bed. Aan zinnen als '*I have decided to escape from your custody*' en '*regretting that I am unable to bid you a more ceremonious or a personal farewell*' beleefde hij zelf veel plezier. Ze hielpen in ieder geval om de spanning te breken. 's Avonds stonden Haldane, Brockie en Churchill startklaar, maar tevergeefs. De dichtstbijzijnde bewaker bleef pal naast de uitgekozen ontsnappingsplek staan, en het plan moest worden uitgesteld.

De volgende avond – Jouberts 'bevrijdende' telegram was al in Pretoria aangekomen, maar nog niet op het bureau van staatssecretaris Reitz beland – leek het eerst dezelfde frustrerende kant op te gaan. De bewaker verroerde zich weer niet. De drie uitbrekers werden steeds ongeduriger en drentelden een paar keer heen en weer tussen veranda en toiletgebouwtje, in wisselende samenstelling.

Op zeker moment was Churchill er alleen binnen. Plotseling deed zich toch een kans voor. Hij zag dat de bewaker zich omdraaide en naar zijn collega liep om een praatje te maken. Zo'n kans kreeg hij niet nog een keer. Het was te riskant om nu de anderen te halen, dan ging hij maar eerst, en kwamen zij later. Nu of nooit. Hij sprintte naar het hek, stapte op de richel, trok zich omhoog, liet zich tot twee keer toe onzeker weer zakken, maar zette toen door. Nu! Zijn vest bleef haken aan het ijzerwerk, in een flits zag hij een van de bewakers een sigaret opsteken, nog geen vijftien meter van hem vandaan, hij trok zich los, en liet zich voorzichtig zakken in de tuin.[35]

De verlaten mijn

Witbank, 15 december 1899

De ratten vond Churchill nog niet eens het allerergste, al hadden ze het voorzien op zijn kaarsen en schrok hij zo nu en dan wakker omdat er eentje over hem heen liep. Wat hem het meest op de zenuwen werkte, was het opgesloten zijn, diep onder de grond, de eenzaamheid en het gedwongen nietsdoen. Hoe lang zat hij hier nu al? Wat was het, een dag, twee dagen? Je raakte hier beneden al snel het gevoel van tijd kwijt. Het leek eindeloos. Als John Howard, de mijnmanager, hem kwam opzoeken, zou hij zeggen dat hij weer op pad wilde. Hij had alleen eten nodig, een pistool, een gids en als het even kon een paard. Dan redde hij het laatste stuk naar de grens ook wel.

Hij was tenslotte ook in zijn eentje zo ver gekomen. Volgens Howard dachten de Boeren dat hij nog ergens in Pretoria zat ondergedoken, maar daar was hij al meteen de eerste avond weggekomen. Geluk gehad, ja dat zeker, ongelooflijk geluk, dat had hij nu eenmaal.

Het was achteraf wel grappig hoe hij Pretoria was uitgewandeld, gewoon als een burger op een avondwandelingetje. Maar dan wel eentje met het hart in zijn keel. Dat begon al in de tuin naast de Staatsmodelschool, nadat hij net over de muur was geklommen. Hij was daar nog dik een uur in de bosjes blijven wachten op de andere twee. Hij had zelfs nog een soort van fluistergesprek gevoerd met Haldane, aan de andere kant van het hek. Die had hem duidelijk gemaakt dat Brockie en hij niet zouden volgen. De bewakers roken onraad, en letten nu weer scherp op – al misten ze dan weer wel de scherpte voor een extra controle buiten het terrein. Als Churchill niet ongemerkt kon terugkomen, moest hij maar alleen gaan, vond Haldane.

Daar was veel tegen te zeggen. Churchill sprak geen Afrikaans of Bantoe, en had geen kaart of kompas bij zich. Die zouden de anderen meenemen, net als het gedroogde vlees en de opiumtabletten, geschikt tegen allerhande fysiek ongemak. Hij had alleen flink veel geld, 75 pond om precies te zijn, en vier plakken chocola. En het huis, waarvan ze dachten dat het leegstond, daar leek het wel bezoekuur, zo druk was het. Maar terugklimmen over het hek was idioot. Dat nooit. Dan liever nog maar een waagstuk erachteraan.

Hij zette de hoed op die hij had gekregen van een medegevangene, trok zijn kleren recht, klopte de aarde van zijn broekspijpen, stapte de bosjes uit en liep vanuit het midden van de tuin zo rustig mogelijk naar de uitgang, expres vlak langs het raam, alsof hij daar hoorde te lopen. Buiten op straat passeerde hij een bewaker op nog geen vijf meter. Hij wendde zijn hoofd af, onderdrukte de panische drang om te gaan rennen, en wandelde de drukte in. Niemand die acht sloeg op de neuriënde jongeman in het donkere pak.

Eenmaal buiten het centrum, had hij zijn plan snel gemaakt. De spoorlijn naar Lourenço Marques, die bood de beste kansen. Ook dat lukte wonderwel. Even voorbij een klein station wist hij op een langzaam rijdende goederentrein te klauteren. In ieder geval weg uit Pretoria, en nog de goede kant op ook, verstopt tussen de lege kolenzakken. De volgende ochtend, vlak voordat het licht werd, sprong hij er weer vanaf. Waar precies, wist hij niet, maar hij ontdekte een waterpoel, leste uitgebreid zijn dorst en hield zich de rest van de dag schuil. 's Avonds vond hij een geschikte plek om zijn truc te herhalen. De spoorlijn ging er de heuvel op en de bocht om, daar zou de trein hooguit stapvoets rijden.

Maar nu leek zijn geluk wel ten einde. Urenlang lag hij te wachten, geen trein te bekennen. Rond middernacht was hij het wachten moe. Dan in ieder geval maar een mijl of tien, vijftien verder lopen, langs de spoorlijn. Dat viel tegen. Hij moest voortdurend uitwijken. Nu eens een station, dan weer een huisje, en bij elke spoorbrug stonden wachtposten. Het was volle maan, om er ongemerkt langs te komen moest hij kruipen door het gras en waden door water en moeras. Dit ging hij niet heel lang volhouden. Op een gegeven moment zag hij in de verte een paar vuren. *A Kaffir kraal*, dacht hij, dan moest hij daar zijn geluk maar proberen. De zwarte bevolking haatte de Boeren, had hij gehoord, en wie weet kon hij iets bereiken met zijn Engelse bankbiljetten. Dichterbij gekomen, zag hij dat hij zich had vergist. De vuren waren ovens, de kraal was een kolenmijn. Dit moest het begin zijn van het mijnbouwdistrict van Witbank en Middelburg.

Dat veranderde de zaak. In Pretoria had hij opgevangen dat er hier nog wat Engelsen waren achtergebleven, om de mijnen draaiende te houden totdat er weer kolen gewonnen konden worden. Maar hoe wist hij waar die zaten? Er stonden wel een paar kleine huizen bij, eentje van steen. Zou hij het aandurven gewoon aan te kloppen? Hij tastte naar zijn geld. Als het moest, kon hij nog veel meer in het vooruitzicht stellen, tot misschien wel duizend pond. Het was half drie 's nachts, zijn enige alternatief was verder ploeteren door het open veld. Hij liep naar het stenen huis en klopte stevig op de deur.

Het leek wel magie. Alsof Churchill met die klop zijn spreekwoordelijke geluk weer activeerde. Hij had het niet gunstiger kunnen treffen. De lange man die opendeed, was John Howard, de manager van de *Transvaal and Delagoa Bay Collieries*. Een landgenoot dus, die dadelijk bereid bleek hem te helpen. Churchill had werkelijk het enige huis in de verre omtrek uitgekozen waar hij niet zou worden uitgeleverd, verzekerde Howard hem, '*but we are all British here, and we will see you through*'. Daar was niets te veel aan gezegd. Churchill kreeg whisky en schapenbout, terwijl Howard het ging bespreken met de andere mannen. Om te mogen blijven doorwerken, hadden ze strikte neutraliteit moeten beloven. Hulp aan een ontsnapte gevangene viel daar allicht niet onder. Maar alle vier – Howards secretaris, een ingenieur uit Lancashire en twee Schotse mijnwerkers – gingen grif akkoord. Ze zouden hem zo lang onderbrengen in de mijn. Churchill kreeg een matras en dekens, kaarsen, een fles whisky en een doos sigaren. En de beste wensen van de ingenieur, Daniel Dewsnap, die – bizar toeval – afkomstig bleek te zijn uit Oldham, het kiesdistrict waar

Churchill zich een halfjaar eerder vergeefs kandidaat had gesteld voor het parlement. '*When you go to Oldham again, lad, they'll all vote for you. Good luck!*'[36]

Over een hek geklommen, Pretoria uitgewandeld, op een trein gesprongen, langs wachtposten geslopen, door behulpzame landgenoten verstopt in een kolenmijn. Tot zover was de ontsnapping van Churchill een spannend avontuur, gedragen door toeval en onwaarschijnlijk veel geluk. Louter afgedwongen, zo leek het wel, door een jonge durfal met een vast geloof in zichzelf en zijn bijzondere roeping.

Maar Churchills ontsnappingsverhaal is meer dan een aaneenschakeling van kleurrijke anekdotes. Het roept ook de vraag op wat het voor Transvaal – en in mindere mate Oranje Vrijstaat – betekende om voor het eerst echt een land in oorlog te zijn. Dat zat 'm niet in de toepassing van georganiseerd geweld als zodanig. Grotere of kleinere militaire acties waren in de Boerensamenlevingen aan de orde van de dag. Afgezien van die paar kortstondige confrontaties tegen de Britten in 1880-1881 en de Jameson Raid begin 1896 waren die altijd gericht geweest tegen niet-blanke tegenstanders, binnen of aan de grenzen. Die gewapende optredens kenden doorgaans een overzichtelijk – succesvol – verloop en hadden geen al te grote consequenties voor het dagelijks leven in de politieke en economische centra. De nu uitgebroken oorlog met Groot-Brittannië was van een totaal andere orde. Het grootste en machtigste rijk ter wereld maakte zich op om de Boerenrepublieken op de knieën te dwingen, en maakte daarbij gebruik van al zijn militaire potentieel, zijn economische hulpbronnen en zijn reservoir aan mankracht. Extra gevaarlijk was dat die gecombineerde dreiging niet alleen van buiten op de Boeren afkwam, maar ook een levensgroot gevaar vormde van binnenuit. Dat gold in het bijzonder voor twee bedrijfstakken die van cruciaal belang waren voor de Boerenrepublieken, zowel in economisch als in militair opzicht, de spoorwegen en de mijnbouw. Met name in die laatste sector werkten grote aantallen Britse onderdanen. Hoe moesten de Boerenautoriteiten met hen omgaan?

Voor de spoorwegen was de oplossing het minst moeilijk. In Oranje Vrijstaat werd de enige doorgaande verbinding – de zuiderlijn met een paar vertakkingen – al geëxploiteerd door de staat. Dat was dus niet direct een veiligheidsprobleem. In Transvaal had de NZASM, lang zowel troetel- als zorgenkind van Kruger en Leyds, in de laatste jaren vóór de oorlog nagenoeg een monopoliepositie opgebouwd. De Nederlandse spoorwegmaatschappij onderhield de dienst op alle hoofdlijnen. Er was alleen nog wel een Engelse maatschappij actief op de locale lijn van Pretoria naar Pietersburg in het noorden. Maar toen de directeur, met een beroep op de neutraliteit van zijn bedrijf, weigerde die lijn ter beschikking te stellen van de militaire autoriteiten, werd hij meteen het land uitgezet, samen met al zijn Engelse personeel. Het beheer werd overgenomen door de NZASM. Hetzelfde gold voor de tracés in Natal en de Kaapkolonie die de oprukkende Boeren voor de eigen oorlogvoering wilden gebruiken.

Want dat was nu de primaire taak van de NZASM. Bijdragen aan de oorlogvoering. Kruger en Leyds mochten er met terugwerkende kracht trots op zijn. De concessie die in augustus 1884 was verleend aan de Nederlandsche Zuid-Afrikaansche Spoorweg-Maatschappij en nadien door hen beiden tegen alle kritiek in overeind was gehouden, pakte uit als een langetermijninvestering met optimaal rendement. Vanaf 1895 had de maatschappij al fors bijgedragen aan de Transvaalse staatskas. Na de Jameson Raid had de NZASM meegewerkt aan de aanleg van de grote wapenvoorraden. En nu stelde de nieuwe directeur, sinds eind 1898 jonkheer J.A. Kretschmar van Veen, het hele bedrijf ter beschikking van de Transvaalse oorlogsinspanningen.

Daarmee handelde hij geheel overeenkomstig artikel 22 van de concessie. Dat luidde: 'In oorlogstijd of in geval van binnenlandsche onlusten, kan de Regeering in het belang der verdediging of van de openbare rust, over den spoorweg en al hetgeen tot gebruik daarvan wordt vereischt beschikken en het gewone vervoer daarop geheel of gedeeltelijk doen staken behoudens schadeloosstelling aan den Concessionaris.' Op 29 september 1899 had de Volksraad besloten een beroep te doen op dit artikel. Vanaf dat moment stond de NZASM onder militair gezag, fungeerde ze in feite als de spoorwegafdeling van het Boerenleger. De maatschappij verzorgde het transport van Boerencommando's, Britse krijgsgevangenen, gewonde en gesneuvelde manschappen, paarden, muilezels, ossen, wagens, kanonnen, munitie, proviand en alle mogelijke andere goederen. Ook zette de NZASM het eigen personeel in voor de reparatie en bewaking van bruggen en dijken in Natal en de Kaapkolonie die door de terugtrekkende Britse troepen waren vernield. Bovendien stelde de directie zich welwillend op tegenover werknemers die zich wilden aansluiten bij het Hollanderkorps of bij een Boerencommando.

Kretschmar van Veen ging daarmee al verder dan artikel 22 formeel vereiste. Maar het was hem nog niet genoeg. Hij voelde de concessie niet alleen als een zakelijk contract, maar ook als een blijk van vertrouwen van de Transvaalse regering dat moest worden gehonoreerd. 'Wij hebben dus de zedelijke verplichting om ons dat vertrouwen onder alle omstandigheden waardig te toonen... Wij zijn een Nederlandsche Maatschappij om geld te verdienen, maar wij hebben een Transvaalschen spoorweg. De eerste kan neutraal zijn, maar de tweede niet.' Die overtuiging bracht hem ertoe om ook de centrale werkplaats van de NZASM in Pretoria in dienst te stellen van de oorlogsinspanningen. Er werden daar hele hospitaaltreinen geassembleerd, maar ook hoefijzers geslagen, munitie gefabriceerd en zelfs kanonnen gerepareerd en in elkaar gezet, compleet met onderstel.[37]

Zoveel loyaliteit, laat staan hulpvaardigheid, viel natuurlijk niet te verwachten van de mijnindustrie. In Johannesburg en omgeving waren nu juist de felste tegenstanders van het Krugerbewind te vinden. Mijneigenaren die af wilden van de allesomvattende monopolies. Uitlanders die politieke rechten claimden. Je hoefde het niet eens te zijn met de Britse liberale parlementariër James Duckworth – '*If the Rand had been a potato field, there would have been no war*' – om te erkennen dat het goud van de Rand de verhoudingen binnen Transvaal dramatisch had verstoord – al was het alleen maar demografisch en sociocultureel. Door de aantrekkingskracht van het goud was Johannesburg uitgegroeid tot een dynamisch centrum van handel en vermaak. De snelst groeiende stad ter wereld, waar de bevolkingsstatistieken meebewogen met de aandelenkoersen, waar het leven haast had. Engels was er de voertaal, en van de blanke inwoners was de grootste groep afkomstig uit en verbonden met, dan wel georiënteerd op Groot-Brittannië. Velen onderhielden nauwe banden met Kaapstad en Londen.

De vijand dus. Het was een lastig probleem voor de Boerenleiders. Een broeinest van samenzweerders, een potentiële vijfde colonne, wie weet hoeveel duizenden mannen sterk, een luttele vijftig kilometer van Pretoria. Allemaal het land uitzetten zodra het oorlog werd, zou ten koste gaan van de goudproductie, en dus van de belangrijkste inkomstenbron voor de oorlogvoering. Iedereen laten doorwerken betekende een extreem veiligheidsrisico.

Voor een groot deel loste het probleem zichzelf op. Vanaf juni 1899 werd duidelijk dat vele inwoners zich niet meer veilig voelden en uit de mijnstreek vertrokken. Dat had te maken met de oplopende politieke spanningen – begin juni mislukten de besprekingen tussen Milner en Kruger in Bloemfontein – maar evenzeer met de voor iedereen zichtbare oorlogsvoorbereidingen. Rond dezelfde tijd werd namelijk de bouw voltooid van een imposant fort, bovenop Hospital Hill, midden in Johannesburg. Het maakte deel uit van de fortificaties waartoe de regering had besloten na de Jameson Raid. Het was primair bedoeld tegen een aanval van buitenaf, maar had wel degelijk ook een – gewenst – afschrikwekkend effect op de plaatselijke bevolking. Alleen werkte dat wat al te goed. Onder de Uitlanders begonnen al spoedig angstaanjagende geruchten te circuleren. De Boeren zouden de mijnen gaan bombarderen vanuit het fort. Ze zouden de buitenlanders naar het front sturen en daar gebruiken als menselijk schild. Ze zouden werkloze zwarte mijnwerkers de stad laten plunderen. Ze zouden hen uithongeren.

Geen gedachtes die bevorderlijk waren voor de gemoedsrust, en de drang om te vertrekken werd steeds groter. In september werd het een uittocht, begin oktober een wilde vlucht, in volgepropte goederenwagons. Daar hielpen de geruststellende woorden van de regering in Pretoria niets meer aan. Ook de Boerenleiders wilden niet dat iedereen verdween, en zeker niet het geschoolde blanke personeel. Zij verzekerden de mijneigenaren dat er niets te vrezen viel als de mijnen bleven produceren. Voor de meesten was het te laat. Ook al werden aan ervaren krachten flinke bonussen in het vooruitzicht gesteld, ze waren nauwelijks te houden. De ene na de andere mijn moest sluiten. In totaal vertrokken er van juni tot half oktober 1899 circa honderdduizend blanken en evenveel zwarten, kleurlingen en Aziaten uit de Rand.

Helemaal uitgestorven was de mijnstreek daarmee niet. Er bleven nog zo'n twintigduizend blanken en vijftienduizend zwarten achter. Op zich voldoende om in ieder geval een paar mijnen te blijven exploiteren, en dat was precies waarop de Transvaalse regering nu mikte. Eind september vaardigde de Uitvoerende Raad, na goedkeuring door de Eerste en de Tweede (Uitlanders) Volksraad, een aantal besluiten uit, vooruitlopend op de staat van beleg. Eigenaren die hun mijn open wilden houden, moesten tevoren werkvergunningen aanvragen voor hun personeel. Die mijnwerkers moesten een eed afleggen dat zij zich gehoorzaam en rustig zouden gedragen. Alle goudopbrengsten moesten ter bewaring worden gegeven aan de regering in Pretoria. Deze zou daarvan voldoende munten slaan en ter beschikking stellen om de kosten van de mijneigenaren te dekken. Na afloop van de oorlog zou de rest worden terugbetaald. Mijnen die de productie staakten, konden al dan niet tijdelijk worden overgenomen door de staat. Voor de handhaving van de openbare orde in de Rand kwam er een Commissie van Rust en Orde, onder leiding van commissaris van politie D.E. Schutte. Sterke drank werd verboden, en reizen kon alleen met een pas. Alle Britten zonder werk- of verblijfsvergunning moesten het land verlaten.[38]

Anticiperend op de oorlogssituatie, liet de Transvaalse regering begin oktober ook een inventarisatie maken van de inmiddels gesloten mijnen – zesenzestig in getal. Waar viel met een relatief kleine bezetting toch nog een hoog rendement te behalen? Toen de oorlog uitbrak, was de keus snel gemaakt. Er werden direct drie goudmijnen overgenomen, die de grootste kans op succes boden, de Robinson, de Bonanza en de Ferreira Deep. In november kwam daar nog de Rose Deep bij. In de particuliere mijnen die bleven produceren – acht in totaal – werden toezichthouders aangesteld.

Daarnaast paste Pretoria al vóór het begin van de oorlog een veel directere methode toe om zijn goudvoorraden aan te vullen. Confiscatie. Op 2 oktober gaf staatsprocureur Smuts opdracht om een lading goud ter waarde van meer dan vierhonderdduizend pond, per trein onderweg van Johannesburg naar Kaapstad, aan de Transvaalse grens uit te laden. Een week later liet hij politieagenten al het goud in de kluizen van de banken in Johannesburg ophalen. Vanaf 11 oktober werd dit soort beslagleggingen algemeen toegepast, op alle mogelijke producten en diensten. Mede daardoor waren de resultaten van de door de staat overgenomen goudmijnen florissant. De Boeren vorderden wat ze nodig hadden, bijvoorbeeld aan dynamiet en cyaankali, en beperkten zich tot de lagen met de hoogste goudconcentraties, zonder zich te bekommeren om de gevolgen voor de exploitatie op langere termijn. Bovendien verlaagden ze de lonen voor de zwarte mijnwerkers aanzienlijk.

Ook daarvoor beriep de Transvaalse regering zich op de staat van beleg. Arbeidskracht werd gerekend tot de rechtmatig te vorderen diensten. Op welke manier die werd ingezet, hing af van nationaliteit, scholing en huidskleur. De eigen burgers werden opgeroepen voor commandodienst aan het front. Uitlanders die wilden blijven, moesten een werkvergunning aanvragen maar konden dan, als ze in het bezit waren van de gewenste vakkennis, zelfs bonussen opstrijken. Daar hoefden de massa's ongeschoolde zwarte mijnwerkers in de verste verte niet aan te denken. Integendeel, voor hen bracht de oorlogsdreiging verlies van inkomsten, bestaansonzekerheid en uitzetting uit Transvaal, de oorlog zelf gedwongen tewerkstelling. De vele tienduizenden zwarten die door de grootscheepse sluiting van de mijnen in september en begin oktober op straat kwamen te staan, werden door de mijneigenaren aan hun lot overgelaten. Een groot deel was geronseld aan de oostkust, in Mozambique, Zoeloeland en Natal, en moest zelf maar zien hoe ze terugkwamen. Daar hadden ze eigenlijk de juiste passen voor nodig, maar toen het aantal werkloze zwarte mijnwerkers aanzwol, met alle gevaren van dien voor de openbare orde, keken de Boerenautoriteiten niet meer zo nauw. Ze zetten hen bij duizenden op goederenwagons naar het oosten, of naar het zuiden als er in de trein naar Lourenço Marques geen plaats meer was.

Voor sommigen was er helemaal geen vervoer meer. Zo konden circa zevenduizend mijnwerkers, afkomstig uit Zoeloeland, begin oktober niet meer per trein terug, omdat alle materieel in gebruik was voor militaire transporten. Liever dan te wachten tot de spoorlijn weer beschikbaar was, vroeg en kreeg J.S. Marwick, van het *Native Affairs Department* in Natal toestemming van de autoriteiten om hen lopend naar huis te laten gaan, onder zijn leiding. Het begon als een indrukwekkend schouwspel, een geordende stoet, in rijen van dertig, met traditionele Zoeloemuziek voorop, dagmarsen van meer dan vijftig kilometer, en georganiseerde voedselverstrekking op de rustplaatsen. Zeven slopende dagen later was er weinig indrukwekkends meer aan. Uitgeput en uitgehongerd kwam de groep aan in Noord-Natal, waar hun nog een laatste hindernis wachtte. Ze stuitten er op de binnengevallen Boerencommando's, die hen niet zomaar wilden laten passeren. Eerst moest een paar honderd man meehelpen om de kanonnen van de staatsartillerie de heuvels op te slepen, toen pas mochten ze door.

Voor deze groep zwarte mijnwerkers was het de eerste en laatste kennismaking met gedwongen tewerkstelling door de Boeren. Voor hun collega's die achterbleven in de mijnstreek, werd dat tijdens de oorlog dagelijkse praktijk. Ze moesten óf in de mijnen blijven werken, veelal meer uren tegen veel minder geld, óf ze werden – net als alle andere zwarten in Transvaal – verplicht om op het land te werken, dan wel als *agterryers* hand- en spandiensten te verlenen aan de Boerencommando's.[39]

Als het ging om vitale sectoren als de spoorwegen en de mijnindustrie, namen de autoriteiten in Pretoria de veiligheidsrisico's dus uiterst serieus. Dat kon niet worden gezegd van de bewaking van de Britse krijgsgevangenen in de hoofdstad. De ontsnapping van Churchill uit de Staatsmodelschool, hoe gedurfd ook uitgevoerd, was natuurlijk niet los te zien van het amateuristische gevangenisregime. Via een richel over een hek klimmen, dat was geen Houdini-act. Het was duidelijk dat er vooraf niet was gerekend op zulke grote aantallen op te sluiten vijanden, en dat hun vrijheidsdrang – althans van sommige – was onderschat. Door Churchills ontsnapping werd heel Pretoria zich in één klap van dat risico bewust.

Zijn verdwijning, dat hadden Haldane en Brockie goed gezien, werd direct de volgende ochtend ontdekt en leidde tot grote consternatie. Omdat niet kon worden vastgesteld hoe hij was verdwenen, kwamen de wildste verhalen in omloop. Hij zou zijn ontsnapt in een afvalbak of in vrouwenkleren, zijn ondergedoken in de stad of al zijn gearresteerd in Waterval Boven. Op diverse adressen in de stad werd huiszoeking gedaan, een paar Zarps werden voor straf naar het front gestuurd, enkele 'verdachte' Engelsen het land uitgezet. Van de Boerenleiders voelde natuurlijk vooral commandant-generaal Joubert zich bedrogen. Zijn telegrafische toestemming, daags tevoren, om Churchill vrij te laten moest maar publiek worden gemaakt, liet hij weten aan staatssecretaris Reitz, 'om de wereld te toonen wat een schurk of hij is'. Op het regeringsgebouw werden een foto en een persoonsbeschrijving van de ontsnapte krijgsgevangene aangeplakt, samen met een opsporingsbiljet. De beloning voor zijn aanhouding bedroeg vijfentwintig pond, 'levend of dood'.

Direct gevolg was ook de aanscherping van het gevangenisregime. Er kwamen extra bewakers, onder meer in de belendende tuin, het was afgelopen met de alcohol en het slapen op de veranda, kranten kregen de krijgsgevangenen niet meer en voortaan werd twee keer per dag appel gehouden. Dat was vooral zuur voor Haldane en Brockie, die hun eigen ontsnappingsplannen nu voorlopig wel konden vergeten. Zodoende zorgde Churchills ongeduld binnen en buiten de Staatsmodelschool voor frustratie – en dat zou hem nog lang worden nagedragen. Gedurende zijn hele leven bleven de – emotioneel begrijpelijke maar feitelijke onterechte – aantijgingen hem achtervolgen dat hij zijn erewoord zou hebben gebroken en zijn vluchtmakkers in de steek zou hebben gelaten.[40]

Churchill zelf was zich dit alles niet bewust. In zijn ondergrondse schuilplaats maakte hij zich druk om andere zaken. Het gevoel weer opgesloten te zitten, nu eenzaam in het aardedonker, met alleen dat zenuwengetrippel om zich heen, benauwde hem. Gelukkig toonde Howard zich bij zijn volgende bezoek begripvol. Vrijdagnacht 15 december mocht Churchill weer mee naar boven. Wat rondlopen op het open veld, frisse lucht inademen, daar knapte hij zichtbaar van op. Howard besloot dat het voor Churchills gezondheid en gemoedsrust beter was hem boven de grond te verstoppen. Achter in het mijnkantoor was een opslagruimte waar nooit iemand kwam. Daar was hij ook redelijk veilig.

Zolang als het duurde. Op een gegeven moment moest hij natuurlijk verder. Churchill zelf meende nog steeds dat hij het wel zou redden met een paard, een pistool, een gids en wat eten, maar daar dacht Howard anders over. Hij kwam met een alternatief plan, dat hij had bedacht samen met een plaatselijke winkelier en handelaar, Charles Burnham, nog zo'n achtergebleven Engelsman die bereid was persoonlijke risico's te lopen om een landgenoot te helpen. Burnham had een lading wol die naar Lourenço Marques moest, om daar te worden verscheept. Genoeg om een aantal treinwagons te vullen, en tussen de balen een schuilplaats vrij te houden voor Churchill. Zo werd het afgesproken.

Het kostte een paar dagen om alles te regelen. Maandagnacht 18 december was het zover. De balen wol waren opgeladen, zeildoeken eroverheen gespannen, en onderin een van de wagons was een kleine ruimte uitgespaard voor Churchill. Hij kreeg brood mee, een meloen, twee gebraden kippen, drie flessen koude thee, wat whisky en een pistool. Geen sigaren, om voor de hand liggende redenen. De reis zou naar verwachting niet meer dan zestien uur duren, maar het was oorlogstijd, vertraging kon zich overal voordoen. Op het laatste moment werd besloten dat Burnham zelf mee zou reizen, om in geval van nood te kunnen ingrijpen.

Dat bleek een gelukkige ingeving. De reis kende inderdaad nogal wat haperingen. Meteen al in Witbank kostte het Burnham een paar 'kerstpakketten' om de wagons te laten koppelen aan een doorgaande passagierstrein. De meereizende bewaker wist hij gunstig te stemmen door zijn gulle hand van whisky schenken. Dezelfde truc haalde hij uit in Waterval Onder, waar – na een nacht wachten – werd gewisseld van passagierstrein en bewaker. In Kaap Muiden, het laatste station vóór de grens met Mozambique, kon Burnham op het nippertje voorkomen dat Churchills wagon werd doorzocht door een Boerencommando. Dit keer met behulp van koffie. Vergeleken daarmee verliep de grensovergang bij Komati Poort verrassend soepel. De douanier liet de lading ongecontroleerd passeren, maar vervolgens lagen de Portugezen dwars. De wagons moesten worden ontkoppeld van de passagierstrein, en mochten pas uren later mee met de eerstvolgende goederentrein.

Al die tijd – het was inmiddels donderdag 21 december – stonden de wagons dus op Portugees grondgebied, maar Churchill was daar helemaal niet gerust op. Hij dacht dat hij Nederlands hoorde praten, en bleef stil zitten in zijn schuilplaats, doodsbang dat hij op het laatste moment alsnog zou worden gepakt. Pas toen de wagons weer in beweging waren gekomen en het volgende station Ressano Garcia bleek te zijn – door een kier in de wand kon hij het naambord lezen en hij zag Portugese uniformen – was hij overtuigd. Hij wachtte nog tot de trein het station was gepasseerd, maar toen hield hij het niet meer. Hij stak zijn hoofd boven het zeildoek, en zong, schreeuwde en kraaide het uit. Eindelijk echt vrij. Hij trok zijn pistool en schoot twee, drie keer in de lucht.[41]

Een warm onthaal

Durban, 23 december 1899

De plaatselijke krant, de *Natal Mercury*, kon wel wat opbeurend nieuws gebruiken. De klap van '*Black Week*' suisde nog na in de stad. Op drie fronten hadden de Britse troepen dramatische nederlagen geleden. In één week waren drie trotse generaals vernederd. Op 10 december Sir William Gatacre bij Stormberg aan het zuidelijke front. Op 11 december Lord Methuen bij Magersfontein aan de westgrens van Oranje Vrijstaat. Op 15 december opperbevelhebber Sir Redvers Buller zelf bij Colenso, hier in Natal, minder dan tweehonderd kilometer van Durban. Een week van schande en schaamte was het geweest, met een kleine drieduizend gesneuvelde, gewonde of krijgsgevangen Britse militairen. Ongelooflijke aantallen, bijna het tienvoudige van de verliezen van de Boeren.

De *Natal Mercury*, en heel Durban, hunkerde naar een opsteker. De spectaculaire ontsnapping van de jonge oorlogscorrespondent van de *Morning Post* kwam als geroepen, en nu was hij op weg hiernaartoe. Die middag, zaterdag 23 december, zou Winston Churchill in Durban aankomen, kopte de krant, aan boord van de *Induna*, de wekelijkse mailboot uit Lourenço Marques. Vanaf één uur begon de kade vol te lopen met enthousiaste nieuwsgierigen. Onder hen veel Uitlanders uit Johannesburg en omgeving die hier een goed heenkomen hadden gezocht. Tal van schepen in de haven werden opgetuigd met vlaggen. Toen de *Induna* tegen vier uur binnenliep, waren er zeker duizend mensen op de been, die zorgden voor een spontane heldenontvangst. Bij de passagierssteiger was geen plek, de *Induna* moest aanmeren achter twee andere schepen. De menigte liet zich niet tegenhouden, en zwermde uit over de dekken. De brutaalsten sprongen over en namen Churchill joelend op de schouders. Voor een officiële begroeting door de ook aanwezige notabelen was amper gelegenheid. Hij moest mee, naar de kade. Speechen.

Staande op een kist, handen in zijn zij, de cowboyhoed die hij in Lourenço Marques had gekocht losjes vasthoudend, sprak hij de menigte toe, onderbroken door toejuichingen. Strijdbaar en veel zelfverzekerder dan de fotografen hem vastlegden. '*No matter what the difficulties, no matter what the dangers... we shall be successful in the end.*' De Boeren, '*these reactionary Republics that menace our peace*', zouden worden verslagen, '*because our cause is a just and right one, because we strike for equal rights for every white man in South Africa and because we are representing the forces of civilization and progress*'.

Dat was wat de mensen wilden horen. Ze lieten hem nog niet gaan. Churchill werd in een riksja gezet en meegetroond naar het stadhuis, omstuwd door een steeds verder aangroeiende menigte. Vóór het stadhuis stond een platte wagen klaar, bij wijze van podium. Of hij wilde of niet, hij moest nog een keer speechen. Hij wilde best. Na een spontaan '*Rule, Britannia!*' vanuit het publiek ging hij er nog eens goed voor staan. Opnieuw kostte het hem geen moeite om de juiste vaderlandslievende toon te treffen. '*We are now in the region of war, and in this war we have not yet arrived at the half-way house.*' Maar de succesvolle afloop, zo verzekerde hij zijn gehoor, stond vast. '*Under the old Union Jack there will be an era of peace, purity, liberty, equality, and good government in South Africa.*' Daar konden '*the loyal and devoted colonists of Natal*' op rekenen.

In het stadhuis kon Churchill even op adem komen. De plaatselijke commandant had een handvol felicitatietelegrammen voor hem. Aan een paar journalisten legde hij uit hoe hij was ontsnapt – zonder de voor Howard, Burnham en zijn andere helpers compromitterende details. Weer buiten bleek het enthousiasme nog niet bekoeld. Hij poseerde voor nog meer foto's en verklaarde dat hij zo snel mogelijk weer terug wilde. Naar het front, welteverstaan. Dat bleek het signaal voor het vervolg van de triomftocht in de riksja, nu behangen met Engelse vlaggen, richting station. De trein naar Pietermaritzburg van 17:40 uur stond al klaar. Hij kreeg een eigen coupé. De menigte verzamelde zich op het perron om hem uit te zwaaien. De trein zette zich in beweging, de laatste toejuichingen, gezwaai met zakdoekjes, een allerlaatste afscheidsgroet, en daar ging hij weer. Honderd minuten was Churchill in Durban geweest. Hij leunde achterover. Tijd voor een maand kranten.[42]

Het contrast had niet groter kunnen zijn. Door zijn geslaagde ontsnapping en het overweldigende eerbetoon in Durban was Churchill persoonlijk helemaal in de wolken, maar wat hij in de kranten las over de rampen die de Britse troepen waren overkomen stemde hem diep treurig. De debacles van Stormberg, Magersfontein en Colenso kenden stuk voor stuk hun eigen beschamende bijzonderheden, maar in essentie waren de drie nederlagen identiek. Overmoedige bevelhebbers, een verstarde tactiek, onderschatting van de tegenstander, gebrek aan terreinkennis en coördinatie, onvermogen om te improviseren. Het leek wel alsof alle Britse hoofdofficieren er een eer in stelden stuk voor stuk in dezelfde val te lopen. Ook Buller, met al zijn ervaring in Zuid-Afrika, was het spoor bijster geraakt. Colenso was zijn persoonlijke Majuba, met fatale gevolgen voor zijn mentale weerbaarheid en zijn carrière. Drie dagen na de nederlaag, op 18 december, was hij als opperbevelhebber vervangen door veldmaarschalk Lord Roberts, de leider van de Indische 'Ring' in het Britse leger.

Het paste eigenlijk wel in het patroon. Buller had van meet af aan al het gevoel gehad dat hij niet zijn eigen oorlog kon voeren. Nog in Engeland, in september en oktober, was hij door minister van Oorlog Lord Lansdowne nauwelijks gekend in de voorbereidingen en al helemaal niet in de benoeming van White en diens onderbevelhebbers in Natal. Zijn dringende advies om geen posities in te nemen ten noorden van de Tugela was in de wind geslagen. Het jammerlijke resultaat had zich wrang genoeg voltrokken op de dag dat hij voet aan wal zette in Kaapstad, op maandag 30 oktober. *Mournful Monday*, voor hem helemaal. En Milner had alleen nog maar meer slecht nieuws voor hem gehad. Ook Mafeking en Kimberley werden belegerd en er dreigde een opstand onder de Afrikaners in de Kaapkolonie.

Onder die omstandigheden meende Buller begin november dat hij niet kon vasthouden aan zijn oorspronkelijke plan. Het had er zo overzichtelijk uitgezien. Met zijn hele 1e legerkorps, 47 000 man sterk, als een stoomwals naar het noorden rollen, over het hoge veld naar Bloemfontein, Johannesburg en Pretoria. Hij had er nog een paar dagen over nagedacht, maar gaf het idee toen op. Het was niet verantwoord. Hij besloot zijn troepenmacht te splitsen. Niet in tweeën, zoals Milner had aanbevolen, om zich te concentreren op enerzijds de verdediging van de Kaapkolonie en anderzijds de bevrijding van Kimberley en Mafeking, maar in drieën. Anders dan de hoge commissaris was Buller niet bereid White, Ladysmith en daarmee mogelijk heel Natal op te geven.

Sterker nog, hij zou zelf naar het oostelijke front gaan, met – uiteindelijk, zodra alle eenheden zouden zijn aangekomen – meer dan de helft van zijn legerkorps. Hij kende de streek, hij hield van het groene, glooiende landschap, hij kon daar de beslissing forceren. De bevrijding van Kimberley, in het westen, droeg hij op aan luitenant-generaal Lord Methuen, die daarvoor 11 000 man kreeg toegewezen. In het centrum moest generaal-majoor Sir William Gatacre de Boerencommando's terugslaan die inmiddels vanuit Oranje Vrijstaat de Kaapkolonie waren binnengevallen. Hij had zo'n 3 000 man tot zijn beschikking en kon rekenen op ondersteuning van de cavalerie-eenheden van generaal-majoor French, die op de valreep hadden weten te ontsnappen uit het belegerde Ladysmith. Het kostte een paar weken om de opsplitsing goed te regelen. Commandostructuur, evenwichtige samenstelling van de diverse legeronderdelen en niet te vergeten de hele logistieke operatie. Op 21 november trok Methuen de Oranje over, een dag later reisde Buller af richting Natal.[43]

Methuen zette er meteen goed de vaart in. '*I shall breakfast in Kimberley on Monday*,' telegrafeerde hij zelfverzekerd aan de commandant van de belegerde diamantstad, luitenant-kolonel R.G. Kekewich. Oftewel, veel meer dan een week zou het niet kosten. De eerste krachtmetingen met de Boeren sterkten hem in zijn optimisme. Oprukkend langs de spoorlijn versloeg hij hen zowel bij Belmont op 23 november, Graspan twee dagen later als bij de Modderrivier op 28 november. Het waren wel zwaarbevochten overwinningen, vooral de laatste, waarbij Methuen zelf gewond raakte. In totaal vielen bij die drie veldslagen 140 doden en 780 gewonden aan Britse kant. Veel meer dan de 50 doden, 140 gewonden en 90 krijgsgevangenen onder de Vrijstaters en Transvalers. Maar Methuen had de Boeren tot drie keer toe uit hun stellingen verdreven, en er lag nog maar één hindernis op zijn route naar Kimberley. Dat woog naar zijn idee wel op tegen de hoge verliescijfers. Geen enkele aanleiding om van tactiek te veranderen. Eerst de artillerie die de vijandelijke stellingen bestookt, dan de frontale aanval door de infanterie en ten slotte de achtervolging door de cavalerie.

Voor de Boeren was er wel aanleiding iets te veranderen aan hun strijdwijze, in het bijzonder de keuze van hun gevechtsposities. Tot dan toe lagen die doorgaans tegen of op de berg of de heuvel. Maar de Transvaalse vechtgeneraal Koos de la Rey stak van de slag bij de Modderrivier op dat het nut kon hebben daarin te variëren. Bijvoorbeeld door greppels te graven aan de voet van de heuvels en van daaruit een horizontaal en dus 'effectiever' schootsveld te hebben ten opzichte van de aanstormende Engelse infanteristen. Hij stelde voor om de eerstvolgende verdedigingslinie – tevens de laatste vóór Kimberley, bij Magersfontein – helemaal op die manier in te richten. Volgens de Transvaalse assistent-generaal Piet Cronjé was het riskante nieuwlichterij, maar president Steyn van Oranje Vrijstaat die een bezoek bracht aan het front, vond het een goed idee. De la Rey mocht het uitvoeren. In een uitgestrekte halve maan, met een breedte van zo'n acht kilometer vóór en ter weerszijden van de Magersfonteinkop, liet hij greppels uitgraven voor de circa 8 000 Boerenstrijders. Daar weer vóór werd prikkeldraad gespannen. Het wachten was op de aanval van de Engelsen.

Die kwam op de inmiddels bekende, maar dit keer extra heftige, manier. Op zondag 10 december – Methuen had zijn troepenmacht in de tussentijd versterkt tot zo'n 15 000 man – hielden Boerenscherpschutters vanuit '*dummy*' posities op Magersfonteinkop de Britse verkenners op een afstand. Methuen was er daardoor van overtuigd dat de Boeren zich weer hadden verschanst op en rond de heuvels, en gaf het bevel voor een ongekend zware artilleriebeschieting. Meer dan twee uur lang veranderden zijn drieëndertig kanonnen de heuveltoppen in een inferno. Dat kon niemand overleven, meende hij. De Boerenposities waren stormrijp. Even na middernacht – inmiddels 11 december dus – zette de Highland Brigade onder leiding van generaal-majoor Andy Wauchope zich in beweging. Tegen de ochtendschemering moesten ze in positie zijn voor een frontale aanval op Magersfonteinkop. Andere eenheden volgden aan weerszijden. Ze waren op tijd. Toen het licht werd, stonden ze klaar voor de laatste honderden meters naar de heuvels.

De ingegraven Boeren lagen ook klaar. Het helse bombardement van de dag daarvoor had slechts drie gewonden gekost, en was verder volledig over hen heen gegaan. Nu was het hun beurt. De Highlanders met hun niet te missen donkere kilts waren zo dichtbij, het was prijsschieten. De Boeren barsten los in een genadeloos spervuur. De Schotse elitetroepen vielen bij bosjes, onder hen ook Wauchope. Wie geluk had, kreeg tijd om te reageren en zocht dekking, plat tegen de grond. Wie verstandig was, bleef daar zo liggen, de hele dag lang, in de brandende zon. Liever honger, dorst, mieren, vliegen, desnoods een zonnesteek, dan een zekere kogel. Om hen heen was de strijd gelijkwaardiger. Fanatiek van beide kanten. Aan de kant van de Boeren kreeg vooral het vooruitgeschoven Scandinaviërkorps het zwaar te verduren. Op een paar plaatsen wisten de Britse infanteristen door de Boerenlinies heen te breken, maar uiteindelijk werden ze overal teruggeslagen. 's Middags was het gedaan. Voordat Methuen het sein liet geven, was de aftocht al spontaan begonnen. Behalve voor de ongelukkige Highlanders die te dicht bij de Boerenloopgraven lagen en moesten wachten tot het donker werd. In totaal telden de Britten 210 doden en 740 gewonden, vermisten en krijgsgevangenen, verreweg de meesten van hen van de Highland Brigade. Onder de Boeren vielen 90 doden en 185 gewonden.[44]

Magersfontein kwam des te harder aan, omdat het een dag eerder, op 10 december, ook al mis was gegaan bij Stormberg, het spoorwegknooppunt op de lijn van De Aar naar East London. Vijf weken eerder had Churchill in de laatste trein gezeten die er ongestoord was gepasseerd. Sindsdien hadden zo'n 2000 Boerencommando's uit Oranje Vrijstaat onder leiding van Jan Olivier de Stormbergvallei in bezit genomen. Sir William Gatacre was nu vastbesloten hen daaruit te verjagen. Net als Lord Methuen mikte hij op het verrassingseffect van een nachtelijke mars. De avond tevoren om negen uur had zijn colonne, 3000 man sterk, zich in beweging gezet vanuit het nabijgelegen Molteno. Maar net als bij Magersfontein waren het de nachtelijke aanvallers zelf die bedrogen uitkwamen, ook hier als gevolg van een gebrekkige terreinverkenning. De colonne raakte hopeloos verdwaald. Gedesoriënteerd doolden de troepen rond in het donker. Wonder boven wonder bleken ze tegen de ochtendschemering toch in de buurt te zijn gekomen van hun doelwit, de Boerencommando's op de Kissieberg. Alleen kwamen ze nu van de andere kant en hadden ze geen idee waar ze waren.

Daar kwamen ze snel achter. De Boeren, net aan het ontbijt, waren wel degelijk verrast, maar niet onaangenaam. Ze konden hun ogen niet geloven. De Britse troepen beneden hen waren zo goed als een fuik in gelopen. Vanuit de hooggelegen Boerenposities was het vrij schieten. Er waren nog wel eenheden van de Irish Rifles en de Northumberland Fusiliers die, eenmaal van de schrik bekomen, alsnog de bestorming van de heuveltop inzetten, maar bijna bovenaan versperden steile rotsen hun de doorgang. De uitputting nabij door de nachtelijke inspanningen, bleven ze daar in dekking liggen, wachtend op ondersteuning. Die kwam inderdaad, maar dat maakte het alleen maar erger. De Britse artilleristen die Kissieberg nu onder vuur namen, werden verblind door de opkomende zon en zagen niet dat hun granaten ook terechtkwamen tussen hun eigen mensen. De Britse infanteristen op de heuvel wilden nu nog maar één ding: zo snel mogelijk naar beneden. Wie daar niet in slaagde, zocht nog dieper dekking tussen de rotsen. Gatacre constateerde dat er geen houden meer aan was. Om half zes – nog geen vijf kwartier na het begin van het gevecht – gaf hij het sein tot de terugtocht. Prompt werden de terugtrekkende Britse troepen ook nog van de andere kant aangevallen door commando's van de Vrijstaatse hoofdcommandant in het gebied, Esaias Grobler. In die consternatie 'vergat' Gatacre dat het bevel tot de terugtocht een grote groep achterblijvers niet had bereikt. Na uren vergeefs wachten konden zo'n 600 officieren en manschappen op de flanken van de Kissieberg niets anders doen dan zich overgeven. Het bracht de totale Britse verliezen op 28 doden, 60 gewonden en 634 krijgsgevangenen. De Boeren telden er 8 doden en 26 gewonden.[45]

Na de opdoffers van Stormberg en Magersfontein had Buller in Natal wat recht te zetten. Vanuit Estcourt en Chieveley, maar al te bekend bij Churchill, bereidde hij de bevrijding van Ladysmith voor. Heel gerust was hij er niet op. Zijn troepenmacht was tegen half december aangegroeid tot 19 500 man, en hij beschikte over 44 kanonnen en 18 machinegeweren, maar vóór hem lag de Tugela. Dat was een lastige rivier om over te steken, meanderend, wild, met maar een paar doorwaadbare plekken waarvan je niet op aan kon. En de spoorbrug bij Colenso – nog intact tijdens Churchills inspectietocht een maand eerder met de gepantserde trein – was inmiddels opgeblazen. Maar de echte moeilijkheid zat 'm natuurlijk in de stellingen die de Boeren hadden betrokken aan de overkant van de rivier. Op de kopjes langs de noordelijke oever waren hun versterkingen zichtbaar, vooral geconcentreerd rond de spoorlijn die Buller nodig had om zijn troepen met legertros en al in de buurt van Ladysmith te krijgen. Hij werd hier verwacht, dat was duidelijk, voor een verrassing kon hij niet zorgen, maar een omtrekkende beweging, weg van de spoorlijn, vond hij helemaal te riskant. Dan toch maar hier.

De Boeren aan de overkant van de Tugela hadden wel een verrassing in petto. Om te beginnen hadden ze een nieuwe bevelhebber, van een ander kaliber dan Piet Joubert. De commandant-generaal was van zijn paard gevallen, en ondervond daarvan te veel hinder om actief te blijven aan het front. Op 30 november was het bevel over de troepen bij de Tugela overgedragen aan de zevenendertigjarige Louis Botha. Hij had als plaatsvervangend commandant in de slag bij Modderspruit een uitstekende indruk gemaakt. Hier, bij Colenso, stond hij op het punt zijn tactische meesterschap te bewijzen.

Zijn strijdmacht was vele malen kleiner dan die van Buller. Drieduizend man met vijf stuks geschut, en een paar kilometer naar het westen nog eens vijftienhonderd man om zijn rechterflank te dekken. Maar Botha geloofde heilig in de macht van de positie. Net als De la Rey bij Magersfontein koos hij niet voor de heuvels, maar voor vlak terrein, zo dicht mogelijk bij de rivier. De stellingen die Buller op de heuveltoppen meende te zien, waren nep, bedoeld om te misleiden. De echte Boerenstellingen waren uitgegraven in de modder van de noordelijke oever, over een breedte van wel tien kilometer, verstevigd met zandzakken en allemaal zorgvuldig gecamoufleerd.

Het enige zwakke punt in de Boerenlinie was de uiterste linkerflank, die zich vanwege een scherpe bocht van de Tugela naar het noorden noodzakelijkerwijs tot aan de overkant van de rivier uitstrekte. De commando's die deze Hlangwaneheuvel in eerste instantie bezetten, trokken zich op 13 december bang geworden terug. President Paul Kruger zelf moest eraan te pas komen, althans een drietal vlammende telegrammen van zijn hand, vol Bijbelteksten, om hen tot de orde te roepen. 'De kop overkant rivier mag niet opgegeven worden, want dan is alle hoop voorbij, en houdt ook vast de sloot oost die gegraven is, en vreest toch niet de vijand, maar vreest God... Strijd in den naam des Heeren en ge zult overtuigd geraken dat God bestuurt en gij zult overwinnen.' Het hielp, op 14 december kon Botha antwoorden dat het was gelukt 'om de wankelmoedigheid onder ons te doen vervangen door moed'.

Dat was net op tijd. Al twee dagen bestookte de Britse artillerie geregeld de heuvels ten noorden van de Tugela, en die nacht waren er talrijke lichtjes te zien in het Engelse kamp. Het was duidelijk dat Buller zich opmaakte voor de beslissende aanval. De volgende ochtend om kwart over vijf, vrijdag 15 december, kwam zijn oorlogsmachine op gang. Eerst een bombardement vanuit de achterhoede door het grote scheepsgeschut, en toen de opmars over een breed front van verschillende afdelingen infanterie. Bij Colenso zelf werden ze voorafgegaan – toch een verrassingselement – door kolonel Long met twaalf stuks veldgeschut en zes kleine scheepskanonnen. De Boeren hadden al twee dagen hun kruit drooggehouden – en hun posities geheim – en hielden dat vol totdat Botha zelf het afgesproken sein gaf. Pas toen de Britse infanterie-eenheden aan de zuidelijke oever van de Tugela stonden en Long zijn geschut ter hoogte van Colenso keurig netjes had opgesteld, liet Botha het grootste Boerenkanon afvuren, gevolgd door de andere vier. Dat was het langverwachte signaal. Nu brandden ook alle Mausers los, van veel dichterbij dan de Britten hadden verwacht. De schok was compleet. Moordend vuur van een onzichtbare vijand, en nergens dekking te bekennen. Links en rechts sloegen de Britse soldaten tegen de grond, dood, gewond, of doodsbang. Ook onder de artilleristen vielen vele slachtoffers, Long zelf raakte gewond, en om zeven uur trokken de overlevenden zich terug, met hun gewonden en de kleine scheepskanonnen, maar zonder de twaalf vijftienponders.

Een half uur later zag Buller zich gedwongen ook andere eenheden in benarde posities terug te trekken. In de loop van de ochtend besloot hij tot een algehele terugtocht. Om de achtergelaten kanonnen te redden, vroeg hij om vrijwilligers. Een van de officieren die zich meldde was luitenant Frederick Roberts, de enige zoon van de veldmaarschalk. De vrijwilligers slaagden erin twee kanonnen terug te halen, de overige tien moesten worden achtergelaten. Het leverde zeven voordrachten op voor een *Victoria Cross*, onder meer voor Roberts jr. In zijn geval was het een postume onderscheiding, hij overleefde de reddingspoging niet. Hij was een van de 143 doden aan Britse kant, naast 756 gewonden en 240 vermisten. De Boeren telden 8 doden en 30 gewonden, maakten 38 krijgsgevangenen en veroverden tien gebruiksklare kanonnen, inclusief een flinke voorraad munitie. Het bracht de totale verliesbalans van *Black Week* op ruim 2800 Britten tegenover een kleine 350 Boeren. De vernedering was compleet.[46]

De enige opbeurende berichten die Churchill in zijn pak kranten aantrof, gingen over de drie plaatsen die door de Boeren werden belegerd. Mafeking, Kimberley en Ladysmith hielden nog steeds stand, en die lichtpuntjes werden door de Engelse pers gekoesterd als groeibriljanten. De belegeraars hadden de telegraafverbindingen natuurlijk verbroken, maar met behulp van heliografen en zwarte en gekleurde koeriers die door de Boerenlinies glipten bleef er provisorisch contact met de buitenwereld. De commandanten ter plaatse – White in Ladysmith, Kekewich in Kimberley en kolonel Robert Baden-Powell in Mafeking – waren zodoende op de hoogte van de stagnerende opmars van de bevrijdingslegers. Andersom drong er het nodige door over de lotgevallen van de belegerde burgers en militairen.

Bij gebrek aan Britse successen op het slagveld groeiden hun beproevingen – bombardementen, honger, besmettelijke ziektes – uit tot steeds heldhaftiger proporties. Voor het kranten lezende publiek in Natal, de Kaapkolonie en in het moederland sprak daarbij extra tot de verbeelding dat zich in elk van de drie plaatsen bekende persoonlijkheden bevonden. In Ladysmith 'Doctor Jim' Jameson, de veelbesproken uitvoerder van de gelijknamige raid. De bedenker en financier daarvan, Cecil '*The Colossus*' Rhodes, behoorde ook tot de belegerden, maar hij zat vast in Kimberley, de diamantstad die hij, de grote man van *De Beers Consolidated Mines*, min of meer beschouwde als zijn persoonlijke eigendom. Mafeking had de meer adellijke beroemdheden. Onder Baden-Powell – die zelf naam zou maken dánkzij de belegering en jaren later als oprichter van de wereldwijde scoutingbeweging – dienden twee stafofficieren met aansprekende familierelaties. Majoor Lord Edward Cecil was de zoon van Lord Salisbury, de Britse premier. Luitenant-kolonel Gordon Wilson was getrouwd met Lady Sarah, de jongste zuster van Lord Randolph Churchill.

Winston Churchills tante dus. En collega, want ook Lady Sarah Wilson bracht voor een Engelse krant verslag uit van de oorlog in Zuid-Afrika, namelijk de *Daily Mail.* Daarmee hield de overeenkomst niet op, want ook zij was gevangengenomen door de Boeren, in haar geval – terecht – beschuldigd van spionageactiviteiten. Ze kwam ook ongeveer tegelijkertijd met haar neef weer vrij, zij het niet op eigen kracht. De Boeren lieten haar gaan in ruil voor de uitlevering door Baden-Powell van Petrus Viljoen, een paardendief met wie ze nog een rekening hadden te vereffenen. Lady Sarah werd zodoende nog vóór Kerstmis herenigd met haar echtgenoot in Mafeking. Via naar buiten gesmokkelde reportages zou ze de lezers van de *Daily Mail* op de hoogte blijven houden van het dagelijks leven in het belegerde stadje. Winston Churchill was hierin alleen beroepsmatig geïnteresseerd. Persoonlijk liet het hem onberoerd. Hij had het niet zo op zijn tante. Als cadet op de militaire academie Sandhurst was hij ooit door haar beschuldigd van '*thievish practices*'. En dat alleen maar omdat hij een overtollige verrekijker te koop had aangeboden. '*Such a liar that woman is*', had hij verontwaardigd aan zijn moeder geschreven. Sindsdien ging hij haar uit de weg.[47]

Maar ook los van persoonlijke anekdotes was de belegering van Mafeking, Kimberley en Ladysmith interessant genoeg. Net zoals er een patroon zat in de veldslagen bij Magersfontein, Stormberg en Colenso, zo verliepen ook de drie belegeringen grotendeels vergelijkbaar. Het meest opvallende kenmerk was de volmaakte rolwisseling. Hier waren de Boeren de falende aanvallers en de Britten de succesvolle verdedigers. De Boerenbevelhebbers, Piet Joubert bij Ladysmith, Piet Cronjé bij Mafeking en Christiaan Wessels bij Kimberley, verzuimden alle drie om direct in het begin door te drukken. Daardoor kregen hun tegenspelers White, Baden-Powell en Kekewich volop gelegenheid om hun verdediging op orde te brengen en de versterkingen, loopgraven en ondergrondse schuilplaatsen te vervolmaken. Na een spannende beginfase verzandden de belegeringen stuk voor stuk in een status quo, die slechts zo nu en dan werd doorbroken door plaagstoten over en weer. De artilleriebeschietingen door de Boeren werden voorspelbaar, de discipline in hun kampementen verslapte.

Aanvallen, het bleek eens te meer, lag de Boeren niet, in ieder geval niet de oudere garde bevelhebbers. Ook als ze uit waren op verovering, kropen ze als vanzelf in een verdedigende rol. Aan frontale aanvallen waagden ze zich niet, huiverig als ze waren voor hoge verliescijfers. Anders dan de Britse generaals sprongen ze zuinig om met hun mankracht. Liever vielen ze terug op de methode die ze traditioneel toepasten tegen versterkte nederzettingen van zwarte stammen: omsingeling en uithongering. Ook de Boeren groeven zich in en legden versterkingen aan, zodat de drie belegerde plaatsen vanuit de lucht een bijzondere aanblik moeten hebben geboden. Alle drie omgeven door een dubbele ring van – tegenover elkaar gerichte – verdedigingslinies. Ringen van Mars als treffende symbolen voor het defensief als superieur tactisch concept.

Niet dat het leven voor de belegerde burgers en militairen in Mafeking, Kimberley en Ladysmith een pretje was. De bombardementen maakten slachtoffers. Voedsel ging op steeds kariger rantsoen. Besmettelijke ziektes namen hand over hand toe. Maar dat deed niets af aan de volharding en de inventiviteit waarmee de verdediging ter hand werd genomen – en de nietsontziendheid die daarbij werd betracht ten aanzien van de niet-blanke bevolking. Want ook dat was een gemeenschappelijk kenmerk van de drie belegeringen. Zwarten en kleurlingen betaalden de zwaarste tol.

In Mafeking, of beter gezegd de direct aangrenzende, eveneens belegerde, zwarte nederzetting Mafikeng, waren dat 5 000 Tshidi Barolong en nog eens 1 500 uit de Rand gevluchte zwarte mijnwerkers. Verder telde het plaatsje, gelegen in het Britse protectoraat Bechuana net over de zuidwestelijke grens van Transvaal, 1 500 blanke inwoners. Ter wille van de verdediging deed Baden-Powell een beroep op alle bevolkingsgroepen. Hij breidde zijn geregelde blanke troepen uit met plaatselijk geworven vrijwilligers, tot een totaal van 1 200 man, en voorzag ook nog eens zo'n 400 Barolong en andere zwarten en kleurlingen van geweren. Het zware werk aan de verdedigingslinies liet hij uitvoeren door niet-blanke werkkrachten. Ook het belangrijke inlichtingenwerk kwam geheel op hun schouders neer – een excentrieke uitzondering als Lady Sarah daargelaten. Het waren zwarte verkenners, spionnen en koeriers die zorgden voor de berichtgeving naar en vanuit de buitenwereld. Hun grote bijdrage aan de verdediging resulteerde echter niet in een evenredig aandeel in de voedseldistributie. Toen vanaf november 1899 rantsoenering werd ingevoerd, beschikten met name de zwarte vluchtelingen uit de Rand over te weinig geld om de porties waarop ze recht hadden te kunnen betalen. De meeste slachtoffers van de belegering zouden dan ook vallen in Mafikeng.

De belegeraars maakten eveneens gebruik van zwarte arbeidskrachten. De Boeren verzekerden zich van de medewerking van hun oude bondgenoten, de Rapulana Barolong, rivalen van de vanouds Britsgezinde Tshidi Barolong. Zo'n 300 van hen werden bewapend en wel ingezet in de loopgraven en op de fortificaties. Anderen deden dienst als verkenners, of gingen op veeroof bij de vijand. Dat soort raids waren al snel de enige offensieve acties. Cronjé begon de belegering half oktober met 5 500 burgers, maar binnen een week vertrok Koos de la Rey met 2 500 man, eerst naar Kimberley, toen naar de Modderrivier, drie weken later gevolgd door Cronjé zelf. Vanaf half november lagen er nog maar 1 400 Boeren rond Mafeking, onder commando van generaal Kooitjie Snyman, en waren er nog slechts drie stuks geschut over: één *Long Tom*, één Krupp en één Maxim, waarvan geen al te fanatiek gebruik meer werd gemaakt. Eén keer per week verstomden de kanonnen helemaal. De Boeren hielden zich geloofsgetrouw aan de zondagsrust, waardoor de belegerde burgers en militairen wekelijks toekwamen aan enige ontspanning. Polo voor de officieren, voetbal voor het gewone volk.[48]

Ook rond Kimberley nam het aantal belegeraars al snel af. Eind oktober beschikte Wessels nog over 7000 man, Vrijstaters en Transvalers. In november raakten deze troepen diverse keren slaags met uitbrekende Britse eenheden en voerden zij geregeld zware artilleriebeschietingen uit. Kimberley vormde een aantrekkelijke buit. De stad was strategisch gelegen en beschikte over de fameuze diamantmijnen, met de daarbij behorende infrastructuur en grote voorraden aan dynamiet en kolen. Psychologisch was het een al even belangrijk oorlogsdoel. De Boeren waren niet vergeten hoe de Britten zich in 1871 de diamantvelden hadden toegeëigend[49] en wisten maar al te goed dat Cecil Rhodes er ook zat, in hun ogen de aanstichter van alle kwaad. Die positieve prikkels brachten echter geen verandering in hun tactiek. Kimberley ligt in vlak, open terrein, zonder enige natuurlijke dekking. Voor de Boeren reden te meer om af te zien van aanvallende acties en zich te beperken tot beschietingen van veraf, die relatief weinig effect sorteerden. Bij het zwaarste bombardement, op 11 november, werden zo'n vierhonderd granaten afgevuurd, maar het grootste deel daarvan belandde in *The Big Hole* en er viel slechts één dode in de stad. Na een laatste schermutseling op 28 november was het gedaan met de directe confrontaties. De Boeren concentreerden hun aandacht op het oprukkende expeditieleger van Lord Methuen. Rond Kimberley bleven nog slechts 1500 Vrijstaters achter, onder leiding van generaal Sarel du Toit. De kans op een klassieke verovering van de stad was daarmee verkeken.

Maar uithongering was nog steeds niet uitgesloten. De verdedigingswerken van de stad waren in de tussentijd, met ruime medewerking van De Beers, in uitstekende staat gebracht. Forten met zoeklichten, onderling verbonden met telefoonlijnen, een uitkijktoren van vijftig meter hoog, beter kon het niet. De zwakke plek van Kimberley was de relatief grote bevolking. Bij het uitbreken van de oorlog telde de stad 50000 inwoners: 13000 blanken, 7000 kleurlingen en Indiërs en 30000 zwarten. Enerzijds kon Kekewich daardoor putten uit een flink potentieel aan werkkrachten en versterkingen voor zijn reguliere troepen – die hij inderdaad verdubbelde tot ruim 4 500 man. Anderzijds waren het wel heel veel monden om te voeden. Dat werd een steeds nijpender probleem, dat net als in Mafeking niet gelijkelijk werd gedragen door de diverse bevolkingsgroepen. Bij het vaststellen – en steeds verder verlagen – van de rantsoenen kregen de niet-blanke inwoners stelselmatig kleinere porties toebedeeld. Ook werd geprobeerd hun aantal geforceerd te verkleinen. Rhodes zette de toon. Op eigen houtje, zoals hij voortdurend het gezag van commandant Kekewich tartte. In de nacht van 6 op 7 november stuurde hij 3 000 zwarte mijnwerkers de stad uit. Tevergeefs. De Boeren ontdekten hen en stuurden hen terug. Volgende – gedwongen en vrijwillige – ontsnappingspogingen hadden meer succes. In totaal zouden zo'n 8 000 zwarten uit het belegerde Kimberley weten weg te komen. Het verlichtte de druk op de voedselvoorraden in de stad, maar voor vele achterblijvers was dat te laat. Vanaf half november eisten ziektes als buiktyfus, dysenterie en scheurbuik een steeds hogere tol. Er vielen vele honderden slachtoffers, verreweg de meesten onder de zwarte en gekleurde inwoners.[50]

De derde belegering, die van Ladysmith, was militair gesproken de meest grootschalige en belangrijkste krachtmeting. De spoorlijnen naar Durban, Transvaal en Oranje Vrijstaat kwamen er samen, en dat maakte het stadje, met normaal zo'n 5 500 blanke inwoners, een strategisch knooppunt. Het had eerst gediend als uitvalbasis voor Whites overmoedige expedities in Noord-Natal, en fungeerde sinds *Mournful Monday* als toevluchtsoord voor zijn teruggeslagen troepen, 13 500 in getal. Daarnaast waren er zo'n 2 500 zwarten en Indiërs naar toe gevlucht, afkomstig uit het kolenmijndistrict in Natal. In totaal verbleven er in het belegerde Ladysmith dus 21 500 personen. Voor hun verdediging had White de beschikking over vijftig kanonnen en achttien machinegeweren.

In de heuvels eromheen begonnen de Boeren hun belegering met 10 000 man en tweeëntwintig kanonnen, waaronder drie *Long Toms*, en vijf machinegeweren. Behalve de strategische positie, de sleutel naar een verdere opmars in Natal, en de uitschakeling van een heel Brits leger lokte ook nog eens de bijbehorende spectaculaire oorlogsbuit: alle geschut, individuele wapens en uitrusting, munitie, proviand en verdere voorraden. Een doortastende Boerenbevelhebber zou alles op alles hebben gezet om de gedemoraliseerde en gedesorganiseerde Britse troepen zo snel mogelijk te overrompelen. Zo'n bevelhebber was Piet Joubert niet. Op die roemruchte maandag 30 oktober had hij de achtervolging van de vluchtende Britse militairen tegengehouden, tot ergernis van jonge bevelhebbers als De Wet en Botha. In de dagen daarna verzuimde hij de belegerde troepen in Ladysmith direct onder druk te zetten. Dat bood White de gelegenheid zich te herstellen en de verdediging van de stad te organiseren, onder meer door de zwarte en Brits-Indische vluchtelingen aan het graven te zetten voor de aanleg van versterkingen. In de loop van november kwamen de Boeren niet verder dan twee halfslachtige offensieve acties. Een plan voor de aanleg van loopgraven in zigzagvorm, die de Boerenschutters tot aan de rand van de stad zouden hebben gebracht, vond geen genade in de ogen van Joubert. Honger en granaten, die moesten de belegerden tot overgave dwingen, vond hij.

Toen Joubert zich eind november om gezondheidsredenen terugtrok als bevelhebber aan het Natalse front, leek dat inderdaad nog de enige mogelijkheid voor de Boeren. Het momentum voor een verovering stormenderhand was voorbij, oordeelden de verzamelde Boerencommandanten, in krijgsraad bijeen op 2 december. Temeer daar Buller in aantocht was, met een deel van het eerste Britse legerkorps. Die moest nu eerst worden tegengehouden bij de Tugela. De troepenmacht rond Ladysmith, toch al geslonken doordat vele Boeren er eigenmachtig vandoor waren gegaan, werd teruggebracht tot 3500 man. Voor enkele Britse officieren in Ladysmith was het aanleiding twee nachtelijke uitbraken te organiseren, op 8 en 9 december, waarbij ze er onder meer in slaagden een van de *Long Toms* onklaar te maken. Het was een opsteker die de belegerde militairen en burgers in Ladysmith goed konden gebruiken. Behalve onder de bombardementen en het voedseltekort leden ze onder een gebrek aan schoon drinkwater. Gevolg was ook hier een uitbraak van buiktyfus en dysenterie. Duizenden belandden in het hospitaaltentenkamp dat met instemming van Joubert ten zuidoosten van de stad werd ingericht bij Intombi, op geneutraliseerd terrein. Honderden overleefden het niet.

Op 15 december bleek dat de redding, die zo nabij was in de vorm van Bullers leger, langer op zich zou laten wachten. De jammerlijke Britse nederlaag bij Colenso sloeg alle hoop op een spoedige bevrijding van Ladysmith de bodem in. Dat werd nog eens onderstreept door de mismoedige bewoordingen waarin Buller de boodschap overbracht. Daags na het fiasco liet hij White per heliograaf weten nog wel een maand nodig te hebben voor de voorbereiding van een nieuwe aanval op de Boerenlinies. Kon hij zo lang wachten? Zo niet, dan adviseerde Buller om zoveel mogelijk munitie weg te schieten, en de best mogelijke voorwaarden te bedingen. Overgave dus, waarbij White vooral niet moest vergeten zijn cijfercodeboeken te verbranden. Het was niet het enige bericht waaruit bleek dat Buller de wanhoop nabij was. Ook het telegram dat hij de avond na de slag verstuurde aan minister van Oorlog Lord Lansdowne, loog er niet om. '*My view is that I ought to let Ladysmith go, and occupy good positions for the defence of South Natal, and let time help us.*'

Dat was niet het soort teksten waarmee een opperbevelhebber respect afdwingt. In Ladysmith volgde White ook dit advies van Buller niet op – hij had tenslotte van meet af aan niet naar hem geluisterd – en maakte hij zich op voor een lange, hete zomer vol ontberingen. In Londen besloot het kabinet dat het tijd was voor het zwaarste geschut. Buller werd ontheven van zijn functie, hij hield alleen het commando over de troepen in Natal. Lord Roberts of Kandahar zou hem vervangen als opperbevelhebber, met als stafchef Lord Kitchener of Khartoum.[51]

Het had wel iets oneerlijks. Dat realiseerde Churchill zich ook. De generaal die tot vervelens toe had herhaald '*Do not go north of the Tugela!*' was noodgedwongen een andere generaal te hulp geschoten die dat toch had gedaan – en kreeg nu zelf de rekening gepresenteerd. Maar dat was niet alleen aan White te wijten, vond Churchill. Ook Buller zelf had steken laten vallen en dat leken geen incidenten. Sir Redvers maakte fysiek en mentaal een uitgebluste indruk. Hij was duidelijk de oude niet meer, of beter gezegd, hij was de jonge Buller niet meer, de dynamische officier die met zijn onverschrokkenheid een *Victoria Cross* had verdiend. In Churchills ogen was de net zestig geworden Buller inmiddels te oud, en miste hij de noodzakelijke veerkracht om tegenslagen op te vangen. Aan zijn vriendin Pamela Plowden schreef hij veelbetekenend: '*I cannot begin to criticise – for I should never stop.*'

Dit soort ontboezemingen zou Churchill de lezers van de *Morning Post* wijselijk onthouden. Ook lette hij ongetwijfeld op zijn woorden toen hij zich na de treinreis uit Durban, onderbroken door een overnachting in Pietermaritzburg, op 24 december 1899 meldde in het Britse legerkamp. Dat was opgetrokken in een voor hem bekende omgeving, namelijk de vallei tussen Frere en Chieveley waar ruim vijf weken eerder de gepantserde trein was overvallen door de Boeren. Zijn eigen tent stond er ook, bizar genoeg op nog geen vijftig meter van de plek waar hij destijds gevangen was genomen. '*I came home safely again to the wars,*' constateerde hij vergenoegd.

Nu nog zelf meevechten. Ook dat verliep soepel, met dank aan de zo verguisde Buller. Kort na aankomst werd Churchill door hem ontboden. Sinds zij elkaar voor het laatst hadden ontmoet, een kleine twee maanden eerder aan boord van de *Dunottar Castle*, was de verhouding tussen beide mannen radicaal veranderd. De oude generaal was in ongenade gevallen, de jonge verslaggever uitgegroeid tot een volksheld. Het verhinderde Buller niet Churchill te complimenteren met zijn heldhaftige optreden. Hij hoorde hem uitvoerig uit over zijn bevindingen in gevangenschap en tijdens zijn ontsnapping. Tot slot vroeg hij of hij nog iets voor Churchill kon doen. Het antwoord kwam prompt. Een aanstelling bij een van de ongeregelde eenheden die nu links en rechts werden geformeerd, dat zou geweldig zijn. En de *Morning Post* dan, vroeg Buller. Tja, onder dat contract kon Churchill niet uit, beweerde hij, hij wilde het net als in Brits-Indië en Soedan combineren. Oorlogscorrespondent én militair.

Daar moest Buller wel even goed over nadenken. Sinds kort had het Britse ministerie van Oorlog zo'n dubbelfunctie strikt verboden. Directe aanleiding waren de kritische stukken die ene Winston Churchill had geschreven over Kitcheners campagne in Soedan. Buller liep zwijgend een paar rondjes door zijn kamer. Toen was hij eruit. Akkoord, een aanstelling als luitenant bij de South African Light Horse, een regiment cavalerie van zevenhonderd man onder leiding van kolonel Julian Byng. Bovenop zijn correspondentschap, maar wel onbetaald. Churchill ging grif akkoord. Het regiment stond bekend als de *Cockyolibirds*, ze droegen als herkenningsteken de lange zwarte staartveren van de sakabula, een plaatselijke vogelsoort. Op 2 januari 1900 moest hij zich melden. Prachtig, hij was weer militair. Met veren op zijn hoed.[52]

Dode hoek

Spionkop, 24 januari 1900

Het moest een hel zijn daarboven. Van een afstand zag het er bedrieglijk lieflijk uit. Witte rookwolkjes elke tien seconden. Opdwarrelend donkerbruin stof, en daartussendoor kleine lichtbruine figuurtjes, die met tussenpozen driftig heen en weer bewogen. Een enorme termietenheuvel, stomend in de zomerhitte, daar leek het op. Churchill keek nog eens door zijn verrekijker. Hij huiverde. Het waren mensen die hij kende, daarboven op die berg, waar het granaatscherven regende. Niet persoonlijk, maar hij wist wie het waren. Eenheden van de Lancashire Brigade, allemaal Engelsen, plus tweehonderd man van de Mounted Infantry uit Natal. Bij elkaar een kleine tweeduizend man, althans toen ze gisteravond naar boven klommen. Hoeveel zouden er nog over zijn? Ze hadden het van alle kanten verschrikkelijk te verduren. Bulderende kanonnen, ratelende machinegeweren, het hagelvuur van de Mausers. De Boeren zaten overal op de omringende bergtoppen. Maar waar precies? De artilleristen hier op Three Tree Hill, de Britse uitvalbasis, konden hen niet in het vizier krijgen.

Churchill keek op zijn horloge. Het duurde nu al de hele dag, bijna negen uur lang. Sinds de mist was opgetrokken, die ochtend om zeven uur, waren de Boeren losgebrand. De nachtelijke overmeestering van Spionkop dreigde een bres te slaan in hun verdedigingslinie ten noorden van de Tugela. Het was duidelijk dat hun bevelhebber, Louis Botha, het gevaar had onderkend en er alles aan deed om de Britten weer van die top te verjagen. Een vuurspuwend scherm liet hij optrekken, van de Tabanyamaheuvels in het noordwesten, via Green Hill, Conical Hill en Aloe Knoll tot Twin Peaks in het noordoosten. Ook waren de Boeren meteen in de tegenaanval gegaan, via de noordelijke, ongedekte helling van Spionkop. De voorste Boerenschutters lagen aan de rand van de top, niet meer dan tientallen meters verwijderd van de voorste Britse infanteristen.

Het was daar een gevecht van man tegen man, op leven en dood. Vanuit zijn uitkijkpositie zag Churchill af en toe minuscule lichtflitsjes, bajonetten weerkaatsend in het scherpe zonlicht. Waarom greep luitenant-generaal Sir Charles Warren niet in? Hij was de verantwoordelijke bevelhebber en had nog genoeg reservebataljons achter de hand. De afgelopen uren had hij versterkingen naar Spionkop zelf gestuurd, maar waarom lanceerde hij geen grootscheepse aanval op de Boerenlinies, over de volle breedte, om de druk op de bergtop te verlichten? Hij had nota bene nog versterking gevraagd en gekregen van generaal-majoor Neville Lyttelton, die een paar kilometer naar het oosten klaarlag met zijn bataljons. En waarom deed Buller zelf niets? Die stond met zijn eigen troepen nog op de zuidelijke oever van de Tugela, op Mount Alice, en kon van daaruit ook waarnemen dat het volledig misging op Spionkop. Waarom dwong hij Warren niet om in actie te komen? Of sprong hij niet zelf bij? Nu vertoonde het oorlogsterrein langs de Tugela de surrealistische aanblik van een overmacht aan Britse soldaten, die vanuit de verte werkeloos toekeken hoe hun strijdmakkers zich letterlijk dood vochten op een slagveld, niet veel groter dan een poloveld.

Churchill kon het niet langer verdragen. Hij moest er naar toe. Zelf kijken hoe het ervoor stond. Kapitein R. Brooke van het 7e Regiment Huzaren ging met hem mee. In galop stormden ze naar Spionkop. Het was woensdag 24 januari, de vijfde sterfdag van zijn vader. En die van hemzelf, daarvan was hij heilig overtuigd.[53]

Churchills voorgevoel over zijn eigen sterfdag zou uitkomen, precies vijfenzestig jaar later. Maar ook 24 januari van het jaar 1900 stond in het teken van de dood. Boven op Spionkop wachtten hem taferelen waarbij zijn herinneringen aan het krijgsgeweld in Brits-Indië, Soedan en op Cuba zouden verbleken. Zijn oorlogservaringen in Zuid-Afrika zelf waren tot dan toe eerder spannend dan gruwelijk geweest. De gepantserde trein, zijn gevangenneming en ontsnapping, zijn heldenontvangst in Durban, hij had het beleefd – en opgeschreven – als één groot avontuur. Echte veldslagen had hij er nog niet meegemaakt. Hij was dan wel oorlogscorrespondent, maar over *Mournful Monday* en *Black Week* had hij zelf in de krant moeten lezen.

Eenmaal weer militair, veranderde dat nog niet meteen. Kerstmis 1899 was in Natal, net als aan de andere fronten, rustig verlopen. Alleen aan het westelijke front laaide de strijd tot twee keer toe op, vlak vóór en vlak na de Kerst. Op 22 december voerden de Boeren een vergeldingsactie uit voor de aanval van Segale en zijn Kgatlastrijders op Derdepoort, een kleine maand eerder. Ze verwoestten drie nederzettingen en doodden vele tientallen Kgatla. Op 26 december deden de Britten vanuit het belegerde Mafeking een aanval op een van de Boerenposities, bij Game Tree Hill. Ze werden teruggeslagen, ten koste van vijfentwintig doden en evenveel gewonden.

In Natal kwam aan de rustpauze in de vijandelijkheden een einde op 6 januari 1900. Opvallend genoeg door een aanval van de Boeren op Ladysmith, een verrassingsactie in dubbel opzicht. Een heuse aanval, dat was al een bijzonderheid. Bovendien werd hij uitgevoerd onder verantwoordelijkheid van de aan het front teruggekeerde commandant-generaal Joubert. Dat mocht helemaal opmerkelijk heten. Hij had nieuwe moed geput uit Botha's overwinning op Buller bij Colenso en liet voor één keer zijn voorzichtigheid varen. In krijgsraad bijeen op 3 januari, besloten de Boerencommandanten tot een schijnaanval op de Britse stellingen ten noorden van Ladysmith, en vervolgens een echt offensief vanuit het zuiden. Dat zou worden uitgevoerd door Transvaalse commando's uit Heidelberg, Utrecht, Pretoria en andere districten onder leiding van generaal Schalk Burger, en door Vrijstaters uit onder meer Harrismith, Heilbron en Kroonstad, onder hun hoofdcommandant Marthinus Prinsloo. Hun doelwit waren de versterkte posities Caesar's Camp en Wagon Hill, allebei gelegen op een massief dat de Boeren Platrand noemden. De Britse legeraanvoerder ter plekke was Churchills favoriete generaal, zijn oude bekende Ian Hamilton.

Kort na één uur in de nacht van 5 op 6 januari begonnen de Boeren van verschillende kanten aan de beklimming van de twee hoogtes. Om half drie werden ze ontdekt. In het pikkedonker ontstond een chaotisch vuurgevecht, waarin pas in de ochtendschemering enige lijn kwam. Van beide kanten brandde nu ook de artillerie los. De strijd verhevigde. Overal werd het man tegen man. De Transvalers boekten terreinwinst op Caesar's Camp, de Vrijstaters op Wagon Hill, maar nergens genoeg om een doorbraak te forceren. Hamilton organiseerde de verdediging efficiënt, en zette zijn manschappen in waar ze het hardst nodig waren. In Ladysmith had White al snel in de gaten dat de aanval in het noorden een afleidingsmanoeuvre was, en dat de echte dreiging uit het zuiden kwam. In de loop van de dag stuurde hij steeds meer versterkingen naar Platrand. Bij de Boeren ontbrak het juist aan overzicht en coördinatie. Burger en Prinsloo verzuimden persoonlijk leiding te geven. Aangewezen op eigen inzicht, zagen vele Boerenstrijders af van de riskante klim naar boven en beperkten ze zich tot afstandsschoten vanuit een veilige dekking.

De climax kwam aan het eind van de middag, in een hevige onweersbui. Nog één keer zetten de Boeren aan, maar ze kwamen er niet door, en de Britten gingen in de tegenaanval. Bij het invallen van de duisternis, tegen zevenen, joegen ze de Boeren Wagon Hill en Caesar's Camp af. Net zoals in eerdere confrontaties telden de Britten veel meer slachtoffers dan de Boeren – 150 doden en 275 gewonden tegenover 65 doden en 125 gewonden – maar de aanval op Ladysmith was afgeslagen. Voor de Boeren was het een stevige domper. Opnieuw konden ze als aanvallende partij wel een vuist maken, maar niet doordrukken. Voor de Britse verdedigers van Ladysmith was het, ondanks hun zware verliezen, een enorme opsteker, waaruit ze moed putten om vol te houden.[54]

Vijfentwintig kilometer zuidelijker, in Bullers legerkamp tussen Frere en Chieveley, heerste lang onzekerheid over het verloop van de strijd. Churchill was die 6e januari 's morgens vroeg wakker geworden van het hevige artillerievuur in de verte. Urenlang zat er niets anders op dan te speculeren wat er precies aan de hand was. Een uitval van het garnizoen? Of wellicht toch de lang verwachte en gevreesde massale aanval van de Boeren? Rond het middaguur kwam er via de heliograaf een kort bericht uit Ladysmith: '*General attack all sides by Boers – everywhere repulsed – but fight still going on.*'

Voor Buller was dat het sein om zelf ook in actie te komen. In allerijl liet hij zijn hele troepenmacht in staat van paraatheid brengen en in gevechtsformatie oprukken richting Colenso. Churchill begreep al snel dat het niet ging om een echte aanval, maar om een demonstratie, bedoeld om de druk op Ladysmith te verminderen. Mochten de Boeren voor hun aanval daar troepen hebben onttrokken aan de Tugelalinie, dan zouden ze die nu waarschijnlijk direct terugsturen. Die redenering klopte – al betrof het niet meer dan driehonderd man. Maar wel onder leiding van Louis Botha. Bovendien werkte het imponeergedrag heilzaam op het zelfvertrouwen van de Britse troepen. Volgens Churchill was het een indrukwekkende demonstratie, zeker toen het in stelling gebrachte scheeps- en veldgeschut aan het eind van de middag het vuur opende op de Boerenstellingen. De beschietingen vielen samen met dezelfde onweersbui die ook boven Wagon Hill en Caesar's Camp losbarstte, en bezorgden de op de zuidelijke oever van de Tugela verzamelde Britse troepen een fantastisch schouwspel – en een symbolische steun in de rug. Terwijl ze in stralende zonneschijn toekeken, veranderde de noordelijke oever van de Tugela in een spookachtig decor. Inktzwarte wolken boven de heuvelruggen, donderslagen en kanongebulder, blauwe bliksemflitsen, rode vuurmonden, vaalgele rookwolkjes en zuilen van donkerbruin stof. '*We watched*,' noteerde Churchill, '*the impressive spectacle in safety and the sunlight*.'

Jammer was alleen dat de Boeren al het natuur- en krijgsgeweld gelaten over zich heen lieten komen. De demonstratie was ook bedoeld om meer zicht te krijgen op hun gevechtsposities, maar van de overkant kwam geen reactie. Bij het vallen van de avond keerden de Britse troepen terug naar hun kampementen. De Boeren reageerden pas 's nachts, met een curieus luchtgevecht avant la lettre. Toen de Britse telegrafisten met behulp van een zoeklicht een bemoedigende boodschap voor Ladysmith op de wolken probeerden te projecteren, gebruikten de Boeren hun eigen zoeklicht om de morsetekens te verstoren.[55]

Bullers snelle reactie op de slag van Platrand deed vermoeden dat hij de klap van Colenso weer enigszins te boven was. Dat klopte. In ieder geval was hij voldoende hersteld om opnieuw een oversteek van de Tugela te wagen. De komst van de nieuwe opperbevelhebber, Lord Roberts, die binnen een paar dagen werd verwacht in Kaapstad, prikkelde zijn eergevoel. Daarbij kwam dat zijn expeditieleger inmiddels was aangevuld met een extra divisie. Hij beschikte nu in totaal over zo'n 25 000 man, waarmee hij de confrontatie met de – naar zijn stellige overtuiging – indrukwekkende Boerenstrijdmacht aan de overkant wel weer aandurfde.

Minder blij was Buller met degene die aan het hoofd stond van die versterkingen. Luitenant-generaal Sir Charles Warren was formeel zijn tweede man, ze waren leeftijdgenoten, maar hun persoonlijke verhouding was slecht. Warren was hem opgedrongen door de hoogste militair in Londen, veldmaarschalk Lord Wolseley, naar Buller – terecht – vermoedde als zijn vervanger indien hij zou falen. Warrens benoeming had Buller verbaasd, en hem niet alleen. Het ontbrak Warren niet aan ervaring in Zuid-Afrika – Kruger en Leyds hadden hem in januari 1885 leren kennen als een harde onderhandelaar in de besprekingen over Bechuanaland –[56] maar dat was wel meteen het einde geweest van zijn actieve militaire loopbaan. Sindsdien had hij alleen nog maar bureaufuncties vervuld. Sommige daarvan enerverend genoeg – zoals hoofdcommissaris van *Scotland Yard* ten tijde van de '*Jack the Ripper*'-moorden – maar dat maakte hem nog geen veldheer. Dat bleek al kort na zijn aankomst in Natal.

Ondanks de moeizame relatie tussen beide generaals, kreeg Warren in het nieuwe aanvalsplan dat Buller had uitgedacht, direct een belangrijke rol toebedeeld. Onbegrijpelijk en onverantwoord, oordeelden sommigen. Bewust bedoeld om Warren te laten mislukken, meenden anderen. Buller zelf zou na afloop volhouden dat de opdracht die hij aan Warren had gegeven helemaal niet zo moeilijk was geweest. Het plan kwam neer op één grote omtrekkende beweging, weg van de spoorlijn en Colenso, zo'n vijfentwintig kilometer naar het westen toe, stroomopwaarts dus. Daar waren twee plekken uitgekozen waar de Tugela kon worden overgestoken en waar de Britse expeditiemacht – 22 000 man sterk, de overige 3 000 bleven in het basiskamp tussen

Frere en Chieveley – zich zou splitsen. Buller zou met een derde deel van de troepen oversteken bij Potgietersdrift en op de noordelijke oever posities innemen tegenover de Boerenstellingen op de bergruggen. Warren zou met tweederde deel van de troepen oversteken bij Trichardt's Drift, vijf kilometer naar het westen. Van daaruit moest hij verder oprukken naar het noordwesten, om de Tabanyamaheuvels heen. Op die manier zou hij de verdedigingslinie van de Boeren omzeilen en kon hij hen vervolgens in de rug aanvallen. Als hij zover was, zou ook Buller in actie komen. Zo konden ze de Boeren van twee kanten in de tang nemen.

Het plan had kunnen werken, als het voortvarend en doortastend zou zijn uitgevoerd. Dat was niet het geval. De verplaatsing van de expeditiemacht richting Potgietersdrift en Trichardt's Drift alleen al kostte een week, van 11 tot 17 januari, vooral vanwege de enorme legertros die moest worden meegezeuld. Beter mee verlegen dan om verlegen, was het devies van zowel Buller als Warren, als het ging om proviand, voorraden en uitrusting. Gevolg was dat Churchill, met de rest van de South African Light Horse ingedeeld bij de bereden brigade van kolonel Lord Dundonald, een '*almost interminable procession defile*' aan zich voorbij zag trekken. Tot zijn verbijstering, want hoe konden ze zo in vredesnaam de Boeren verrassen? Ze hadden nota bene tenten bij zich voor alle soldaten! In Brits-Indië en Soedan had hij dat nog nooit meegemaakt. Daar moesten zelfs officieren het op expeditie zonder tenten doen. En in de tussentijd kregen de Boeren alle gelegenheid om hun posities te versterken. Het was prima dat Buller goed voor zijn soldaten zorgde, maar, noteerde hij met vooruitziende blik, '*it is a poor economy to let a soldier live well for three days at the price of killing him on the fourth*'.[57]

Hoe het ook kon, lieten de ruiters van Lord Dundonald zien. Op 17 januari staken zij met hun pony's en paarden de Tugela over, niet over de pontonbrug die bij Trichardt's Drift werd aangelegd voor de rest van Warrens troepen, maar iets verderop bij Waggon Drift, een – moeilijk – doorwaadbare plek. Anders dan de infanterie en de artillerie reden ze de volgende dag meteen door naar het noordwesten, om te onderzoeken hoe ver de verdedigingslinie van de Boeren zich uitstrekte. Hun snelheid van handelen loonde. Vroeg in de middag bereikten ze de westelijke uitlopers van de Tabanyamaheuvels. Daar ontdekten ze een groep van zo'n tweehonderd Boeren, die op weg waren naar de volgende heuvelrug, bij de boerderij Acton Homes, om hun rechterflank te versterken. Ze sneden de Boeren de pas af, bereikten de heuvelrug eerst en namen hen onder vuur. De hinderlaag verraste de Boeren totaal. Ze stoven uiteen, zochten dekking of sloegen op de vlucht. Een hevig vuurgevecht volgde, waarin zevenenvijftig Boeren werden uitgeschakeld – tien doden, drieëntwintig gewonden en vierentwintig krijgsgevangenen, tegenover slechts twee doden en twee gewonden aan Britse kant. Belangrijker nog was de tactische winst. De nu bezette heuvelrug beheerste de route om de Tabanyamaheuvels heen, naar de achterkant van de verdedigingslinie van de Boeren. Sterker nog, de weg naar Ladysmith lag hier open.

Maar dat was niet zoals Warren het zag. In plaats van verheugd, reageerde hij verstoord op de berichten die hij 's avonds en de volgende ochtend van Dundonald ontving. Dit was niet volgens de boekjes. In Warrens ogen was het de taak van de cavalerie om in de buurt van de hoofdmacht te blijven, om op alle mogelijke manieren het konvooi te beschermen. Het was niet de bedoeling dat Dundonald zich te buiten zou gaan aan '*semi-independent antics*'. En nu vroeg hij ook nog om versterkingen. Kanonnen, infanterie. Dat kon hij vergeten, besloot Warren. Hij geloofde niet in de route 'buitenom' via Acton Homes. Die was, oordeelde hij, veel te lastig begaanbaar voor zijn zwaarbeladen voorraadwagens. En zonder complete uitrusting stuurde hij nog geen afdeling infanterie op pad. Om te voorkomen dat Dundonald op eigen houtje toch verder zou oprukken, liet hij zelfs de speciaal voor de cavalerie bestemde wagens rechtsomkeert maken. '*If I let them go, Lord Dundonald will try and go on to Ladysmith.*' Het bizarre van deze uitspraak schijnt niet tot hem te zijn doorgedrongen. Zodoende vergooide Warren willens en wetens een uitgelezen kans om de omtrekkende beweging te vervolmaken die was voorzien in Bullers aanvalsplan. In plaats van om de Tabanyamaheuvels heen te trekken zette hij vanaf 20 januari alles op alles om er dwars doorheen te beuken. Vier dagen lang liet hij zijn mannen vergeefs stormlopen, met als climax de overmeestering van Spionkop in de nacht van 23 op 24 januari.

Voor Churchill had het treffen bij Acton Homes desondanks een bijzondere betekenis. Hij had zelf niet meegedaan aan het vuurgevecht, maar was van een afstand wel getuige van de laatste fase, en hielp mee de gewonde Boeren te verzorgen – zo'n soort gevecht was het. Het maakte, tot zijn eigen verbazing, diepe indruk op hem. Hij deelde die emotie met de lezers van de *Morning Post*: '*I have often seen dead men, killed in war – thousands at Omdurman – scores elsewhere, black and white, but the Boer dead aroused the most painful emotions.*' Waar het hem in zat, wist hij ook niet precies. Was het die oude veldkornet uit Heilbron, Mentz heette hij volgens de gevangengenomen Boeren, met zijn grijze haar en scherpe trekken, versteend in een uitdrukking van vastberaden gelijk? Een kogel had zijn linkerbeen verbrijzeld, maar volgens de verhalen had hij van geen overgave willen weten en was hij blijven schieten. Grauw, leeggebloed, zo troffen ze hem aan, een brief van zijn vrouw in zijn verkrampte hand. Of was het die jongen naast hem, niet ouder dan zeventien, met een kogel door zijn hart? Of daar, iets verderop, '*our own two poor riflemen with their heads smashed like eggshells*'? Churchill was niet snel van zijn stuk gebracht, maar deze aanblik bracht hem tot een zeldzame verzuchting over de glorie en de gruwel van de oorlog: '*Ah, horrible war, amazing medley of the glorious and the squalid, the pitiful and the sublime, if modern men of light and leading saw your face closer, simple folk would see it hardly ever.*'[58]

Werd Churchill bij Acton Homes vooral geraakt door het kleine, persoonlijke drama, op Spionkop was het juist de omvang van de slachting die hem zou schokken. Op 24 januari laat in de middag kwam Churchill met kapitein Brooke aan bij de voet van de berg. Er was daar een compleet dorp verrezen van ambulancetenten en -wagens. Brancarddragers van het *Indian Volunteer Ambulance Corps*, de '*body-snatchers*' in soldatentaal, liepen af en aan. Churchill en Brooke lieten hun pony's achter en begonnen aan de klim. De gewonden kwamen hen bij bosjes tegemoet, struikelend in hun eentje, ondersteund door vier, vijf kameraden, liggend op brancards, kruipend op hun knieën. Overal lagen lijken, met de meest afschuwelijke verminkingen van de granaatscherven. Churchill telde er wel tweehonderd op weg naar boven. Ook kwamen ze soldaten tegen zonder verwondingen, die verdwaasd naar beneden waggelden, alsof ze dronken waren. Sommige vloekten en tierden, andere sloegen versuft en uitgeput tegen de grond, vielen ter plekke in slaap. Hoe hoger ze kwamen, hoe heviger het geweer- en artillerievuur. Vlak onder de top troffen ze het enige bataljon dat nog opereerde als een gevechtseenheid, het Dorset Regiment, dat in de loop van de dag ter versterking naar boven was gestuurd.

Van een van de officieren hoorden ze wat er allemaal was gebeurd. De geslaagde bestorming midden in de nacht door de Lancashire Brigade onder leiding van generaal-majoor Edward Woodgate, samen met de Mounted Infantry van luitenant-kolonel Alexander Thorneycroft. De harde ondergrond op de top, die maakte dat er alleen ondiepe greppels konden worden uitgegraven om dekking te zoeken. De schrik 's ochtends vroeg, toen de mist optrok en ze ontdekten dat ze niet de top zelf hadden bezet, maar een plateau daar vlak onder. Tijd om die vergissing te herstellen hadden ze niet gekregen, want de Boeren namen hen meteen van alle kanten onder vuur en rukten op langs de noordelijke helling. Woodgate was al snel dodelijk gewond geraakt en afgevoerd. Geruime tijd was onduidelijk wie nu het bevel voerde. De hoogste in rang was generaal-majoor Talbot Coke, maar die bevond zich ergens op de helling. Vanuit zijn hoofdkwartier besliste Warren, op aanraden van Buller, dat Thorneycroft het commando moest overnemen, met de tijdelijke rang van brigadegeneraal. In de hitte van het gevecht drong die boodschap pas laat, of helemaal niet, door tot de betrokken hoofdofficieren. Enkelen weigerden Thorneycrofts gezag te erkennen, al was iedereen onder de indruk van zijn dapperheid. Terwijl de situatie voor de Britse troepen op het plateau steeds rampzaliger werd – Churchills collega-correspondent John Atkins zou later schrijven over de '*acre of massacre*' – was het Thorneycroft die er eigenhandig voor zorgde dat ze de strijd volhielden. Vroeg in de middag waren de eerste zakdoekjes verschenen boven een van de Britse stellingen, ten teken van overgave. De Boeren waren al bezig de soldaten als krijgsgevangenen af te voeren, toen Thorneycroft naar voren was gesprongen, hinkend vanwege een verstuikte enkel maar briesend als een leeuw: '*I'm commandant here; take your men back to hell, sir! There's no surrender.*'

Zodoende hielden de troepen op het plateau daarboven nog steeds stand, kregen Churchill en Brooke te horen, maar hun situatie was kritiek. Honger, dorst, hellevuur van alle kanten, gewonden kermend van de pijn, soldaten die dekking zochten onder de verminkte lichamen van gesneuvelde kameraden. Als ze het konden uithouden tot het donker, maakten ze nog een kans. Een menigte sappeurs en materieel naar boven om deugdelijke versterkingen aan te leggen, geschut erbij om weerwerk te bieden aan de Boerenartillerie, verse troepen om de uitgeputte overlevenden af te lossen, dat moest er gebeuren. Churchill en Brooke hadden genoeg gezien en gehoord. Verder klimmen naar het plateau was te riskant. Ze besloten verslag uit te brengen aan Warren.[59]

Diep onder de indruk van de huiveringwekkende tonelen op Spionkop kwamen ze terug op Three Tree Hill. In zijn reportage voor de *Morning Post* deed Churchill het achteraf voorkomen alsof Warren geduldig en aandachtig had geluisterd naar hun verhalen. Er is echter ook een andere, meer geloofwaardige, versie. Volgens een van Warrens stafofficieren, kapitein C.B. Levita, sprak Churchill hem direct na terugkomst opgewonden aan over het gebrek aan steun voor Thorneycroft en zijn mannen: '*For God's sake, Levita, don't let this be a second Majuba Hill.*' Levita verwees hem daarop naar Warren zelf, tot wie Churchill zich prompt in gelijke bewoordingen richtte. Warren was daar niet van gediend. Hij schreeuwde naar Levita: '*Who is this man? Take him away, put him in arrest.*' Het was vervolgens Levita die met geduld en aandacht de zaak wist te sussen. Van hem begreep Churchill dat het wel degelijk de bedoeling was om in het donker versterkingen naar boven te sturen, in ieder geval nieuwe infanteriebataljons en een flinke afdeling genie, mogelijk ook scheepskanonnen. Ze wilden alleen wel weten wat Thorneycroft daarvan dacht. Kon Churchill dat misschien gaan vragen? Daarover hoefde hij niet na te denken. Als hij het verzoek maar zwart op wit meekreeg. Dat gebeurde, en om half negen 's avonds vertrok Churchill opnieuw naar Spionkop, nu met een officiële boodschap voor Thorneycroft.

En nu in het donker. Dat maakte de klim er niet eenvoudiger op. Het geweer- en artillerievuur was nagenoeg verstomd, maar nog steeds stuitte hij op gewonden, al dan niet op brancards, en alleen of in groepjes ronddolende soldaten. Hier en daar hadden officieren of onderofficieren wat manschappen om zich heen verzameld tot gevechtsklare eenheden, maar veel konden ze in het donker niet doen.

Churchill trof Thorneycroft aan op de verwachte plek, het plateau net onder de top. Het was slecht met hem gesteld. Hij zat op de grond, totaal gesloopt, fysiek en mentaal. Om hem heen de schamele resten van het door hem zelf geformeerde, gisteren nog zo trotse regiment. '*My poor boys... my poor boys*,' mompelde hij alleen maar. De beproevingen van een volle dag onder moordend vuur hadden hun tol geëist. Een imposante verschijning was hij normaal, een beul van een aanvoerder was hij de hele dag geweest, maar nu was het op. Churchills bemoedigende woorden drongen niet tot hem door. Hoezo versterkingen? Hij had de hele dag gehoopt op een grootscheepse aanval op de Boerenstellingen, door Warren of Buller, om de druk op zijn eigen positie te verlichten, maar hij had er niets van gemerkt, geen bericht erover ontvangen. En nu was het te laat. Hij geloofde er niet meer in. Een halfuur eerder had hij al besloten Spionkop te ontruimen, en daar kwam hij niet meer op terug. '*Better six good battalions safely down the hill than a mop up in the morning.*'

Ze gingen samen naar beneden, Thorneycroft en Churchill. Aan de voet van de berg kwamen ze de versterkingen tegen. Een lange rij mannen met scheppen en houwelen. Sappeurs. Hun aanvoerder had een nieuwe boodschap voor Thorneycroft. De infanteriebataljons kwamen er ook aan. Tegen de ochtend moesten ze zich hebben ingegraven. Thorneycroft zwaaide met zijn stok. Dat ging niet gebeuren. Orders ingetrokken, rechtsomkeert, mars. Churchill vergezelde hem naar Warrens hoofdkwartier. Toen ze eraan kwamen, lag de generaal te slapen. Churchill maakte hem wakker. Warren nam het rustig op. Ook Churchill kon niet anders dan berusten, in subtiel sarcasme: '*He was a charming old gentleman. I was genuinely sorry for him. I was also sorry for the army.*'[60]

De pijnlijkste ontdekking moest nog komen. Behalve op Spionkop was het vallen van de duisternis ook het sein voor de aftocht op Twin Peaks, de meest noordoostelijke van de naburige heuveltoppen. Daar had een bataljon van de King's Royal Rifles aan het eind van de middag de Boeren alsnog uit hun stellingen verdreven, na een fanatieke strijd op de bajonet. Die actie was een initiatief geweest van generaal-majoor Lyttelton, bedoeld om de druk op Spionkop te verlichten. Dat was, ten koste van zware verliezen, wonderwel goed gelukt. Althans, als iemand in Warrens hoofdkwartier tenminste had beseft hoe succesvol Lytteltons ongevraagde hulpactie had uitgepakt. Dat was niet het geval. De Royal Rifles werden teruggeroepen, tot grote frustratie van het zwaar gehavende maar zegevierende bataljon.

Het voor de Britten bittere toeval wilde dat vrijwel tegelijkertijd met de eigen terugtocht ook vele Boerenstrijders op en rond Spionkop hun posities hadden verlaten. Sommigen alleen uit vermoeidheid, om hun dorst te lessen en hun honger te stillen, maar de meesten omdat ze ervan overtuigd waren dat ze de slag hadden verloren. Met name generaal Schalk Burger was zo gedemoraliseerd geraakt door de Britse verovering van Twin Peaks dat hij met zijn hele commando en al zijn geschut was vertrokken, richting Ladysmith. Alleen dankzij meer vastberaden commandanten als 'Rooi' Daniel Opperman en vooral bevelhebber Louis Botha werd voorkomen dat de Boerenstellingen verder leegstroomden.

Hun beloning liet niet lang op zich wachten. Boerenverkenners die de volgende ochtend in alle vroegte gingen kijken boven op Spionkop, wisten niet wat ze zagen. De enige Britten die ze aantroffen, waren dood, gewond of volkomen verdwaasd. De aanblik van de grootste loopgraaf, tot aan de rand toe gevuld met lijken en omgeven door losse lichaamsdelen, deed een rilling door hen heen gaan, maar al snel kreeg een gevoel van uitgelaten vreugde de overhand. De Britten waren gevlucht, ze hadden gewonnen!

De bizarre ontknoping van de slag om Spionkop was een passende afsluiting van een veertiendaagse veldtocht vol blunders, taxatiefouten en miscommunicatie. Bullers plan voor een omtrekkende beweging via de Boven-Tugela was niet slecht bedacht, maar de uitvoering schoot tactisch, operationeel en logistiek tekort. Traagheid van handelen en gebrek aan coördinatie, zeg maar rustig onderlinge tegenwerking, in de eerste plaats tussen Buller en Warren, deden de campagne uitlopen op een fiasco. Of, zoals Churchill het met veel gevoel voor understatement formuleerde voor de *Morning Post*: '*It is an event which... redounds to the honour of the soldiers, though not greatly to that of the generals.*'

In een andere publicatie hield hij zich minder in. Op 25 januari besloot Buller de veldtocht af te blazen en zijn troepen met alles erop en eraan weer terug te trekken achter de Tugela. Dat was nog een behoorlijke onderneming, die twee dagen in beslag nam. Tot verbazing van Churchill werden ze daarbij niet gehinderd door de Boeren. De terugtocht kon zodoende uitgroeien tot het best georganiseerde onderdeel van de hele operatie. Buller stelde na afloop tevreden vast dat alles was verlopen '*without the loss of a man or a pound of stores*'. Churchills commentaar was bijtend: '*That was all there was to show for the operations of a whole army corps for sixteen days at a cost of about eighteen hundred casualties.*'

Met dat verliescijfer hield Churchill zich bovendien nog aan de officiële Britse opgaven, die een stuk lager uitkwamen dan de schattingen van de vijand. Volgens de Boeren zouden er alleen al op 24 januari circa tweeduizend Britse doden en gewonden zijn gevallen, verreweg de meesten van hen op Spionkop, tien keer zoveel als hun eigen verliezen. Daarbij zouden voor de hele veldtocht van Buller aan de Boven-Tugela nog eens vijf- à zevenhonderd doden en gewonden moeten worden opgeteld.

Welke telling ook wordt aangehouden, die van de Britten of die van de Boeren, vaststaat dat, gemeten in aantallen slachtoffers, Spionkop een van de zwaarste nederlagen was die het Britse leger leed in de Boerenoorlog. Maar meer nog dan door naamloze getallen werd Churchill geraakt door persoonlijke tragiek. In dit geval van die oude schoolgenoot van Harrow, die hem een dag eerder in het voorbijgaan had aangeschoten bij de pontonbrug. Churchill wist z'n naam niet meer, maar hij was net aangekomen en hoopte '*to get a job*'. Daags na de slag hoorde Churchill dat er boven op Spionkop een dode was gevonden die niemand kon identificeren. Het enige aanknopingspunt was een verrekijker, vastgeklemd in zijn hand, met een naam erop. 'M'Corquodale'. Toen wist hij het weer. Dat was 'm, zo heette hij, die jongen van Harrow. Het moest hem gelukt zijn een plekje te krijgen in Thorneycrofts Mounted Infantry. '*Poor gallant young Englishman... joined in the evening, shot at dawn.*'[61]

Doorbraak

Monte Cristo, 18 februari 1900

Wat een magnifiek, ontluisterend gezicht, dat had hij hier nog niet eerder gezien. Vluchtende Boeren. En niet zo zuinig ook. Halsoverkop, of de duvel hen op de hielen zat. Churchill kon het zich wel voorstellen. Ze zagen de complete infanteriedivisie van Lyttelton recht op zich af komen, werden in de flank aangevallen door de cavaleriebrigade van Dundonald, en realiseerden zich dat ze een diepe, snelstromende rivier in hun rug hadden. Maar toch keek hij ervan op. De laatste weken had hij de Boeren leren kennen als onverzettelijke vechtersbazen, onzichtbaar ingegraven in onneembare stellingen. Nu gingen ze er massaal vandoor, zelfs geen schijn van een achterhoedegevecht, ze renden voor hun leven. Dat was een bijzondere gewaarwording: '*When the Dutchman makes up his mind to go he throws all dignity to the winds.*'

Het was ruim twee maanden na Colenso, drieënhalve week na Spionkop, zondag 18 februari, en het zag er nu toch werkelijk naar uit dat Buller de geheime combinatie had ontdekt om de verdedigingslinie van de Boeren aan de Tugela te kraken. In de tussentijd, op 5 februari, had hij voor de derde keer geprobeerd er dwars doorheen te breken, bij Vaalkrantz, tussen Colenso en Spionkop in. De afloop was precies dezelfde geweest als de eerste twee keren. Zware verliezen en opnieuw een blamerende terugtocht over de Tugela. Onder zijn officieren gonsde het sindsdien van de bijnamen voor hun chef: '*The Ferryman of the Tugela*', '*General Charon*' en '*Sir Reverse*'.

Maar opvallend genoeg had Buller het vertrouwen gehouden van de gewone soldaten. Die kankerden er natuurlijk ook op los over al hun vergeefse moeite, al hun kameraden die voor niets waren gevallen. Ze merkten echter ook dat Buller persoonlijk begaan was met hun lot en dat de gaten die in hun gelederen waren geslagen, snel weer werden opgevuld. Het expeditieleger bleef op zijn sterkte van vijfentwintigduizend man en won zelfs aan vuurkracht door een uitbreiding van de artillerie met zware scheepskanonnen. Dat gaf vertrouwen, net als de woorden van hun bevelhebber, die anders dan na Colenso de moed erin hield en bleef herhalen dat hij nu de sleutel in handen had. Voor Buller was de bevrijding van Ladysmith uitgegroeid tot een persoonlijke kwestie. Zeker nu Roberts inmiddels ook was begonnen aan zijn veldtocht, zo'n vijfhonderd kilometer naar het westen. Buller moest slagen, hij zou slagen. Zijn mannen geloofden het maar al te graag. Het liefste wat het voetvolk wilde, was eindelijk eens een keer met z'n allen voluit in een bajonetaanval op de zich steeds maar verschuilende vijand.

De sleutel waarover Buller het had, lag al van meet af aan voor het grijpen. De echte zwakke plek van de Tugelalinie was de linkerflank van de Boeren, daar waar de rivier even voorbij Colenso twee haakse bochten maakt, eerst naar het noorden, vervolgens naar het oosten. Daardoor was het voor Louis Botha noodzakelijk – ook de oude rot Kruger had het vanuit het verre Pretoria beklemtoond –[62] zijn verdedigingslinie door te trekken tot op die zuidoostelijke oever. Eerst naar de Hlangwaneheuvel en van daaruit verder naar het oosten, tot op Green Hill en de onderling verbonden toppen Monte Cristo en Cingolo. Het aantal Boerenverdedigers ter plekke was niet bijster groot, rond de tweeduizend man, maar hun stellingen waren dusdanig versterkt dat ze een Britse artillerie- en infanterieaanval moesten kunnen weerstaan. Waar Botha echter niet op had gerekend, was een onconventionele manoeuvre van de Britse cavalerie.

In het nieuwe strijdplan van Buller speelde die bereden brigade een cruciale rol. Vanaf 12 februari ging Lord Dundonald met zijn ruiters, onder wie Churchill en de rest van de South African Light Horse, voorop in een verkenning van het terrein ten oosten van Colenso. Twee dagen later volgde de rest van Bullers leger, oprukkend vanuit het basiskamp tussen Frere en Chieveley. De infanterie nam posities in tegenover Hlangwane, Green Hill en Cingolo en de artillerie werd opgesteld op Hussar Hill. Maar de cavalerie van Dundonald reed door, verder naar het oosten, in een omtrekkende beweging om de linkerflank van de Boeren heen. Die route voerde over nauwelijks begaanbaar terrein. Rotsachtige bodem, hoog gras en steeds dichter struikgewas maakten dat de ruiters moesten afstijgen, hun paarden bij de teugel nemen, en zich een weg moesten hakken door het dichte struikgewas. Het was deze natuurlijke barrière waarop Botha nadrukkelijk had gerekend. Daarlangs zou de steeds zo voorspelbare Buller zeker niet oprukken, meende hij. Vandaar dat de Boeren boven op Cingolo – de uiterste buitenpost van de linie, niet meer dan honderd man sterk – volledig verrast waren toen ze plotseling vanuit het zuidoosten werden aangevallen door Dundonalds te voet opererende cavaleristen. Tegelijkertijd kwamen er vanuit het zuidwesten Britse infanterie-eenheden opzetten. Tegen die aanval van twee kanten waren ze niet opgewassen. De Boeren zagen zich gedwongen Cingolo te ontruimen en hergroepeerden zich op de aangrenzende heuvelrug van Monte Cristo.

Dat was gebeurd op zaterdag, 17 februari, en het smaakte naar meer. Dit was het soort veldtocht waarvan Churchill hield. Op expeditie onder primitieve omstandigheden, door het ruige, maar groene heuvellandschap van Natal. Draven, verkennen, bespieden, sluipen, schieten en beschoten worden. Slapen in de buitenlucht, op bij het eerste daglicht, water op het vuur voor koffie. Hoeveel mokken bleven er vanochtend ongebruikt? Misschien was het vandaag wel zijn beurt. Levend en stervend bij de dag, '*existence is never so sweet as when it is at hazard*'.

Dat kon Churchill makkelijk zeggen, zijn geluk op het slagveld was spreekwoordelijk. Hoe anders het kon lopen, bewees zijn broer Jack, negentien jaar jong, en een week eerder aangekomen op hetzelfde strijdtoneel. Churchill had voor hem net zo'n aanstelling geregeld als voor zichzelf, luitenant bij de *Cockyolibirds*. Met vooraf en achteraf de nodige bedenkingen. Hoe terecht die waren, bleek tijdens de verkenning van Hussar Hill op 12 februari, die uitliep op een schotenwisseling met de Boeren – op flinke afstand van elkaar. Beide Churchills namen eraan deel. Voor Winston was het de zoveelste keer onder vijandelijk vuur, voor Jack was het zijn vuurdoop. En meteen ook zijn afscheid van het slagveld, want hij werd prompt geraakt. Een vleeswond in zijn been, dus ongevaarlijk, maar wel een maand ziekenboeg, constateerde zijn oudere broer, stiekem blij dat hij zich voorlopig geen zorgen meer over hem hoefde te maken. Het zette hem wel aan het denken over '*the strange caprice which strikes down one man in his first skirmish and protects another time after time*'. Collega-journalist John Atkins had de perfecte verklaring voor het onfortuin van de jongste Churchill: '*It seemed as though he had paid his brother's debts*.'

Dat was alweer bijna een week geleden. Nu was het zondag 18 februari en de definitieve doorbraak van de Tugelalinie leek een kwestie van tijd. De aanval op Monte Cristo was net zo verlopen als die op Cingolo. Dundonalds cavalerie maakte een omtrekkende beweging en bestookte de Boeren vanuit het oosten, aan hun onbeschermde kant. Tegelijkertijd kregen die de volle laag van de artillerie op Hussar Hill en de over een breed front optrekkende infanterie. Er was geen houden meer aan. Nog vóór de middag zetten de Boeren het op een lopen en stond Churchill boven op Monte Cristo. Er hing daar nog steeds paniek in de lucht. Munitie, voorraden, tenten, alles hadden de Boeren achtergelaten in hun haast om weg te komen. De Britse soldaten waren uitgelaten, verdeelden de Boerententen onderling, maar schrokken terug van de walm daarbinnen. Wat gaf het? Het uitzicht vergoedde alles. Vluchtende Boeren op de hellingen, en daar in de verte, twaalf, dertien kilometer verderop, lag Ladysmith voor het grijpen. Het kon niet lang meer duren.[63]

Een Britse generaal die afweek van het officiële militaire handboek, dat was ook voor assistent-generaal Piet Cronjé, de Boerenbevelhebber aan het westelijke front, een onaangename verrassing. Het numerieke overwicht van de Britten was er nog groter dan in Natal, want de legermacht die vanaf 11 februari op hem af kwam, was liefst vijftigduizend man sterk, bijna tien keer zoveel als Cronjé tot zijn beschikking had. Maar dat was niet de beslissende factor. Het grootste deel van zijn Boerenstrijders lag diep ingegraven bij Magersfontein, op dezelfde plek waar ze eerder een Britse generaal met een machtig leger hadden getrotseerd – Lord Methuen op 11 december. Dat zou opnieuw gebeuren, daarvan was Cronjé overtuigd, als de Britse infanterie weer de gebruikelijke stormaanval zou inzetten. Maar dit keer deed de Britse generaal iets heel anders. Net als Buller terzelfder tijd in Natal, maakte hij een omtrekkende beweging. Eerst stuurde hij de cavalerie op pad. Hier was het zelfs een hele bereden divisie van dertienduizend man, cavalerie en bereden infanterie, die zich in snel tempo een weg baande tussen de ingegraven Boeren bij Magersfontein en de commando's van Christiaan de Wet, zo'n dertig kilometer verderop. Voordat Cronjé in de gaten had wat er precies gebeurde, was de Britse cavalerie de Modderrivier overgestoken. Omsingeling dreigde voor zijn tot een ware vesting uitgegroeide stellingen. Cronjé moest maken dat hij bij Magersfontein wegkwam en in allerijl op zoek gaan naar een nieuwe verdedigingslinie.

De Britse generaal die verantwoordelijk was voor deze onverwachte manoeuvre, was een veldmaarschalk. Lord Roberts of Kandahar, de nieuwe opperbevelhebber van de Britse troepen in Zuid-Afrika. Klein van stuk, 'Bobs' als bijnaam, maar op zijn zevenenzestigste een van Engelands meest succesrijke militairen. Hij had zijn lauweren verdiend in Brits-Indië, te beginnen met het *Victoria Cross* in 1858. Sindsdien had hij de onderscheidingen aaneengeregen. In Zuid-Afrika was hij één keer eerder geweest, in 1881. Ook destijds als redder in de nood, na Majuba, maar toen hij aankwam, waren de vijandelijkheden al beëindigd en viel er voor hem geen militaire eer meer te behalen.

Dat lag nu geheel anders, al begon zijn herkansing als opperbevelhebber in Zuid-Afrika onder een slecht gesternte. Op de dag van zijn aanstelling, 17 december 1899, kreeg hij ook het bericht dat zijn zoon was gesneuveld, in de slag bij Colenso. Het weerhield hem er niet van zijn nieuwe missie energiek aan te pakken. Op 10 januari 1900 kwam hij aan in Kaapstad. Aan mankracht ontbrak het daar inmiddels niet meer. Uit het moederland, de koloniën en de dominions werden de aanvullingstroepen bij tienduizend tegelijk aangevoerd, ruim voldoende om alle fronten te versterken. Voor zichzelf formeerde Roberts een expeditieleger van vijftigduizend man, waarbij hij extra aandacht besteedde aan de samenstelling. Er moest, zo concludeerde hij na bestudering van de verloren veldslagen, het nodige veranderen. De organisatie moest in alle opzichten strakker en centraler, in het bijzonder van het transport en de bevoorrading. Het inlichtingenwerk moest veel grondiger worden aangepakt en, het allerbelangrijkste, er waren veel meer paarden nodig. Waar het maar kon, Europa, Amerika, overal ter wereld, werden ze inmiddels aangeschaft. Cavalerie en bereden infanterie, daar ging het om, die moesten in zijn ogen zorgen voor de noodzakelijke mobiliteit, die vormden het geheime wapen om de Boeren te overrompelen. Generaal-majoor French kreeg de taak om een complete bereden divisie op de been te brengen.

Begin februari 1900 waren de noodzakelijke voorbereidingen afgerond. Roberts' strijdplan voorzag niet in een opmars door het midden, langs de spoorlijn van Kaapstad naar Bloemfontein, zoals Buller het in eerste instantie had bedoeld en de meeste Boeren het hadden verwacht, maar langs de westelijke route, via Kimberley. Cronjé had als een van de weinigen dat wel verwacht. Maar wat hij totaal niet had voorzien, was dat Roberts plotseling van die lijn zou afbuigen naar het oosten en Oranje Vrijstaat zou binnenvallen. De voorhoede van French met zijn menigte ruiters was vervolgens in zo'n snel tempo opgerukt naar het noorden dat Christiaan de Wet en zijn commando's te laat kwamen om hen tegen te houden. Op 15 februari stond French aan de overkant van de Modderrivier, klaar voor het laatste traject van zijn eigenlijke opdracht, de bevrijding van Kimberley, twintig kilometer verder naar het noorden. Hij maakte er een ouderwetse cavaleriecharge van. Het contingent Boeren dat Cronjé ijlings naar Roodekalkfontein had gestuurd om hem alsnog de pas af te snijden, werd zonder veel plichtplegingen uiteengejaagd. In vliegende vaart ging het verder, als een zandstorm op Kimberley af. French legde zijn ruiters zo'n hoog tempo op, dat velen hun paarden, amper geacclimatiseerd en niet gewend aan de harde ondergrond, over de kop joegen. Zo werd het een triomftocht die een macaber spoor naliet op het hoge veld, in de vorm van vele honderden paardenkadavers.[64]

De ontvangst in Kimberley was er niet minder uitbundig om. Na een belegering van 123 dagen was daar eindelijk de cavalerie. Donderdag 15 februari, 's middags om vier uur, kwamen de eerste ruiters de stad binnenrijden. Bezweet, afgemat, dik onder het stof, maar dat weerhield respectabele dames er niet van om hen min of meer van hun paard te trekken en onstuimig te omhelzen. Ook het officiële welkom was overweldigend. Rhodes troonde French en zijn staf direct mee naar een privéfeestje in het Sanatorium Hotel, waar hij zijn geheime voorraden champagne en luxe etenswaren aansprak. De ontvangst viel bij French in goede aarde. Hij koos prompt partij voor Rhodes in diens hoog opgelopen ruzie met Kekewich. De garnizoenscommandant werd ontslagen en vervangen door een van Frenchs officieren.

Voor Kekewich was het een bittere afloop. Maandenlang had hij de verdediging van de stad geleid en de verdeling van de steeds schaarsere voedselvoorraden georganiseerd. Rhodes had daarbij naar believen mee- en tegengewerkt. Hij had het machinepark en de arbeidskrachten van De Beers ter beschikking gesteld voor de aanleg van versterkingen. Een van zijn werknemers, de Amerikaanse mijningenieur George Labram, had iedereen versteld doen staan van zijn uitvindingen: een vijftig meter hoge uitkijktoren, een gigantische vriescel voor de opslag van vlees, watervoorziening vanuit een van de mijnen, en als klap op de vuurpijl, vanaf 19 januari, een zelfgefabriceerd langeafstandskanon, dat uit erkentelijkheid voor Rhodes' medewerking '*Long Cecil*' was gedoopt.

Maar Rhodes had Kekewich ook volop dwarsgezeten, met eigenmachtige acties en paniek zaaiende boodschappen aan de buitenwacht. Ook binnen Kimberley zelf had hij de gemoederen geregeld flink verhit. Op 7 februari hadden de Boeren gereageerd op *Long Cecil* met de plaatsing van een *Long Tom*. Het was het exemplaar dat voorheen als '*Silent Susan*' bij Ladysmith had gestaan en daar in december bij een Britse uitval onklaar was gemaakt. Het kanon was gerepareerd in de werkplaats van de NZASM in Pretoria en had bij Kimberley zijn come-back gemaakt, nu met als bijnaam '*The Jew*' vanwege zijn ingekorte loop. De inslagen van de zware negentigponders joegen de bevolking van de stad veel meer schrik aan dan het geschut dat ze al maandenlang hadden meegemaakt, en maakten ook meer slachtoffers, onder wie – nog zo'n bizarre speling van het krijgslot à la de gebroeders Churchill – *Long Cecils* ontwerper George Labram.

Rhodes reageerde met een soloactie, karakteristiek voor zijn gevoel voor theater. Zonder Kekewich erin te kennen liet hij op 11 februari via aanplakbiljetten bekendmaken dat hij de mijnen van De Beers openstelde als schuilplaats. De belangstelling was massaal. 's Avonds kregen drieduizend – blanke – vrouwen, kinderen en baby's een plek, honderden meters diep onder de grond. Dicht opeengepakt, volgens een ooggetuige als een kolonie zeemeeuwen op een rotspunt, bleven ze daar tot de bevrijding van de stad, vier dagen later. De sanitaire omstandigheden waren er inmiddels dramatisch, maar op enkele uitzonderingen na overleefden ze het. Welke risico's ze met hun ondergronds verblijf hadden ontlopen dan wel vergroot, bleek uit het totale verlies aan mensenlevens tijdens de bezetting van Kimberley. Van het garnizoen sneuvelden 135 man, als gevolg van de bombardementen vielen 21 burgerdoden. Honger en ziektes maakte vele malen meer slachtoffers, namelijk zo'n vijftienhonderd, in overgrote meerderheid onder de zwarte en gekleurde bevolking.[65]

Kimberley was dus bevrijd, Roberts had meteen al zijn eerste succes. Nu Buller nog. Hij had Ladysmith voor het oprapen, na de geslaagde acties van 17 en 18 februari. De volgende dag bleken de Boeren zich volledig te hebben teruggetrokken van de zuidoostelijke oever van de Tugela. Het vervolg lag voor de hand. Alle artillerie – Buller beschikte inmiddels over vijfenzeventig stuks geschut – in stelling brengen op de veroverde bergruggen en van daaruit de aanval inzetten op de overkant, de afgebrokkelde linkerflank van de Boeren.

Maar onbegrijpelijk genoeg was dat niet wat Buller deed. Alsof hij alsnog het gelijk van zijn oorspronkelijke aanvalsopzet wilde bewijzen – vanuit Colenso recht naar boven, dwars door de Boerenverdedigingslinie heen – trok hij zijn troepen weer terug van de zuidoostelijke oever en bereidde hij een aanval voor op Rooikop, Horseshoe Hill en Wynne's Hill, bergruggen ten noorden en noordwesten van Colenso.

De Boeren veerden op. Het verlies van hun posities op de zuidoostelijke oever had hen zo gedemoraliseerd dat zelfs Louis Botha had voorgesteld om de Tugelalinie en daarmee de belegering van Ladysmith maar op te geven. De stemming was toch al beneden peil door de dreigende mislukking van een laatste wanhoopspoging om Ladysmith op de knieën te dwingen. Het betrof een plan om een dam te bouwen in de Kliprivier. Daardoor zou zich een meer vormen dat, eenmaal overstroomd, het lager gelegen stadje onder water zou zetten. Een inventief plan, waarvoor naar eerste berekening dertigduizend zandzakken nodig waren, te vullen en aan te sjouwen door vijfhonderd zwarte arbeiders. Het werk was eind januari voortvarend ter hand genomen, maar gaandeweg bleek het project al te ambitieus. Herberekeningen leerden dat er veel meer zandzakken nodig waren, liefst honderdzestigduizend, en erger nog, er viel veel te weinig regen om het water in het nieuwgevormde bassin snel te laten stijgen. En nu stond Buller ook nog aan de Tugela klaar voor de genadeklap.[66]

Maar toen keerde de Britse bevelhebber onverwacht op zijn succesvolle schreden terug. Kennelijk ging hij opnieuw een poging wagen zijn troepenmacht door een nauwe bergpas heen te persen. Of, zoals Churchill noteerde uit de mond van een – wijselijk anoniem opgevoerde – stafofficier: '*It will be like being in the Coliseum and shot at by every row of seats.*' Hij kreeg maar al te gelijk. De Boeren hadden dadelijk in de gaten dat ze een nieuwe kans kregen van de hardleerse Buller, en namen hun, voor een deel al ontruimde, stellingen weer in. Het verloop van de strijd, die op 21 februari ontbrandde en vier dagen lang voortduurde, was een déjà vu. Britse infanterie-eenheden die met ware doodsverachting en ten koste van zware verliezen een heuvel veroverden, alleen om op de top te merken dat ze onder nog heviger vuur kwamen te liggen vanaf de volgende heuvelrug en geïsoleerd waren geraakt. Zo ging het op diverse plekken, telkens opnieuw '*a frantic scene of blood and fury*'. Het gruwelijkst werd de situatie op Hart's Hill. Daar ontstond een niemandsland tussen de strijdende partijen, dat bezaaid lag met doden en gewonden. Dagenlang onverzorgd, midden in de vuurlinie, zonder eten of drinken, zonder bescherming tegen de elementen. Voor de vanuit de verte toekijkende Churchill was het een pijnlijke ervaring '*to watch these poor fellows moving about feebly and trying to wiggle themselves into some position of safety*'. Het deed hem denken aan de gewonde Mahdistrijders bij Omdurman, '*only these were our own countrymen*'.

Op zondag 25 februari besloot Buller dat het genoeg geweest was. Hij stelde een wapenstilstand voor, om de doden te begraven en de gewonden af te voeren. Botha wees zijn verzoek formeel af, maar stemde wel in met een feitelijk staakt-het-vuren. In de loop van de ochtend deden de brancarddragers hun werk. De gewonden waren er na de dagenlange verwaarlozing slecht aan toe, de doden deden Churchill huiveren, '*swollen, blackened, and torn by the terrible wounds of the expansive bullets, now so generally used by the enemy*'. Buller maakte van de gelegenheid gebruik – het was tenslotte geen officiële wapenstilstand – om zijn troepen te herpositioneren. De Boeren lieten hem begaan. Ze zagen een deel van de Britse troepenmacht zich weer terugtrekken achter de Tugela – voor de zoveelste keer, je raakte er de tel van kwijt – en dachten dat ze Buller opnieuw een lesje hadden geleerd.

Dat klopte, maar ook Buller zelf had nu eindelijk iets opgestoken van alle doodlopende stormaanvallen. De sleutel lag toch echt in de eerder veroverde en toen weer ontruimde posities op de zuidoostelijke oever. Hij liet zijn zware geschut weer terugplaatsen op Hlangwane en Monte Cristo. '*The big guns were getting back on to the big hills,*' constateerde Churchill verheugd. De voor de afgeslagen aanval gebruikte pontonbrug werd gedemonteerd en een paar kilometer stroomafwaarts weer in elkaar gezet, dichterbij het nieuwe doelwit, de linkerflank van de Boerenstellingen bij Pietershoogte. Alle infanteriebrigades werden daaromheen geconcentreerd. Ook de *Cockyolibirds* en de rest van Dundonalds cavalerie kregen een rol, hoorden ze op 26 februari. Zij moesten de volgende ochtend vroeg posities innemen op Monte Cristo en Hlangwane, zo dicht mogelijk bij de Tugela, en van daaruit een constant vuur onderhouden op de Boerenstellingen aan de overkant van de rivier. Met alles wat ze hadden: geweren, Maxim machinegeweren, veldgeschut. Het zou voor het eerst zijn. Eindelijk – bij zijn vijfde doorbraakpoging – maakte Buller zich op om zijn hele troepenmacht tegelijk in de strijd te werpen, artillerie, infanterie én cavalerie, in plaats van een beperkt aantal onderdelen.

Alles en iedereen dus in actie. Churchill keek ernaar uit. Morgen moest de dag van de waarheid worden aan de Tugela. Het was nu of nooit. In ieder geval was de datum van 27 februari perfect gekozen.

Majuba Day! Precies negentien jaar eerder hadden de Boeren de Britse militaire trots diep vernederd. Het werd tijd om de rekening te vereffenen.[67]

Showdown op *Majuba Day*. Daar leek het ook aan het westelijke front op uit te draaien. Roberts' onverwachte inval in Oranje Vrijstaat, en met name de doorstoot van de Britse cavalerie naar Kimberley op 15 februari, zaaide zoveel verwarring in de Boerengelederen dat het gedaan was met de onderlinge afstemming. Cronjé en De Wet kozen ieder voor zich een andere strategie.

De Wet maakte Roberts direct duidelijk dat een razendsnelle opmars ook risico's met zich meebracht. Zeker voor zo'n enorm expeditieleger als dat van Roberts, dat zich met de dag verder verwijderde van de spoorlijn en voor zijn bevoorrading dus volledig was aangewezen op traditionele transportmiddelen. Voorafgaand aan de campagne had hij Kitchener een einde laten maken aan de gewoonte dat ieder bataljon zorg droeg voor zijn eigen voorraden. Dat mocht er flexibel uit zien, Roberts en Kitchener vonden het inefficiënt en verspillend, dat moest centraal. Eén grote legertros, zo wilden ze het hebben. En zo kregen ze het ook. Hoe kwetsbaar zo'n transportsysteem in de praktijk was, bleek al snel. Op dezelfde dag dat Kimberley werd bevrijd, viel een groot Brits ossenwagenkonvooi, achtergebleven bij Waterval Drift om de trekdieren rust te gunnen, in handen van de commando's van Christiaan de Wet. Honderdtachtig wagens met kostbare levensmiddelen maakten ze buit, plus achtentwintighonderd ossen. Bijna een derde deel van wat het Britse expeditieleger naar schatting nodig had voor zijn opmars naar Bloemfontein. Dat was, bij alle vreugde om de bevrijding van Kimberley, een fikse tegenslag voor Roberts, dat betekende óf met een deel van zijn troepenmacht terugkeren om het konvooi te heroveren óf verkleining van de rantsoenen. Het werd het laatste, Roberts koos voor de snelheid.[68]

Dezelfde 15e februari stond Cronjé, twintig kilometer noordelijker, voor een vergelijkbare afweging – en maakte hij precies de tegenovergestelde keuze. Zijn vijfduizend man konden niet in hun loopgraven bij Magersfontein blijven. Omsingeling dreigde, ze moesten hun kampementen opbreken. De vraag was: wat namen ze mee? Door het maandenlange verblijf was ter plekke een semipermanent Boerenlager ontstaan, waar zelfs vrouwen en kinderen op familiebezoek rondliepen. De voorraden lagen opgestapeld op honderden ossenwagens. Als dat allemaal mee moest, kon het onmogelijk snel gaan. Toch koos Cronjé ervoor zoveel mogelijk mee te nemen. Hij mikte erop verder oostwaarts opnieuw stellingen te kunnen betrekken om de Britse opmars naar Bloemfontein te stuiten. Dan had hij zijn voorraden hard nodig. 's Avonds zette een acht kilometer lange stoet zich in beweging over de noordelijke oever van de Modderrivier.

De volgende ochtend vroeg werden ze ontdekt. Roberts zelf was nog niet in de buurt, maar Kitchener al wel. Hij liet direct de achtervolging inzetten. Bij Klipdrift achterhaalde de Britse voorhoede de achterhoede van de Boeren. Er volgde een vuurgevecht, dat de Boeren er niet van weerhield verder te trekken. 's Nachts bereikten ze Paardeberg Drift, waar Cronjé een deel van de ossenwagens liet oversteken naar de zuidelijke oever van de Modderrivier. Dat deel zou weten te ontkomen. Zelf trok Cronjé met zijn hoofdmacht en de rest van het konvooi verder over de noordelijke oever, richting Vendutiedrift. Daar kwam hij op 17 februari tot de ontdekking dat hij vrijwel was ingesloten. In het westen door de 9e infanteriedivisie van luitenant-generaal Sir Henry Colville, in het zuiden vanaf de overkant van de Modderrivier door de 6e infanteriedivisie van luitenant-generaal Thomas Kelly-Kenny, en in het noorden en het oosten door cavalerie-eenheden van de uit Kimberley opgetrommelde French. Zijn ruiters hadden hulptroepen onder generaal Naas Ferreira de pas afgesneden en maakten van het verrassingseffect gebruik om de ingesloten Boeren te beroven van tweeduizend ossen – een aardige compensatie voor de door De Wet buitgemaakte levende have. Cronjé en zijn mannen hadden nu nog maar één mogelijkheid om te ontsnappen: de wagens achterlaten en 's nachts te voet de rivier oversteken naar de zuidelijke oever, in de hoop aansluiting te vinden bij de commando's van De Wet. Dat was wat zijn commandanten hem adviseerden, maar Cronjé koos voor een ander scenario: zich ingraven in de noordelijke rivieroever en slag leveren.

Daarmee deed hij precies wat Kitchener ook wilde. Roberts kampte met een zware verkoudheid, was achtergebleven in Jacobsdal en had het opperbevel tijdelijk aan hem overgedragen. Dit was Kitcheners kans om te laten zien hoe je de Boeren moest aanpakken. Na de Mahdistrijders bij Omdurman zou hij de Boeren bij Paardeberg bijschrijven op zijn palmares. Direct toeslaan, nu ze in de verdediging waren gedrongen, frontaal erop los, van alle kanten. Bezwaren van de divisiegeneraals wuifde hij terzijde. Op 18 februari verordonneerde hij een ouderwetse stormaanval gecombineerd met artilleriebeschietingen, net zoals eerder Methuen, Buller en al die andere Britse generaals ervan overtuigd waren geweest simpelweg door de Boerenstellingen heen te kunnen beuken. Maar ook Kitchener leerde de les van ingegraven scherpschutters met moderne snelvuurwapens '*the hard way*'. Het werd een slachting, onder zijn eigen troepen welteverstaan. Bij het vallen van de duisternis telden de Britten driehonderd doden en negenhonderd gewonden.

Vergelijkbaar met Spionkop qua aantallen slachtoffers dus, met blijvende schade voor Kitcheners reputatie. Geschrokken haastte Roberts zich de volgende dag naar de frontlinie. Dit gingen ze anders aanpakken, besloot hij. De Boeren waren ook niet ongeschonden uit de strijd gekomen. Door de zware artilleriebeschietingen was het grootste deel van hun voorraden in vlammen opgegaan, nagenoeg al hun paarden en ossen waren gedood of buitgemaakt, ze zaten klem. Het enige wat Roberts hoefde te doen, was de schroeven aan te draaien. De omsingeling vervolmaken, de Boeren murw bombarderen met zijn honderd kanonnen, zelf loopgraven aanleggen om steeds dichterbij te komen, dan kon het onmogelijk lang duren.

Inderdaad werd de positie van de Boeren bij Paardeberg steeds hopelozer. De Wet, die op afstand werd gehouden door de Britse troepen op de zuidelijke oever van de Modderrivier, dacht dat er nog wel een uitweg was. Vanwege het aanhoudende slechte weer kon hij geen heliografisch contact leggen met Cronjé. Daarom stuurde hij in de nacht van 24 op 25 februari de commandant van het Boerenverkennerkorps, kapitein Danie Theron, met een boodschap door de Britse linies. Als Cronjé een uitbraakpoging zou doen naar het zuiden, zou De Wet hem dekken. Het was maar de vraag of De Wet daartoe wel in staat was, dat besefte ook Cronjé, maar hij was bereid het te wagen. Zijn commandanten lagen echter dwars. De onophoudelijke Britse bombardementen hadden hun tol geëist. Ze waren de uitputting nabij, het water dat ze dronken was besmet door kadavers, al hun eten stonk naar lydietgranaten, ze waren op, ze waren stuk, en dan die regen van de laatste dagen, die hun loopgraven tot modderholen maakte en het water in de rivier steeds hoger deed stijgen. Van een uitbraak wilden ze niets weten. Liever gaven ze zich over.

Nog twee dagen wist Cronjé het te rekken. Maandagavond 26 februari hield hij opnieuw krijgsraad. Als ze zich dan toch moesten overgeven, konden ze het dan in ieder geval uitstellen tot ná *Majuba Day*? Maar zelfs die belofte kreeg hij niet meer gedaan van zijn commandanten. De volgende ochtend vroeg zetten de Britse troepen, inmiddels genaderd tot binnen gehoorsafstand van de Boerenloopgraven, aan voor de beslissende aanval. Om vijf uur riep generaal-majoor Horace Smith-Dorrien de Boeren op zich over te geven. De ene na de andere witte zakdoek ging omhoog. Toen Cronjé dat in de gaten kreeg, berustte ook hij in het onvermijdelijke. Om zes uur hees hij de witte vlag. Hij werd naar Roberts gebracht, die hem hoffelijk begroette: '*I am glad to see you. You have made a gallant defence, sir.*' Samen met Cronjé gaven zich bij Paardeberg meer dan vierduizend Boeren over. De eenheden van De Wet, Ferreira en andere Boerencommandanten in de buurt zochten een goed heenkomen. Het was het einde van het westelijke front. De weg naar Bloemfontein lag open voor Roberts.[69]

Het goede nieuws bereikte Buller via de veldtelegraaf. Het gaf hem gemengde gevoelens. Dinsdag 27 februari, het moest nog dag worden, Roberts had zijn doorbraak. Nu hij nog. De unieke kans op een dubbelslag op *Majuba Day* lag in zijn handen. Opnieuw falen betekende het einde van zijn carrière, dat was wel zeker. Om tien uur 's ochtends lag de pontonbrug op zijn nieuwe plek. Van daaruit zouden zijn infanteriebrigades gelijktijdig de aanval inzetten tegen Hart's Hill, Spoorwegkop en Pietershoogte, ondersteund vanaf de zuidoostelijke oever door de artillerie en de cavalerie. Dit keer trok Buller alle registers open. Voor het eerst maakte hij ten volle gebruik van zijn numerieke overwicht – vier tegen een in manschappen, tien tegen een in kanonnen. De Veerman van de Tugela stond klaar voor zijn definitieve oversteek.

Churchill bevond zich in een uitstekende positie om de hele operatie te overzien. De *Cockyolibirds* lagen in dekking achter grote stenen dicht bij de rivier, en onderhielden met al hun (machine)geweren een constant vuur op de Boerenstellingen aan de overkant. De rest van de cavaleriebrigade deed hetzelfde, net als de hoger opgestelde artilleriebatterijen. Het kwam een beetje langzaam op gang naar Churchills zin, maar geleidelijk aan ontwikkelde zich '*a capital loud noise, which I think is a most invigorating element in an attack*'. Het oorverdovende lawaai en het spervuur dienden om de Boeren te imponeren en in verwarring te brengen. Dat lukte, maar het echte werk moest natuurlijk komen van de infanteristen, die Churchill zag uitwaaieren vanaf de pontonbrug in de richting van de heuvelruggen. Ze vorderden langzaam, heuvel voor heuvel moesten ze zwaar bevechten, maar ze vorderden, en dit keer in goede onderlinge afstemming. De Boeren verloren in de loop van de dag steeds meer terrein. Aan het eind van de middag gingen ze op diverse plaatsen op de vlucht, of gaven ze zich over. Tegen het vallen van de avond was het gedaan met hun verzet, en schalden de Britse juichkreten van de heuvelruggen. De slag bij Pietershoogte was gewonnen, ook hier was de doorbraak een feit. Majuba was dubbel en dwars gewroken.

Voor Lord Dundonald en zijn cavaleristen was dat het sein om hun posities te verlaten, op te stijgen en op hun beurt de Tugela over te steken. De achtervolging op de vluchtende Boeren lokte. Maar aangekomen bij de pontonbrug, werden ze opgewacht door Buller zelf. Hij vertrouwde het nog niet. Hij hield rekening met een nachtelijke tegenaanval en wilde geen risico's nemen met zijn bereden brigade. Geen achtervolging. Teleurgesteld keerden de cavaleristen terug naar hun bivak.

Op de terugweg passeerde Churchill een groepje krijgsgevangen Boeren. Het verbaasde hem hoe gewoontjes ze eruitzagen. Het leek wel een stelletje cafégasten, '*very ordinary people, who grinned and chattered without dignity... it was difficult to understand what qualities made them such a terrible foe*'. Wat Churchill ook verbaasde, was de houding van een van de bewakers. Die beklaagde zich luidkeels over de lafheid van de Boeren: '*I never saw such cowards in my life; shoot at you till you come up to them, and then beg for mercy. I'd teach 'em.*' Allemaal aan de bajonet, als het aan hem en zijn maten had gelegen. Het was dat de officieren hen hadden tegengehouden. Waarop de man zich omdraaide naar de krijgsgevangen Boeren, om hen te drinken te geven uit zijn eigen veldfles. '*And so left me wondering at the opposite and contradictory sides of human nature as shown by Briton as well as Boer.*'

De volgende dag, 28 februari, mocht de cavalerie – en de artillerie – dan toch de Tugela over. De infanteristen kregen een dag rust. Ze hadden hun overwinning betaald met een verlies van tachtig doden en meer dan vierhonderd gewonden. Het bracht de Britse verliezen over de laatste twee weken – de campagne tegen de linkerflank van de Boeren – op vierhonderd doden en meer dan achttienhonderd gewonden. Buller was van plan 1 maart verder te trekken. Verkenningspatrouilles werden eropuit gestuurd om te ontdekken of en waar de Boeren nog een nieuwe verdedigingslinie optrokken vóór Ladysmith.

Churchill maakte van de gelegenheid gebruik een kijkje te nemen in de verlaten Boerenloopgraven op Hart's Hill. Hij trof er soldaten van het East Surrey Regiment, die hem maar al te graag een rondleiding gaven. '*Come along here, sir; there's a bloke here without a head; took clean off, sir.*' Hij bedankte voor de eer, hij was meer geïnteresseerd in de constructie van de loopgraven. Ze waren diep, hij kon er in staan, ze hadden geen echte borstwering. Wel waren er hier en daar stenen voor gelegd. Om de paar meter stond de munitie voor de Mausers netjes opgestapeld. De lege patroonhulzen op de bodem reikten tot aan zijn knieën. Een van de officieren liet hem dumdumkogels zien. Ze hadden er kistenvol van gevonden, volgens hem wel een op de vijf van alle achtergelaten kogels. Het bracht Churchill, die kennelijk was vergeten dat hij bij zijn gevangenneming zelf bijna was betrapt met zulke munitie,[70] tot een afkeurend commentaar over de donkere kant in het karakter van de Boeren.

In de loop van de dag kwamen er steeds meer aanwijzingen dat de Boeren niet alleen de Tugelalinie hadden opgegeven, maar zich ook rond Ladysmith aan het terugtrekken waren. Hier en daar stuitte Dundonalds cavalerie nog wel op verzet, maar hardnekkig was het nergens. Tegen de avond kwam het bericht van de voorhoede, het regiment van majoor Hubert Gouch, dat de weg naar Ladysmith helemaal vrij was. Toen Dundonald dat hoorde, besloot hij er zelf ook heen te rijden. Churchill mocht mee. Het werd een onvergetelijke rit. In volle galop over de heuvels, in een koele avondbries, in het besef dat Ladysmith daar wachtte, achter de volgende heuvel. Of anders achter de daaropvolgende. Nog één te gaan, en daar zagen ze het liggen. Vlak buiten het stadje sloten ze achteraan bij Gouchs colonne van Natal Carabineers en Imperial Light Horse, die na 118 dagen een einde maakte aan de belegering van Ladysmith.

's Avonds schoof Churchill aan bij het diner in het hoofdkwartier van garnizoenscommandant White. Hij zat naast zijn oude vriend Ian Hamilton. Het had even geduurd, maar eindelijk was het zover. Tijd voor een goed glas en een goede sigaar. Ze hadden elkaar veel te vertellen.[71]

Koortsrillingen

Ladysmith, 3 maart 1900

Er zijn niet veel zonen die hun moeder een rondleiding geven op het slagveld, bijna tienduizend kilometer van huis, waarop ze amper een week eerder op leven en dood strijd hebben geleverd. Winston Churchill was een van hen. Moeder en zoon keken er zelf nog het minst van op. Zij was een non-conformistische vrouw die deed wat er in haar opkwam, hij kende haar niet anders, en ze was toevallig in de buurt. Lady Randolph was eind januari 1900 aangekomen in Durban, aan boord van het hospitaalschip *Maine*, dat ze namens een hulpcomité van Amerikaanse vrouwen in Londen had gecharterd. Churchill was haar in Durban al komen opzoeken. Nu de vijandelijkheden waren beëindigd, wilde ze ook graag een kijkje nemen aan het front waar het allemaal was gebeurd. De huzarenstukjes van haar oudste zoon, het onfortuin van haar jongste zoon – een van haar eerste patiënten op de *Maine*.

Churchill regelde voor haar een pas alsof het de gewoonste zaak van de wereld was. Het liefst had hij behalve zijn moeder ook zijn vriendin rondgeleid, maar Pamela Plowden was in Engeland achtergebleven, een beslissing waarvoor hij weinig begrip kon opbrengen. Begin maart vertrok Lady Randolph op haar '*sightseeing tour*'. Tot Colenso ging het per trein, bij Chieveley vlak langs de ontspoorde wagons van Churchills eerste wapenfeit. Daarna was het behelpen. Via een noodbrug over de Tugela, en vervolgens in een open duwbak over het spoor richting Ladysmith. Het trage tempo had één groot voordeel. '*We could see and understand everything with the help of Winston's graphic tongue.*' En er was volop gelegenheid voor '*kodaking*'. Ladysmith zelf vond ze een teleurstelling. Een heet, stoffig spookstadje, huizen met luiken voor de ramen en schichtige voorbijgangers. Gelukkig was Sir Redvers zo gastvrij haar een diner aan te bieden, en een echt bed in het klooster waarin hij zijn intrek had genomen. De volgende ochtend vertrok Lady Randolph weer naar Durban, een week later voer de *Maine* terug naar Engeland.[72]

De hulpactie van Churchills moeder was een van de talloze spontane initiatieven die volgden op *Black Week*, zowel in Groot-Brittannië als in de overzeese bezittingen. '*We are not interested in the possibilities of defeat; they do not exist,*' luidde de reactie van de eenentachtigjarige koningin Victoria op het slechte nieuws, en overal in het Britse wereldrijk zeiden haar onderdanen het haar na. Sterker nog, ze bleken massaal bereid daar zelf iets aan te doen. De '*war fever*' kende geen geografische grenzen en geen sociale scheidslijnen. Van Ottawa tot Melbourne en Auckland, van polocourt tot *music hall* en havenkroeg, overal werd hartstochtelijk meegeleefd, overal was bereidheid om in actie te komen. Vrijwilligers meldden zich bij duizenden, met hun eigen paarden, bij nieuwgevormde cavalerieregimenten, zoals de Imperial Yeomanry in het moederland, en de Imperial Light Horse en de South Africa Light Horse – de *Cockyolibirds* van de Churchills – in de Kaapkolonie en Natal. Ook in Canada, Australië en Nieuw-Zeeland voegden zich tal van vrijwilligers bij de contingenten die door hun regeringen al waren toegezegd. Het *British Empire* maakte zich op om terug te slaan.

Wie zelf niet kon of wilde meevechten, zocht naar andere wegen om iets bij te dragen. Inzamelingsacties ter ondersteuning van de troepen overzee, of aansluiting bij een medisch hulpteam als dat van Lady Randolph. Dat was de manier waarop bijvoorbeeld Arthur Conan Doyle, arts van beroep maar beter bekend als de schepper van Sherlock Holmes, uiting gaf aan zijn patriottische gevoelens. De Imperial Yeomanry wilde hem niet toelaten vanwege zijn leeftijd (veertig) en militaire ervaring (geen), maar bij het particuliere veldhospitaal dat de filantroop John Langman uitzond, was hij maar al te welkom. In februari 1900 stapte hij op de boot naar Zuid-Afrika.

Dat laatste hoefde Mohandas Gandhi niet te doen. Hij woonde en werkte al vanaf 1893 in Natal, als advocaat, maar zijn handicap was een andere. Zijn kleur. Aan getinte '*sons of Empire*' hadden de militaire autoriteiten, in ieder geval in de beginfase, geen behoefte. Als het aan hen lag, kende het imperialistische enthousiasme wel degelijk grenzen, namelijk raciale. Bij het uitbreken van de oorlog, half oktober 1899, had Gandhi zijn diensten aangeboden, om de loyaliteit van de locale Indiase gemeenschap te bewijzen, maar hij was weggelachen. '*You Indians know nothing of war*,' had hij te horen gekregen. Na 30 oktober, *Mournful Monday*, was de stemming omgeslagen. Hij had zijn aanbod herhaald, en toen was het in dank aanvaard. Er werd een *Indian Ambulance Corps* geformeerd, bestaande uit zo'n duizend brancarddragers. Ze waren maar al te nodig geweest, getuige het trieste rijtje slagvelden waar ze hun diensten hadden verleend: Colenso, Spionkop, Vaalkrantz.[73]

Al dit soort particuliere initiatieven vormde een welkome aanvulling op de reguliere medische voorzieningen van het Britse leger. Naar de normen van de negentiende eeuw waren die in aanvang nog niet eens zo slecht. In 1898 was na lang aandringen van de *British Medical Association* een aparte afdeling gevormd, het *Royal Army Medical Corps*, dat de status van legerartsen verhoogde en de aanzet gaf tot verdere professionalisering. Maar tijd om zich terdege voor te bereiden op de taak die haar in Zuid-Afrika zou wachten, kreeg de nieuwe afdeling niet. Dat had ook niet gekund, want alle berekeningen gingen uit van een expeditiemacht van beperkte omvang, niet van de vele tienduizenden militairen die na *Black Week* nodig bleken. Het was deze onverwachte schaalgrootte die in alle opzichten – menskracht, verband, apparatuur, transport, noem maar op – het grootste probleem vormde voor een adequate medische verzorging van gewonde en zieke Britse militairen.

Gewonden waren relatief nog het best af, tenminste als ze bijtijds konden worden afgevoerd van het slagveld. Afhankelijk van de ernst van hun verwondingen werden ze direct behandeld in een veldhospitaal dan wel in een ziekenhuis verder weg van het front. Daar stonden kundige chirurgen, die met de meeste kogelwonden en botbreuken wel raad wisten. Ze beschikten over ether, chloroform, röntgenapparatuur en een vaste hand van amputeren. Ze kenden het gevaar van infectie en wisten wat ze daartegen moesten doen.

Zulk soort expertise was ook voorhanden van besmettelijke ziektes. Toch bleken die veel lastiger te bedwingen. Verwonderlijk is dat niet. Verwondingen zijn incidenteel, de behandeling eindigt wanneer een patiënt door verpleging, rust en revalidatie genezen is – dan wel blijvend invalide. Infectieziektes zijn ongrijpbaarder. Die te voorkomen vereist systematische preventie, die te genezen hygiënische discipline, ook als er geen dokter in de buurt is, ook als er tekort is aan vers voedsel en schoon water. Nood breekt wet, honger en dorst nekken hygiëne.

Ladysmith was een schrijnend voorbeeld. De maandenlange belegering door de Boeren had de bewoners en het garnizoen op de rand van fysieke uitputting gebracht. Churchill gaf de lezers van de *Morning Post* daarvan een onthullend ooggetuigenverslag. Op 3 maart 1900 paradeerde Buller met zijn hele troepenmacht triomfantelijk door het stadje. De bevrijders waren getekend door de maandenlange strijd, ze zagen er smerig uit, hun uniformen aan flarden, hun laarzen kapot en helmen gebroken, maar met hun gebruinde koppen en fiere pas oogden ze als '*a procession of lions*'. Het contrast met de belegerde inwoners en vooral de militairen was schril. Commandant White en zijn staf '*sat on their skeleton horses*'. Zijn mannen hadden hun best gedaan zich zo goed mogelijk uit te dossen, maar dat kon niet verhullen hoe bleek en vermagerd ze waren.

Voor zover ze al op de been waren. Het hospitaaltentenkamp bij Intombi werd inmiddels bevolkt door zo'n tweeduizend patiënten. De meesten van hen leden aan buiktyfus, een kleiner deel aan dysenterie. Ook die aanblik onthield Churchill zijn lezers niet. Het was een schokkende beschrijving. Door gebrek aan versterkend voedsel, melk, brandewijn en goede medische verzorging lagen de patiënten er uitgemergeld en verwilderd bij. Rillend van de koorts, dicht op elkaar, met alle sanitaire ellende van dien. Achter het tentenkamp een waar '*forest of crosses, marking the graves of six hundred men*'.[74]

Zuster L.M. Hellemans was al even geschokt bij het zien van het Intombi-tentenkamp. Dit leek in niets op hun eigen gunstig gelegen en goed geoutilleerde veldhospitaal bij Potgietersfarm, dat ze gedwongen door de Britse opmars begin maart hadden moeten opbreken. Als propere Hollandse verpleegster had ze daar al heel wat te stellen gehad met de hygiënische zorgeloosheid van haar Boerenpatiënten, maar wat ze hier aantrof, sloeg alles. Generaal Buller *himself* had verordonneerd dat het Rode-Kruisteam waarvan ze deel uitmaakte, niet mee mocht met de zich terugtrekkende Boeren. Hier, in Intombi, zouden zich ook achttien Boeren bevinden, krijgsgevangenen, die medische zorg nodig hadden. De tweede Nederlandse Ambulance, zoals hun eenheid doorgaans werd aangeduid, moest zich maar over hen ontfermen. Hoe dokter I.D. Koster ook had geprotesteerd tegen deze inperking van hun bewegingsvrijheid, Buller was onverbiddelijk geweest. Naar verluidt verdacht hij hen ervan meer dan alleen medische hulp te hebben verleend aan de Boeren. Zodoende stonden Hellemans en de overige zusters en broeders nu hier, verbijsterd over de plek die hun was toebedeeld.

Smeriger en ongezonder kon je je het nauwelijks voorstellen. Ze werden geacht hun tenten op te zetten aan de rand van het kamp, naast 'de begraafplaats voor alle ongerechtigheden, de wasscherij en verdere inrichtingen van dien aard'. Met andere woorden, 'besmette aarde, een verzamelplaats dus van de typhus-bacteriën enz'. De stank sloeg je tegemoet, en 'ook de ondragelijke hitte werkte mede deze hoogst onaangename atmosfeer verpestend te maken'. Ze hadden echter geen andere keus en begonnen toch maar hun spullen uit te pakken. Van alle kanten snelden Britse soldaten toe, zogenaamd om mee te helpen, maar al spoedig bleek dat ze 'stalen wat ze te pakken konden krijgen'. Met veel moeite kregen ze van de dienstdoende officier gedaan dat er een wacht werd uitgezet. Die bleek vervolgens zijn taak zo strikt op te vatten dat hij ook de Nederlandse hulpverleners de toegang ontzegde tot hun eigen levensmiddelen. Die waren geconfisqueerd, kregen ze te horen, ze moesten het maar doen met het eten uit de kantine. Na een paar dagen werd dat verbod opgeheven, en zorgden hun – relatief – royale voedselvoorraden voor enige verzachting van hun lot. Bleef nog de beproeving van 'allerlei kruipende en vliegende beesten'.

Vooral de vliegen waren 'een ontzettende plaag en het was werkelijk een kunstgreep een hap eten of een teug drinken te nuttigen, zonder een vlieg naar binnen te krijgen'. Van die achttien gewonde Boeren daarentegen geen spoor.[75]

De aanhoudende protesten bij generaal Buller tegen hun behandeling, die neerkwam op gevangenneming van een officiële eenheid van het Rode Kruis, hadden uiteindelijk resultaat. Na drie weken kregen ze een vrijgeleide naar de Boerenkampementen in de Biggarsbergen. Van daaruit keerde de tweede Nederlandse Ambulance terug naar Pretoria, om opnieuw te worden ingezet, nu aan het westelijke front. Waar precies, zou nog nader worden bepaald. Dat hing af van het overleg tussen het Transvaalse Rode Kruis, de in januari door de regering ingestelde medische commissie en de hoofden van de diverse buitenlandse hulpteams.

Daaruit zou kunnen worden afgeleid dat de coördinatie van de medische verzorging in het Boerenkamp te wensen overliet, en die indruk is juist. Dat soort ondersteuning van de commando's was van meet af aan een kwestie van improviseren. Gezondheidszorg was in vredestijd al geen prioriteit in de Boerenrepublieken. Er waren twee volwaardige ziekenhuizen, in Pretoria en in Johannesburg. De rest van de hospitalen was klein, had gebrekkige voorzieningen en slechte verbindingen. Daar veranderde het uitbreken van de oorlog niet direct iets aan. Voorbereid was er nauwelijks iets. Plaatselijke artsen werden net als alle andere mannelijke volwassenen per district opgeroepen voor commandodienst. Te velde zorgden ze dan gewoon voor hun eigen patiënten. Alleen de enige professionele militaire eenheid in Transvaal, de staatsartillerie, had een aparte medische afdeling, bestaande uit een arts, een dierenarts, een apotheker en twaalf broeders.[76]

In deze situatie kwam pas verbetering door hulp van derden. Een van de eersten die zijn praktische diensten aanbood, was NZASM-directeur Kretschmar van Veen. Toen de nood aan de man kwam, liet hij zijn bedrijf in alle opzichten bijdragen aan de oorlogvoering, ook aan de medische verzorging van de Boerencommando's. Hij stelde bedrijfsartsen en -hospitalen ter beschikking, en de centrale werkplaats in Pretoria fabriceerde vier compleet ingerichte hospitaalwagons. Bovendien speelde Kretschmar van Veen een belangrijke bemiddelende rol in het mobiliseren van medische hulp uit het moederland. In nauw overleg met zijn mededirecteuren in Amsterdam en met Transvaals diplomatieke vertegenwoordiger in Europa Willem Leyds werden afspraken gemaakt met het Nederlandse Rode Kruis. Resultaat was dat al op 28 oktober 1899 een eerste medisch hulpteam richting Pretoria vertrok – de eerste Nederlandse Ambulance, in het toenmalige spraakgebruik. Een maand later volgde de tweede, met onder anderen zuster Hellemans, en in december 1899 ook nog nummer drie en vier, waarvan de laatste een gecombineerde Russisch-Nederlandse onderneming betrof. Tussendoor stuurde ook Nederlands-Indië een eigen ambulance.

Nederland was niet het enige land dat de Boeren medisch bijstond met mensen en middelen. In totaal meldden zich veertien buitenlandse hulpteams in Transvaal en Oranje Vrijstaat, verder afkomstig uit Duitsland, Rusland, België, Zwitserland en Scandinavië. De meer dan tweehonderd dokters, zusters en broeders, voorzien van moderne apparatuur en grote voorraden genees-, verband- en levensmiddelen, brachten de medische verzorging van de Boerencommando's op een aanzienlijk hoger peil. Desondanks bleef het improviseren. Daarvoor was de organisatie te chaotisch, daarvoor waren de werkomstandigheden te primitief. Niet alleen zuster Hellemans en haar collega's van de tweede Nederlandse Ambulance kampten met het klimaat, ongedierte en besmettingsgevaar. Alle buitenlandse hulpverleners kenden vergelijkbare problemen, net als ze allemaal aanliepen tegen scepsis in het Boerenkamp – al die nieuwerwetse ideeën over hygiëne en zo – en Britse twijfel aan hun neutraliteit. In één geval was die twijfel aantoonbaar terecht. Van het Iers-Amerikaanse hulpteam dat half februari 1900 uit Chicago vertrok, zestig man sterk, ontdeden de meesten zich direct na aankomst in Transvaal van hun Rode Kruis-armbanden, om ze te vervangen door geweren en patroongordels.[77]

Al met al kon Willem Leyds tevreden zijn over de humanitaire hulp die vanuit Europa aan zijn aangenomen vaderland werd verleend. Met de Iers-Amerikaanse pseudo-ambulance had hij niets van doen gehad – al werd dat in de Britse pers wel gesuggereerd. Maar dat was hij gewend. In het Verenigd Koninkrijk gold hij nu eenmaal als de kwade genius van duistere Boerenzaakjes. Toen een zestienjarige anarchist begin april 1900 in station Brussel-Noord twee kogels afvuurde op de prins van Wales – overigens zonder hem te raken – aarzelde zelfs de respectabele Lord George Hamilton, minister voor Brits-Indië, niet om er insinuerend op te wijzen '*that Brussels had been the headquarters of that factory of lies of which Mr. Leyds was the manager*'.[78]

Op het Europese vasteland stond Leyds in hoger aanzien. Hier was hij de onbetwiste kampioen van de rechtvaardige Boerenzaak. Sinds het uitbreken van de oorlog hoefde hij de publieke opinie niet meer te bewerken. Die was al massaal op de hand van de Boeren. Leyds had het zelfs zo druk met het reageren op alle sympathiebetuigingen, hulpcomités, solidariteitsmanifestaties en inzamelingsacties dat hij nauwelijks toekwam aan de vrijwilligers die zich massaal aanmeldden om de Boerengelederen te versterken. 'Ik heb waarschijnlijk meer applicaties dan Harderwijk' – waar het Koloniaal Werfdepot was gevestigd ten behoeve van het Indische leger – verzuchtte hij half januari. Alle belangstellenden werden verwezen naar Parijs, waar consul-generaal Johannes Pierson, een neef van de Nederlandse premier, hen voorzag van de gewenste informatie. Na kennisneming van de toelatingscriteria haakte menigeen af, want in Pretoria waren alleen vrijwilligers welkom die voor eigen rekening en risico wilden overkomen.[79]

Met zoveel wind in de zeilen kwam het nieuws van de Britse doorbraak op twee fronten, eind februari 1900, aan als zware averij. Leyds realiseerde zich 'hoe de berichten omtrent Cronjé, Kimberley en Ladysmith, onze vrienden in Holland getroffen hebben'. Zelf was hij ook een paar dagen uitgeschakeld, maar dan als gevolg van zware griep. Toch vatte hij 'de zaak niet zoo hopeloos op als de meesten het doen, ik heb altijd nog de verwachting dat het recht zal zegevieren'. Paradoxaal genoeg zag hij juist nieuwe kansen in de militaire tegenslagen.

Om te beginnen leek hem nu eindelijk de tijd rijp voor publicatie van het steeds maar uitgestelde manifest *Beroep op de Natiën*. Zolang de Boeren aan de winnende hand waren geweest, hadden vele sympathisanten in Europa en met name in Nederland het idee van 'mediatie en interventie' verworpen. Nu de Boeren zowel in Natal als in het westen van Oranje Vrijstaat in het defensief waren gedrongen, lag dat waarschijnlijk anders, veronderstelde Leyds. Dat bleek te kloppen, althans in Nederland. Voorzien van de handtekeningen van 'ongeveer 3000 mannen van naam op het gebied van wetenschap, kunst, handel en nijverheid,' werd het *Beroep op de Natiën* op 4 maart opgenomen in diverse Nederlandse kranten. Maar tot zijn teleurstelling bleef het daar zo'n beetje bij. Er verscheen nog wel een Engelse vertaling, maar in Duitsland, Frankrijk en Rusland – de belangrijkste 'markten' voor het manifest – gebeurde er niets. 'Niemand heeft er verder een woord over gezegd of naar aanleiding daarvan iets gedaan,' moest hij twee maanden later constateren, '*It has fallen flat*'.[80]

Hoe dat kwam? Leyds had daar wel zo zijn gedachten over. Het had met het *Beroep op de Natiën* zelf niet zoveel te maken, meende hij. Des te meer met de moeizame communicatie tussen Pretoria en zijn diplomatieke vertegenwoordiger in Europa, hemzelf dus. Rechtstreeks telegraafverkeer was sinds het uitbreken van de oorlog niet meer mogelijk. De Britse censors hielden alles tegen. Via slinkse omwegen drong er zo nu en dan nog wat door, maar verder was het contact aangewezen op mailboten – met hun inherente vertragingsfactor. Snel overleg in crisissituaties was domweg niet mogelijk. Was dat wel het geval geweest, dan had hij Pretoria en Bloemfontein kunnen behoeden voor een enorme politieke blunder. Want dat was volgens Leyds de voornaamste reden voor het doodvallen van het *Beroep op de Natiën*, en erger nog, voor het volledig mislukken van alle bemiddelingsplannen waaraan hij de afgelopen maanden in de beste traditie van de stille diplomatie had gewerkt.

Het moest van de grote mogendheden komen, daarvan was hij zelf al geruime tijd overtuigd. Rusland, Duitsland, Frankrijk, of de Verenigde Staten, anders zette het geen zoden aan de dijk. Tot aan het keren van de krijgskansen eind februari zat alles op slot. Elk van die vier mogendheden probeerde zoveel mogelijk zelf te profiteren van de Britse concentratie op Zuid-Afrika. Rusland hield legeroefeningen in Afghanistan, aan de grens met Brits-Indië. Frankrijk breidde zijn invloed uit in Algerije. Duitsland kwam een verdeling overeen van de Samoa-eilandengroep. De Verenigde Staten, zelf begonnen als kolonie, zetten op de Filipijnen de eerste stappen op het imperialistische pad. 'Samenwerken tegen den gemeenschappelijken vijand, daartoe kunnen de mogendheden maar niet komen. Onderlinge jaloezie en wantrouwen is niet uit te roeien.'[81]

Maar daar kwam door de Britse militaire successen verandering in. De tijd en energie die Leyds had gestoken in een goede relatie met zijn Russische ambtgenoot De Giers – en via hem in een rechtstreekse 'lijn' met tsaar Nicolaas II – leek eindelijk te lonen. Op 3 maart 1900 nam de Russische regering een serieus initiatief tot gezamenlijk optreden. De Duitse minister van Buitenlandse Zaken Von Bülow ontving een voorstel voor '*une pression amicale des Gouvernements européens*' om een eind te maken aan de bloedige strijd in Zuid-Afrika. Door het recente succes van de Britse legers was de tijd rijp, de Britse '*amour propre national*' was bevredigd, en langer wachten zou kunnen uitmonden in de complete vernietiging van de Boerenrepublieken. Het idee was dat behalve Duitsland ook Frankrijk zou meedoen in een moreel appel op Groot-Brittannië, op basis van de humanitaire principes van de Haagse Vredesconferentie.[82]

Dat zou Leyds als muziek in de oren hebben geklonken, precies waar hij altijd op uit was geweest. Echter, toen hij enkele dagen later door De Giers van het Russische initiatief op de hoogte werd gesteld, was het al achterhaald. Een ander initiatief, bedacht op dezelfde 3e maart maar dan tienduizend kilometer zuidelijker, in Pretoria, gooide roet in het eten.

Het was uit de koker gekomen van commandant-generaal Piet Joubert. Uit het veld geslagen door de militaire tegenslagen drong hij al in februari aan op een vredespoging. President Kruger toonde zich ontvankelijk voor het idee, en op 3 maart bracht hij het ter sprake in de Uitvoerende Raad. Het leidde tot twee concrete besluiten: er zou een telegram worden gestuurd aan Lord Salisbury, en tevens zou een beroep worden gedaan op andere mogendheden. Aan Leyds werd niets gevraagd – als dat op zo'n korte termijn al had gekund – maar Kruger voelde zich wel verplicht tot overleg met zijn collega Steyn van Oranje Vrijstaat. Hij reisde spoorslags af naar Bloemfontein, waar beide presidenten het op 5 maart eens werden over een telegram dat nog dezelfde dag werd verstuurd aan de Britse regeringsleider – met voorbijgaan van minister van Koloniën Chamberlain.

De tekst was van een ontwapenende naïviteit, maar had een tegenovergestelde uitwerking. Met een beroep op 'het bloed en de tranen van duizenden welke in dezen oorlog gestort zijn en het vooruitzicht van algeheelen zedelijken en economischen ondergang' pleitten Kruger en Steyn ervoor 'den vrede te herstellen'. Ze ontkenden uit te zijn op een 'onafhankelijk bewind over geheel Zuid-Afrika,' het was hun alleen te doen om het verzekeren van 'de onbetwistbare onafhankelijkheid onzer beide Republieken als souvereine internationale Staten'. Mocht de Britse regering daar echter niet in bewilligen, 'dan blijft voor ons en voor ons volk niets over dan op den ingeslagen weg te volharden tot het einde toe, ten spijte van de overstelpende overmacht van het Britsche Rijk, in vast vertrouwen, dat die God, die in onze en onzer vaderen harten het onuitbluschbare vuur der vrijheidsliefde heeft aangestoken, ons niet zal verlaten.'

Vanuit Pretoria adviseerden staatssecretaris Reitz en staatsprocureur Smuts om eerst het antwoord van Salisbury af te wachten en daarna pas de andere mogendheden te benaderen, maar dat advies legden Kruger en Steyn naast zich neer. Van 9 tot 11 maart brachten zij hun telegram aan Salisbury ter kennis van de consulaire vertegenwoordigers in beide hoofdsteden van Rusland, Duitsland, Frankrijk, de Verenigde Staten, Nederland, België, Italië, Oostenrijk en Zwitserland. Daarbij voegden ze het verzoek aan de respectieve regeringen om 'in dezen strijd te willen interveniëeren ten einde verdere noodelooze bloed-vergieting in dezen wreeden oorlog te voorkomen'.

De volgende dag, 12 maart, arriveerde het telegrafische antwoord uit Londen. Het was ijzig. Salisbury wees op de enorme militaire voorraden die de Boeren vóór de oorlog hadden aangelegd. Hij sprak zijn verontwaardiging uit over hun beledigende ultimatum en daaropvolgende invasies in Natal en de Kaapkolonie. De Boeren hadden '*the Empire a costly war and the loss of thousands of precious lives*' opgedrongen. Geen denken aan dat Londen nu zou bewilligen in de onafhankelijkheid van de Boerenrepublieken.

Dat was duidelijke taal, die echter in Bloemfontein en Pretoria niet direct op zijn volledige – desastreuze – waarde werd geschat. Reitz en Smuts maakten nog een concept voor een vlammende repliek aan Salisbury en zagen daar pas vanaf toen ze merkten hoe ontnuchterend de reacties in het buitenland waren. Leyds had wel meteen door hoe erg het was. Voor hem was het pure ontgoocheling, ook persoonlijk. Al zijn subtiele diplomatieke manoeuvres waren voor niets geweest. Kruger en Steyn hadden het verprutst, als twee gewonde olifanten in de porseleinkast. Dat was een pijnlijke waarheid. Door de twee onbeholpen gelijktijdige initiatieven hadden ze hun eigen glazen ingegooid.

Alle gelouterde diplomaten waren het erover eens. De Giers liet weten dat het Russische initiatief '*actuellement inopportun*' was geworden door het telegram van de twee presidenten en de '*déclarations catégoriques de Lord Salisbury*' in reactie daarop. De Nederlandse minister van Buitenlandse Zaken De Beaufort verklaarde 'dat de besliste verklaring der Engelsche Regeering elke interventie onmogelijk' had gemaakt. De Franse minister van Buitenlandse Zaken Delcassé berichtte dat een bemiddelingspoging nu '*manifestement inutile*' was geworden. De regeringen van Duitsland en de andere aangeschreven landen reageerden in gelijke bewoordingen. Alleen de Amerikaanse regering had haar goede diensten aangeboden aan Londen, maar daar was prompt op geantwoord dat de Britse regering daar geen behoefte aan had. De enige die zich niets aantrok van diplomatieke wereldwijsheid, was de jeugdige koningin Wilhelmina. Op persoonlijke titel – net als ruim een halfjaar eerder in haar beroep op koningin Victoria – wendde zij zich tot de Duitse keizer. Maar Wilhelm II reageerde al even afwijzend als zijn grootmoeder op het emotionele pleidooi van het Nederlandse staatshoofd. Diplomatiek bleef alles bij het oude.[83]

De oorlog ging dus gewoon door. Lord Roberts had zich toch al niets aangetrokken van al het diplomatieke geharrewar. Onverstoorbaar had hij zijn opmars voortgezet. Op 13 maart 1900 trok het Britse expeditieleger Bloemfontein binnen. De dag tevoren had president Steyn met zijn regering de wijk genomen naar het tweehonderd kilometer noordelijker gelegen Kroonstad, sindsdien de nieuwe hoofdstad van Oranje Vrijstaat.

Het liefst had Roberts zijn verblijf in Bloemfontein beperkt tot een korte adempauze, om zo snel mogelijk door te stoten richting Johannesburg en Pretoria. Dat bleek een illusie. Zijn troepen hadden het zwaar te verduren gehad. Ze waren niet gewend aan de Zuid-Afrikaanse zomers, met hun onvoorspelbare afwisseling van extreme hitte en slagregens. De lange dagmarsen, het harde vechten en niet te vergeten de halvering van de rantsoenen hadden het er niet beter op gemaakt. De soldaten waren afgemat, ze hadden chronische honger en ze hadden onderweg hun dorst gelest met water uit verdachte bron. Met name bij Paardeberg was het misgegaan. Tijdens de confrontatie met de Boerencommando's van Cronjé waren er zoveel paarden- en ossenkadavers terechtgekomen in de Modderrivier dat het water vergeven was geraakt van de ziektekiemen. Niet van drinken, luidden de instructies, maar dat was toch ruimschoots gebeurd. Sindsdien trokken ook de bacillen in menigte op naar Bloemfontein. De opeenhoping van tienduizenden oververmoeide, ondervoede militairen met ziektes onder leden in een stadje dat normaal drieduizend inwoners telde, was de nekslag voor de hygiëne. Al snel brak een buiktyfusepidemie uit die de uitbarsting in het belegerde Ladysmith in omvang zou doen verbleken.

Dat het tot zo'n explosie kwam, was grotendeels te wijten aan hét levensgrote probleem waarmee de strijdmacht van Roberts worstelde: gebrekkige aanvoerlijnen. Bloemfontein had het logistieke voordeel dat het aan de doorgaande spoorlijn vanuit de Kaapkolonie lag, maar in oorlogstijd kon dat makkelijk verkeren in het nadeel van volstrekte afhankelijkheid. De Boeren hadden op hun terugtocht de belangrijkste spoorbruggen op het aanvoertraject opgeblazen en het herstel daarvan kostte tijd. Simpele noodbruggen waren niet berekend op de vele zwaarbeladen goederenwagons die dagelijks nodig waren voor de bevoorrading van een expeditieleger van vijftigduizend man. Toen het transport eenmaal op gang kwam, bleef er de handicap van de flessenhals. Alles wat de troepen nodig hadden aan levensmiddelen, wapens, munitie, kleding, tenten, paarden én dus ook aan medische verzorging, moest worden aangevoerd over één enkelspoorverbinding. Puur militaire benodigdheden kregen daarbij voorrang, ten koste van de bevoorrading van de uitpuilende hospitalen. Critici verweten Roberts en zijn stafchef dat zij al dit logistieke onheil over zichzelf hadden afgeroepen door hun gecentraliseerde transportsysteem. Het leverde Kitchener, de feitelijke coördinator, een nieuwe bijnaam op. Niet langer '*K of K*' – *Kitchener of Khartoum* – maar '*K of Chaos*'.[84]

Het gedwongen oponthoud van Roberts' expeditieleger in Bloemfontein kwam één man niet slecht uit. Winston Churchill. De oorlogsverslaggever van de *Morning Post* tevens tweede luitenant bij de South African Light Horse was altijd op zoek naar actie. De gevechtshandelingen in Natal waren met de bevrijding van Ladysmith tot een einde gekomen. De Boeren hadden zich teruggetrokken in de Drakensbergen en de Biggarsbergen. Alles wees erop dat Buller zijn eigen manschappen en die van White ruim de tijd zou gunnen om bij te komen van alle inspanningen en ontberingen. Er viel met andere woorden voorlopig geen oorlog te voeren dan wel te verslaan. Tijd om te verkassen naar het andere front, om daar het laatste traject mee te maken, de opmars naar Pretoria. Ian Hamilton, een vertrouweling van Roberts uit Brits-Indië, was er ook al heen.

Verlof van de *Cockyolibirds* was snel verkregen, en op 29 maart 1900 vertrok Churchill uit Ladysmith. De trein naar Durban voerde hem langs het inmiddels ontruimde hospitaaltentenkamp. De doden lagen er nog begraven, maar de zieken waren overgebracht naar andere ziekenhuizen. '*Ghastly Intombi had faded into the past, as a nightmare flies at the dawn of day,*' noteerde hij, niet vermoedend dat de nachtmerrie in Bloemfontein een vervolg zou krijgen. In Durban nam hij de boot naar East London en daar de trein naar Kaapstad. Hij boekte er een kamer in het Mount Nelson Hotel, in afwachting van zijn nieuwe accreditatie. Een formaliteit ongetwijfeld. Lord Roberts was een oude vriend van de familie, als kind had hij hem geregeld ontmoet. Bovendien had 'Bobs' in 1885 zijn aanstelling als opperbevelhebber in Brits-Indië te danken gehad aan Lord Randolph, destijds de verantwoordelijke minister. Om de tijd te doden ging Churchill samen met hoge commissaris Milner op jakhalzenjacht en wond hij zich op over het geroddel van de overige gasten in het hotel, waar '*all the world and his wife are residing – particularly the wife.*'

Na een week wachten begreep hij dat er iets aan de hand was. Hij besloot navraag te doen bij twee oude bekenden in Roberts' staf: Ian Hamilton en een andere generaal die hij in Brits-Indië had ontmoet, William Nicholson. Uit hun telegrafische reactie bleek wat het probleem was: Churchills scherpe pen, waaraan zowel Roberts als Kitchener zich hadden gestoord.

Kitcheners ongenoegen ging terug op zijn campagne in Soedan, in 1898. Churchill had daarvan verslag gedaan in *The River War*, op even beeldende als vrijmoedige wijze. Zo had hij kritiek geuit op het afmaken van gewonde Mahdistrijders na de slag bij Omdurman. Ook had hij het opgraven en onthoofden van lijken van de Mahdi krachtig veroordeeld. '*To destroy what was sacred and holy to them was a wicked act.*' Kitchener was niet vergeten dat Churchill hem voor beide misdragingen verantwoordelijk had gehouden.

Plaatsvervangend telde dat natuurlijk ook mee voor Roberts. Sindsdien had Churchill in Zuid-Afrika wel de nodige goodwill opgebouwd, met zijn heldhaftige optreden bij de gepantserde trein, zijn ontsnapping uit Pretoria en zijn actieve aandeel in Bullers campagne in Natal. Maar die militaire verdiensten had hij vervolgens weer helemaal bedorven door zijn journalistieke onafhankelijkheid. Zo had hij zich na de nederlaag bij Spionkop in de *Morning Post* negatief uitgelaten over een preek van een anglicaanse aalmoezenier, die schril afstak bij hetgeen hij in Soedan had meegemaakt van de bevlogen – rooms-katholieke – Father Brindle. Vooral zijn uitsmijter '*whether Rome was again seizing the opportunity which Canterbury disdained*' had kwaad bloed gezet, zowel bij de anglicaanse geestelijkheid in Groot-Brittannië als bij de diepgelovige Lord Roberts.

Als klap op de vuurpijl had hij zich, nog in Ladysmith, ook gemengd in de discussie over de bejegening van de inwoners van Natal en de Kaapkolonie – zowel van Nederlandse als van Britse afkomst – die zich na de invasie van de Boeren aan hun kant hadden geschaard. Vele Britten schreeuwden nu om wraak op deze '*rebels*', maar Churchill drong publiekelijk aan op verzoening. Wraak, zo schreef hij aan een Natalse krant, was moreel onjuist en zou in de praktijk totaal verkeerd uitpakken. Oog om oog, tand om tand, dat werkte niet. Het zou de Boeren alleen maar verbitteren. '*We desire a speedy peace and the last thing in the world we want is that this war should enter a guerrilla phase.*' Zijn advies luidde: eerst de Britse suprematie vestigen in Oranje Vrijstaat en Transvaal, maar daarna vergevingsgezind optreden en zeker geen individuele represailles.

Dat was geen populair standpunt, in Natal en de Kaapkolonie evenmin als in het moederland. Toen hij zich in zijn bijdragen aan de

Morning Post op soortgelijke wijze uitte, voelde de redactie zich geroepen afstand te nemen van zijn standpunt. Ook Roberts en Kitchener dachten niet direct in termen van verzoening. Het is dat Hamilton en Nicholson bleven pleiten voor Churchill, anders had hij zijn koffers kunnen pakken. Voor de terugreis naar Engeland, wel te verstaan. Nu kreeg hij op 11 april uiteindelijk toch toestemming om Roberts' campagne als correspondent te volgen, maar uitsluitend en alleen '*for your father's sake*'. Ook moest hij na aankomst in Bloemfontein van Nicholson – in diens hoedanigheid van Roberts' militaire secretaris – een donderpreek ondergaan '*against reckless and uncharitable criticism*'.[85]

Het bleek te helpen. Daags vóór aankomst in Bloemfontein stuurde hij nog een verontwaardigd stuk aan de *Morning Post* over het ontslag van generaal Gatacre, de verliezer van de slag bij Stormberg. Die was – volgens Churchill onverdiend – na een nieuwe misser van de ene op de andere dag naar huis gestuurd. Maar eenmaal in Bloemfontein, onthield hij zich verder van dat soort kritische kanttekeningen. In zijn eerste bijdrage daarvandaan, op 16 april 1900, schetste hij de logistieke problemen zonder zelfs maar Kitcheners naam te noemen, laat staan diens nieuwe bijnaam. Roberts zelf – die hem nadrukkelijk negeerde – werd door Churchill in hetzelfde stuk vleiend beschreven als '*the Queen's greatest subject, the Commander who had in the brief space of a month revolutionised the fortunes of the war, had turned disaster into victory*'.

Het meest opvallend nog – zeker gezien zijn eerdere ervaringen in Ladysmith – was waarover hij niet schreef. De buiktyfusepidemie in Bloemfontein had inmiddels schrikbarende vormen aangenomen. De situatie was sinds 31 maart verergerd, door een gecombineerde aanval van Boerencommando's onder leiding van de broers Christiaan en Piet de Wet op het waterstation van het stadje bij Sannaspost. Tijdens Churchills verblijf zou het aantal ziektegevallen in Bloemfontein oplopen tot vijfduizend van wie bijna duizend het niet overleefden. Maar hij wijdde er geen woord aan in zijn reportages. In tegenstelling tot Arthur Conan Doyle, die er terzelfder tijd werkzaam was in Langmans particuliere hospitaal en in publicaties verkondigde dat verplichte vaccinatie al die doden had kunnen voorkomen. Tot dan toe was er alleen gevaccineerd op vrijwillige basis. Ook daarop reageerde Churchill niet.

De meest waarschijnlijke verklaring is dat het onderwerp te gevoelig lag en dat hij zijn positie niet in gevaar wilde brengen – en zijn beschermers Hamilton en Nicholson niet in verlegenheid wilde brengen – door Roberts opnieuw te bruuskeren. Anders had hij zich ongetwijfeld uitgesproken over Conan Doyles pleidooi voor vaccinatie tegen buiktyfus. Dat had hij eerder ook al gedaan, op de heenreis naar Zuid-Afrika, aan boord van de *Dunottar Castle*. Toen had hij welbewust afgezien van een injectie, omdat hij niet overtuigd was van de preventieve werking. Hij had besloten te vertrouwen op '*health and the laws of health*'.[86]

Colonnes in beweging

Bloemfontein, 16 april 1900

Maar goed, Churchill was toch al niet naar Bloemfontein gekomen om er te blijven rondhangen. Actie, opmars, charge, dat was het idioom dat hij de lezers van de *Morning Post* wilde voorschotelen. Over de eindeloze rijen goederenwagons en de dagelijkse processie donkerbruine lijkenzakken moesten anderen maar schrijven. Hij wilde weer op campagne. Met de troepen mee op het hoge veld. Een militaire aanstelling had hij hier niet, maar als oorlogscorrespondent was hij als vanouds op zoek naar de heetste vuren.

Wat dat aangaat, was zijn timing perfect. De Boeren die in maart 1900 zo goed als uitgeteld leken, in ieder geval in Oranje Vrijstaat, waren in april weer helemaal terug. Onder de bezielende leiding van de uitgeweken president Steyn en hun nieuwe hoofdcommandant Christiaan de Wet ontwikkelden ze een andere, veel beweeglijker strategie. In het ogenschijnlijk door de Britten bezette gebied ten zuidoosten van Bloemfontein voerden ze de ene na de andere raid uit. De reactie in het Britse hoofdkwartier was er één van verbazing, vermengd met verontwaardiging. Zoiets hoorde helemaal niet. De hoofdstad was ingenomen, Oranje Vrijstaat had de oorlog verloren, de Vrijstaters zouden zich moeten overgeven. Of, zoals Lord Roberts het kort na de inname van Bloemfontein in een persoonlijk schrijven aan koningin

Victoria had verwoord: '*It seems unlikely that this State will give much more trouble.*' Dan restte Transvaal nog, maar na de inname van Pretoria zou het ook daar snel gebeurd zijn, voorspelde hij. Een maand later, half april, redeneerde Roberts nog steeds zo. Er was alleen wat meer oponthoud. Alvorens verder naar het noorden op te rukken, moesten eerst die paar resterende verzetshaarden in het zuidoosten van Oranje Vrijstaat worden uitgeschakeld. Zijn generaals stonden te trappelen.

Grote zorgen maakte Roberts zich niet. Hij was overtuigd van zijn aanpak. Onverbiddelijk wapengeweld tegen onwilligen, versterkt door de kracht van het geschreven woord. Zo opereerde hij al van meet af aan, waarbij hij zijn toon gaandeweg aanscherpte van verzoenend tot dreigend. Niet voor niets spraken de Boeren over Roberts' *papierbomme*. Zijn eerste proclamatie voor de burgers van Oranje Vrijstaat vaardigde hij uit op 17 februari 1900, daags vóór de slag bij Paardeberg. Het was een oproep verder af te zien van vijandelijkheden. Iedereen die daaraan gehoor gaf, thuisbleef en zich aan zijn normale bezigheden wijdde, hoefde niets te vrezen. Oftewel, voor de Boerenstrijders die nu tot inkeer kwamen, was er niets aan de hand. Zijn tweede proclamatie, van 11 maart, kende al een nadrukkelijke waarschuwing. Hij stond op het punt Bloemfontein in te nemen, en beloofde vredelievende inwoners van het stadje ongemoeid te laten. Maar stuitten de Britse troepen op weerstand, zo hield hij hun veelbetekenend voor, dan waren de gevolgen voor hun eigen rekening.

Na de inname van Bloemfontein toonde Roberts welbewust twee gezichten. Enerzijds creëerde hij een sfeer van ontspanning, met muziekkorpsen, feesten en een nieuw opgezette, tweetalige krant, *The Friend*, waarvoor hij zelfs *Poet of the Empire* Rudyard Kipling – schrijver van fameuze strofen als '*Take up the White Man's burden*' – liet overkomen. Anderzijds vaardigde hij op 15 maart een derde proclamatie uit die veel strengere bewoordingen kende dan de eerste twee. Het was een papieren bom van oneindig zwaarder kaliber. De criteria voor bestraffing sloegen nu – met enige kwade wil – zo'n beetje op elke Boer die ooit een Mauser op een Britse militair had gericht. Bovendien viel aan krijgsgevangenschap en inbeslagname van eigendommen alleen te ontsnappen door het afleggen van een eed de wapens niet meer op te nemen. Boeren die de strijd opgaven, hadden ook nog eens een speciale pas nodig om naar huis te mogen.

Wat Churchill van die aanpak vond, verscheen niet in de *Morning Post*. Hij liet zich ook hierover wijselijk niet uit. Gelet op zijn eerdere pleidooi voor verzoening tussen Brit en Boer zal hij zijn twijfels hebben gehad. Wat hij wel met zijn lezers deelde, was het onbedoelde effect van Roberts' laatste proclamatie. Vele Boeren die de strijd hadden gestaakt en de eed hadden afgelegd, kregen het na thuiskomst zwaar te verduren, soms zelfs van hun eigen familie, in ieder geval van hun commandanten. Resultaat was dat '*most of them, from fear or inclination, rejoined their commandos... the lately penitent rebels stirred, are stirring*'. Met name Christiaan en zijn broer Piet de Wet verzamelden weer heel wat strijdlustige manschappen om zich heen. Vandaar dat Roberts nu diverse colonnes eropuit stuurde om hun verzet te breken.

Als oorlogscorrespondent kon Churchill zelf kiezen met welk onderdeel hij zou meegaan – als hij er tenminste welkom was. Zijn keus was snel gemaakt. De beslissende confrontaties leken te gaan plaatsvinden in de buurt van Dewetsdorp, zo'n zeventig kilometer ten zuidoosten van Bloemfontein. Daarheen spoedde zich onder andere een brigade Imperial Yeomanry onder leiding van generaal John Brabazon. Hij kende de markante '*Old Brab*' goed, het was – hoe kon het ook anders – een vriend van de familie, bovendien zijn oude commandant van het 4e Regiment Huzaren waarbij hij zijn militaire carrière was begonnen. Churchill schafte zich een wagen met vier paarden aan, zette het spul op 17 april op de trein naar Edenburg – naar het zuiden was er plaats genoeg – en reed vandaar in zijn eentje richting Dewetsdorp, '*across a landscape charged with silent menace*'.[87]

Wat president Marthinus Steyn vond van Roberts' laatste proclamatie, laat zich raden. Het was een schande, een geschenk uit de hemel. Uit respect voor Oom Paul had hij meegedaan met diens vredesinitiatieven, maar in zijn hart was hij meer geneigd tot doorvechten dan tot diplomatie. In september 1899 was hij degene geweest die het langst had geaarzeld over de oorlog, maar sinds de vijandelijkheden waren uitgebroken, kende hij geen twijfels meer. Hij bezocht de fronten, vuurde ontmoedigde commando's persoonlijk aan en toonde zich de onverzettelijkheid zelve, ook toen de krijgskansen vanaf eind februari 1900 keerden. Daar bracht noch de bitse reactie van Lord Salisbury op hun telegram noch de inname van zijn hoofdstad door Lord Roberts verandering in. Diens laatste proclamatie van 15 maart greep hij zelfs dankbaar aan om de verhoudingen op scherp te zetten.

Op 19 maart antwoordde hij met twee eigen papieren projectielen. De eerste proclamatie was formeel van aard, bedoeld om de aanspraken van Roberts juridisch te ontkrachten. De republiek Oranje Vrijstaat bestond nog steeds, luidde de tekst kort en goed, de regering kwam haar plichten gewoon na. Bijgevolg was iedere Vrijstaatse burger ook nog steeds verplicht tot persoonlijke krijgsdienst. Wie zich daaraan onttrok, of wie 'zonder door de noodzakelijkheid gedwongen' de wapens neerlegde, maakte zich schuldig aan hoogverraad.

De tweede proclamatie richtte zich rechtstreeks tot alle Vrijstaatse burgers, in een emotioneel beroep op hun patriottisme. 'Laat u niet misleiden door de list van uwen listigen vijand... Om verdeeldheid onder ons aan te brengen belooft hij nu alle burgers, die den strijd zullen opgeven, met rust te laten... Kan een grovere beleediging u aangedaan worden dan op deze wijze te trachten u om te koopen om uw heilige plicht te verzaken en ontrouw te worden aan uzelven, ontrouw aan u volk, ontrouw aan het bloed dat alreeds voor land en volk gestort is en ontrouw aan uw nakroost?... Hij die tot dusverre nog al zijne plechtige Conventies met ons volk heeft verbroken, zal hij nu aan deze eenzijdige listige belofte kunnen getrouw blijven?' De eerste schendingen waren er al, 'in het district Jacobsdal, waar hij de meest schandelijke vernietiging van eigendom heeft toegelaten en weer in Bloemfontein waar hij die burgers die den strijd hadden opgegeven in vertrouwen op zijn proclamatie heeft gevangen genomen.' De hoofdstad was nu in het bezit van de vijand, maar daarmee was 'de strijd niet verloren, integendeel, te meer reden om harder te strijden... Houdt goeden moed en staat pal in het geloof. De Heere God zal zijne plannen met ons volk niet laten verijdelen. Volhardt dus in den strijd. Wanneer de nacht op zijn donkerste is, is de dageraad nabij.'

Het bleef niet alleen bij woorden. Twee dagen eerder, op 17 maart, werd in Kroonstad een grote gecombineerde krijgsraad gehouden, met verstrekkende gevolgen voor de strijdwijze van de Boeren – en het verdere verloop van de oorlog. Naast Kruger en Steyn waren ook andere kopstukken uit beide Boerenrepublieken aanwezig, onder wie de hoogste militaire leiders, de Transvaalse commandant-generaal Joubert en de nieuwe Vrijstaatse hoofdcommandant Christiaan de Wet. Opvallend genoeg werd iedereen het snel eens over een drastische verandering van de te volgen tactiek. Ook Joubert, de belichaming van het aloude defensieve denken, bleek nu van mening dat er moest worden overgeschakeld op een aanvallend concept – zoals De Wet, De la Rey en andere generaals van de nieuwe lichting al eerder hadden bepleit. Aanvallen dus, maar dan wel gedoseerd, in kleinere, mobiele eenheden, onderverdeeld in nieuw te vormen korporaalschappen van vijfentwintig man, opererend zonder grote ossenwagens en onder strakkere krijgstucht. Grote confrontaties moesten worden vermeden, het was zaak de Britten te treffen in hun achilleshiel: de lange, kwetsbare communicatielijnen.

Het enige punt waarover beide legeraanvoerders het oneens waren, betrof een verrassende maatregel die De Wet enkele dagen eerder had genomen. De Britten zouden na de inname van Bloemfontein ongetwijfeld eerst op adem willen komen, redeneerde hij, en daarvan had hij gebruikgemaakt door al zijn commando's vrijaf te geven. Ze mochten met verlof naar huis. Tot 25 maart, dan zouden ze zich weer moeten melden bij de spoorbrug over de Zandrivier, ten noorden van Bloemfontein. Joubert vond het maar niets. Hoe kon hij dat nou doen? De Wet gaf toe dat het een waagstuk was. Wellicht kwam een aantal van hen niet meer terug, maar ja, met onwillige honden was het slecht hazen vangen. Zijn mannen waren zes maanden in touw geweest, de stemming was gedrukt door de Britse opmars, de discipline ver te zoeken, hij moest iets doen. Degenen die terugkwamen, zouden in ieder geval nieuwe moed hebben gevat, en hij had er liever 'tien die vechten wilden, dan honderd onwilligen'.[88]

De Wet kon Joubert niet overtuigen, maar op 25 maart werd zijn gelijk bewezen. Behalve uit de districten die door de Britten effectief werden bezet, zoals Bloemfontein zelf, meldden de Boerenstrijders zich in groten getale op de afgesproken plek. Met inderdaad hernieuwde moed en energie, zoals bleek uit de succesvolle verrassingsactie die De Wet hun op 31 maart liet uitvoeren bij Sannaspost. Niet alleen maakten zijn commando's en die van zijn broer Piet daar het waterstation voor Bloemfontein onklaar, ze veroverden er ook tachtig voorraadwagens en zeven kanonnen en namen meer dan vierhonderd Britse militairen gevangen. Het was een driedubbelslag met een duidelijke boodschap: de oorlog was nog niet gedaan, de nieuwe strijdwijze van de Boeren werkte.

Een paar dagen later, op 3 april, deed De Wet het nog eens dunnetjes over. Hij dook plotseling op bij Mostertshoek, zestig kilometer zuidelijker. Met ter plekke tot hernieuwde krijgsdienst gedwongen burgers en de commando's van de generaals Stoffel Froneman en A.I. de Villiers verraste hij een Britse infanterie-eenheid onder kapitein W.J. McWhinnie. Hulptroepen onder leiding van generaal-majoor Gatacre kwamen te laat – de misser die hem na Stormberg fataal werd – en De Wet maakte opnieuw een groot aantal Britten krijgsgevangen. Vierhonderdvijftig man dit keer. Het was duidelijk dat Roberts een probleem had dat hij eerst moest oplossen voordat hij met een gerust hart kon oprukken naar Johannesburg en Pretoria.

Joubert maakte de eerste successen van de nieuwe aanpak niet meer mee. Generaal 'Slim Piet' overleed op 27 maart in Pretoria, zesenzestig jaar oud, aan buikvliesontsteking. Vriend en vijand betuigden hun respect. Roberts, zich nog niet bewust van de onaangename verrassingen die De Wet hem zou bezorgen, stuurde een persoonlijk condoleancetelegram. Rudyard Kipling eerde hem – enigszins voorbarig – als koppige strijder voor een hopeloze zaak: '*But subtle, strong, and stubborn, gave his life / To a lost cause, and knew the gift was vain.*' In overeenstemming met Jouberts laatste wil werd hij begraven bij zijn boerderij in Rustfontein. President Kruger deed zijn levenslange strijdmakker en favoriete politieke rivaal uitgeleide aan het station. Bewogen sprak hij van vroeger tijden, van de Voortrekkers en hun heilige geloof in het beloofde land. Nu was hij de enige die dat nog had meegemaakt.[89]

Het viel de oude patriarch zwaar. Jan Kock gesneuveld bij Elandslaagte. Piet Cronjé als krijgsgevangene verbannen naar Sint-Helena. En nu Piet Joubert ook dood. Geen generatiegenoten meer om zich heen. Hij was vierenzeventig, en de mannen die het nu verder voor het zeggen hadden in Transvaal waren een stuk jonger. Schalk Burger, de opvolger van Joubert als vicepresident, was nog geen vijftig, de nieuwe commandant-generaal Louis Botha nog geen veertig, en staatsprocureur Smuts moest zelfs nog dertig worden. Staatssecretaris Reitz was nog de oudste, halverwege de vijftig, maar hij leek wel de helft jonger, zo onbezonnen kon hij soms reageren. Heel anders dan zijn voorganger Leyds. Die was altijd weloverwogen geweest ondanks zijn leeftijd. Maar Leyds zat onbereikbaar ver weg, geïsoleerd op zijn Europese uitkijkpost.

Krugers stem was nog ongebroken, zwaar en indrukwekkend als hij zijn volk toesprak, maar zijn ogen stonden doffer, zijn gang werd slepend, en zijn standpunten kwamen steeds vaker rechtstreeks uit het Oude Testament. Hij sprak niet van Roberts of de internationale politieke verhoudingen, hij had het over de macht van het beest en de koning van Assyrië. Zijn geloof was onwankelbaar, zijn kijk op de aardse werkelijkheid steeds minder realistisch. Hij had zich het onzalige idee van een telegram aan Salisbury laten aanpraten en het vervolgens erdoor gedrukt, eerst in zijn eigen Uitvoerende Raad en toen bij zijn dertig jaar jongere ambtgenoot van Oranje Vrijstaat. Direct daarop hadden ze samen zonder antwoord uit Londen af te wachten de bemiddeling ingeroepen van half Europa.

Alsof dat diplomatiek nog niet kansloos genoeg was, deed Kruger er, wederom gesteund door Steyn, nog een schepje bovenop. Waarom niet een deputatie naar Europa gestuurd, om daar een of meer van de mogendheden tot 'interventie of bijstand' te bewegen? De keus was snel gemaakt. Voorzitter namens beide Boerenrepublieken werd Abraham Fischer, jurist en vertrouweling van Steyn. Cornelius Wessels, voorzitter van de Volksraad in de Vrijstaat, en A.D.W. Wolmarans, lid van de Transvaalse Uitvoerende Raad, vergezelden hem, met als secretaris J.M. de Bruijn. Dat het de drie deputatieleden volledig ontbrak aan diplomatieke ervaring en dat alleen Fischer goed Nederlands en Engels sprak – maar geen Duits of Frans – werd niet als een bezwaar gezien. Ze kregen alle drie geloofsbrieven mee en vertrokken spoorslags naar Lourenço Marques. Op 13 maart 1900 scheepten ze zich daar in op de *Kaiser*. Een niet te missen aanwijzing – voor wie goed was ingevoerd in de Europese diplomatie.

Leyds moest het in de krant lezen, maar toonde zich ook met betrekking tot dit onverhoedse vredesinitiatief loyaal. Hij meende dat het verstandig was om zijn nieuwe ambtgenoten tegemoet te reizen voor overleg. Ze ontmoetten elkaar op 13 april in Milaan, in het bijzijn van Hendrik Muller, de consul-generaal van Oranje Vrijstaat in Nederland. Het werd een frustrerende ervaring voor Leyds. Hij nam uitvoerig de tijd om de deputatieleden op de hoogte te brengen van de politieke en diplomatieke verhoudingen in Europa en de Verenigde Staten. Zijns inziens – het was hem recentelijk nog eens bevestigd door zijn welingelichte Russische zegslieden – had hun missie slechts kans van slagen als ze direct zouden doorreizen naar Berlijn. Tsaar Nicolaas II wilde nog steeds wel iets doen, maar alleen als hij er zeker van was dat Duitsland meedeed. De Franse regering wilde even niets omdat de aanstaande wereldtentoonstelling in Parijs niet mocht mislukken. Alle andere landen, Nederland incluis, hadden doodeenvoudig niets te willen. Keizer Wilhelm II had dus de sleutel in handen. Succes was niet verzekerd, maar als de drie 'als Boeren die pas van het slagveld komen... plotseling voor hem staan' en een beroep zouden doen 'op zijn gemoed, op zijn ridderlijkheid', dan was er een 'kans hem te treffen, hem te roeren in een hoekje van zijn hart, dat zeer voor aandoeningen vatbaar is, hem te tasten in zijn ijdelheid'.

De deputatieleden luisterden beleefd, maar sloegen Leyds' dringende advies in de wind. Ze hadden vooraf zelf bedacht dat ze eerst naar Nederland wilden, vanwege de stamverwantschap, en omdat Muller dat idee krachtig steunde, hielden ze eraan vast. Een paar dagen later meldden ze zich in Den Haag. De ontvangst was er op niveau, maar het resultaat zoals Leyds had voorspeld. Nihil. Eerste minister Pierson ontving de drie welwillend, en de audiëntie bij koningin Wilhelmina en aansluitend koningin-moeder Emma verliep in een allerhartelijkste sfeer.

Echter, in het gesprek dat er echt toe deed, het officiële onderhoud op 26 april met minister van Buitenlandse Zaken De Beaufort, werden Fischer, Wessels en Wolmarans zonder pardon afgepoeierd. Veel gewetenswroeging kende De Beaufort daarbij niet. Fischer vond hij nog wel gaan, dat was 'de knapste, heeft veel van een Engelschman'. Maar Wessels en Wolmarans beschreef hij in zijn dagboek als 'Geldersche boeren, met de slimheid, de terughoudendheid, de achterdocht aan dien stand eigen, zich veel meer nog voelend, omdat zij in hun land de eerste en de heerschende klasse zijn'. Ze wisten 'natuurlijk vooruit... dat de Nederlandsche Regeering niets zoude doen,' maar desondanks toonden ze zich 'allerbitterst teleurgesteld toen ik hun uitlegde... dat elke stap onzerzijds slechts de publieke opinie in Engeland zoude verbitteren en dat die nooit eenig voordeel aan hen kon brengen'.

Na deze ontnuchterende ontmoeting besloot de deputatie dat het weinig zin had nog langer in Nederland te blijven. Als volgende reisbestemming werd gekozen voor de Verenigde Staten. Ook dit achtte Leyds een weinig kansrijke affaire, zolang de Republikeinse president McKinley en vooral diens minister van Buitenlandse Zaken Hay het beleid in Washington bepaalden. Ook nu schikte hij zich naar de wensen van Fischer en de zijnen. Hij begeleidde hen zelfs op het eerste deel van de overtocht, van Rotterdam tot Boulogne-sur-Mer. Op 3 mei ging hij samen met hen aan boord van de *Maasdam*. De Boerengezanten werden op de kade uitgewuifd door een duizendkoppige, uitbundige menigte. Zo werd de bittere pil nog enigszins verguld. De harten van de Nederlandse bevolking hadden ze wel gewonnen.[90]

Dezelfde 3e mei 1900 hervatte Lord Roberts zijn opmars naar het noorden, na een oponthoud van zeven weken in Bloemfontein. Het had flinke inspanningen gekost, maar nu was alles voorbereid. De mannen waren op verhaal gekomen, hun uitrusting weer toonbaar, de gaten geslagen door de gevechten en de tyfusepidemie opgevuld, de voorraden aangevuld en – last but not least – het opgelaaide Boerenverzet ten zuidoosten van Bloemfontein was de kop ingedrukt. Of beter gezegd, Christiaan de Wet die er wekenlang vrijelijk had rondgetrokken met zo'n tweeënhalfduizend Boerenstrijders in wisselende samenstelling, was verjaagd. Het had het tienvoudige aan troepen gekost, vijfentwintigduizend man verdeeld over vijf colonnes, maar stap voor stap was het net steeds verder aangehaald. Bijna hadden ze De Wet nog ingesloten, maar hij was – niet voor het laatst – op het nippertje tussen de mazen door geglipt.

Tot grote veldslagen was het niet gekomen. Het was meer een aaneengesloten reeks schermutselingen geweest, met veel gemanoeuvreer en heen en weer gedraaf van beide kanten. Het soort actie waarvan Churchill hield en waaraan hij moeilijk weerstand kon bieden, ook al droeg hij de lange zwarte staartveren van de sakabula niet meer op zijn hoed. Op 19 april kwam hij met zijn vierspan aan bij de brigade van Brabazon, in de buurt van Dewetsdorp. '*Old Brab*' ontving hem hartelijk, en trakteerde hem meteen op een klaagzang over zijn directe chef, generaal-majoor French, de bevrijder van Kimberley. Vermakelijk genoeg, Churchill was altijd in voor de betere roddel, maar hij kwam natuurlijk voor de gevechtsacties. Twee dagen trok Churchill op met de bonte cavalerie-eenheden die Brabazon aanvoerde, waaronder de Montmorency's Scouts met hun karakteristieke doodshoofdinsignes. Hun naamgever Raymond de Montmorency was twee maanden eerder gesneuveld, Angus McNeill was nu hun commandant.

Het was deze McNeill die Churchill verleidde tot een avontuur dat hem bijna zou bezuren. Op een verkenningstocht ontdekten ze een groep Boeren, die op weg waren naar een kopje twee kilometer verderop. McNeill vroeg toestemming aan Brabazon om hen de pas af te snijden. Het mocht. '*Mount, mount, mount, the scouts!*' klonk het opgewonden, en speciaal tegen Churchill, '*come with us, we'll give you a show now – first-class.*'

Dat werd het, in ieder geval voor de objectieve toeschouwer. Een spannende race tussen tweehonderd Boeren en vijftig Scouts. Degenen die het eerst bij het kopje kwamen, konden de tegenstanders vanuit die dekking onder vuur nemen. In volle galop moest Churchill denken aan de succesvolle actie bij Acton Homes waaraan hij had meegedaan, drie maanden eerder, alleen hadden ze toen het voordeel van de verrassing. Nu werden ze zelf verrast. Prikkeldraad, op zo'n honderd meter van het kopje. Ze moesten afstijgen, sommigen probeerden nog de draden door te knippen, toen ze de hoofden en schouders van een tiental Boeren zagen verschijnen.

Dit leek in niets meer op Acton Homes. Dit was precies zoals Chieveley. De gepantserde trein. '*Grim, hairy, and terrible*', en hoeveel meer kwamen er nog achter hen aan? McNeill schreeuwde: '*Too late; back to the other kopje. Gallop!*' De Boeren openden het vuur, de Scouts vlogen in het zadel en maakten dat ze wegkwamen. Ook Churchill zette zijn voet in de stijgbeugel, maar zijn paard schrok zo van het geweervuur dat het alle kanten op sprong, losbrak en er in woeste vaart vandoor ging.

Daar stond hij weer, net als bij Chieveley te voet, een makkelijk doelwit op de open vlakte. Dit keer had hij zijn pistool wel bij zich, maar wat kon hij daarmee uitrichten tegen wie weet hoeveel Mausers? Hij draaide zich om en rende voor de tweede keer in deze oorlog voor zijn leven. Dit keer leek het toch echt gedaan met zijn krijgsgeluk. '*Here at last I take it*,' schoot er door hem heen. Plotseling, ook net als toen, verscheen er in zijn ooghoek een ruiter. Een lange man op een vaal paard. Toch niet weer gevangen?

Toen zag hij het doodshoofdinsigne. Een Scout. '*Death in Revelation, but life to me*.' Hij riep hem toe: '*Give me a stirrup*.' De ruiter minderde vaart, hij rende naar hem toe, sprong achter op zijn paard, en sloeg zijn armen om hem heen. Hij vond houvast in de manen van het paard. De kogels floten om hen heen, zijn handen zaten opeens onder het bloed. Het paard was geraakt, maar rende door. Vierhonderd meter, vijfhonderd, het aantal kogels werd minder, het leek erop dat ze het gingen redden. Churchill haalde al bijna opgelucht adem.

De ruiter niet. '*My poor horse, oh my poor fucking horse; shot with an explosive bullet. The devils! But their hour will come. Oh, my poor horse!*' Churchill probeerde hem op te beuren: '*Never mind, you've saved my life*.' Maar dat hielp niet. '*Ah, but it's the horse I'm thinking about*.' Meer tekst wisselden ze niet. Ze kwamen bij het volgende kopje. In veiligheid. Toch weer ontsnapt.[91]

Kleurstelling

Kroonstad, 12 mei 1900

Volgens de verhalen zou het een van de mooiste plaatsen in Oranje Vrijstaat moeten zijn. Churchill vond Kroonstad nogal tegenvallen. Het was ietsje groter dan Winburg, maar niet half zo netjes bijgehouden. Alles zat onder een dikke laag rode stof, het was er kurkdroog. Roberts liet maar een van zijn divisies het stadje binnenmarcheren, voor het effect, en toen meteen weer eruit. Negen dagen eerder was zijn troepenmacht uit Bloemfontein vertrokken. '*We are marching to Pretoria*,' hadden ze gezongen. Ze waren nu tweehonderd kilometer verder, bijna op de helft. De regeringszetel van Oranje Vrijstaat had opnieuw moeten verhuizen. Hopelijk zat er een goed stel poten onder, grapte Churchill.

Hij kon zich in zijn reportages voor de *Morning Post* wel wat frivoliteiten veroorloven. De krijgshandelingen lieten zich dezer dagen tamelijk bondig beschrijven. De stoomwals waarvan Buller al had gedroomd, was door Roberts en Kitchener nu toch werkelijk in beweging gezet. Over een veertig kilometer breed front rolde de Britse oorlogsmachine over het hoge veld, aan beide zijden van de spoorlijn naar Johannesburg en Pretoria, onstuitbaar in haar overmacht aan kanonnen, mannen en paarden. Roberts voerde zelf de hoofdmacht aan, op links geflankeerd door de cavalerie van French en op rechts door de zwaar opgetuigde colonne van Hamilton, een legermacht op zich. Tegelijkertijd trokken vanuit Kimberley twee infanteriedivisies op naar het noorden, onder de luitenant-generaals Lord Methuen en Sir Archibald Hunter, langs de spoorlijn naar Rhodesië. Bovendien was het nu ook gedaan met de rust aan het oostelijke front. Op 8 mei zette Bullers ruimschoots aangesterkte en aangevulde expeditieleger zich weer in beweging, richting de Biggarsbergen en Drakensbergen. De Boeren moesten, legde Churchill zijn lezers uit, daardoor hun krachten over zo'n uitgestrekt terrein verdelen dat de Britse legers nu overal doorbraken forceerden '*as an iron bar might smash thin ice, with scarcely any shock*'.

Er was kortom voor de Boeren geen beginnen aan. Overal kwamen ze mannen en materieel tekort. De uiterste consequentie van hun nieuwe tactiek zou zijn geweest om Roberts' legermacht ongemoeid te laten passeren en hem vervolgens af te snijden van zijn aanvoerlijnen. Dat was het idee geweest van Christiaan de Wet. Toen hij dreigde te worden omsingeld in de buurt van Dewetsdorp, had hij eigenlijk willen ontsnappen naar het zuiden, naar het grensgebied van Oranje Vrijstaat en de Kaapkolonie. Om van daaruit des te doeltreffender sabotageacties te kunnen ondernemen tegen de vitale spoorlijnen. Maar de andere Boerenleiders waren nog niet zo ver. De Transvalers hadden er moeite mee de vijand zomaar te laten opstomen naar Johannesburg en Pretoria. Hun nieuwe commandant-generaal Louis Botha was vanuit Natal overgekomen om persoonlijk leiding te geven aan de verdediging. Hij bedacht wat hij kon. Een *Long Tom* erbij als tegenwicht tegen het Britse scheepsgeschut. Het gras in brand steken, zodat de kakiuniformen van de Britten beter zichtbaar waren op de zwartgeblakerde vlakte. President Steyn was het met hem eens, en riep De Wet terug. Ook hij moest bijspringen om de opmars van Roberts te stuiten. Hij deed wat hij kon, beweeglijk en vindingrijk als hij was. Maar alle krijgslisten van de Boeren wogen niet op tegen de pure massa van de Britse aanvalsgolven. De vuurkracht, de bajonetten en – ze hadden heel wat bijgeleerd sinds de eerste dwaze weken – de omtrekkende bewegingen.

Het was te veel om allemaal op de voet te volgen, zelfs voor een energieke oorlogscorrespondent. Churchill had gekozen voor een positie op de rechterflank, bij zijn favoriete generaal Ian Hamilton, om begrijpelijke redenen. Roberts negeerde hem nog steeds, en sinds hij die paar dagen was opgetrokken met Brabazon wilde ook French niets meer van hem weten. Hamilton bleef hem als altijd goedgezind. Hij vond het zelfs goed dat Churchills neef, de Duke of Marlborough, ook meeging. 'Sunny' was eerder toegevoegd aan Roberts' staf, maar daar liepen ook al een Duke of Norfolk en een Duke of Westminster rond. Wel wat veel hertogen in erebaantjes bij elkaar, schreef de Britse pers kritisch, en Roberts besloot er tactisch eentje af te staan. Zo kwamen beide neven terecht bij de colonne van Hamilton.

Ze hadden een geweldige tijd. Ze reden in Churchills vierspan van actie naar actie, genoten van het ruige landschap, de ultieme vrijheid, iedere dag een nieuw avontuur. Een verkenningstocht, een hinderlaag, een achtervolging, het vertrouwde geknetter van geweervuur. Slapen in de open lucht, eten van de schapen die werden meegevoerd, en van de kippen die ze opduikelden onderweg. Aangevuld met wat ze in de laadbak van hun wagen hadden kunnen bergen, '*two feet of the best tinned provisions and alcoholic stimulants which London could supply*'.

Naast gevechtshandelingen beschreef Churchill voor de lezers van de *Morning Post* de plaatsjes die ze passeerden – die vielen meestal tegen – en de mensen die ze tegenkwamen. Daar waren bijzondere ontmoetingen bij. Zoals met de bewoners van een grote boerderij in de buurt van de Zandrivier, aan wie Hamilton tijdelijk onderdak had gevraagd. Vier generaties Boeren, één oude man en verder alleen vrouwen en kinderen, de mannen en jongens – ook de jongste van veertien – waren allemaal op commando. Met tegenzin hadden de bewoners toestemming gegeven. Eén slaapkamer en de zitkamer. Hamiltons staf installeerde zich op de veranda. Churchill maakte van de gelegenheid grif gebruik om alles in zich op te nemen. Er liep een dozijn kinderen rond, blank en zwart door elkaar heen, viel hem op. '*Little Kaffirs, the offspring of the servants, playing with the sons and daughters of the house.*'

In de zitkamer stuitte hij op '*one very curious book*'. Het was een liedboek, samengesteld door Frank Reitz, eerder president van Oranje Vrijstaat, nu staatssecretaris van Transvaal. Vol patriottische strijdliederen, maar ook vertalingen van Engelse deuntjes. Allemaal in 'de taal', allemaal bedoeld '*to manufacture a new Dutch nation in South Africa*'. Churchill deed geen moeite zijn bewondering te verbergen. Het sprak hem aan, zo'n document, '*the foundation-stone of a vernacular literature*'. Al die moeite die de Boeren jarenlang hadden gedaan voor de opbouw van hun eigen cultuur. Als ze wat meer geduld hadden gehad, filosofeerde hij, wat minder vervuld van zichzelf waren geweest, wat concessies hadden gedaan hier en daar, dan zou het ze zomaar zijn gelukt. Maar hun halsstarrigheid bracht '*a conquering army to this quiet farm, and scattered the schemers far and wide*'.

Een paar dagen later, Kroonstad was inmiddels ingenomen, volgde een ander soort bijzondere ontmoeting. Dat had het althans kunnen worden, als het aan Hamilton had gelegen. Tachtig kilometer ten oosten van Kroonstad, in de buurt van Lingley, bevond zich Piet de Wet met zijn commando's. Hij was kennelijk het vechten moe. Op 18 mei ontving brigadegeneraal Robert Broadwood een opzienbarende boodschap. Als De Wet de toezegging kreeg dat hij terug mocht naar zijn boerderij, zou hij zich overgeven. Broadwood, die anderhalve maand eerder bij Sannaspost nog in de tang was genomen door beide broers De Wet, hapte direct toe. Dat was nog eens revanche. Overgave van een gerenommeerde Boerengeneraal, broer van de Vrijstaatse hoofdcommandant. Ook Hamilton was maar al te graag bereid om in te gaan op de voorwaarde die De Wet stelde. Maar voor de zekerheid vroeg hij Roberts telegrafisch om toestemming. Het antwoord kwam prompt en was stellig. Uitgesloten. Onvoorwaardelijke overgave, of anders niet. Hamilton en Broadwood waren verbijsterd. Churchill vergat helemaal dat hij zich zou onthouden van kritiek op Roberts. '*I need not say with what astonishment this decision was received.*' Verbanning naar Sint-Helena of naar Ceylon, daar deed Piet de Wet het niet voor. Hij vocht door, '*to our loss in life, honour, and money*'.[92]

Zuster Hellemans was inmiddels zelf bezweken. Net als alle andere leden van de tweede Nederlandse Ambulance moest zij 'tol aan Ladysmith betalen'. In haar geval dysenterie. Gelukkig pas in Pretoria, waar ze na een lange en vermoeiende tocht begin april 1900 waren aangekomen. Daar was het haar beurt om te worden verpleegd, in de Staatsmeisjesschool. Er zat niets anders op dan een paar weken uitzieken.

Begin mei was ze voldoende hersteld om weer aan de slag te gaan. Haar collega's waren haar al voorgegaan. De nieuwe plek die hun medische team was toegewezen, heette Christiana, in het uiterste zuidwesten van Transvaal – vlak bij Veertienstroom waar Willem Leyds vijftien jaar eerder zijn eerste diplomatieke praktijklessen had gekregen.[93] Er werd daar in de buurt hard gevochten en er waren 'zeer vele zieken en gewonden' te verzorgen. De extra trein die ze op 7 mei nam naar het westelijke front, zat vol met Boerencommando's. Om middernacht kwam ze aan in Klerksdorp. Daarvandaan was het nog vier dagen met de 'muilenwagen' stroomafwaarts langs de Vaal.

In Christiana bleek een plaatselijke herberg ingericht als hospitaal. Een echt gebouw dus, geschikt voor veertig patiënten. Tot aan de komst van de Nederlanders waren die verzorgd door leden van het Transvaalse Rode Kruis. Niets ten nadele van hun toewijding, vond Hellemans, maar een biljartkamer waar gewonden en zieken door elkaar lagen en 'nog dapper gespeeld en gerookt werd', dat kon natuurlijk niet. Dat moest op verschillende zalen. Ook de 'zindelijkheid en netheid' in de huishouding lieten te wensen over. 'Een Hollandsche huisvrouw zouden de haren te berge rijzen' bij het zien van de keuken. De vloer was van koemest, zodat men 'bij het morsen van een enkele droppel water een brij krijgt'. Ook was het er 'donker en muffig', werd er afgewassen met donkerbruin water en afgedroogd met smerige theedoeken. Gelukkig stonden de Boerenmeisjes die er werkten, open voor aanwijzingen. Binnen de kortste keren begonnen ze 'te poetsen en te schrobben, de keuken kreeg een helderder aanzien en onze hollandsche aard begon zich daarmede te verzoenen'.

Verder werden er de nodige 'kaffers ter onzer beschikking gesteld. Zoo'n kaffer is van groot gemak'. Ze sjouwden met spullen, maakten schoon en namen zo de verpleegsters veel taken uit handen. Dat kwam goed uit, want het echte verpleegsterswerk vereiste alle aandacht. Op de chirurgische zaal, waar Hellemans kwam te werken, lagen veel zwaargewonden. Een Boer met liefst 'elf wonden, tengevolge van het springen van een bom'. Een ander 'met een schotwond in het rechterslaapbeen, zichtbaar ter groote van een stuivertje'. Links op zijn voorhoofd had hij een kleine verdikking, en hij klaagde over hoofdpijn. De verdikking werd geopend, en daar zat inderdaad een kogel, vijf centimeter diep. Nadat die met succes was verwijderd, liep de patiënt na een week alweer rond. 'Een zeldzaam bewijs van de taaie natuur van den Boer.'

Graag hadden Hellemans en haar collega's hun nuttige werk nog geruime tijd voortgezet, maar al spoedig merkten ze ook hier de gevolgen van de Britse opmars. Het werd stiller, en in dit geval was dat ongunstig. Vanaf half mei begonnen de Boerencommando's zich terug te trekken, en dat betekende dat in ieder geval de vervoerbare patiënten zo spoedig mogelijk moesten verkassen, om niet als krijgsgevangenen in handen te vallen van de Britten. Dat lukte nog bijtijds. Broeder E. Meuleman begeleidde hen in een speciale dubbeldekziekenwagen naar Klerksdorp. De overige Nederlandse hulpverleners zouden later volgen.

Nu de Boerencommando's verdwenen waren, werden het angstige nachten voor de achterblijvers. Ze zetten al hun spullen bij elkaar op het hospitaalterrein, om beter toezicht te houden, en hielden om beurten de wacht bij de zieken. Ze wisten niet voor wie ze banger moesten zijn, 'de binnentrekkende Engelschen of... de kaffers. Beide waren even zeer gevreesd.' Die angst werd er niet minder op toen de Engelsen eenmaal Christiana waren binnengetrokken – zonder iets of iemand schade toe te brengen – en het plaatsje vervolgens weer 'aan haar lot overgelaten' hadden. Geen garnizoen, maar wel gold van nu af aan hun wet, en dat betekende automatisch, zo maakte iedereen elkaar bang, een vrijbrief voor 'de kaffers'. Die mochten onder het strenge Boerenbewind 'van groot gemak' zijn, onder de Engelse wet hadden ze 'dezelfde rechten als een witmensch, en hun aard, nog niet geciviliseerd zijnde, brengt hen door de groote verandering in hunne rechten, tot buitensporigheden, zij matigen zich een toon aan, arrogant en dikwijls hoogst brutaal, zelfs bevelend tegenover hunne vroegere meerderen optredende, veroorloven zij zich ongepaste vrijheden en zijn zelfs baldadig'. Gingen ze zich daarbij te buiten aan whisky, die de Engelsen altijd 'volop' aan hen gaven, 'dan toonen deze half menschen hunne ware natuur en zijn zeer belust op bloedtooneelen'.

Geen wonder dus dat er de eerstvolgende nacht weinig werd geslapen door de Nederlandse hulpverleners. Maar alles bleef rustig, en de volgende ochtend 'aan het ontbijt feliciteerde dokter P. [C. Pino] mij met den goeden afloop'. Er scheen wel te zijn geplunderd, maar alleen in verlaten huizen. De grootste angst was daarmee geweken. De volgende nachten waren niet meer doorwaakt, en geleidelijk aan werden de dagen 'rustig, eentonig zelfs'. Als een van de resterende zwarte bediendes – de meesten hadden de wijk genomen – nog eens uit zijn ondergeschikte rol viel, moest Hellemans daar alleen maar om lachen. 'Het grappigste en brutaalste was wel de keukenboy.' Die vroeg nota bene 'een der... huishoudstertjes ten huwelijk'. Een Boerenmeisje, nou ja![94]

Huidskleur was een van de scherpste randjes, overal waar de twee werelden op elkaar botsten. Boeren en Britten gingen anders om met raciale verschillen, in ieder geval in theorie. De Boeren hadden lak aan de gelijkheidsideeën die hun tegenstander hoog in het vaandel voerde. Zij beschouwden zwarten en kleurlingen als minderwaardige soorten, in Gods onveranderlijke schepping voorbestemd om de blanken te dienen. Als kinderen mochten blank en zwart rustig met elkaar spelen. Eenmaal opgegroeid scheidden zich onherroepelijk hun wegen. De verhoudingen waren scherp afgebakend, in vrede en in oorlog. Baas - knecht. Opzichter - sjouwer. Commando - *agterryer*.

Voor de Britten lag het ingewikkelder. Zij droegen de hooggestemde idealen van de Verlichting uit als moderne kruisvaarders. Politieke rechten voor Uitlanders, politieke rechten voor zwarten en kleurlingen. En de Boeren waren de ongelovigen, die met geweld van hun achterlijke opvattingen moesten worden afgeholpen. Maar de praktijk bleek weerbarstig. In hun fanatieke ijver de Boeren tot de moderne orde te roepen, namen de Britten het niet altijd even nauw met de belangen van hun beschermelingen en hanteerden zij soms precies dezelfde raciale scheidslijnen die zij de Boeren verweten.

Het duidelijkst werd dit geïllustreerd in en om de drie belegerde plaatsen, waar de zwaarste lasten – letterlijk en figuurlijk – waren en werden gedragen door de niet-blanke bevolking. Nog steeds, want Ladysmith en Kimberley waren dan wel ontzet, Mafeking annex Mafikeng wachtte nog steeds op zijn bevrijding. Roberts had die voor 18 mei in zijn planning zitten, maar voordat het zover was, ondernamen de Boeren nog een laatste wanhopige aanvalspoging.

Het was een initiatief van commandant Sarel Eloff, kleinzoon van president Kruger. Militair-strategisch had het niets meer te betekenen, maar het ging hem om het psychologische effect. Als de Boeren op de valreep Mafeking zouden innemen, gaf dat de burger weer wat moed in benauwde tijden. Met tweehonderdvijftig vrijwilligers en de zegen van zijn grootvader meldde hij zich bij de belegeraars. Generaal Kooitjie Snyman ging akkoord met zijn plan voor een verrassingsaanval, en zegde toe zelf ook in beweging te komen met vijfhonderd man, zodra Eloff zich een goede uitgangspositie had veroverd.

In de nacht van 11 op 12 mei kwamen ze in actie. Het begin liep voorspoedig. Eloff en zijn mannen drongen door via het 'zwarte' Mafikeng, aangeduid als de 'stad', en van daaruit in het fort op de grens met het 'blanke' Mafeking. Dertig man onder leiding van luitenant-kolonel C.O. Hore werden daar overrompeld en gevangen genomen. Als teken voor Snyman liet Eloff een paar hutten van de Tshidi Barolong in brand steken. Uitdagend telefoneerde hij naar Baden-Powell dat hij diens tweede man gevangen had genomen en dat hij eraan kwam. Het was te vroeg gejuicht. Snyman liet het volledig afweten. Eloffs eenheid raakte verstrooid. Hijzelf kwam niet verder dan het fort dat nu van alle kanten werd bestookt, niet alleen door de Britten vanuit Mafeking maar ook door de Barolong vanuit Mafikeng. Het vuurgevecht duurde de hele dag. Bij het vallen van de avond zag Eloff het hopeloze in van zijn avontuur. Hij liet Hore vrij en gaf zich op zijn beurt aan hem over, samen met ruim honderd andere vrijwilligers. Ook de laatste poging van de Boeren om Mafeking te veroveren was uitgelopen op een vernedering.[95]

Opnieuw mede dankzij de Tshidi Barolong dus. Hun aandeel in de succesvolle verdediging bleef groot, ook in de laatste maanden van de belegering. Gevechtsacties, loopgravenwerk, spionagetochten, koeriersdiensten, veeroof, in alle opzichten waren ze belangrijk, in sommige onmisbaar. Hetzelfde gold voor hun grote rivalen, de Rapulana Barolong, maar dan aan de kant van de belegeraars. Beide oorlogvoerende partijen weken hier dus welbewust af van de stilzwijgende afspraak een '*white man's war*' te voeren. Interessant genoeg peperden ze dat elkaar over en weer grondig in. In het begin van de belegering had Piet Cronjé – toen nog commandant ter plekke – Baden-Powell per brief beschuldigd: '*you have armed Bastards, Fingos and Baralongs against us.*' Die had glashard ontkend, en teruggeschreven dat de Boeren juist degenen waren die '*the assistance of armed Natives*' zochten. In januari werd het geruzie per brief hervat. Alsof hij zelf niet zwaar leunde op zijn Barolong-hulptroepen waarschuwde Baden-Powell Snyman dat doorgaan met het inzetten van gewapende zwarten '*would justify the English in allowing the Basutos to join in the war, in bringing Ghoorka troops from India, in using "Dum Dum" bullets, and other such acts*'.

Maar beide partijen gingen gewoon door. De belegering van Mafeking bleef tot het einde toe een zaak van blank én zwart, de verdediging in nog sterkere mate. Dat laatste maakte het des te schrijnender dat de honger wel ongelijk werd verdeeld. Op last van Baden-Powell trof de rantsoenering vanaf november 1899 alle bevolkingsgroepen, maar de zwarten en kleurlingen het meest. Om het schaarse meel – nodig voor 'wit' brood – te sparen, moesten zij overstappen op haver, tot dan toe bestemd voor de paarden. Die moesten dan maar wat meer grazen. Als ze al niet werden verwerkt tot biefstuk of soep. In januari volgde een verdere verlaging van de porties. In februari ging er een streep door de rantsoenen van de gevluchte zwarte mijnwerkers uit de Rand. Hun restte toen alleen nog de gang naar de gaarkeuken, voor soep van restjes paard, kip, muilezel en hond. Maar het liefst zag Baden-Powell deze groep vertrekken, richting Kanye in Bechuanaland waar de Britse autoriteiten voedselvoorraden hadden aangelegd. Hij liet één poging doen om hen collectief uit te zetten, maar die mislukte omdat de Boeren hen zonder pardon de 'stad' weer in schoten. Uitzettingsacties dan wel ontsnappingspogingen op kleinere schaal hadden meer succes, en zorgden voor enige verlichting. In ieder geval voor de achterblijvers.

Desondanks werd de honger in Mafeking en zeker in Mafikeng steeds nijpender. In april 1900 was de nood zo hoog gestegen dat zelfs een zwerm sprinkhanen dankbaar werd verwelkomd als aanvulling op het menu. Ook door de blanke bewoners, getuige het volgende telegram van Churchills tante, Lady Sarah Wilson, aan het thuisfront: '*Breakfast today, horse sausages; lunch minced mule, curried locusts. All well.*'

Dat laatste konden de meeste zwarte bewoners haar niet nazeggen. Zij moesten het met minder en nog eentoniger doen. Sol Plaatje, tolk bij de rechtbank en tot op de dag van vandaag de enige zwarte Afrikaan van wie een dagboek bekend is uit de Boerenoorlog, zag hen links en rechts dood neervallen, zomaar op straat '*backwards with a dead thud*'. Gek van de honger groeven sommigen dode paarden en honden op om te verorberen, met alle gevolgen van dien. Ziektes als difterie en buiktyfus maakten vooral slachtoffers in Mafikeng. En dan waren er nog de doden door de Boerenbombardementen, naar schatting zo'n duizend in totaal.[96]

Het drukte de stemming, ook toen de bevrijders er dan eindelijk opeens waren. Maar dat kon ook door het tijdstip komen. Op 16 mei hoorde Lady Sarah 's avonds rond etenstijd dat er wat te doen was op het marktplein. Ze rende er heen, en zag de eerste ruiters binnendruppelen, stoffig en vermoeid. Het vreugdebetoon was ingehouden. Geen schreeuwende menigte, geen muziek, alleen '*a score or so begrimed figures*' met afgematte paarden, en een paar vrouwen met vreugdetranen eromheen. Midden in de nacht volgde de rest. De colonnes van kolonel Herbert Plumer uit het noorden en van kolonel Bryan Mahon uit het zuiden. Ze hadden de hele dag slag geleverd met de Boerencommando's van De la Rey. Daarna waren ze meteen doorgereden. Ze waren kapot. De cavaleristen vielen in slaap waar hun paarden stilstonden. Na 217 dagen was Mafeking bevrijd. Lady Sarah bleef nog de hele nacht in het hospitaal, bij de gewonden.

De reactie in het moederland was het tegenovergestelde van ingehouden. Het nieuws leidde in Londen en andere grote Engelse steden tot ongekende vreugdetaferelen, nog veel uitbundiger dan na de bevrijding van Ladysmith. Mensenmenigtes trokken juichend door de straten, zingend, dansend en zwaaiend met vlaggen en banieren. De voorstellingen in de *music halls* en de theaters werden onderbroken, kranten kwamen met extra-edities, de koppen in chocoladeletters. Het was één grote emotionele ontlading. De nationale vernedering was ten einde. Een *happy ending*, pure euforie, grenzend aan hysterie. Baden-Powell was de grote held, 'B-P' was de ultieme Engelsman: onverzettelijk, onverstoorbaar, onverwoestbaar humoristisch. De feestvreugde kende geen einde. '*Mafeking Night*' werd sindsdien een begrip, '*maficking*' een werkwoord. Het wordt nog steeds gebruikt voor uit de hand gelopen voetbalfeestjes.[97]

De Boeren hadden nog één grote troef in handen. Althans, zo zag Transvaals staatssecretaris Reitz het. Niet zozeer om de opmars van Roberts te stuiten, daar zat niets anders op dan doorvechten met de moed der wanhoop. Maar wel om de Britten spectaculair dwars te zitten en het tegelijkertijd ook de *Randlords* en Uitlanders betaald te zetten. De goudmijnen opblazen, daarmee trof je in één klap alle schuldigen voor de ellende waarin Transvaal terecht was gekomen. Het was niet meer dan de wraak der rechtvaardigen. Het grote geld had de splijtzwam Johannesburg in hun midden geplant en hen in alles tegengewerkt. Nu de situatie hopeloos werd, moest het grote geld maar mee ten onder.

Reitz liet het niet bij bespiegelingen alleen. In februari 1900 kreeg staatsmijningenieur John Munnik vanuit Pretoria instructies om de nodige voorbereidingen te treffen. In zo'n vijfentwintig mijnen werden gaten geboord, geschikt voor springladingen. Dat kon natuurlijk onmogelijk geheim blijven. De *Standard and Diggers' News* kreeg er lucht van en bestempelde het bij voorbaat als een misdaad tegen de beschaving en een smet op het blazoen van het Afrikaner volk. De Commissie van Rust en Orde, belast met het gezag in Johannesburg, verklaarde zich prompt tegen de moedwillige vernieling. En staatsprocureur Smuts stuurde de krant een brief met pertinente ontkenning. Daarmee waren de geruchten niet uit de wereld. Terecht, want de voorbereidingen gingen in het geheim door.

In het verre Europa was Willem Leyds er aanvankelijk van overtuigd dat de Transvaalse regering inderdaad geen plannen had de mijnen op te blazen. Het vooruitzicht zorgde begrijpelijkerwijs voor onrust onder de aandeelhouders. Niet nodig, schreef Leyds op 11 april 1900 aan Paul Leroy-Beaulieu, president van de *Union des Porteurs Français de Mines d'or et de Valeurs du Transvaal*. Zoiets lag doodeenvoudig niet in de aard van de Boeren. Die hadden respect voor eigendomsverhoudingen. Dat klonk geruststellend, maar toen wist Leyds nog niet dat er een brief naar hem onderweg was van Reitz zelf – verstuurd 6 maart, ontvangen 4 mei – met de niets verhullende passage:

‘Het is ook ons vaste voornemen indien wij ons land niet redden kunnen om de mijnen en machinerieën te Johannesburg en elders te doen springen en vernielen.’

Dat was slikken. Leyds vond het zeer onverstandig, maar was niet in de positie om er iets tegen te doen. In Pretoria lag dat anders. De Transvaalse leiders waren zeer verdeeld. President Kruger en staatsprocureur Smuts voelden wel voor het idee van Reitz, zeker om mee te dreigen. Het zou een krachtige stimulans kunnen zijn voor Europese eigenaars, aandeelhouders en regeringen om Groot-Brittannië onder druk te zetten. Maar er was één man die zich er fel tegen verzette. De nieuwe commandant-generaal Louis Botha vond het lafhartig en barbaars. Toen hij ervan hoorde, haastte hij zich naar Pretoria. Als de plannen doorgingen, zo waarschuwde hij Kruger, zou hij zijn commando’s weghalen van het front om Johannesburg te verdedigen. Dat ging wel heel erg ver, maar het bleek een effectief drukmiddel. Kruger beloofde Botha dat het niet zover zou komen.

In Johannesburg zelf nam intussen het wantrouwen tussen de verschillende bevolkingsgroepen met de dag toe. Zouden wraakzuchtige Boeren de mijnen inderdaad opblazen? Speelden Engelsgezinde Uitlanders informatie door aan Roberts’ oprukkende legermacht? Zouden de zwarte mijnwerkers na de val van de stad vrij spel krijgen? In die nerveuze stemming sloeg iedereen de schrik om het hart toen op 24 april, ’s avonds om half zes, een oorverdovende explosie de stad op zijn grondvesten deed trillen. De vlammen sloegen tot honderd meter hoog, gevolgd door een witte rookkolom en een gifgroene paddenstoel die de adem benam. Het bleken niet de mijnen, maar de Begbie-munitiefabriek die de lucht in was gevlogen. De ravage was enorm. Lichaamsdelen lagen tot in de verre omtrek. Nog voordat de slachtoffers waren geteld – twaalf doden en dertig gewonden – waren de schuldigen al aangewezen. De Engelse Uitlanders natuurlijk. Er zou een tunnel zijn ontdekt vanuit een naburig pand. Het aanslaan van de elektrische straatverlichting zou zijn gebruikt als ontsteking.

Bewezen werd er niets, maar desondanks ging de regering direct over tot represailles. Alle Engelsen die nog in de Rand verbleven, moesten nu het land uit. Alleen de absoluut onmisbare technici, zo’n honderd in totaal, mochten blijven. Ook politiecommandant Schutte werd geslachtofferd. Hij had moeten zorgen voor een strengere beveiliging van de fabriek. Openbare aanklager Fritz Krause volgde hem op als hoofd van de Commissie van Orde en Rust.

Met angst en beven werd de opmars van Roberts' troepen afgewacht. Na tien dagen rust in Kroonstad, zetten deze zich op 22 mei weer in beweging, richting Johannesburg. Nu of nooit, besloot Reitz. Hij vond een gewillige uitvoerder in een jonge rechter, zoon van de bij Elandslaagte omgekomen generaal Jan Kock. Antonie Kock had zich de brute mishandeling van zijn vader sterk aangetrokken,[98] en zon op wraak. Op 23 mei vervoegde hij zich bij Krause, met een brief van Reitz. Daarin de expliciete opdracht de mijnen op te blazen. Kock vorderde alles wat hij nodig had aan transportmiddelen en werktuigen. Krause weigerde. Eerder die dag had hij van Botha – die op de hoogte was van Kocks missie en zich gedekt wist door Kruger – precies tegenovergestelde instructies ontvangen. Krause moest de mijnschachten, mijngebouwen en machinerieën tot iedere prijs beschermen. Hij waarschuwde Kock dat hij hem zou laten arresteren, desnoods doodschieten, als hij zijn sabotageactie doorzette.

Kock liet zich niet zomaar stoppen. 's Avonds vond hij een kleine honderd vrijwilligers bereid hem te volgen, vooral Ieren en Duitsers. De volgende dag trokken ze op naar de Robinson, een van de mijnen die door de staat waren overgenomen. Toen hij ter plekke een lading ruw goud aantrof, trok hij de – onterechte – conclusie dat dit werd achtergehouden voor de Britten. Hij zocht Krause op in zijn kantoor en confronteerde hem met die verdenking. Niet handig, want wat had Kock daar eigenlijk te zoeken, in de Robinson? In het nauw gedreven trok hij zijn revolver, maar Krause en zijn medewerker, commandant L.E. van Diggelen, wisten hem te overmeesteren. Hij werd gearresteerd en als gevangene naar Pretoria gestuurd. De mijnpolitie ontfermde zich over zijn 'desperado's'. De mijnen waren gered.[99]

De oorlog ging niet om het goud, Churchill prentte het zijn lezers van de *Morning Post* en zichzelf nog maar eens in. Toch had hij grote moeite met het tafereel. Op de achtergrond '*the tall chimneys of the Rand*'. Hier vlak vóór hem achttien Gordon Highlanders op een rij. Dekens over hun hoofd, zonder laarzen. Dood. Die grijze kousen, die grepen hem nog het meeste aan. '*There they lay stiff and cold on the surface of the great Banket Reef.*' Voorbij hun leven, kostbaarder dan alle goud in de wereld. Het ging niet om het goud. Het waren de '*lying foreigners*' die dat beweerden. Maar toch. Boos op de horizon. Die verdomde schoorstenen.

De emotionele oprisping overviel Churchill op 30 mei 1900, de ochtend na de slag bij Doornkop, een paar kilometer ten westen van Johannesburg. Daar lieten Louis Botha en Koos de la Rey hun commando's nog een laatste keer echt stelling nemen om de Britse opmars te stuiten. Hun eerdere posities, bij de Renoster en aan de grens bij de Vaal, waren al snel onhoudbaar gebleken. Op 28 mei was Roberts Transvaal binnengetrokken. Oranje Vrijstaat, zo had hij enkele dagen eerder bij proclamatie laten weten, was nu officieel geannexeerd en omgedoopt tot *Orange River Colony*. Hamiltons troepenmacht was van de rechter- naar de linkerflank gedirigeerd, om samen met de cavalerie van French Johannesburg vanuit het westen in te sluiten. Roberts' hoofdmacht was de spoorlijn blijven volgen en naderde de stad vanuit het zuidoosten.

Doornkop was een historische plek. Vierenhalf jaar eerder hadden Jameson en zijn raiders zich daar overgegeven. De Boeren vochten in het volle besef van wat er op het spel stond. Vooraf hadden ze het gras in brand gestoken. De rook zorgde voor verwarring bij de oprukkende Britten, de zwartgeblakerde bodem voor een scherp contrast met hun kaki-outfits – ideale schietschijven voor de Mausers. Hun verzet was zo hardnekkig dat Hamilton terugviel op het aloude recept. De frontale infanterieaanval. De omtrekkende beweging die French conform de nieuwste instructies uitvoerde, reikte niet ver genoeg. Het zou moeten aankomen op de Highlanders, oordeelde hij. Churchill hield zijn hart vast. Hij had dit al een paar keer eerder gezien, in Natal. Inderdaad vielen de Schotten bij tientallen – behalve de doden nog eens tachtig gewonden – maar ze gingen door, de bajonet op het geweer. Tegen de avond hadden ze de Boeren uit hun stellingen verdreven. De volgende ochtend, woensdag 30 mei, bleken die echt vertrokken. De weg naar Johannesburg lag open. Hamilton stationeerde zijn troepen alvast in Florida, gelegen aan de route van de Randtram.

Maar wat was de bedoeling van Roberts? Die zat tientallen kilometers verderop, en ze hadden geen veldtelegraaf of heliograaf bij zich. Ze wisten dus niets van de afspraken die er dezelfde ochtend werden gemaakt tussen Roberts en Krause over de overgave van Johannesburg. Krause zegde toe dat de mijnen gespaard zouden blijven, maar vroeg in ruil wel om vierentwintig uur respijt voor een ordelijke aftocht van de Boerencommando's. Anders zouden er wellicht slachtoffers vallen onder de burgerbevolking. Roberts zag daar geen kwaad in – hij zou zijn toegeeflijkheid nog diep betreuren – en stemde toe. De Goudstad volledig onbeschadigd, dat was wel een dagje wachten waard.

Hamilton was van deze afspraak niet op de hoogte, en andersom wist Roberts niet hoe het zijn generaals ten westen van de stad was vergaan. Hamilton had 's ochtends vroeg wel twee koeriers op pad gestuurd, maar om terugtrekkende Boeren te omzeilen maakten die een enorme zuidelijke omweg. Die redden het vast niet Roberts vóór het donker te bereiken. Ook Churchill, tegen de lunch weer bijgekomen van zijn melancholieke bui, wilde het nodige versturen. Zijn verslag van het gevecht had hij als altijd razendsnel af. Nu moest het zo snel mogelijk naar Londen. Hij was ten slotte oorlogscorrespondent en Doornkop was *hot news*. Op zoek naar een telegraaf dus, bij voorkeur die in Roberts' hoofdkwartier. De kortste weg daarheen was dóór Johannesburg. Maar hoe verantwoord was dat?

Het toeval schoot hem weer eens te hulp. Na de lunch kwamen er twee fietsers aanrijden. Rechtstreeks uit Johannesburg, zo vertelde de een, een Fransman, monsieur Lautré, werkzaam bij de Langlaagtemijn. Daar waren in ieder geval geen Boeren meer, en in de stad zelf waarschijnlijk ook niet meer, dacht hij. Als de correspondent van de *Morning Post* zelf wilde kijken, ging Lautré met alle plezier met hem mee. Meer aansporing had Churchill niet nodig. Lautrés metgezel was zo vriendelijk zijn rijwiel af te staan. Hamilton had voldoende vertrouwen in de twee fietskoeriers om zijn berichten voor Roberts mee te geven, voor de zekerheid aan Lautré. Churchill trok onopvallende kleren aan, en ze vertrokken.

Lautré koos de binnendoorweggetjes. Moeizamer trappen, maar veiliger fietsen. Binnen drie kwartier waren ze bij de Langlaagtemijn.

Daar hoorden ze dat er eerder al een correspondent van *The Times* was voorbijgekomen. Jammer, maar gelukkig was die te paard. De Boeren zouden hem arresteren, voorspelde Lautré. Door naar de stad. Het ging nu sneller. De weg liep grotendeels naar beneden, en tegen het vallen van de avond reden ze het centrum binnen. Ze meden de doorgaande straten. Hoe was zijn Frans? '*Good enough to deceive a Dutchman,*' antwoordde Churchill. Afgesproken. '*If they stop us, speak French. Les Français sont en bonne odeur ici,*' verzekerde Lautré.

Op het marktplein beleefden ze een paar angstige momenten. Churchill althans. Drie Boeren in volle gevechtsuitrusting. Lautré bleef akelig kalm, en praatte gewoon door. Ze passeerden zonder acht te slaan op de twee fietsers. '*Encore un Boer,*' zei Lautré luchtig, en inderdaad, daar kwam er nog eentje hen achterop. Hij kwam naast hen rijden en liet zijn paard stapvoets lopen. Niet kijken was verdachter dan wel. Churchill nam hem op, geweer op zijn rug, drie patroongordels om zijn schouder en middel. Hun blikken kruisten elkaar. '*He had a pale, almost ghastly visage, peering ill-favoured and cruel from beneath a slouch hat with a large white feather.*' Hij huiverde. Weer zo'n schimmige ruiter. De man gaf zijn paard de sporen en verdween in het duister. Churchill haalde opgelucht adem. Lautré lachte.

Ze reden verder, naar de buitenwijken in het zuidoosten van de stad. Vanaf hier zouden ze de eerste eenheden van Roberts moeten tegenkomen. Wachtposten in ieder geval. Maar ze konden ongehinderd doorfietsen, en stonden opeens midden in een Brits legerkamp. Niet dat van Roberts, dat was nog zo'n tien kilometer verder, in Germiston, hoorde Churchill van bevriende officieren. Dwars door open terrein, zo bleek. Alleen het laatste stukje was er een weg, en konden ze weer fietsen. Het was nu pikkedonker. Gelukkig was Lautré bekend in de buurt. In Germiston aangekomen, aten ze snel wat in een hotel, en reserveerden ze de helft van de biljarttafel als slaapplaats, voor het geval dat. Churchill bezorgde zijn eigen berichten bij het telegraafkantoor. De collega van *The Times* was er nog niet. Op naar Roberts' hoofdkwartier, iets verderop in een afgelegen huis. Daar gaven ze Hamiltons berichten af aan een adjudant. Half elf. Missie volbracht.

De mooiste beloning hadden ze nog tegoed. Na een paar minuten kwam de adjudant naar buiten. '*The Chief wanted to see the messengers.*'

Churchill was niet snel geïmponeerd, maar hier had hij lang op moeten wachten. Voor het eerst in deze oorlog oog in oog met Roberts. In gezelschap van zijn voltallige staf. De opperbevelhebber was buitengewoon hartelijk. Alles leek vergeven en vergeten. Hij was blij met het goede nieuws van Hamilton, en informeerde hoe hij en Lautré het hadden klaargespeeld, dwars door Johannesburg. Churchill was verkocht. '*His eye twinkled. I have never seen a man before with such extraordinary eyes.*' Ze konden vuur spuwen, wist hij, ze konden kil en meedogenloos staren, maar nu schitterden ze. Vrolijk, vriendelijk, geamuseerd. '*Tell me about the action*,' vroeg de veldmaarschalk.[100]

Victorie

Pretoria, 5 juni 1900

Een halfjaar eerder was Churchill de Transvaalse hoofdstad uit geslopen als een dief in de nacht. Nu kwam hij terug als een ridder zonder vrees of blaam. Een bevrijder. Samen met zijn neef, de Duke of Marlborough, reed hij met de eerste Britse eenheden mee Pretoria in. Op zoek naar de krijgsgevangen officieren. Ze zaten niet meer in de Staatsmodelschool waaruit hij destijds was ontsnapt. Het gerucht ging dat ze waren weggevoerd, honderden kilometers naar het oosten. Dat bleek nog niet te zijn gebeurd. Wel waren ze verplaatst. Hun nieuwe verblijfplaats lag een kilometer verderop, in een buitenwijk.

Nog één hoek om, een beek over, daar was het. Een lang gebouw met een zinken dak en rondom dik prikkeldraad. Ze gaven hun paarden de sporen. In volle galop nu. Churchill joelend en zwaaiend met zijn hoed. Bij het hek gekomen, werd hij vol ongeloof herkend door zijn vroegere lotgenoten. Het is Winston! De officieren waren door het dolle heen. Op hoge toon beval Marlborough de kampcommandant zich over te geven. Er waren nog zo'n vijftig bewakers, bewapend en wel, maar ze waren te overdonderd om iets te doen. Ze lieten zich gedwee ontwapenen door hun gevangenen. Een officier van de Dublin Fusiliers toverde een Britse vlag tevoorschijn, een in het geheim vermaakte Transvaalse Vierkleur, en hees 'm onder wild gejuich. Een patchwork *Union Jack*.

Het was kwart voor negen 's ochtends, 5 juni 1900. Voor Churchill een moment om te koesteren. Al die bekende gezichten, stralend van uitgelaten dankbaarheid. Opvallend genoeg waren alleen Haldane en Brockie er niet. Die hadden van de verhuizing uit de Staatsmodelschool gebruikgemaakt om toch nog te ontsnappen. Het maakte Churchills persoonlijke triomf er niet minder om. Wat een rentree in Pretoria.

Na dit hoogtepunt was de rest van de dag een anticlimax, zeker voor een oorlogscorrespondent. De inname van de Transvaalse hoofdstad verliep net zoals die van Bloemfontein, Kroonstad en Johannesburg. Geen noemenswaardige strijd, geen sporen van beschietingen of straatgevechten, geen opwindende gebeurtenissen. De Boeren hadden hun belangrijkste steden zomaar uit handen gegeven. Daar kon je moeilijk spannende reportages over schrijven. Ze hadden zelfs het vestinggeschut uit de forten verwijderd en sleepten dat nu met zich mee, ergens ten oosten van Pretoria. De Britse troepen trokken vervolgens ordelijk de stad binnen, paradeerden op het centrale plein voor hun opperbevelhebber, de Transvaalse vlag werd gestreken, de Britse gehesen – de officiële, een zijden exemplaar vervaardigd door Lady Roberts – en dat was het. De oude president zou nog wel een mooi plaatje hebben opgeleverd, '*seated on his stoep reading his Bible and smoking a sullen pipe*'. Maar Kruger was al een paar dagen eerder vertrokken, via de oosterspoorlijn naar Machadodorp, halverwege de grens met Mozambique. Dat was nu de hoofdstad, daar zat ook de rest van de Transvaalse regering.

Het had er alle schijn van dat de Boeren in Pretoria hetzelfde tactische spelletje hadden gespeeld als in Johannesburg. Geen verdediging tot het uiterste, maar alleen maar vertragingsacties, bedoeld om tijd te winnen voor een georganiseerde – en rijk beladen – aftocht. Goud, geld, wapens, munitie, voorraden, waardepapieren, overheidsarchieven, alles wat niet in handen van de Britten mocht vallen, was op de trein geladen en meegenomen. In Pretoria gingen ze daarmee door tot op de dag van de Britse intocht. Churchill zag in alle vroegte tot zijn verbijstering nog twee locomotieven wegrijden. Erachter tien wagons vol paarden, plus eentje met zwaarbewapende Boeren. Een paar Britse officieren probeerden de trein nog tegen te houden, maar tevergeefs.

Drie andere treinen die in het station klaar stonden voor vertrek, werden wel onderschept.

Lord Roberts liet het allemaal koud. Hij had nu ook de hoofdstad van de tweede Boerenrepubliek veroverd. Naar Europese maatstaven was de oorlog beëindigd. Het wachten was op de officiële overgave van de tegenstander. Bij zijn intocht in Johannesburg op 31 mei had hij Proclamatie 1 uitgevaardigd, waarin de voorwaarden bekend waren gemaakt waaronder burgers van de Zuid-Afrikaanse Republiek zich konden overgeven. De inhoud was gelijk aan de proclamatie die al vanaf 15 maart van kracht was in Oranje Vrijstaat. Daags na de inname van Pretoria volgde Proclamatie 2. Transvalers die de eed van neutraliteit hadden afgelegd kregen toestemming om hun vee over te brengen naar de winterweides.

Maar het ging Roberts natuurlijk om één Transvaler in het bijzonder: commandant-generaal Botha. Op diverse manieren – brieven, persoonlijke boodschappers, onder wie zelfs mevrouw Botha – probeerde Roberts hem te bewegen tot vredesbesprekingen. Op 7 juni kwam de gehoopte positieve reactie. Beide mannen zouden elkaar twee dagen later ontmoeten in Zwartkoppies. Op 9 juni stond Roberts op het punt te vertrekken – letterlijk, zijn voet in de stijgbeugel – toen er een boodschap binnenkwam van Botha. Bij nader inzien zag de Transvaalse commandant-generaal toch af van een ontmoeting. Tenzij Roberts nieuwe voorstellen had. Die had hij niet.[101]

Het was niet louter tactiek en misleiding van de Transvaalse leiders. Het was ook pure ontreddering. De verloren slag bij Doornkop, op 29 mei, was de genadeklap geweest voor het moreel van vele burgers. Ze hadden de moed opgegeven en waren ervandoor gegaan, ondanks de zware sancties op desertie. Naar huis. Krijgstucht was altijd al een probleem geweest voor het Boerenvolk onder de wapenen, maar nu was er geen houden meer aan.

Vooral niet toen bekend werd dat ook Kruger en de rest van de regering dezelfde dag de wijk hadden genomen. Vicepresident Schalk Burger bleef aanvankelijk nog in Pretoria, maar niet voor lang. Toen was alleen staatsprocureur Smuts nog over van de nationale autoriteiten. En zijn gezag werd niet door iedereen erkend. De burgemeester van Pretoria, Piet Potgieter, formeerde een Comité van Rust en Orde dat zijn naam geen eer aandeed. Het beijverde zich vooral de stad te behoeden voor een vernietigend bombardement, maar liet de controle over het openbare leven door zijn vingers glippen. Bij afwezigheid van reguliere politie – ingezet aan het front – zagen sommige bewoners, blank zowel als zwart, hun kans schoon. Op woensdagavond 30 mei braken ze de gouvernementspakhuizen open en sloegen aan het plunderen. Bij daglicht gingen de ontluisterende taferelen gewoon door. Pas toen Louis Botha ter plekke verscheen en de hoofdstad onder militair gezag plaatste, werd de orde hersteld.

Maar de ontreddering bleef. Ook Botha en de andere Boerengeneraals waren ten einde raad. Hoe moesten ze de strijd voortzetten als de burgers het massaal opgaven, domweg weigerden te vechten? Drie-, vierduizend man konden ze nog op de been brengen tegen Roberts' overmacht, meer niet. Op 1 juni overlegde Botha met Koos de la Rey en een aantal andere generaals. Hun conclusie was triest, maar helder. Misschien was vrede inderdaad maar het beste, moest de onvermijdelijke val van Pretoria meteen het einde zijn van de strijd. Dat was de suggestie die ze voorlegden aan de president.

Per telegram, want hij bevond zich al twee dagen in Machadodorp. Het gedwongen afscheid van zijn vertrouwde omgeving en zijn invalide vrouw Gezina had Krugers toch al aangetaste weerbaarheid geen goed gedaan. Hij berustte in vrede, en telegrafeerde de suggestie van zijn generaals direct door naar Steyn. Zijn ambtgenoot was inmiddels toe aan zijn vierde hoofdstad, Bethlehem in het oosten van Oranje Vrijstaat. Daar en toen had de Boerenoorlog kunnen eindigen.

Maar Steyn reageerde furieus. Hij wilde van geen vrede weten. Hij alarmeerde zijn hoofdcommandant Christiaan de Wet, en stuurde Kruger een antwoord waarvan de telegraafdraden moeten hebben geknetterd. Wat was dit voor lafhartig gedrag van de Transvalers? Zíj waren degenen die de Vrijstaters en de Kaapse Afrikaners hadden betrokken bij hun onafhankelijkheidsstrijd. En het dan nu al meteen opgeven? Het Britse leger was nog maar net de Vaal overgestoken. Steyn kon daar werkelijk niet bij. Oranje Vrijstaat zou in ieder geval doorvechten tot het bittere eind, zo verzekerde hij Kruger, ook al kwam hij er helemaal alleen voor te staan.

Ook De Wet reageerde direct. Minder fel, maar niet minder duidelijk, en uitgesproken slim. Hij stuurde Botha een bemoedigend telegram. 'Broeder, ik gevoel met u de zware last die UEd. thans drukt daar ik in dezelfde omstandigheden geplaatst was.' Voor Botha moest het eigenlijk nog erger zijn, suggereerde hij, nu zelfs 'een rots als President Kruger' wankelde. Maar hij was ervan overtuigd te kunnen rekenen op Botha, 'in wien ik zeer veel vertrouwen stel... om tot het uiterste toe te strijden voor onze dierbare onafhankelijkheid die mijns inziens nog in het geheel niet hopeloos is'. De Wet wist waarover hij het had. Na de inname van Bloemfontein waren ook 'onze burgers bijna allen als een man naar huis' gegaan. En kijk nu eens, anderhalve maand verder, hoe diezelfde burgers 'hier nu zoo hoopvol zijn en gedurende de laatste paar dagen zoo succesvol gevochten hebben'.

De bruuske verwijten van Steyn en de doortrapte empathie van De Wet misten hun uitwerking niet. In ieder geval op Botha en Smuts, die Steyns reactie van Kruger doorgestuurd kregen. De vastberadenheid van de Vrijstaters hielp hen bij het maken van pijnlijke keuzes. De volgende ochtend, 2 juni, werd in de zaal van de Tweede Volksraad een brede krijgsraad gehouden. Daar waren het vooral de jonge commandanten, in het bijzonder Danie Theron, die zich uitspraken tegen vrede en vóór doorvechten. Ook dat hielp om de koers te bepalen. Na indringende discussies werd besloten om het voorbeeld van Oranje Vrijstaat te volgen. Geen vredesbesprekingen, ook geen alles-of-nietsverdediging van de hoofdstad, maar waar mogelijk tegenstand bieden aan de vijand 'om hem afbreuk te doen'.

Met die doelstelling zette Botha zijn overgebleven commando's in. Ze moesten in ieder geval Roberts' opmars vertragen, om Smuts de gelegenheid te geven Pretoria zo grondig mogelijk leeg te halen. Dat lukte boven verwachting. Smuts' grootste kunststuk was ongetwijfeld het veiligstellen van alle overheidstegoeden. In totaal betroffen die bijna een half miljoen pond aan goud en contant geld. Het kapitaal bevond zich in de kluizen van de Nationale Bank en de Munt. Die laatste instelling verleende alle medewerking, maar de bankdirecteuren lagen dwars. Smuts moest hen dreigen met geweld om de tegoeden mee te krijgen. Maandagmiddag 4 juni liet hij alles inladen in een speciale trein, voorzien van extra bewakers. Terwijl links en rechts de granaten insloegen, zette de goudtrein koers naar het oosten. De kostbare lading zou de Boerenleiders in staat stellen de oorlog nog geruime tijd vol te houden.

In ieder geval financieel. Waar Botha behoefte aan had, was een mentale opsteker. Voor zichzelf, en voor zijn mannen. Roberts deed alle mogelijke moeite om hem aan de onderhandelingstafel te krijgen. Dat was Botha – althans na de krijgsraad van 2 juni – geen moment meer serieus van plan. Bovendien stuitte de manier waarop Roberts hem dacht te kunnen bewerken steeds meer tegen de borst. Zijn vrouw, nota bene! Alsof die zich zou lenen om hem over te halen. Maar goed, hij speelde het spel mee, en zon intussen op een manier om zijn herwonnen vastberadenheid kracht bij te zetten.

Opnieuw was het Christiaan de Wet die het goede voorbeeld gaf. Eerst maakte hij op 4 juni bij Swavelkrans een Brits convooi van zesenvijftig wagens buit. Het escorte van honderdzestig man gaf zich zonder slag of stoot over. Drie dagen later bewees De Wet nog veel overtuigender hoe kwetsbaar de Britse aanvoerlijnen waren. Samen met de commandanten Stoffel Froneman en Lucas Steenkamp voerde hij een drievoudige aanval uit op – en in de nabijheid van – het treinstation van Roodewal, vijftig kilometer ten noorden van Kroonstad. Daar hadden de Britten tijdelijk een grote voorraad munitie, levensmiddelen, dekens en kledingstukken opgeslagen, klaar voor verder transport naar Pretoria. Een deel was al in een gereedstaande trein geladen. Die hele rijke buit viel nu in handen van De Wet. Veel te veel om mee te nemen, zeker met zijn nieuwe, mobiele strijdwijze. Wat er aan munitie mee kon, nam hij mee – en begroef hij voor later gebruik bij zijn eigen boerderij Roodepoort, daar vlak in de buurt. Wat zijn mannen zelf wilden hebben, mochten ze meenemen. En alle Britse krijgsgevangenen van hun laatste acties natuurlijk, bijna achthonderd in getal, die moesten ook mee. De rest liet De Wet opblazen. Trein, station, spoorrails, kleding, voorraden, en niet te vergeten de resterende munitie. Die ingrediënten zorgden voor een donderende explosie die een gat sloeg van dertig bij achttien meter, zes meter diep. Tot in Kroonstad konden ze het spectaculaire vuurwerk zien.[102]

Het was Lord Roberts nu wel duidelijk. De inname van Pretoria had hem niet gebracht wat hij ervan had verwacht. De definitieve overwinning op de Boeren was nog niet binnen. Achter zijn rug, in Oranje Vrijstaat, bestookte De Wet zijn aanvoerlijnen. Vlak voor zijn neus nam Botha hem in de maling. Als de Transvaalse commandant-generaal al had gedacht aan overgave – via via had Roberts wel de nodige signalen opgevangen – dan was hij daar nu overduidelijk van teruggekomen. Vredesbesprekingen op zo'n manier afzeggen, dat betekende maar één ding: doorvechten. Botha leek zelfs aan te sturen op een grote confrontatie. Hij had zijn resterende troepenmacht, tegen de vierduizend man met dertig stuks geschut, als vanouds posities laten innemen in de Magaliesbergen, zo'n vijfentwintig kilometer ten oosten van Pretoria, over een breed front aan weerszijden van de spoorlijn. Hij kon het krijgen. Roberts had meer dan vier keer zoveel gevechtsklare troepen bij de hand, met tachtig kanonnen. Op 11 juni zette hij de aanval in, bij Diamond Hill – de Boeren noemden het Donkerhoek – volgens het inmiddels beproefde recept. Hijzelf met de infanterie in het midden, op de flanken omtrekkende bewegingen van de cavalerie. French op links. Hamilton op rechts. Artillerie over de volle breedte.

Het werd de een na laatste grote veldslag uit de Boerenoorlog. Compleet met wisselende kansen, veelbelovende doorbraken, dreigende tegenaanvallen, tactisch geschuif met legeronderdelen en een abrupte afloop. Churchill – natuurlijk op rechts bij Hamilton – schilderde de lezers van de *Morning Post* ook deze laatste keer een levendig tableau van het slagveld, met veel individuele heroïek. Hamilton die geraakt werd door een granaatscherf in zijn linkerschouder, maar gelukkig niet door en door, hij bleef gewoon in actie. Broadwood en de twee paarden die achter elkaar onder hem vandaan werden geschoten, maar die desondanks '*preserved his usual impassive composure*'. De Earl of Airlie die een stoutmoedige cavaleriecharge leidde om een artillerie-eenheid te ontzetten, maar zijn dapperheid moest bekopen met '*a heavy bullet through the body, and died almost immediately*'.

Wat Churchill zijn lezers ook niet onthield, was de opmerkelijke veerkracht van de tegenstander. Dat had hij de laatste weken, eigenlijk sinds Natal, niet meer meegemaakt. Op Hamiltons flank en in het centrum, waar Botha de verdediging van de Boeren leidde, boekten de Britse troepen wel terreinwinst, maar onvoldoende om een beslissing te forceren. En French kwam op zijn flank zelfs serieus in de problemen tegen de commando's van De la Rey. Na de eerste dag kon het nog alle kanten op. De 12e juni vertoonde een vergelijkbaar scheef beeld. De la Rey kreeg steeds meer overwicht en maakte zich op voor een tegenaanval op French. Maar Botha ondervond aan zijn kant steeds grotere druk van Hamilton en moest aan het eind van de middag een doorbraak toestaan, die de dreiging van omsingeling in zich droeg. Na het vallen van de avond besloot hij dat het risico te groot was. Tot verdriet van De la Rey gaf hij bevel tot een algehele terugtocht. Een nederlaag voor de Boeren dus, maar eentje die voelde als een morele overwinning, een '*vlug in vol moed*'. De Transvaalse commando's hadden het voorbeeld van de Vrijstaters ter harte genomen en laten zien dat ook zij het vechten nog niet waren verleerd. De verliezen waren beperkt tot dertig doden, gewonden en krijgsgevangenen. Alle geschut, inclusief een *Long Tom* op een treinstel, ging ongeschonden mee, verder naar het oosten. Het was precies de mentale opsteker waarop Botha had gehoopt.

Voor Roberts was er de ochtend van de 13e juni eerst de verrassing dat de tegenstander was gevlucht, en vervolgens de ontnuchtering dat het nog niet gedaan was. De Transvalers hadden gevochten met onverwachte koppigheid. De verliezen aan Britse kant bedroegen 175 doden en gewonden. Bovendien getuigde de geordende terugtocht van de Boerenstrijders van hernieuwde discipline en organisatie. Voor een kansrijke achtervolging waren ze bijvoorbeeld al te ver weg. Dat alles bij elkaar betekende dat de strijd nog niet was gestreden, ook niet in Transvaal. Maar goed, de directe omgeving van Pretoria was in ieder geval gezuiverd van Boerencommando's. Nu eerst tijd om af te rekenen met dat gedonder van die Christiaan de Wet.

Opnieuw een klus voor de veelbeproefde brigades van Ian Hamilton. Dit keer zouden ze op mars gaan zonder hun vaste oorlogscorrespondent. Churchill had besloten dat het tijd was om terug te gaan naar Engeland. Om het af te leren had hij zijn onwaarschijnlijke krijgsgeluk nog een laatste keer op de proef gesteld. Hij schreef er zelf niet over, maar Hamilton des te meer.

In de slag bij Diamond Hill had Churchill zich weer eens niets aangetrokken van zijn *non-combattant*-status, en zich in een vooruitgeschoven positie gewaagd, vlak onder een hooggelegen Boerenstelling. Van daaruit had hij, brutaalweg met zijn zakdoek aan een stok, signalen gegeven aan Hamilton, om hem te wijzen op een verrassende aanvalsroute. Hamilton noemde het '*an exhibition of conspicuous gallantry*,' zich wel bewust dat dit de bewoordingen waren die konden leiden tot een *Victoria Cross*. Dat zat er ongetwijfeld niet in voor een burger, maar enigerlei vorm van erkenning had Churchill met zijn gedurfde initiatief zijns inziens wel verdiend. Maar ook een andere medaille of eervolle vermelding kreeg Hamilton niet voor hem los bij Roberts en Kitchener. Dat de opperbevelhebber zich sinds Johannesburg weer verwaardigde om met de vrijpostige jonge oorlogscorrespondent te spreken, dat was al eerbewijs genoeg. Churchill maakte er, publiekelijk althans, geen woorden aan vuil. Zijn laatste alinea voor de *Morning Post* vormde een eresaluut aan Hamilton en zijn '*gallant column in whose good company I had marched so many miles and seen such successful fights... May they all come home safely.*'[103]

De dag van de Britse intocht in Pretoria, 5 juni 1900, had Leyds een uiterst belangrijke vergadering in Amsterdam, in een kapitaal pand in de Nieuwe Doelenstraat. Daar huisde de bankiersfirma Labouchère Oyens & Co., die alle Europese tegoeden van de Zuid-Afrikaanse Republiek beheerde. Een paar dagen eerder hadden de bankiers hem de schrik van zijn leven bezorgd. Hij zou voortaan alleen over de rekening kunnen beschikken met een speciale volmacht van de Transvaalse overheid. Directe aanleiding was de door Lord Roberts geproclameerde annexatie van Oranje Vrijstaat, gevolgd door de inname van Johannesburg. Het zag er naar uit dat ook de annexatie van Transvaal aanstaande was. Het bankiershuis wenste zekerheid. Vertegenwoordigde Leyds nog wel de rechtmatige eigenaar van de tegoeden?

Het was, boven op alle treurige nieuws uit Transvaal, een regelrechte ramp. Natuurlijk kon Leyds geen speciale volmacht overleggen. Had nooit gehoeven, en hoe moest hij daar nu aan komen? Ze kenden hem al jaren. Labouchère Oyens & Co. was de vaste huisbankier, die alle financiële zaken in Europa voor Transvaal regelde. En nu dit. 'Om plotseling te zitten, om het zoo uit te drukken zonder een cent, zelfs voor de dagelijksche behoeften van zoovelen die van mij afhankelijk waren,' dat kon toch niet waar zijn. Bijna achthonderdduizend gulden stond er op de rekening. Zonder dat geld kon hij niets beginnen, dan 'dreigde ondergang van elke werkzaamheid in Europa en Amerika'.

In allerijl schakelde hij zijn advocaten in. Ook zijn vertrouwde raadsheren Moltzer en Asser boden de helpende hand. Dankzij dit zware juridische geschut slaagde hij erin het onheil te keren. Tijdens de vergadering gaven de bankiers uiteindelijk toe. Leyds kreeg weer de beschikking over de gelden, die hij prompt overboekte naar diverse andere banken. Met uitzondering van een relatief klein bedrag van vijfentwintigduizend gulden, ter dekking van lopende verplichtingen.[104]

'De zaak Labouchere Oyens & Co. is geregeld,' telegrafeerde hij op 6 juni aan de in de Verenigde Staten rondreizende leden van de deputatie. Fischer, Wessels en Wolmarans namen er met opluchting kennis van. Ook hun kosten werden betaald van de Amsterdamse rekening. En ook zij hadden al genoeg zorgen aan hun hoofd. Hun missie verliep in de Nieuwe Wereld al even teleurstellend als in het Oude Moederland. Enthousiasme en sympathie genoeg, maar politieke steun was in Washington nog minder te vinden dan in Den Haag. Om de mogelijkheid van een beroep op de publieke opinie open te houden, hadden ze zich niet gepresenteerd als '*envoys*' met geloofsbrieven, maar als '*delegates*'. Gevolg was geweest dat president McKinley en minister Hay hen niet officieel hadden ontvangen, maar alleen informeel. Vriendschappelijk, daar niet van, maar de persverklaringen na afloop spraken voor zich. De president had een '*earnest desire to see an end to the strife which has caused so much suffering*', maar zag geen andere mogelijkheid '*except to persist in the policy of impartial neutrality*'.

Diplomatieke missie mislukt. Hoe nu verder? De deputatieleden bleken daar verschillend over te denken. Op 8 juni ontving Leyds twee separate brieven uit Washington. In de ene getuigde Fischer van optimisme over de publieke opinie: 'Sympathie is sterker dan ik dacht, ik geloof dat wij werkelijk 90% van het Amerikaansche volk voor ons hebben.' Als 'het volk zal spreken door besluiten, memories enz.,' dan moest McKinley wellicht toch bakzeil halen. Het was ten slotte een verkiezingsjaar. De andere brief was van Wolmarans. Zijn ideeën gingen in een heel andere richting. Of beter gezegd: schoten alle kanten op. Enerzijds vroeg hij Leyds om zo snel mogelijk tienduizend pond over te maken naar Chicago, voor propagandadoeleinden. Anderzijds drong hij erop aan Frankrijk en/of Rusland het protectoraat over de twee Boerenrepublieken aan te bieden. Leyds moest maar zo snel mogelijk contact leggen met zijn Franse en Russische collega-gezanten.

Beide verzoeken brachten Leyds in verlegenheid. In de eerste plaats omdat het er sterk op leek dat Wolmarans volstrekt op eigen houtje handelde. In de tweede plaats omdat zijn suggestie volstrekt bezopen was. Of, in de subtiele bewoordingen van Leyds zelf: 'Men zal door deze zijne missive slechts in geringe mate een indruk ontvangen van zijn werkelijke intelligentie.' Toch voelde Leyds zich niet gerechtigd de verzoeken te weigeren. Hij maakte het geld over, en legde het idee van een protectoraat voor aan de Russische en de Franse gezant in Brussel. 'Niet omdat ik geloof dat men er eenigszins gevolg aan zal geven' – het zou natuurlijk automatisch oorlog met Engeland hebben betekend – maar 'alleen om den heer Wolmarans genoegen te doen.' Het antwoord uit Sint-Petersburg en Parijs kwam binnen een paar dagen en was helder. Al op 12 juni kon Leyds het doorsturen naar de Verenigde Staten: 'Rusland en Frankrijk geven uitdrukking aan hunne groote sympathie, doch weigeren het protectoraat.'[105]

Plichtsgetrouw, het was Willem Leyds ten voeten uit. Naarmate Roberts verder oprukte, was het steeds onzekerder of, wanneer, waar en bij wie zijn brieven aan de Transvaalse regering zouden aankomen, maar hij bleef ze sturen. Steeds via de consul-generaal van beide Boerenrepublieken in Lourenço Marques, Gerard Pott. Ook bleef hij doorgaan met een andere belangrijke taak, het verzorgen van geheime wapentransporten. Die liepen langs dezelfde route, met een tussenstop op de Franse kolonie Madagaskar. In mei 1900 liet hij nog flinke zendingen verschepen. Tienduizenden patronen voor Mausergeweren, 'in zeep gegoten'. Machineonderdelen voor de fabricage van patronen. Twee deskundige monteurs reisden mee, met een contract voor vier maanden. Koperen hulzen en slaghoedjes voor snelvuurgeschut, ook 'in stukken zeep verpakt'. Toestellen om treinen op te blazen. Spiegels voor elektrisch zoeklicht. Vliegers om signalen te geven. Een veldtelefoon. Zijde voor luchtballonnen. Hij stuurde het allemaal maar op, in de hoop dat het nog goed terecht zou komen.[106]

Gewoon maar blijven doorgaan, dat was de beste manier om een bijdrage te leveren. Wellicht tegen beter weten in, maar het gaf hem houvast en hield de hoop levend. Dat was ook de reden dat hij op 11 juni, midden in alle consternatie, als kroongetuige voor de Brusselse rechtbank verscheen, in de Selati-zaak. Die affaire stamde uit 1891, toen president Kruger en de Uitvoerende Raad – tegen het advies van staatssecretaris Leyds – in zee waren gegaan met baron Eugène Oppenheim voor de aanleg van een spoorlijn naar de Selati-goudvelden. In de loop der jaren was steeds duidelijker geworden dat de daarvoor opgerichte spoorwegmaatschappij aan elkaar hing van de schimmige financiële constructies. Het was uitgelopen op rechtszaken, waaronder een strafrechtelijk proces tegen baron Eugène, zijn broer baron Robert en enkele mededirecteuren. Leyds was als geen ander ingevoerd in de materie, en vond dat hij geen verstek mocht laten gaan op de zitting.[107]

Het zou niet voor niets zijn, de beklaagden werden anderhalve maand later veroordeeld tot gevangenisstraffen en boetes. Maar door alle drukte was hij niet in staat aanwezig te zijn bij een andere gebeurtenis met een bijzondere betekenis voor Transvaal, een evenement waarvoor hij zich persoonlijk eveneens had ingespannen.

Op zaterdagmiddag 9 juni vond in Parijs, op het terrein van de wereldtentoonstelling, de opening plaats van het Transvaalse paviljoen. Voor het eerst presenteerde de jonge Boerenrepubliek zich aan de wereldgemeenschap. De voorbereidingen waren een jaar eerder begonnen in vredestijd, maar het was nu natuurlijk wel wrang dat het land verwikkeld was in een verbeten oorlog met een andere – prominent aanwezige – deelnemer aan de expositie. En dan ook nog op het moment dat de hoofdstad net was ingenomen. Van enige feestelijkheid was dan ook geen sprake. Consul-generaal Pierson ontving enkele gasten en leidde hen rond.

Ze kregen enkele tamelijk vervreemdende tafereeltjes te zien. Het paviljoen bestond uit drie onderdelen. In het klassiek opgetrokken hoofdgebouw presenteerde Transvaal zich officieel, in de destijds gebruikelijke bonte uitstalling van foto's, tekeningen, statistische opgaven van het onderwijs en andere publieke diensten, opgezette dieren, locale voortbrengselen en een miniatuurossenwagen. Dat maakte allemaal een buitengewoon vredige indruk. Verwijzingen naar de oorlog ontbraken. Of het moest de eresalon zijn op de eerste verdieping. Centraal stond daar een borstbeeld van president Kruger, 'in welks trekken,' volgens Gustave Babin van de *Journal des Débats*, 'onwrikbaar en blijmoedig vertrouwen te lezen staat.' Parijse arbeiders hadden er een vierkleurig bloemstuk bij gezet. Rode, witte en blauwe bloemen opgemaakt met varens, linten in dezelfde kleuren met de tekst '*Vive les Boers!*'

Het tweede gebouw stond in het teken van het goud van Transvaal. De Witwatersrand als de grootste en kostbaarste banketstaaf ter wereld. Bron van alle welvaart, splijtzwam van de samenleving, volgens velen oorzaak van de oorlog. Maar die aspecten kwamen niet aan de orde. Hier lag de nadruk op goud als industrieel product. Er was een werkplaats ingericht waar de bezoekers een indruk kregen van het productieproces. Alle fasen van de goudwinning en -bewerking werden getoond, met daarbij de spectaculaire productiecijfers en financiële opbrengsten van de afgelopen jaren. Kortom, een kennismaking met het nieuwe, industriële Transvaal – dat in het echt sinds een dag of tien onder Brits gezag stond.

Dat gold niet voor het derde gebouw. Hier presenteerde zich het oude, pastorale en nog steeds vrije Transvaal. De Boer als boer. Het was een Afrikaner boerderij in authentieke vorm. Een eenvoudig huis met witte muren en een rieten dak, smalle ramen en lage deuren. Het interieur was waarheidsgetrouw ingericht. De zitkamer in het midden, daarachter de keuken, links en rechts slaapkamers en bergplaatsen. Een tafel met een grauw kleed en daarop een aangesneden brood. Een bank met leren repen als zitting, een paar net zulke oude stoelen. Een etagère met een paar bloemenvaasjes, wat foto's aan de muur in lijstjes van gemarmerd papier, een koekoeksklok en als meest imposante meubelstuk een harmonium, met daarbovenop een bijbel in kalfsleer. Links van het middenvertrek de kamer van de boer des huizes, een ledikant met katoenen gordijnen, kledingstukken en – het enige dat aan de oorlog herinnerde – een vilten hoed en een geweer. Met een mengeling van verbazing en bewondering noteerde Babin: 'Het geheel is armoedig en treurig. Dit zijn dan de haardsteden, welke de dappere Boeren daarginds verdedigen!'[108]

Ook Churchill verbaasde zich nog altijd over de Boeren, na acht maanden oorlog. In een terugblik in de *Morning Post* stelde hij dat het menselijkerwijs eigenlijk onmogelijk was wat zij deden. Ter verduidelijking gebruikte hij een fysiologische vergelijking. Welbeschouwd had Roberts de tegenstander op zijn rug. '*We had taken possession of the Rand,*' het spijsverteringsstelsel waarmee goud werd omgezet in wapens en munitie. '*We had seized the heart at Bloemfontein, the brain at Pretoria.*' Het grootste deel van het spoorwegnet, '*the veins and nerves*', was onder controle. Met andere woorden, het Boerenlijf was dodelijk gewond. Maar desondanks trok het nog krampachtig samen, en vooral het gelaarsde linkerbeen verkocht nog rake trappen, die gevoelig hard en onverwacht aankwamen. Om daar een eind aan te maken, waren nog twee operaties nodig. Eentje om dat gevaarlijke been uit te schakelen, een andere '*to place a strangling grip on the windpipe,*' de aanvoerroute vanuit Lourenço Marques.

Het leken hem klussen voor respectievelijk Ian Hamilton en Redvers Buller, de twee generaals die hij maandenlang van dichtbij had gevolgd. Hij zelf zou daar niet meer bij zijn. Zijn besluit om terug te keren naar Engeland stond vast. '*Politics, Pamela, finances and books all need my attention,*' schreef hij op 9 juni aan zijn moeder. Voor hem persoonlijk was het verblijf in Zuid-Afrika geweldig geweest. Het had hem alles gebracht wat hij zich ervan had voorgesteld.

Een aaneenschakeling van avonturen, publieke bekendheid, zelfs een heldenstatus – ook zonder lintje. Hij had op eigen kracht, en niet alleen vanwege zijn vader, veel nieuwe vrienden gemaakt, sommige op hoge posities, en het aantal vijanden redelijk weten te beperken. Hij had zijn naam als schrijver definitief gevestigd. Zijn reportages voor de *Morning Post* hadden de aandacht getrokken. De eerste serie, uit Natal, was onder de titel *London to Ladysmith via Pretoria* al begin mei als boek verschenen en verkocht uitstekend. Aan de redactie van het tweede deel, *Ian Hamilton's March*, wilde hij snel beginnen, zodat het in de winkels zou liggen vóór de uitgebreide lezingentournee door Groot-Brittannië en de Verenigde Staten die zijn agent voor hem had geboekt. Financieel kon hij zo een aardige buffer opbouwen. Dat alles was bovendien een uitstekende springplank voor het hogere doel, zijn gedroomde politieke carrière. De conservatieve regering-Salisbury wilde profiteren van de populariteit van de oorlog en had verkiezingen uitgeschreven voor het najaar. Churchill was vastbesloten opnieuw een gooi te doen naar een Lagerhuiszetel. Weer in het liberale bolwerk Oldham, maar nu als gevierde oorlogsveteraan.

Na de slag bij Diamond Hill trof hij dan ook direct voorbereidingen voor zijn terugreis. Enkele uren vóór zijn vertrek uit Pretoria wachtte hem nog een verrassing. Hij was in zijn suite in het Grand Hotel bezig zijn koffers in te pakken, toen plotseling de hotelmanager voor zijn neus stond. In zijn kielzog twee dames. Het hotel zat overvol, en de manager had een verzoek. Maar Churchill luisterde al niet meer. Een van die twee dames achter de manager was niemand minder dan zijn tante, Lady Sarah. Hoe kwam die nu hier? Tijd om zich ongemakkelijk te voelen kreeg hij niet. Hun moeizame voorgeschiedenis verdween in de verrassing van het weerzien. Ze vloog op hem af en omhelsde hem. Ze was net aangekomen uit Mafeking. Van de weeromstuit reageerde hij als de gedienstige neef. Hij bood spontaan aan nog een dag te blijven, om haar rond te leiden in Pretoria. En hij stond alvast de helft van zijn suite af.

Natuurlijk liet hij haar het kamp zien waar hij samen met haar andere neef – de hertog van Marlborough – de krijgsgevangenen had bevrijd. En bij de Staatsmodelschool vertelde hij het spannende verhaal van zijn ontsnapping. 's Avonds nodigde hij haar uit bij een afscheidsdiner met een groep officieren. De indruk die ze bij dit alles van hem kreeg, was stukken positiever dan vroeger. Hij was enorm opgeknapt, vond ze. '*Winston... had been but a short time... with Lord Roberts's force*,' maar het was hem gelukt '*to acquire influence and authority*'. Hij bleek '*most interesting to listen to, and a general favourite*'. De volgende ochtend in alle vroegte zwaaide ze hem uit aan het station van Pretoria.

De treinreis naar Kaapstad had een allerlaatste verrassing voor hem in petto. Enkele tientallen kilometers boven Kroonstad, net voorbij Koppies, stopte de trein abrupt. Hij stapte uit om te kijken wat er aan de hand was. Op dat moment sloeg er vlakbij een granaat in. Een kleine, maar toch. Honderd meter verderop, vóór de locomotief, stond de houten spoorbrug in brand. De trein zat barstensvol soldaten die nu ook allemaal hun rijtuigen uit kwamen. Maar geen officier te bekennen. De situatie kwam Churchill maar al te bekend voor. Chieveley, de gepantserde trein, dat zou hem niet nog een keer gebeuren. Hij spurtte naar de locomotief, sprong erop en gaf de machinist instructies. Terug naar Koppies, het was maar vijf kilometer, daar was een Brits legerkamp. In z'n achteruit, vertreksignaal blazen met de stoomfluit, hijzelf op de treeplank, schreeuwend naar de soldaten om weer in te stappen. Plotseling zag hij een paar donkere figuren opduiken vanuit de drooggevallen rivierbedding. Boeren! Hij laadde zijn Mauserpistool. Hij was geen militair en geen oorlogscorrespondent meer, maar hij liet zich hier niet op de valreep te pakken nemen. Hij loste zes, zeven schoten. De trein zette zich langzaam in beweging, terug naar Koppies. Daar maar een wagen en een span paarden regelen.[109]

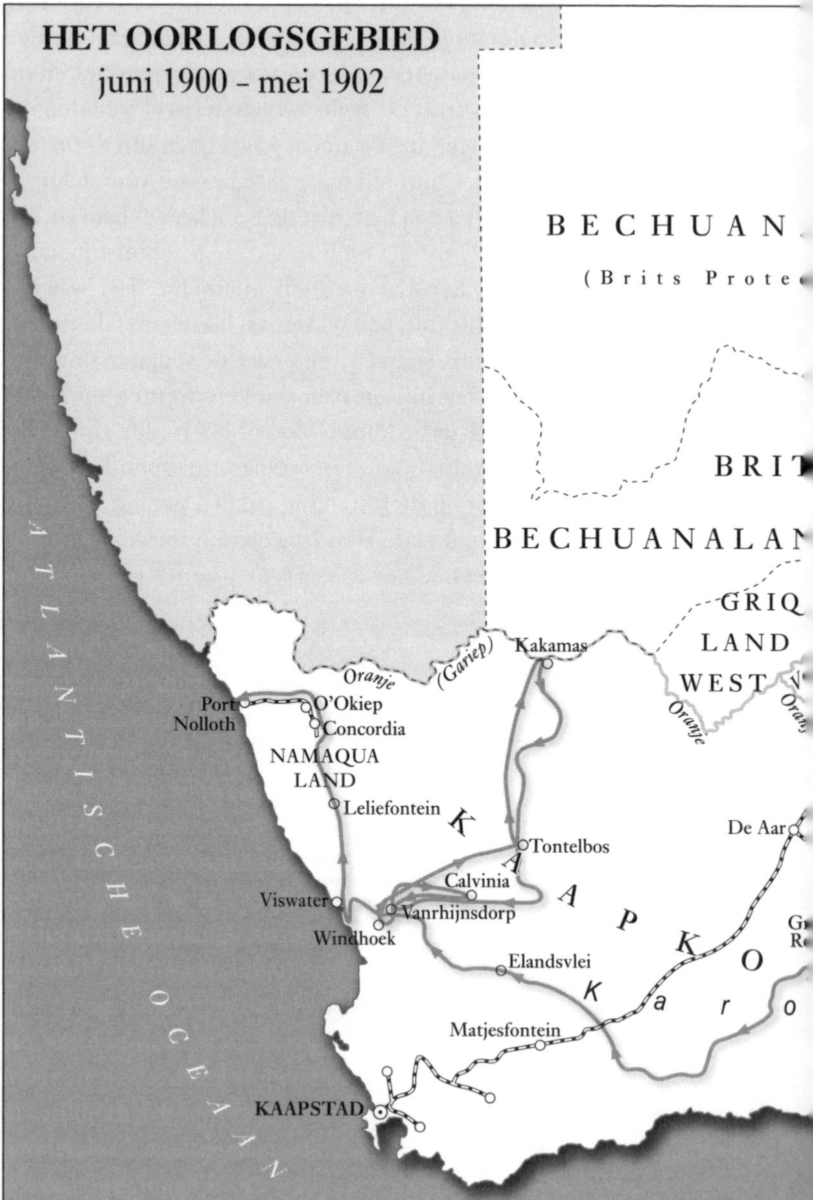

HET OORLOGSGEBIED
juni 1900 - mei 1902
BECHUAN
(Brits Prote
BRIT
BECHUANALAN
GRIQ
LAND
WEST
Oranje
(Gariep)
Kakamas
Port Nolloth
O'Okiep
Concordia
NAMAQUA LAND
Leliefontein
Tontelbos
Calvinia
Viswater
Vanrhijnsdorp
Windhoek
Elandsvlei
Matjesfontein
De Aar
KAAPSTAD
KAAPKO
Karo
ATLANTISCHE OCEAAN

RHODESIË
Limpopo (Krokodilrivier)
TRANSVAAL
COLONY
MOZAMBIQUE
(Portugees)
Lydenburg
Ohrigstad
Waterval Onder
Warmbad
Waterval Boven
Hectorspruit
Ou Wapad
Nelspruit
Rustenburg
Dalmanutha
PRETORIA
Lourenço Marques
JOHANNESBURG
Machadodorp
Barberton
Nooitgedacht
Middelburg
Delagoa Baai
Ventersdorp
Belfast
Bremersdorp
Vereeniging
Potchefstroom
Ermelo
SWAZI LAND
Klerksdorp
TONGA LAND
Vaal
Standerton
ORANGE
Reitz
Charlestown
Kroonstad
RIVER
ZOE-LOE LAND
Holkrans
Harrismith
Ladysmith
COLONY
Winburg
NATAL
BLOEMFONTEIN
BASUTO-LAND
PIETER MARITZBURG
Edenburg
DURBAN
Zastron
Herschel
Oranje
Lady Grey
Winterbergen
Bedford
EAST LONDON
Port Alfred
INDISCHE OCEAAN
Route van Deneys Reitz
0
200 km

Deel III

Dood en verderf

juni 1900 – mei 1902

Deneys Reitz

Losgeslagen

Pretoria, juni 1900

Het was vechten om erdoorheen te komen. Iedereen wilde naar Pretoria. Vanaf Johannesburg versperden lange rijen vluchtelingen de weg, hun hele hebben en houden hoog opgeladen op ossenwagens en wat verder maar wielen had. Daartussendoor trokken commando's ongeduldige zigzagsporen, op afgematte paardjes, zo van het front. '*Huis-toe, die oorlog is oor*,' riepen ze bij het passeren.[1] Van een afstandje keken Engelse soldaten toe. Ze lieten de stoet ongemoeid. Vluchtelingen, daar viel geen eer aan te behalen.

Ook Deneys Reitz was op weg naar huis. Op zijn Basutopony laveerde hij behendig door het gedrang, in het spoor van zijn oudste broer Hjalmar. Daarachter hun zwarte knecht Charlie. Zijn twee andere broers was hij uit het oog verloren. Arend hadden ze in Johannesburg op een goederenwagon weten te krijgen. Een man had beloofd voor hem te zorgen. Hopelijk kwam het goed. Hij ijlde al. Grote kans dat het tyfus was. En waar Joubert was gebleven, wist niemand. Zijn eenheid zou twee weken geleden zijn verrast door een cavalerieregiment, bij Koppie-Alleen. Dat was het laatste wat hij van hem had gehoord. Misschien was hij wel dood. Nu eerst zo snel mogelijk naar huis. Waarschijnlijk wist zijn vader raad. Die was tenslotte de oorlog begonnen, feitelijk, met zijn handtekening onder het ultimatum aan de Engelsen. Zelf zag hij het somber in.

Acht maanden eerder was dat wel anders geweest, toen hij naar Natal vertrok. Zeventien was hij, en vol romantische vechtlust. De Engelsen de zee in jagen, dat gingen ze doen. En hij mocht mee, met zijn eigen Mauser, al was hij eigenlijk te jong. Het was allemaal vreselijk tegengevallen. Het eindeloze beleg van Ladysmith, dat niets had opgeleverd. De slag bij Spionkop, waar hij de oorlog had leren kennen in al zijn gruwelijkheid. Hij had er 'de dappere dooden met monden en neusgaten vol misselijke brommer vliegen' zien liggen. Hompen vlees dat 'door een vleesch machine gegaan was,' met 'gezichten in allerlei onmenschelijke houdingen' die 'in de zon lagen op te zwellen'.

Reitz was er een tijd lang goed beroerd van geweest, maar had zich na de aftocht uit Natal toch weer gemeld voor het front. Dit keer in Oranje Vrijstaat, waar hij was geboren en zo'n geweldige jeugd had gehad. Hoewel, front kon je het eigenlijk niet noemen. Het was uitgedraaid op een vernedering. Tegen Roberts' enorme overmacht hadden de verspreide Boereneenheden weinig kunnen uitrichten. Echt gevochten had hij nauwelijks. De Engelsen hadden hen voor zich uitgejaagd. Zelfs Koos de la Rey stond machteloos. Eenmaal in Transvaal, hetzelfde verhaal. De Engelsen waren gewoon doorgedenderd. De meeste Boerencommando's hadden de moed verloren. Velen hadden de strijd opgegeven. Johannesburg was al verloren, en het was maar de vraag wat ze zouden aantreffen in Pretoria.

Het was al laat, tegen tien uur, toen ze er aankwamen. Door de donkere straten reden ze naar hun huis in de wijk Sunnyside. Daar wachtte hun een grote teleurstelling. Het erf was verlaten, het huis stond leeg. En bij de buren deed er niemand open. Pas een paar huizen verder ging de deur op een kier. De president en de staatssecretaris zijn gevlucht, kregen ze te horen, en Pretoria wordt morgen aan de Engelsen overgeleverd. Daarop sloeg de deur in hun gezicht dicht.

Dat Kruger en hun vader waren gevlucht, geloofden ze niet, maar het was te laat om nog iets te ondernemen. Ze forceerden de toegang tot hun huis, zetten de paarden op stal, en vonden in de bijkeuken nog wat te eten. En eindelijk konden ze weer eens slapen in hun eigen bed, na al die bitterkoude nachten op de harde grond. Maar dat was een schrale troost. Wat een treurige thuiskomst. Eén broer vermist, een andere ergens ziek onderweg, en hier iedereen verdwenen. Hun vader, stiefmoeder en al hun jongere (half)broertjes en -zusjes. Wie weet waarnaartoe.

De volgende ochtend gingen Hjalmar en Deneys op verkenning. Het was chaos in het dorp. Kanonvuur, overal werden winkels en provianddepots geplunderd, de wildste geruchten deden de ronde. De Engelsen zouden al in aantocht zijn. Ze gingen maar weer naar huis, spullen pakken. Plotseling stond daar Joubert voor hun neus. Ongedeerd! Zijn paard was doodgeschoten bij Koppie-Alleen, zelf was hij te voet ontkomen. Daarna had hij de trein genomen. Tijd om het weerzien te vieren was er niet. Ze besloten zo snel mogelijk te vertrekken, nu het nog kon, naar het oosten, met z'n drieën. Bij een winkel die werd geplunderd, vorderden ze een paard, voor Joubert. Charlie lieten ze achter. '*Die arme ou jong soebat jammerlik om by ons te bly, maar ons moet ons harte verhard.*' Ze konden zich de luxe van een knecht niet meer veroorloven. Paarden en voedsel waren schaars, ze hadden zijn rijdier nodig als pakpaard. Ze lieten hem zoveel dekens en andere spullen uit hun huis meenemen als hij kon dragen, en namen afscheid.

Tegen het vallen van de avond waren ze al een kilometer of vijftien buiten Pretoria. Ze overnachtten in de buurt van de brandewijnstokerij Eerste Fabrieken. Bij zonsopkomst bleek het een verzamelpunt voor vele honderden Boerencommando's. Maar van hun eigen gevechtseenheid, het *Africander Cavallerie Corps* (ACC), geen spoor. Wel troffen ze er Jan Smuts, de staatsprocureur. Hij wist hun te vertellen waar Kruger en hun vader waren. Van een vlucht was geen sprake. Ze zaten in Machadodorp, zo'n tweehonderdvijftig kilometer verderop aan de oosterspoorlijn. Dat was de nieuwe hoofdstad, van waaruit de strijd werd voortgezet. Louis Botha was al bezig een nieuw leger op te bouwen. Zelf ging Smuts naar West-Transvaal, om Koos de la Rey te helpen het verzet daar te organiseren.

Dat was het beste nieuws dat de drie broers in tijden hadden gehoord. Joubert ging direct op zoek naar Botha's legerkamp. Hjalmar en Deneys besloten eerst hun vader op te zoeken. Ze wilden weten hoe hij ertegenaan keek. En misschien wist hij meer over Arend. Ze vertrokken meteen richting Machadodorp.[2]

Lord Roberts liet er geen gras over groeien. Na de inname van Pretoria op 5 juni 1900 beschouwde hij de oorlog formeel als beëindigd. Dat moesten ook de Boeren en hun leiders nu maar snel accepteren. Hij nam zijn intrek in een van de protserige nieuwe villa's in de wijk Sunnyside, Melrose House, en zette zich aan het werk. Tot nu toe had hij vertrouwd op de combinatie van hard militair optreden en proclamaties. Daarmee had hij onwillige tegenstanders steeds verder onder druk gezet. Het was nu tijd om aan deze *papierbomme* concrete strafmaatregelen te verbinden. Als de Boerenleiders verstandig waren, gingen ze in op zijn uitnodiging om te onderhandelen. Zo niet, dan moesten ze het maar voelen.

Het minste geduld had hij met de verzetsleiders in de voormalige Oranje Vrijstaat, sinds 24 mei omgedoopt tot de *Orange River Colony*. Bij hen viel niets te bereiken, dat was hem uit de tegenproclamaties van Steyn en de sabotageacties van Christiaan de Wet wel duidelijk geworden. Op 31 mei verruimde hij zijn wettelijke mogelijkheden door het gebied onder de krijgswet te plaatsen. Een dag later volgde een proclamatie met een strikte termijn. Wie na veertien dagen, dus op 15 juni, nog niet zijn wapens had ingeleverd, zou worden beschouwd – en dus ook behandeld – als een opstandeling, met alle gevolgen van dien voor lijf en goed.[3]

Bij de Transvaalse leiders had Roberts aanvankelijk nog hoop. In die eerste junidagen leek met name Louis Botha voor rede vatbaar. Tal van tussenpersonen werden ingeschakeld om met hem in gesprek te komen, tot zijn vrouw Annie aan toe. Louis de Souza, de secretaris op het departement van Oorlog met wie Churchill het tijdens zijn gevangenschap zo goed had kunnen vinden, ging nog een flinke stap verder. Hij schreef Botha een brief, naar hij voorgaf namens Roberts, die mag worden beschouwd als een serieuze omkopingspoging. Botha – en De la Rey – werd in het vooruitzicht gesteld dat ze na hun overgave niet zouden worden verbannen, maar op hun erewoord in Zuid-Afrika mochten blijven. Bovendien konden ze dan ieder rekenen op een jaarlijkse vergoeding van tienduizend pond. Wie erachter zat, bleef schimmig. Botha kon niet geloven dat Roberts zelf zich tot zulke methodes zou verlagen, maar hij vond alle directe en indirecte toenaderingspogingen wel tamelijk beledigend. Het sterkte hem in zijn standpunt alleen te willen praten als de onafhankelijkheid van de Zuid-Afrikaanse Republiek gewaarborgd bleef. Zo niet, dan vochten de Transvalers door, net als de Vrijstaters. De slag bij Diamond Hill op 11 en 12 juni bewees dat ze daartoe nog in staat waren.

Die conclusie trok Roberts ook. Hij had nu geduld genoeg gehad. Hij ging de duimschroeven verder aandraaien, voor iedereen. Op 16 juni 1900 vaardigde hij een proclamatie uit voor beide gebieden – Proclamatie 5 alweer – naar aanleiding van de '*small parties of raiders*' die spoorbruggen en telegraaflijnen vernielden. Dat konden ze, luidde zijn redenering, onmogelijk doen buiten medeweten en zonder instemming van de omwonenden en '*the principle civil residents*' in de omgeving. Zij werden door Roberts met onmiddellijke ingang medeverantwoordelijk gesteld. Op vernielingen van publieke eigendommen stonden voortaan de volgende sancties: huizen en boerderijen in de directe nabijheid zouden worden platgebrand, de vooraanstaande burgers in het district wachtte krijgsgevangenschap.

Drie dagen later deed Roberts er nog een schepje bovenop. Proclamatie 6 van 19 juni voegde aan de collectieve medeverantwoordelijkheid ook financiële aansprakelijkheid toe. Schade als gevolg van vernielingen zou worden verhaald op de locale gemeenschap. Bovendien kreeg de directeur van de inmiddels gemilitariseerde spoorwegen de bevoegdheid om prominente burgers als gijzelaars te laten meereizen op de treinen.

Om volstrekt duidelijk te maken dat het hem menens was, besloot Roberts om direct een afschrikwekkend voorbeeld te stellen. De man met de meeste en de brutaalste overvallen op zijn naam, degene die de ernstigste schade had toegebracht aan de Britse spoorweg- en telegraafverbindingen, was ongetwijfeld Christiaan de Wet. Zijn meest geruchtmakende raid, op het station van Roodewal op 7 juni, had plaatsgevonden vlakbij De Wets eigen boerderij Roodepoort. Bovendien liep de termijn van twee weken af die Roberts op 1 juni had gesteld aan alle gewapende Boeren in de *Orange River Colony*. De conclusie lag voor de hand. Op 15 juni deelde hij zijn beslissing mee aan zijn stafofficieren. De Wet was een rebel en moest als zodanig worden behandeld. De volgende dag zou Proclamatie 5 worden afgekondigd. Het was belangrijk dat de daarin genoemde sancties ook daadwerkelijk werden uitgevoerd, inclusief het platbranden van boerderijen. '*A few examples only will be necessary and let us begin with De Wet's farm.*' Het was aan Lord Methuen om het vonnis te voltrekken. Op 16 juni liet hij Roodepoort tot de grond toe afbranden.[4]

Dit kwam wel heel dichtbij. Tegen de tijd dat het voor Christiaan de Wet veilig was om te komen kijken, smeulden de puinhopen niet meer, maar de aanblik was al van verre triest genoeg. Al dat werk van zijn handen. Vernield. De Wet vroeg zijn generaals Stoffel Froneman en Piet Fourie hun paarden in te houden, en reed in zijn eentje dichterbij. Dit was dus de prijs. Zijn drie oudste zoons Kotie, Izak en Christiaan met hem mee op commando, zijn vrouw Cornelia en hun negen andere kinderen al maandenlang rondzwervend in een lager ergens langs de Vaal. En nu zijn boerderij verwoest. Met alles erop en eraan en eromheen. Ze hadden dynamiet gebruikt, dat zag je meteen. Grondig werk. Hij stapte af, knielde bij het graf van een jonggestorven dochtertje en bad. Toen reed hij terug naar de anderen, zijn gezicht strak en bleek. '*Kom ons ry, daar 's werk om te doen!*'[5]

Roberts' opzet om een voorbeeld te stellen, was geslaagd. In ieder geval gedeeltelijk. De verwoesting van Roodepoort kwam hard aan bij de Boeren. Voor sommige twijfelaars gaf de persoonlijke represailleactie tegen de Vrijstaatse commandant-generaal de doorslag. Als zelfs de boerderij van De Wet in vlammen opging, dan was er niets veilig, dus ook niet hun eigen hoeves, dan konden ze zich maar beter overgeven. Het was een conclusie die duizenden individuele Boerenstrijders al eerder hadden getrokken – om precies te zijn vanaf de dubbele Engelse doorbraak op 27 februari 1900 – en daar kwamen nu nog duizenden anderen bij. Van maart tot juli 1900 legden zo'n twaalf- à veertienduizend Boeren hun wapens neer, oftewel een vijfde tot bijna een kwart van de oorspronkelijk zestigduizend dienstplichtigen in beide republieken. Dat was een forse aderlating, des te meer omdat er onder de '*hendsoppers*' relatief veel burgers waren die iets te verliezen hadden. Rijkere Boeren, en ook de nodige hoge functionarissen. Onder de laatsten bijvoorbeeld generaal Hendrik Schoeman, lid van de Transvaalse Uitvoerende Raad, en generaal Andries Cronjé, jongere broer van de voormalige Vrijstaatse commandant-generaal Piet 'Paardenberg' Cronjé.[6]

Maar het platbranden van Roodepoort had ook een tegengesteld effect. Bij tal van andere Boeren versterkte het juist de geest van verzet, luidde de redenering precies andersom. Voor hen was het niet Roberts die een voorbeeld stelde maar De Wet. Een lichtend voorbeeld van persoonlijke opoffering voor het gezamenlijke ideaal van een vrij en onafhankelijk land. 'Chrisjan' vocht door, verbeten als nooit tevoren, als het moest tot het bittere eind, en dat vergrootte zijn morele gezag en zijn aantrekkingskracht op twijfelaars.

Roodepoort kreeg zodoende een dubbele symbolische betekenis. Voor de *hendsopper* het bewijs dat zijn verzet zinloos was. Voor de *bittereinder* het teken dat hij een hoger doel diende. Roberts' nietsontziende aanpak dreef met andere woorden een wig in het Boerenkamp, en zette daar de onderlinge verhoudingen op scherp. Hij dwong de burgers tot een keuze: vóór of tégen hem. Ofwel hun vredige boerenbestaan weer oppikken, als loyaal Engels onderdaan. Ofwel ronddolen als een rebel, opgejaagd en onteigend. Dat was de oorlog die hij iedere Boer persoonlijk verklaarde. Een oorlog die zich niet langer afspeelde aan het front, maar die was verplaatst naar het niveau van de dorpsgemeenschap, de familie, het individuele geweten. Het werd nu een strijd tussen buren, van broers onderling, van vader tegen zoon, een gewetensstrijd.

Des te meer omdat ook de Boerenleiders van hun kant weinig keuzevrijheid lieten. President Steyn had het de burgers van Oranje Vrijstaat al in zijn eerste tegenproclamatie van 19 maart duidelijk te verstaan gegeven. Zijn regering was en bleef het enige wettige gezag; het niet-vervullen van de dienstplicht was hoogverraad. De volgende proclamaties van Roberts, van 24 mei en 1 juni, veranderden daaraan in zijn ogen niets. Steyn antwoordde op 11 juni met een nieuwe tegenproclamatie. Daarin stelde hij dat Roberts' aanspraken in strijd waren met het volkenrecht, 'daar de Regeering van den O.V.S. nog bestaat en burgers slechts de bevelen van de Regeering gehoorzamen'.[7]

Ook de Transvaalse leiders lieten zich, eenmaal hersteld van hun aanvankelijke wankelmoedigheid, niet onbetuigd. Vanuit Machadodorp liet president Kruger op 8 juni op zijn beurt een tegenproclamatie verspreiden, gericht tegen Roberts' 'Transvaalse' Proclamatie 1 en 2. Hij volgde in essentie de betoogtrant van Steyn. De rechtsgeldigheid van de Engelse aanspraken werd bestreden, en hij riep de burgers dringend op zich niet te laten misleiden '*deur beloftes en dreigemente*'. Het afleggen van een '*eed van getrouheid*' aan de Britse regering was hoogverraad. En bovendien geen garantie tegen verbanning naar Sint-Helena, zo waarschuwde hij.

Daarbij bleef het niet. Van Botha en andere commandanten kwamen gedurig berichten binnen over moedeloze en afvallige commando's. Kruger reageerde met een stroom telegrammen, in twee categorieën: bemoediging en bestraffing, soms onnavolgbaar gecombineerd. Bijvoorbeeld toen hij zich op 20 juni rechtstreeks tot vertwijfelde burgers richtte: 'Broeders Broeders Ik smeek u val niet uit het geloof maar blyf in het geloof en stryd in den naam des Heeren. Vraag uw eigen hart af indien gij zoo lafhartig word en vlugt dan is het dat gij niet meer gelooft dat er een God in den Hemel is en dan wordt gij kompleet een God verloochenaar.' Maar zelfs als er nog maar weinig strijders zouden overblijven, zo verzekerde hij Sarel Oosthuizen – de 'donkere ruiter' die Churchill gevangen had genomen, inmiddels vechtgeneraal – dan nog was er hoop: 'Het schijnt mij of het zal gaan zooals met Gideon en zijn 300 man dat de kleine klompje dapperen de heele slag zullen doen en de Heer dan zal zeggen tot den beest tot hiertoe en niet verder.'

Naast Bijbelteksten bevatten de telegrammen uit Machadodorp ook aardse sancties. Kruger aarzelde niet om commando's die hun post verlieten te bestempelen als 'volksmoordenaars'. En in de districten waar de Boeren het nog voor het zeggen hadden, moesten de '*wapenneerlêers*' worden gearresteerd en door speciale militaire rechtbanken worden berecht. Hun bezittingen dienden geconfisqueerd, zo liet de president op 24 juni weten. Ook wie de eed van neutraliteit aflegde, moest vrezen voor vervolging. In de woorden van staatssecretaris Frank Reitz 'wordt hij daardoor een verrader van land en volk'.[8]

Treinwagons. Een lange rij treinwagons. Dus dat was het nieuwe onderkomen van de Transvaalse regering, en van de ambtenaren die waren meegekomen uit Pretoria. Drie dagen waren Deneys en Hjalmar Reitz onderweg geweest. Het eerste stuk te paard, maar gelukkig hadden ze in Middelburg op een goederentrein kunnen stappen.

Vroeg in de ochtend kwamen ze aan in Machadodorp, de nieuwe hoofdstad.

In een van de treinwagons vonden ze hun vader. Opgelucht om elkaar weer te zien. Heelhuids, na al die maanden. En hij wist waar Arend was. Die lag in een Russisch veldhospitaal, in Waterval Onder, nog eens twintig kilometer verder aan het spoor. Hun stiefmoeder was met alle kleintjes vertrokken naar Lourenço Marques, en vandaar met de boot naar Holland, bij familie. De oorlog was nog lang niet gedaan, verzekerde hij hun. De nieuwe tactiek paste veel beter bij de Boeren dan grote veldslagen. Denk maar aan George Washington! Die kwam ook terug uit vrijwel verloren positie.

Zijn bemoedigende woorden hielpen wel, al kon Deneys nog niet direct al die vluchtende commando's uit zijn hoofd zetten. Eerst maar eens Arend opzoeken. Ze zaten hier op de rand van het hoge veld. Van Waterval Boven naar Waterval Onder ging de trein steil naar beneden, met behulp van tandwielen. Het was daar beneden veel minder koud. Arend werd goed verzorgd. Volgens de Russische verpleegsters ging het een stuk beter. Hij had geen koorts meer, maar het gevaar was nog niet geweken. In de buurt van het hospitaal zagen ze Kruger. Hun vader had al gezegd dat de oude president was gevlucht voor de kou daarboven. Hij zat in een salonwagen, in gedachten verdiept, een grote Bijbel opengeslagen op tafel. Ze keken naar hem door het raam. '*Hy lyk eensaam en treurig en moeg.*' Ze durfden hem niet aan te spreken.

Terug in Machadodorp namen ze afscheid van hun vader. Op zoek naar een commando-eenheid om zich bij aan te sluiten. In Middelburg, waar ze hun paarden ophaalden, troffen ze een afdeling Duitse vrijwilligers, een kleine zestig man onder bevel van de Oostenrijkse baron Von Goldeck. Ze deden verkenningswerk voor Louis Botha, dat leek Deneys en Hjalmar ook wel wat. Botha was drukdoende om alle her en der verspreide eenheden samen te voegen, en dat lukte steeds beter. '*Duisende van swakkere gehalte*' waren verdwenen, maar de overblijvers waren '*gelouterde krygsmanne*'.

Op een avond zag Deneys ook zijn allereerste eenheid weer opduiken. Het Pretoriacommando waarbij hij in Natal had gevochten. Althans, wat ervan over was, nog maar de helft, hooguit honderdvijftig man. Ze hadden ook een nieuwe veldkornet, een jonge van vijfentwintig, Max Theunissen. Deneys kon het goed vinden met de Duitsers, maar de oude vriendschapsbanden trokken meer. Hij sloot zich weer aan bij zijn plaatsgenoten. Hjalmar bleef bij Von Goldeck. Deneys nam zijn roodschimmel mee, en de Basutopony als pakpaard. Theunissen had van Botha de opdracht gekregen om sabotageacties uit te voeren aan de spoorlijn tussen Pretoria en Johannesburg. Ze keerden dus terug op bekend terrein.

Maar zonder veel succes. De spoorlijn werd zo streng bewaakt door de Engelsen, dat ze er niet bij konden komen. Ze bleven maar een beetje in de omgeving rondtrekken, in de hoop dat zich een kans zou voordoen. Een paar dagen later hoorde Reitz dat ook het ACC in de buurt actief was, het Afrikander Cavallerie Corps waarbij hij in Oranje Vrijstaat gediend had. Hij besloot '*my ou maters*' te gaan opzoeken en bij te praten met commandant Malan.

Het werd een vrolijk weerzien, dat uitliep op een tragedie. Terwijl Reitz met hen aan het praten was, opende een Engelse colonne de aanval. Met lydietgranaten. De eerste projectielen waren nog flink uit de richting, maar gaandeweg kregen de Engelse artilleristen hen beter in het vizier. Malan gaf opdracht om dekking te zoeken. Reitz vond een tuinmuur, een stel anderen school achter een grote wilgenboom. Dat bleek een jammerlijke keuze. Plotseling boorde zich een granaat dwars door de boom, om direct daarna tot ontploffing te komen. Er moesten zeven mannen achter hebben gestaan, maar daar was even later niets meer van te zien. Ze waren '*letterlik stukkend geskiet, en die grond dertig tree anderkant bestrooi met wat van hulle oorbly*'. Toen de artilleriebeschieting was gestopt, moesten '*die brokkies met 'n skopgraaf... vergader word, 'n afgryselike gesig*'.

Alsof dat nog niet rampspoed genoeg was, werd ook commandant Malan even later getroffen. Een kogel door zijn keel, binnen een paar minuten was hij dood. Dat was meer dan Reitz kon verdragen. Hij had met het idee gespeeld om over te stappen naar het ACC, maar die lust was hem nu wel vergaan. Het was duidelijk dat het korps onder een ongelukkig gesternte verkeerde.

Dus bleef hij bij het Pretoriacommando. De weken daarna verliepen rustig. Ze trokken rond in de omgeving van Pretoria, hielden de Engelse troepen in de gaten, wisselden af en toe wat schoten. Het was een adempauze die de Boerenleiders gelegenheid gaf om hun uiteengeslagen commando's te reorganiseren, en de burgers om bij te komen van alle demoraliserende tegenslagen. Het liep tegen half juli. Hartje winter.[9]

Piet de Wet speelde al veel langer met het idee. Het was 19 juli, en het gevecht van die dag bij Karroospruit bewees het opnieuw. Hij had gedaan wat hij kon, samen met Danie Theron, de commandant van het verkennercorps. Maar ze hadden moeten wijken voor de troepen van Broadwood. Kansloos. De Engelse overmacht was domweg te groot. Zo ging het de laatste tijd steeds. Het had allemaal niet veel zin meer. Hij moest nu echt met zijn broer gaan praten.

Christiaan en Piet de Wet deden in eigenzinnigheid niet voor elkaar onder. Misschien hadden ze het daardoor altijd zo goed met elkaar kunnen vinden. Piet was zeven jaar jonger, Christiaan was zijn favoriete oudere broer – ze waren met z'n veertienen thuis. Dat huis stond in Oranje Vrijstaat, in een plaatsje genoemd naar hun vader, Dewetsdorp. Ze hadden een tijdje samen een boerderij gehad in Transvaal, en ze deelden vele oorlogsherinneringen. Ze waren erbij geweest in Paardekraal, toen daar in december 1880 de Engelsen voor het eerst de oorlog was verklaard. Ze hadden samen geholpen om die oorlog te winnen, op de hellingen van de Majuba, op 27 februari 1881. En ook in de huidige oorlog waren beider namen verbonden aan dezelfde grote successen. Nicholson's Nek op 30 oktober 1899. Sannaspost op 31 maart 1900. Om maar de bekendste te noemen. Ze waren razendsnel gestegen in de rangen, binnen de kortste keren allebei generaal. Christiaan als opvolger van Piet Cronjé zelfs hoofdcommandant van alle Vrijstaters, maar ook Piet mocht zich hoofdcommandant noemen, van alle troepen aan het zuidelijke, 'Kaapse', front.

Maar de opmars van Roberts had hen uit elkaar gedreven. Christiaan wilde meteen al van tactiek veranderen. Alsof hij erop gewacht had. Laat de Engelsen passeren, en val dan hun verbindingslijnen van achteren aan, was zijn redenering, met intuïtieve, onvoorspelbare acties. Dat paste wonderwel bij zijn vrijgevochten, dwarse aard. Piet hield liever vast aan het vertrouwde. Doordachte stellingen, uitgekiende manoeuvres en daarmee de Engelse opmars stuiten, dat was meer zijn stijl. Hij hield niet van ongeregeld, van vrijbuiterij. Hij hield van orde en van recht, hij hechtte waarde aan persoonlijk eigendom.

Dat bleek bijvoorbeeld ook uit een zakelijk geschil dat zich al maanden lang voortsleepte met het Transvaalse commissariaat voor de bevoorrading. Vlak vóór de oorlog had Piet de Wet daar honderd paarden afgeleverd. Tegen twintig pond per stuk, dat was de afspraak. Maar hij had maar achttien betaald gekregen. Daar was hij inmiddels vreselijk boos over, een boosheid die niet werd getemperd door de oorlogsomstandigheden. Op 18 maart 1900 – luttele dagen na de val van Bloemfontein – stuurde hij twee verontwaardigde telegrammen naar Pretoria, waarvan eentje naar Kruger zelf. Hij vond het een schande. Het kostte hem tweehonderd pond in totaal. Konden die kantoorklerken dat zomaar op eigen houtje bepalen? Dat zijn paarden minder waard waren? Het was de onrechtvaardigheid ten top. Terwijl hij hier in het veld zijn leven waagde, en zij daar in Pretoria een luizenleventje leidden.

Hoe het afliep, is niet bekend, maar zo'n reactie was tekenend voor Piet de Wet. Van zijn gelijk liet hij zich moeilijk afbrengen. Hij stond op zijn recht. Zo ging het ook met zijn mening over de oorlog. Naarmate de Engelsen verder optrokken, verdampte zijn geloof in een goede afloop. De Boeren hadden gedaan wat ze konden, hijzelf als geen ander, maar het was niet genoeg gebleken. Het werd tijd om die waarheid onder ogen te zien. Doorgaan zou ten koste gaan van hun land, hun bezittingen, hun vrouwen en kinderen. De Boerenleiders waren nu verplicht te redden wat er te redden viel. Voor hun gezinnen. Hij besloot een daad te stellen. Op 18 mei liet hij aan Broadwood en Hamilton weten dat hij zich wilde overgeven. Mits hij gewoon terug mocht naar zijn boerderij in Lindley. Het aanbod werd afgewezen, naar hij begreep op gezag van Roberts zelf. Alleen onvoorwaardelijke overgaves, luidde het consigne. Dat ging Piet de Wet te ver.

Dus vocht hij door. Twee weken later, op 31 mei, boekte hij zelfs nog een spectaculair succes. Samen met commandant Michael Prinsloo – de jongere broer van Marthinus – nam hij in de buurt van Lindley een compleet Engels bataljon krijgsgevangen. En niet zomaar een bataljon, het waren de bijna vijfhonderd vrijwilligers van de 13th Imperial Yeomanry, voor een flink deel afkomstig uit adellijke en welgestelde kringen.

De *Lindley Affair* deed in Engeland heel wat stof opwaaien, maar Piet de Wet zelf putte er geen nieuwe moed uit. Begin juni stelde hij eigenmachtig een gedeeltelijke wapenstilstand voor aan Lord Methuen. Steyn keurde zijn initiatief af – Roberts trouwens ook – en tijdens een krijgsraad op 6 juni werd Piet ter verantwoording geroepen door zijn oudere broer. Het werd een harde aanvaring, waarbij Piet op zijn beurt Christiaan – en Steyn en zeker ook de Transvaalse leiders – verweet de burgers voor de gek te houden. Die zogenaamde buitenlandse hulp waarmee ze schermden, dat was een fabeltje. Inmiddels was ook Pretoria gevallen. Als ze de oorlog voortzetten, veranderde het land in een ruïne, waarschuwde hij, met onschuldige vrouwen en kinderen als slachtoffers. Maar gehoor vond hij niet. Sterker nog, Christiaan verloor zijn zelfbeheersing en viel woedend tegen hem uit.

Eind juni kreeg hun conflict een extra persoonlijke lading. Bizar genoeg raakten beide broers verwikkeld in een ordinaire concurrentiestrijd. Steyn had Christiaan aangewezen als opvolger van Piet Cronjé, hij was niet formeel verkozen tot hoofdcommandant, zoals de gewoonte was. Piet en twee andere generaals, Marthinus Prinsloo en Jan Olivier, lieten hun onvrede daarover duidelijk merken. Van Steyn hoefde het niet, maar Christiaan besloot zelf een einde te maken aan alle twijfel. Eind juni liet hij een echte verkiezing houden. De uitslag was ondubbelzinnig. Zesentwintig stemmen voor hem, drie voor Olivier, twee voor Prinsloo en eentje voor zijn broer.

Het was duidelijk hoe de verhoudingen lagen. Teleurgesteld verliet Piet de Wet de bijeenkomst. Plichtmatig nam hij zijn commando weer op zich. Maar nooit ver uit de buurt van zijn boerderij in Lindley. Hij praatte veel met zijn vrouw Susanna. Zij maakte zich grote zorgen dat de Engelsen ook hun '*huis aan die brand steek*'. Wat moest er dan van haar en hun elf kinderen terechtkomen? Rondzwerven net zoals haar schoonzuster Cornelia? Bij dat vooruitzicht werd het hen allebei bang te moede.

Na weken piekeren probeerde hij het nog één keer. Op 20 juli zocht hij zijn oudere broer op in Blesbokfontein. Zag hij nog wel kans om de strijd voort te zetten? Die vraag alleen al deed Christiaan opnieuw in woede ontsteken. 'Ben jij gek?' was zijn enige reactie. Het was gedaan. Piet keerde terug naar zijn troepen, en besprak het met een paar vertrouwelingen. Ze waren het met hem eens. Op 24 juli liet hij bij de Engelsen informeren naar de voorwaarden. Op een vraag van een van zijn commando's antwoordde hij: '*Ek gee niemand raad nie, elke een moet maak soos hy dink, maar ek gaan huis toe*.' Op 26 juli 1900 ging hij naar Kroonstad, om zich over te geven.[10]

Drijfjacht

Bronkhorstspruit, juli 1900

Deneys Reitz schrok vroeg wakker. Eén blik in de verte was voldoende. De Engelsen. Geen colonne of een bataljon, dit was een enorme troepenmacht. De stofwolk vulde de hele westelijke horizon. Het ging weer beginnen. Zo op het oog meer dan dertigduizend man, schatte hij. Het Pretoriacommando nam posities in op nabijgelegen kopjes. Binnen de kortste keren suisden de eerste granaten door de ochtendschemering. Het werden er snel meer, en akelig dichtbij. Dit was niet te doen. Opbreken, terugzakken en nieuwe posities innemen.

De toon was gezet. De Engelsen rukten op, over een breed front aan weerszijden van de spoorlijn naar Lourenço Marques, en ze zetten de vaart erin. De Boerencommando's konden niet veel anders dan terugtrekken. Van kopje naar kopje, zo nu en dan een fanatiek salvo op een verkenningseenheid, en dan weer verder terugtrekken. De overmacht was te groot, het kanonvuur te hevig. Geen twijfel mogelijk, Roberts was eropuit ook de laatste levensader van de Boeren af te sluiten.

Het tempo waarin ze werden opgejaagd, deed Reitz denken aan die eerdere aftocht, in Oranje Vrijstaat. Binnen een week waren ze al halverwege Machadodorp, in Middelburg. Maar er was één verschil met toen. De stemming onder de commando's bleef nu goed. Niemand had het over *huis-toe*. Het verhaal ging dat Botha nog eenmaal een echte veldslag wilde leveren, op een zorgvuldig gekozen plek. Daarna zou ook hij, net als Christiaan de Wet, zijn leger splitsen in '*kleiner klompies*'. Met dat vooruitzicht was de dagelijkse vernedering minder erg, konden ze het alsmaar terugtrekken nog wel verkroppen.

Al was het af en toe paniekerig genoeg. Bij het dorpje Belfast ontstond in het donker zo'n gedrang dat Reitz het Pretoriacommando kwijtraakte. De volgende ochtend waren de anderen nergens te bekennen. Dus sloot hij zich maar aan bij een afdeling Boksburgers, uit het gelijknamige mijndorpje. Die was hij in de buurt van Johannesburg al eens tegengekomen. Met zijn nieuwe eenheid kwam hij een paar dagen later in Dalmanutha, vlak vóór Machadodorp. Daar kregen ze posities toegewezen.

Dus dit was het strijdtoneel dat Botha had uitgekozen. Het berggebied aan de rand van het hoge veld. Het leek Reitz een uitstekende plek. Hij was hier twee maanden eerder al in de buurt geweest, op bezoek bij zijn vader, en het was inderdaad '*'n natuurvesting*'. Vanuit de bergen hadden ze een vrij schootsveld over de hele vlakte. En achter de bergen liep het steil naar beneden, een '*pragtige skuiling vir mens en dier.*' Bovendien stokte de Engelse opmars bij Belfast. Wekenlang gebeurde er niets. Dat gaf de Boerencommando's de tijd om de natuurlijke stellingen nog verder te versterken.

Na een week dook opeens het Pretoriacommando weer op. Tot zijn verrassing waren allebei zijn oudere broers erbij. Deneys nam prompt afscheid van de Boksburgers en sloot zich weer aan. Terug bij de Pretorianen, samen met Hjalmar en Joubert! De Engelsen konden komen.[11]

De aanval van de Engelsen kwam ook, maar pas op 21 augustus 1900, precies een maand na het begin van hun opmars langs de oosterlijn. De tempovertraging in de laatste weken had twee redenen.

De eerste kwam voort uit weer een nieuwe proclamatie die Roberts had afgekondigd, op 17 juli. Dit keer ging het over de gezinsleden van Boeren die nog als commando's actief waren. Veel van die vrouwen en kinderen hadden elders hun toevlucht gezocht, vooral in grote plaatsen als Johannesburg en Pretoria. Ze hadden daar geen middelen van bestaan, waren tot armoede vervallen, en moesten worden onderhouden door het Britse bestuur. De familieleden van je vijanden te eten geven, dat was toch eigenlijk heel merkwaardig, stelde Roberts. Het was veel logischer als de opstandige Boerencommando's zelf voor hun vrouwen en kinderen zouden zorgen. Daarom had hij besloten hen over te dragen. Vanaf 19 juli zouden ze per trein naar Van der Merwe worden gebracht, vijftien kilometer ten oosten van Pretoria.

Het bericht overdonderde Botha volkomen. Honderden, zo niet duizenden vrouwen en kinderen. Of hij zich maar over hen wilde ontfermen, voor voedsel en onderdak zorgen. Over twee dagen. Hij had zijn handen al vol aan het hergroeperen van de mannen. Hij was nog volop aan het protesteren tegen het platbranden van boerderijen door de Engelse troepen. En nu dit er nog bij. Vanuit Machadodorp adviseerde Kruger hem eerst om ronduit te weigeren de families op te nemen, en vervolgens om een wapenstilstand te eisen. Hij moest in ieder geval protest aantekenen tegen deze schandelijke maatregel.

Roberts toonde zich niet onder de indruk. Dat het Britse bestuur de vrouwen en kinderen niet meer kon onderhouden, antwoordde hij fijntjes, was de schuld van hun eigen echtgenoten en vaders. Die vernielden de spoorlijnen, en daardoor stagneerde de aanvoer van levensmiddelen. Als die sabotageacties zouden stoppen, hoefden hun gezinnen niets tekort te komen. Gingen ze door, dan kon hij niets anders dan alle behoeftige vrouwen en kinderen wegsturen. Op 19 juli liet hij het eerste contingent op de trein zetten. Meer dan vierhonderd in getal, in open goederenwagons. 's Avonds laat kwamen ze aan in Van der Merwe, in bittere winterkou.

Botha had in allerijl generaal Ben Viljoen opgedragen daar een tijdelijke opvang te improviseren. Vandaar gingen ze verder naar Barberton, in het uiterste oosten van Transvaal, tegen de grens met Swaziland. Dat kostte de nodige tijd, moeite en – voor wie zijn vrouw en kinderen erbij wist – gemoedsrust. En in plaats van een wapenstilstand kwam er een nieuw offensief. Op 21 juli begon de Engelse opmars langs dezelfde spoorlijn. Botha kreeg het druk. Hij moest nu de verdediging organiseren én anticiperen op nieuwe wagonladingen vrouwen en kinderen.

Roberts dreigde namelijk al snel weer met nieuwe transporten. Hij verwierp Botha's aantijging dat de betreffende Boerengezinnen naar

Johannesburg en Pretoria waren gevlucht omdat hun boerderijen waren platgebrand. Volgens Roberts waren rondtrekkende groepjes rebellen de schuldigen. Die zetten burgers onder druk hun wapens weer op te nemen en de eed van neutraliteit te breken, en ze dwongen die gezinnen hen te bevoorraden. Bovendien gingen de sabotageacties tegen de spoorlijnen ook nog door. Hij zag dus geen reden om te stoppen met de transporten. Begin augustus kondigde hij aan dat er op de 11e en de 13e nog zo'n vierhonderdvijftig vrouwen en vijftienhonderd kinderen op de trein zouden worden gezet, dit keer tot Belfast. Als enige concessie was hij bereid alle troepenbewegingen op te schorten tot 16 augustus.

Botha had weinig andere keus dan te accepteren. De volgende achthonderd vrouwen en kinderen kwamen zaterdag 11 augustus aan, opnieuw 's avonds laat, kleumend in open beestenwagens. Viljoen ving de gezinnen weer op, in afwachting van het verdere vervoer naar Barberton. Hun weerstand bleek allerminst gebroken. Velen droegen de Vierkleur op hun kleding, en bij aankomst hieven ze luidkeels het Transvaalse volkslied aan. Ze leken er beter aan toe dan Botha zelf. Die telegrafeerde openhartig aan Kruger: 'Ik ben nu zoo moe en vol van uitzending vrouwen en kinderen want het is mij duidelyk dat de Engelsche met de vrouwens tegen ons oorlog maakt.'[12]

Roberts liet het uiteraard niet blijken, maar de tijdelijke stopzetting van de opmars kwam hem zelf eigenlijk ook niet slecht uit. Hij wilde namelijk – de tweede reden – wachten op Buller. Die was inmiddels ook in aantocht, vanuit het zuidoosten, met een deel van zijn expeditieleger. Roberts achtte het verstandiger om de aanval op Botha's 'natuurvesting' gezamenlijk in te zetten.

Bullers opmars vanuit Natal was niet zo razendsnel verlopen als die van Roberts. Voorzichtig geworden door zijn ervaringen bij de Tugelalinie, had hij de Boerenstellingen in de Biggarsbergen en de Drakensbergen heel behoedzaam benaderd. Hij had er een nieuwe opponent getroffen, Chris Botha, de jongere broer van Louis, en een nieuwe bijnaam verworven: '*Sitting Bull*.' Maar het uiteindelijke resultaat mocht er wezen. Met behulp van zorgvuldige terreinverkenningen en uitgekiende omtrekkende bewegingen was hij er in geslaagd beide imposante hindernissen te nemen, met spectaculair weinig verliezen.

Op 1 juni was Buller de Transvaalse grens overgestoken. Hij had prioriteit gegeven aan het herstel van de zuidoosterspoorlijn van Durban naar Johannesburg. Op 7 juli was hij zover dat hij zelf kon afreizen naar Pretoria, om er zijn opwachting te maken bij Roberts. Beide mannen hadden een lange geschiedenis van rivaliteit – de een de leider van de '*Indians*', de ander de tweede man van de '*Africans*' – en daar was in Zuid-Afrika het nodige nieuw zeer bij gekomen. De donkerste wolk boven beider hoofd heette 'Colenso'. Buller had daar zijn opperbevel verspeeld. Roberts had er zijn enige zoon Freddy verloren. Ze konden het elkaar verwijten, en dat zouden ze ook doen. Maar bij deze – hun eerste – ontmoeting hielden ze het koel en zakelijk.

Over één ding waren ze het, althans in dit stadium, eens. Het bestrijden van sabotageacties met represailles. Daarin liep Buller zelfs voor op Roberts. Direct bij het betreden van Transvaals grondgebied – twee weken vóór Roberts' Proclamatie 5 van 16 juni – liet hij al de volgende waarschuwing aanplakken: '*The residents of any locality will be held responsible both in their persons and their property if any danger is done to Railway or telegraph or any violence done to any other of the British forces in the vicinity of their homes.*' Begin juli bleek dat hij het meende. Een zestal boerderijen in het district Standerton, van waaruit '*a few scattered banditti*' aanslagen zouden hebben beraamd, werd op zijn bevel verwoest. Daartoe behoorde ook de boerderij Varkenspruit, eigendom van niemand minder dan Louis Botha.

Het heette louter toeval, maar Bullers gerichte vergeldingsactie zal Roberts niet hebben mishaagd. Twee weken na Roodepoort nu Varkenspruit. Opnieuw een afschrikwekkend voorbeeld. Geen enkele Transvaler die zich bleef verzetten, kon zich veilig wanen. Ook niet hun commandant-generaal, dat was de boodschap. Het kwam Roberts te staan op een scherp protest van het slachtoffer. Botha repte van goddeloze, barbaarse praktijken, die niet pasten in een beschaafde oorlog. Maar dat was Roberts inmiddels wel gewend. Daarop reageerde hij steevast met tegenbeschuldigingen. Dat er vanaf boerderijen waar een witte vlag wapperde, werd geschoten op Britse troepen. Dat de Boerencommando's goedwillende burgers intimideerden.

Hij deed er zelfs een flinke schep bovenop. Op 14 augustus vaardigde Roberts een nieuwe proclamatie uit, de twaalfde inmiddels. Alle burgers die de eed van neutraliteit niet hadden afgelegd, zouden voortaan worden beschouwd als krijgsgevangenen, en konden naar believen op transport worden gesteld. Gebouwen waarin '*the enemy*' zich schuilhield, werden met de grond gelijkgemaakt. Boerengezinnen die de Britse militairen niet op de hoogte stelden van de aanwezigheid van vijandige elementen, maakten zich schuldig aan medeplichtigheid.

Er was geen ontsnappen meer mogelijk. Voor niemand. Dat was precies de bedoeling. En zeker niet voor Louis Botha. Op 15 augustus kwamen beide Britse legerkorpsen samen, even ten zuiden van Belfast. Roberts' troepen uit het westen, Bullers troepen uit het zuidoosten. Het was tijd voor de genadeklap.[13]

Het was ook tijd voor een opsteker. Uit het westen van Transvaal was een dag eerder slecht nieuws gekomen. De Wet was toch ontsnapt, samen met Steyn en zo'n tweeduizend commando's. Hoe het in vredesnaam mogelijk was, kon niemand Roberts uitleggen. Ze wezen naar elkaar, natuurlijk, Methuen naar Kitchener, Kitchener naar Hamilton, en Hamilton, ja die had eigenlijk geen excuus. Behalve dat hij de laatste was in de rij Britse generaals die de Vrijstaatse commandant-generaal door de vingers hadden laten glippen. Een maand lang hadden ze hem opgejaagd, van oost naar west, dwars door Oranje Vrijstaat, de Vaal over richting de Magaliesbergen. Het was een ongekend massale jacht geweest, over een grote afstand. Honderden kilometers lang hadden ze hem op de hielen gezeten, met – in de opeenvolgende etappes – bij elkaar liefst 50 000 man, en toch hadden ze hem niet te pakken gekregen.

Het had er vooraf zo veelbelovend uitgezien. Half juli 1900 bevonden zich vrijwel alle resterende Vrijstaatse commando's inclusief De Wet in de Brandwatervallei, gelegen aan de oostgrens, tegen Basutoland aan. Zo'n 8 000 Boeren, met alles wat bij hen hoorde aan geschut, wagens, munitie, paarden, ossen en schapen. Een fantastische prooi. Als ze daar bleven, dan zaten ze allemaal in de val. De vallei werd vrijwel geheel omsloten door de Wittebergen en de Rodebergen, een bergmassief in hoefijzervorm, met slechts een paar begaanbare passen. En naar het zuiden, Basutoland in, dat zouden de Boeren gezien de van oudsher vijandige betrekkingen wel niet wagen. Luitenant-generaal Sir Archibald Hunter – toepasselijker achternaam kon niet – was met 20 000 man drukdoende om elk van die passen te blokkeren en in te nemen. Dan zouden de Boeren opgesloten zitten, en was het wachten op hun collectieve overgave.

Eigenlijk was het daar al voor het eerst fout gegaan. De Wet had het gevaar gezien, en had besloten om weg te trekken uit de vallei. In drie groepen, in verschillende richtingen. Hijzelf met president Steyn, de overige leden van de Vrijstaatse regering te velde en 2 000 man naar het noorden. Nog eens 2 000 man naar het zuidwesten, onder leiding van generaal – tevens dominee – Paul Roux. Een derde groep van 500 man onder generaal J. Crowther naar het oosten. De rest zou onder commando van Marthinus Prinsloo achterblijven om de bergpassen zo lang mogelijk te verdedigen, en zich dan terugtrekken.

De Wet was direct vertrokken, in de nacht van 15 op 16 juli, via een van de twee noordelijke passen, Slabbert's Nek. Met al zijn commando's, vierhonderd ossenwagens en vijf stuks geschut. Hij was het legerkamp van een van Hunters onderbevelhebbers, generaal-majoor Arthur Paget, brutaalweg op nog geen drie kilometer afstand gepasseerd. Niemand had wat gemerkt. Dat was de eerste van een reeks wonderbaarlijke ontsnappingen.

Maar dat wist Hunter toen nog niet. Er was één groep Boeren tussenuit geslopen, dat was wat hem de volgende dag werd gerapporteerd. Maar als het goed was, zat de rest nog in de Brandwatervallei. Dat klopte. De andere Boerencommandanten toonden zich minder voortvarend dan De Wet. Ze aarzelden om hun lagers op te breken, en Prinsloo en Roux raakten zelfs onderling in de clinch over het leiderschap. Een stemming bracht geen uitsluitsel. In eerste instantie won Prinsloo, maar op grond van nagekomen stemmen bleek Roux de meeste steun te genieten. Dat erkende Prinsloo weer niet, en hij bleef het leiderschap opeisen.

Hunter profiteerde dankbaar van de onenigheid tussen de Boerenbevelhebbers. Onder barre winterse omstandigheden, regen bij bakken en op de berghellingen dichte sneeuw, slaagde hij er op 24 juli in de Boeren uit hun posities op Slabbert's Nek en Retief's Nek te verjagen. Binnen enkele dagen volgden Commando Nek in het zuidwesten en Nauwpoort Nek in het noordoosten. Van vier kanten stroomden nu de Britse troepen de vallei binnen. De ingesloten Boeren konden geen kant meer op.

Dat was althans de conclusie van Prinsloo. Hij vroeg om een wapenstilstand. Hunter weigerde. Onvoorwaardelijke overgave moest het worden. Op 30 juli ging Prinsloo akkoord, uit naam van alle Boerencommando's. Roux tekende nog wel protest aan, zelfs in eigen persoon bij Hunter. Prinsloo was niet de hoogste Boerenbevelhebber ter plekke, voerde hij aan, dat was hij. De overgave was dus niet rechtsgeldig. Hunter hoorde Roux aan, waarschijnlijk geamuseerd over zoveel naïviteit, en liet hem gevangennemen.

Maar andere Boerencommandanten zagen nog wel een uitweg. Zo'n 1500 man onder generaal Piet Fourie ontkwamen via de meest oostelijke bergpas, Golden Gate. De rest van de Boerencommando's volgde het voorbeeld van Prinsloo. Het waren er zoveel dat het ruim een week duurde voordat ze allemaal hun wapens hadden ingeleverd, toepasselijk genoeg in Verliesfontein. Op 9 augustus kon de balans worden opgemaakt. In totaal 4314 man hadden zich overgegeven, meer nog dan bij Paardeberg. Ze werden krijgsgevangen genomen en naar Ceylon overgebracht, waar ze de hele oorlog zouden blijven. Hun twee miljoen Mauserpatronen eindigden in een kolossaal vreugdevuur. Voor hun 5 500 paarden, 4 000 schapen en 3 000 ossen hadden de Engelsen een betere bestemming.[14]

Ondertussen was De Wet al honderden kilometers en enkele '*narrow escapes*' verder. De eerste berichten over de massale overgave in de Brandwatervallei bereikten hem op 2 augustus. Hij was geschokt. Een paar dagen daarvoor zijn eigen broer Piet, en nu Prinsloo, Roux en al die duizenden anderen. Het was 'een gruwelijke moord gepleegd op Regeering, Land en Volk'. En het stuurde zijn plannen in de war. Hij bevond zich bij de Vaal en hij zou het liefst zijn afgebogen naar het zuiden, richting Kaapkolonie. Maar met zoveel vrijgekomen Engelse troepen in Oranje Vrijstaat leek het nu verstandiger om naar het noorden te gaan, Transvaal in. Daar kwam bij dat Steyn wilde overleggen met Kruger, niet via de telegraaf, maar van president tot president. Die kon hij dan een stuk op weg helpen.

De weg naar het noorden was niet bepaald vrij. Ten zuiden van de Vaal rukten al zo'n elfduizend Engelsen op om hem in te sluiten, maar aan de overkant van de rivier wachtten er nog veel meer. Zo'n achttienduizend in totaal, met vermaarde bevelhebbers als Methuen, Smith-Dorrien, Hamilton en Baden-Powell. En dat alles onder de persoonlijke leiding van Kitchener.

Toch lukte het De Wet om tussen alles en iedereen door te laveren. Bij Schoeman's Drift de Vaal over. Over een vrijwel onbegaanbaar pad naar Van Vuurenskloof. Een paar uur uitgerust bij Buffelsdoorn. De spoorlijn over bij Welverdiend. En passant op acht plaatsen opgeblazen. Mooirivier overgestoken. Samengevoegd met de Transvaalse commando's van Piet Liebenberg. Vóór Ventersdorp naar het noorden afgebogen. Het droge gras achter zich in brand gestoken. Richting Magaliesbergen. Op het laatste moment naar het oosten. In de nacht van 13 op 14 augustus Olifant's Nek over. Los van alle achtervolgers, ontsnapt!

Dat was in kort bestek wat Roberts las in de rapportages van zijn generaals. Natuurlijk, het was voor een groot deel De Wets eigen verdienste. Geen Boerencommandant had zo de wind onder zijn manschappen, hanteerde de sjambok zo genadeloos, joeg hen op tot zo'n adembenemend tempo. Niemand had zulke goede verkenners als hij. Zijn schijnbewegingen waren onnavolgbaar, nota bene met al die ossenwagens. Hij had hulp gehad van Transvaalse commando's. Allemaal waar. Maar dat nam niet weg dat er grote kansen waren gemist, misrekeningen gemaakt, verkeerde beslissingen genomen. Communicatiestoornissen, fouten, blunders, hoe je het ook noemen wilde. In ieder geval moest het beter. Tegen Botha zou Roberts zelf het commando voeren.[15]

Het was het antwoord waarop Willem Leyds had gehoopt. Gedagtekend 1 augustus 1900, Den Haag, en alvast opgesteld als concept-protest. Typisch zijn oude leermeester Asser. In niet mis te verstane bewoordingen had de bevriende staatsraad gereageerd op de eerste 'Transvaalse' proclamaties van Roberts. Juridisch precies en hartverwarmend afwijzend. De aantasting van 'de eigendom van burgers' was naar het oordeel van Asser 'in lijnrechten strijd met de sinds eeuwen geldende beginselen van volkenrecht. Particulier eigendom, mits geen oorlogscontrabande, moet in de landoorlog geëerbiedigd worden.' Artikel 46 van de op 29 juli 1899 in Den Haag opgestelde '*Convention concernant les lois et coutumes de la guerre sur terre*' was daar helder over. Ook Engeland had die verklaring ondertekend. En in Roberts' proclamaties werden 'de burgers der Republiek als belligerenten erkend'. Dus 'zoolang niet vrede gesloten is of de strijdmachten der Republiek geheel vernietigd zijn', gold in Transvaal het oorlogsrecht.

Leyds ontving Assers reactie ruim een week later. Hij zat in Berlijn, op een opnieuw onmogelijke missie met Fischer, Wessels en Wolmarans. De deputatieleden waren terug uit Amerika, en wilden met alle geweld op audiëntie bij keizer Wilhelm II. Een tamelijk kansloze affaire. Leyds had hen nog zo gewaarschuwd. In Parijs had hij dankzij zijn persoonlijke contacten een informele ontvangst weten te arrangeren met president Loubet, maar dat zat er hier niet eens in. De signalen die hij vooraf had ontvangen, waren uitgesproken negatief geweest. Maar de drie wilden toch. Dus waren ze gezamenlijk afgereisd naar de Duitse hoofdstad. Alleen maar om genegeerd en geschoffeerd te worden. Zelfs een ontmoeting met een waarnemend onderstaatssecretaris was hun niet vergund, laat staan met de keizer. Die liet botweg weten de deputatieleden niet te zullen ontvangen, omdat hij hun niets had mee te delen. Ze hadden ook Leyds' advies moeten opvolgen, noteerde hij zuur, en meteen na aankomst uit Zuid-Afrika naar Berlijn moeten gaan, en niet eerst naar Nederland en Amerika.[16]

Aan de andere kant begreep Leyds het wel. De deputatieleden grepen elke kans aan die ze zagen, hoe klein ook. Ieder sprankje hoop, als tegenwicht tegen alle slechte nieuws van het strijdtoneel. Nu weer de uitwijzing van de Nederlanders in dienst van de NZASM. Met hun gezinnen erbij in totaal veertienhonderd landgenoten. En het personeel van de Nederlandse Ambulances, ook naar huis gestuurd. De mannen zelfs gevangengenomen, op beschuldiging van hulp aan de Boeren. Als je dat hoorde, dan wilde je iets doen, al was het alleen maar om vanuit het verre Europa iets positiefs te kunnen melden.

Leyds had het zelf ook gedaan, in een persoonlijke brief aan Kruger, half juni, in reactie op de val van Pretoria. Hij had zijn emoties de vrije loop gelaten. 'Mijn hart gaat elken dag naar U, mijn hooggeëerde Staatspresident en elken dag verlang ik ernaar om nabij U te mogen zijn.' Hij had afgesloten met een hoopvol PS: 'De Deputatie telegrafeert uit Amerika: nog eenigen tijd volhouden, dan zal het Amerikaansche Gouvernement gedwongen zijn iets voor de Republieken te doen.'

Niet heel realistisch, dat wist hij zelf ook wel, maar het stak Kruger en de anderen wellicht een hart onder de riem. Of anders de strubbelingen in China. Daarvan viel mogelijk ook iets te verwachten. Eind juni 1900 was een grote opstand van het Chinese platteland overgeslagen naar Peking. De opstandelingen – Boksers genaamd naar hun religieus geïnspireerde vechttechniek – verzetten zich tegen de toenemende westerse invloed. Ze vermoordden buitenlanders, vooral zendelingen en missionarissen, en hadden het beleg om de diplomatenwijk in Peking geslagen. In allerijl was een internationale interventiemacht geformeerd, waarin alle grote westerse landen plus Japan deelnamen. Die rukte nu op naar de Chinese hoofdstad. Ook de Engelsen deden mee. Hopelijk ging het hun nog veel meer militairen kosten dan de tienduizend man die ze nu al vanuit Brits-Indië hadden bijgedragen. Dan waren ze waarschijnlijk eerder geneigd de oorlog in Zuid-Afrika te beëindigen.[17]

En zo probeerde Leyds er de moed maar in te houden. Dat was wel nodig ook, want na Berlijn wachtte hem en de deputatieleden een nieuwe beproeving. Sint-Petersburg. Het was maar zeer de vraag of ze daar wél in audiëntie zouden worden ontvangen. Woensdagmiddag 15 augustus 1900 kwamen ze aan op het station. De juichende menigte was een bemoedigend teken, maar dat was meteen ook het laatste enthousiasme dat hun ten deel viel. Al spoedig bleek dat de Russische autoriteiten in hun maag zaten met de ongenode gasten. Kranten mochten niets over hen schrijven, en de tsaar bleek afwezig. Legeroefeningen, dat ging nog wel een week duren.

In afwachting van diens terugkeer werd Leyds alvast ontvangen door minister van Buitenlandse Zaken, graaf V.N. Lamsdorff. Met alle egards. Leyds was al sinds december 1898 officieel geaccrediteerd als gezant – zijn geloofsbrieven waren destijds aangeboden door tweede secretaris Van der Hoeven –[18] en hij was derhalve altijd welkom bij de tsaar, verzekerde Lamsdorff. Maar de deputatieleden? Tja, die hadden zo'n onduidelijke status, die konden natuurlijk onmogelijk door Zijne Majesteit worden ontvangen. En ook niet door Lamsdorff, trouwens.

Dat was een bittere pil voor Fischer, Wessels en Wolmarans. Leyds kreeg wel alvast een tijdstip toegewezen voor zijn audiëntie. Zaterdagmiddag 25 augustus om twee uur. In de tussentijd werkten ze aan de officiële protestbrief tegen Roberts' proclamaties. De tekst volgde nauwgezet het concept van Asser, met als toevoeging nog een klemmend protest tegen de vervolgproclamaties van 16 en 19 juni. Leyds stuurde de brief naar de Nederlandse consul-generaal in Londen H.S.J. Maas, met het verzoek deze af te geven aan Lord Salisbury, en tevens honderd kopieën te laten drukken voor de pers. Ze zouden in Engeland wel opkijken van de dagtekening. '*St. Petersbourg, August 18th 1900*.' Alsof de tsaar het protest symbolisch ondersteunde.

Waartoe Nicolaas II werkelijk bereid was, vernam Leyds een week later uit diens eigen mond, in het paleis te Peterhof. De tsaar kwam direct ter zake. Kon Leyds uitleggen waarom de Duitse keizer zich zo opzichtig van Transvaal had afgekeerd? 'Geen enkele van mijn ambassadeurs kan mij dat verklaren.' Leyds antwoordde bedachtzaam. Slechts bij één gelegenheid, wist hij, had Wilhelm II zich ontevreden getoond over de Boeren, namelijk toen zij niet uitsluitend in Duitsland kanonnen hadden besteld, maar ook in Frankrijk. '*Wir sind die Kanonenlieferanten der Welt*,' zou hij toen afkeurend hebben gezegd. Maar daar kon het 'm toch niet in zitten, veronderstelde Leyds. De echte oorzaak, probeerde hij voorzichtig, 'moest... gezocht worden in de veranderlijkheid van zijn natuur'. Dat was kennelijk precies wat de tsaar wilde horen. Die wispelturigheid van Wilhelm II was Leyds' enige kans, beklemtoonde hij. 'Kunt gij van hem de verzekering verkrijgen dat hij zich niet aan de zijde van Engeland zal scharen, dan ben ik nog altijd bereid tot interventie.'

De ene autocraat verschool zich dus nog altijd achter de andere. Daar kon Leyds het mee doen. En met de aansporing om het Russische staatshoofd vooral rechtstreeks op de hoogte te blijven houden, door middel van zijn gezant in Brussel De Giers. Bijna bedierf Leyds de stemming nog, door een laatste pleidooi voor de deputatie. Dat viel niet in goede aarde. 'Ik zou tegenover hen slechts kunnen herhalen wat ik tot u zeg. En denkt gij dat het voor mij, den Keizer aller Russen, aangenaam zou zijn tweemaal te moeten zeggen: "ik kan niet"?'[19]

Het eerste wat Roberts deed na aankomst in Belfast was de aanvalsopzet omgooien. Het was zaterdag 25 augustus 1900. Al vier dagen bestookten Buller, French en de anderen de op de bergrug verschanste Boeren, maar een doorbraak was nog niet in zicht. De troepen lagen te geconcentreerd, oordeelde Roberts, ze moesten verder uit elkaar om Botha's verdedigingslinie uit te dunnen. Hij hield Buller op rechts, maar dirigeerde de cavalerie van French helemaal naar de linkerflank. Zij moesten van beide kanten zorgen voor de inmiddels gebruikelijke omtrekkende beweging. In het centrum zou luitenant-generaal Sir Reginald Pole-Carew de Boeren onder druk houden.

Roberts' plan werkte, al mocht ook Buller een deel van de eer opeisen. Na anderhalve dag van harde gevechten besloot hij van de uitgestippelde route af te wijken en naar binnen te snijden. Vanaf maandagochtend 27 augustus richtte hij al zijn vuurkracht op het bergplateau van Bergendal, pal aan de spoorlijn. De Boerenstellingen daar werden bezet door Zarps. De politieagenten uit Johannesburg stonden bij vriend noch vijand hoog in aanzien, maar het bombardement dat ze nu te verduren kregen, vestigde in één keer hun naam op het slagveld. Het was een van de zwaarste beschietingen uit de hele oorlog, vergelijkbaar met Vaalkrantz en Pietershoogte. Ook aan de daaropvolgende infanterieaanval van de Rifle Brigade en de 1st Inniskilling Fusiliers boden de Zarps lang weerstand. Maar in de loop van de middag was het niet meer vol te houden. Wie van hen nog kon lopen – de meeste van hun paarden waren getroffen – ging ervandoor. De verdedigingslinie van de Boeren was gebroken.[20]

's Avonds maakte Botha de balans op. De Engelse doorbraak in het midden maakte zijn positie onhoudbaar. Behalve Buller waren ook French en Pole-Carew verder opgerukt. Omsingeling dreigde. Hij besloot zijn hele troepenmacht terug te trekken. De slag bij Bergendal (de Engelsen spraken van de *Battle of Dalmanutha*), de laatste grote veldslag uit de oorlog, was verloren. Er restte geen andere mogelijkheid meer dan het voorbeeld van De Wet te volgen. Zijn leger opsplitsen in kleinere commando-eenheden, die snel en onafhankelijk konden opereren.

Ook de Transvaalse politieke leiders moesten nu verder wijken. Het toeval wilde: tegelijkertijd met die van Oranje Vrijstaat. Tijdens de slotfase van de slag was president Steyn aangekomen in Waterval Onder, samen met de rest van zijn regering te velde. Hij wilde overleggen met Kruger en de zijnen. Die gezamenlijke vergadering werd nu op 28 augustus gehouden in Nelspruit, vijfenzeventig spoorkilometers verder naar het oosten. Het werd een gedenkwaardige bijeenkomst. Niet alleen legde de Transvaalse regering zich officieel vast op de nieuwe strijdwijze, op voorstel van Steyn werden beide Uitvoerende Raden het ook eens over een wanhoopszet. De oude Kruger zou zes maanden verlof krijgen om naar Europa te reizen en daar met al zijn prestige voor elkaar te krijgen wat Leyds en de deputatie alsmaar niet lukte: een interventie door andere mogendheden. In zijn afwezigheid zou Schalk Burger het Transvaalse presidentschap waarnemen. Reitz bleef in functie als staatssecretaris.[21]

Reitz' drie zoons, Hjalmar, Joubert en Deneys hadden de slag bij Bergendal overleefd. Met het nodige geluk. Ze hadden met het Pretoriacommando niet meer dan anderhalve kilometer bij de Zarps vandaan gelegen, en waren zelf ook bepaald niet buiten schot gebleven. Hjalmar was vlak onder zijn oog getroffen. Joubert had hem naar een veldhospitaal moeten brengen. Deneys was tot twee keer toe als bij wonder ontsnapt aan vlakbij inslaande lydietgranaten. De eerste keer was hij een tijdje buiten bewustzijn geweest van de klap. De tweede keer was hij min of meer gered door zijn paard. Hij was weggeroepen omdat de roodschimmel verstrikt was geraakt in zijn halster. Nauwelijks was hij gaan kijken of er '*bars 'n bom op die miershoop net waar ek gesit het*'.

Tijdens de chaotische terugtocht richting Nelspruit raakten de drie broers elkaar kwijt. Wel kwam Deneys halverwege zijn vader tegen, die naar hen op zoek was. Hij hoorde van hem wat Botha van plan was. Naar het noorden toe, de wildernis in, voorbij Lydenburg, om daar de commando's te hergroeperen voor de guerrilla. Het verzamelpunt was Hectorspruit, het een-na-laatste spoorwegstation vóór de grens met Mozambique. Ze spraken af elkaar daar weer te zien. De ontmoeting eindigde tragisch. De trein waarmee zijn vader terugging naar Nelspruit, reed per ongeluk '*my arme ou basoetoponietjie dood*'. Deneys was zwaar aangeslagen. '*Buiten sy getroue dienste sedert die eerste dag van die oorlog was hy 'n intieme skakel met ons ou huislewe, want hy het as vul saam met ons uit die Vrystaat gekom, en die verlies van hierdie lojale vriend is vir my 'n swaar slag.*'

Tijd om te treuren was er niet. De Engelsen kwamen er alweer aan. Het Pretoriacommando besloot om via een omweg terug te keren naar het hoge veld, en de strijd voort te zetten in de buurt van hun families. Dat wilde Deneys ook, maar zijn familie zat in Hectorspruit. Althans, die hoopte hij daar te treffen. Dus nam hij wederom afscheid van het Pretoriacommando, dit keer voorgoed, en sloot hij zich aan bij andere commando's die op weg waren naar Hectorspruit. Na een dag of wat kwam hij er aan. Zijn broers waren er al, alle drie zelfs. Joubert, Hjalmar met een groot verband om zijn hoofd, en ook Arend, die dankzij de Russische verpleegsters zover hersteld was dat hij al weer paard kon rijden. Twee dagen later meldde ook zijn vader zich, '*dus is ons familie weer vir die eerste keer na verskeie maande verenig*'.[22]

Eigenrichting

Lydenburg, oktober 1900

Na twee weken hield Deneys Reitz het niet meer uit. Onderweg had hij zijn hart opgehaald aan alle nieuwe indrukken. Vanuit Hectorspruit waren ze naar het noordwesten getrokken, eerst door het laagveld aan weerszijden van de Sabie. Het wemelde er van alle soorten groot wild. Zebra's, wildebeesten en gemsbokken in overvloed, en 's nachts hoorden ze de leeuwen brullen rond hun kampementen. Vervolgens waren ze de bergen overgetrokken naar Ohrigstad. De route voerde over dichtbegroeide bergpassen en – bijzonder voor Zuid-Afrika – door uitgestrekte naaldwouden. In Ohrigstad waren ze een week gebleven, maar toen er malaria uitbrak, hadden ze het hoger gelegen Lydenburg opgezocht.

Daar sloeg de verveling snel toe. Kruger was al vanuit Hectorspruit vertrokken naar Lourenço Marques, in afwachting van scheepsgelegenheid naar Europa. Botha ging op pad om door heel Transvaal een nieuwe commandostructuur op te zetten. De regering bestond uit Schalk Burger en zijn vader, ondersteund door een paar departementshoofden. Voor Deneys en zijn broers was er in Lydenburg weinig te doen. Stilzitten lag niet in hun aard. Arend was nog te zwak, maar de drie anderen besloten weer op commando te gaan. Hjalmar volgde '*sy eie kop*', en koos voor Oost-Transvaal. Deneys en Joubert wilden een andere kant op. Ze hadden gehoord dat generaal Christiaan Beyers was aangewezen om de commando's in het district ten noorden van Pretoria te reorganiseren. Hij opereerde in de buurt van Warmbad, ruim tweehonderdvijftig kilometer naar het westen. Daar gingen ze heen.

Hun voorbereidingen waren simpel. Ze schoten een koedoe, sneden het vlees aan repen, kruidden en droogden het. *Biltong*. Plus een voorraadje maïskolven die ze plukten op een akker in de buurt. *Mielies*. Dat was alle proviand die ze meenamen. Deneys en Joubert namen afscheid van hun vader en hun twee broers en vertrokken. Deneys op zijn roodschimmel. Joubert op het paard dat ze in Pretoria hadden teruggenomen van Charlie. Het was half oktober 1900. Er wachtte hun een lange reis door het woeste bosveld van Noord-Transvaal, '*onbewoond behalwe deur inboorlingstamme en wilde diere*'.[23]

Officieel was ook dat inmiddels Brits gebied. Althans, volgens Lord Roberts. De overwinning bij Bergendal was in zijn ogen zo beslissend dat hij Transvaal met een gerust hart kon annexeren. Op 1 september 1900 doopte hij de Zuid-Afrikaanse Republiek om tot *Transvaal Colony*. Natuurlijk reageerde Kruger een paar dagen later weer met een tegenproclamatie, dit keer vanuit Nelspruit, maar weer een paar dagen later was het met diens geloofwaardigheid definitief gedaan. Krugers vertrek naar Lourenço Marques was voor Roberts een geschenk uit de hemel.

'*Resignation of Mr. S.J.P. Kruger*,' luidde de kop boven de nieuwe proclamatie die hij op 14 september uitvaardigde. De tekst meldde dat de oude president formeel was afgetreden. Dat was niet helemaal juist, maar daar maalde Roberts niet om. Ook niet om het eveneens vermelde vertrek van staatssecretaris Reitz, met alle archieven van de Zuid-Afrikaanse Republiek. Reitz was nog steeds in het land, op weg naar Lydenburg. Dat van die archieven, dat klopte. De Transvaalse overheidspapieren werden verscheept naar Europa, waar Leyds zich erover zou ontfermen. Maar het belangrijkste was natuurlijk het vertrek van Kruger. Uit '*his desertion of the Boer cause*' bleek overduidelijk, betoogde de proclamatie, hoe hopeloos en zinloos de oorlog ook in zijn ogen was.

Om alle Boeren daarvan te overtuigen, somde Roberts de argumenten nog eens op. Bijna vijftienduizend Boeren waren krijgsgevangengenomen. Daarvan zou er niet eentje worden vrijgelaten totdat iedereen zich onvoorwaardelijk had overgegeven. Een interventie van een buitenlandse mogendheid was uitgesloten. Het Britse rijk was vastbesloten de oorlog te winnen. Met wat voor middelen dan ook, ging de tekst dreigend door. '*The war is degenerating, and has degenerated, into operations carried on in an irregular and irresponsible manner by small, and in very many cases, insignificant bodies of men.*' Dat konden de Britse regering en het Britse leger niet over hun kant laten gaan. De maatregelen ter bestrijding van die ongeregelde oorlogvoering waren rampzalig voor het land en bezorgden de burgers en hun families veel ontberingen, maar ze waren onvermijdelijk. Hoe langer de guerrilla voortduurde, hoe krachtiger de tegenmaatregelen moesten zijn.[24]

Oftewel, nog meer in brand gestoken boerderijen en oogsten, nog meer in beslag genomen en afgemaakte veestapels. Het was geen grootspraak. Vanaf september 1900 steeg het aantal platgebrande boerderijen explosief, ook volgens de officiële – systematisch te lage – Britse opgaven. In lang niet alle gevallen waren het directe represailles voor eerdere sabotageacties. Het gebeurde steeds vaker volstrekt willekeurig, op gezag van individuele officieren die zich beriepen op de als maar stringentere instructies van hun opperbevelhebber.

En niet zelden was Roberts zelf de directe opdrachtgever. Bijvoorbeeld bij een opmerkelijke vernielingsactie in het district Krugersdorp. De plaatselijke bevolking stond bekend om haar fel anti-Britse gezindheid. Naar Roberts' idee had dat veel te maken met het Paardekraal-monument ter plekke. Dat was gebouwd op de stenen die er in december 1880 op initiatief van Paul Kruger waren opgestapeld, als teken van de opstand tegen het Britse bewind.[25] Zolang die stenen op hun plaats lagen, was de onafhankelijkheid van Transvaal verzekerd. Geloofden die '*ignorant Boer farmers*' daar. Geloofde Roberts op zijn beurt. Dus gaf hij opdracht die stenen weg te halen. In de nacht van 16 september werden ze los gebikt en, verpakt in meelzakken, per trein opgestuurd naar Johannesburg. Vandaar werden ze naar Durban vervoerd en in de Indische Oceaan gedumpt. Volgens anderen werden ze vanaf de spoorbrug bij Vereeniging in de Vaal gekieperd. Hoe het ook zij, de opstandigheid in Krugersdorp bleef.[26]

De voortvarendheid waarmee Roberts de repressie opvoerde, had niet ieders instemming. Naast de aanhoudende protesten van Botha, De Wet en andere Boerenleiders, klonken er ook bezwaren uit eigen kring. Net zoals er officieren waren die Roberts' instructies meer dan plichtsgetrouw uitvoerden, waren er die het hardvochtige optreden tegen de burgerbevolking te ver vonden gaan.

Zelfs hoge commissaris Milner, niet bepaald een toonbeeld van lankmoedigheid, uitte zijn bedenkingen tegenover Roberts. Al was het alleen maar omdat de verwoestingen werden aangericht in een land dat nu in Britse handen was. Tegenover minister van Koloniën Chamberlain sprak Milner zich veel scherper uit. Met het afbranden van boerderijen als gerichte strafmaatregel was hij het helemaal eens. Echter, de kaalslag van hele districten, alleen maar om ze onbruikbaar te maken voor de vijand, ging hem te ver. Dat was '*1) barbarous and 2) ineffectual*'. Het vergrootte het aantal daklozen en daarmee '*the army of desperadoes roaming the country which it is our object to reduce*'. Hij achtte het verstandiger om een deel van de inwoners voor de Britse zaak te winnen.[27]

Roberts trok zich van alle protesten en bedenkingen niet zoveel aan, in ieder geval niet op korte termijn. In oktober en november namen de verwoestingen alleen maar toe, in omvang en in willekeur. In één opzicht nam hij de raadgevingen van Milner wel ter harte. Er moest meer gebeuren om het goedwillende deel van de Boerenbevolking aan het Britse bestuur te binden. In het bijzonder moesten degenen die hun wapens hadden ingeleverd en de eed van neutraliteit hadden afgelegd, beter worden beschermd. Die zaten – soms letterlijk – tussen twee vuren. Onderbrenging in tijdelijk verlaten huizen en boerderijen schiep weer nieuwe problemen. Het leek praktischer om hen bij elkaar te zetten in kampen in de buurt van Britse garnizoenen. Daar werden ze beschermd, en in de omgeving konden ze hun vee laten grazen. In september 1900 werden de eerste van deze '*refugee camps*' ingericht, om te beginnen in Bloemfontein, Kroonstad en Pretoria. Spoedig volgden er meer.

Van het een kwam het ander. Behalve de veiligheid van de *hendsop-*

pers moest het Britse militaire bestuur nog een ander probleem oplossen dat het zelf had gecreëerd – en nog steeds vergrootte, ook dat was een juiste observatie van Milner. Door de grootschalige verwoestingen raakten er steeds meer Boerenfamilies op drift. In juli en augustus had Roberts geprobeerd Botha op te zadelen met de zorg voor de gezinnen van zijn commando's, maar in september kon hij opnieuw beginnen. Toen de Britse troepen op 13 september 1900 gevorderd waren tot Barberton, tegen de grens met Swaziland, troffen ze daar al die vrouwen en kinderen weer aan. In totaal achtentwintighonderd, ruimschoots voorzien van de benodigde levensmiddelen, dat wel, maar hun echtgenoten en vaders waren vertrokken naar noordelijker streken, samen met Botha, onbereikbaar per trein. Dus moest er opnieuw iets voor hen worden verzonnen.

En voor zo langzamerhand vele duizenden anderen. De oplossing drong zich als vanzelf op. Nu er toch op tal van plekken kampen werden ingericht voor de *hendsoppers*, konden de ontheemde Boerenfamilies er ook wel bij. Twee vliegen in één klap. Dat die twee groepen het onderling waarschijnlijk niet zo goed zouden kunnen vinden, was niet Roberts' probleem. Ze waren onder (tent)dak, ze kregen te eten, ze stonden onder militair toezicht. En ze stonden de militaire operaties niet langer in de weg. Dat laatste was nog wel het belangrijkste. Roberts wilde afronden. Op 29 september, daags voor zijn achtenzestigste verjaardag, werd hem vanuit Londen de positie van *Commander-in-Chief* aangeboden. Opperbevelhebber van het hele Britse leger, opvolger van zijn grote 'Afrikaanse' rivaal Wolseley. De absolute bekroning van zijn carrière. Dan moest hij de boel hier wel op orde hebben.[28]

Vandaag was de grote dag. Vijfentwintigduizend kiezers die beslisten over de politieke toekomst van Winston Churchill. De verkiezingen namen ongeveer een maand in beslag, en Oldham was een van de eerste kiesdistricten in de reeks. Op 1 oktober 1900. Twee zetels waren er te verdienen. Net als anderhalf jaar eerder nam Churchill het samen met een conservatieve medekandidaat op tegen twee liberale opponenten, inmiddels allebei zittende parlementsleden. De laatsten waren favoriet, maar er was één groot verschil. De oorlog in Zuid-Afrika, dit was een '*Khaki Election*'. Het kabinet-Salisbury had ze welbewust uitgeschreven om te profiteren van de oorlogsstemming. En Churchill was een oorlogsheld. Er werd zelfs over hem gezongen in de *music halls*: '*You've heard of Winston Churchill, This is all I need to say, He's the latest and the greatest, Correspondent of the day.*'

De start van zijn campagne in Oldham was geheel in die stijl. Hij had zich in een open landauer naar het Theatre Royal laten rijden, waar hij was onthaald door een enthousiaste menigte. Vol verve had hij verhaald van zijn ontsnapping uit Pretoria en daaropvolgende avonturen. Hoogtepunt was zijn onderduik in de kolenmijn. Tot dan toe had hij de namen van zijn helpers daar niet onthuld, om hen niet in gevaar te brengen. Maar nu het mijnbouwdistrict van Witbank en Middelburg in Britse handen was, kon hij dat rustig doen. En dit was het perfecte moment. Bij de naam Daniel Dewsnap, de ingenieur uit Oldham die hem succes had gewenst bij de volgende verkiezingen, ontplofte de zaal. '*His wife's in the gallery*,' riep iemand uit het publiek. Het gaf aanleiding tot stormachtig gejuich.[29]

Maar alle enthousiasme maakte de verkiezingen in Oldham nog geen gelopen race. De twee liberale kandidaten waren van de gematigde soort. Geen '*Pro-Boers*', geen tegenstanders van de oorlog als zodanig, alleen van de aanpak door de conservatieve regering. Churchill had natuurlijk geprobeerd de verschillen zo zwaar mogelijk aan te zetten. In een van zijn speeches had hij een liberaal Kamerlid fel aangevallen vanwege diens contacten met de beruchte 'Dr. Leyds' in Brussel. Die plaats, had hij in herinnering geroepen – en die man, had hij er impliciet bij gesuggereerd –, stond bekend om het geringe respect '*for the lives of British nobles*'. Iedereen wist wat hij bedoelde: de mislukte moordaanslag aldaar op de prins van Wales, een half jaar eerder.[30]

Het was dezelfde toon die prominente kabinetsleden hadden aangeslagen. Chamberlain had de slogan gelanceerd: '*Every seat lost to the Government is a seat gained to the Boers.*' De minister van Koloniën was in eigen persoon naar Oldham gekomen om Churchills campagne te ondersteunen. Bij zijn bezoek was al gebleken dat het spannend ging worden. De zaal waar Chamberlain en Churchill zouden spreken, was gevuld met aanhangers, maar daarbuiten waren ze opgewacht door een ronduit vijandige menigte. Minutenlang had hun rijtuig vastgezeten, terwijl ze allerhande schimpscheuten en verwensingen naar hun hoofd hadden gekregen.

Op verkiezingsavond bleef de definitieve uitslag lang onzeker. *The Times* van 2 oktober meldde dat Churchill – opnieuw – was verslagen. De volgende dag moest de krant rectificeren. Iedere kiesgerechtigde mocht twee stemmen uitbrengen, en het bleek dat Churchill voldoende 'tweede' stemmen had behaald om te worden verkozen. Hij eindigde op 12931 stemmen, 16 minder dan de winnende en 222 meer dan de verliezende liberale kandidaat.

Parlementslid! En een verloren zetel teruggewonnen nog wel, dat gaf status. In de *Conservative Club* was Lord Salisbury een van de eersten die hem feliciteerden. Chamberlain vroeg hem nu op zijn beurt de campagne in Birmingham te ondersteunen. Parlementsvoorzitter Arthur Balfour, Salisbury's neef en beoogde opvolger, wilde Churchill bij zich op het podium in Manchester. Andere partijbonzen volgden. Wekenlang verscheen hij bij de ene na de andere massaal bezochte verkiezingsbijeenkomst. Als paradepaardje voor zalen met vijf- à zesduizend man. Nog steeds maar vijfentwintig jaar oud. Dat mocht een spectaculaire entree in de politiek heten.

En dat dankzij de oorlog in Zuid-Afrika. Voor Churchill had het gewerkt. Voor het kabinet als geheel lag het minder eenduidig. Aan het eind van de verkiezingsmaand bleek de coalitie van conservatieven en liberale unionisten haar ruime meerderheid te hebben geconsolideerd, met 402 van de 670 zetels. In dat opzicht was het kabinet in zijn opzet geslaagd, al steunde het op 9 zetels minder dan in 1895. De liberalen onder Sir Henry Campbell-Bannermann hadden er 6 gewonnen en kwamen nu op 183 zetels. Ook werden voor het eerst twee Labourparlementariërs verkozen. Echter, gerekend naar absolute aantallen stemmen, los van de vertekening van het districtenstelsel, had de coalitie haar meerderheid vergroot, van 49 procent tot 50,3 procent, en waren de liberalen gezakt van 45,7 procent naar 44,7 procent. Met andere woorden, een verkiezingsuitslag die regering en oppositie allebei in eigen voordeel konden uitleggen. Ook met betrekking tot het belangrijkste verkiezingsthema, de oorlog in Zuid-Afrika, en de steun daarvoor onder de Britse bevolking.[31]

Het kabinet-Salisbury bleef dus gewoon zitten. Dat was de belangrijkste uitkomst voor de Boerenleiders. Geen verandering van beleid vanuit Engeland. En Kruger was nog maar net scheep gegaan naar Europa. Dus van hem viel voorlopig ook nog niets te verwachten. Het kwam op hen zelf aan, op een goed plan.

Veel gelegenheid voor gezamenlijk overleg kregen ze niet, maar eind oktober 1900 deed zich een mogelijkheid voor. Steyn was met de rest van de Vrijstaatse regering op de terugweg van hun ontmoeting met Kruger in Nelspruit, via een grote omweg door Noord-Transvaal. Daar voegde Botha zich bij hem. Gezamenlijk reisden ze door naar Cyferfontein, een boerderij gelegen in de Zwartruggenheuvels, zo'n honderd kilometer ten westen van Johannesburg. Daar hadden De la Rey en Smuts tijdelijk hun tenten opgeslagen. Op 27 oktober kwam het hele gezelschap er bijeen. Ook De Wet was per ijlbode uitgenodigd. Hij zou onderweg zijn.

Het was een comfortabele, naar omstandigheden bijna idyllische plek. De tenten stonden er beschut, midden tussen de bloeiende mimosabomen. De sinaasappels en mandarijnen hingen er voor het plukken. In een nabijgelegen meer was het heerlijk zwemmen. De paarden hadden er volop te grazen. De plek had eigenlijk maar één minpunt. De Engelsen wisten dat ze er zaten. Maar wat die weer niet wisten, was dat de Boerenleiders op de hoogte waren van al hun plannen. Niet alleen hielden verkenners de Engelse troepenbewegingen tot in de verre omtrek in de gaten en berichtten ze daarover per heliograaf. Ook liep er vlak langs de boerderij een telegraaflijn, en stond er een kilometer verderop een telegraafkantoor. Buiten werking gesteld weliswaar, maar dat was snel hersteld. In Steyns gevolg bevond zich een ervaren telegrafist, John Acton, inmiddels ingeburgerd tot Jan Eksteen, die beschikte over een uitstekende vibrator. Daarmee konden alle telegrafische boodschappen van en naar het Engelse hoofdkwartier feilloos worden onderschept. De Boerenkopstukken wisten zodoende precies waar de Engelse colonnes zich bevonden en welke marsorders ze hadden – en dus ook hoeveel tijd ze zelf hadden voor hun onderling beraad.

Ruimschoots voldoende voor twee vergaande besluiten, zo bleek. Ze werden het eens over een nieuwe variant van het oorspronkelijke gedurfde aanvalsplan, zoals destijds met name door Smuts bepleit. Oorlog voeren buiten de eigen grenzen, op Brits grondgebied. Invallen in Natal – vijfduizend man onder Botha – en in de Kaapkolonie – De la Rey en De Wet, ook ieder met vijfduizend man – met als uiteindelijk doel de veelbesproken algemene opstand onder de Afrikaners. Maar dit keer voorafgegaan door een spectaculaire openingsslag: een gezamenlijke – met vijftienduizend man dus – onverhoedse aanval op de goudmijnen.

Álle goudmijnen. Vijf maanden eerder was Botha daar nog mordicus tegen geweest, maar nu was de situatie anders. Toen vond hij het een zinloze wraakactie, pure vernielzucht. Maar sindsdien was er veel veranderd. Roberts had de oorlog barbaars gemaakt, de Boeren stonden met hun rug tegen de muur. Hun boerderijen werden verwoest, hun vrouwen en kinderen opgejaagd en opgesloten, hun vee geroofd en afgemaakt, hun oogsten verbrand. Dat rechtvaardigde drastischer tegenmaatregelen. In dat licht vond ook Botha het opblazen van de mijnen een legitiem oorlogsdoel. De *Randlords* mochten nu ook wel eens ondervinden wat het betekende om alles te verliezen. Bovendien zou de complete ineenstorting van de goudmijnindustrie én het Engelse leger én de Engelse regering in ernstige verlegenheid brengen.

Het scenario was als volgt. Eerst moesten de Engelse troepen worden meegelokt naar de uithoeken van Transvaal en Oranje Vrijstaat. Vervolgens – ergens in januari of februari 1901 – zouden alle Boerencommando's zich als één man samentrekken op de Witwatersrand. Dynamiet moest daar de rest doen. Heel veel dynamiet. Als alle mijnen in puin lagen, voordat de Engelsen van de schok bekomen waren, zouden Botha, De la Rey en De Wet alweer uitgewaaierd zijn naar hun volgende aanvalsdoelen in Natal en de Kaapkolonie.

Het was een sensationeel plan, vermeteler nog dan de eerste variant die Smuts had bedacht aan de vooravond van de oorlog. Het stond of viel met een volmaakte coördinatie. Iedereen moest op het juiste moment meedoen. Spijtig dat De Wet het niet had gered. Waar was hij eigenlijk? De Engelsen waren al dichtbij. Ze moesten wegwezen uit Cyferfontein.[32]

De Wet had niet echt een excuus. Natuurlijk, hij was slaags geraakt met Engelse colonnes, maar eerlijk gezegd had hij die confrontatie zelf opgezocht, en hij had zich grote problemen op de hals gehaald. Daardoor was hij niet verder gekomen dan Ventersdorp, nog een flink eind ten zuiden van Cyferfontein. Daar pikte hij op 1 november 1900 Steyn en zijn gevolg weer op. Gezamenlijk waren ze teruggereden naar Oranje Vrijstaat. Op 4 november staken ze de Vaal over. Een dag later ook de zijrivier de Vals. Daar sloegen ze hun kamp op, in Bothaville.

Tegen die tijd hadden ze elkaar weer bijgepraat. De Wet kon melden dat hij met succes een nieuwe commandostructuur had opgezet, maar hij had ook slecht nieuws. Danie Theron, de commandant van het verkennerkorps op wie hij blind voer, zijn ogen en oren, was dood. Begin september omgekomen door een granaatexplosie. Het was een enorm verlies. Sinds Therons dood hadden de Engelsen De Wet al een paar keer onaangenaam verrast. Steyn vertelde op zijn beurt van de Europese missie van Kruger, en de aanstelling van Burger als waarnemend president. Ook bracht hij De Wet op de hoogte van de besluiten, genomen in Cyferfontein. Botha zou daarover graag nog een keer apart overleggen.

De Wet reageerde niet bijster enthousiast. Een nieuw gezamenlijk plan, vervolgoverleg met Botha? Hij had in de afgelopen maanden gemerkt dat de Transvaalse leiders, in ieder geval Botha, minder stevig in hun schoenen stonden dan hem lief was. Een paar keer al had zijn Transvaalse collega openlijk gezinspeeld op vredesbesprekingen. De gedachte alleen al was voor De Wet uit den boze. Tenzij het ging om onafhankelijkheid natuurlijk. Zo niet, dan hoefde hij met helemaal niemand te praten. Liever trok hij zijn eigen plan. Dan wist hij in ieder geval waar hij aan toe was.

Hij werd daarin gesteund door een brief van Barry Hertzog, de jonge rechter die inmiddels was opgeklommen tot assistent-hoofdcommandant. Hertzog suggereerde ook dat de tijd weer rijp was voor een inval in de Kaapkolonie, maar dan rechttoe rechtaan. Drie eenheden van elk duizend Vrijstaters, los van elkaar opererend, waren naar zijn mening voldoende. Eventueel zou Transvaal er nog tweeduizend man achteraan kunnen sturen, maar dat was niet per se nodig. ‘De naam van Hoofd Comdt. C. de Wet heeft zooveel invloed dat zijn tegenwoordigheid genoeg zal zijn om de Kolonie in vlam te zetten,' had hij geschreven.

Dat was de stelligheid waarvan De Wet hield. Mocht hij nog hebben geaarzeld tussen het plan van Botha en Smuts en dat van Hertzog, dan verdween alle aarzeling in de symboliek van de rampspoed die hem op 6 november te wachten stond. Inderdaad, in Bothaville. Om half zes 's ochtends, de meeste van zijn achthonderd commando's lagen nog te slapen, kwam de korporaal van de brandwacht hem melden dat alles rustig was. De Engelsen waren vlakbij, dat wist De Wet, en ook wie het waren. De colonne van generaal-majoor Charles Knox, met voorop de 5th en 8th Mounted Infantry onder bevel van kolonel Philip le Gallais. Maar ze zaten nog steeds aan de overkant van de Vals, kreeg hij te horen. Waarschijnlijk wilden ze richting Kroonstad.

Dat was een vergissing. De korporaal was amper uitgesproken, of De Wet hoorde schoten. Slachtbeesten, dacht hij nog even. Maar de schoten hielden aan, ze kwamen uit de richting van de brandwacht, en plotseling doemden ze daar op, de Engelsen. Akelig dichtbij, en het werden er steeds meer. Ze hadden de wachtposten overrompeld – Steyn sprak later van 'criminele nalatigheid' – en ze bestormden nu het Boerenkamp. De slaapdronken manschappen werden volkomen verrast. Sommigen hadden nog de tegenwoordigheid van geest om dekking te zoeken en het vuur te beantwoorden, maar de meesten gingen in paniek op zoek naar hun paarden en stoven ervandoor. Desnoods zonder zadel. Weg van het geweervuur en de granaten.

De Wet probeerde hen uit alle macht tegen te houden. Ze lieten zich niet stoppen. 'Zooiets als nu gebeurde had ik nog niet gezien. Ik had veel van een verschrikking gehoord – hier zag ik wat zij eigenlijk is.' Schreeuwend en zwaaiend met zijn sjambok joeg hij achter de vluchtende manschappen aan. In ieder geval moest Steyn in veiligheid worden gebracht, met de staatskas en de staatsstukken. Dat lukte, maar het grootste deel van zijn commando's kreeg hij niet in het gareel. Slechts een klein aantal bood verzet. Te weinig om de Engelsen te stuiten. Ze wisten nog wel wat aanvallers uit te schakelen, onder wie Le Gallais zelf, maar de overmacht was te groot. Tegen elf uur moesten de achtergebleven commando's zich overgeven. Meer dan honderd in getal. Daarnaast kwamen zeventien Boeren om en gingen – de laatste – zes kanonnen verloren.

Het echec van Bothaville was een pijnlijke les. Danie Theron, zijn meesterverkenner, was echt dood. Wat dat betekende, drong pas nu ten volle tot De Wet door. Hij kon van niemand meer op aan. Slapende wachtposten, manschappen in paniek, wankelmoedige bondgenoten. Hij moest het allemaal zelf doen. Afgaan op zijn eigen oordeel. Dat was het enige wat erop zat. Hij had al niet veel gevoeld voor dat gezamenlijke plan van Botha en Smuts, maar nu helemaal niet meer. Bovendien viel er zonder artillerie weinig uit te richten tegen de Rand.

De volgende dag, 7 november 1900, nam De Wet zijn besluit. Hij stuurde Hertzogs brief door naar Botha, met zijn eigen conclusie erbij. De tijd was gekomen 'dat onze commandos de Kaap Kolonie moeten indringen'. Hij had graag nog eerst met Botha en De la Rey willen overleggen vóór zijn vertrek, maar dat zou 'onder omstandigheden te veel kostbare tijd vereischen en ben ik reeds op weg daarheen'.[33]

Vreemde bodem

Warmbad, november 1900

Het beviel Deneys Reitz wel in de bush. Ruig terrein, meer dan genoeg wild om te jagen, en toen zijn broer Joubert en hij na de nodige omzwervingen eindelijk de eenheid van generaal Beyers hadden gevonden, wachtte hun een aangename verrassing. Het Africander Cavallerie Corps, hun Vrijstaatse eenheid, bestond toch nog. Na de laatste ontmoeting met tragische afloop bij Middelburg, vier maanden eerder, waren hun oude maten naar het noorden getrokken om zich bij de eenheid van Beyers te voegen. En nu troffen ze elkaar weer, hier in Warmbad. Malan was opgevolgd door een nieuwe, jonge commandant, Lodi Krause, die hun direct vroeg zich weer aan te sluiten. Deneys en Joubert aarzelden niet. Terug bij het ACC.

Het weerzien was compleet toen eind november ook Arend zich plotseling aandiende. Eenmaal hersteld, had ook hij het te saai gevonden in Lydenburg. Hun vader had toestemming gegeven, hij mocht op zoek naar zijn twee oudere broers. Ze waren blij hem weer in goede gezondheid te zien. Ze bouwden een hut van stro, waarin ze met z'n drieën hun intrek namen. Jagen en af en toe patrouilleren in de omgeving, zo zagen hun dagen in de wildernis eruit. Ze trokken zo ver als de Pienaarsrivier, veertig kilometer naar het zuiden, waar het dichtstbijzijnde Engelse legerkamp lag. Eén keer kwamen ze wat te dichtbij.

Ze werden ontdekt en moesten in vliegende vaart dekking zoeken in een bos, terwijl de kogels hun om de oren vlogen. Niemand werd geraakt.

Het enige minpunt in Warmbad was hun commandant. Christiaan Beyers was een dapper man, Reitz had veel ontzag voor hem, maar hij was ook een diepgelovig man. Voor Deneys en zijn broers wat al te fanatiek. Samen met dominee Abraham Kriel liet hij geen gelegenheid voorbijgaan om kerkdiensten te houden. 'Het kon regenen of waaien – middernacht of onder brandende zon – als wij afzadelden, dan eerst bidstond en dat werd op den duur vervelend.' Jonge commando's zoals zij werden zelfs verplicht om '*katkisasie*' bij te wonen. Bijbelklassen in de bush. Dat weigerden de drie broers. '*Dwepery*' was hun van huis uit vreemd. Het kwam hun te staan op vermaningen van Kriel en dreigementen van Beyers. Wilden ze soms uit het commando worden gezet?

Zo'n vaart liep het niet. Begin december was het bovendien gedaan met de relatieve rust. Beyers kreeg het bevel van Botha om naar het zuiden op te rukken en daar guerrilla-acties uit te voeren. Hij liet zo'n tweehonderd man achter, en vertrok met de overige achthonderd naar de Magaliesbergen. Deneys en Arend gingen mee. Joubert niet. Die had opeens bedacht dat hij toch liever bij de artillerie wilde. Wat zijn broers ook probeerden, hij liet zich niet ompraten en bleef achter.

Binnen een paar dagen stonden ze aan de voet van het gebergte dat de scheidslijn vormde tussen de bush en het hoge veld. Daar kregen ze een enorme opsteker. Aan het begin van het Ou Wapad, een van de bergpassen, stuitten ze op zo'n vijftig à zestig achtergelaten Engelse voorraadwagens. Sommige smeulden, andere stonden nog in brand. Dat kon maar één ding betekenen. Koos de la Rey! Hij moest hier vlakbij zijn, dat beloofde actie.[34]

De ontvangst van Kruger in Marseille stemde nog hoopvol. Donderdag 22 november 1900 om negen uur 's ochtends arriveerde het Nederlandse oorlogsschip *Gelderland* in de Zuid-Franse havenstad. Het had de uitgeweken president een maand eerder in Lourenço Marques opgehaald. Een diplomatiek bravourestukje van de Nederlandse regering. Minister van Marine, J.A. Röell, had het bedacht, koningin Wilhelmina oogstte de lof. Uiteraard had Den Haag zich wel eerst vergewist van de instemming van Londen. Leyds had vervolgens overeenstemming bereikt met de Franse regering, over de meest geschikte aankomstplaats voor het begin van Krugers Europese missie.

Nu was het zo ver. Eenmaal aangemeerd in de haven van Marseille werd de *Gelderland* direct omringd door tientallen schepen en plezierbootjes vol nieuwsgierigen. Ze moesten geduld hebben. Eerst ging er een sloep naar de kruiser toe, met aan boord Leyds, de drie leden van de Transvaalse deputatie Fischer, Wessels en Wolmarans, en de Groningse hoogleraar theologie en Franse taal- en letterkunde A.G. van Hamel – door Leyds gevraagd als tolk. Daarna moest er nog officieel afscheid worden genomen van de bemanning.

Tegen elf uur kwam de sloep terug, nu met de man voor wie de halve stad was uitgelopen. Hij droeg een donkere overjas en een hoge hoed met rouwband. Precies zoals zijn portretten, vond de verslaggever van de *The New York Times*. Veel beter dan op de foto's, vond zijn collega van het *Algemeen Handelsblad*. Over het donderend gejuich op de kade waren ze het eens. Toen het '*Vive Krüger!*' en het '*Vive les Boers!*' was verstomd, werd de president officieel welkom geheten door de voorzitters van het landelijke en het plaatselijke Transvaalcomité. Leyds stelde hen voor. Kruger antwoordde, eerst in beleefdheden, maar al snel kwam hij op de oorlog en liet hij zijn emoties de vrije loop.

Zijn stem was nog altijd zwaar en krachtig, zo bleek, al klonk de ontroering erin door. Verontwaardigd dreunde het over de aanlegsteiger: 'De oorlog, dien men in beide Republieken tegen ons voert, is zoo barbaarsch als maar mogelijk is. Ik heb in mijn leven dikwijls tegen de wilde stammen van Afrika moeten vechten, maar de wilden die wij nu moeten bestrijden, zijn erger dan de anderen. Zij ontzien zich niet de Kaffers tegen ons te wapenen, zij verbranden onze hoeven, die wij met zooveel moeite hebben opgebouwd, zij jagen de vrouwen en kinderen weg, wier mannen en vaders gesneuveld of gevangen zijn; zij laten ze zonder bescherming, zonder dak, dikwijls zonder brood.' Maar van opgeven wilde hij niet weten. Driftig sloeg hij met zijn rechterarm. 'Wat men ook doe, wij zullen ons nooit overgeven, wij zullen tot het einde strijden... Onze zaak is rechtvaardig en als de gerechtigheid der menschen ons in de steek zou laten, zal de Eeuwige, die Meester is over de volkeren en wien de toekomst toebehoort, ons niet verlaten. Ik kan u verzekeren dat als Transvaal en Oranje Vrijstaat hun onafhankelijkheid moeten verliezen, dit alleen zal zijn omdat beide Boerenvolken met hun vrouwen en hun kinderen vernietigd zullen zijn.'

Het publiek werd er stil van. Eventjes. Zoveel vuur, zo'n gedrevenheid had niemand meer verwacht van de vijfenzentigjarige, noteerde de journalist van het *Algemeen Handelsblad*. Ook de reporter van *The New York Times* was verrast door Krugers '*fighting declaration*'. Toen Van Hamel zijn woorden had vertaald, barstte opnieuw een stormachtig gejuich los. Daarop ging het in een lange stoet rijtuigen naar Hotel de Noailles. Onderweg 'rezen de jubelkreten steeds machtiger, werd de geestdrift van huis tot huis aangrijpender'. Naar schatting waren zo'n honderdvijftigduizend mensen op de been, de rijtuigen hadden moeite erdoorheen te komen, het was een '*delirium of enthusiasm*'. Ook na Krugers aankomst in het hotel had de menigte er nog niet genoeg van. Als reactie op '*a thunderous ovation*' verscheen hij op het balkon. Minutenlang nam hij de toejuichingen in ontvangst, staande tussen de vlaggen van Transvaal en Oranje Vrijstaat. Tot slot pakte Kruger de Franse vlag die er ook hing en drukte die zichtbaar aangedaan tegen zijn hart. Toen ging hij naar binnen.[35]

Zo overweldigend had Leyds het ook niet verwacht. Aan de steun van de bevolking zou het niet liggen. Maar het kwam nu eenmaal niet aan op rijtoeren en balkonscènes. De beslissingen vielen binnenskamers. De ontmoetingen die hij voor Kruger kon regelen met de machthebbers. Het weerzien was Leyds niet meegevallen. Hij vond zijn president 'oud en vermoeid' geworden, en ondanks diens drie eerdere bezoeken miste hij 'de kennis van Europeesche toestanden'. In Parijs zou hij als staatshoofd worden ontvangen, met een officiële ontvangst door de Franse president Emile Loubet, dat was in ieder geval gelukt. Maar het belangrijkste was de bespreking daarna met minister van Buitenlandse Zaken Delcassé. Daar moest het gebeuren.

De treinreis van Marseille naar Parijs was één lange triomftocht. Bij de tussenstops in Lyon en Dijon verdrongen de hoogwaardigheidsbekleders zich op de perrons. Ook op de stations waar de trein niet stopte, stonden dichte menigtes die Kruger hartstochtelijk toejuichten. Bij overwegen namen mensen hun hoed af, brachten officieren een eresaluut. De intocht in Parijs was die van een overwinnaar. Feestelijk, met overal Transvaalse vlaggen en emblemen en mensen met Boerenhoeden op. En ceremonieel, met *chef du protocol* Philippe Crozier die Kruger bij aankomst in Gare de Lyon verwelkomde namens president Loubet.

De ontvangst op het Élysée vond vrijwel aansluitend plaats, compleet met erewacht en volksliederen. De ontmoeting tussen beide presidenten zelf hield niet veel meer in dan het uitwisselen van beleefdheden. Pas tijdens het tegenbezoek dat Loubet direct daarop bracht aan Hotel Scribe, legde Kruger zijn kaarten op tafel. Hij toonde zich ingenomen met alle sympathiebetuigingen, om daaraan toe te voegen: 'Maar zij zullen slechts een geringe voldoening bij mij achterlaten zoo zij niet door daden worden gevolgd.' Loubet reageerde vriendelijk, maar ontwijkend. Hij wees op de poging die Frankrijk in het verleden had gedaan 'om eene vriendschappelijke interventie uit te lokken'. En verder zou de toekomst 'leeren hoever men nog zal kunnen gaan'.

Voor Leyds was deze boodschap, die hem bereikte via Van Hamel, duidelijk. Veel verder kon Loubet niet gaan. Delcassé moest het verlossende woord spreken. Een paar dagen later, op dinsdag 27 november 1900, was het zover. Opnieuw was Van Hamel als vertaler aanwezig. Na de gebruikelijke plichtplegingen draaide Delcassé er niet omheen. Hij verwees Kruger ronduit naar 'andere landen die met Engeland op een minder gespannen voet staan dan Frankrijk'. Van Hamel zag prompt 'iets als een doffe gelatenheid zich uitspreiden over de vermoeide trekken van dat goedig gelaat, terwijl de grove vingers grepen naar den hoed die naast den stoel was neergezet en de gebogen gestalte, na lang aarzelen, zich ophief om heen te gaan'.[36]

Parijs kon dus worden afgeschreven. Wat nu te doen? Naar Den Haag? Dat kon helemaal niets beginnen. Naar Berlijn, en daarna naar Sint-Petersburg? Leyds twijfelde sterk, maar Kruger zelf wilde alles geprobeerd hebben. Dus naar de Duitse hoofdstad. Leyds liet via zijn diplomatieke contacten polsen hoe dat zou vallen. Hij kreeg geen afwijzende reactie, wel de mededeling dat de keizer wellicht andere verplichtingen had. Goed, redeneerden Kruger en Leyds, maar dan konden ze altijd nog rijkskanselier Bernhard von Bülow en minister van Buitenlandse Zaken Oswald von Richthofen spreken. Op 1 december 1900 vertrok het gezelschap naar Keulen.

Bij aankomst op het station aldaar had Leyds al spijt. Er was niets geregeld. Geen ontvangstcomité, geen politiekordon, er was alleen een overenthousiaste menigte. Met alle gevaren van dien voor Krugers persoonlijke veiligheid. Leyds raakte hem zelfs kwijt in het gedrang, en was 'innig dankbaar, toen ik hem heelhuidsch in het hotel terugzag'. Het was duidelijk dat de autoriteiten Kruger liever zagen gaan dan komen. Leyds had de signalen van de Duitsers kennelijk niet op juiste waarde geschat. De volgende dag kreeg hij de bevestiging. Er meldde zich een Heinrich von Tschirschky und Bögendorff in hun hotel, kamerheer van de keizer in buitengewone dienst. Zijn mondelinge boodschap was helder. '*Seine Majestät*' was niet in de gelegenheid de Transvaalse president te ontvangen, en verzocht hem dringend van de voorgenomen reis naar Berlijn af te zien. Botter kon het niet. De hartelijke telegrammen die beide staatshoofden in vroegere jaren hadden gewisseld, leken opeens eeuwen geleden. Paul Kruger paste niet meer in de logica van Wilhelm II. Ingedroogde stopverf uit een vorig denkraam. Hij moest weg, Duitsland uit.[37]

Er zat weinig anders op dan naar Holland te gaan. Het machteloze, maar in ieder geval gastvrije stamland. Oom Paul zou er met open armen worden ontvangen, daar was Leyds zeker van, ook door de politieke machthebbers. Koningin Wilhelmina, Pierson, De Beaufort, ook zij zouden niets doen, de vorstin gefrustreerd, de minister van Buitenlandse Zaken betweterig, maar ze zouden hem wel willen zien. Hem de persoonlijke vernedering besparen van een botte weigering.

En zo was het op 6 december 1900 de beurt aan Den Haag om Kruger feestelijk – maar niet té uitbundig – in te halen en toe te juichen. Emotioneel des te aangrijpender, omdat de mislukking van zijn missie zich inmiddels zichtbaar aftekende. Staatsraad Asser 'stond... onder het volk op het stationsplein en was diep getroffen door de zoo innig hartelijke ontvangst. Ik had moeite mijn tranen te bedwingen,' schreef hij aan Leyds. De tragische oude held, die iedereen in zijn hart had gesloten, maar voor wie niemand iets kon doen.

De drukbezochte receptie in het Gebouw voor Kunsten en Wetenschappen een week later drukte de machteloosheid nog het beste uit.

Kruger in een zetel, zijn gevolg staande om hem heen. Aan hem voorbij trok een waar defilé van 'het Nederlandsche volk uit alle standen en kringen'. Volgens het *Algemeen Handelsblad* was het 'ondoenlijk een opsomming te geven van alle instellingen en vereenigingen op het gebied van godsdienst, wetenschap, kunst, arbeid, enz. wier woordvoerders met een slechts zeer kort maar o zoo hartelijk woord den grijzen zwaar beproefden man sympathie betuigden'. Om het vervolgens toch te doen, kolommenlang. Het Leidse Studentencorps. Het comité voor kleeding en levensmiddelen voor Zuid-Afrika. De koninklijke zangvereniging Cecilia. Het bestuur van de bond van verdreven NZASM Spoorwegambtenaren – 'Wij zijn uit uw land gezet, maar hopen er u terug te zien.' Jonge dames en heren van de Tekenacademie. Een deputatie uit de 3e sectie van het Metalen Kruis, gemiddelde leeftijd 89,5. Enzovoorts, enzovoorts. Allemaal begaan met het lot van de Boeren. Allemaal tot tranen toe geroerd door Oom Paul. Maar niemand in staat hem te helpen. Op de toegangsbewijzen voor de receptie stond het onbedoeld treffend samengevat: 'Men wordt verzocht den president niet aan te raken.'[38]

Het moment was perfect gekozen. Dat had Major Pond, zijn Amerikaanse agent, dan weer wel goed geregeld. Churchill hield van dat soort symboliek. 12 december 1900 om half negen 's avonds. Op de kop af een jaar na zijn ontsnapping uit de Staatsmodelschool in Pretoria – het tijdsverschil even buiten beschouwing gelaten. En de locatie was ook in stijl. De Grand Ballroom van het Waldorf-Astoria in New York, afgeladen met '*the rich and famous*'. Beter begin van zijn Amerikaanse lezingentournee kon hij zich niet wensen. Toch was hij nerveuzer dan normaal. Een chic publiek was hij wel gewend, maar dit keer zou hij worden ingeleid door niemand minder dan Mark Twain. Dat was een enorme eer, en de naam van de wereldberoemde schrijver had de kaartverkoop ongetwijfeld gestimuleerd. Het maakte Churchill alleen wel wat onzeker. Twain stond bekend als criticus van het – Amerikaanse zowel als het Engelse – imperialisme, en had zo'n status – vijfenzestig jaar, ontembaar wit haar – dat hij geen blad meer voor de mond hoefde te nemen. Het kon nog wel eens een lastige avond worden.

Over de tekst van zijn lezing hoefde Churchill niet in te zitten. Die kon hij dromen. Hij had het verhaal van zijn ontsnapping en verdere avonturen in Zuid-Afrika al precies negenentwintig keer verteld, in alle grote Britse steden. Direct na afloop van de verkiezingen, op 30 oktober, was hij van start gegaan, in St James's Hall in Londen, en sindsdien had hij avond aan avond – alleen 's zondags vrij – grote, volle zalen toegesproken. Ondersteund door een toverlantaarn, en overal ingeleid door grote namen. *Commander-in-Chief* Lord Wolseley om te beginnen in Londen, en daarna tal van vooraanstaande politici, zoals Lord Rosebery in Edinburgh en Lord Derby in Liverpool.

Hij had er flink veel geld mee verdiend, en dat was precies de bedoeling. Parlementariërs werden niet betaald. Het net verworven lidmaatschap van het Lagerhuis zou hem alleen maar geld gaan kosten. Wilde hij zich de komende jaren volledig aan de politiek kunnen wijden, dan moest hij nu een stevige financiële reserve opbouwen. Van het honorarium van de *Morning Post* en de royalty's voor zijn boeken had hij al zo'n vierduizend pond bij elkaar gespaard. Nu was het zaak zijn reputatie als succesvol oorlogscorrespondent te verzilveren, zolang de herinnering nog vers was. Zijn agent Gerald Christie had de boekingen voor hem geregeld. Resultaat was dat hij zijn spaargeld eind november meer dan verdubbeld had. En overal alleen maar bijval had geoogst.

Dat laatste was in het geboorteland van zijn moeder dus lang niet zeker. In de aanloop naar zijn Amerikaanse openingsavond was er al de nodige ophef geweest. Major Pond – niemand wist bij welke eenheid hij zijn sporen had verdiend – had de uitnodigingen voorzien van een uitgebreid comité van aanbeveling. Sommige leden wisten van niets, anderen wilden onder geen beding op de lijst, omdat ze de Boerenzaak steunden. Het was een rel geworden, die de kaartverkoop wél, maar Churchills gemoedsrust niet ten goede was gekomen.

Twains openingswoorden deden weinig om Churchill gerust te stellen. Persoonlijk, stelde de gerenommeerde '*Man in White*', was hij tegen de oorlog in Zuid-Afrika. Net zoals tegen die van de Verenigde Staten op de Filipijnen. Hij had zich altijd sterk gemaakt voor de vriendschapsbanden tussen beide landen. Ten slotte waren '*England and America... kin in almost everything*'. Maar '*now they are kin in sin,*' stelde hij vast. Zijn sympathie lag dus bij de Boeren. Dat nam niet weg dat hij Churchill vriendelijk welkom heette. Hij introduceerde hem als '*a blend of America and England which makes a perfect match*'.

Churchill kreeg een hartelijk welkomstapplaus, maar de verslaggever van *The New York Times* ontging het niet dat hij zenuwachtig begon. Pas geleidelijk aan kwam hij er beter in. Uiteindelijk werd het '*a clear recital*', met voldoende humor om zijn verhaal op te vrolijken. Met name de geuren en kleuren van zijn ontsnappingsavontuur bleken ook hier goed te werken. Lastig werd het weer daarna, bij de discussie. Toen Churchill zich op zeker moment beriep op het adagium '*my country right or wrong*,' repliceerde Twain direct: '*When the poor country is fighting for its life, I agree. But this was not your case.*'

Het was een nuttige les, die Churchill in het vervolg van zijn overzeese lezingenreeks in praktijk bracht. De pro-Boerbeweging was in de Verenigde Staten veel sterker dan hij zich vooraf had gerealiseerd. Humor, daarmee moest hij zich staande zien te houden. Met name in Chicago had hij zijn *wit* nodig. Er zat een flink aantal Iers-Amerikanen in de zaal, die luidruchtig protesteerden. Alleen door grappen te maken over zichzelf en de Boeren te prijzen om hun dapperheid en menselijkheid wist hij zich te redden. Maar hij was maar al te opgelucht dat de laatste lezingen gepland waren in Canada. Daar trof hij weer zalen, laaiend van onvoorwaardelijk enthousiasme. Precies zoals hij thuis gewend was geweest. Daar kon hij weer onbekommerd zijn uitgesproken meningen kwijt: '*The first thing to be done, of course, is to crush De Wet and the guerrilla bands.*'

Begin februari 1901 keerde hij terug in Engeland. Een ervaring en de nodige dollars rijker. Omgerekend in ponden, nog eens vijftienhonderd. Dat bracht zijn totale kapitaal op tienduizend pond. Zelf verdiend, binnen anderhalf jaar, dankzij de oorlog in Zuid-Afrika. Daarmee kon hij het wel een aantal jaren uitzingen. Nu kon hij zich volledig richten op zijn parlementaire carrière.[39]

Het leek wel alsof de natuur had besloten dat het niet zo mocht zijn. Een teken van boven dat de inval in de Kaapkolonie zoals die Christiaan de Wet voor ogen stond, toch niet zo'n goed idee was. Tot eind november 1900 was er te weinig water. Het regenseizoen viel laat, er was bijna niets te grazen, de paarden verzwakten met de dag. Ze moesten aansterken of worden vervangen. Anders was de hele onderneming al bij voorbaat kansloos. Begin december kwamen de lenteregens, maar toen ook goed. Nu was er weer te veel water. Absurd veel water. Het veld veranderde in één onafzienbare modderpoel, lieflijke beekjes werden omgetoverd in kolkende rivieren.

Op het laatste stuk naar de Kaapkolonie stuitte De Wet met zijn commando's op twee van zulke watermassa's. Bij de Caledon regende het al '*groote duivels dood en kleintjes de beenen af*', maar daar kwamen ze met veel pijn en moeite nog doorheen. Nu de Oranje nog, de grensrivier. Op 4 december kreeg De Wet bericht van zijn verkenners. De drift bij Odendaalstroom was doorwaadbaar. Het kon nog steeds. De volgende ochtend bracht de grote ontgoocheling. Aangekomen bij de oever van de rivier, zag hij het direct. Uitgesloten. In één nacht was het water zo hoog gestegen dat er geen doorkomen meer aan was. Bovendien zag hij aan de overkant de tenten staan van een Engels legerkamp. Het was duidelijk. De inval in de Kaapkolonie was mislukt nog voordat hij goed en wel begonnen was.

Althans wat betreft De Wet zelf. Wachten tot het waterpeil zakte, was geen reële mogelijkheid. Vanuit het westen naderde een Engelse colonne, onder leiding van dezelfde generaal-majoor Knox die hem bij Bothaville had verrast en hem sindsdien heel Oranje Vrijstaat door achterna had gezeten. De Wet moest een beslissing nemen. Of naar het noorden, terug de Caledon over, of naar het oosten, door het formeel afzijdige, maar van oudsher vijandige Basutoland. Een onberekenbare rivier of een onberekenbare tegenstander. Hij koos voor de rivier. Wel liet hij driehonderd man achter, onder bevel van commandant Pieter Kritzinger en kapitein Gideon Scheepers. Met de beste paarden. Zij moesten wachten tot zich alsnog een kans voordeed de Oranje over te steken. Om vervolgens in ieder geval een deel van het invasieplan uit te voeren.

Dat laatste zou lukken, half december 1900, net zoals het honderdvijftig kilometer stroomafwaarts ook Hertzog zou lukken om de Kaapkolonie binnen te dringen, met nog eens twaalfhonderd man. Maar voor De Wet zat er niets anders op dan rechtsomkeert te maken. Met Knox als vanouds op zijn hielen. Om zelf vaart te maken en zijn achtervolger op te houden, besloot hij om nu de vierhonderd Engelse krijgsgevangenen vrij te laten die hij twee weken eerder had meegenomen na de verovering van Dewetsdorp. Op 7 december stond hij weer aan de Caledon. Bij Kommissiedrift bleek de oversteek nog steeds mogelijk, maar daar stuitte hij nu op een ingegraven Engelse legereenheid. Een paar kilometer noordelijker, bij Lubbesdrift, had hij meer succes.

Eenmaal overgestoken, was hij nog niet van Knox af. Deze was even het spoor bijster, maar de schermutseling bij Kommissiedrift hielp hem weer op weg. Hij hervatte de achtervolging, bijgestaan door andere colonnes die van alle kanten werden aangevoerd. Een week lang joegen ze gezamenlijk De Wet op, die geen andere keus had dan verder te trekken naar het noorden. Via een omweg alsnog afbuigen naar de Kaapkolonie zat er zodoende niet in. De noordelijke uitweg was overigens ook niet ongevaarlijk. Om zijn achtervolgers definitief – nou ja, zolang als het duurde – af te schudden, moest hij door een Engelse verdedigingslinie breken. Om precies te zijn bij Springhaansnek, een pas met forten aan beide kanten. Maar nu lachte het geluk De Wet weer toe. Net op tijd kreeg hij versterking van de Bethlehemmers en de Winburgers, onder de commandanten Michael Prinsloo en Sarel Haasbroek. Uitgeruste commando's op verse paarden. Door hun hulp forceerde hij zich op 14 december een weg over Springhaansnek. In ieder geval wel weer ontsnapt.

Tot verdriet van Lord Kitchener, die op 29 november het opperbevel over de Engelse troepen in Zuid-Afrika had overgenomen van Lord Roberts. '*As long as De Wet is out, I can see no end to the war*,' schreef hij eind december 1900 aan Londen. Tot opluchting van Louis Botha, die hoopte dat het nu eindelijk tot een ontmoeting met De Wet zou komen 'om zaken doorgrondig te bespreken zoodat wij elkander goed verstaan'. De uitnodigingsbrief was op 8 december afgegeven aan president Steyn. Persoonlijk, door een van Botha's adjudanten. De Wet moest 'm zelf ook allang gezien hebben.[40]

Emily Hobhouse was nu ruim een week in Kaapstad, en eindelijk was het zover. Een uitnodiging van Sir Alfred Milner. 8 januari 1901 lunch in Government House. De aanbevelingsbrieven van haar tante Mary,

Lady Hobhouse, en haar neef Henry, parlementslid voor Somerset East, hadden gewerkt. Ze zag er vreselijk tegenop. Zou ze hem kunnen overtuigen? De ergste verhalen had ze hier pas gehoord, van Boerenvluchtelingen en van Britse militairen zelf. De talloze platgebrande boerderijen, dat was ook in Engeland al bekend. Maar al die kampen, '*refugee camps*' werden ze nota bene genoemd, dat was nieuw voor haar. In de trein vanuit de buitenwijk waar ze logeerde, sloeg haar hart als een bezetene. Om rustig te worden pakte ze de brieven die ze net had ontvangen. Eentje was er van de Courtneys, het echtpaar dat haar had gewonnen voor de Boerenzaak. Kate had de brief geschreven, Leonard had er bij hoge uitzondering – hij was sinds een paar jaar blind – zelf een slotzin aan toegevoegd. '*Be prudent, be calm.*' Dat hielp.

In Leonard Courtney had ze veel vertrouwen. Hij was een politieke veteraan, een onafhankelijk liberaal denker. Al vijfentwintig jaar parlementslid en ondanks zijn handicap maatschappelijk nog volop actief. Als voorzitter van de *South African Conciliation Committee* (SACC) had hij Hobhouse in januari 1900 gevraagd secretaris te worden van de vrouwenafdeling.

Ze had die taak met hart en ziel op zich genomen. Dienstbaarheid kende ze al van huis uit. Vijftien jaar lang had ze haar zieke vader verzorgd. Op haar vijfendertigste was de enige romance van haar leven stukgelopen. Sindsdien had ze zich gewijd aan maatschappelijke noden. Geëmigreerde Engelse mijnwerkers in Amerika. Fabrieksarbeid door vrouwen en kinderen. En sinds het uitbreken van de oorlog in Zuid-Afrika het lot van de Boeren, eerst vanwege het schreeuwende onrecht hun aangedaan, vervolgens steeds meer om hun verscheurde en ontheemde families.

Die zorgen om de Boerenvrouwen en -kinderen uitte Hobhouse voor het eerst publiekelijk op 13 juni 1900, tijdens een grote protestbijeenkomst van de SACC-vrouwen in de Londense Queen's Hall. Eerst werden er resoluties aangenomen tegen het regeringsbeleid, tegen de pogingen om politieke tegenstanders monddood te maken en tegen de dreigende vernietiging van een volk van bloedverwanten en geloofsgenoten. Vervolgens bracht Hobhouse zelf nog een vierde resolutie in. Daarin werd sympathie betuigd met de vrouwen van

Transvaal en Oranje Vrijstaat. Zij moesten weten dat duizenden Britse vrouwen met hen meeleefden en het optreden van de Britse regering diep betreurden.

Het bleef niet bij sympathiebetuigingen. In de tweede helft van 1900 namen de berichten over systematische verwoestingen door het Britse leger in de Boerenrepublieken onheilspellend toe. Gestimuleerd door toespraken van andere tegenstanders van de oorlog als het liberale parlementslid John Morley, kwam Hobhouse tot de overtuiging dat er meer moest gebeuren. Concreet. '*Daily British homes were darkened by death and Boer homes by destruction and desolation.*' Er moest een hulpfonds komen, en zij ging ervoor zorgen. In september 1900 was het zover. Het *South African Women and Children Distress Fund*. Pure liefdadigheid, geen politiek, voor alle gezindten, nationaal. Bedoeld om alle vrouwen en kinderen die in Zuid-Afrika het slachtoffer waren geworden van de oorlogsomstandigheden eten, kleren en onderdak te bezorgen. Binnen twee maanden was er driehonderd pond binnen. Genoeg voor twee treinwagons hulpgoederen. Die ging ze zelf afleveren.

Haar oom en tante, Lord en Lady Hobhouse, haar broer, en wie haar verder maar een goed hart toedroeg, raadden het haar af. Was dat nu wel verstandig? In haar eentje in oorlogsgebied, al die ziektes, roddel en achterklap, en wat dacht ze te kunnen bereiken? Maar rationele argumenten hadden geen vat meer op haar. Ze was vastbesloten. Het idee was plan geworden. Het plan roeping. Ze was veertig jaar, dit was haar levensdoel. Ze ging de vrouwen en kinderen van Zuid-Afrika redden.

Eenmaal in Government House, benam het lunchgezelschap haar opnieuw de adem. Acht mannen aan tafel, zij de enige vrouw. Milner sneed het onderwerp nog wel aan, maar dat was haar te abrupt, met al die vreemden. Ze vroeg hem om een apart onderhoud, en hij stemde toe. Een kwartiertje in de salon. Het werd ruim een uur, en alles kwam ter sprake. De hoge commissaris bleek de redelijkheid zelve. Ja, hij vond het platbranden van boerderijen zelf ook fout. En nee, hij had er geen enkel bezwaar tegen als Hobhouse een bezoek zou brengen aan de kampen, om daar hulpgoederen uit te delen. Die twee treinwagons stelde hij beschikbaar. Er was alleen één maar. Hij moest het wel voorleggen aan de nieuwe opperbevelhebber. Die moest zijn goedkeuring geven.

Zodoende was het wachten op Lord Kitchener. In de tussentijd merkte Hobhouse hoe ongerust de autoriteiten – Milner zelf dus – waren over de recente inval van de Boeren in de Kaapkolonie. In de gebieden waar Hertzog en de andere Boerencommandanten dreigden door te stoten was direct de staat van beleg uitgeroepen, en die lijn werd steeds verder zuidelijk getrokken. Milner deed tegen haar zijn best om beheerst en welwillend over te komen, maar ook in Kaapstad zelf werden de gevolgen steeds zichtbaarder. Op zijn gezag moest iedereen zijn wapens inleveren, werden er kanonnen geplaatst op strategische posities, met prikkeldraad eromheen, en loopgraven aangelegd rond belangrijke gebouwen. Fietsen en paardrijden buiten de stad werd verboden. Na half tien 's avonds gold een avondklok. Om half elf moesten alle lichten uit. Maar Boerencommando's zag Hobhouse – tot haar spijt – niet.

Op 17 januari 1901 kwam Kitcheners telegrafische antwoord. In principe was hij akkoord, maar wel met twee restricties. Ze mocht niet verder dan Bloemfontein, en begeleiding door een '*Dutch lady*', zoals zij had gevraagd, vond hij niet nodig. Beter dan niets, vond Hobhouse, en ze besloot te gaan. Haar twee treinwagons waren nog niet voor de helft vol, want de prijzen hier vielen vies tegen. Zes ton, de helft kleren, de helft levensmiddelen. Op 22 januari 1901 vertrok ze richting Bloemfontein. Daar aangekomen hoorde ze dat koningin Victoria was overleden.[41]

Schuldig landschap

Naauwpoort, december 1900

Drie dagen later was Deneys Reitz er nog steeds kapot van. Het was 16 december 1900, Dingaansdag, de herinneringsdag aan de overwinning op de Zoeloes bij Bloedrivier, en er was eindelijk weer iets te vieren. Ze hadden een spectaculaire overwinning behaald, vlakbij in Nooitgedacht, maar hij kreeg het beeld van die Engelse soldaat met zijn half weggeschoten hoofd niet van zijn netvlies. Het was *zijn* kogel geweest. Zijn dumdumkogel. In Warmbad had hij er een paar in zijn bandelier gestopt, apart van de rest, om groot wild mee te schieten. Maar hij was ze vergeten, en in de hitte van het gevecht had hij ze ongemerkt in zijn geweer geladen. En nu wilden generaal Beyers en dominee Kriel juist hier een nieuw monument oprichten. Van iedereen een steen, één grote stapel ter herinnering, net zoals in Paardekraal – voordat Roberts ze daar had laten weghalen. Reitz voelde er niet veel voor.

De overwinning bij Nooitgedacht was een gedenkwaardige. De Boeren hadden gestormd, voor het eerst sinds bijna een jaar. Bij Platrand op 6 januari 1900, ten zuiden van Ladysmith, was dat jammerlijk mislukt, maar nu hadden ze doorgezet. Het waren de commando's van Beyers, onder wie Reitz en de rest van het ACC die de beslissing hadden geforceerd. Bergop nog wel, in de ochtendschemering. Recht op de verschanste Northumberland Fusiliers af, schreeuwend en schietend, de bajonetten afwerend met hun geweerkolven. Ze hadden zware verliezen geleden, zo'n twintig doden en zestig gewonden. Het aantal Engelse slachtoffers liep tegen de honderd. Nog eens zoveel waren krijgsgevangen gemaakt.

Na het innemen van de Engelse verschansingen had Beyers aan Krause de opdracht gegeven om met zijn ACC de hele bergrug uit te kammen. Reitz was natuurlijk meegegaan. Ze waren gestuit op een afdeling Imperial Yeomanry, die op weg was naar boven. Ze hadden de hele eenheid uitgeschakeld, twintig, dertig man. Ook die ene soldaat, die opeens vlakbij hem was opgedoken.

Toen waren ze teruggegaan naar boven. Het was zeven uur 's ochtends, de slag bij Nooitgedacht was zo goed als beslist. Vooraf hadden de verantwoordelijke Boerengeneraals – De la Rey, Smuts en Beyers – bedacht het Engelse legerkamp aan de voet en de versterkte posities boven op de berg tegelijkertijd te overrompelen. Dat was beneden mislukt, door een vroegtijdige ontdekking van de Boerenvoorhoede, maar het succes van Beyers en zijn mannen maakte dat in één klap goed. Bevrijd van tegenstanders openden zij nu ook van bovenaf het vuur op het legerkamp, waar bevelvoerend generaal-majoor R.A.P. Clements niets anders kon doen dan een overhaaste aftocht blazen.

Dat was het sein voor de commando's van Beyers om ook af te dalen. Op weg naar beneden kwam Reitz langs de soldaat die hij van dichtbij had neergeschoten. Toen pas zag hij wat zijn kogel had aangericht. Hij schrok zich wild, greep naar zijn patroongordel, en vond nog een paar dumdumkogels. Hij gooide ze snel weg, in een stroompje langs het pad. Het was rood van het bloed, zag hij, toen rende hij snel door, naar beneden.

Onderweg kwam hij langs twee gewonde Engelse officieren. Het was alsof hij opeens een totaal andere wereld binnenstapte. Ontspannen knoopten ze een praatje met hem aan. Sprak hij Engels? Mooi. Kon hij dan aan hen uitleggen waarom de Boeren maar bleven doorvechten, terwijl het duidelijk was dat ze de oorlog gingen verliezen? Alsof hij het had gerepeteerd schoot Reitz een passage uit *David Copperfield* te binnen: '*Oh, well, you see, we're like Mr. Micawber, we are waiting for something to turn up.*' Het antwoord leidde tot grote hilariteit bij de officieren. '*Didn't I tell you this is a funny country, and now here's your typical young Boer quoting Dickens.*'

Het Engelse legerkamp bood verdere afleiding. Beyers probeerde zijn commando's nog te dwingen de achtervolging in te zetten op de vluchtende troepen van Clements, maar tevergeefs. Het was lang geleden dat ze zo'n rijke buit hadden aangetroffen, de verleiding was te groot. Bovendien, wat moesten ze met nog meer krijgsgevangenen? Die werden na een paar dagen toch weer vrijgelaten. Plunderen was niet moreel verwerpelijk, vond Reitz, het was pure noodzaak om aan te vullen wat ze zelf niet meer hadden. Ook zijn broer Arend en hij deden zich tegoed aan de ruime voorraden in het kamp. Twee extra paarden met zadels en halsters, allebei een nieuw Lee-Metfordgeweer met munitie in plaats van hun versleten Mausers, en daarnaast thee, koffie, zout, suiker, voedsel, kleren, boeken, alles wat de afgelopen tijd luxe was geworden.

Maar het bleef knagen. Op Dingaansdag ontliep Reitz de plechtigheden. De la Rey, Smuts en Beyers spraken de verzamelde burgers toe. De eerste twee herinnerden aan de slag bij Bloedrivier, in 1838, aan de gelofte die de Voortrekkers hadden afgelegd voorafgaande aan hun overwinning op de Zoeloes. Beyers beklemtoonde hoe belangrijk het was om die dag te blijven herdenken. Juist nu, nu de Boeren zo op de proef werden gesteld en het maar al te verleidelijk was om toe te geven aan hun zwakheden. Daarop werd de gelofte herhaald, onder leiding van dominee Kriel, en plaatste iedereen zijn eigen steen op de gezamenlijke '*klipstapel*'.

Maar niet Deneys Reitz. Hij dacht na over zijn fout. En hoe kon hij daarna zomaar Dickens citeren, alsof er geen vuiltje aan de lucht was? Hij had het niet expres gedaan, maar toch had hij behoefte aan rechtvaardiging. Wat maakte het voor verschil iemand kapot te schieten met een ontplofbare kogel, of hem aan stukken te rijten met een lydietgranaat, zoals voortdurend gebeurde in deze oorlog? Dood is dood, *Master Copperfield*. Maar toch. Liever geen steen.[42]

Piet de Wet vond het tijd om meer te doen. Het was 11 december 1900, ruim vier maanden na zijn overgave, en de toestand was alleen maar verslechterd. De verwoestingen, de ontvolking van hele streken, het land ging te gronde. De guerrilla moest stoppen. Vanuit Durban, waar hij in een soort vrijwillige ballingschap leefde, vroeg en kreeg hij toestemming van Kitchener om terug te keren naar Kroonstad. Hij had een idee voor een vredesinitiatief. Onderweg maakte hij een tussenstop in Johannesburg. Hij had begrepen dat zijn schoonzuster Cornelia daar nu verbleef. Misschien was zij inmiddels voor rede vatbaar, en kon ze Christiaan overhalen de strijd te staken. Dat bleek al te naïef. Cornelia wees hem de deur, en verzocht de militaire commandant haar zwager 'kennis te geven zich in de toekomst te onthouden van verdere bezoeken'. Dan maar rechtstreeks.

Piet de Wet was niet de enige die iets wilde ondernemen om de oorlog te beëindigen. Individuele bemiddelingspogingen waren er al veel meer geweest in de voorafgaande maanden, maar in december 1900 kregen ze een georganiseerde vorm. In diverse plaatsen richtten prominente *hendsoppers*, onder wie de nodige voormalige Volksraadsleden, burgervredescomités op. Piet de Wet werd voorzitter van het locale comité in Kroonstad. In de *Transvaal Colony* was Meyer de Kock de centrale figuur. Ruimte voor politieke discussie kregen ze niet van Kitchener. De Boerencommando's in het veld informeren dat Engeland de strijd niet zou opgeven en dat er geen enkele kans was op buitenlandse interventie, dat mochten ze. En dat deden ze. Vanaf eind december stuurden de comités tientallen vertegenwoordigers eropuit om de commando's over te halen hun wapens neer te leggen.[43]

Daarnaast zochten ze de publiciteit via kranten en pamfletten. Zoals Piet de Wet. Op 11 januari 1901 schreef hij een brief aan zijn broer Christiaan. Kort daarna verscheen de brief in *The Bloemfontein Post*, vervolgens ook als aparte brochure onder de titel *Broeder tot broeder: een prijzenswaardige brief, een smeekstem tot De Wet*. De aanhef draaide er niet omheen: 'Beste Broeder, Ik hoor dat gij zoo vertoornd zijt, dat gij het besluit naamt mij te dooden, daar gij mij van hoogverraad beschuldigt.' Ook haalde hij maar meteen de beschuldiging aan dat hij zou zijn omgekocht door de Engelsen. Zijn verweer was simpel: 'Er is een God, die rechtvaardig oordeelen zal.' Maar hij ging ook in de tegenaanval. Als zijn broer en Steyn de oorlog voortzetten, 'zal het volk zoo verarmen, zooals zeer vele lieden reeds zijn, dat zij de werkende klasse des lands zullen vormen en als natie verdwijnen'. En waarom?

‘Zijt gij blind?’ Zag Christiaan dan werkelijk niet ‘dat gij door de Transvaalsche generaals en burgers bedrogen zijt?’ Die vochten nog ‘niet het tiende deel van wat wij, Vrijstaters, vechten. Transvaal is lang zoo verwoest niet als de Vrijstaat.’ En de Transvaalse generaals wilden zich al lang overgeven, ‘maar wachten af wat gij zult doen. Op het oogenblik dat gij u overgeeft, valt, of gevangen genomen wordt, zullen zij zich overgeven. Ik bid u, dat alles te overwegen, voordat gij verder gaat.’[44]

De dringende oproep had niet het gewenste effect. Christiaan de Wet negeerde de brief, althans in het openbaar. Via via schijnt hij aan zijn jongere broer te hebben laten weten dat hij hem zou neerschieten als hij hem tegenkwam. Piet de Wet liet zich niet ontmoedigen. Hij richtte nu zijn inspanningen op geestverwanten in de Kaapkolonie. hoge commissaris Milner verwachtte er niet veel van, maar gaf wel toestemming. In februari 1901 vertrok De Wet met enkele andere leden van burgervredescomités uit de *Orange River Colony* naar Kaapstad. Hij sprak er eerst met voorzitter T.P. Theron van de Afrikaner Bond en vervolgens met diverse invloedrijke predikanten. Uiteindelijk zonder resultaat.

Ze bezochten ook het krijgsgevangenenkamp in Groenpunt, en dat leverde wel iets op. Om te beginnen grote onrust onder de krijgsgevangen Boeren. Een deel ontving Piet de Wet en zijn metgezellen met gejouw. Anderen bleken ontvankelijker voor hun vredesboodschap. Dat was althans hun stellige indruk, al durfden weinigen zich openlijk te uiten. Bovendien zaten er volgens De Wet in het kamp ook de nodige Boeren die hun wapens vrijwillig hadden neergelegd en dus eigenlijk helemaal geen krijgsgevangenen waren. Na afloop drong hij er bij Milner op aan een apart kamp in te richten, om de goeden van de kwaden te scheiden. Milner vond dat nog niet zo’n gek idee. Ondanks de bedenkingen van Kitchener bracht hij het direct in praktijk. In Simonstad kwam een ‘vredeskamp’, waarheen in maart 1901 al achthonderd goedwillende gevangenen werden overgebracht. Zij zouden niet naar kampen overzee worden gestuurd, een lot dat de onverzoenlijken wel te wachten stond.[45]

Zodoende kon Piet de Wet toch nog bogen op enig resultaat. Dat was meer dan alle andere vredesgezanten konden zeggen. Zelfs de eerbiedwaardige Marthinus Pretorius kreeg niets voor elkaar. De 81-jarige oud-president van Transvaal én van Oranje Vrijstaat, in 1855 stichter en naamgever van Pretoria (naar zijn vader Andries, de leider van de Voortrekkers), ging in januari 1901 op bezoek bij Louis Botha, volgens Kitchener op eigen initiatief. Hij kon onverrichter zake weer vertrekken, met de boodschap dat Botha niet met tussenpersonen wenste te praten. Als Kitchener iets wilde voorstellen, dan moest hij dat zelf maar doen. Op papier.

Maar goed, de bejaarde Pretorius kwam in ieder geval nog terug van zijn missie. In een paar gevallen liep het slechter af. Johannes Morgendaal en zijn schoonvader Andries Wessels waren welgestelde Vrijstaatse Boeren. Morgendaal vrederechter en scriba van de Nederduits Gereformeerde Kerk. Wessels lid van de Volksraad. Mannen van aanzien in de omgeving van Kroonstad. Overtuigd geraakt van het zinloze van verder verzet, begaven ze zich eind december 1900 naar het kamp van Christiaan de Wet. Onderweg werden ze gearresteerd en direct berecht. Een krijgsraad te velde onder generaal Stoffel Froneman verwees hun zaak naar een hogere instantie. In afwachting daarvan werden ze als gevangenen meegevoerd in het commando van Christiaan de Wet. Hij gelastte Froneman hen streng te laten bewaken.

Op 9 januari 1901 ging het mis. 's Ochtends vroeg kwam opeens het – achteraf onjuiste – bericht van een zwarte verkenner dat de Engelsen in aantocht waren. Froneman beval Morgendaal om mee te helpen de ossen in te spannen. Morgendaal negeerde het bevel. 'Ik ben geen Hottentot.' Froneman haalde uit met zijn sjambok. Morgendaal slaagde erin hem de zweep te ontfutselen. De mannen raakten slaags. Christiaan de Wet, van een afstandje getuige, schreeuwde driftig: '*Skiet die moerneuker*' – of woorden van gelijke strekking. Froneman schoot, en trof Morgendaal dodelijk. De volgende dag kwam de militaire rechtbank bijeen om zijn schoonvader te berechten. Vijftien officieren met De Wet als voorzitter. Ze achtten Wessels schuldig aan hoogverraad en veroordeelden hem ter dood. Hij dankte zijn leven aan president Steyn, die het vonnis niet bekrachtigde.

In Transvaal was zijn waarnemend collega Schalk Burger minder clement. Daar ging het om Meyer de Kock. Hij was op 23 januari 1901 gevangengenomen en werd een week later berecht. De aanklacht was viervoudig: ongeoorloofde onttrekking aan zijn dienstplicht en inlevering van zijn wapens aan de vijand, samenzwering met de vijand, bezit van belastende documenten van het burgervredescomité waarvan hij voorzitter was, en daadwerkelijke pogingen burgers aan te zetten tot overgave. Het oordeel luidde ook hier hoogverraad. Het vonnis eveneens de doodstraf. Verschil was dat Burger het gratieverzoek niet honoreerde en zijn handtekening zette onder de rechterlijke uitspraak. Op 12 februari werd De Kock door een vuurpeloton geëxecuteerd.[46]

Systematiek. Als er één eigenschap was waarin Lord Kitchener of Khartoum zich als Brits opperbevelhebber in Zuid-Afrika wenste te onderscheiden van zijn voorganger, dan was het wel onbuigzaamheid in het doorvoeren van beleidsvoornemens. Gietijzeren systematiek. Onbuigzaam tot in het maniakale, meenden critici, waardoor hij het beoogde doel voorbijschoot. Zoals bij de centralisatie van het transportsysteem waaraan hij zijn bijnaam '*K of Chaos*' had verdiend.[47]

Kitchener zelf zag dat anders. Fouten in de uitvoering, daar lag het aan, die konden alleen worden verholpen door een nog stringentere toepassing. De bestrijding van de guerrilla, dat was net zoiets. Daar moest ook meer systeem in komen. Lord Roberts had de ene na de andere proclamatie uitgevaardigd, naar behoren represaillemaatregelen getroffen, maar het was terreur naar willekeur gebleven. Het moest efficiënter, als een dienstregeling.

Op 7 december 1900, net een week in functie, gaf hij een eerste signaal. In een memorandum vaardigde hij nieuwe richtlijnen uit voor de colonnes die het hoge veld doorkruisten. Die moesten zich niet zozeer toeleggen op de verwoesting van boerderijen en andere bezittingen als wel van '*denuding the country of supplies and livestock*'. Dat diende een dubbel doel. De colonnes konden zo in eigen onderhoud voorzien en de vijand werd beroofd van zijn bestaansmiddelen. Dat was de eerste stap. Afvoeren dan wel vernietigen van vee en voedselvoorraden.

Twee weken later presenteerde hij de volgende stap. De mensen. Op 21 december stuurde hij een vertrouwelijke circulaire aan alle hoge officieren. Om een einde te maken aan de guerrilla was het noodzakelijk om ook alle mannen, vrouwen en kinderen te verwijderen uit de gebieden waar de Boerencommando's actief waren. Zo was het uitgesloten dat iemand hen nog – vrijwillig dan wel gedwongen – ondersteuning gaf, of contact met hen had. De commando's zouden dan in alle opzichten op zichzelf zijn aangewezen, met alle logistieke beperkingen en demoraliserende effecten van dien.

De weggevoerde bevolking moest worden ondergebracht in kampen binnen het eigen district, ter wille van een soepele bevoorrading gelegen aan een spoorlijn. Daarbij diende een duidelijk onderscheid te worden gemaakt tussen twee categorieën. Enerzijds degenen die vrijwillig de strijd hadden gestaakt, met hun families. Anderzijds de familieleden van nog actieve commando's. Met logischerwijs een voorkeursbehandeling voor de eerste groep kampbewoners. Hun bezittingen dienden gerespecteerd, en als het aankwam op accommodatie en rantsoenering hadden ze een streepje voor. Betere tenten, meer levensmiddelen.

Aparte aandacht besteedde de circulaire aan de zwarte bevolking. Het was niet de bedoeling '*to clear kaffir locations*' als zodanig, maar zwarten die als knechten of anderszins woonachtig waren op land van Boeren, moesten daar ook weg. Met hun levende have. Wat ze aan bezittingen hadden, mochten ze houden, indien enigszins mogelijk. Eenmaal in de kampen, dienden ze afdoende te worden beschermd, en konden ze worden ingehuurd voor voorkomende werkzaamheden. Tegen het gebruikelijke '*native*' tarief.[48]

En dat alles dus systematisch doorgevoerd. Ontvolking als strategie, kaalslag als methode. Levenloze vlaktes, dat was Kitcheners beleidsvoornemen voor het jaar 1901. Zijn kerstboodschap voor de twintigste eeuw. De aarde weer woest en ledig. Eind januari werd de uitvoering ter hand genomen. Om te beginnen in Oost-Transvaal. Acht colonnes gingen op pad, bij elkaar meer dan twintigduizend man, onder leiding van generaal-majoor French. Botha en zijn commando's opjagen én het hele gebied ontdoen van mensen, dieren en voedsel, dat was de dubbele opdracht. De bevelvoerende officieren dienden de opbrengsten – de '*bags*' – zorgvuldig bij te houden.

De eerste schrik was groot genoeg. Op een ochtend zag Deneys Reitz de verzamelde Engelse colonnes aankomen, een horizon vol, zover het oog reikte. Hij diende nog steeds bij de commando's van generaal Beyers, maar ze waren niet meer in de Magaliesbergen. Botha had hen opgeroepen over te komen naar Ermelo. Op weg naar het oosten werden ze verrast door het Engelse 'sleepnet'. Beyers verdeelde zijn mannen in twee groepen. Eentje ging op zoek naar de uiterste linkervleugel van de uitgestrekte linie van de Engelsen. De andere groep, waarbij Deneys en zijn broer Arend waren ingedeeld, moest proberen hun opmars zoveel mogelijk te vertragen.

Het werd meteen duidelijk hoe de Engelsen te werk gingen. Achter hun linie zag hij al snel de rookzuilen opstijgen. Van vluchtende vrouwen hoorde hij dat ze alles vernielden en iedereen gevangennamen. Oogsten te velde, die door de aanhoudende regen niet wilden branden, lieten ze plattrappen door het vee. De volgende dag kwam een massale vlucht op gang, voor de colonnes uit. '*Die vlakte krioel van waens, karre en rytuie van alle aard, belaai met vrouens en kinders*'. Paarden, koeien en schapen '*haastig aangejaag deur kafferwagters*', tegen een achtergrond van brandende boerderijen en hooibergen. Botha dirigeerde de vluchtelingen de grens over, naar Swaziland, om uit handen te blijven van de Engelsen.

Intussen herstelden de commando's zich van de eerste schrik. Ze merkten dat het de Engelsen, ook al door het slechte weer, niet lukte hun langgerekte linie gesloten te houden. '*Blindelings tas die troepe rond na die ratse Boere-kommando's wat maklik wegglip voor die lompe kolomme, wat ver agter ons in die modder ploeg.*' De nieuwe, allesverwoestende aanpak van de Engelsen deed, zo merkte Deneys Reitz, geen afbreuk aan het moreel van de Boeren in het veld. Integendeel, het maakte hen vastbeslotener dan ooit.[49]

De treinreis door de Karoo beviel Emily Hobhouse beter dan destijds Willem en Louise Leyds, en Winston Churchill ruim een jaar eerder.[50] En dat terwijl ze het niet trof met het seizoen. Afwisselend stofstormen en donderbuien. Die eerste vond ze het ergst. Ook met dichte deuren en ramen raakte haar coupé onder het rode stof. Het kwam in haar ogen, haar oren, haar haren, het bedekte alles als een tafelkleed. Maar die pure woestenij had nog wel iets, vond ze. De weidsheid, de golvende lijnen, die lucht erboven. Het stuk daarna, vanaf

Colesberg, dat vond ze veel troostelozer. Voorheen Oranje Vrijstaat, nu *Orange River Colony*. Daar werd ze echt treurig van, zo'n desolaat landschap. Dat had geleefd, dat kon je zien, maar nu was het leven er geweken. Kadavers van paarden en koeien, afgebrande en verlaten boerderijen, afval overal en niemand aan het werk op het land. Ook geen Boerencommando's te bekennen, jammer genoeg. De hele reis alleen maar Tommy's die zich verveelden, en bedelden om kranten en boeken.

Die militairen overal, dat was ook iets waar ze zich aan stoorde toen ze was aangekomen in Bloemfontein, op 24 januari 1901. Je kon nog geen vin verroeren zonder hun toestemming. Steeds maar weer pascontroles. Beklemmend, ze begreep al snel hoe de inwoners zich moesten voelen. Gelukkig had ze de aanbevelingsbrief van Milner. De militaire gouverneur van het stadje, generaal-majoor G.T. Pretyman, wist al van haar komst. Hij gaf haar toestemming om het plaatselijke vrouwenkamp te bezoeken wanneer ze maar wilde.

Hobhouse kon niet wachten. De volgende dag stond ze aan de poort. Een tentenkamp een paar kilometer buiten Bloemfontein, gewoon in het open veld. Geen boom te bekennen, of een ander soort schaduw. Om en nabij de tweeduizend vrouwen en kinderen, en een paar mannen – *hendsoppers*. Waar te beginnen? Er moest hier een zuster zitten van een vrouw die ze had ontmoet in Kaapstad – mevrouw Botha, geen familie van. Die zocht ze het eerst op. Ze vond haar in een van de tenten, enkeldaks, bloedheet, samen met haar vijf kinderen en een zwarte hulp. Voor elk van hen was er een deken, meer niet. Geen bedden, geen stoelen, geen tafel, enkel een kistje voor levensmiddelen.

Er kwamen meer Boerenvrouwen de tent binnen, met meer schokkende verhalen. Bij regen stond het in alle tenten blank. Veel kinderen waren ziek. Er was een aparte mazelentent. Er gingen er steeds meer dood. Al pratend zag Hobhouse een slang de tent in kronkelen. Een pofadder, volgens de vrouwen, heel giftig. Ze gingen hulp halen. Hobhouse bleef in de tent, pakte haar parasol en sloeg ermee naar het beest. Stel je voor dat zoiets 's nachts gebeurde. Terwijl iedereen op de grond sliep. Het lukte haar niet om 'm te pakken te krijgen. De vrouwen kwamen terug, ze hadden een man met een hamer meegenomen. Die sloeg de slang dood.

Hobhouse had genoeg gezien en gehoord voor een eerste indruk. Wat een ellende, ze moest de kampleiding spreken. Majoor R.B. Cray was de verantwoordelijke officier. Tijdens hun gesprek leken de rollen wel omgekeerd. Hij beklaagde zich bij haar. Hij had geen geld, geen spullen, geen vervoer. Hij zat er vreselijk mee. Wellicht kon zij nog iets bereiken, met haar contacten. Ze had in ieder geval haar twee halfgevulde treinwagons kleding en voedsel. Maar dat was een druppel op de gloeiende plaat. Er was nog veel meer nodig. Een aparte tent voor de doden, om te beginnen. Die lagen nu overal gewoon tussen de levenden, totdat ze werden begraven. En meer water, schoon water. Het water uit de Modderrivier was zo besmet dat je net zo goed tyfusbacillen kon slikken. Het moest eerst worden gekookt, maar brandhout was er ook nauwelijks. Net als melk en zeep. Voor de vele honderden kinderen moest er een schooltje komen. Ook was – met al die soldaten in de buurt – scherp toezicht op de zedelijkheid geen overbodige luxe, bij voorkeur door een Nederlands en Engels sprekende directrice.

Cray was blij met haar aanbevelingen, maar Hobhouse had pech. Na een paar dagen werd hij ziek afgevoerd, en was er geen kampcommandant meer. Er kwam wel een tijdelijke vervanger, een kapitein Hume. Een totaal ander type, een blaag van een vent in haar ogen, zonder enig begrip voor het lot van de kampbewoners. Met hem kon ze niet werken.

In een lange brief aan haar tante Mary – om de censuur te omzeilen meegegeven aan een bekende – klaagde ze haar nood. Kampen als deze waren '*murder to the children*'. In de laatste zes, zeven weken waren er vijfenvijftig doden gevallen in het kamp, de meesten kinderen. Als er niets gebeurde, zou het sterftecijfer nog veel hoger oplopen. En dan was dit nog maar een van de kampen. Het totale aantal opgesloten Boerenvrouwen en -kinderen schatte Hobhouse al in de tienduizenden. Het was een fabel dat het daarbij vooral ging om vluchtelingen, opgevangen voor hun eigen bestwil. Het waren gevangenen, stelde ze, tegen hun zin opgesloten. Net zoals heel Bloemfontein een soort gevangenis was. Ze had al een paar keer mevrouw Steyn zien lopen, de vrouw van de president. Steeds gevolgd door een soldaat, bajonet op het geweer. En dan was er ook nog een apart kamp voor zwarten. Er zaten er zo'n vijfhonderd in totaal, had ze gehoord.

Kon haar tante geen brief schrijven naar *The Times*? Lord Hobhouse was een vooraanstaand man. Lid van de juridische commissie van de *Privy Council*. Lady Hobhouse was een naam die gewicht in de schaal legde. Kon zij geen moreel beroep doen op de Britse bevolking? Het ging om vrouwen en kinderen. Nu deed ook nog het verhaal de ronde dat Kitchener begonnen was het hele hoge veld schoon te vegen, te beginnen in Transvaal. Dat betekende nog veel meer vrouwen en kinderen in kampen. Of het waar was, wist ze niet. Net als het verhaal dat Christiaan de Wet in de nacht van 31 januari 1901 op nog geen vijfentwintig kilometer van Bloemfontein voorbij was getrokken. Op weg naar het zuiden met vierduizend man. Ze hadden er in ieder geval zevenduizend soldaten achteraan gestuurd. Hopelijk kregen ze hem weer niet te pakken.[51]

De Wet was inderdaad opnieuw op weg naar de Kaapkolonie. Niet met vierduizend maar met drieduizend man, verder klopte het verhaal helemaal. Ook van die Engelse colonnes, die hem gewoontegetrouw dicht op de hielen zaten, maar steeds net te laat kwamen. Hij opereerde opnieuw op eigen houtje, zonder rekening te houden met de plannen van Botha en Smuts. Die wilden nog steeds graag met hem overleggen over een gezamenlijke actie, maar De Wet was niet op hun uitnodigingen ingegaan. Liever liet hij zich leiden door de brieven die hij had ontvangen van zijn eigen officieren. Assistent-hoofdcommandant Hertzog, commandant Kritzinger en kapitein Scheepers waren sinds december 1900 actief in de Kaapkolonie, en hadden hem een rooskleurig beeld geschetst van de stemming onder de Afrikaners. Volgens hen hoefde De Wet alleen maar in eigen persoon te verschijnen om een massale opstand te ontketenen. Daarbij schreeuwden de recente verwoestingen door de Engelse troepen om een tegenactie, en zag president Steyn die het liefst uitgevoerd op of rond 14 februari 1901 – precies een jaar na Roberts' invasie in Oranje Vrijstaat.

Voor De Wet meer dan genoeg redenen opnieuw een poging te wagen. Zijn grootste probleem was dat de Engelsen het doorhadden, en er alles aan deden om hem tegen te houden. Kitchener onttrok zelfs twee colonnes aan de 'veegoperatie' in Oost-Transvaal om de achtervolging te versterken. Andere afdelingen werden in allerijl per trein overgebracht naar het grensgebied, om De Wet daar op te vangen. De enige kans die hij had, was dat niemand wist wáár hij van plan was de Oranje over te steken, ten oosten of ten westen van de spoorlijn van Bloemfontein naar Kaapstad. Zijn laatste poging, in november 1900, was in het oosten geweest, en ook nu koerste hij in die richting. Dat was althans de indruk die hij de Engelsen gaf, door afleidingsmanoeuvres van zijn generaals Froneman en Fourie met flinke aantallen commando's. De truc werkte. Zelf trok De Wet met een kleinere eenheid, waarbij ook Steyn en de rest van de regering, de andere kant op. Op 10 februari 1901 stak hij bij Zanddrift de Oranje over, zo'n zestig kilometer ten westen van de spoorlijn. Hij was eindelijk in de Kaapkolonie.

Maar hoe nu verder? De meer dan vierhonderd kilometer lange tocht vanuit het noorden van Oranje Vrijstaat had zijn tol geëist. Onderweg waren vele honderden commando's afgehaakt, uit vrees dat het een helletocht ging worden. Alles bij elkaar had De Wet niet veel meer dan tweeduizend man over. Een aantal had geen paard meer, en de resterende paarden waren er slecht aan toe. Goede weidegrond bleek ook in de Kaapkolonie niet direct te vinden. Sprinkhanen hadden al het gras opgevreten. Het regende wel voortdurend, maar dat leverde niet ogenblikkelijk nieuw gras op. Onder die omstandigheden vond De Wet het verstandiger te wachten op de achterblijvers, met name de commando's van Fourie.

Daarmee nam hij een levensgroot risico, want het gebied waar hij zich bevond was aan drie kanten omsloten door spoorwegen. Als de Engelsen snel handelden, konden ze de voorsprong die De Wet had opgebouwd door zijn schijnbewegingen in één klap tenietdoen. Dat was precies wat er gebeurde. Per trein aangevoerde versterkingen sneden hem de pas af. Naar het zuiden, dieper de Kaapkolonie in, kon hij nu niet meer. Slechts een kleine eenheid, zo'n vijftig man onder luitenant Wynand Malan, kwam erdoorheen. De Wet kon met zijn hoofdmacht nog maar één kant op, naar het westen. Ook daar liep een spoorlijn, de lijn van Kimberley naar Kaapstad, maar daar konden ze nog wel over. Dat wil zeggen, onder bescherming van de duisternis. Dat betekende de hele nacht doorrijden, of beter gezegd doorploeteren.

Het laatste stuk naar de spoorlijn was namelijk moerasgebied. Normaal gesproken al een lastige hindernis, maar door de hoosbuien van de laatste dagen een ware martelgang. Het water reikte tot de zadels, de modder tot de knieën. Voor de uitgeputte paarden was het geen doen. Ze kwamen nauwelijks vooruit. De mannen moesten eraf, om hen aan de leidsels mee te trekken. Of ter plekke achter te laten, want ze bezweken bij tientallen. Voor de wagens was de 'Moddervlei' helemaal onbegonnen werk. De paar kanonnen die ze bij zich hadden, kregen ze er nog doorheen gesleept, met soms wel vijftig ossen per affuit. Maar de wagens met munitie en maïsmeel kwamen hopeloos vast te zitten. Zelfs de onverwoestbare De Wet was nu de wanhoop nabij. Hij liet Fourie met honderd man achter, voor een ultieme poging de wagens te redden. Lukte dat niet voordat de Engelse achtervolgers eraan kwamen, dan moest hij ze opblazen. Zelf trok hij met zijn hoofdmacht verder.

Tegen de ochtendschemering, het was inmiddels 15 februari, staken ze de spoorlijn over. Een paar kilometer verderop troffen ze zowaar gras voor de paarden, en schapen voor de mannen. Een hele opluchting na de nachtelijke beproevingen. Maar de balans bleef negatief. De mannen zagen eruit als vogelverschrikkers, van onder tot boven bedekt met modder. Er waren meer dan tweehonderd paarden dood, en ze hadden in de verte ontploffingen gehoord. De wagens met meel en munitie waren dus ook verloren gegaan. Veel tijd om op adem te komen kregen ze niet. De Engelsen waren alweer in aantocht. De volgende dag besloot De Wet alle 'voetgangers' achter te laten, inmiddels bij elkaar zo'n driehonderd man. Ze moesten maar op eigen gelegenheid terug naar Oranje Vrijstaat. Zover kwam het niet. De achtervolgers bleken te dichtbij, dus trokken ze te voet met de rest mee, geweer, zadel en deken op de schouders. De weg naar het zuiden was nog steeds afgesloten, dus boog De Wet naar het noordwesten.

Die route bracht hen op 19 februari terug bij de Oranje, daar waar de Brak er vanuit het zuiden in uitmondt. De situatie zal hem bekend zijn voorgekomen. Om de Kaapkolonie verder te kunnen intrekken moesten ze de Brak over, om terug te gaan de Oranje. Maar door de heftige regens waren beide rivieren zo woest dat er geen doorwaden aan was. Met een Engelse colonne in zijn rug was er maar één conclusie mogelijk. De Wet zat klem. Met pijn in het hart besloot hij de invasiepoging op te geven, en in ieder geval te proberen het vege lijf te redden. Gebruikmakend van de duisternis leidde hij zijn mannen, de Oranje stroomopwaarts volgend, langs de Engelse achtervolgers. Op zoek naar de dichtstbijzijnde doorwaadbare plaats, terug naar Oranje Vrijstaat.

Dat werd nog een hele zoektocht. Bij de ene na de andere drift bleek het waterpeil te hoog. Meer dan een week trokken ze over de zuidelijke oever van de Oranje. Ook de plek waar ze de Kaapkolonie waren binnengekomen, Zanddrift, was nu gestremd. Wel troffen ze daar behalve de commando's van Fourie ook die van Hertzog, die vanaf half december actief waren geweest in het westen van de kolonie. De versterking was welkom, want de Engelsen hadden nog steeds de hoop niet opgegeven De Wet in te sluiten. Op 16 februari was Kitchener in eigen persoon naar De Aar gekomen om de jacht te coördineren. In de buurt van Colesberg waren liefst twaalf colonnes samengetrokken. Maar De Wet had zijn spreekwoordelijke krijgsgeluk net op tijd terug. Bij de vijftiende drift op rij, Bothasdrift – dit keer wel een goedgunstige naamsverwijzing – was het raak. Op 28 februari 1901 staken de Vrijstaatse commando's de Oranje over, dolblij terug te zijn in eigen land. De Engelse achtervolgers gaven het nog niet op, meer uit frustratie dan uit overtuiging. Op 11 maart moesten ze constateren dat het opnieuw was mislukt. Christiaan de Wet was voor de derde keer ontsnapt aan een massale klopjacht.

Zijn zoveelste miraculeuze ontsnapping bezorgde hem definitief de reputatie van de ongrijpbare Boerenpimpernel. Die reputatie was terecht. De Wet was een briljante tacticus, de meester van de onverwachte manoeuvre, een duivelskunstenaar in het verrassen van zijn tegenstanders. Strategisch sloeg hij een aanzienlijk minder goed figuur. De kansen op een succesvolle invasie van de Boerencommando's in de Kaapkolonie, gevolgd door een opstand onder de daar woonachtige Afrikaners, werden door zijn optreden niet vergroot. Integendeel. Met zijn eigengereide aanpak en gehaaste en gebrekkige voorbereiding gooide hij niet alleen zijn eigen glazen in, maar ook die van Botha en Smuts.

Het is natuurlijk niet vanzelfsprekend dat een gezamenlijke actie van Transvalers en Vrijstaters – de Cyferfonteinse variant, goed doordacht en zorgvuldig uitgevoerd – wel het beoogde resultaat zou hebben gehad. Wel is zeker dat de Engelsen daarmee veel meer te stellen zouden hebben gehad. Zoals het nu ging, kregen ze vanwege de beperkte omvang van de invallen ruimschoots gelegenheid preventieve maatregelen te treffen. Door het instellen van de staat van beleg en het vorderen van wapens, munitie, paarden en voedselvoorraden in de direct bedreigde regio's namen ze de binnenvallende Boeren en hun potentiële sympathisanten de onontbeerlijke middelen uit handen. De door de Boeren zo gewenste en door de Britten zo gevreesde algehele opstand in de Kaapkolonie bleef vooralsnog uit.[52]

Dood paard

Ou Wapad, februari 1901

Deneys Reitz wilde die ochtend vroeg weer terugrijden, maar hij schrok van de vosbles van zijn broer. Toen hij de kniehalster losmaakte, beet het paard hem kwaaiig in zijn arm. Zoiets deed het anders nooit. Als dat maar goed ging. Hij zadelde op en ging op weg, de ossenwagen achterna waarop Arend meereed, inmiddels kilometers verderop. Na een tijdje zag hij dat het mis was. Er kwam schuim uit de mond en de neusgaten van het paard, en toen wist hij het zeker. Paardenziekte. Iets verderop zag hij een verlaten boerderij. Hij reed erheen en zette het paard in de schaduw. Dat was zijn enige kans. Miniem, maar wie weet. Een uur later was de vosbles dood.

Het was al zijn derde paard binnen een paar weken dat aan de gevreesde paardenpest bezweek. De eerste keer was hij er het meest kapot van. Hij was toen nog in Oost-Transvaal, in de buurt van Ermelo, bij de commando's van Beyers. Op een ochtend was zijn roodschimmel struikelend aan komen lopen uit het weideveld. Toen wist hij het eigenlijk al. Het beest '*druk sy neus teen my asof hy om hulp soebat*', maar het was verloren. '*In minder dan 'n uur val hy dood aan my voete.*' Het verlies van zijn '*liewe ou rooiskimmel*' raakte hem diep. Het was zijn vaste rijdier sinds het begin van de oorlog en '*'n innige band het tussen ons opgegroei in die lang maande wat hy my so getrou gedien het*'.

Het was daar toch al een tijd van afscheid nemen geweest. Botha was in Oost-Transvaal gebleven. Beyers en zijn mannen waren naar het noorden gegaan, naar de Waterbergen waar de meesten van hen vandaan kwamen. De ACC'ers waren minder streekgebonden, hun nieuwe commandant Jan Nagel had besloten terug te gaan naar West-Transvaal, om aansluiting te zoeken bij De la Rey. De broers Reitz waren meegegaan. Arend had een van zijn twee paarden afgestaan aan Deneys. Het was een onstuimig beest, dat zich alleen door hen tweeën liet berijden, en 'Malperd' werd genoemd.

Ze waren veilig en wel teruggekeerd in de streek rond Johannesburg. Daar hadden de ACC'ers een grote fout gemaakt. Ze waren een week lang in de Skurwebergen gebleven. In de regentijd was dat de goden verzoeken. Dan wemelde het daar van de muggen die het paardenpestvirus verspreidden. De gevolgen waren dramatisch. Binnen de kortste keren was meer dan de helft van hun paarden bezweken. Ook Malperd had het niet overleefd. Deneys had zich noodgedwongen bij de groeiende groep '*perdelose manne*' gevoegd. Als commando's stelden ze zo niet veel meer voor. Nagel had toen besloten om De la Rey op te zoeken. Wellicht had hij nieuwe paarden voor hen. Ongeveer de helft van de mannen was met hem meegegaan. De andere helft had er weinig vertrouwen in. Ze waren naar het noorden gegaan, de Magaliesbergen over naar het bosveld. Zo was het Africander Cavallerie Corps uiteengevallen.

Ook Deneys en Arend waren naar het noorden gegaan, maar met een andere eindbestemming. Hun vader was waarschijnlijk nog steeds in de buurt van Lydenburg. Ze verwachtten dat hij hun wel nieuwe paarden zou kunnen bezorgen. Het was weer een eindeloze tocht, met z'n tweeën vijfhonderd kilometer lang om de beurt op één paard, maar een betere optie hadden ze niet. Gelukkig werden ze op weg geholpen. Ze stuitten al snel op een uitgespannen ossenwagen. Die bleek van een Boerenvrouw – haar man vocht onder De la Rey – die bij het naderen van de Engelsen haar woonplaats was ontvlucht. Liever dan te worden opgesloten, koos ze voor de bush, met haar kinderen en zwarte bediende. Alles wat ze mee had kunnen nemen op de ossenwagen. Als Deneys en Arend een handje toestaken, mochten ze meerijden. Daar hoefden ze niet over na te denken. Dat was een uitkomst.

Al een eind op weg, schoot het Deneys te binnen dat hij wat vergeten was. Hij had dan wel geen paard meer, hij had nog wel zadeltassen. Die had hij die ochtend laten staan, bij hun kampvuur. Een kostbaar bezit, zeker met het voorraadje zout dat hij een week eerder ergens had opgeduikeld. Dat kon hij niet zomaar achterlaten. Ze spraken af dat hij met de vosbles van Arend terug zou rijden om ze op te halen. In de loop van de volgende dag zou hij de ossenwagen dan wel weer hebben ingehaald.

Zijn zadeltassen lagen er nog, maar de volgende dag was de vosbles dus ook dood. Er zat niets anders op dan de ossenwagen lopend te achterhalen. De zon stond brandend aan de hemel. Hij besloot te wachten tot de ergste hitte geweken was. Op zoek naar een koel plekje, doorzocht hij de verlaten boerderij. Overal lege blikken, sigarettenpeuken, lucifers en andere rommel. Kennelijk hadden de Engelsen hier ook gezeten. Er lag nog een stel kranten. Dat was lang geleden. Acht, negen maanden? Uitgehongerd begon hij te lezen. Oorlog in China, koningin Victoria dood, alles over de opvolging van Roberts door Kitchener. Voor hem was het allemaal even nieuw.

Maar de meeste indruk maakten de verhalen over Boerencommando's in de Kaapkolonie. Daar kon hij zijn ogen niet van afhouden. De Engelse kranten spraken van desperado's, van strooptochten en bandietenstreken. Voor Deneys Reitz waren het romantische helden. Kritzinger, Malan en niet te vergeten Gideon Scheepers, met zijn tweeëntwintig jaar maar iets ouder dan hij zelf. Plotseling zag hij het helemaal voor zich. Dat wilde hij óók! Niet meer vechten op deze treurige, kaalgeslagen vlaktes, niet langer met '*zeer-hoevige, kaalvoet paarden – leêge maag – en naakte lichaam te moeten zukkelen*'. Maar met genoeg te eten en alles wat je verder nodig had laten zien '*dat 'n Boer hem niet laat keeren als hij wil doordrukken*'. Tot de oceaan aan toe. Hij had het al een keer tegen zijn vader gezegd, pochend. Nu ging hij het bewijzen.

Hij had geen paard, zijn schoenen waren versleten, maar zijn besluit stond vast. Hij ging niet naar het noorden, Arend achterna. Hij ging niet naar zijn vader, vragen om een nieuw paard. Hij ging naar het zuiden, het avontuur tegemoet.[53]

Helden voor de een, desperado's voor de ander. De reputatie van de Boerencommando's in de Kaapkolonie was omstreden. Vanuit Transvaal en Oranje Vrijstaat gezien waren het avonturiers in de beste zin van het woord. Vrijheidsstrijders die de hoop op een algehele opstand en daarmee een ommekeer in de krijgskansen levend hielden. Voor de Engelse legerleiding waren het losgeslagen vrijbuiters. Halve criminelen die zich schuldig maakten aan sabotage en terreur.

Ook de burgerbevolking van de Kaapkolonie was verdeeld over de binnenvallende Boerencommando's. Onder de Afrikaners genoten ze allerwegen sympathie en steun. Bij honderden tegelijk sloten ze zich bij hen aan, werden '*Cape rebels*', in de afkeurende benaming van hun Engelssprekende landgenoten. De verdeeldheid onder de blanken volgde de voorspelbare scheidslijnen. Onder de niet-blanke bevolking was nauwelijks sprake van verdeeldheid. De drie grote gekleurde bevolkingsgroepen, de San, de Khoikhoi en de Bantoes,[54] waren in overgrote meerderheid fel gekant tegen de commando's. Een enkeling, zoals hoofdredacteur John Tengo Jabavu van de invloedrijke krant *Imvo Zabantsundu*, tekende nog wel principieel protest aan tegen de Britse aantasting van de onafhankelijkheid van de Boerenrepublieken. Maar mannen zoals hij stonden tamelijk geïsoleerd. Verreweg de meeste zwarten en kleurlingen kozen partij vóór de Engelsen en tegen de Boeren.

Verbazing wekt dat niet. De niet-blanke bevolking van de Kaapkolonie had veel te verliezen – en deed dat ook in de gebieden waar de Boerencommando's het voor het zeggen kregen. Vrijheid, bestaanszekerheid, lijfsbehoud, om maar de meest elementaire verworvenheden te noemen. Al snel na het uitbreken van de oorlog, in november 1899, hadden de zwarte en gekleurde bewoners van de grensstreken daarvan een voorproefje gekregen. Op tal van plaatsen waren Vrijstaatse commando-eenheden de Kaapkolonie binnengedrongen. Ze gedroegen zich niet alleen als een militaire invasiemacht, met hun Mausers opeisend wat ze nodig hadden. Ze brachten ook een nieuwe maatschappelijke orde, afgedwongen met de sjambok. De districten die ze onder hun gezag brachten, beschouwden ze als geannexeerd gebied. Dat betekende direct invoering van de bestuursstructuur die de Boeren in hun eigen republieken gewend waren. Hun wetten, hun regels, hun nieuwbenoemde landdrosten en hun systematische achterstelling van zwarten en kleurlingen. Voor de laatsten kwam dat neer op intrekking van het bestaande censuskiesrecht, verplichtstelling van pasjes en gedwongen tewerkstelling op boerderijen van Afrikaners. Wie zich verzette, werd met geweld tot de nieuwe orde geroepen.

Voor de niet-blanke inwoners van de Kaapkolonie was de keus tussen Boer of Brit dan ook niet moeilijk. Hun bereidheid om mee te vechten tegen de indringers uit het noorden was groot. Al snel gingen er stemmen op, onder meer die van hoge commissaris Milner, om hen te bewapenen. Dat lag echter zeer gevoelig bij de Afrikaner Bond. Premier William Schreiner kon niet zonder de politieke steun van de Afrikaners en wilde hen niet al te zeer tegen zich in het harnas jagen. Al was het maar vanwege de dreiging dat zij dan zeker massaal in opstand zouden komen. Het resultaat was een aarzelend compromis. Op beperkte schaal werden er in bedreigde regio's hulpkorpsen van zwarten en kleurlingen gevormd. Schreiner verschool zich achter de plaatselijke militaire commandanten, over wie hij niets te zeggen zou hebben. Het redde hem niet. In juni 1900 trad hij af, vanwege onenigheid over strafmaatregelen tegen de *Cape rebels*.

Tegen die tijd waren alle Boerencommando's overigens al verdwenen uit de Kaapkolonie. De inval van Roberts in Oranje Vrijstaat en Transvaal eiste al hun aandacht op. Maar vanaf december 1900 kwamen ze terug. Opnieuw met geweer en zweep. Militaire campagnes gecombineerd met bestuurlijke herinrichting. Inclusief repressief optreden tegen de niet-blanke bevolking. Ze opereerden vooral in het noordoosten en noordwesten van de Kaapkolonie. Relatief dunbevolkte streken met een sterk Afrikanerelement. In het oosten van de kolonie, waar de zwarte bevolking het talrijkst was en de weerbaarheid van zwarte hulpkorpsen het grootst, waagden ze zich niet.[55]

De raids van de Boerencommando's bleven niet beperkt tot de directe grensstreken. Met name Barry Hertzog en zijn mannen drongen diep door in de Kaapkolonie. Tot aan de Hantambergen toe, zes-, zevenhonderd kilometer van de Vrijstaatse grens, het laatste gebergte vóór de Atlantische Oceaan. Een van de plaatsjes die ze daar bezetten was Calvinia. Een kleine agrarische gemeenschap, enkele duizenden Khoikhoi en San, een paar honderd Afrikaners. Verder geen bijzonderheden, of het moest zijn dat Calvinia een voorbeeld werd van de manier waarop de Boerencommando's optraden in vijandelijk gebied. Bedoeld en onbedoeld.

Op 12 januari 1901 eiste commandant Charles Niewoudt er het gezag op. Als zelfbenoemd landdrost vaardigde hij direct een arrestatiebevel uit tegen veertien 'verdachten'. Hun namen waren hem aangeleverd door Afrikaners uit de omgeving. Negen van de arrestanten waren kleurlingen. Onder hen de plaatselijke smid Abraham Esau. Hij gold als de onbetwiste leider. Esau was gevormd op een Engelse zendingsschool, voelde en gedroeg zich als een '*Coloured Englishman*', en had maandenlang hartstochtelijk actiegevoerd om zijn gemeenschap te organiseren tegen de Boeren – en te laten bewapenen, maar dat was mislukt. Voor Niewoudt was het een uitgemaakte zaak. Een kaffer die dacht dat hij een Engelsman was en de boel hier opstookte. Die zou hij een lesje leren.

Op 15 januari werd Esau berecht door veldkornet Carl van der Merwe. Deze had niet veel tijd nodig om het vonnis uit te spreken. Schuldig aan kwaadsprekerij over de Boeren en het bewapenen van kleurlingen. Daar stond een straf op van vijfentwintig zweepslagen. Esau werd vastgebonden aan een eucalyptusboom. Van der Merwe voerde de straf zelf uit. Na de zeventiende slag raakte Esau buiten bewustzijn. Hij werd losgemaakt, opgetild en met een stok tussen zijn ogen geslagen. Opnieuw op de grond gevallen, werd hij van verschillende kanten geschopt.

Daar bleef het niet bij. De weken erna gingen de mishandelingen door. Op 5 februari kwam het einde. Op bevel van Van der Merwe werd Esau in de voetboeien geslagen, vastgebonden tussen twee paarden en een paar kilometer buiten het dorp gebracht. Daar schoot Stephanus Strydom hem dood. De volgende dag vertrokken de Boerencommando's uit Calvinia. Er was een Engelse colonne in aantocht.[56]

De dood van Abraham Esau deed veel stof opwaaien. In Calvinia zelf moesten de Boerencommando's waarschuwingsschoten lossen om zich een woedende menigte van het lijf te houden. De Engelstalige pers in de kolonie en het moederland schreef er schande van. De politici deelden in de verontwaardiging, zeker in Kaapstad. Milner kende Esau, althans hij wist van zijn vurige pleidooien om de kleurlingengemeenschap te bewapenen, en eerde hem als '*a most respectable, and for his class in life (a village blacksmith) superior man – far more civilised than the average Boer farmer*'. Milner zag er een patroon in. Na Morgendaal en De Kock nu Esau. Bloeddorstige barbaren waren het, die Boeren.

In Londen droegen deze affaires bij aan een verscherping van de politieke standpunten. Na de *Khaki Election* van oktober 1900 had Salisbury zijn kabinet op een aantal plekken gewijzigd. De dubbelfunctie van premier en minister van Buitenlandse Zaken werd hem op zijn zeventigste te zwaar – dat vond in ieder geval zijn directe omgeving. De laatste functie droeg hij over aan Lansdowne. Diens plek als minister van Oorlog werd overgenomen door St John Brodrick, eerder staatssecretaris op hetzelfde departement en op Buitenlandse Zaken. Behalve een nieuwe minister kreeg het Britse leger kort daarna ook een nieuwe opperbevelhebber. In januari 1901 begon Roberts zijn werkzaamheden als opvolger van Wolseley. Minister van Koloniën, met een steeds grotere greep op het hele buitenlandse beleid, bleef Joe Chamberlain.

Wat niet veranderde, in tegenspraak met Roberts' pertinente beweringen, was de militaire realiteit in Zuid-Afrika. De oorlog was er allesbehalve beslist. Nauwelijks had Kitchener er het roer overgenomen, of hij vroeg Brodrick al om versterkingen. Het liefst inheemse troepen, cavalerie uit Brits-Indië, die anders dan het Engelse soldatenvolk '*forget their stomachs and go for the enemy*'. Maar daar wilde Brodrick niet aan. Het moest, in ieder geval voor het oog van de wereld, een '*white man's war*' blijven. Nog voordat Roberts terug was in Engeland, had het nieuwe kabinet al ingestemd met dertigduizend man versterkingen, onder meer nieuwe lichtingen uit Australië en Nieuw-Zeeland. Met evenzovele paarden.

De beslissing was koren op de molen van de liberale oppositie, met name voor fervente critici van de oorlog als David Lloyd George. Op 18 februari 1901 boog het Lagerhuis zich over de kwestie. Het was het eerste parlementaire debat over Zuid-Afrika in de twintigste eeuw, het eerste ook onder het nieuwe staatshoofd, koning Edward VII.

Lloyd George hield een vlammende rede. Na alle verontrustende verhalen over het platbranden van boerderijen nu weer de noodzaak nog meer troepen te sturen. Beter bewijs van het militaire en morele failliet van het regeringsbeleid was er niet, betoogde hij. Eén generaal in het bijzonder nagelde hij aan de schandpaal. Generaal Bruce Hamilton, verantwoordelijk voor het verwoesten van een heel dorp, Ventersburg in Oranje Vrijstaat. '*Brute*' Hamilton was een betere naam, suggereerde hij, '*this man is... a disgrace to the uniform he wears*'.[57]

Na Lloyd George was de beurt aan een conservatieve afgevaardigde. Een man die de oorlog van nabij had meegemaakt en dus kon putten uit eigen ervaring. Eerdere sprekers van de regeringscoalitie hadden gekozen voor de tegenaanval. Zij hadden de aandacht verlegd naar de misdragingen van de Boeren. '*Being loyal to the British Crown*'. dat was het enige dat goedwillende burgers als Morgendaal, De Kock en onlangs weer Abraham Esau het leven had gekost. Het was afwachten of de volgende spreker dezelfde tactiek zou kiezen. Zo jong als hij was, had hij al een reputatie opgebouwd van onafhankelijkheid. Met zijn 26 jaar genoot hij nationale en – sinds zijn recente lezingentour door de Verenigde Staten en Canada – internationale bekendheid. Maar dit was het echte werk. *The House of Commons*. En dit was zijn *maidenspeech*.

Winston Churchill koos niet voor de tegenaanval. Hij stond stijf van de zenuwen. Op het laatste moment fluisterde een ervaren partijgenoot hem een subtiele openingssneer in tegen Lloyd George, daarna stond hij er alleen voor. Zoals zijn gewoonte was, had hij zijn speech volledig uit zijn hoofd geleerd. Zijn toon was gematigd, zijn betoog begripvol. In plaats van de aanval koos hij de verdediging, maar dan wel in een bijzonder drieluik.

Om te beginnen nam hij de in diskrediet gebrachte Britse generaals in bescherming. Mannen die hij persoonlijk had leren kennen. Zo waren er, verzekerde hij, '*few men with better feeling, more kindness of heart, or with higher courage than General Bruce Hamilton*'. Churchill ging niet in op de specifieke aantijgingen over platgebrande boerderijen. Ontsporingen, stelde hij met zoveel woorden, waren in elke oorlog onvermijdelijk, zeker als de burgerbevolking in het geding was. Wat te denken van de uithongering van de Parijse bevolking in de Frans-

Duitse oorlog, dertig jaar eerder? En zo waren er nog wel meer precedenten te noemen die maakten dat de Britse legerleiding niets te verwijten viel. Naar zijn ervaring onderscheidde de oorlog in Zuid-Afrika zich juist door zijn menselijkheid en edelmoedigheid.

Maar ook voor de tegenstander had hij vergoelijkende woorden. '*The Boer is a curious combination of the squire and the peasant*.' Niet zelden verhulde de ruige boerenjas de inborst van een landheer. Ook kon hij zich hun strijdbaarheid goed voorstellen. '*If I were a Boer I hope I should be fighting in the field.*' Chamberlain was niet blij met die opmerking. '*That's the way to throw away seats*,' fluisterde hij tegen zijn buurman, maar dat hoorde Churchill later pas. Hij vervolgde met de hoop uit te spreken dat er voor de Boeren een eervolle vrede in het verschiet lag.

Maar niet ten koste van alles. Ze moesten wel eerst worden overwonnen. Daarover liet hij geen misverstand bestaan. Als de Boeren zich onredelijk bleven opstellen, dan moest er krachtig en beslist worden opgetreden. Het kabinetsbesluit om nog eens dertigduizend bereden manschappen naar het oorlogsgebied te sturen steunde hij volledig. Sterker nog, hij zou het toejuichen als de gevechtssterkte van het Britse leger in Zuid-Afrika eerst zou worden gefixeerd op tweehonderdvijftigduizend man, met automatische vervanging van zieken, gewonden en gesneuvelden. De volgende stap zou dan een constante uitbreiding moeten zijn, met twee- à drieduizend man per maand, zodat de Boeren '*will not only be exposed to the beating of the waves, but to the force of the rising tide*'.[58]

Deneys Reitz had al heel wat verschillende strijdmakkers versleten, maar zijn nieuwe metgezellen waren een apart slag. Takharen, '*Boere van die ou soort*' uit Rustenburg. Doppers, zwaarder op de hand waren er niet in heel Transvaal.[59] Hem vonden ze maar een Uitlander, met zijn stadse manieren. Toch konden ze het onderling goed vinden. Het waren '*dappere, onbedorwe manne*'.

Gezamenlijke ontberingen, dat schiep een band. Al snel na zijn besluit om naar de Kaapkolonie te gaan, was Reitz hen tegengekomen. Vijftig man, ook zonder paarden, op zoek naar De la Rey. Acht dagen lang hadden ze zich met z'n allen teruggetrokken in de Magaliesbergen, schuilend voor de constant neerplenzende regen en een afdeling Engelsen. Die hadden hun intrek genomen in boerderijen in het dal en zaten daar droog en comfortabel. Zij moesten vanaf de rotsen toekijken, nog geen droog aanmaakhoutje te vinden. Acht dagen lang hadden ze alleen biltong gegeten.

Toen de regen ophield en de Engelsen verder trokken, kwamen ze naar beneden. Reitz' schoenen waren compleet verrot. Bij de afdaling haalde hij zijn voeten zo vreselijk open dat hij twee weken lang moest blijven liggen in een tabaksschuur, verzorgd door de Rustenburgers. Een van hen was zo aardig dertig kilometer verderop een stuk leer te gaan halen, om een paar nieuwe schoenen voor hem te maken. Eenmaal hersteld, moest Reitz een keuze maken. De meerderheid van de groep vond het te riskant om lopend het hoge veld op te gaan en bleef ter plekke. Een klein deel besloot om door te zetten, zadels en andere bezittingen op de nek. Naar het zuiden om zich aan te sluiten bij De la Rey. Dat was ook de richting die Reitz op wilde. Hij ging met hen mee. Dertien man met hem erbij.

Het geluk was met de ondernemenden. Ze kwamen langs de plek waar De la Rey begin december 1900 een Engels konvooi voorraadwagens in brand had gestoken.[60] Ze stonden er nog. Wrakken stuk voor stuk, maar Reitz bedacht dat uit alle onderdelen misschien nog wel één nieuwe ossenwagen te maken viel. Het werkte. Ze hadden een wagen. Nu nog trekdieren. Ook daar vonden ze wat op. Een paar kilometer verderop, in een diepe kloof, graasde een flinke kudde ossen. De reservevoorraad voor de commando's van De la Rey. Van de veewachters mochten ze er twaalf uitkiezen. Voor de Rustenburgers, geboren en getogen veeboeren, dagelijks werk. Ze pikten de beste ertussenuit, kapten jukken, vlochten riemen en touwen, en na een paar dagen konden ze op weg.

In een goede stemming, tevreden over hun eigen inventiviteit. Maar gaandeweg trokken de gezichten strakker. Het landschap werd leger. Reitz herkende het uit Oost-Transvaal. Kennelijk had hier ook zo'n '*groot landsveging*' plaatsgevonden. Geblakerde ruïnes, vertrapte landerijen, uitgestorven velden. Hier en daar rottende kadavers. Dezelfde onheilspellende woestenij. Dagenlang trokken ze door een macabere stilte, het leek alsof ze niets opschoten. Dertien man op een reddingvlot, in een drooggevallen oceaan.

Na een dag of vijf eindelijk weer een teken van leven. Ze ontmoetten een Boerenvrouw die zich met haar kinderen en zwarte bediende schuilhield in een bergkloof. Ze wist hun te vertellen dat De la Rey in de buurt was, bij Tafelkop. De volgende dag vonden ze hem daar inderdaad. In geen al te beste stemming, want er was net een vals alarm geweest, en hij maakte zich boos over de paniek die was ontstaan. Hij was toch al slecht te spreken, zo bleek, want behalve duizend commando's hadden zich ook zo'n tweehonderd vluchtelingen verzameld in zijn lager, met hun wagens. Een blok aan zijn been, vond hij. Maar Reitz en de Rustenburgers waren welkom, al had hij geen paarden voor hen. De patrouilles die waren uitgestuurd naar Oranje Vrijstaat om nieuwe te halen, waren nog niet terug. Wachten dus.

Het gaf Reitz gelegenheid rond te kijken in het kamp en De la Rey beter te leren kennen. Net als president Kruger vroeger op zijn veranda in Pretoria, hield de generaal dagelijks spreekuur voor wie maar wilde, rond zijn wagen. Vaak hield zich daar ook een zonderlinge figuur op met een lange golvende baard en wilde fanatieke ogen. Een profeet, zeiden ze, ziener Van Rensburg. Hij zou over bovennatuurlijke krachten beschikken en voorspellende dromen hebben. De la Rey geloofde heilig in hem.

Reitz was van nature tamelijk sceptisch, maar werd een paar dagen later wel aan het denken gezet. Van Rensburg had net zijn laatste droom uitgelegd, over een rode en een zwarte stier, die elkaar tot bloedens toe bevochten. Uiteindelijk bezweek de rode stier, volgens de ziener een duidelijk teken dat de Engelsen op het punt van ineenstorting stonden. Amper had hij zijn droom geduid, zijn armen wijd gestrekt, zijn ogen opengesperd, of hij riep: '*Kyk wie kom!*' Iedereen keek op. In de verte, uit het oosten, naderde een ruiter. Het bleek een koerier, onder het stof, volkomen uitgeput van de lange reis, met een brief van Louis Botha. De la Rey las 'm ter plekke, zijn gezicht lichtte op en met bewogen stem sprak hij: '*Burgers, geloof my, die trotse vyand se nek is gebuig!*' Het bleek dat de Engelsen een vredesconferentie hadden voorgesteld; Botha ging met Kitchener praten. Alle toehoorders waren diep onder de indruk, ook Deneys Reitz, al verdacht hij Van Rensburg er stiekem van het dramatische moment te hebben geënsceneerd. Maar een sterk staaltje bleef het.[61]

De rode stier stond, anders dan Van Rensburg wilde doen geloven, niet op het punt te bezwijken. Het was eerder zo dat hij probeerde de zwarte stier weg te lokken bij de kudde. Of, in meer aardse bewoordingen, Kitchener had beet. Louis Botha was bereid met hem te praten. Het contact was half februari gelegd via Annie, Botha's vrouw, die van Kitchener toestemming had gekregen haar man op te zoeken. Afgesproken werd elkaar op 28 februari 1901 te ontmoeten in Middelburg, min of meer halverwege Pretoria en de tijdelijke verblijfplaats van Botha in Oost-Transvaal. Het moment was goed gekozen. De haviken De Wet en Steyn zaten ver weg, waren op jacht – en werden tegelijkertijd bejaagd – in de Kaapkolonie. Met een beetje geluk werden ze nog vóór de ontmoeting gevangengenomen. Dat zou Botha alleen maar toegeeflijker stemmen.

De motieven van Botha waren niet in alle opzichten helder. Het viel wel uit te leggen. Botha was een strategische denker, in militair maar ook in politiek opzicht. Kitchener was de nieuwe opperbevelhebber, Brodrick de nieuwe minister van Oorlog, Edward VII het nieuwe staatshoofd. Wie weet had deze nieuwe personele bezetting iets veranderd in de Engelse opstelling. De beste manier om daarachter te komen was door serieus te gaan praten. Dan wist Botha wat de mogelijkheden waren en kon hij altijd nog zien. Waarnemend president Schalk Burger en staatssecretaris Reitz gaven hem toestemming. Maar pikant was het natuurlijk wel, een onderonsje met de man die op hetzelfde moment fanatiek jacht liet maken op zijn twee belangrijkste bondgenoten.

De ontmoeting tussen beide mannen in Middelburg – op dezelfde dag dat De Wet en Steyn bij Bothasdrift terugkeerden in eigen land – verliep in een ontspannen sfeer en had een opmerkelijke uitkomst. Na frontaal botsende openingsverklaringen – annexatie tegenover onafhankelijkheid – en een begrijpelijke uitwisseling van verwijten, onder meer over de kampen en de inzet van zwarten en kleurlingen, bleek er toch wederzijdse bereidheid om concreet te spreken over vredesvoorwaarden. Na vijf uur lag er zelfs een heus plan. Uiteraard met van beide kanten het voorbehoud van goedkeuring door respectievelijk Londen en de Transvaalse en de Vrijstaatse regering te velde, maar er stond onmiskenbaar iets op papier.

Tien punten bevatte de conceptovereenkomst. Amnestie voor alle 'bonafide' oorlogshandelingen, ook door '*Cape and Natal rebels*'. Directe terugkeer van alle verbannen krijgsgevangenen. Na een overgangsfase als kroonkolonie zo snel mogelijk invoering van zelfbestuur in beide gebieden. Gebruik van het Engels en het Nederlands op scholen en in rechtbanken. Respectering van kerkeigendommen. Overname van de staatsschulden tot een maximum van een miljoen pond. Compensatie voor het verlies van paarden. Verder geen schadeloosstellingen. Vuurwapenvergunningen op aanvraag. Kiesrecht voor niet-blanken pas aan de orde na invoering van zelfbestuur.

De eerste met wie Kitchener moest overleggen, was Milner. De hoge commissaris was sinds kort ook belast met het burgerlijke bestuur over de twee nieuwe koloniën en – toeval of niet – op dezelfde 28e februari stapte hij in Kaapstad in de trein naar het noorden. Onderweg ontving hij een telegram uit Middelburg met de uitkomsten van de besprekingen. Die bevielen hem slecht. In tegenstelling tot Kitchener – en diens voorganger Roberts – was Milner *soft* in de oorlog en *tough* in de vrede. Voor hem moest elke maatregel bijdragen aan zijn droombeeld van één verenigd en vooral verengelst Zuid-Afrika. Dit vredesplan bracht dat niet dichterbij.

Op 2 maart 1901 ontmoetten Kitchener en Milner elkaar in Bloemfontein. Milner had goede herinneringen aan het treinstation, waar hij een kleine twee jaar eerder Kruger tot wanhoop had gedreven.[62] Maar Kitchener had sterkere troeven in handen dan de Boerenleider destijds. Of hij kon beter bluffen. In ieder geval toverde hij Milner een spookbeeld voor ogen, als dit vredesplan niet zou doorgaan. De Britse soldaten waren het zat, beweerde hij, hun moreel was door alle vergeefse achtervolgingen van ongrijpbare Boerencommando's diep gezakt. Een totale teloorgang was niet ondenkbaar. Het was nu zaak de oorlog af te sluiten. Al was het maar omdat hijzelf zijn oog had laten vallen op de vrijkomende functie van opperbevelhebber in Brits-Indië. Maar dat laatste vermeldde hij er niet bij.

Milner stemde grommend in. Kitchener had een stevige reputatie en een grote populariteit bij het thuisfront. Al te openlijk tegen hem in gaan leek niet verstandig. Het enige punt waarbij Milner zich niet wilde neerleggen, was de amnestie voor koloniale rebellen. Die moesten worden berecht, daar hield hij aan vast. Zo werd het ook aan Londen voorgelegd.

Binnen een paar dagen kwam het antwoord van het Britse kabinet. Vooral op aandringen van Chamberlain waren er enkele veranderingen in de concepttekst aangebracht. De twee belangrijkste wijzigingen betroffen het eerste en het laatste punt. Inzake de amnestie kreeg Milner zijn zin. Berechting volgens de geldende wetten. Aan de bepaling over het kiesrecht voor '*Kaffirs*' werd een zinsnede toegevoegd. In afwachting van de eventuele invoering, overigens '*so limited as to secure the just predominance of the white race,*' zou al wel de rechtspositie van '*coloured persons*' worden gelijkgetrokken met die in de Kaapkolonie.

Kitchener was teleurgesteld, Milner opgelucht. Dit zou Botha hoogstwaarschijnlijk niet slikken, laat staan de *bittereinders* onder de Boerenleiders. Dat klopte. Op 7 maart 1901 werd het nu officiële voorstel aan Botha doorgestuurd. Hij nam de tijd om het met Burger en Reitz te bespreken. Op 15 maart kwam zijn reactie. Afgewezen. Absoluut onacceptabel. De zwarte stier was terug bij de kudde.[63]

Hongerwinter

Tafelkop, april 1901

Het was een ontzettend stom ongeluk. Alles bij elkaar was Deneys Reitz al zo'n anderhalf jaar op commando, heel wat keren had hij onder vuur gelegen, nooit was hij gewond geraakt. Een paar dagen eerder nog, op 3 april, ze waren net bezig een lekker stuk vlees te braden voor zijn negentiende verjaardag, was hij weer eens ternauwernood ontsnapt. Een Engelse verrassingsaanval. Dankzij de dichte mist hadden ze de colonne kunnen ontlopen, de ossen op een draf, zijzelf hardlopend ernaast. En nu dit. Gewoon bij het aanleggen van een kampvuur. Om een dikke tak te breken had hij er een zware steen op gegooid. Kennelijk was het sterk en buigzaam hout. De steen ketste terug '*asof uit 'n geweer*'. Tegen zijn rechterscheenbeen. Dat brak, en niet zo'n beetje ook. Een open breuk, het bot stak eruit. Nog een geluk dat er iemand bij was die een beetje kon dokteren, en dat de Engelsen hen een tijdje met rust lieten.

Het waren toch al niet zijn geluksdagen. Vlak vóór het ongeluk waren er tweehonderd wilde paarden aangevoerd uit Oranje Vrijstaat. Omdat er driehonderd mannen zonder paard waren, besloot De la Rey de aanwinsten te verloten. Reitz' reisgenoten kwamen er niet slecht af, negen van de twaalf Rustenburgers wonnen een nieuw rijdier, maar hijzelf bleef met lege handen. Het enige plezier dat hij eraan beleefde, was het vermakelijke schouwspel van het africhten van tweehonderd wilde paarden.

Na een paar weken kon Reitz, gespalkt en wel, weer een beetje rondhinken door het lager. Een paard had hij nog steeds niet. Het werd winter, nieuwe paarden vielen niet meer te verwachten, en hij vreesde al '*'n permanente laerlêer*' te worden. Toen keerden zijn kansen. Op een ochtend kwam een groep Duitsers het kamp binnenrijden, onder bevel van veldkornet Mayer. Ze hadden zowaar een paar paarden over, en Reitz was er als de kippen bij. Hij mocht een kleine blauwschimmel hebben, een merrie, maar dan moest hij zich wel bij hen aansluiten. Zijn been was nog lang niet genezen, toch aarzelde hij geen seconde. Zo'n kans kreeg hij niet meer. Hij nam afscheid van de overgebleven Rustenburgers en trok met de Duitsers mee, De la Rey achterna.

Het viel hem zwaar tegen. Zijn been deed pijn bij elke stap van het paard, en de winter was ingevallen. In het lager had hij daarvan nog niet zoveel gemerkt, het lag redelijk beschut, maar hierbuiten op de kale vlaktes was het bitterkoud. Striemende wind en verstikkende stofwolken. 's Nachts lag hij te bibberen onder een versleten dekentje, en hoorde hij het ijs kraken in de watergaten.

Na drie dagen vonden ze de commando's van De la Rey, bij Hartebeestpoortdorpie. In de buurt lag ook een grote Engelse legermacht. Een treffen kon niet uitblijven, maar Reitz zou daar niet aan meedoen. Een van de Duitsers was zijn been aan het verbinden, toen De la Rey kwam langsrijden. Hij stuurde Reitz direct naar een nabijgelegen verlaten boerderij, waar een provisorisch veldhospitaal was ingericht. De dokter, een jonge Nederlander, gaf hem een paar dagen verplichte rust. Op een ochtend werd Reitz wakker van kanongebulder. De Engelsen waren in aantocht, ook de zieken en gewonden moesten nu opbreken. Hij voegde zich weer bij de Duitsers, maar ook nu kwam het niet tot een serieuze krachtmeting. De overmacht van de Engelsen was te groot, en de commando's trokken zich terug.

De la Rey leek er niet zwaar aan te tillen. 's Middags liet hij halt houden in een bosgebied, en sprak hij zijn mannen toe. Droge humor met een serieuze ondertoon, dat was zijn stijl, die werkte uitstekend. Er klonk geen wanklank toen hij aankondigde dat ze de hele nacht moesten doorrijden. Ook Reitz had er geen moeite mee, de dagen rust hadden hem goed gedaan. Hij had minder last van zijn been bij het rijden. Het werd een heldere nacht, met prachtig zicht op een komeet die al een tijdje aan de sterrenhemel stond. Met een staart in de vorm van de letter V. Volgens ziener Van Rensburg stond die voor 'Vrede'. Maar die nacht klonk plotseling een stem in het duister. '*Meneer Van Rensburg, daardie letter daarbo staan nie vir "Vrede" nie, dit staan vir "Vlug".*' Om zich heen hoorde Reitz onderdrukt gelach. De ziener hulde zich in stilzwijgen.[64]

Steeds opnieuw maar weer op de vlucht, of toch kiezen voor vrede? Botha en de andere Transvaalse leiders waren er nog altijd niet uit. Ze hadden Kitcheners voorstellen dan wel resoluut verworpen, maar in hun harten bleef de twijfel knagen. Naar hun gevoel verergerde de situatie met de dag, het werd winter, en ze hadden geen idee of er uit Europa nog iets te verwachten viel. Van Kruger, formeel nog steeds hun president, hadden ze sinds zijn vertrek in september 1900 niets meer vernomen. Evenmin van de deputatie, of van Leyds. Andersom wisten ze daar waarschijnlijk ook niet hoe het er in Transvaal voor stond. Ze hadden tal van boodschappers richting Lourenço Marques gestuurd, maar kennelijk waren die allemaal opgepakt. Er was in ieder geval niemand teruggekomen. Ze moesten op een andere manier contact leggen.

Een noodgreep dan maar. Op 14 maart 1901 werd Johan Bierens de Haan, de chirurg die de leiding had van de eerste Nederlandse Ambulance,[65] ontboden naar Ermelo. Daar kreeg hij van Botha een verrassend verzoek, zeker in het licht van de schaarste aan geneesheren te velde. Wilde hij teruggaan naar Nederland? President Kruger moest absoluut worden ingelicht over de actuele situatie, en de Rode-Kruisarts was een betrouwbare – en onverdachte – boodschapper. Bierens de Haan vond het moeilijk de zieke en gewonde commando's in de steek te laten, maar Botha wist hem te overtuigen van het hogere belang.

Om het Rode Kruis niet te compromitteren bedong Bierens de Haan dat hij geen geschreven stukken zou meenemen. Wel kreeg hij van Botha, Burger en Reitz vertrouwelijke informatie en mocht hij het oorlogsarchief inzien, dat speciaal voor hem werd opgegraven. Op grond daarvan maakte hij een uittreksel dat hij uit zijn hoofd leerde en vlak voordat hij zich meldde bij de Engelse linies, verbrandde. Eenmaal aangekomen in Lourenço Marques, het was inmiddels 24 april, schreef hij alles weer op, om het zo precies mogelijk aan Kruger en de anderen te kunnen overbrengen.

Het was een somber relaas. Wapens, munitie, eten, kleren, paarden, geld, alles raakte op. Kon er vanuit Europa niets worden aangevoerd, bijvoorbeeld via Duits Zuidwest-Afrika? Ook waren er nog maar hooguit twintigduizend man onder de wapenen, twee derde in Transvaal, een derde in Oranje Vrijstaat. De zwarte bevolking stelde zich steeds vijandiger op tegen de commando's en onbeschaamder tegen hun vrouwen en kinderen. De Engelsen legden steeds meer versterkingen aan, met name bij de spoorlijnen, en namen steeds meer kleurlingen en zwarten in dienst als verkenners en bewakers. Ze gaven hun nu ook wapens. Het lot van de vrouwen en kinderen stemde de Boerencommando's 'zeer mismoedig'. Ze werden óf achtergelaten bij verwoeste boerderijen, zonder levensmiddelen, óf meegenomen in open wagens en opgesloten in kampen. Daar werden ze slecht behandeld door de *hendsoppers*, en kregen ze te weinig eten en drinken. Vele jonge kinderen stierven. Was het niet mogelijk om vanuit Europa voedselhulp te sturen? Al deze zaken maakten dat Burger, Reitz en Botha, met de winter voor de boeg, 'de toekomst zeer donker in' zagen. Ze waren nog steeds van plan 'den strijd tot het uiterste vol te houden', maar als zich geen veranderingen voordeden, dan was de kans groot dat ze 'de wapens moeten strijken'.[66]

Die laatste conclusie trok Botha wijselijk niet tegenover Christiaan de Wet, toen beide mannen elkaar eind maart 1901 eindelijk weer eens persoonlijk ontmoetten. Het plaatsje waar ze hadden afgesproken, heette nota bene Vrede, in het noorden van Oranje Vrijstaat, maar hun gesprekken stonden in een ander teken: herstel van vertrouwen. Ze hadden wederzijds heel wat uit te leggen, heel wat wantrouwen weg te nemen. De Wet over zijn invallen op eigen houtje in de Kaapkolonie. Botha over zijn eigenmachtige onderhandelingen met Kitchener. Beide initiatieven waren op niets uitgelopen. Het leek toch verstandiger om samen te blijven optrekken. Dat was althans de afspraak waarmee de militaire leiders van Transvaal en Oranje Vrijstaat uit elkaar gingen. Volharden in de strijd.[67]

Maar toen werd het winter. Veranderingen ten goede deden zich niet voor. April ging voorbij. Bierens de Haan was nog maar net weg. Opnieuw sloeg de moedeloosheid toe bij de Transvaalse leiders. Op 10 mei 1901 belegden ze een krijgsraad in de buurt van Ermelo, op de boerderij De Emigratie. Behalve Burger, Reitz en Botha waren ook de generaals Smuts, Ben Viljoen en Chris Botha aanwezig. Ze kwamen tot een eensluidende conclusie. Ze moesten weten hoe Kruger erover dacht. Bierens de Haan mocht van de Engelsen natuurlijk niet terugkomen. Dan maar een gunst gevraagd aan Kitchener, om officiële gezanten heen en weer te mogen sturen. Gaf hij geen toestemming, dan wilden ze een wapenstilstand, om het volk te kunnen raadplegen.

Het was een verregaand voorstel, dat deze keer wel eerst werd voorgelegd aan de bondgenoten. Reitz schreef nog dezelfde dag een brief aan de regering van Oranje Vrijstaat. Vijf redenen somde hij ervoor op. De eerste twee betroffen de verliezen aan manschappen en materieel. Het aantal *hendsoppers* nam steeds meer toe, straks hielden ze geen commando meer over. De munitievoorraad was zo goed als uitgeput. De andere drie redenen hingen nauw samen en hadden betrekking op het moreel. De regering verloor haar gezag, de leiders hun persoonlijke invloed, en het volk zijn vertrouwen. De tijd was voorbij 'om deze zaak zoo te laten voortgaan'. De tijd was gekomen 'om nu besliste stappen te nemen'.

Dat vond president Steyn ook, maar dan in tegenovergestelde richting. Hij was al vaker geconfronteerd met de openlijke twijfels van de Transvalers – om te beginnen op 1 juni 1900, aan de vooravond van de val van Pretoria – en meestal ontstak hij dan in grote woede.[68] Zo ook nu. Op 15 mei stuurde hij twee antwoordbrieven, een officiële aan Reitz en een persoonlijke aan Smuts, om lucht te geven aan zijn verontwaardiging. Tekorten aan van alles, munitie, voedsel, noem allemaal maar op, die hadden ze in Oranje Vrijstaat ook. Net als 'lamlendigheid van sommige burgers en officieren'. Maar de strijd opgeven, de strijd die ze begonnen waren ter wille van Transvaal? Dat nooit. Als de Transvalers nu de Vrijstaters en de rebellen in de Kaapkolonie en Natal in de steek zouden laten, dan zou dat de ondergang van het

Afrikaner volk betekenen. Wilde dat een toekomst hebben, 'dan moeten wij zulks nu door onze volharding en kracht om te strijden en te *lijden* toonen'.[69]

De scherpe reactie van Steyn bleek dit keer niet voldoende om de Transvaalse leiders op andere gedachten te brengen. Hardnekkig hielden ze vast aan het plan om contact te leggen met Kruger, zij het op een andere manier. Niet door middel van gezanten, maar via de telegraaf. Ook dat vereiste de toestemming van Kitchener. En ook daarbij werd gebruikgemaakt van een Nederlandse tussenpersoon.

Op 22 mei 1901 werd consul-generaal F.J. Domela Nieuwenhuis ontboden in Melrose House. Bij het Britse hoofdkwartier was een verzoek binnengekomen van Botha om gebruik te mogen maken van de Nederlandse cijfercode voor de beoogde telegramwisseling met Kruger. Kitchener had zijn toestemming gegeven. Als de Nederlandse consul-generaal akkoord ging, was het de bedoeling het telegram op te halen in Standerton, een plaatsje in Zuidoost-Transvaal tussen de Vaal en de spoorlijn naar Natal. Domela Nieuwenhuis vond het nogal omslachtig – konden de vertegenwoordigers van Botha niet naar Pretoria komen? – maar stemde toe. Op 26 mei nam hij de trein naar Standerton, samen met viceconsul A.D. Roosegaarde Bisschop. Aldaar bleken de Boerenvertegenwoordigers nog niet te zijn aangekomen. Domela Nieuwenhuis liet het wachten over aan zijn viceconsul en vertrok weer. Pas op 1 juni arriveerden Smuts en een secretaris, geblinddoekt en wel. Van hen kreeg Roosegaarde Bisschop het telegram voor Kruger. Een dag later keerde hij terug naar Pretoria. Hij vertaalde de tekst in het Frans en zette deze om in de vaste cijfercode. Op 3 juni werd het telegram verstuurd naar Den Haag.[70]

Willem Leyds keek er wel van op. Half april was er nog iemand bij hem geweest met een boodschap van Frank Reitz. Vol goede moed, er was nog genoeg munitie en voedsel, zij het eentonig, vlees en mieliepap. En de kleren raakten op, sommige mannen liepen in schapenvellen. Maar ze waren vastbesloten om vol te houden. De strekking was positief.

En nu dit. Kort achter elkaar twee van die sombere berichten. De notitie van Bierens de Haan en het telegram van Smuts. De laatste was allesbehalve een zwartkijker, wist Leyds. Dat maakte het des te verontrustender. 'Onze zaak is in een zeer angstigen toestand geraakt,' schreef hij. Munitie vrijwel op. Boerderijen en voedselvoorraden verwoest. Families gevangen in kampen, of zwervend door bossen en bergen. Sommigen vermoord door de Swazi en de Zoeloes. 'Bijna alle kafferstammen in het Noorden' opstandig. Een deel van de burgers overgelopen naar de Engelsen. Als er niet spoedig een einde kwam aan de rampspoed, zouden dat er nog veel meer worden. De president van Oranje Vrijstaat, gaf Smuts eerlijk toe, wilde desondanks van geen wijken weten. Hij had aangedrongen op een gezamenlijke vergadering. Die zou worden gehouden zodra Krugers antwoord binnen was. Ze hadden nu al acht maanden niets van hem gehoord. Het wachten was op 'een complete definitieve uiteenzetting opdat wij weten waar wij staan'.[71]

Dat was nogal een vraag. Leyds wist het zelf ook niet direct. Aan de deputatieleden had hij niet zo veel. Fischer de bedachtzame, Wessels de onzichtbare, Wolmarans het ongeleide projectiel. Daar kwam weinig slagvaardigs meer uit. Ze werden het al niet eens over de vraag wat Kruger moest gaan doen, of waar hij zich moest vestigen. Montagu White, de Transvaalse consul in de Verenigde Staten, vond eerst dat de oude Boerenleider daarnaartoe moest, om sympathie te wekken. Maar toen toch weer niet, vanwege het afbreukrisico. Of pas later. Wolmarans drong er sterk op aan dat Kruger in Den Haag zou gaan wonen, dicht bij het hof, de adel, de regering en de gezanten. Om dezelfde reden vond Leyds dat een buitengewoon slecht idee. Het kostte hem heel veel moeite om Wolmarans de ongewenste diplomatieke complicaties uit te leggen. Hij hield voet bij stuk. In januari 1901 nam Kruger zijn intrek in Hotel des Pays-Bas te Utrecht, in april in Huize Casa Cara te Hilversum.

Op dat laatste adres vond het overleg plaats over het antwoord aan Smuts. De feitelijke vragen kon Leyds het beste zelf afhandelen, en dat deed hij ook. Interventie van een der mogendheden viel niet te verwachten. Voor munitie was er geen doorkomen aan, dat had hij al vergeefs geprobeerd. De kansen in de Kaapkolonie daarentegen leken, afgaande op berichten uit Engeland zelf, niet ongunstig. De Engelse publieke opinie was bovendien aan het opschuiven ten gunste van de

Boeren. Al het mogelijke werd gedaan om de vrouwen en kinderen in de kampen ondersteuning te bieden, net als de krijgsgevangenen in ballingschap. Tot zover de feitelijke informatie. Maar het antwoord op de belangrijkste vraag moest van de president zelf komen. Vrede of volhouden? Daarover liet Kruger geen misverstand bestaan. De twee republieken waren de oorlog samen begonnen, vond hij, hadden allebei zware opofferingen 'in goed en bloed alreeds gedaan' en moesten tot het einde toe gelijk optrekken. Ook als 'onverhoopt de zaak tot het laatste uiterste wordt teruggebracht en hoegenaamd geen verzet meer mogelijk is.' Oftewel, samen de strijd voortzetten 'tenzij het absoluut onmogelijk wordt.' Zo werd het geformuleerd in het antwoord aan Smuts, namens Kruger ondertekend door Leyds en Fischer. Op 11 juni werd het omgezet in een cijfertelegram en naar Pretoria verstuurd.[72]

Daar nam consul-generaal Domela Nieuwenhuis het in ontvangst. Hij liet het ontcijferen en deed het in een verzegelde envelop. Klaar om te worden opgehaald. Maar opnieuw wilde Kitchener daar niets van weten. Om veiligheidsredenen mochten er geen leden van de vijandelijke strijdmacht gebruikmaken van zijn verbindingslijnen. Roosegaarde Bisschop moest maar weer naar Standerton. Kitchener stelde een extra trein beschikbaar, dit keer met alle egards en voorrang. Kennelijk waren zijn verwachtingen hooggespannen. Er ging een escorte mee van honderd man, nergens werd gestopt, alle reguliere treinen weken uit naar zijsporen, en het militaire spoorwegpersoneel was 'uiterst voorkomend'. Op 15 juni 1901 overhandigde Roosegaarde Bisschop Krugers telegram aan een dankbare Smuts.

Het was duidelijk dat de Britten er nog niet in geslaagd waren de Nederlandse cijfercode te kraken – dat zou later alsnog gebeuren – anders had Kitchener niet zo'n moeite gedaan om Krugers boodschap snel te laten bezorgen. De Transvaalse leiders putten er moed uit, net als uit twee recente gevechtsacties. Op 29 mei had generaal Jan Kemp bij Vlakfontein in West-Transvaal een Britse colonne zware verliezen toegebracht. En niet ver van Ermelo, bij Wilmansrust, overmeesterde generaal Chris Muller op 12 juni een eenheid Australiërs. Zo'n driehonderdvijftig man van de 5th Victorian Mounted Rifles. Hun wapens, waaronder twee pom poms, waren meer dan welkom, net als hun munitie, kleding en voedsel.

Burger, Reitz, Botha en Smuts geloofden er weer in. Tot verrassing van Steyn en De Wet. Die kwamen vol verontwaardiging en ongeruste voorgevoelens naar het afgesproken gezamenlijke overleg, op 20 juni 1901 in Waterval, dicht bij Standerton. Ook Hertzog, De la Rey en Viljoen waren van de partij. Dat betekende dat de belangrijkste Transvaalse en Vrijstaatse leiders elkaar eindelijk weer eens in de ogen konden kijken, acht maanden na Cyferfontein. Dat was wel nodig ook. Van de daar gemaakte afspraken was niet veel terechtgekomen. Steyn opende het overleg met een scherpe aanval op de eigenmachtige vredesinitiatieven van de Transvalers, maar de uiterste consequentie – de strijd desnoods alleen voortzetten – hoefde hij niet te trekken. Tot zijn opluchting merkte hij dat mede door Krugers boodschap 'al de wankelmoedigheid schijnbaar was verdwenen'. De rijen sloten zich weer. Onafhankelijkheid van beide republieken, anders geen vrede, dat was de afspraak die opnieuw door iedereen werd onderschreven. Bovendien zegden de Transvalers toe alsnog een eigen inval in de Kaapkolonie te organiseren, ter ondersteuning van de Vrijstaters die er al actief waren. De la Rey zou de expeditie uitrusten, Smuts zou het commando voeren.

Om de burgers te informeren werd nog dezelfde 20e juni een 'Algemeene Kennisgeving' uitgevaardigd. Behalve uitleg over de telegramwisseling met president Kruger stond daarin een verslag van de 'Conferentie van de Regeeringen der beide Republieken'. Het in Waterval genomen besluit heette gedragen door 'de overgroote meerderheid van ons Volk, vrouwen en kinderen zoowel als mannen'. Het hield in 'dat er geen Vrede zal gemaakt worden en geen Vredes-voorwaarden aangenomen zullen worden, waarbij ons onafhankelijk en zelfstandig Volksbestaan of de belangen onzer Koloniale broeders zouden worden prijs gegeven, en dat de oorlog krachtdadig zal worden voortgezet'.[73]

Emily Hobhouse keek er enorm naar uit – en zag er stiekem ook wel tegenop. Een afgeladen Queen's Hall, daar zou ze haar belofte inlossen. Het Engelse volk vertellen over het lijden van de Boerenvrouwen en hun kinderen, dat was de opdracht die ze op zich had genomen. Op 24 juni 1901 zou het gaan gebeuren. Vijfentwintighonderd mensen werden er verwacht. '*The musical centre of the Empire*' was uitverkocht. John Percival, de bisschop van Hereford, zou voorzitten. Toen kwam de domper. Op last van de overheid zegde het theater het contract op. De bijeenkomst mocht niet doorgaan uit vrees voor ongeregeldheden. Ook een alternatieve locatie, Westminster Chapel, hield haar deuren gesloten. De grote publieke manifestatie in Londen kwam er niet.

Het ergst vond Hobhouse het voor al die arme vrouwen, ver weg in het Zuid-Afrikaanse oorlogsgebied. Ze had het gevoel hen in de steek te laten. Dapper waren ze, ongelooflijk dapper, maar ze stonden er alleen voor. Met al hun uitgehongerde, doodzieke kinderen. Wie moest er dan voor hen opkomen? Ze had de verschrikkingen met eigen ogen gezien. Drie maanden lang, van eind januari tot eind april, had ze de *refugee camps*, die in feite interneringskampen waren, bezocht. Althans, voor zover Kitchener het toestond. En Milner niet te vergeten. Eenmaal bestuurlijk verantwoordelijk voor de twee nieuwe koloniën, was hij aanzienlijk minder behulpzaam geworden dan in het begin. Behalve in Bloemfontein was ze in vijf andere kampen geweest. Norvals Pont, Aliwal North en Springfontein in Orange River Colony. Daarnaast in Kimberley en Mafeking. Tot het gebied ten noorden van Bloemfontein had ze geen toegang gekregen, al helemaal niet tot Transvaal.

De indrukken die ze bij haar bezoeken had opgedaan, waren inwisselbaar. De ene locatie was wat minder ongezond dan de andere. Soms was er een commandant die begaan was met het lot van de kampbewoners. Hier en daar werkten toegewijde verpleegsters. Maar het algemene beeld was rampzalig. De kampen waren overvol en ongezond. De tenten bij dauw en regen doorweekt. Bedden ontbraken. De rantsoenen waren karig en eentonig. Melk en schoon water schaars. Er was nauwelijks zeep, het sanitair een smeerboel. Er waren geen aparte voorzieningen voor zieken en overledenen. Het ontbrak de vrouwen en kinderen aan warme kleren tegen de komende winterkou.

En dan die mensonterende nonchalance bij de militaire autoriteiten. Ze propten de kampen alsmaar voller, zonder rekening te houden met de desastreuze gevolgen. Per trein heen en weer reizend tussen de kampen had ze overal nieuwe transporten gezien, vrouwen en kinderen als beesten opeengepakt in open wagens, onbeschermd tegen wind en regen. In het kamp in Bloemfontein waren de zaken na een paar weken enigszins op orde, mede door haar toedoen, toen er plotseling nog eens tweeduizend vrouwen en kinderen bij waren geplaatst. Een verdubbeling! Met als gevolg schrijnende voedseltekorten, sanitaire excessen en dus ziekte en sterfte. Dat was voor haar aanleiding geweest om terug te gaan naar Engeland. Ze had daar gedaan wat ze kon, ze mocht geen andere kampen bezoeken, ze kwam niet door de militaire bureaucratie heen. De Engelse bevolking moest het weten, de publieke opinie moest gemobiliseerd. Dan zou de regering wel gedwongen zijn om in te grijpen. En daarna zou ze zeker teruggaan naar Zuid-Afrika.[74]

Op 8 mei 1901 scheepte ze zich te Kaapstad in op de *Saxon*. Toevallig genoeg was ook Milner aan boord. Hij had toestemming gekregen voor een paar maanden verlof. De functie van hoge commissaris zou worden waargenomen door Kitchener. Hobhouse wilde hem maar al te graag spreken, apart, maar Milner toonde zich weinig toegankelijk. Pas voorbij Madeira deed zich een gelegenheid voor. Tijdens het gesprek werd de reden van Milners terughoudendheid duidelijk. In de voorafgaande maanden had hij liefst vierenzestig rapporten over haar binnengekregen. Allemaal met dezelfde strekking. Ze zou onrust hebben gezaaid in de kampen en politiek hebben bedreven. Persoonlijk, verzekerde Milner, was hij desondanks bereid haar toestemming te geven voor een tweede bezoek, maar dat hing nu af van de regering.

Op 24 mei arriveerde de *Saxon* in Southampton. Daar scheidden de wegen van de bestuurder en de activiste. Emily Hobhouse spoorde rechtstreeks naar haar vrijgezellenflat in Chelsea. Alfred Milner werd welkom geheten door vier kabinetsleden en een opperbevelhebber. Salisbury, Chamberlain, Balfour, Lansdowne en Roberts vormden het ontvangstcomité. Aansluitend werd hij in een open landauer meegetroond naar Marlborough House, om zijn opwachting te maken bij koning Edward VII. Hij vertrok er als Lord Milner, *Baron of St James's and Cape Town*.[75]

Hobhouse moest harder werken om in contact te komen met politici. Maar het lukte wel, mede dankzij haar goede connecties in liberale kring. Haar oom en tante, Lord en Lady Hobhouse, waren daar goed ingevoerd en dat gold eveneens voor Lord Ripon, voorganger van Chamberlain als minister van Koloniën en sinds kort voorzitter van het *South African (Women and Children) Distress Fund*. Via hen kwamen ontmoetingen tot stand met bekende liberale parlementsleden, onder wie oppositieleider Campbell-Bannerman.

Ook minister van Oorlog Brodrick bleek bereid haar te ontvangen. Op 4 juni ging ze op bezoek. Ze had een aantal concrete aanbevelingen voorbereid. Om te beginnen zouden alle vrouwen uit de kampen moeten worden vrijgelaten – met hun kinderen – die familie of vrienden in de Kaapkolonie hadden, of daar in hun eigen onderhoud konden voorzien. Daarbij zou het geen verschil mogen maken of hun echtgenoten zich hadden overgegeven, krijgsgevangen of dood waren, of nog te velde actief. Ook zouden in de nu al overvolle kampen geen nieuwe vrouwen en kinderen moeten worden opgenomen. Verder suggereerde ze de aanstelling van tweetalige directrices in ieder kamp. Tot slot zou er een comité van toezicht moeten worden ingesteld, samengesteld uit tenminste zes vertegenwoordig(st)ers van filantropische instellingen. Het sprak voor zich dat Hobhouse zich daarvoor gaarne aanmeldde. Het leken, gelet op de misstanden, alleszins redelijke voorstellen. Brodrick hoorde haar beleefd aan. Hij beloofde de aanbevelingen te zullen bestuderen, maar zegde niets toe.

Zo onbewogen als Brodrick reageerde op haar relaas, zo geschokt toonde zich Campbell-Bannerman, een week later. De oppositieleider had tot dan toe geprobeerd te laveren tussen de *pro-Boers* en de *Limps* (liberale imperialisten) in zijn partij, maar door zijn ontmoeting met Hobhouse nam hij stelling. Op 14 juni hield hij een tafelrede tijdens een partijdiner. Zijn bewoordingen waren ongekend emotioneel, in ieder geval voor zijn doen. Nog steeds onder de indruk van de gruwelijke details die Hobhouse hem had verteld, hekelde hij de terreur tegen de burgerbevolking van Transvaal en Oranje Vrijstaat. '*War is war*,' citeerde hij de vaste verdediging van minister van Oorlog Brodrick tegen dit soort kritiek, maar dit was in de ogen van Campbell-Bannerman geen oorlog meer. '*When is a war not a war?*' Zijn antwoord zette zich vast in het geheugen van alle aanwezigen. '*When it is carried on by methods of barbarism in South Africa*.'[76]

Methods of barbarism. De toon was gezet, de formulering was gevonden. De woorden van Campbell-Bannerman echoden in de kranten en dreunden door in de hele Britse samenleving. Vaste critici als Lloyd George putten zich uit in nog scherpere bewoordingen. Tijdens een debat in het Lagerhuis drie dagen later ondervroeg hij Brodrick over het aantal vrouwen en kinderen in de kampen, en het aantal sterfgevallen. De getallen die Brodrick noemde – zo'n 63 000 blanken en zwarten in totaal, en 336 doden alleen al in de Transvaalse kampen in mei – waren feitelijk gezien veel te laag, maar veel hoger dan tot dan toe door de regering genoemd. Voor Lloyd George aanleiding het kabinet te beschuldigen van '*a policy of extermination*'. Ook al was het niet zo bedoeld, stelde hij, het pakte wel zo uit. De ontvolking van het hoge veld was zes maanden eerder begonnen, de militaire leiding had derhalve tijd genoeg gehad om de kampen goed in te richten. Het was een schande dat er maandelijks honderden kinderen stierven.

Maar minister van Oorlog Brodrick gaf geen krimp. Hij bleef herhalen dat de schuld lag bij de strijdwijze van de Boerencommando's, en dat hun vrouwen en kinderen voor hun eigen bestwil waren opgenomen in de kampen. De aantijgingen van verwaarlozing wees hij van de hand. Er werd alles aan gedaan om de omstandigheden in de kampen te verbeteren. Die verzekering was voldoende voor de conservatieve meerderheid. De motie van afkeuring die Lloyd George indiende, werd met groot verschil verworpen – de *Limps* onthielden zich van stemming.

Een dag later, op 18 juni, verscheen het rapport dat voor alle opschudding had gezorgd officieel in druk. *Report of a Visit to the Camps of Women and Children in the Cape and Orange River Colonies* luidde de titel. Verrassingen bevatte het niet meer. Al vrij snel na aankomst had Hobhouse concepten laten circuleren onder voor- en tegenstanders. Deze definitieve versie was een bondige samenvatting van alle misstanden en bevatte de aanbevelingen ter verbetering, in vijftien pagina's, en een bijlage met interviews die zij in de kampen had afgenomen.

Politieke aandacht had ze daarmee volop weten te krijgen voor de Boerenvrouwen en hun zieltogende kinderen. Maar wat had ze concreet voor hen bereikt? Het kabinet had de kritiek van zich afgeschud als een zomerse regenbui. Een grote manifestatie in Londen, om een rechtstreeks beroep te doen op de Engelse bevolking, was haar niet gegund. Ze werd wel gevraagd voor lezingen elders in het land, maar nergens zo grootschalig en tot de verbeelding sprekend als in Queen's Hall.

Daarbovenop kwam een nieuwe, bittere teleurstelling. Half juli 1901 kreeg ze een reactie van Brodrick op haar aanbevelingen. Enkele daarvan had hij overgenomen, bijvoorbeeld om bepaalde categorieën vrouwen toestemming te geven de kampen te verlaten, en om een speciale commissie samen te stellen. Maar anders dan Hobhouse had voorgesteld, zou die commissie geen toezicht uitoefenen, maar nader onderzoek doen. Er waren inmiddels zes dames benaderd. Twee artsen, een verpleegster, een arbeidsinspectrice en een generaalsvrouw, onder voorzitterschap van de bekende feministe Mrs Millicent Fawcett. Volgens Brodrick allemaal dames '*removed from the suspicion of partiality to the system adopted or the reverse*'. Dat gold niet voor Emily Hobhouse, liet hij haar ronduit weten. Haar rapport en lezingen hadden geleid tot '*much controversy*'. Zij moest uit de buurt van de kampen blijven.[77]

Deneys Reitz was zo langzamerhand alle gevoel voor tijd kwijt. Nog steeds winter, dat was zeker, die duurde dit jaar eindeloos. Maar was het al augustus? Of nog steeds juli? Sinds hij was weggegaan bij De la Rey, eind mei, hadden de dagen zich aaneengeregen zonder dat er veel bijzonders was gebeurd. Ook de nachten leken op elkaar, eigenlijk was het één lange bitterkoude nacht geweest, onderbroken door stukjes rijden om weer op te warmen. Dag in dag uit biltong. De smaak van brood, zout, koffie, groente en tabak was hij vergeten. En doelgericht was het allemaal niet geweest. Engelse colonnes ontwijken in West-Transvaal, bij de commando's van Jan Kemp. Een mislukte raid in Bechuanaland. Daarna kriskras door Oranje Vrijstaat, met het groepje Duitsers van wie er steeds meer afvielen, en ten slotte alleen op pad met Jacobus Bosman, een jonge Afrikaner die terug wilde naar de Kaapkolonie. Daar wilde Reitz ook nog steeds naar toe, en daarom trokken ze nu samen op.

Wat Reitz op al zijn omzwervingen had gezien, stemde hem triest. Overal dezelfde aanblik. '*Eindelose vlaktes van mensdom ontbloot.*' Verbrande boerderijen, doodgeslagen of -gestoken schapen, ongeploegde akkers, één '*onbewoonde woestyn... selfs die inboorlinge is gevlug*'. Een paar keer waren ze een vrouwenlager tegengekomen, tientallen vrouwen en kinderen die zich schuilhielden voor de Engelsen in grotten of bergkloven. Liever dat dan opgesloten in een kamp.

Het was ook steeds moeilijker geworden om de spoorlijn die Oranje Vrijstaat in tweeën deelde over te steken. Twee keer was het hem gelukt, maar de derde keer, bij Edenburg, had hij zijn poging moeten opgeven. De Engelsen beschermden hun strategische verbindingslijn steeds grondiger. Om de paar kilometer waren blokhuizen verrezen, bemand met blanke en zwarte bewakers en onderling verbonden met prikkeldraadversperringen. Bij die derde poging was Reitz' paard daarin verstrikt geraakt. De gealarmeerde wachters hadden het onder hem vandaan geschoten, hijzelf was ternauwernood ontkomen op een shetlandpony die hij eerder had opgepikt bij een Engels legerkamp.

Noodgedwongen bevonden Reitz en Bosman zich daardoor nu ten westen van de spoorlijn, wel al in het zuiden, in de buurt van Fauresmith. Het bleek daar slecht toeven. Tot drie keer toe werden ze bijna beroofd van hun zadels en zadeltassen. De eerste keer pakten ze zelf de daders, maar lieten ze hen nog lopen – ze zouden door de dieven zijn aangezien voor Engelse spionnen. De tweede keer, in het plaatsje Fauresmith zelf, werden ze door twee kordate Boerenvrouwen gered uit de handen van een bende '*skuim wat uitgesmyt is van die kommando's*'. De derde keer was Reitz het zo zat dat hij een van de betrapte dieven door zijn armen schoot, '*om hom 'n les te leer*'.

Kort daarna troffen ze beter gezelschap. Generaal Hertzog, de verantwoordelijke bevelhebber voor het hele zuidwestelijke district, met een kleine driehonderd man. Reitz kende hem nog van vroeger, uit Bloemfontein, toen Hertzog daar rechter was geweest, '*'n skraal, ernstige man met vinnige oë*'. Ze sloten zich maar al te graag bij hem aan. Sommige van zijn commando's zouden vast wel meewillen naar de Kaapkolonie. Dat viel echter zwaar tegen. Niet eentje was er voor te porren. Allemaal waren ze er al eens op expeditie geweest, en ze huiverden nog steeds bij de gedachte aan de ontberingen en de zware verliezen die ze toen hadden geleden. Het zag ernaaruit dat Reitz en Bosman toch met z'n tweeën zouden moeten gaan.

Maar op een ochtend lachte het toeval hen toe. Er dook plotseling een groepje op van tien jonge Transvalers. Een paar kende Reitz er zelfs, van het Pretoriacommando en het ACC. Ze zagen er verlopen uit, met hun kleren aan flarden en hun verweerde koppen, maar ze konden er zelf om lachen. De '*Rijk Seksie*' noemden ze zich gekscherend. Ze waren ook op weg naar de Kaapkolonie. Mooier kon het niet. Nu dus verder met z'n twaalven.

De volgende dag namen ze afscheid van Hertzog en zijn mannen, en vertrokken ze naar het zuidoosten. Iedereen die er verstand van had, adviseerde hun om daar de Oranje over te steken. Minder Engelse soldaten, meer wilde paarden, betere weidegronden. Dat betekende wel dat ze nog een keer de spoorlijn over moesten. Opnieuw bij Edenburg. Gelukkig konden ze een stuk meerijden met commando's die bekend waren in de streek. Die loodsten hen feilloos langs de blokhuizen en door de prikkeldraadversperringen.

Hun geluk was nog niet ten einde. In de buurt van de Caledon troffen ze inderdaad volop wilde paarden. Ieder ving er twee, Reitz een roodschimmel en een bruine. Binnen een paar dagen waren ze getemd. Op hun verse rijdieren trokken ze tot vlakbij de '*Grootrivier*'. Aan de overkant lag de Kaapkolonie. Het was eind augustus 1901. Reitz was weer bij de tijd.[78]

Eeuwige verbanning

Zastron, augustus 1901

Er stond Deneys Reitz een nog grotere verrassing te wachten. Het onverwachte gezelschap van de *Rijk Seksie* was al een enorme meevaller. De '*Dirty Dozen*,' klaar om de Kaapkolonie binnen te dringen. Op de ochtend dat ze zich opmaakten voor het laatste stuk naar de Oranje, zagen ze in de verte een grote groep ruiters over de heuvels komen. Boeren, dat kon je opmaken uit hun manier van rijden. Maar wie dan?

Een uur later waren ze zo dichtbij gekomen dat Reitz de man aan het hoofd kon herkennen. Het was niemand minder dan Jan Smuts. Eerder in de oorlog was hij hem al eens tegengekomen, direct na de val van Pretoria bij Eerste Fabrieken.[79] Toen kende hij hem nog alleen als de staatsprocureur, een collega van zijn vader. Maar sindsdien had Smuts ook naam gemaakt als generaal. Zijn komst hier kon maar één ding betekenen: hij was ook op weg naar de Kaapkolonie, dat was een ongelooflijk gelukkig toeval!

Smuts was ook blij met de ontmoeting. Hij kon wel wat versterking gebruiken. Het was een barre tocht geweest van het westen van Transvaal naar het zuidoosten van Oranje Vrijstaat. De Engelsen hadden lucht gekregen van zijn invasieplan. Ze hadden van alles geprobeerd om hem de pas af te snijden. Smuts had hen weten te ontlopen, door hard te rijden en zich er zo nu en dan uit te vechten, ten koste van de nodige verliezen. Niet veel meer dan tweehonderd man had hij nog over. Allemaal jonge vechtersbazen uit West-Transvaal, geselecteerd door De la Rey. Deze twaalf pasten daar goed bij. Hij kon hen inzetten als verkenners.

Reitz was verguld met die aanstelling, en blij verrast toen hij nog meer oude bekenden tegenkwam, onder wie zijn Nederlandse oom Jan Mulder. Hij had nog met hem gevochten in Natal, alweer bijna twee jaar geleden. Van hem hoorde hij dat Smuts waarschijnlijk van plan was om met een boog naar het midden van de Kaapkolonie te trekken en daar een '*vliegende strooptog*' te houden. Zowel om de mogelijkheid van een grootscheepse inval te onderzoeken als om de toenemende druk op de commando's in het noorden te verlichten. Smuts zelf liet zich daar niet over uit, maar dat deerde Reitz niet. Hij was al blij dat hij mee mocht.

Nog dezelfde middag gaf Smuts het sein om op te trekken naar de Oranje. Tegen vijf uur zagen ze in de verte een donkere streep. De kloof waar de grensrivier doorheen stroomde. Ze zagen echter nog meer. Ervoor lag een waar cordon aan Engelse troepen. De doorgang naar alle bekende driften was versperd. Smuts besloot op afstand te blijven en de nacht onder dekking door te brengen. Hopelijk konden ze van de plaatselijke bevolking te weten komen of ze nog ergens anders konden oversteken.

De volgende dag bracht dubbel goed nieuws. Er meldde zich een groep van zo'n vijftig plaatselijke commando's, onder aanvoering van Louis Wessels. Ze sloten zich niet alleen aan bij Smuts, ze hadden ook een oude Boer bij zich die een lang vergeten drift kende. Te bereiken via een steil en met paarden moeilijk begaanbaar voetpad, maar het was de enige mogelijkheid. Er waren ook al Engelse colonnes in aantocht vanuit het noorden. Als ze niets deden, waren ze morgen omsingeld.

In de schemering gingen ze op weg. 's Nachts om drie uur kwamen ze bij het begin van de steile afdaling. In het aardedonker leidden ze hun paarden voorzichtig naar beneden. De rivier zelf was de volgende hindernis. Daar nog niet breed, maar wel net uit de bergen, snelstromend, de paarden konden zich maar met moeite staande houden. Pas tegen zonsopkomst was de laatste man overgestoken. Ze waren in de Kaapkolonie.[80]

Het waren frustrerende maanden voor Lord Kitchener of Khartoum. Februari 1901 leek nog hoopvol. De besprekingen met Botha in Middelburg. De derde klopjacht op De Wet – en Steyn – die hij zelf coördineerde. De oorlog had zomaar ineens afgelopen kunnen zijn. Maar maart bracht de teleurstelling. De Wet en Steyn weer ontsnapt, Botha van gedachten veranderd. En in mei flikten ze hem dat kunstje nog een keer. Het verzoek van de Transvaalse leiders om te mogen telegraferen met Kruger deed hem opnieuw hopen. Ze verkeerden kennelijk nog steeds in twijfel. Maar het antwoord dat ze uit Europa ontvingen, was overduidelijk geen oproep tot vrede. Ze leken er juist weer nieuwe moed uit te putten. De 'Algemeene Kennisgeving' die ze op 20 juni samen met de Vrijstaatse leiders opstelden, was weer ouderwets krijgshaftig van toon.

Hoe wanhopig de Transvalers wel degelijk waren geweest, ontdekte Kitchener pas drie weken later. Op 11 juli 1901 ondernam een colonne onder generaal Broadwood vroeg in de ochtend een verrassingsaanval op het plaatsje Reitz – inderdaad genoemd naar de vroegere president, inmiddels staatssecretaris van Transvaal – in het noordoosten van Oranje Vrijstaat. Die naamsverwijzing was pikant, de vangst buitengewoon. Niet alleen namen de Engelsen daar de vrijwel voltallige Vrijstaatse regering te velde gevangen, inclusief ambtelijke staf negentwintig man in totaal, ook maakten ze een geldbedrag van ruim elfduizend pond buit én alle staatsstukken. Bij die laatste papieren bevond zich onder meer de sombere brief die Reitz op 10 mei namens de Transvaalse regering aan de Vrijstaters had gestuurd. Plus een afschrift van Steyns verontwaardigde reactie van 15 mei. Dat was pijnlijk voor de Transvaalse leiders, in het bijzonder voor Reitz, vooral toen Kitchener de inhoud van die twee brieven direct naar Londen telegrafeerde, waar ze op 19 juli werden gepubliceerd. De onenigheid tussen de Boerenleiders lag nu op straat.

Maar ook voor Kitchener was het een pijnlijke gewaarwording. Hij had de Transvaalse leiders tot aan de rand van de overgave gedreven, maar ze waren hem door de vingers geglipt, net zoals De Wet steeds op het nippertje was ontsnapt. En bij deze geslaagde verrassingsactie van Broadwood herhaalde zich in feite dat patroon. Een rijke buit, maar zonder de hoofdprijs. Een van de in Reitz overvallen Boeren was in allerijl gewekt en op een paard geholpen door zijn Griqua *agterryer*. Deze Jan Ruiter was er ook nog in geslaagd de Engelsen te misleiden. '*Just an old Boer*,' had hij geroepen, en zijn baas was ontkomen. Laat dat nu net president Steyn zijn geweest, de ziel van het Boerenverzet, de man die nu al een paar keer de Transvalers had weerhouden de strijd op te geven. Die reed nu nog steeds vrij rond.[81]

Steeds dus net niet. Dat mocht frustrerend heten. Het maakte Kitchener des te verbetener in het opvoeren van de militaire druk. In mei 1901 bereikte het Britse leger in Zuid-Afrika zijn maximale sterkte van 240 000 man – net zoveel als het hele Boerenvolk – waarvan een derde deel bereden troepen. Oftewel het twaalfvoudige van de hooguit 20 000 man die de Boeren nog op de been konden brengen. Met 100 zware kanonnen, 420 stuks veldgeschut en 60 pom poms waren de Britten ook in vuurkracht oppermachtig. Maar die getallen zeiden niet alles. Het ging uiteindelijk om de doelmatige inzet van al die mensen en middelen, om de organisatie van de '*drives*' en het vullen van de 'bags'.

Daarvoor had Kitchener een nieuw hulpmiddel bedacht. Het was al eerder geïntroduceerd, maar in maart 1901 besloot hij dat het pas goed zou werken als het overal werd ingezet. Blokhuizen en prikkeldraad, maar dan systematisch. Om te beginnen aan weerszijden van alle spoorlijnen, en vervolgens ook dwarsverbindingen om zo alle belangrijke doorgaande routes te blokkeren. Het eindeloze hoge veld opdelen in beheersbare percelen, dat was het idee. Geen uitwijkmogelijkheden meer voor de commando's en hun families. De mobiele colonnes zouden dan binnen hun eigen kavels van het oorlogsterrein werken van prikkeldraad naar prikkeldraad, en daartussen mens en dier en gewas verwijderen. Zo zou het optimaal moeten werken. Als een ijzeren spinnenweb. Zelf bewegen, de tegenstander verstrikken.

Dat vereiste wel de nodige organisatie en mankracht. De blokhuizen werden aanvankelijk opgetrokken van steen en cement, al snel steeds meer van ijzeren golfplaten, in een gestandaardiseerde ronde vorm. Duizenden en duizenden verrezen er. Daar ging heel wat bouwmateriaal in zitten. Dat moest allemaal worden aangevoerd en verwerkt. Hetzelfde gold voor de tienduizenden kilometers prikkeldraad, nodig om al die miniatuurforten onderling te verbinden met serieuze versperringen. En dan moesten ze nog worden bemand. Afhankelijk van de grootte waren er vijf à twintig militairen per blokhuis nodig. Uiteindelijk zou de totale bezetting uitkomen op zestigduizend man. Plus per blokhuis drie à vier zwarte of gekleurde wachtposten. Nog eens vijfentwintigduizend man. Een flinke aanslag op de beschikbare mankracht, maar Kitchener was ervan overtuigd dat het zou werken.

Zeker in combinatie met doelgerichte individuele sancties. De 'Algemeene Kennisgeving' van de Boerenleiders had hem aan het denken gezet. Discipline was nooit het sterkste punt geweest van de commando's, maar degenen die de strijd nu nog volhielden, leken hun leiders trouw te volgen. Het was tijd om die leiders persoonlijk te treffen. Ook dat was eerder vertoond, al door Roberts en Buller, die de boerderijen van Christiaan de Wet en Louis Botha hadden laten platbranden, maar ook in dat opzicht ontbrak het nog aan systematiek. Daar ging Kitchener voor zorgen.

Op 7 augustus 1901 vaardigde hij een proclamatie uit die alle politieke en militaire leiders van de Boeren, van commandanten tot en met aanvoerders van ongeregelde '*armed bands*', een ultimatum stelde. Wie zich niet vóór 15 september overgaf, zou voor eeuwig worden verbannen uit Zuid-Afrika. Wie van hen familie had in de kampen, zou bovendien persoonlijk worden aangeslagen voor de kosten van hun onderhoud. Aan den lijve moesten ze het voelen.[82]

Of misschien moesten de Boeren maar helemaal weg uit Zuid-Afrika. Eigenlijk was dat nog de beste oplossing, vond Kitchener. Zo nu en dan gooide hij in zijn correspondentie met Brodrick, Roberts en Milner een balletje op. Ongeveer de helft van de Boerenbevolking zat al opgesloten – honderdduizend mannen, vrouwen en kinderen in interneringskampen, twintigduizend mannen in krijgsgevangenenkampen overzee – en dat bleven ongetwijfeld lastposten, ook na de oorlog. Waarom dan maar niet meteen een resolute beslissing genomen? Als het hele Boerenvolk werd overgebracht naar elders, bijvoorbeeld naar de Fiji-eilanden, dan was het in één klap veilig in heel Zuid-Afrika, met volop ruimte voor nieuwe Britse kolonisten.

Kitchener was niet de enige die in die richting dacht. Het idee dat de Boeren zich beter in een ander land konden vestigen, hetzij in Afrika – bijvoorbeeld op Madagaskar of in Duits Zuidwest-Afrika – hetzij op een ander continent, dook geregeld op. Willem Leyds had al de nodige fantasierijke plannen voorbij zien komen. Maar de brief die hem eind augustus 1901 onder ogen kwam, was wel heel bijzonder. Al was het alleen maar door de afzender.

De eenenzestigjarige Hiram Maxim was Amerikaan van geboorte, Engelsman door naturalisatie en een van de laatsten die zich op gezag van koningin Victoria 'Sir' mocht noemen. De feitelijke ridderslag ontving hij van haar zoon Edward VII. De onderscheiding betrof zijn verdiensten als uitvinder. Zijn claim op de uitvinding van de gloeilamp was discutabel, maar vast stond dat hij de bedenker was van de muizenval, de draaimolen en – dat telde vermoedelijk het zwaarst – het machinegeweer. Hij was de naamgever van de *Maxim-gun*, de geduchte pom pom die samen met het Mauserrepeteergeweer verantwoordelijk was voor de kogelregens op de Zuid-Afrikaanse slagvelden. Van beide kanten, want zijn uitvinding was verkocht aan Brit en Boer.

Hij was, zo schreef hij in de aanhef van zijn brief aan president Kruger, de Boeren goedgezind. '*The Boers are Dutch and like all Dutchmen are the bravest of the brave.*' Maar ja, dapperheid alleen was niet voldoende; het zat 'm ook in de aantallen. Die hadden de Engelsen wel. Enkele tienduizenden militairen meer of minder maakten voor hen niet uit. Daarom zouden ze onherroepelijk winnen, en waren de Boeren gedoemd te verliezen. Om hen te behoeden voor volledige uitroeiing had Maxim een plan bedacht. De Boeren zouden massaal moeten vertrekken uit Zuid-Afrika om een nieuwe kolonie te stichten in het noorden van Mexico. Landschap en klimaat waren daar voor de mens vergelijkbaar en voor veeteelt nog veel geschikter dan in Transvaal. Er was volop land te koop, daar had hij naar geïnformeerd. Het zou natuurlijk een behoorlijke organisatie vergen, die ook het nodige zou kosten, maar daar wist hij wel iets op. De eigenaren van de goudmijnen en andere zakelijke belanghebbenden, die zoveel schade ondervonden van de oorlog, zouden maar al te bereid zijn de hele onderneming te financieren. Resultaat zou zijn dat '*Mexico would become a great country completely in the control of the descendants of the Boers*'.[83]

Maxim kreeg een keurige bedankbrief, maar serieus werd zijn suggestie natuurlijk niet genomen. Daarvoor waren de achterliggende bedoelingen te doorzichtig. Het kwam uiteindelijk neer op een nieuwe variatie op een aloud thema, namelijk het uitkopen, afkopen dan wel omkopen van Boerenleiders. Daar was Leyds maar al te zeer mee vertrouwd. Eerder in dezelfde augustusmaand was hij ook al benaderd door een andere grote naam uit de internationale zakenwereld, althans indirect, want zo werkt het meestal.

Op 6 augustus 1901 had zich ene Simon Zadoks de Moerkerk bij het gezantschap in Brussel gemeld. In het bezit van een aanbevelingsbrief van een Berlijnse advocaat met wie Leyds op goede voet stond. Leyds was naar Den Haag, Zadoks reisde hem prompt achterna. Een dag later spraken ze elkaar. Zadoks bleek een Nederlander, werkzaam in financieel Parijs, en hij was afgevaardigd door de belangrijkste bankier in die stad. Zijn naam mocht hij niet noemen. Rothschild dus, concludeerde Leyds. De boodschap die Zadoks namens hem overbracht, was helder, verpakt in een omhaal van suggestieve woorden. Het voortduren van de oorlogstoestand in Zuid-Afrika ruïneerde niet alleen de Boeren, maar kostte ook de Franse financiële wereld kapitalen. De bankiers aldaar waren, 'zonder zich met politiek te willen inlaten, bereid tot het brengen van offers' om de Boeren 'tot op zekere hoogte te compenseeren voor de geleden verliezen'. Leyds had al wel een idee waarop hij doelde, en kapte het gesprek af, tot merkbaar ongenoegen van Zadoks.

Een week later drong deze aan op een nieuwe ontmoeting. Leyds stemde narrig toe. Dit keer in Brussel, op 15 augustus. Nu was Zadoks concreter, zij het nog steeds sprekend met 'olieachtige' tact. De argumentatie was dezelfde. Het was zowel voor de Boeren als voor de Franse aandeelhouders in de goudmijnen het beste als de oorlog snel ten einde zou komen. En toen noemde hij een getal. 400 000 pond zou zijn Parijse opdrachtgever daar wel voor overhebben. En die in Londen nog wel meer, voegde hij eraan toe.

Leyds wist genoeg. Hij had de keus de man de deur te wijzen, of hem nog verder uit zijn tent te lokken. Hij gokte op het laatste. De volgende dag schreef Zadoks hem een brief, met een apart postscriptum eraan vastgespeld. Daarop stond het naar Leyds' idee bijna expliciet.

In geval van een persoonlijk vredesinitiatief was '*tout le bénéfice moral et autre*' voor hem. *Et autre*. Dat was dus die 400 000 pond. Opnieuw stond Leyds voor de keus. Aan de grote klok hangen? Voor hem was het volstrekt duidelijk. Een heuse omkooppoging door de Parijse Rothschilds, wellicht met medeweten van de Londense tak. Maar was het voldoende om de buitenwereld te overtuigen?

Na enig nadenken en raadpleging van Fischer besloot hij ervan af te zien. Hij was jurist genoeg om te weten hoe het zou gaan. Ze zouden natuurlijk alles ontkennen. Met de bedoelde zinsnede was iets heel anders bedoeld, zou hun verweer luiden. Bovendien, wat voor nut diende een publicatie? Hij koos voor een tussenweg. Hij bracht de zaak niet naar buiten. Zadoks, die nog een paar pogingen deed tot hernieuwd contact, negeerde hij verder. Wel stuurde hij het hele dossier naar De Giers, zijn Russische collega in Brussel die nog steeds rechtstreeks rapporteerde aan tsaar Nicolaas II. Hij moest toch aan iemand zijn verontwaardiging kwijt.[84]

Emily Hobhouse zag geen andere mogelijkheid dan opnieuw de publiciteit zoeken. Eind september maakte het ministerie van Oorlog de cijfers over de maanden juni tot en met augustus bekend. Ze was geschokt. Tijdens haar afwezigheid bleek het allemaal nog veel erger te zijn geworden, zelfs volgens de officiële opgaven. Het aantal Boeren in de interneringskampen was eind augustus opgelopen tot 15 000 mannen, 40 000 vrouwen en 50 000 kinderen, 105 000 in totaal. In erbarmelijke omstandigheden, dat moest wel, afgaande op de huiveringwekkende sterftecijfers. 4067 kampbewoners waren in die drie maanden overleden, onder wie 3245 kinderen. Wederom klaagde Hobhouse hun nood bij minister van Oorlog Brodrick, nu in een open brief in *The Times* van 29 september 1901.

Het was precies drie maanden geleden dat ze hem voor het eerst had benaderd, luidde haar openingszin, maar in plaats van directe maatregelen had hij gekozen voor nader onderzoek. Mrs Fawcett en haar *Ladies' Committee* waren inmiddels ter plekke, maar volgens Hobhouse gingen die veel te omslachtig te werk. Ze hadden haar niets gevraagd, om te beginnen, met al haar praktijkkennis. Daardoor was er veel tijd verloren gegaan, met als resultaat '*3,245 children who have closed their eyes for ever since last I saw you*'. Als het zo doorging, zou de rest snel volgen. Ze deed een klemmend beroep op zijn gevoel voor menselijkheid om nu alsnog snel in actie te komen. Brodrick kon toch niet doof blijven voor '*the cry of the children*'?[85]

De hartenkreet van Hobhouse was begrijpelijk. Haar rapport over de misstanden in de kampen had in Engeland en aansluitend op het Europese vasteland vele ogen geopend en heel wat gemoederen in beweging gebracht. In landen als Nederland, Duitsland en de Verenigde Staten waren hulpcomités opgericht die zich het lot van de opgesloten Boeren – zowel de geïnterneerden als de krijgsgevangenen – aantrokken. Ook Portugal onderscheidde zich humanitair. Het nam een kleine duizend vluchtelingen uit Transvaal op, eerst in Mozambique, vervolgens in eigen land.[86]

Maar concrete maatregelen die de nood direct lenigden, bijvoorbeeld in de vorm van hulpgoederen, lieten op zich wachten. Daarvoor was de medewerking van de direct verantwoordelijke autoriteiten vereist. En dat waren ter plekke nog altijd Britse militairen, die andere prioriteiten stelden dan de zorg voor de families van hun tegenstanders. Weliswaar was Milner sinds februari 1901 belast met het burgerlijk bestuur over de twee nieuwe koloniën, maar in de praktijk strekte zich dat nog niet uit tot het beheer van de kampen. Bovendien was hij vanaf begin mei met verlof naar Engeland, en werd zijn functie waargenomen door Kitchener.

De opperbevelhebber zelf had al helemaal weinig belangstelling voor de gang van zaken in de kampen. Ze waren hem opgedrongen door de strijdwijze van de Boerencommando's, luidde zijn vaste verweer, en voor de hoge sterftecijfers onder de kinderen ontwikkelde hij een vergelijkbare verklaring. Die waren de schuld van de kampbewoners zelf, schreef hij aan Brodrick. De Boerenvrouwen hielden er zulke onhygiënische gewoontes op na, dat grensde aan '*criminal neglect*'. Eigenlijk moesten ze worden aangeklaagd wegens doodslag.

Het was een redeneertrant die ook door de *Ladies' Committee* serieus werd genomen. Eenmaal begonnen met hun rondgang langs de kampen, in augustus 1901, kwamen de onderzoeksters al snel tot vergelijkbare conclusies als Emily Hobhouse. De gezondheidstoestand van de kampbewoners, vooral die van de jonge kinderen, was alarmerend. Besmettelijke ziektes, in het bijzonder de mazelen, maakten onevenredig veel slachtoffers. Waarin de conclusies verschilden, was het aanwijzen van de oorzaken. Anders dan Hobhouse onderscheidde de commissie-Fawcett er drie: de algehele verontreiniging van lucht, grond en water als gevolg van de aanhoudende oorlogstoestand, de gebrekkige naleving van hygiënische en medische voorschriften door de kampbewoners, en – ja, inderdaad – ook de tekortkomingen in het beheer van de kampen.

Dat waren ook de voornaamste bevindingen in het rapport dat Fawcett na terugkeer in Engeland zou presenteren, in december 1901. Maar tot geruststelling van Hobhouse deed de commissie al vóór vertrek uit Zuid-Afrika de nodige praktische aanbevelingen. Rondreizende inspecteurs, meer gekwalificeerde doktoren en verpleegsters, betere ziekenhuisvoorzieningen, verhoging van de rantsoenen, en ontslag van incompetent personeel.

Het is de vraag wat er van die aanbevelingen zou zijn terechtgekomen als het aan Kitchener en zijn militaire apparaat had gelegen. Maar die vraag deed er vanaf half november 1901 niet meer toe. Brodrick had zich als direct verantwoordelijke minister nooit veel aangetrokken van de kritiek, en nam ook niet de moeite te reageren op de open brief van Hobhouse in *The Times*. Zijn ervaren collega van Koloniën toonde zich veel ongeruster over alle publicitaire schade en schande. Chamberlain stond erop het beheer over de kampen te laten overnemen door het burgerlijk bestuur. Sinds half september was Milner terug in Zuid-Afrika. Hij zou in staat moeten zijn een einde te maken aan de misstanden. Brodrick stribbelde niet bepaald tegen. Voortaan waren Chamberlain – politiek – en Milner – bestuurlijk – verantwoordelijk voor het beheer van de kampen.

Het effect was direct merkbaar. Het sterftecijfer, dat in oktober 1901 steeg tot het schrikbarende aantal van 3200 doden onder wie 2700 kinderen, daalde sindsdien. De eerste twee maanden licht, maar vanaf januari 1902 spectaculair, tot uiteindelijk minder dan 200 in mei 1902.[87]

Winston Churchill had weinig gemeen met Emily Hobhouse, maar hij had minstens zoveel kritiek op minister van Oorlog Brodrick. Ogenschijnlijk om heel andere redenen, maar in essentie namen ze de bewindsman hetzelfde kwalijk. Brodrick had volgens hen slechts een vaag begrip van de werkelijkheid in Zuid-Afrika, en daardoor onvoldoende greep op de zaken waarvoor hij politiek verantwoordelijk was. Tot zover de overeenkomst. Churchill sprak zich, althans publiekelijk, nauwelijks uit over de interneringskampen. Zijn aandacht richtte zich op de oorlogvoering in eigenlijke zin. Daar was al genoeg mis mee, naar zijn onbescheiden mening.

In zijn tweede debat in het Lagerhuis, op 12 maart 1901, ruim drie weken na zijn *maidenspeech*, had Churchill de minister nog gesteund. Het ging toen om het ontslag van een generaal, waartoe Brodrick in zijn ogen volkomen gerechtigd was. Met personele aangelegenheden hoorde het parlement zich niet bezig te houden, had hij betoogd. Maar in zijn derde speech, op 13 mei, had hij een heel ander geluid laten horen. Ter tafel lag een voorstel van Brodrick voor een ingrijpende legerhervorming. Die kwam erop neer dat het Britse leger zou moeten worden gemodelleerd naar continentaal voorbeeld. Om beter te kunnen anticiperen op acute crisissituaties, zoals het uitbreken van de oorlog in Zuid-Afrika, moest het om te beginnen groter.

Churchill vond dat een slecht, halfbakken idee, en maakte daar geen geheim van. Een groter staand leger paste niet bij het nationale karakter, stelde hij. Engeland was anders, het moest zich buiten Europese oorlogen houden. Zijn vader, Lord Randolph, had het vijftien jaar eerder in hetzelfde Huis al beweerd, en hij citeerde hem met volle overgave. Zo'n soort leger was net niks. Het bleef nog altijd veel te klein om een rol van betekenis te spelen binnen de Europese verhoudingen, het kostte veel te veel geld, en het zou het conflict met de Boeren niet sneller hebben beslist. Het zat 'm in Zuid-Afrika niet in de aantallen Britse militairen. De oorzaken van de stagnerende oorlogvoering lagen elders.[88]

De frontale aanval op Brodrick werd Churchill niet in dank afgenomen door zijn partijgenoten. Het weerhield hem er niet van zijn eigen overtuiging te blijven volgen. Half juli 1901 vormde hij met vier andere jonge en even kritische conservatieven een parlementair clubje. De '*Hughligans*' was hun Geuzennaam, naar hun leider Lord Hugh Cecil, de jongste zoon van Lord Salisbury. Wekelijks nodigden ze gerenommeerde gasten uit, conservatieven zowel als liberalen. De debatten scherpten Churchills onafhankelijke geest. Gaandeweg schoof hij op naar links. Ook inzake de oorlog in Zuid-Afrika. Niet wat betreft het einddoel. Hij was en bleef een '*victory-at-any-price man*,' vierkant achter Chamberlain en Milner. Tijdens een debat over de financiering van de oorlog, op 17 juli, behoorde hij tot de felste verdedigers van het regeringsbeleid. '*Let us finish this job in style*.'[89]

Maar waar hij steeds meer moeite mee kreeg, was het militaire beleid. Aan zijn verblijf in Zuid-Afrika had hij vele vriendschappelijke contacten overgehouden met hoge officieren, en Churchill was een man die contacten onderhield. Hij ontving nog steeds uitstekende *inside-information* over het verloop van de oorlog. Daar werd hij niet vrolijk van. Breekpunt was de proclamatie die Kitchener op 7 augustus uitvaardigde. De 'eeuwige verbanning' waarmee Boerenleiders werd gedreigd als ze zich niet vóór 15 september zouden overgeven. Die sloeg volgens Churchills informanten volledig de plank mis. Steyn, De Wet, Botha en alle anderen waren er totaal niet van onder de indruk, dat bleek wel uit hun reacties. Het effect was nihil. Het enige resultaat was een nieuwe uitbarsting van leedvermaak in de Europese pers.

In de eerste week van oktober 1901 trok Churchill van leer. In een zestal lezingen in conservatieve clubs, waarvan vijf in zijn kiesdistrict Oldham, noemde hij man en paard. Letterlijk, want als het ergens aan ontbrak bij het Britse leger in Zuid-Afrika, waren het '*suitable men... mounted on the best horses*.' Manschappen waren er op zich genoeg, stelde hij, daar ging het niet om. Het ging om kwaliteit. Ze werden niet op de juiste manier ingezet. De Boerencommando's moesten worden bestreden met gelijke wapens. Dat vereiste een veel betere terreinverkenning, meer individueel initiatief en vooral échte mobiliteit. Dat laatste kon alleen met voldoende goede paarden. Die waren er veel te weinig. Het merendeel was niet geschikt voor het zware werk. Volgens Brodrick waren er liefst negenenzestig Britse colonnes actief op het oorlogsterrein, maar Churchill wist uit bevoegde bron dat er nauwelijks één bij was die beschikte over twee paarden per ruiter. En dat, putte hij uit eigen cavalerie-ervaring, was een absolute noodzaak om mannen als De Wet en Botha niet alleen in het nauw te drijven, maar ook op de knieën te dwingen.

De dreigementen van Kitchener werkten daarbij alleen maar averechts, net als diens neiging tot overcentralisatie. Waar het op aankwam – en met deze wisecrack kreeg hij overal de lachers op zijn hand – '*is not to punish the Boers who have been caught, but to catch those who are still running about*'. Naar Churchills overtuiging stonden de zaken er slechter voor dan een jaar eerder. Zowel in de voormalige Boerenrepublieken als in de Kaapkolonie en het noorden van Natal was het al vijf kilometer buiten de Britse stellingen niet meer veilig.

Daar moest verandering in komen. Als Brodrick het niet voor elkaar kreeg, moesten Salisbury en Balfour de verantwoordelijkheid maar overnemen en zelf Kitchener in de goede richting sturen. De oorlog in Zuid-Afrika was te belangrijk om aan een gewone minister over te laten. Het kwam nu aan op daadkracht en doorzettingsvermogen om de overwinning te behalen. Van toegeeflijkheid tegenover de Boeren wilde Churchill niets weten, maar ook niet van wraak en hardvochtigheid. Ze moesten worden verslagen, er moest een einde komen aan de Zuid-Afrikaanse nachtmerrie. Dat was een nationale ereplicht, alleen al tegenover al die Britse militairen die gevallen waren in de strijd. Nog elke dag kon je de krant openslaan en zomaar op de naam van een bekende stuiten, zoals Churchill zelf kort tevoren was overkomen met zijn neef R.B. Sheridan, '*and learn that some bright eye known and trusted is closed for ever*'.[90]

Zwarte dood

Herschel, september 1901

De mannen, verantwoordelijk voor de dood van luitenant Sheridan, waren zelf een paar weken eerder ternauwernood de dans ontsprongen. Na de oversteek van de Oranje, in de nacht van 3 op 4 september 1901, bevonden Smuts en zijn commando's zich in de Kaapkolonie, formeel Brits grondgebied, maar de eerste bewoners die ze tegenkwamen, waren zwarten, afkomstig uit het naburige Basutoland. '*Europese wonings*' waren er niet te bekennen, Deneys Reitz zag alleen hier en daar een '*kafferkraal*'. Ze splitsten zich in kleine groepjes, en gingen op zoek naar tabak en voer voor de paarden.

Verder niets aan de hand, dachten ze, ook niet toen ze een grote groep Basutoruiters zagen naderen, naar schatting een man of driehonderd. Ze waren gewapend, sommigen met geweren, anderen met bijlen, assegaaien en knopkiries – houten stokken met een dikke knop erop. Smuts liet doorgeven dat ze wat dichter bij elkaar moesten blijven, dat was alles. Verder trokken de Boeren zich er weinig van aan. Die Basuto zouden het toch niet in hun hoofd halen om '*'n blanke mag van gelyke getal*' aan te vallen? Het groepje met Reitz en zijn oom Jan Mulder, bij elkaar zeven man, nam rustig de tijd om de paarden te laten eten uit '*die graanmandjies, wat in iedere kafferkraal te vind is*'. Na een tijdje merkten ze dat ze wat al te ver achterop dreigden te raken bij de rest. Ze zagen de laatsten uit het zicht verdwijnen, van het plateau af naar de vlakte daarachter, en stegen weer op.

Toen ze zelf bij de plateaurand aankwamen, zagen ze direct dat het mis was. Het pad naar beneden voerde rechts langs een stenen muur en een zendingskerk en links langs overhangende rotsen. Ideaal voor een hinderlaag. Dat hadden de Basuto ook bedacht. Ze hadden hun paarden boven laten staan, hadden posities ingenomen op de rotsen en keken neer op de afdalende commando's. Met vijandige bedoelingen, dat was nu wel duidelijk. Het groepje van Reitz overlegde haastig. Toch maar zo snel mogelijk zien aan te sluiten bij de rest, besloten ze. Het eerste stuk van de afdaling ging goed. Toen barstte het plotseling los. Een geweersalvo, niet van links maar van rechts, vanuit de kerk, dwars door de ruiten heen. Het regende glasscherven. Niemand werd geraakt. De andere vijf gaven hun paarden de sporen en joegen ervandoor. Reitz en zijn oom zochten dekking achter een rotsblok, lieten alleen hun pakpaarden gaan.

De schuilplaats gaf hun een paar seconden extra bedenktijd. Genoeg om te beseffen dat ze er ogenblikkelijk weg moesten. Van alle kanten kwamen hun aanvallers opzetten. Er was geen andere keus, ze moesten ook naar beneden, de anderen achterna. Nog onder dekking van het rotsblok maakten ze vaart, toen stortten ze zich met de moed der wanhoop in het spervuur. Plat op hun paarden, in vliegende galop. In zijn ooghoek zag Reitz steeds meer Basuto opduiken vanachter de muur. De assegaaien en kiries vlogen hen om de oren. Na een meter of twintig dook het pad scherp naar beneden. Dat was hun redding, al stuitten ze eerst nog op een nieuwe hindernis. Het pad werd versperd door vijftien à twintig Basuto. Ze zaten gehurkt in een kring, bezig met iets dat tussen hen in op de grond lag. Meer dan opspringen en in het wilde weg met hun wapens zwaaien konden ze niet. Reitz en Mulder stoven er in razende vaart doorheen. Ontsnapt.

Eenmaal buiten bereik van hun aanvallers, namen ze de schade op. Zelf waren ze wonder boven wonder ongedeerd gebleven. Hun paarden waren wel getroffen. Mulders paard had twee schotwonden in de achterbenen. Dat kwam nog wel goed, dacht hij. Vleeswonden. De bruine merrie van Reitz was er slechter aan toe. Haar hele onderkaak bleek verbrijzeld, er zat niets anders op dan het dier '*uit haar lyding te help*'. Een paar uur later voegden ze zich weer bij de andere commando's. Lopend, met één gewond paard aan de teugel, en Reitz met zijn zadel op zijn nek. De pijn werd wat verzacht toen ze daar hun twee pakpaarden terugvonden, compleet met dekens en kookblikken. Ook twee van hun vijf metgezellen hadden het er heelhuids vanaf gebracht. Het lot van de andere drie was duister. Waarschijnlijk waren ze gedood en '*gruwelijk vermink deur die Basoeto's vir medisyne, volgens hul barbaarse gewoonte*'. Reitz had wel zo'n vermoeden wat ze daar aan het doen waren geweest, met z'n allen gehurkt op het pad.[91]

De aanval van de Basuto kwam minder uit de lucht vallen dan Reitz dacht. De groep waarop ze waren gestuit was de *Herschel Mounted Police*, een hulpkorps van een paar honderd man, speciaal door de Britten in het leven geroepen om invallen van Boerencommando's tegen te gaan. Zo was het ook in het noordwesten van de Kaapkolonie, alleen waren het daar kleurlingen die als grenspolitie optraden, in eenheden als de *Border Scouts*, de *Bushmansland Borderers* en de *Namaqualand Border Scouts*. De inzet van niet-blanke hulpkorpsen paste in een patroon. Naarmate de oorlog voortduurde, zetten de Britten steeds meer zwarten en kleurlingen in, ook voor gevechtstaken, tot toenemende verontrusting van de Boeren.

Al in de eerste fase van de oorlog had de deelname van zwarten en kleurlingen tot felle discussies geleid, met name bij de belegering van Ladysmith, Kimberley en Mafeking. Over en weer waren scherpe verwijten geuit. In het geval van Mafeking waren de beschuldigingen terecht, want daar hadden zowel de belegerden als de belegeraars gebruikgemaakt van gewapende zwarte bondgenoten – de Tshidi Barolong tegenover hun rivalen, de Rapulana Barolong. Elders was de rol van zwarten en kleurlingen beperkt gebleven tot die van ongewapende hulpkrachten achter de vuurlinie – zij het dat *agterryers* hun hand- en spandiensten niet zelden verleenden tot in de loopgraven.[92]

Na de val van Pretoria werd het contrast in personele samenstelling tussen beide oorlogvoerende partijen steeds groter. In de guerrillafase liep het aantal Boerencommando's te velde sterk terug. Het aantal *agterryers* nam verhoudingsgewijs nog veel sterker af, alleen al door het gebrek aan paarden, voedsel en kleding. De meeste commando's konden zich doodeenvoudig geen knecht meer veroorloven.

Het Britse leger daarentegen dijde steeds verder uit, en daarmee ook de behoefte aan ondersteunende mankracht. Sjouwen, graven, vee drijven en bewaken – en als het zo uitkwam, roven – waren van meet af aan taken die werden verricht door zwarten en kleurlingen. Ook waren ze al snel paramilitair ingezet, als verkenners en koeriers. In de guerrillafase kwamen daar nieuwe bezigheden bij. Ze deden actief mee met de '*drives*', met het platbranden van boerderijen en het vervoer van Boerenvrouwen en -kinderen naar de kampen. De meest substantiële uitbreiding van de inzet van zwarten en kleurlingen had te maken met de in 1901 bij duizenden uit de grond gestampte blokhuizen, verbonden met tienduizenden kilometers prikkeldraadversperringen. De aanvoer van bouwmateriaal voor, en de feitelijke aanleg van dat gigantische ijzeren web vergden heel veel zwaar werk, dat werd verricht door zwarte en gekleurde arbeidskrachten. Maar de miniatuurforten betekenden voor hen ook een structurele uitbreiding van werkgelegenheid. Om het systeem goed te laten functioneren, zette de Britse legerleiding voor de bezetting naast zestigduizend blanke militairen ook zo'n vijfentwintigduizend zwarte en gekleurde wachtposten in.

Een bijkomend verschil met de eerste fase van de oorlog was dat de Britten daarvoor visten in een veel grotere vijver. Ze wierven hun zwarte en gekleurde hulptroepen en arbeidskrachten niet alleen meer in de Kaapkolonie, Natal en de eigen protectoraten Bechuanaland en Basutoland, maar ook in Swaziland, het voormalige protectoraat van Transvaal, en in de twee geannexeerde Boerenrepublieken zelf. Dat gaf de Boeren een extra onaangenaam gevoel. Ook in hun eigen vertrouwde omgeving waren de strikte gezagsverhoudingen tussen de rassen – een van hun belangrijkste geloofsartikelen – nu aan het schuiven. Door de actieve rol die de Britten toebedeelden aan zwarten en kleurlingen, wonnen deze aan zelfbewustzijn. Waar ze zich voorheen neerlegden bij een ondergeschikte positie, durfden ze zich nu veel meer te veroorloven. Tegenover de Boerencommando's, en zeker tegenover hun vrouwen en kinderen.

De grootste zorgen maakten de Boeren zich over de actieve deelname aan de oorlog van de Kgatla in het noordwesten en de Pedi in het oosten van Transvaal. De Kgatla, afkomstig uit het naburige Bechuanaland, stonden al vanaf het begin van de oorlog openlijk aan de kant van de Britten. Hun aanval op Derdepoort, op 25 november 1899, was voor de Boeren een eerste schokkende kennismaking geweest met de inzet van zwarte hulptroepen. Sindsdien hadden de vergeldingsacties elkaar over en weer opgevolgd. Op last van Kitchener werd hun stamhoofd Lentshwe aangemoedigd om de raids in Transvaal op te voeren. Eind 1901 kregen de Kgatla daarvoor ook wapens geleverd. Resultaat was dat ze het hele gebied ten noordwesten van Rustenburg onder controle brachten.[93]

Met de Pedi, woonachtig in Oost-Transvaal zelf, stonden de Boeren al decennia op gespannen voet. Sinds de Pedi onderworpen waren en hun koning Sekhukhune gevangengenomen was, in 1879 tijdens het Britse tussenbestuur,[94] hadden ze voortdurend gezonnen op herwinning van hun onafhankelijkheid. Na het uitbreken van de oorlog hadden de Boeren er een flinke gewapende macht gelegerd om hun gezag te handhaven. Met succes, maar na de val van Pretoria in juni 1900 was die eenheid teruggetrokken om Botha's hoofdmacht te versterken. De Pedi hadden hun kans schoon gezien. De groep die de kant van de Boeren had gekozen, werd buitenspel gezet. Nieuwe leiders grepen de macht. Toen de Britten in de regio verschenen, speelden ze gretig in op de nieuwe machtsverhoudingen. In april 1901 maakte generaal-majoor Walter Kitchener, de jongere broer van de opperbevelhebber, afspraken met Sekhukhune II, Malekutu en Mpisane over onderlinge samenwerking. Sindsdien was het openlijk oorlog tussen de Pedi en de Boeren, met over en weer genadeloos optreden. De bewegingsvrijheid van de commando's in Oost-Transvaal werd er ernstig door belemmerd.[95]

De Boerenstrijdmacht steeds kleiner en exclusiever blank, de Britse troepenmacht steeds groter en multiracialer. Dat moest wel een psychologisch effect hebben op de Boeren, vooral omdat er nog een gevoelige kwestie bovenop kwam: de bewapening van de zwarten en kleurlingen in Britse dienst. Onder het opperbevel van Roberts waren de instructies helder geweest. Niet-blanken mochten alleen worden ingezet als '*non-combatants*'. Geen uniformen en geen wapens dus, ook niet als verkenners en koeriers.

Zijn opvolger Kitchener hanteerde de '*colour line*' veel soepeler. Al meteen na zijn aantreden pleitte hij bij Brodrick voor de overkomst van een paar regimenten inheemse cavalerie uit Brits-Indië. Die werden hem geweigerd, maar op de wijze waarop hij de autochtone '*natives*' inzette, had Londen niet of nauwelijks greep. In december 1900 werd bepaald dat zwarten en kleurlingen die zelf een geweer hadden, dat niet hoefden af te geven als ze dienst namen als verkenner bij het Britse leger. Sindsdien nam het aantal gewapende zwarten en kleurlingen in de Britse gelederen snel toe.

Tot verontrusting van de Boeren, die steeds feller reageerden op wat zij zagen als een schending van '*the rules of civilised warfare*'. In het verslag dat Bierens de Haan in maart 1901 meekreeg voor Kruger, stond het al expliciet vermeld.[96] In dezelfde maand betichtte Christiaan de Wet Kitchener ervan dat '*a great majority*' van de Engelse gevechtstroepen bestond uit niet-blanken. Andere Boerencommandanten uitten soortgelijke beschuldigingen, net als de politieke leiders. Schalk Burger en Frank Reitz protesteerden rechtstreeks bij Lord Salisbury tegen de inzet van '*these wild ruffians*' die zich bij verschillende gelegenheden niet zouden hebben ontzien, zelfs in het bijzijn van Britse troepen, '*to kill prisoners-of-war in a barbarous fashion*'.

De scherpste reactie kwam in juli 1901 van Pieter Kritzinger, inmiddels door De Wet benoemd tot assistent-hoofdcommandant van de Vrijstaatse commando's in de Kaapkolonie. Hij verklaarde dat zijn mannen voortaan alle bij het Britse leger dienende zwarten en kleurlingen die ze te pakken kregen, zouden executeren. Of ze nu gewapend waren of niet. Een paar maanden later liet hij weten dat die sanctie werd uitgebreid tot elke zwarte of kleurling die de Engelsen inlichtingen gaf over de Boerencommando's.

Voor Kitchener, en nu ook voor Brodrick en de rest van het Britse kabinet, was Kritzingers verklaring aanleiding alle terughoudendheid te laten varen. Dit was geen loos dreigement. In de praktijk waren de Boeren al veel eerder begonnen zwarte en gekleurde krijgsgevangenen zonder pardon neer te schieten. Nu werd het kennelijk systeem. Standrechtelijke executies waren aan de orde van de dag. Als het bezit van een wapen daarbij geen rol meer speelde, dan moesten alle zwarte en gekleurde verkenners zo snel mogelijk worden bewapend. Dan konden ze zich in ieder geval verdedigen, betoogde Brodrick in het Britse parlement, in plaats van '*stand there in cold blood to be shot*'.

Liberale opponenten als Lloyd George stelden dat daarmee het eind zoek was. Nu zouden ongetwijfeld ook zwarten en kleurlingen in andere functies worden bewapend. Hij had maar al te gelijk. Voor hun eigen veiligheid gold dat in ieder geval voor de wachtposten van de blokhuizen. Hoeveel zwarten en kleurlingen er uiteindelijk precies werden bewapend, hield Kitchener overigens angstvallig geheim, ook voor zijn superieuren in Londen. '*No record could possibly be kept,*' luidde zijn standaard antwoord op vragen van Brodrick. Pas in het voorjaar van 1902 kwam hij met een getal. Het zou in totaal gaan om tienduizend man. De liberale oppositie in het Britse parlement geloofde daar weinig van. Lloyd George presenteerde een eigen schatting van dertigduizend bewapende zwarten en kleurlingen in Britse dienst. Dat was – zo kon achteraf worden gereconstrueerd – veel dichter bij de waarheid.[97]

In de tweede helft van 1901 kwam de oorlog in Zuid-Afrika dus in een geweldsspiraal. De Britten trokken zich steeds minder aan van de stilzwijgende afspraak over een '*white man's war*'. '*There is no such agreement,*' verklaarde Chamberlain ronduit in augustus 1901 in het Lagerhuis. Er werden steeds meer hulptroepen en bondgenoten ingeschakeld, ongeacht hun huidskleur. De Boeren reageerden met een radicale beperking van hun 'beschaafde oorlogvoering' tot blanke tegenstanders. Voor zwarten en kleurlingen die op een of andere wijze de Britse oorlogsinspanningen steunden, kenden ze geen genade meer, ook niet buiten hun eigenlijke grondgebied. Met name in de Kaapkolonie verzetten Boerencommandanten als Kritzinger naar believen de wet, overal waar ze – al was het maar tijdelijk – de dienst uitmaakten.

Ook elders gingen de Boeren in de tweede helft van 1901 weer de grenzen over. Met wisselend resultaat. In juli stuurde Louis Botha generaal Tobias Smuts – geen familie van Jan – met zijn Ermelo-commando op een missie naar Swaziland. Doelwit was Steinacker's Horse, een eenheid ongeregelde troepen van zo'n vijftig blanken en driehonderd zwarten, merendeels Tonga, onder leiding van de Duitse avonturier Ludwig Steinacker. De Britten hadden hem ingehuurd om de grens met Transvaal te bewaken, maar hij vatte zijn taak wat al te ruim op. Zijn mannen plunderden wat er op hun weg kwam. Boeren, Swazi, niemand was veilig, ook niet in het aangrenzende Mozambique. Toen zij een Swaziprins gevangennamen vanwege diens vermeende sympathieën voor de Boeren, riep koningin-regentes Labotsibeni – de jonge koning Bhunu was in 1899 overleden – de hulp in van Botha.[98] Smuts' commando trok op naar Steinackers hoofdkwartier in Bremersdorp en schakelde zijn eenheid uit. De prins werd bevrijd. Paarden, ossen en geweren gingen mee terug als buit. Bremersdorp werd in brand gestoken. Afgezien van dat laatste – een ontsporing die Tobias Smuts kwam te staan op degradatie tot gewoon burger – was het een geslaagde actie.[99]

Louis Botha zelf was aanzienlijk minder succesvol. Half september 1901 waagde hij een nieuwe poging in Natal. Zo was het oorspronkelijk ook bedacht, in oktober 1900 in Cyferfontein. Alleen dan veel grootschaliger, met in totaal 15 000 Boeren die eerst een gezamenlijke aanval op de goudmijnen zouden doen en vervolgens zouden uitwaaieren naar de Kaapkolonie en Natal.[100] Getalsmatig week Botha daar minder van af dan Jan Smuts, die de Kaapkolonie te lijf ging met zegge en schrijve 250 man. Maar ook Botha's uitvoering was een sterk verwaterde versie van het eerste plan, letterlijk en figuurlijk. Net zoals eerder Christiaan de Wet bij zijn invallen in de Kaapkolonie stuitte Botha op een samenzwering van de elementen. Het regende gestaag en ijzig, toen hij met zijn 2 000 commando's Natal binnenviel. Het regende nog steeds toen hij elf dagen later met de staart tussen de benen terugglibberde naar Transvaal. De paarden waren de uitputting nabij, de mannen gedemoraliseerd. Eén slag had hij gewonnen, twee keer was er vergeefs stormgelopen tegen niet eens zo sterk bezette Engelse forten. Zijn rentree op het oorlogsterrein waar hij twee jaar eerder furore had gemaakt, was een treurige aangelegenheid geworden, die maar snel moest worden vergeten.[101]

De escalatie van geweld in de tweede helft van 1901 viel samen met een sterke stijging van de aantallen oorlogsslachtoffers. Daartussen bestond geen oorzakelijk verband. Verreweg de meeste doden vielen niet bij gevechtshandelingen, maar door uitputting, ondervoeding en ziekte in de interneringskampen. In september was het aantal kampen gegroeid tot een kleine vijftig, gelegen aan de spoorlijnen in de twee geannexeerde republieken, Natal en de Kaapkolonie. Daar zaten in totaal 110 à 115 000 Boeren opgesloten – mannen, maar vooral vrouwen en kinderen. Dat getal bleef min of meer constant tot het eind van de oorlog. De sterfte onder de kampbewoners daalde wel. Als gevolg van de doorgevoerde verbeteringen in het kampbeheer nam het sterftecijfer na de piek in oktober eerst geleidelijk en vervolgens sterk af. Dat nam niet weg dat de eindbalans – die pas na de oorlog volledig kon worden opgemaakt – schokkend was. In totaal kwamen in de Britse interneringskampen 27 927 Boeren om: 1 676 mannen, 4 177 vrouwen en 22 074 kinderen.[102]

Maar niet alleen voor de Boeren was het verblijf in de kampen de voornaamste doodsoorzaak. Hetzelfde gold voor de niet-blanke bevolking van Transvaal en Oranje Vrijstaat. Zwarten en kleurlingen werden eveneens massaal opgesloten, met vergelijkbaar desastreuze gevolgen. In mei 1902 was hun aantal opgelopen tot hetzelfde niveau als dat van de Boeren. 110 à 115 000 in 66 kampen, eveneens aan de spoorlijnen, maar dan in overgrote meerderheid op het grondgebied van de twee voormalige Boerenrepublieken zelf. Het totale aantal geregistreerde doden onder hen bedroeg 14 154. Herberekening na de oorlog bracht dat getal op naar schatting 20 000. In absolute cijfers was de sterfte onder de zwarte en gekleurde kampbewoners dus minder omvangrijk dan onder de opgesloten Boeren. Relatief gezien ontliepen de cijfers elkaar niet veel. Het verschil zat 'm vooral in de duur van hun verblijf. De opsluiting van zwarten en kleurlingen in kampen kwam later op gang, maar bleef tot het eind van de oorlog gestaag toenemen.

Dat was niet het enige verschil. Er was ook een groot contrast in publieke aandacht. Vooral door toedoen van de indringende ooggetuigenverslagen van Emily Hobhouse leefden velen in de westerse wereld – ook in Engeland – hartstochtelijk mee met de Boerenvrouwen en -kinderen in de 'moordkampen'. Maar naar de opgesloten zwarte en gekleurde families keek vrijwel niemand om. Hobhouse en de Fawcett-commissie bezochten alleen blanke kampen. De incidentele berichten die over de zwarte kampen naar buiten kwamen, schetsten een tamelijk rooskleurig beeld. Naar verluidt zouden de bewoners zich gelaten schikken in hun lot, zelfs met een zekere tevredenheid.

Aandrang om ook die kampen onder burgerlijk beheer te brengen, bleef uit. Tot het eind van de oorlog vielen ze onder verantwoordelijkheid van de militaire autoriteiten. In juni 1901 werd daarvoor het *Native Refugee Department* opgericht, onder leiding van de Canadese majoor G.F. de Lotbinière. Militair bestuur kwam wel zo goed uit, want er was nog een belangrijk verschil met de kampen voor de Boeren. De opgesloten zwarten en kleurlingen dienden primair als arbeidsreservoir. Het grootste deel van de mannelijke kampbewoners werd, meestal voor periodes van drie maanden, ingehuurd om werkzaamheden te verrichten voor het Britse leger. In april 1902 was dat aantal opgelopen tot 13 000, zo'n twee derde van alle opgesloten mannen. Ook particulieren in de omgeving van de kampen maakten gebruik van het beschikbare arbeidspotentieel. Met het geld dat de mannen verdienden – een shilling per dag, dat was op zich niet slecht betaald – konden ze in de kampen 'luxeartikelen' als meel, suiker, koffie, thee, kaarsen, tabak, kleren en dekens kopen. Want ook dat was een verschil: de kampen voor zwarten en kleurlingen moesten als het even kon 'selfsupporting' zijn.

Daarmee hielden de verschillen op. Qua ontstaansgeschiedenis en leefomstandigheden vielen vooral de overeenkomsten op. Net als in de blanke kampen waren er in de zwarte kampen twee categorieën bewoners. Vluchtelingen die zich vrijwillig bij de autoriteiten hadden gemeld, en degenen die tijdens de systematische '*drives*' van de Britse colonnes waren meegevoerd. Knechten van Boerenfamilies, pachters op hun land of zelfstandig wonend, dat maakte geen verschil. Ook voor de zwarte en gekleurde bewoners van het hoge veld golden de instructies van Kitchener. Ze moesten daar weg, het gebied moest leeg, zodat de Boerencommando's er geen leven hadden.

Eenmaal in de kampen troffen de zwarte en gekleurde gezinnen het net zo erbarmelijk als de Boeren. Tochtige, lekkende tenten en hutten, dicht op elkaar gepropt. Nauwelijks brandhout. Weinig en verontreinigd water. Slecht, eenzijdig eten, geen groente of melk. Abominabele sanitaire voorzieningen en medische zorg. Gevolg was ook hier dat het sterftecijfer omhoogschoot, en dat het vooral kinderen waren die bezweken, aan ziektes als waterpokken, mazelen en dysenterie. De curve was vergelijkbaar met die van de blanke slachtoffers, alleen met twee maanden vertraging. Onder de zwarte en gekleurde kampbewoners lag de sterftepiek in december 1901, en zette sindsdien een gestage daling in. De reden was dezelfde. De verbeteringen in huisvesting, voeding en medische zorg die de Fawcett-commissie had geadviseerd, werden door De Lotbinière ook doorgevoerd in de kampen onder zijn beheer. Ze konden het dus wel, de militairen.[103]

Wilde vruchten, ze leken op pijnappels. Niemand wist hoe ze moesten worden bereid, Deneys Reitz ook niet. Maar het werd Hottentotsbrood genoemd. Eetbaar dus, dachten ze. Dat kwam goed van pas. Ze waren op de tweede bergrug van de Zuurbergen beland, ruig, onbewoond gebied, er viel hier niets te vorderen van de plaatselijke bevolking, en ze hadden honger. Een van de mannen roosterde zo'n vrucht op het vuur. Het smaakte goed. Anderen volgden, of poften alleen de grote, rode pit. Binnen de kortste keren was meer dan de helft van de commando's aan het Hottentotsbrood. Ook Jan Smuts deed zich tegoed.

Reitz gunde het hem van harte. Zo'n commandant had hij nog nooit gehad. Het was eind september 1901, ze waren nu ruim drie weken in de Kaapkolonie. Dat ze nog steeds in leven waren en op vrije voeten, mocht met recht een godswonder heten. Allemaal dankzij die zwijgzame man met zijn scherpe trekken. Smuts had hen erdoorheen gesleept, toen iedereen de wanhoop nabij was en de uitputting voorbij. Hij had hen voortgedreven, dagenlang, nachtenlang, door ijsregens en over bergruggen. Hij had hen tussen talloze Engelse colonnes door geloodst, en op het meest kritieke moment had hij een beslissende aanval ingezet. En nu zaten ze hier, nog geen vijftig kilometer van Port Elisabeth. Boven op de berg moest je de Indische Oceaan kunnen zien. Nee, zelf had hij niet zo'n trek in die vruchten. Er waren een paar paarden die zich hadden losgerukt, die ging hij vastbinden.

De eerste week in de Kaapkolonie hadden vooral de kou en de regen hun parten gespeeld. Nadat ze de Basuto hadden afgeschud, waren ze in een heel wat vriendelijkere omgeving gekomen, rond Lady Grey. Daar woonden bijna uitsluitend Afrikaners, in haast vooroorlogse omstandigheden. Een verademing na de kale woestenij van de Boerenrepublieken. Mannen die vreedzaam op het land werkten, vrouwen en kinderen die vrolijk naar hen zwaaiden. En gastvrijheid volop. Ze konden weer eens genieten van koffie en suiker, zout en tabak. Alleen kleren hadden de bewoners zelf ook nauwelijks over. Dat bleef behelpen. Om zich te beschermen tegen de regen trokken de commando's hun dekens om zich heen. Zo trokken ze naar het zuiden. Ze leken wel '*Rooihuide op oorlogspad*'.

Die aanblik werd er niet beter op toen Reitz bij een boerderij een lege graanzak op de kop tikte. Gaten erin voor zijn hoofd en armen, voilà, een nieuwe jas. Hij werd er eerst om uitgelachen, maar al snel volgden velen zijn voorbeeld. Zo ging de eerste week voorbij, in de aanhoudende regen, die de mannen verkleumde en versomberde, en zijn tol eiste onder de paarden. Bovendien zaten de commando's slecht in hun munitie, en keerden Louis Wessels en zijn mannen nu terug naar de Vrijstaat. Wat er overbleef, leek in niets op een gevechtseenheid die de Engelsen schrik kon aanjagen. Een kleine tweehonderd vogelverschrikkers op afgejakkerde paarden.

Toch zetten de Engelsen alles op alles om hen te pakken te krijgen. Vóór hen, achter hen, links, rechts, al snel krioelde het in de omgeving van de per trein aangevoerde colonnes, die hen probeerden op te jagen, de pas af te snijden, de doortocht te beletten. Bij Moordenaarspoort – sic! – werd Smuts, op verkenning met drie man bij zich, verrast door een patrouille Engelsen. De drie anderen vonden de dood, Smuts verloor zijn paard, maar redde zijn leven dankzij de duisternis. Midden in de nacht meldde hij zich lopend weer in het kamp. Tot opluchting van alle commando's. Zonder Smuts was de expeditie tot mislukken gedoemd. Daar was niet alleen Reitz van overtuigd. Zijn twee adjudanten, Jacobus van Deventer en Ben Bouwer, waren '*albei goeie vegsmanne*', maar misten het persoonlijke gezag om '*ons bymekaar te hou*'.

Die kwaliteit van Smuts kwam vooral tot uitdrukking in de tweede week, vanaf 10 september. Die verliep als één lange nachtmerrie, met een fantastische ontknoping. Smuts gunde zichzelf en zijn mannen geen rust, letterlijk. De enige manier om te ontsnappen aan de van alle kanten opdringende Engelsen was doorrijden. Niet slapen, niet stoppen, doorrijden. Met behulp van lokale gidsen op zoek naar moerassen, bergpassen en andere barrières, om de achtervolgers af te schudden. Zestig uur aan een stuk door. Eén spoorlijn over was niet genoeg, er wachtte er nog een. Ook daar moesten ze over, en nog een flink eind verder, want de trein voerde weer nieuwe Engelsen aan. Versuft van vermoeidheid raakten de mannen, bij elke '*sloot of draadheining, val hele rye kêrels aan slaap op hul hande en knieë, voor hul perde, soos Mohammedane wat bid*'.

En het bleef maar regenen. '*Die wêreld is onder water*'. Voordeel was dat de Engelsen, met hun onafscheidelijke wagens en kanonnen, nog slechter vooruit kwamen dan zij. Maar de koude regen ging wel door merg en been. De nacht van 15 september was de allerverschrikkelijkste. Reitz kon zich niet heugen dat hij het ooit eerder zo koud had gehad. Tegen middernacht daalde de temperatuur tot onder het vriespunt. De graanzak werd '*kliphard aan my lyf, soos 'n pantserplaat*'. Bewegen was nu puur lijfsbehoud. Wie stilviel, was ten dode opgeschreven. Om zich heen hoorde Reitz mannen die nooit een kik hadden gegeven, kermen van de pijn. Tegen zonsopgang bracht een verlaten boerderij redding. De commando's dromden naar binnen, wrikten alles los wat brandbaar was en legden een groot vuur aan om zichzelf te warmen en hun kleren en dekens te drogen. Veertien mannen ontbraken op het appel. Ze werden nooit meer teruggezien. Ook vijftig à zestig paarden overleefden die nacht niet. '*Die Grootreën-Kêrels*' noemden de overlevenden elkaar voortaan, Mannen van de Grote Regen.

Maar wel in een tamelijk uitzichtloze situatie. Als strijdmacht hadden ze afgedaan, stelde Reitz vast. Voorop gingen de commando's die nog paarden hadden, aan de teugel, daarachter '*'n streep voetgangers*' met hun zadels over de schouder en ten slotte de gewonden met hun helpers. Daar was weinig imponerends meer aan. Niets wees op een spectaculaire metamorfose. Toch was dat wat de volgende dag voor hen in petto had.

Vroeg in de ochtend van de 17e september stuurde Smuts de *Rijk Seksie* – althans, degenen die nog een paard hadden, onder wie Reitz –

vooruit om de omgeving te verkennen. Na een paar kilometer kwam een Afrikaner hen tegemoet. Hees van opwinding riep hij dat er even verderop, bij Modderfontein, een afdeling Engelse cavalerie lag. Tweehonderd man, met twee bergkanonnen. Meer dan driehonderd paarden en muilezels. Meteen werd Smuts erbij gehaald. Hij aarzelde geen moment. Dit was een kans die ze niet mochten laten lopen. Ze moesten die paarden hebben, en de munitievoorraad van de Engelsen. Anders konden ze het verder wel vergeten. Een verrassingsaanval, geen moment te verliezen.

Zo snel mogelijk werd de rest van de Boerencommando's opgetrommeld, maar daar wachtten de mannen van de *Rijk Seksie* niet op. Ze gingen direct op weg. Het geluk lachte hen toe. Ze staken een rivier over, kwamen in een bos, en zagen vanuit die dekking hoe zo'n vijftien à twintig Engelse ruiters recht op hen afreden. Nietsvermoedend, in volle galop. Ze schoten er van dichtbij een paar neer, de rest keerde om en ging ervandoor. Reitz pakte razendsnel het geweer en de patroongordel van een neergeschoten Engelse soldaat en zette samen met de anderen de achtervolging in.

Ze deden dat zo enthousiast dat ze bijna in het Engelse kamp zelf belandden. Dat bracht de nodige verwarring teweeg bij de tegenstanders, maar hun vooruitgeschoven positie was riskant, in ieder geval totdat de overige Boerencommando's aansluiting hadden gevonden en ook het vuur openden. Vanaf dat moment was het voordeel weer aan hun kant. Het lukte hen om het veldgeschut uit te schakelen, althans de kanonniers neer te schieten. Het waren nu de geweren die het moesten beslissen, van dichtbij. Er ontspon zich een fel vuurgevecht, van man tegen man, zo dichtbij dat Reitz na afloop de stukjes cordiet, rookloos kruit, uit zijn wang en keel moest laten halen. Meer verwondingen liep hij niet op. Hij bracht er veel meer toe. Links en rechts schoot hij Engelsen neer, onder wie een jonge luitenant. Die viel neer, stond weer op, en '*hy probeer nog om sy geweer op my te rig*'. Die tijd kreeg hij niet. Een andere commando '*skiet... hom deur die kop*'.

Wie die luitenant was ontdekte Reitz pas achteraf toen de strijd in het voordeel van de Boeren was beslecht. Dertig Engelsen waren gesneuveld, vijftig gewond, nog eens vijftig gevangen genomen. Een heel squadron van het 17e Regiment Lancers hadden ze uitgeschakeld. Met zelf maar één dode en zes gewonden. Het was ongelooflijk na alle beproevingen. De Slag bij Modderfontein – de Engelsen spraken van '*the Battle of Elands River*' – was een cruciale overwinning. De commando's herwonnen hun zelfvertrouwen, en behaalden een rijke buit. Paarden, zadels, geweren, munitie en niet te vergeten kleren. Wat ze niet konden gebruiken, werd in brand gestoken of, zoals de twee kanonnen, vernield. Ook Reitz voorzag zichzelf van een nieuwe uitrusting. Een compleet officiersuniform, een Lee-Metfordgeweer, volgepropte bandelieren en een prachtig klein paard, een '*appelblou arabier*'. Dat was van die luitenant geweest. Sheridan heette hij, een neef van Winston Churchill, vertelde een van de gevangenen. Hij koos er nog een muilezel bij. ''*n Goeie muil vir lang togte en 'n ligte ratse ponie vir gebruik in geveg*', dat was de ideale combinatie. In opperbeste stemming lieten ze het brandende kamp en de vrijgelaten gevangenen achter.

Sindsdien was het bijna een vakantietochtje geweest. Het weer knapte op, ze trokken vrijwel ongestoord verder naar het zuiden, de Winterbergen over, door een steeds groener landschap, gastvrij onthaald door de Afrikaner bevolking, en '*filosofies geduld deur die Engelse boere*'. Ze kregen nog versterking ook. Een veldkornet, een zekere Botha, sloot zich bij hen aan, met vijfentwintig man, die zich zo lang hadden schuilgehouden in de bergen. In de buurt van Bedford deden ze een hotel en een winkel aan, met voor het eerst sinds tijden weer bier en sterke drank. Ook de spoorlijn van Port Elisabeth naar het binnenland trokken ze probleemloos over. Blokhuizen waren hier niet.

Misschien waren ze daardoor wel wat overmoedig geworden. Een spoorlijn betekende automatisch nieuwe Engelse troepen. Zo ook hier. Bij duizenden werden ze weer aangevoerd. Dat konden de commando's zien vanuit hun schuilplaatsen. Wat Smuts precies van plan was, wist Reitz niet. Hij dacht een aanval op Port Elisabeth. Maar Smuts maakte geen haast. In plaats van uit te wijken naar het oosten of het westen, gaf hij bevel naar het zuiden te trekken, de Zuurbergen in. Die bestonden uit een reeks evenwijdige bergketens, gescheiden door diepe kloven. Daar zouden ze wel veilig zitten. Dat bleek een vergissing. De Engelsen trokken hen achterna, met veldkanon en al. De

Boerencommando's waren gedwongen eerst steil af te dalen van de eerste keten en toen weer even steil te klimmen naar de tweede.

Daar was het dat ze zich massaal tegoed deden aan de wilde vruchten. Misschien zou hij er straks zelf ook wat van eten, dacht Reitz. Hij had honger genoeg. Maar toen hij terugkwam van de paardenwei, stond hij perplex. Overal lagen mannen op de grond, krimpend van de pijn. Onder hen Van Deventer en Bouwer. Smuts was er nog het ergst aan toe, die was bijna bewusteloos. En dat was niet het enige. Tegelijkertijd zag Reitz nog iets anders. De Engelsen hadden de eerste bergketen in bezit genomen en waren meteen doorgegaan met de afdaling. De voorsten begonnen al aan de tweede klim, schietend en wel. Hottentotsbrood. Zou het dan zo ontluisterend eindigen?[104]

Strooptocht

Zuurbergen, oktober 1901

Smuts en Van Deventer waren nergens meer toe in staat, Bouwer kon nog net een bevel doorgeven. Posities innemen op de bergrug, en terugschieten. Iedereen die een geweer kon vasthouden. Het liep tegen zonsondergang. Ze moesten nu eerst tijd winnen. In het donker zouden ze verder zien.

Het lukte. De aanval van de Engelse voorhoede werd afgeslagen. Na een tijdje lichtten aan de overkant de eerste vuren op. Dat betekende waarschijnlijk uitstel tot de volgende ochtend. Wat nu te doen? De helft van de mannen was doodziek van de kennelijk toch giftige vruchten, de andere helft uitgehongerd. Wachten tot de zieken waren hersteld? Zoveel tijd hadden ze niet. Vóór het licht werd, waren de Engelsen ongetwijfeld terug, en dan massaal. Ze moesten hier weg, hoe dan ook. Gelukkig knapten de meesten in de loop van de nacht wat op. In ieder geval voldoende voor wat wankele stappen. Zo'n twintig mannen kregen dat niet voor elkaar. Ook Smuts niet, maar hij was wel weer genoeg bij kennis om de leiding te nemen. Opzadelen, beval hij. Dieper de bergen in. Dat was de enige mogelijkheid. Wie te zwak was om te blijven zitten, moest worden vastgebonden aan zijn zadel. Dat gold ook voor hemzelf.

Zo gingen ze op pad. Schuifelend naar beneden, de kloof in, strompelend weer omhoog naar de volgende top. Reitz hield van een afstandje Smuts in de gaten, en dat was maar goed ook. In de vroege ochtend raakten de generaal en zijn twee begeleiders achterop, en ze werden ontdekt door Engelse verkenners. Reitz reed er snel naar toe en leidde hun aandacht af. Daardoor kon Smuts uit het zicht van de achtervolgers langs een andere route naar boven worden gebracht. Daar vonden de commando's elkaar terug. Alle zieken hadden het overleefd. De opluchting was groot, zeker toen duidelijk werd dat de Engelsen de achtervolging staakten. Ze maakten rechtsomkeert. Voorlopig waren de Boeren weer veilig.

Nu nog eten. Ze zaten in het hart van het gebergte, ver weg van de bewoonde wereld. Althans, van de blanke wereld. Uit een nabijgelegen bos hadden ze rook zien opstijgen. Wellicht waren daar '*kafferkrale*' waar iets te halen viel. Inderdaad troffen ze er een paar rieten hutten. De bewoners waren gevlucht, maar ze hadden een voorraad '*kafferkoring*' achtergelaten. Dat kenden de Boeren. Gekookt was dat goed te eten. Eentonig, maar in ieder geval niet giftig. En voldoende om de ergste honger te stillen.

Smuts bleef nog een paar dagen bleek en zwak. Zijn strijdlust had hij snel weer terug. Hij liet niets los over zijn plannen, maar uit de verkenningen die hij de *Rijk Seksie* liet uitvoeren, maakte Reitz op dat hij nog steeds dacht aan een aanval op Port Elisabeth. Ze zaten nu zo hoog, ze konden het zien liggen. Kennelijk vermoedden de Engelsen ook dat Smuts die kant op wilde. Ze trokken al hun troepen samen ten zuiden van de Zuurbergen. Er was geen doorkomen aan. Er bleef eigenlijk maar één uitweg open, en dat was naar het noorden, de kant vanwaar ze gekomen waren, maar dan meer naar het westen, de Karoo in.

Op 5 oktober 1901, heel vroeg in de ochtend, het was nog donker, trokken ze weg uit de Zuurbergen. Toen het licht werd, riep Smuts iedereen bij elkaar. De expeditie, zei hij, was op een keerpunt gekomen. Vanaf nu zetten ze koers naar het westen, richting Atlantische Oceaan. Dat was nog eindeloos ver. Om hun kansen te vergroten, zouden ze zich opsplitsen in twee groepen. De helft ging met Van Deventer mee, de andere helft zou hijzelf aanvoeren. De *Rijk Seksie* bleef bij hem. Reitz was blij dat ze bij Smuts waren ingedeeld. 's Middags was het zover. Ze werden uitgezwaaid door Van Deventer en zijn mannen, en gingen op weg.[105]

Het was een hele opsomming. Artikel 4, 5 en 7, artikel 14, 15, 16, artikel 23 de onderdelen c, d, e, f, g, artikel 25, en zo ging het maar door, met nog eens elf andere nummers. Allemaal artikelen uit de *Laws and Customs of War on Land*, opgesteld tijdens de Haagse Vredesconferentie en op 29 juli 1899 ondertekend door zesentwintig staten, waaronder Groot-Brittannië. 'Plechtig bekrachtigde regelen van den oorlog tusschen beschaafde volken,' zoals Willem Leyds het uitdrukte, en de Engelsen hadden ze stuk voor stuk geschonden. Mishandeling van krijgsgevangenen, misbruik van de witte vlag, dwangmaatregelen en systematisch geweld tegen de burgerbevolking, het ging maar door. Leyds had het niet eens zelf bedacht. De opsomming – in feite de hele tekst waarin deze was opgenomen – kwam uit de koker van Asser, die al eerder was opgetreden als juridische ghostwriter.[106]

Het was opnieuw een brief, ondertekend door Leyds en de drie leden van de deputatie, Fischer, Wessels en Wolmarans. Dit keer niet gericht aan Lord Salisbury, maar aan de raad van beheer van het Permanent Hof van Arbitrage. Dit kersverse internationale rechtscollege was eveneens een uitvloeisel van de twee jaar eerder in Den Haag gehouden Vredesconferentie. Het was daar ook geconstitueerd, in april 1901. Leyds had er meteen op ingespeeld. Begin mei had hij bij de toenmalige voorzitter van de beheersraad, minister van Buitenlandse Zaken De Beaufort, geïnformeerd naar de manier waarop Transvaal een arbitragezaak aanhangig zou kunnen maken. Een antwoord was uitgebleven. In september besloot hij tot een nieuwe poging. De politieke situatie was in de tussentijd gewijzigd. Op 1 augustus was het liberale kabinet-Pierson opgevolgd door het confessionele kabinet-Kuyper. De nieuwe minister van Buitenlandse Zaken, en daarmee ook de nieuwe voorzitter van de beheersraad, was Robert Melvil baron van Lynden. Een beminnelijk man, en als – kortstondig – secretaris-generaal van het nieuw opgerichte gerechtshof goed ingevoerd in de materie. Wie weet zou het met een officiële brief wel lukken.

Op 10 september 1901 was het zover. Namens de regeringen van Transvaal en Oranje Vrijstaat verzochten Leyds en de andere drie gezanten het hof om 'eene scheidsrechterlijke uitspraak' over 'de oorlog in Zuid-Afrika gevoerd'. In het bijzonder legden ze de vraag voor 'of Engeland terecht beweert dat door de beide Republieken eenige handeling is verricht, die ten doel had het Engelsche element in Zuid-Afrika te onderdrukken of van daar te verdrijven'. Of dat Transvaal en Oranje Vrijstaat zich 'aan eenige andere handeling' zouden hebben schuldig gemaakt die 'naar internationale beginselen, aan Engeland het recht zoude geven haar hare onafhankelijkheid te ontnemen'.

Verder vestigden ze nadrukkelijk de aandacht op de 'voortdurende schending van het oorlogsrecht' waaraan Engeland zich schuldig maakte. Dat was volgens hen al direct bij aanvang van de oorlog begonnen, en was sindsdien onverminderd doorgegaan. Recentelijk nog met Kitcheners proclamatie van 7 augustus, die de Boerenleiders dreigde met eeuwige verbanning. Overduidelijk in strijd met artikel 20: '*After the conclusion of peace, the repatriation of prisoners of war shall take place as speedily as possible.*' Plus nog al die andere artikelen. De regeringen van Transvaal en Oranje Vrijstaat waren maar al te bereid de bewijzen van alle schendingen te overleggen.

Mocht Engeland weigeren mee te werken, dan was het zonneklaar 'dat zij het niet waagt zich aan de uitspraak van een nauwgezetten, kundigen en onpartijdige rechter te onderwerpen'. Dan lag de volle verantwoordelijkheid voor 'de voortzetting van den even verschrikkelijken als onnoodigen oorlog' aan Engelse kant. Het zou tegelijkertijd een stilzwijgende erkenning inhouden 'dat de wijze waarop die oorlog harerzijds wordt gevoerd, met de door haar zelve bekrachtigde eischen van menschelijkheid en beschaving in strijd is'.

Krachtige woorden, maar of ze effect zouden sorteren? Leyds had zelf ook zijn twijfels. Het nieuw opgerichte hof zou zich nogal wat op de hals halen. De woede van het machtige Engeland, dat was geen gelukkige start. De kans was groot dat het hof elk mogelijk argument zou aangrijpen om zich in deze kwestie onbevoegd te verklaren. Om daarop te anticiperen had Asser in zijn tekst het verzoek om 'Uwe bemiddeling' laten volgen door de zinsnede 'of die der door U vertegenwoordigde Regeeringen'. Waar hij kon, bracht Leyds dit alternatief ook in persoonlijke contacten onder de aandacht van collega-diplomaten. Zo trof hij bij de opening van de Staten-Generaal, op 17 september in Den Haag, de vertegenwoordiger van Oostenrijk-Hongarije in de raad van beheer, Alexander Okolicsányi d'Okolicsna. Hij leek er wel oren naar te hebben.[107]

Er ging een rilling door hem heen. Het was misschien stom, maar Deneys Reitz was zich van geen kwaad bewust geweest. Wekenlang reed hij nu al rond in een Engels cavalerie-uniform, en eerlijk gezegd was hij er apetrots op. De glimmende knopen, de strakgesneden rijbroek, het doodshoofd op de helm als herkenningsteken van het 17e Regiment Lancers, en niet van de eerste de beste. Het was van luitenant George Crespigny Brabazon 4th Baron Vivian geweest, dat maakte het helemaal bijzonder.

Maar nu opeens dat schokkende nieuws. Ze waren 's avonds laat aangekomen bij een grote boerderij. Amper binnen kregen ze van de bewoner, ene Le Roux, het hele verhaal te horen. Eerder die dag hadden de Engelsen even verderop een van de Boerencommando's gevangengenomen en ter plekke doodgeschoten. Een vriend van Reitz, Jack Baxter. Alleen maar omdat hij een Engels uniform droeg. Eind september bleek Kitchener te hebben verordonneerd – Le Roux pakte de krant erbij – dat '*all Boers wearing khaki uniform are to be shot after trial by a drumhead court martial*'.

Dat had ook Reitz zomaar kunnen gebeuren. Hij herinnerde zich maar al te goed hoe zijn uniform hem de afgelopen weken had gered, tot tweemaal toe. Beide keren had een Engelse patrouille hem aangezien voor een landgenoot. Ook wist hij van een dodelijk incident. Twee andere in kaki gestoken commando's waren verrast door Engelsen. In een opwelling hadden ze geroepen '*Don't fire, we are 17th Lancers!*' en vervolgens hadden ze zelf het vuur geopend. Met als gevolg twee doden, onder wie kapitein Watson, en één zwaargewonde. Smuts was daar helemaal niet blij mee geweest, dat herinnerde Reitz zich ook nog goed. Het was niet uitgesloten dat die noodlottige gebeurtenis de aanleiding was geweest voor Kitcheners proclamatie.

In ieder geval kon hij niet langer zo blijven rondrijden. Niet dat hij zich schuldig voelde. Hij had de Engelsen niet opzettelijk willen misleiden. Zijn eigen kleren waren doodeenvoudig tot op de draad versleten geweest. Hij had op het eind nota bene een graanzak gedragen. Dat uniform was dus pure noodzaak geweest. En mocht hij er dan ook niet een beetje trots op zijn? Maar goed, het was nu duidelijk te gevaarlijk geworden. Gelukkig was Le Roux een welgestelde boer die nog wel wat had liggen voor Reitz en zijn maten.[108]

De volgende dag trokken ze verder, nu weer in burgerkleren. Ze waren met z'n achten. Tijdens de wekenlange slalom met hindernissen – in de vorm van Engelse eenheden – door de Karoo waren ze de aansluiting kwijtgeraakt met de hoofdmacht van Smuts. Volgens Le Roux was die nu op weg naar de Zwartbergen, een kilometer of zeventig naar het zuiden. Er zat niets anders op dan zijn spoor te volgen. Ze moesten wel voorzichtig zijn, want er zat ook een menigte Engelsen achter hem aan. En met z'n achten waren ze erg kwetsbaar.

Maar nog wel overtuigend genoeg om onderweg voedsel bij elkaar te scharrelen. Bij de ene boerderij ging dat op basis van vrijwilligheid en kregen ze spontaan gebakken struisvogeleieren. Bij de andere eigenden ze zich het nodige toe. Vaak waren ze niet de eersten. In een vallei in de Zwartbergen klopten ze midden in de nacht aan bij een Engelse boer. '*My God!*' luidde zijn begroeting, '*First come the Boers this morning and slaughter my sheep; then come the British, who kill more sheep instead of catching the Boers, and now I am hauled out of bed at this time of night by more Boers!*' Waaruit ze in ieder geval konden opmaken dat ze Smuts bijna hadden ingehaald. Ze zouden zich nu snel weer bij hem kunnen voegen.

Ware het niet dat ze de volgende dag een fout begingen. In de veronderstelling dat alle Engelsen direct achter Smuts aan waren gegaan, verslapte hun aandacht. Ze stopten om te eten op een plek zonder zicht op de omgeving. Daar maakte Reitz vervolgens nog een fout. Hij was de hele nacht op geweest, was doodmoe en ging even liggen slapen in de schaduw van een doornstruik. Alleen vergat hij de anderen dat te zeggen.

Plotseling schrok hij wakker, hij wist niet hoeveel later het was. Geweervuur, heel dichtbij. Suf van de slaap keek hij op. Door het struikgewas zag hij Engelse ruiters, ze waren afgestapt en schoten op zijn maten. Die reden voor hun leven, verder de kloof in. Hij stond er alleen voor. Ze hadden hem nog niet ontdekt, maar hoe lang kon dat duren? Hij had maar één kans: zo snel mogelijk zien weg te komen, de andere kant op. Omdat hij zo moe was geweest, had hij zijn pony niet afgezadeld, dat was nu zijn geluk. Hij sloop ernaar toe, sprong in het zadel en stoof ervandoor. Ver kwam hij niet. De Engelsen kregen hem in de gaten, en voor Reitz het wist, vloog hij door de lucht. Zijn pony was vol getroffen, hij belandde hard op de grond. Hij voelde een scherpe pijnscheut in zijn hand.

Met zijn andere hand pakte hij zijn geweer, en zette het op een lopen. Rechts stonden bomen, daar was dekking. De Engelse soldaten schoten nog steeds. Van de andere kant kwamen er nog meer aanzetten. Hij voelde iets inslaan in zijn schoen. Bij een drooggevallen bergbeek aarzelde hij even. Naar beneden, zo snel mogelijk de berg af? Of juist omhoog? Hij keek achterom of zijn achtervolgers zagen wat hij deed, en sprong toen de bedding in. In plaats van naar rechts of naar links, rende hij rechtdoor, naar de overkant. Daar wierp hij zich plat op de grond onder dichte neushoornstruiken.

Zijn krijgslist werkte. De Engelsen splitsten zich in twee groepen. De ene zocht bergafwaarts, de andere klom naar boven. Reitz verroerde zich niet, tot de zon helemaal was ondergegaan. Toen verliet hij zijn schuilplaats. Hinkend, die kogel had zijn schoenzool opengesneden, en bij de val van zijn pony had zich een centimeterslange doorn in zijn hand geboord. Maar hij leefde nog en de Engelsen hadden hem niet te pakken gekregen. Verder was zijn situatie hopeloos. Moe, gewond, hongerig, ver van huis, in een vreemd land, helemaal alleen, omringd door vijanden, strompelend in het donker. Alleen een deus ex machina kon hem redden.

Dat was precies wat er gebeurde, zij het in een aardse variant. Eerst zachtjes, langzaamaan harder, toen hoorde Reitz het luid en duidelijk. Psalmen! Met orgelbegeleiding. Uit die boerderij daar. Dat moest wel goed volk zijn. Hij klopte aan, vertelde wie hij was, en werd meteen liefderijk opgenomen. Afrikaners, een hele familie, allemaal volijverig om hem te eten te geven, zijn wonden te verzorgen en hem daarna verder op weg te helpen. Blijven kon hij niet, dat was te gevaarlijk. Het gekleurde werkvolk zou hem zeker verraden aan de Engelsen. De grootvader van de familie eiste het recht op hem de weg te wijzen. Zeventig was hij, lang hield hij het niet vol, maar hij kende wel een oud wagenpad de goede kant op. Naar het westen, daar moest Smuts ergens zijn.

Niet dat Reitz in zijn eentje veel kans maakte hem te achterhalen, lopend. Maar een andere keus had hij niet. Misschien vond hij zijn zeven maten wel terug. Het zou kunnen dat die een omweg hadden moeten maken om uit handen van de Engelsen te blijven. Dat bleek goed gegokt. Nog dezelfde nacht kwam hij hen, bij een ongewoon heldere maan, op het spoor, en nog vóór zonsopgang trof hij hen slapend aan. Allemaal ongedeerd. Ze wreven hun ogen uit toen ze Reitz zagen. Ze hadden hem al afgeschreven.

Weer samen besloten ze niet langer het spoor van Smuts te volgen. Althans, niet op de voet. Er zaten te veel Engelse colonnes achter hem aan, en zelf hadden ze bij elkaar nog maar drie paarden. Ze konden beter een andere route kiezen. Door onherbergzaam gebied, met waarschijnlijk nauwelijks Engelsen. Dat betekende opnieuw de Zwartbergen over, nog een keer – een uitloper van – de Karoo door, daar de spoorlijn van Kaapstad naar Bloemfontein over, en dan afbuigen naar het westen, richting Calvinia.

Het kostte hen enkele weken van honger en dorst, met inderdaad slechts hier en daar een Engelse patrouille, maar ze redden het. Begin november vonden ze weer aansluiting bij de hoofdmacht van Smuts. Het weerzien was meer dan hartelijk. Niemand, ook Smuts zelf niet, had verwacht hen nog levend terug te zien. Voor Reitz was er naast blijdschap ook een domper. Van de *Rijk Seksie* bleek niet veel meer over te zijn. Om precies te zijn twee man die net als hij nog ongedeerd waren. Vier waren er gewond, de anderen dood of gevangen. Het betekende hun einde als aparte verkenningseenheid. Smuts bracht de twee anderen onder bij het commando van Bouwer en nam Reitz op in zijn staf.

Reitz beschouwde het als een promotie, een beloning voor de manier waarop hij zich uit de problemen had gered. Voor Smuts speelde waarschijnlijk evenzeer mee dat hij zo kon voorkomen dat de eigengereide zoon van de staatssecretaris zich opnieuw in de nesten zou werken. Hoe dan ook, de eerstvolgende weken waren een verademing na alle ontberingen. Hier, in het westelijke deel van de Kaapkolonie, ver weg van spoorlijnen, hielden zich weinig Engelse troepen op. Een enkel garnizoen en zo nu en dan een colonne. Maar doorgaans hadden de Boerencommando's vrij spel. Er zwierven ook tal van andere groepjes rond, die Smuts in grotere verbanden probeerde te organiseren.

Op 7 november 1901 kwamen ze aan in Elandsvlei, letterlijk een oase van rust, met wuivende palmen en volop water. Voor het eerst sinds hun inval in de Kaapkolonie, ruim twee maanden eerder, bleven ze langer dan één nacht op dezelfde plek. Reitz maakte van de gelegenheid gebruik om een wilde muilezel te vangen. Een '*sterkgespierde swarte, wat skop en byt en my verskeie maal afgooi voordat ek hom baasraak*.' Hij was weer bereden.[109]

Minister van Buitenlandse Zaken Van Lynden had in ieder geval het fatsoen om het hem persoonlijk mee te delen. Op 22 november 1901 werd Willem Leyds ontboden op het departement. Hij had al wel een vermoeden wat hij te horen zou krijgen. De bewindsman was de vriendelijkheid zelve, maar draaide er niet omheen. Het verzoek van Leyds en de drie andere Boerengezanten was afgewezen. De raad van beheer van het Permanent Hof van Arbitrage beriep zich op zijn strikt administratieve taakomschrijving en verklaarde zich onbevoegd in de zaak van de Boerenrepublieken versus Groot-Brittannië.

Onverwacht kwam dat niet. Gelukkig dus dat Leyds het met Asser uitgedachte alternatief al had gesondeerd bij het Oostenrijks-Hongaarse lid van de raad, Okolicsányi d'Okolicsna. Een rechtstreeks appel op de vertegenwoordigde regeringen. Met name van de nieuwe Amerikaanse president kon wel iets worden verwacht. McKinley was in september 1901 vermoord en opgevolgd door zijn vicepresident Theodore Roosevelt. Anders dan McKinley liet deze het buitenlands beleid niet uitsluitend over aan minister Hay. Roosevelt stamde af van Nederlandse immigranten en maakte geen geheim van zijn sympathie voor de Boerenzaak. Wie weet durfde hij zijn nek uit te steken.

Een officiële bemiddelingspoging van een gezaghebbend staatshoofd, dat was nog steeds waarop Leyds mikte. Iets anders zou toch niet werken. Even goedbedoelde als ondoordachte probeersels werden hem genoeg voorgelegd. Meestal door schimmige figuren die schermden met connecties in hogere politieke dan wel financiële kringen. Zo had zich een dag eerder, op 21 november, ene Francis William Fox gemeld – niemand kende hem – met een document dat als uitgangspunt voor vredesbesprekingen zou kunnen dienen. Hij beweerde dat het was opgesteld door 'zeer invloedrijke personen'. Hij had er ook al met minister-president Kuyper over gesproken. Die zou oprecht geïnteresseerd zijn geweest. Dat mocht allemaal zo wezen, maar Leyds bleef het een vaag verhaal vinden.

Dan was zijn oude zakenvriend Eduard Lippert concreter. Al vóór het uitbreken van de oorlog, begin 1899, was deze al eens opgetreden als tussenpersoon, destijds in het conflict met de Randlords.[110] In de loop van 1901 had hij opnieuw zijn diensten aangeboden. In juli en augustus had hij op eigen initiatief – maar met medeweten van Leyds – gesprekken gevoerd met Lord Rosebery, de liberale voorganger van Lord Salisbury. Daarbij was onder meer de mogelijkheid ter sprake gekomen dat Leyds en de leden van de deputatie een vrijgeleide naar Zuid-Afrika zouden krijgen, om daar te overleggen met de Boerenleiders. De gesprekken tussen Rosebery en Lippert waren tot twee keer toe afgebroken, maar eind november meldde de laatste zich opnieuw bij Leyds. Was het geen goed idee om het besprokene in de publiciteit te brengen? Binnenkort zou Lord Rosebery een grote speech houden. Dat zou een geschikte gelegenheid zijn.

Leyds vond het helemaal geen goed idee. Hij vertrouwde Lippert wel, maar Rosebery niet. Die zou 'van de zaak maken wat hij kan ten behoeve van zijn eigen partij-politiek'. De feiten zouden uit hun verband worden gerukt, waardoor 'men een geheel valschen indruk van het gebeurde' zou krijgen. Van echte onderhandelingen was geen sprake geweest. 'Dat wij U als vriend van onze zaak hebben aangehoord, is geschied onder dat uitdrukkelijke voorbehoud.' Leyds herinnerde Lippert nog maar eens aan 'de belofte van stilzwijgendheid, die ons in deze gedaan is'.

Leyds kreeg maar al te zeer gelijk. De speech die Rosebery op 16 december 1901 hield tijdens een liberale bijeenkomst in Chesterfield, was puur partijpolitiek. Voor alle duidelijkheid verklaarde hij zich voorstander van een krachtig optreden tegen de Boeren. Ze maakten zich schuldig aan '*cold-blooded massacres of natives*' en aan '*that almost unspeakable crime of flogging and murder in cold blood of an emissary of peace*'. Dat was onacceptabel, daar kwamen ze niet zomaar mee weg. Maar dat wilde niet zeggen dat beide Boerenrepublieken dan maar helemaal ontvolkt moesten worden, zoals Milner recentelijk had gesuggereerd. Dat voerde veel te ver. Het redelijk alternatief dat Rosebery suggereerde was vredesoverleg. Niet rechtstreeks, ter plekke, maar via de Boerenvertegenwoordigers in Nederland. En niet officieel, maar informeel: '*Some of the greatest peaces, of the greatest settlements, in the world's history have begun with an apparently casual meeting of two travellers in a neutral inn.*' Waarbij hij ongetwijfeld Lippert en zichzelf in gedachten had.

Als het aan Leyds lag, kon Rosebery dat nu helemaal vergeten. In een interview met *The Times* weigerde hij in te gaan op diens suggesties over vredesoverleg. Des te meer commentaar had hij op Rosebery's beschuldigingen aan het adres van de Boeren. '*Monstrous and absurd*' vond hij die, en verder te vaag en algemeen om er serieus op in te gaan. Met uitzondering van het concrete voorval waarop Rosebery kennelijk doelde. De dood van Morgendaal. Die was, erkende Leyds, inderdaad doodgeschoten op last van Christiaan de Wet. Maar Morgendaal was helemaal geen bemiddelaar, stelde hij, maar een deserteur en een spion. Stel dat een Ierse deserteur zich op soortgelijke wijze had gemeld in het kamp van een Iers regiment, dan zou een Britse krijgsraad hem toch ook ter dood hebben veroordeeld?[111]

Al dit gedoe bevestigde Leyds in zijn voorkeur voor formele diplomatieke stappen. Sinds de afwijzing door de raad van beheer van het Permanent Hof van Arbitrage had hij een appel opgesteld, gericht aan de regeringsleiders van negen afzonderlijke landen: Rusland, Frankrijk, Duitsland, Oostenrijk-Hongarije, Italië, Zwitserland, Nederland, België en – daarvan werd nu het meest verwacht – de Verenigde Staten. Op 17 en 18 december 1901 gingen de brieven de deur uit. Behalve afschriften van het eerdere verzoek aan het hof bevatten ze een hartstochtelijk humanitair pleidooi, namelijk 'om een einde te doen maken aan den bedroevenden toestand, waarin zoovele duizenden vrouwen en kinderen door de inrichting der zoogenaamde Concentratie-kampen in Zuid-Afrika verkeeren.' Daarin was nu sprake van zo'n 'ontzettend groote sterfte' dat, als er niet werd ingegrepen, 'twee natiën als het ware zouden worden uitgeroeid'.[112]

De rapporten die Jan Smuts half december 1901 opstelde, waren aanzienlijk positiever van toon. Een kwestie van perspectief en informatie. Dat de sterfte in de kampen juist sinds zijn inval in de Kaapkolonie alarmerend was toegenomen, kon hij niet weten – dat de werkelijkheid nog erger was dan de officiële Britse cijfers, wist Leyds overigens ook niet. En militair verliepen de zaken voor de Boerencommando's in de Kaapkolonie voorspoedig. Althans in het westen, waar Smuts inmiddels het bevel voerde over bij elkaar tweeduizend man. Niet alleen zijn eigen eenheid maar ook nog zo'n vijftien andere verspreide commandogroepen afkomstig uit Transvaal, Oranje Vrijstaat en de Kaapkolonie zelf. In de oostelijke districten ontbrak het aan coördinatie, maar ten westen van de spoorlijn Kaapstad-Kimberley was er eigenlijk maar één probleem. Paarden. Volgens Smuts waren er nog eens duizenden Afrikaners die zich bij hem wilden aansluiten, maar de Engelsen hadden het hele gebied zorgvuldig 'schoon gemaakt van paarden'. Als die niet zo schaars waren geweest, dan had hij de gedroomde algemene opstand binnen de kortste keren georganiseerd.

Deneys Reitz kon erover meepraten. Hij reed al vanaf begin november op een muilezel. Een onverwoestbaar beest, daar niet van, maar z'n waggelende gang maakte het wel vermoeiend rijden. En Reitz reed wat af, sinds hij deel uitmaakte van Smuts' staf. In de praktijk werd hij vooral ingezet als '*rapportryer*'. Dat betekende dat hij voortdurend op weg was, van de ene naar de andere commando-eenheid, om instructies over te brengen. Vele honderden kilometers legde hij af.

Smuts was een man van organisatie en discipline. Ook op afstand. Algemeene Instructie zus, Algemeene Order zo. Puntsgewijs schreef hij alles zorgvuldig voor. De aansturing van alle commando's door veldkornetten, assistent-veldkornetten en korporaals. Verlof alleen met toestemming, op straffe van pakzadel of geseling. Alcoholgebruik idem. Spaarzaamheid met voer. Pas ná een veldslag mocht er worden gebuit, en dan onder toezicht van officieren. Een correcte bejegening van krijgsgevangenen en inwoners, ook 'in geval van gekleurden of Britschgezinden'. Geen platbranden of vernielen van privé-eigendommen. Commanderen, oftewel confisqueren, van goederen alleen met een kwitantie. 'Ons streven moet zijn om alle klassen en rangen die niet bepaalde daden van vijandschap tegen ons plegen door zachte en liefdevolle behandeling voor onze zaak te winnen.' Dat klonk wel heel anders dan Kritzinger, zijn Vrijstaatse collega in de Kaapkolonie, die had aangekondigd alle kleurlingen en zwarten in Britse dienst zonder pardon te zullen executeren.[113]

Tussen alle organisatorische bedrijven door vond Smuts ook nog tijd om die rapporten op te stellen, zowel voor Botha en De la Rey als voor Kruger, Fischer en Leyds in Europa. De laatsten kon hij ongehinderd bereiken via Duits Zuidwest-Afrika. Ook aan William Stead, de bekendste Britse pro-Boer-activist, richtte Smuts langs die weg een lange brief, vol onbegrip. '*I cannot forget that I owe my education and some of the greatest pleasures of life to England, to its great literature and its profound thinkers.*' En nu leek het wel of datzelfde land was bezeten door '*this demon of Jingoism*'. Dat maakte het in Smuts' ogen overigens des te bewonderenswaardiger dat Stead zich zo dapper opstelde.[114]

Begin januari 1902 vertrok Smuts naar het noordwestelijke grensgebied, om ook daar alle afzonderlijk opererende commandogroepen te organiseren. Reitz ging mee. Het was een barre tocht. Honderden kilometers, grotendeels door woestijngebied. Vanwege de hitte reden ze 's nachts en zochten ze overdag beschutting. Eindbestemming was Kakamas, gelegen op de zuidelijke oever van de Oranje. Aan de overkant lag Bechuanaland. Terwijl Smuts drukdoende was, hield Reitz vakantie. Er was volop te eten, en hij zwom elke dag in de '*Grootrivier*'.

Na twee weken Kakamas, het was inmiddels februari, reden ze terug naar het zuiden, richting Calvinia. Onderweg, bij Middelpost, troffen ze Van Deventer en zijn mannen, die ze sinds de Zuurbergen niet meer hadden gezien. Tijd voor een uitgebreide begroeting was er niet. Van Deventer leverde slag met een Engelse colonne. Die begeleidde een konvooi van honderdtwintig wagens. Een deel stond al in brand, maar de bewakers hadden de strijd nog niet opgegeven. Dat bood Reitz de gelegenheid aan het vuurgevecht deel te nemen. Net op tijd om te delen in de overwinning en – minstens zo belangrijk – in de buit. Hij wist zich maar liefst drie paarden toe te eigenen, compleet met zadels en halsters. Er waren er tientallen, genoeg voor iedereen, en Smuts vond het goed. Ook kleren, laarzen en munitie troffen ze volop aan, net als kisten vol hoefijzers en nagels.

Dat was een enorme meevaller. Reitz was nu geen '*armsalige muilruiter*' meer. Sterker nog, zo goed was hij de hele oorlog nog niet uitgerust geweest. En het leek wel alsof alles nu meezat. Half februari 1902 kwamen de commando's van Smuts, Van Deventer en Bouwer voor het eerst sinds de Zuurbergen weer allemaal samen, onder luid gejuich en vrolijkheid. Het plan was een gezamenlijke aanval op Vanrhijnsdorp, dat bezet was door een Engelse legereenheid. Bij nadering bleek het plaatsje verlaten. De Engelsen hadden zich teruggetrokken in Windhoek, vijftien kilometer verderop. Dat werd nu het nieuwe doelwit. Reitz was niet bij de aanval aanwezig. Smuts stuurde hem de avond ervoor op pad met een boodschap voor een van de brandwachten in de omgeving. Toen hij de volgende ochtend terugkwam, was de strijd gestreden. Het was er heftig aan toegegaan. Vijf Boeren waren gedood en zestien gewond, het aantal slachtoffers onder de Engelsen was vergelijkbaar. Ook hadden ze er negentig gevangengenomen. Windhoek was weer in handen van de Boeren.

Het was 25 februari 1902. Ze zaten nu nog maar veertig kilometer van de Atlantische Oceaan. Smuts besloot dat het tijd was voor een uitstapje. Hij liet alle commando's die nog nooit de zee hadden gezien zich verzamelen. Reitz was als jongen al eens met zijn vader mee geweest naar Europa, maar dit wilde hij niet missen. Met zo'n zeventig man reed Smuts naar een kleine inham aan de kust. Viswater heette het daar. Het werd een bijzondere ervaring. Aan het eind van de middag kwamen ze aan. Het laatste stuk door de duinen vielen de mannen volkomen stil, overweldigd door de aanblik van de eindeloze watervlakte. Toen, als op commando, barstten ze los. Precies zoals de Griekse soldaten in Xenophons *Anabasis*, noteerde Reitz verrukt. '*Die see! Die see!*' Uitzinnig schreeuwend dreven ze hun paarden het strand op, naar de vloedlijn. Ze gooiden hun zadels af, trokken hun kleren uit en stortten zich in de golven, als een troep losgeslagen centauren.[115]

Vergelding

Leliefontein, maart 1902

De zendingspost was uitgebrand en geplunderd, maar de echte schok kregen ze bij de rotsen daarachter. Lijken, wel dertig zo te zien. '*Dooie Hotnots, met hul ouderwetse voorlaaiers nog in hul hande geklem.*' De stank was doordringend. Ze moesten hier al weken liggen. Reitz wist het meteen. '*Dit is Maritz se werk.*' Smuts zei niets, maar zijn lichaamstaal sprak voor zich. '*Ek sien hom langs die rotse loop waar die dooies lê, en by sy terugkoms is hy ontstemd en kortaf, volgens sy gewoonte wanneer hy ontevrede is.*' Dit soort excessen had Smuts nu juist willen voorkomen.

Iedereen kende Manie Maritz. Gedrongen, donker, als een stier zo sterk, kortaangebonden. In 1876 geboren in Kimberley, maar al sinds 1895 woonachtig in Transvaal. Zijn eerste gevechtservaring had hij opgedaan tegen Jameson en zijn raiders. Na het uitbreken van de oorlog had hij eerst in Natal gevochten, toen met de Zarps aan het zuidelijke front en vervolgens in het verkenningskorps van Danie Theron. Vanaf maart 1901 was hij als commandant actief in de Kaapkolonie. Hij bouwde er de reputatie op van een geweldenaar. Meedogenloos in zijn optreden, een vurig patriot, een geboren guerrillaleider.

Dat vond Smuts ook. In januari 1902 benoemde hij Maritz tot generaal. Amper een maand eerder was deze nog zwaar gewond geraakt, in de buurt van Tontelbos. Reitz had zijn verwonding met eigen ogen gezien. *''n Akelige skeur onderkant die regter armholte wat sy long blootlê.'* Een normaal mens was er aan dood gegaan, maar Maritz was al snel weer de oude. Vol energie stortte hij zich op Smuts' opdracht. Een expeditie naar het uiterste noordwesten, naar Namaqualand. Daar, in en om de Kamiesbergen, lagen een paar Engelse garnizoenen. Die vormden het nieuwe doelwit. Niet zozeer omdat het zo'n strategisch gebied was – al lagen er waardevolle kopermijnen – maar meer om de Engelsen te verleiden om vanuit Kaapstad versterkingen te sturen. Over zee, zodat de weg over land naar de hoofdstad van de Kaapkolonie open zou komen te liggen. Zo werd er althans gespeculeerd rond de kampvuren.

Op 11 januari 1902 bezocht Maritz de zendingspost in Leliefontein, op de zuidelijke hellingen van de Kamiesbergen. Zijn boodschap aan de daar woonachtige Khoisan was kort en krachtig. Op samenwerking met de Engelsen, in welke vorm dan ook, stond de doodstraf. Als ze de Boeren zouden steunen, kregen ze bescherming, plus land en vee. Het aanbod viel niet in goede aarde. Op 27 januari kwam Maritz terug, begeleid door acht man, om duidelijk te maken dat het hem menens was. Dat was het de Khoisan ook. Ze vielen de Boeren aan, die ternauwernood wisten te ontsnappen. Maritz was razend. De volgende ochtend nam hij wraak, met een overmacht. Leliefontein werd met de grond gelijk gemaakt. 1 000 zakken graan, 500 runderen en 3 000 schapen werden weggevoerd. 35 Khoisan schoten ze dood. De rest vluchtte in paniek.

Begin maart, ruim een maand na de moordpartij, kwamen Smuts en zijn staf aan bij de zendingspost. Ze kregen ruim de tijd om de macabere aanblik op zich te laten inwerken. De afspraak was dat ze daar zouden wachten op berichten van andere commando-eenheden. Zodoende leefden ze dagenlang '*in 'n atmosfeer van verrottende lyke*'. Bij al deze zintuigelijke prikkeling vond Smuts tussen de puinhopen ook nog een slijpsteen voor zijn geest: een exemplaar van Immanuel Kants *Kritik der reinen Vernunft*.[116]

Stof tot nadenken genoeg dus voor Jan Smuts. Waar lag in deze oorlog de grens tussen rechtmatige vergelding en pure wraakzucht? Hier in

Leliefontein leek de grens duidelijk overschreden, al moest hij Maritz' eigen verhaal nog horen. Soms lag het ingewikkelder dan het eruitzag. Een week eerder had Smuts zelf ook een morele afweging moeten maken. Het ging om de executie van Lem Colyn, een Afrikaner uit de Kaapkolonie, iemand van zijn eigen volk.

Juridisch was het glashelder. Colyn had zich eind januari 1902 in de buurt van Vanrhijnsdorp aangemeld bij de commando's van Ben Bouwer. Het was een bonkige man, met een woeste zwarte baard. Hij zou zijn ontsnapt uit Engelse gevangenschap. Ze geloofden zijn verhaal. Twee weken lang trok hij met hen op. Maar op een nacht was hij verdwenen. De volgende ochtend werd duidelijk waarheen. In alle vroegte stoof een menigte Engelse ruiters, de 9e Queens Royal Lancers onder bevel van kolonel Charles Kavanagh, het Boerenkamp binnen. Bouwer zelf liep verschillende sabelhouwen op, maar wist te ontsnappen. Dat gold niet voor zijn staf, elf man in totaal. Die werden allemaal gevangengenomen. Daar waren ook Kapenaars bij. Die liepen nu het risico door de Engelsen te worden geëxecuteerd.

Bouwer zwoer het verraad van Colyn te zullen wreken. Het toeval schoot hem te hulp. Kort daarop vond de hereniging plaats met de eenheden van Smuts en Van Deventer. Besloten werd om direct terug te slaan en een gezamenlijke aanval te doen op het Engelse garnizoen dat zich had teruggetrokken van Vanrhijnsdorp naar Windhoek. Nadat die overrompeling geslaagd was, doorzochten de Boeren het verlaten Engelse kamp. Het was opgetrokken rond een boerderij. Deneys Reitz was er ook bij. Hij had niet aan het gevecht deelgenomen, maar was samen met Percy Wyndell, een van zijn oude *Rijk Seksie*-maten, op zoek naar kussenslopen en lakens, die als verband konden dienen voor de gewonden. In de boerderij troffen ze een man, verstopt in de keuken. Reitz hield hem voor de eigenaar, maar Wyndell herkende hem meteen. '*My God! Dit is Colyn!*'

Ze sleurden hem naar buiten, waar zich een woedende menigte vormde rond '*die ongelukkige verraaier*'. Bouwer behield zijn zelfbeheersing en liet Colyn voorgeleiden aan Smuts. Hij formeerde direct een krijgsraad, die Colyn nog diezelfde middag wegens spionage ter dood veroordeelde. Ter bekrachtiging van het vonnis werd hij opnieuw voorgeleid aan Smuts, die inmiddels op bezoek was gegaan bij een bevriende Afrikaner, vlak in de buurt. Reitz was bij hem. Daar, in de eetkamer van Izak van Zyl, vrouw en dochters ook erbij, was Reitz getuige van een dramatisch tafereel.

Colyn werd door twee bewakers naar binnen gebracht. Wat moesten ze met hem doen? Smuts dacht niet lang na. Colyn was een spion, zijn schuld was bewezen, hij kon hem gratie geven. '*Neem hom uit en skiet hom dood.*' Colyn viel op zijn knieën en smeekte om genade. Mevrouw Van Zyl en haar dochters renden hysterisch huilend de kamer uit. Smuts herhaalde zijn bevel.

Colyn kreeg nog wel de tijd om met een dominee te spreken. De eerwaarde Abraham Kriel ontfermde zich over hem. Reitz kende hem maar al te goed. In Warmbad, anderhalf jaar eerder bij het commando van Beyers, had Kriel hem behoorlijk op zijn zenuwen gewerkt, met zijn fanatieke gebedsdiensten. Maar dit deed hij goed, vond Reitz. Hij begeleidde Colyn naar het vuurpeloton. Daar nam Andries de Wet, een ander staflid van Smuts, hem over. Ze hadden een graf laten graven door een paar gekleurde werklieden. Colyn werd aan een uiteinde neergezet en geblinddoekt. Hij stak zijn handen omhoog en prevelde het Onzevader. Bij het afsluitende 'amen' klonk het salvo. Colyn sloeg achterover het graf in. De grafdelvers bedekten zijn lichaam snel met aarde.[117]

Doodvonnissen wegens hoogverraad en spionage spraken Boerenkrijgsraden bij tientallen uit. Afhankelijk van de omstandigheden werden ze door de hoogst aanwezige gezagsdrager bevestigd dan wel verzacht. In zijn tijd in West-Transvaal had Smuts er samen met De la Rey acht onder ogen gekregen, uitgesproken door het krijgshof in Wolmaransstad. Vijf hadden ze er bekrachtigd, drie omgezet in lagere straffen. Ook andere Boerenleiders werden er geregeld mee geconfronteerd. Steyn gaf Andries Wessels, de schoonvader van Morgendaal, gratie, maar liet diverse andere doodvonnissen uitvoeren. Schalk Burger wees het gratieverzoek van Meyer de Kock af. Louis Botha's jongere broer Chris kreeg als assistent-commandant-generaal in Oost-Transvaal een heel bijzonder vonnis voorgelegd. Vijf broers met de omineuze achternaam Brits: Gert, Pieter, Cornelius, Okkert en Marthinus. Plus hun zwager Hendrik Koch. Allemaal aangeklaagd wegens hoogverraad. Marthinus Brits werd veroordeeld tot twintig slagen met een 'stiegriem', een leren band met een stijgbeugel eraan. De vijf anderen kregen de doodstraf. Botha ondertekende de vonnissen. Op 26 juli 1901 werden ze geëxecuteerd. Het vuurpeloton bestond uit twaalf man van het commando waartoe ze hadden behoord. Stuk voor stuk jongens met wie ze waren opgegroeid.[118]

Naarmate de oorlog vorderde en de onderlinge verhoudingen zich verscherpten, nam ook het aantal afrekeningen zonder vorm van proces toe. De Boerencommando's die zich vanaf de Zuid-Afrikaanse winter van 1901 nog tegen de Engelsen verzetten, waren echte *bittereinders*. Daarbij hoorde een onverzoenlijke houding tegenover vroegere strijdmakkers die eerst *hendsoppers* waren geworden en nu in steeds groteren getale '*joiners*'. Met andere woorden: overlopers, die er niet voor terugdeinsden de wapens op te nemen tegen hun eigen volksgenoten. Onder hen de bekende namen, zoals Piet de Wet in Oranje Vrijstaat en Andries Cronjé in Transvaal, maar er waren er nog veel meer die heulden met de vijand, en ze organiseerden zich steeds zelfbewuster.

Al vanaf begin 1901 opereerden in Transvaal zogeheten *National Scouts*. Ze verrichtten allerlei hand- en spandiensten voor de Engelsen. In oktober 1901 kreeg het korps een officiële status. Het werd ingelijfd in het Engelse leger. De leden kregen de bijbehorende uitrusting, inclusief kakiuniformen, en ze moesten trouw zweren aan koning Edward VII. Aan het eind van de oorlog was hun aantal aangegroeid tot dertienhonderdvijftig man. Ze werden vooral ingezet als gidsen en verkenners, maar ze namen ook daadwerkelijk deel aan gevechten. In maart 1902 nam Piet de Wet een vergelijkbaar initiatief in de andere voormalige Boerenrepubliek. Verschil was dat de *Orange River Colony Volunteers* geen gevechtsfuncties meer vervulden. En hun aantal bleef beperkt tot vierhonderdvijftig man. Overeenkomst was dat de leden van beide korpsen hun leven niet zeker waren als ze in handen vielen van de Boerencommando's. Daar kwam niet per se een krijgsraad aan te pas.[119]

Die werd al helemaal niet geformeerd als het ging om kleurlingen en zwarten in dienst van het Britse leger. Officiële aantallen zijn niet bijgehouden, maar de optelsom op basis van dagboeken, getuigenverslagen en herinneringen van Boerencommando's loopt in de honderden dodelijke slachtoffers. Standrechtelijke executies, precies zoals Kritzinger het in juli 1901 had aangekondigd, en niet alleen in het oostelijke deel van de Kaapkolonie, waar hij zelf actief was, het gebeurde overal. Ook in gebieden waar de hoogste gezagsdrager – zoals Smuts in de westelijke Kaapkolonie – instructies had gegeven om krijgsgevangenen correct te behandelen. Zijn bevel gold expliciet 'voor gekleurde zoowel als voor blanke prisoniers en spionen,' maar dat had Maritz niet weerhouden een bloedbad onder de Khoisan van Leliefontein aan te richten. Wat moest Smuts nu met hem?[120]

De Boeren waren niet de enigen die hun rekeningen vereffenden door vuurpelotons, met of zonder krijgsraad. Ook de Engelsen balanceerden in hun vergeldingsdrang op de rand van het oorlogsrecht – nog afgezien van de omstreden maatregelen tegen de burgerbevolking.

Voor '*Cape rebels*' die krijgsgevangen werden gemaakt, kenden ze geen genade. Hoogverraad, dus de doodstraf, luidde doorgaans het vonnis. Ook Boerencommando's die werden aangetroffen in Engelse uniformen, wachtte de kogel. Daarbij ging het alles bij elkaar om meer dan honderd geregistreerde gevallen. Formeel viel dat volgens militair recht te verdedigen, net als de krijgstuchtelijke sancties tegen eigen militairen die over de schreef gingen en de executies van deserteurs en spionnen, of het nu blanken, kleurlingen of zwarten waren. Maar toch zetten deze praktijken kwaad bloed bij de Boeren, zeker in gevallen waarbij de bewijsvoering in hun ogen ernstig tekortschoot. Ook stoorden ze zich aan het publieke vertoon waarmee de terechtstellingen nogal eens gepaard gingen, compleet met militaire parade en muziek op het dorpsplein.[121]

De meeste ophef, ook internationaal, ontstond over de berechting van drie bekende Boerenofficieren. Twee commandanten, Hans Lötter en Gideon Scheepers, en één generaal, Pieter Kritzinger. Alle drie werden ze na hun gevangenneming voor de krijgsraad gedaagd in Graaff Reinet, midden in het verscheurde hart van de Kaapkolonie. In alle drie de gevallen werd de rechtsgeldigheid van het proces en van de concrete aanklacht fel betwist.

Bij de zesentwintigjarige Lötter kon de krijgsraad zich beroepen op onduidelijkheid over zijn nationaliteit. Hij was geboren in de Kaapkolonie, dat stond vast, maar had ook gewoond in Oranje Vrijstaat. Kort na het uitbreken van de oorlog, in november 1899, had hij zich bij de Vrijstaatse troepen gevoegd. Gevochten had hij sindsdien vooral weer in de Kaapkolonie. In de nacht van 4 op 5 september 1901 was hij gevangen genomen in de buurt van Graaff Reinet. Tijdens het proces hield Lötter bij hoog en bij laag vol dat hij een Vrijstaatse burger was. Het bewijsmateriaal bevond zich naar eigen zeggen in zijn zadeltas. Die zou zijn verdwenen bij zijn gevangenneming. De krijgsraad verwierp dit verweer en identificeerde hem op grond van het kiezersregister van Colesberg als een Kapenaar. Bijgevolg schuldig aan hoogverraad. Op 12 oktober 1901 werd hij geëxecuteerd.

Bij Scheepers was er geen twijfel aan zijn nationaliteit. Hij was in 1878 geboren in Transvaal en was daar als zeventienjarige in dienst getreden van de staatsartillerie, bij de afdeling veldtelegrafie. In 1898 had hij de overstap gemaakt naar Oranje Vrijstaat, om daar net zo'n afdeling op te zetten. In de oorlog vocht hij eerst onder Christiaan de Wet, en vanaf december 1900 samen met Kritzinger in de Kaapkolonie. Een paar maanden later werd hij bevorderd tot commandant. Dat bleek een groot succes. Opererend in het gebied rond Graaff Reinet, nam zijn commando-eenheid in een halfjaar tijd liefst dertienhonderd Engelsen krijgsgevangen. Deze 'score' en zijn jeugdige, voor een Boer gesoigneerde uiterlijk – met sierlijke snor in plaats van wilde baard – spraken zeer tot de verbeelding, in eigen kring en daarbuiten. Voor Deneys Reitz gaven de krantenverhalen over zijn avonturen de doorslag om ook te gaan vechten in de Kaapkolonie.[122]

Voor zijn directe tegenstanders was Scheepers een plaag. In juli 1901 begon hij, in reactie op Kitcheners nietsontziende '*drives*' in Transvaal en Oranje Vrijstaat, met het platbranden van huizen van vijandig gezinde Kapenaars. Ook kende hij geen mededogen met gekleurde en zwarte 'spionnen'. Toen de Engelsen hem op 10 oktober 1901 te pakken kregen, ziek en verzwakt, waren ze duidelijk gebrand op wraak. Scheepers kreeg de tijd te herstellen, en werd op 18 december voor de krijgsraad gebracht. De aanklacht was overweldigend: dertig beschuldigingen van moord, brandstichting, sabotage en barbaarse behandeling van *natives*. Zijn verdediging dat hij geheel volgens de instructies van zijn superieuren had gehandeld, in casu De

Wet en Kritzinger, werd verworpen. Hij kreeg de doodstraf. Voor de zekerheid werd de hele rechtsgang voorgelegd aan Kitchener. Deze gaf zijn goedkeuring en bekrachtigde het vonnis. Op 18 januari 1902 eindigde Scheepers voor het vuurpeloton, geblinddoekt zittend op een stoel, naast een open graf. Dat was slechts een tijdelijke rustplaats. De Engelsen wilden voorkomen dat het een bedevaartsoord zou worden. 's Nachts werd zijn lichaam opgegraven en herbegraven op een onbekende plek.

Intussen had zijn proces volop de aandacht getrokken van de internationale publieke opinie. Verontwaardiging overheerste. Waar haalde Groot-Brittannië het recht vandaan om een officier van het vijandelijke leger te executeren voor het – naar eigen zeggen – uitvoeren van zijn orders? Nog tijdens de oorlog? Dat was een lastige vraag, die de Britse regering niet alleen kreeg voorgelegd van de liberale oppositie in eigen land – en van een zich in die richting bewegende Winston Churchill – maar ook van gezaghebbende instellingen in het buitenland, zoals het Amerikaanse Congres.

De storm van protest kwam te laat voor Scheepers, maar redde naar alle waarschijnlijkheid het leven van generaal Kritzinger, de hoogste in Graaff Reinet aangeklaagde Boerenofficier. De Vrijstaatse assistent-hoofdcommandant voor de Kaapkolonie moest het ergste vrezen, toen hij op 16 december 1901 ernstig gewond was geraakt en gevangen werd genomen. Iedereen kende zijn naam. Hij was degene die openlijk had aangekondigd kleurlingen en zwarten in Britse dienst te zullen doodschieten. Bovendien was hij Kapenaar van geboorte. Weliswaar opgegroeid in Oranje Vrijstaat, maar na Lötter en Scheepers bood dat geen garantie meer.

Eenmaal hersteld, werd ook hij aangeklaagd door dezelfde krijgsraad. Op beschuldiging van moord op zes zwarten. Maar het was inmiddels begin maart 1902, en dat scheelde. De internationale protesten aan beide zijden van de Atlantische Oceaan zwollen weer aan – ook Churchill liet opnieuw zijn stem horen. Een maand later werd Kritzinger vrijgesproken, en kreeg hij de officiële status van krijgsgevangene.[123]

Wat daarbij ook hielp, was dat de Boeren zich tegelijkertijd van hun meest humanitaire kant lieten zien. Het was inmiddels hun gewoonte om krijgsgevangen Engelsen na een paar dagen weer vrij te laten, omdat ze toch niets meer met hen konden, maar begin maart hadden ze wel een heel grote vis te pakken. Het toeval wilde dat ze op de dag dat het proces tegen Kritzinger begon, 7 maart, zelf voor het eerst en voor het laatst ook een generaal in handen kregen. En niet zomaar eentje. Luitenant-generaal Lord Methuen was een befaamd tegenstander van het eerste uur. Onder meer drievoudig overwinnaar bij Belmont, Graspan en Modderrivier in november 1899, smadelijk verliezer bij Magersfontein in de daaropvolgende *Black Week*, meervoudig – vergeefs – achtervolger van De Wet en De la Rey, en persoonlijk verantwoordelijk voor het afbranden van beider boerderijen.[124]

Iemand om een appeltje mee te schillen. Of in ieder geval een deal over te sluiten. Generaal tegen generaal, of iets dergelijks. Maar dat gebeurde niet. Integendeel, zijn gevangenneming resulteerde in een ouderwets staaltje ridderlijkheid. Dat was opmerkelijk, in een oorlog die al lang geen '*white man's war*' meer was, laat staan een '*gentleman's war*'.

Verantwoordelijk daarvoor was één man. Koos de la Rey had al langer de reputatie na afloop van een veldslag genade voor recht te laten gelden. De barmhartigheid die hij Methuen betoonde, sloeg echter alles. Die was ronduit samaritaans. Maar eerst bezorgde De la Rey zijn jarenlange tegenstander de ultieme vernedering – en Kitchener een shock van twee dagen. Methuens gevangenneming vormde de climax van een even ouderwets succesvolle tweeslag.

De eerste klap deelde De la Rey uit op 25 februari 1902 bij Yzerspruit, twintig kilometer van Klerksdorp. Daar overrompelde hij een Engels konvooi van 150 wagens. Een groot deel daarvan was leeg, maar wat zijn mannen wel aantroffen, was waardevol genoeg: één machinegeweer, twee kanonnen en volop geweren, inclusief ruime voorraden bijbehorende munitie, 200 paarden, 400 ossen en 1 500 muilezels. Precies wat hij dringend nodig had. Extra genoegdoening gaf de manier waarop de overwinning werd behaald. De la Rey had een nieuwe strijdwijze uitgeprobeerd, die de Engelsen duidelijk verraste.

Tot drie keer toe liet hij zijn mannen een stormaanval uitvoeren, niet lopend, maar in volle galop, schietend vanuit het zadel. Bij de derde aanvalsgolf was het verzet van de bewakingstroepen gebroken. Het had amper anderhalf uur geduurd. Aan Engelse zijde vielen 180 doden en gewonden, bij de Boeren 50. Nog eens 240 Engelsen werden gevangengenomen.[125]

Die waren inmiddels alweer vrijgelaten, over de grens in Bechuanaland, toen De la Rey zich negen dagen later opmaakte voor de tweede slag. Het decor was nu Tweebosch, vlak bij die grens, tussen de Groot-Hartsrivier en de Klein-Hartsrivier. De Engelsen waren erop gebrand het debacle van Yzerspruit recht te zetten, en trokken van alle kanten colonnes samen. Een daarvan werd aangevoerd door Methuen. Het was niet bepaald een elite-eenheid. Eerlijk gezegd was het nogal een samenraapsel. Tamelijk onervaren eenheden Yeomanry, ongeregelde koloniale troepen en *Coloured Cape Special Police*. 1300 man, van wie slechts de helft bereden, voorzien van 4 kanonnen, 2 Maxims en 85 wagens. Het gebrek aan mobiliteit en gevechtservaring van zijn manschappen had Methuen voorzichtig moeten stemmen, zeker na de waarschuwing die hij kreeg op 6 maart. Een plaagstoot van een klein aantal Boeren tegen zijn achterhoede leidde al direct tot paniek.

's Avonds sloeg Methuen zijn kamp op bij Tweebosch, ondanks het slechte voorteken toch vastbesloten om de volgende ochtend vroeg verder te trekken naar het noorden. Hij wilde per se De la Rey de pas afsnijden. Een deel van zijn troepen, blanke en gekleurde Kapenaars, ging zich te buiten op de nabijgelegen boerderij van de familie Schutte. Ze pleegden vernielingen, vielen de vrouwen lastig en stonden op het punt alles in brand te steken, toen Methuen in eigen persoon ingreep.

In het Boerenkamp, aan de overkant van de Klein-Hartsrivier, bereidde De la Rey zijn aanval voor. Hij beschikte over 750 geharde vechtersbazen, die popelden om de truc van Yzerspruit nog eens over te doen. Ook de laatste droom van ziener Van Rensburg voorspelde veel goeds. Hij had weer een rode stier gezien, dit keer eentje die woest de heuvel af kwam stormen, maar benedenaan eindigde met gebroken hoorns en dito voorpoot. De betekenis was helder. Een afgetekende overwinning voor de Boeren, flink veel buit en een gewonde Engelse generaal.

Dat was ook precies wat er de volgende ochtend gebeurde. Al om drie uur zette een deel van de colonne van Methuen zich in beweging, een uur later gevolgd door de hoofdmacht. Weer een uur later vormde de langgerekte stoet een ideaal doelwit voor de van alle kanten aanstormende Boeren. Hun nieuwe strijdwijze, de bereden stormaanval, overrompelde de Engelsen volkomen. Alleen de artilleristen leverden serieus weerwerk. Toen deze waren uitgeschakeld, tegen tien uur, was het hele gevecht voorbij. De Boeren betreurden 8 doden en 26 gewonden. Ze namen 872 Engelsen gevangen, onder wie 121 gewonden, en telden 68 dode tegenstanders. Ook het geschut, de wagens en zo'n 500 paarden vielen in hun handen.

Maar de hoofdprijs was natuurlijk Lord Methuen zelf. Hij had een gecompliceerde verwonding opgelopen. Een combinatie van een schotwond en een botbreuk. Hij was eerst in zijn dij geschoten en vervolgens was zijn paard boven op zijn been gevallen. Daarmee was hij volledig overgeleverd aan de genade van zijn grootste kwelgeest. Wat ging De la Rey doen?

Zijn mannen waren wel wat gewend, maar dit keer wisten ze werkelijk niet hoe ze het hadden. Dat hij Methuen na de slag persoonlijk opzocht en via een tolk – De la Rey sprak geen Engels – zijn hele staf voorstelde, was tot daar aan toe. Dat hij de gewonden van beide partijen gezamenlijk medisch liet verzorgen, waren ze van hem gewend. Apart was al wel dat zijn vrouw Nonnie een dag later langskwam – na de verwoesting van hun boerderij trok ze met hun kinderen in de omgeving rond in een ossenwagen – en Methuen doodgemoedereerd trakteerde op kippenpoten. Echt verbijsterd reageerden ze toen De la Rey besloot hun prijsgevangene met zijn eigen wagen naar het Engelse garnizoen in Klerksdorp te laten vertrekken – voor een betere behandeling van zijn verwondingen.

Methuen was al een eind op weg toen het echt opstand werd. De La Rey werd door zijn eigen mannen gedwongen zijn beslissing te herroepen. Terwijl koeriers met die boodschap op weg waren, bleef hij proberen hen te overtuigen. De Boerenzaak was juist het meest gebaat met dit soort bewijzen van innerlijke beschaving, hield hij vol. Uiteindelijk staakten zijn commando's hun protesten. Methuen mocht door naar Klerksdorp, en stuurde na aankomst zijn rijtuig beladen met levensmiddelen terug. De la Rey op zijn beurt stuurde een meelevend telegram aan Lady Methuen. Beide mannen werden vrienden voor het leven.

Dat '*die Leeu van die Wes Transvaal*' ook een minder ridderlijke kant had, bewees hij toen hij hoorde van de geweldplegingen op de boerderij van Schutte, de avond vóór de slag. Onder de krijgsgevangenen bevonden zich elf Kaapse kleurlingen die werden geïdentificeerd als medeschuldigen. Aan hen maakte De la Rey weinig woorden vuil. Zij werden aan het graven gezet van hun eigen massagraf, kregen een blinddoek voor en werden doodgeschoten.[126]

Reitz was nu maar wat blij dat Manie Maritz er nog bij was. Op dit soort momenten was hij goud waard. Niemand anders had dit gekund. Circusartiest en kogelslingeraar ineen. Hij had drie dynamietbommen samengebonden, bij elkaar zeker tien kilo. Balancerend op de schouders van een andere man schatte hij zorgvuldig de afstand van de rots waarop ze stonden tot het blokhuis. Hij stak de lont aan, wachtte even en gaf het drievoudige projectiel een geweldige slinger. Precies op het dak. Twee seconden lang hoorden ze niets dan de sissende lont. Toen volgde een daverende explosie. Stenen en zandzakken vlogen in het rond. Daarna was het stil. Ze kropen door het prikkeldraad en stormden naar de ingang. Dichtbij gekomen, hoorden ze gekreun en een gesmoorde stem. '*Stop throwing, stop throwing.*' Binnen in het blokhuis was de ravage compleet. Het dak was ingestort, de Engelse soldaten waren dood, gewond of bedwelmd.

Smuts had Maritz toch maar het voordeel van de twijfel gegund. Die had zich beroepen op noodweer. De Khoisan hadden hem in Leliefontein onverhoeds aangevallen, hij was naar eigen zeggen ternauwernood aan de dood ontsnapt. De volgende dag had hij teruggeslagen. Noodweer met voorbedachten rade dus. Dat bestond niet, daar hoefde je geen briljant jurist voor te zijn, zoals Smuts. Hij had het er maar bij gelaten. Maritz straffen zou slecht zijn gevallen bij zijn mannen, en hij kon hem eigenlijk niet missen.

Dat bleek wel weer bij de aanval op de drie mijnwerkersplaatsjes in de noordelijke Kamiesbergen. Het was iedereen nu wel duidelijk dat het Smuts niet om Springbok, Concordia en O'Okiep zelf ging, maar dat ze het lokaas vormden om de Engelsen te laten toehappen. De autoriteiten in Kaapstad konden de plaatselijke garnizoenen onmogelijk aan hun lot overlaten. Ook tegenover de *Cape Copper Mining Company* waren ze verplicht tot een reddingsoperatie. Ze moesten dus wel versterkingen sturen. Hoe serieuzer de dreiging eruitzag, hoe groter de troepenmacht die dan aan de verdediging van Kaapstad zou worden onttrokken. Daarom moest de aanval van de Boeren overtuigend overkomen.

De zelf in elkaar geknutselde dynamietbommen hielpen daarbij. Een paar Ieren waren ermee begonnen, explosieven en lonten waren volop voorradig in het mijngebied, en ze bleken een effectief wapen. Op 1 april 1902 zette Smuts met vierhonderd commando's de aanval in op Springbok. Het plaatsje werd beschermd door een bescheiden garnizoen van honderdtwintig man, voor een groot deel kleurlingen. Wel beschikte het over drie kleine forten, waartegen geweren niet veel klaarspeelden, al lukte het Reitz tot twee keer toe een tegenstander in het hoofd te raken door een van de schietgaten. De 'handgranaten' werkten grondiger. Met name Maritz bleek te beschikken over een ware meesterhand van gooien. Twee forten werden al bij de eerste nachtelijke aanval vernield en ingenomen. De bewakers van nummer drie hielden het nog uit tot de volgende nacht, maar gaven zich toen over door gebrek aan water.

Bij het tweede plaatsje, Concordia, was alleen de dreiging van een aanval al voldoende. Ook hier zo'n honderdtwintig man van gemengde samenstelling, maar met een minder vastberaden bevelvoerder. Op 4 april eiste Smuts per brief de overgave van het garnizoen. Dan zou iedereen worden gespaard. Kapitein Francis Phillips stemde prompt in, op voorwaarde dat ook alle privé-eigendom en mijntoebehoren ongemoeid zouden worden gelaten. Daarmee had Smuts geen moeite.

De derde noot bleek het hardst te kraken. O'Okiep was een ware vesting. Eén centraal fort, met aan beide zijden versterkingen, plus daaromheen een ring van vijftien blokhuizen, verbonden met prikkeldraadversperringen. Het garnizoen bestond uit meer dan negenhonderd militairen, van wie driekwart kleurlingen. Smuts probeerde eerst weer intimidatie. Reitz was een van de twee boodschappers die er met een witte vlag op uit werden gestuurd. De eis tot overgave die ze overhandigden, lokte beledigde reacties uit, zowel bij de officieren als onder het krijgsvolk. '*Surrender! Surrender be damned; we're Brummagem boys, we're waiting for ye.*' Het antwoord van de bevelvoerend officier, luitenant-kolonel W. Shelton, telde meer woorden, maar had dezelfde strekking.

Akkoord, dan werd het een beleg, besloot Smuts, al was het alleen maar ter wille van de geloofwaardigheid. Dat betekende weer een nieuwe voorraad dynamietbommen aanleggen. In de nacht van 10 april werd de eerste serieuze aanval ingezet, op de twee buitenste blokhuizen. Eén werd er al snel vernield, maar het tweede bleek beter bestand tegen de explosieven. Ook de volgende nacht lukte het niet een bres te slaan, tot frustratie van Reitz, die aan beide operaties deelnam. Smuts vond het nu een beetje pijnlijk worden. Tijd om Maritz in te zetten.

Drie keer werd inderdaad scheepsrecht. Reitz was er opnieuw bij, nu als bewonderend getuige van Maritz' meesterworp, waarmee ook het tweede blokhuis werd vernield. Resteerden er nog dertien, en het grote fort. Om ook die aan te vallen, werd te riskant, oordeelde Smuts. Die lagen in open terrein, zelfs voor Maritz te ver weg voor bommengooierij. Hij stelde zich tevreden met het blokkeren van de toegangswegen tot O'Okiep en installeerde zich met zijn staf in Concordia. Reitz deelde een huis met zijn vrienden Edgar Duncker en Nicolaas Swart. Ze regelden '*verskeie Hotnotgevangenes*' om voor hen te koken en hun paarden te verzorgen. Slachtvee was er in overvloed, ze sliepen in echte bedden, ze vonden zelfs een bibliotheek. Het was allemaal heel goed uit te houden. Nu maar rustig wachten tot die Engelse bevrijdingsmacht zou opdagen. Dan was het tijd voor de grote aanval op Kaapstad.[127]

Het bittere eind

Concordia, april 1902

Het liep anders. Op een dag, het was inmiddels de laatste week van april, waren Reitz, Duncker en Swart wat aan het schieten geweest op de Engelse blokhuizen in O'Okiep. Op de terugweg naar Concordia zagen ze in de verte een rijtuig aankomen, met een witte vlag boven op de kap. Er bleken twee Engelse officieren in te zitten. Ze hadden een boodschap bij zich van Lord Kitchener voor generaal Smuts. Wat die inhield, wisten ze niet. Zeiden ze. Reitz had een onbestemd voorgevoel.

In Concordia ontving Smuts de twee officieren in zijn tijdelijke onderkomen. Toen hij weer naar buiten kwam, stond zijn gezicht ernstig. Hij liep het open veld in, alleen, diep in gedachten. 's Avonds lichtte hij Reitz in. Het was inderdaad een bericht van Kitchener. De Engelse opperbevelhebber had overleg gevoerd met de Boerenleiders. Vredesoverleg. De uitkomst daarvan zou worden besproken tijdens een grote vergadering in Vereeniging, op 15 mei. Alle nog actieve Boerencommando's zouden vertegenwoordigers sturen. De Transvaalse regering wilde Smuts er ook bij hebben, als rechtskundig adviseur. Een vrijgeleide voor de reis was al bijgesloten. Met de trein naar Port Nolloth, daar met de boot naar Kaapstad, en dan weer verder per trein.

Dit was een enorme opdonder. Zo'n acht maanden geleden waren ze als vogelverschrikkers de Kaapkolonie ingeslopen, ze hadden zich door onvoorstelbare moeilijkheden heen weten te vechten, en ze controleerden inmiddels vrijwel het hele westelijke deel. En nu, precies op het moment dat ze zich opmaakten voor een spectaculair vervolg, kregen ze dit nieuws. Zouden de zaken er dan zo slecht voor staan in Transvaal en Oranje Vrijstaat? Dat moest haast wel. Smuts zag het allemaal somber in. Maar hij had geen keus, hij moest wel gaan.

Ook Reitz werd neerslachtig van het nieuws, totdat hij Smuts hoorde zeggen dat er ook een vrijgeleide was voor een secretaris en een ordonnans. Reitz moest maar mee, dan kon hij zijn vader weer eens zien, hij mocht zelf kiezen in welke van de twee functies. Bij dat vooruitzicht leefde de avonturier in Reitz weer helemaal op. Hij kon het niet helpen, er mochten zich nog zoveel donkere wolken samenpakken, het zou een unieke reis worden, en hij mocht mee! Hij wist niet precies wat een ordonnans was, het klonk als een stafofficier, dus koos hij daarvoor. Smuts' zwager Tottie Krige zou meegaan als secretaris.

Het moeilijkst werd het afscheid van de achterblijvers. Reitz' maten Edgar Duncker en Nicolaas Swart, en al die andere mannen met wie hij zoveel had beleefd. Smuts sprak de verzamelde commando's toe. Hij vertelde van het komende vredesoverleg, en zinspeelde voorzichtig op een mogelijk teleurstellende afloop. Daar wilden de mannen niet aan. Er klonk louter gejuich, Engeland had de oorlog verloren, dat was toch zonneklaar, de Vredesconferentie was bedoeld '*om ons land terug te gee*'. Zo vertrokken ze in een sfeer van euforie. Smuts liet het maar zo.

Vergezeld door een lijfwacht reden ze naar de Engelse linies in O'Okiep. Daar lieten ze hun paarden achter, nog een laatste keer klonk 'ons Kommando-lied', gevolgd door een afscheidssalvo. Ze stapten over in een Engels rijtuig, richting spoorlijn. In de trein naar Port Nolloth ontdekte Reitz dat hij zich had vergist. Een ordonnans was geen officier, maar een ondergeschikte. Hij kreeg een plek in een open beestenwagen, bij de gewone soldaten, onder wie een groepje kleurlingen, terwijl Smuts én Krige met het nodige ceremonieel plaats mochten nemen in een eersteklascompartiment. Reitz had zwaar de smoor in en kreeg prompt ruzie met een van de kleurlingen. Gelukkig kreeg hij bij een tussenstop promotie. Toen Smuts tijdens de chique maaltijd vertelde dat zijn ordonnans de zoon was van de Transvaalse staatssecretaris, werd Reitz tussen het gewone volk uit geplukt, en mocht hij ook aanschuiven.

Bij aankomst in Port Nolloth lag er al een schip onder stoom, de *Lake Erie*. Ze werden opgehaald door een sloep. Wachtend op de kade vielen ze alle drie stil. Wat Smuts en Krige dachten, wist Reitz niet. Hij kon het wel raden. Waarschijnlijk net zoiets als hij. Hij dacht aan kampvuren, berghellingen en eindeloze vlaktes, aan nachtmarsen, kou, honger, regen, en vooral aan al die '*dappere manne en pragtige perde wat dood is*'.[128]

Het was uiteindelijk toch Abraham Kuyper die het vliegwiel in beweging had gezet. Op 25 januari 1902 kreeg de Britse minister van Buitenlandse Zaken Lansdowne een memorandum overhandigd, opgesteld door de Nederlandse premier. In het Frans, de taal van de diplomatie, maar de strekking was Hollands direct. De regering in Den Haag bood haar diensten aan om te komen tot '*un traité de paix*' tussen de Britten en de Boeren. Compleet met uitgewerkt scenario. Eerst zouden de drie in Nederland verblijvende leden van de Boerendeputatie een vrijgeleide moeten krijgen voor Zuid-Afrika, om daar de standpunten af te stemmen met de Boerenleiders. Na terugkeer zouden ze dan gevolmachtigd moeten zijn voor vredesonderhandelingen die ergens in Nederland konden plaatsvinden. De Nederlandse regering stelde volgaarne '*les localités nécessaires*' ter beschikking.

Lansdowne antwoordde snel, op 29 januari, en al even direct. De Britse regering waardeerde de humanitaire overwegingen die aan het aanbod ten grondslag lagen, maar ze wees nu eenmaal principieel alle interventie van buitenlandse mogendheden in de Zuid-Afrikaanse oorlog af. Bovendien zag Londen weinig heil in een rol voor de uitsluitend in Nederland geaccrediteerde deputatieleden. Steyn en Burger waren de hoogste gezagsdragers van de Boeren. Als zij wilden onderhandelen, dan moesten zij contact opnemen met de Britse opperbevelhebber in Zuid-Afrika.[129]

Leyds moest het in de krant lezen – de Britse regering gaf direct opening van zaken in het parlement – en hij was *not amused*. Kennelijk had die Fox, die hem in november 1901 had benaderd, toch niet gepocht over de grote interesse van Kuyper in een bemiddelingsrol. Maar de premier had niet de moeite genomen om hem of Fischer of Kruger vooraf in te lichten over zijn voorstel. De enige met wie Kuyper contact had opgenomen, zo bleek achteraf, was Wolmarans, en die had niets gezegd aan de anderen.[130]

Dit was bepaald niet wat Leyds zich had voorgesteld van bemiddeling. Het Nederlandse memorandum deed geen enkel beroep op het Britse kabinet om te stoppen met een juridisch en moreel verwerpelijke oorlog. Integendeel, impliciet deed het eigenlijk een oproep aan de Boerenleiders om de hopeloze strijd maar te staken. Daar zouden de Engelsen vast misbruik van maken, vreesde Leyds. Vrijwel tegelijkertijd kreeg hij slecht nieuws uit Amerika. President Roosevelts antwoord op het appel dat de Boerenvertegenwoordigers half december 1901 onder meer op hem hadden gedaan, was vol begrip en sympathie, maar afwijzend. Roosevelt voerde aan dat zijn voorganger McKinley zich al eens als bemiddelaar had aangeboden. Daarmee was hij al verder gegaan dan enig ander staatshoofd. Londen had dat aanbod pertinent afgewezen, en zou dat ongetwijfeld opnieuw doen als Roosevelt het zou herhalen.

Een maand later, eind februari 1902, kwam er ook een afwijzend antwoord uit Zwitserland. De overige aangeschreven regeringsleiders verwaardigden zich niet eens om te reageren. Ook de Russische minister van Buitenlandse Zaken Lamsdorff niet, ondanks een welwillend begeleidend schrijven van zijn eigen gezant De Giers. Leyds was nu toch echt door zijn diplomatieke mogelijkheden heen.[131]

Maart werd een maand tussen hoop en vrees. Enerzijds wachtte Leyds gespannen af of en hoe de Engelsen Kuypers vredesinitiatief zouden proberen uit te buiten. Anderzijds was ook hij opgetogen over De la Reys klinkende overwinning op en gevangenneming van Lord Methuen, bij Tweebosch op 7 maart, gevolgd door diens opzienbarende vrijlating. Dat de Boeren nog steeds tot zo'n militair succes in staat waren, en dan ook nog eens tot zo'n ridderlijke geste, gaf hun aanhangers in Europa weer nieuwe moed.

Leyds leefde zelfs helemaal op toen er eind maart 1902 vier koeriers uit Zuid-Afrika arriveerden. Ze kwamen via Duits Zuidwest-Afrika, en ze hadden nieuws van Smuts. Fantastisch nieuws. In een aantal rapporten, daterend van december en januari, schetste Smuts een rooskleurig beeld van de stand van zaken in de westelijke Kaapkolonie. Leyds kreeg er acuut heimwee van. Aan zijn vrouw Louise schreef hij: 'Ik zou het heerlijk vinden om met je in het wijde veld in Zuid-Afrika te zijn. Ik heb er de laatste dagen door het vele samenzijn met de koeriers zoo de lucht van opgesnoven dat ik het hier haast niet houden kon.'[132]

Het zou hem vies zijn tegengevallen. Het werd steeds benauwder op het Zuid-Afrikaanse veld, er hing verdeeldheid in de lucht. In de loop van februari 1902 hadden Milner en Kitchener de teksten toegestuurd gekregen van Kuypers memorandum en Lansdownes afwijzende reactie. Begin maart had Kitchener bedacht hoe hij de briefwisseling het best kon gebruiken. Hij koos zijn doelwit zorgvuldig. Met een ultrakort begeleidend briefje stuurde hij beide teksten naar de Transvaalse waarnemend president Schalk Burger. Expres niet naar diens Vrijstaatse collega, de onbuigzame Marthinus Steyn.

Het effect was boven verwachting. Op 10 maart antwoordde Burger dat hij 'verlangend en bereid' was 'vredesvoorstellen te maken'. Maar daartoe moest hij wel eerst overleggen met Steyn. Was Kitchener bereid hem en de overige leden van zijn regering een vrijgeleide te geven door de Engelse linies? Kitchener wist niet hoe snel hij moest instemmen. Maar waar was Steyn? Burger wist het niet. Kitchener ook niet direct. Het laatst was hij gesignaleerd in de buurt van Kroonstad. Op voorstel van Kitchener gingen Burger en de andere Transvalers alvast daarheen.

Op 26 maart werd Steyn eindelijk gelokaliseerd. Hij bleek zich elders op te houden, in West-Transvaal. Hij had al wekenlang last van zijn ogen, en had zich onder behandeling gesteld van de arts van De la Rey. Steyn stelde een ontmoeting voor daar vlak in de buurt, in Potchefstroom of Klerksdorp. Kitchener hakte de knoop door: het werd Klerksdorp. Behalve de politieke leiders kregen ook de hoogste militaire leiders een uitnodiging met vrijgeleide. Op 9 april was iedereen gearriveerd. Tien Transvalers, onder wie Burger, Reitz, Botha en De la Rey. Zeven Vrijstaters, met als belangrijkste namen Steyn, De Wet en Hertzog.

Het was alweer bijna tien maanden geleden dat de Boerenleiders elkaar in deze samenstelling hadden gesproken. Destijds, op 20 juni 1901 in Waterval, was de eensgezindheid krachtig bevestigd. Of beter gezegd hersteld, na maanden van onderlinge onenigheid over de te volgen koers. Maar uiteindelijk had iedereen zich weer kunnen vinden in één onwrikbaar uitgangspunt. Alleen vrede bij behoud van onafhankelijkheid.[133]

In Klerksdorp bleek al snel dat die vastberadenheid niet meer algemeen werd gedeeld. Net als bij eerdere gelegenheden waren het niet de Vrijstaters die twijfelden. De Wet vatte zijn standpunt bondig samen: '*Voordat ek 'n jota van ons onafhanklikheid afgee, laat ek my liewer vir ewig verban.*' Steyn en Hertzog uitten zich in vergelijkbare bewoordingen. Ook De la Rey zag – met Tweebosch in gedachten – nog volop kansen '*om die oorlog voort te sit*'. Maar daarmee was hij de enige Transvaler die zich ondubbelzinnig uitsprak. Alle anderen hadden hun bedenkingen, met name Burger en Botha.

Burger draaide er niet omheen. '*Ons saak word by die dag swakker.*' De winter kwam er weer aan, en dat betekende ongetwijfeld dat '*baie van die burgers noodgedwonge naar die vyand oorloop. Onder ons volk was daar altyd die moediges en die mismoediges*'. Natuurlijk, ze konden nog wel volhouden, en misschien kregen ze op den duur zelfs wat ze wilden hebben. Maar ten koste waarvan? Waarschijnlijk moesten ze dan constateren '*dat ons volk uitgeroei is. Vir wie het ons dan gestry?*'

Ook Botha maakte geen geheim van zijn grote bezorgdheid. Er waren verschillen tussen de regio's onder zijn directe verantwoordelijkheid, maar het algemene beeld was somber. De talrijke '*drives*' van de Engelse colonnes en het steeds dichtere netwerk van blokhuizen hadden hun tol geëist. In een jaar tijds was het aantal commando's waarover hij zelf kon beschikken bijna gehalveerd, van 9570 tot 5200, waarvan 400 zonder paard. Eten was schaars. Er was bijna geen vee meer. Hij stond op het punt om sommige delen van Transvaal op te geven, omdat ze onbewoonbaar waren geworden, ook voor commando's. De communicatie met en de toevoer uit de buitenwereld waren afgesloten. Steeds vaker stuitte hij op gewapende Zoeloes. Van de Kaapkolonie viel ook geen heil meer te verwachten. Het aantal Boerencommando's was daar het afgelopen jaar slechts licht toegenomen, van 2000 naar 2600 man. '*Die tyd vir 'n groot opstand daar is verby*.' Alles bij elkaar waren er nog maar 15 à 16000 Boeren actief in het veld. Ondanks alles was de stemming onder de manschappen nog steeds goed. Daar lag het niet aan, '*maar dan, wat omtrent die volk*?' Als voormannen konden zij ervoor kiezen om '*voort te gaan totdat ons 'n manlike dood gesterf het, of totdat ons na verre eilande verban is... Maar ons het 'n plig teenoor die volk*.'

Vrede akkoord, en graag, maar tot welke prijs? Daarover liepen de meningen in Klerksdorp dus ver uiteen. Onafhankelijk volksbestaan of fysiek voortbestaan? Dat was in essentie het verschil in afweging tussen de Vrijstaatse en de (meeste) Transvaalse leiders. Maar over één ding waren ze het eens. Ze moesten erachter zien te komen waartoe de Engelsen bereid waren. Dan pas konden ze een gezamenlijk standpunt bepalen. Dat betekende praten met Kitchener. Op 10 april lieten Steyn en Burger weten dat ze hem persoonlijk wilden ontmoeten. Ze bleken meer dan welkom. Een dag later stapten ze al in de trein naar Pretoria. Weer een dag later, op zaterdagochtend 12 april, zaten ze tegenover de Engelse opperbevelhebber, in zijn hoofdkwartier in Melrose House.

De twee Boerenpresidenten – over Kruger had niemand het meer – werden vergezeld door wat er nog over was van hun regeringen. Dat betekende dat onder anderen ook Reitz senior en Hertzog – als rechtskundig adviseur – aanwezig waren. Kitchener ontving hen aanvankelijk in zijn eentje. Twee dagen later schoof ook Milner aan. Daarmee waren de dubbele agenda's aan tafel compleet. Alle vier de hoofdrolspelers beoogden iets anders. Steyn wilde onafhankelijkheid, Burger een eervolle vrede, Kitchener een afgetekende overwinning, Milner onvoorwaardelijke overgave. Maar niet allemaal kwamen ze zo rond voor hun wensen uit als Steyn. '*The people must not lose their self-respect*,' legde hij uit.

Logischerwijs lukte het niet om overeenstemming te bereiken. Wel lukte het om iedereen aan tafel te houden, en dat was de verdienste van Kitchener. Milner vond Steyns opstelling bespottelijk en had graag ook deze onderhandelingen laten mislukken, maar zo liep het niet. Kitchener maakte, voor zijn doen, tactvol gebruik van de directe telegrafische verbinding met Londen om de Boerenleiders steeds verder onder druk te zetten, zonder hen af te schrikken. De indirecte bijdragen van het Britse kabinet waren glashelder. Van onafhankelijkheid van de voormalige Boerenrepublieken kon geen sprake zijn. Het enige aanvaardbare scenario was een algehele overgave op basis van de voorstellen die Kitchener al meer dan een jaar geleden, in maart 1901, had voorgelegd aan Botha, na hun besprekingen in Middelburg. Of iets in die geest.[134]

Het standpunt van de Engelsen was duidelijk. Ze weigerden absoluut de annexatie van de twee Boerenrepublieken terug te draaien. Verder waren ze bereid over van alles te praten. Burger – en Botha ongetwijfeld ook – zou ervoor hebben getekend. Zeker gezien het slechte nieuws van het front. In afwezigheid van De la Rey hadden zijn commando's op 11 april bij Roodewal een pijnlijke nederlaag geleden tegen de verzamelde colonnes van Ian Hamilton. De betovering van Tweebosch was alweer verbroken.

Maar Steyn liet zich nog niet vermurwen, en trok zijn Transvaalse collega mee op een laatste verdedigingslinie. Constitutioneel, luidde hun argument, waren beide Boerenregeringen niet gemachtigd hun onafhankelijkheid op te geven. Ze moesten eerst het volk raadplegen. Dat kon alleen als er een wapenstilstand zou worden afgekondigd. In dat geval zou het ook wenselijk zijn een van de deputatieleden uit Europa te laten overkomen.

Dat laatste weigerde Kitchener direct, net als een formele wapenstilstand. Maar een volksraadpleging, en alle organisatie die daarvoor nodig was, wilde hij wel toestaan. Milner suggereerde nog dat dan ook de krijgsgevangen Boeren moesten worden geraadpleegd. Steyn reageerde schertsend. '*How can the prisoners-of-war be consulted? They are civilly dead.*' Stel je voor dat zíj zouden kiezen voor voortzetting van de oorlog, en de commando's niet. '*What then*?' Daar konden Kitchener én Milner wel om lachen. Akkoord dan, alleen de nog actieve commando's. Te vertegenwoordigen door tweemaal dertig afgevaardigden uit beide voormalige republieken. Op 15 mei 1902 in Vereeniging, een grensdorp aan de Vaal.[135]

Deneys Reitz kon het niet bewijzen, maar hij had de stellige indruk dat hun reis met opzet werd vertraagd. Waarschijnlijk, zo dacht hij, wilden de Engelsen voorkomen dat Smuts de Transvalers zou opbeuren met zijn succesverhalen uit de Kaapkolonie. In ieder geval duurde het allemaal wel lang. Het was al een dag of vijf varen naar Kaapstad. Comfortabel genoeg, daar niet van, een eigen kajuit met een zacht bed, een bediende die 's ochtends koffie kwam brengen en zei dat zijn bad klaarstond, en niet te vergeten overheerlijk eten. In Kaapstad moesten ze eerst nog een paar dagen wachten, aan boord van het marineschip *Monarch*, ook daar overigens van alle gemakken voorzien.

Toen pas de trein naar het noorden. Bij de eerste tussenstop, in Matjesfontein bij het begin van de Karoo, kregen ze bezoek van French, de cavaleriegeneraal, een van hun tegenstanders van het eerste uur. Hij kwam hen vriendelijk uithoren, zo leek wel, maar het gesprek vlotte niet erg. Smuts vond hem maar lompe vragen stellen, en reageerde ontwijkend. French zelf had er nogal schik in om te onthullen dat ze hem zomaar gevangen hadden kunnen nemen, in september 1901, kort na hun inval in de Kaapkolonie. Hij had in een trein gezeten die ze met opzet hadden laten passeren, om geen aandacht te trekken.

Vanaf Matjesfontein reden ze alleen 's nachts. Hun rijtuig werd voorafgegaan door een gepantserde wagon met een groot zoeklicht erop. Overdag werd het treinstel steeds stilgezet op een zijspoor. Zodoende duurde het een kleine week om in Kroonstad te komen. Het was inmiddels 4 mei 1902. Bij het station wachtte Kitchener hen in eigen persoon op. Reitz was onder de indruk van zijn verschijning, gezeten '*op 'n pragtige swartperd, gevolg deur 'n talryke lyfwag, daaronder Indiërs in Oosterse kostuum met krom sabels vol goudbeslag*'. Kitchener kwam hun compartiment binnen en begon een beschaafd twistgesprek met Smuts. Over de uitzichtloosheid van het Boerenverzet, het executeren van '*Cape rebels*' en Boerencommando's in kaki-uniformen, maar ook over Engelse hulp bij de wederopbouw van het land. Bij zijn vertrek deelde hij mee dat Smuts eerst moest doorreizen naar Oost-Transvaal, om Botha te ontmoeten. Van daaruit konden ze gezamenlijk naar Vereeniging komen.

Die nacht keerden ze na lange tijd weer terug in Transvaal. Bij Johannesburg ging hun trein de zuidoosterlijn op, richting Natal. De volgende dag arriveerden ze in Standerton, het eindpunt van hun treinreis. Na nog een stuk in een rijtuig werden ze opgewacht door

Boerencommando's, met extra paarden. Botha's kamp was twee dagen rijden, over kale en verlate vlaktes.

Bij aankomst schrok Reitz zich wild. Er waren zo'n driehonderd commando's verzameld uit heel Oost-Transvaal, maar wat zagen ze eruit! Uitgehongerd, gekleed in beestenvellen of graanzakken, hun lichamen onder de wonden en zweren. Waarschijnlijk had hij er zelf ook zo uitgezien, in de eerste weken van hun inval in de Kaapkolonie, maar daarna waren ze toch steeds beter gewend geraakt. Als deze haveloze mannen de kern vormden van de Transvaalse commando's, dan was de oorlog onherroepelijk verloren.

Voor Reitz persoonlijk was er wel goed nieuws. Botha vertelde dat zijn vader ergens in het noorden was en ongetwijfeld ook naar Vereeniging zou komen. Van zijn broers wist Botha niets, maar bij navraag onder de manschappen bleek dat Hjalmar en Joubert allebei gevangen waren genomen. Alleen over Arend kon Reitz niets te weten komen.

Een dag later vond de grote vergadering plaats om afgevaardigden te kiezen voor Vereeniging. Zelfs onder dit soort omstandigheden '*kom die Boere-neiging tot redevoeringe en lang redenasies voor die dag*'. dus het duurde nogal even. Tegen de avond waren ze eruit. De gekozenen gingen de volgende ochtend vroeg met Botha en Smuts op pad. Te paard naar Standerton, vandaar per trein naar Vereeniging.

Zo'n beetje de eerste die Reitz daar tegen het lijf liep, was zijn vader. '*Ruig en gehawend, maar fris en gesond.*' Het was meer dan anderhalf jaar geleden, oktober 1900,[136] en ze waren dolblij elkaar weer te zien. Zijn vader had bovendien net gehoord dat ook Arend het goed maakte. Hij vocht al een jaar onder Christiaan de Wet en was gezond en veilig. Met drie gezinsleden vrij rondlopend en twee in krijgsgevangenschap, maar allemaal nog in leven, mochten ze van geluk spreken. Ze waren veel beter af dan de meeste families, die '*oor hul gesneuweldes treur*'.[137]

Zestig mannen die moesten beslissen over oorlog of vrede. Dertig Transvalers en dertig Vrijstaters. Gekozen door en uit de vijftienduizend Boerencommando's die nog actief verzet pleegden. Binnen die beperking was het een voorbeeldig staaltje democratische besluitvorming. Plaats van handeling een grote tent, omgeven door een overmacht aan Engelsen. Toepasselijker kon het niet. De ontknoping van een van begin tot eind bizar ongelijke krachtmeting. Het volk onder de wapenen tegen de professionele oorlogsmachine. Discussiërend tot het bittere eind.

De opening van de bijeenkomst in Vereeniging, op donderdag 15 mei 1902, leek op die in Klerksdorp, ruim een maand eerder, met één levensgroot verschil. Steyns gezondheidstoestand was verder verslechterd. Hij was nauwelijks in staat deel te nemen aan de vergaderingen. Dat scheelde een flinke dosis onverzettelijkheid in de inleidende verklaringen van de Boerenleiders. De Wet en De la Rey waren rolvast maar kort van stof. Burger en Botha daarentegen namen alle tijd om aan de afgevaardigden uit te leggen hoe uitzichtloos de situatie in hun ogen was. Botha beklemtoonde dat '*die Kafferkwessie... by die dag ernstiger*' werd. Met de Zoeloes was het nu openlijk oorlog. Kort tevoren waren bij Holkrans zesenvijftig burgers '*deur Kaffers vermoor wat uit die Engelse linies gekom het*'. De Boerenvrouwen in Zuidoost-Transvaal waren hun leven en eerbaarheid niet meer zeker. '*Baie is deur die Kaffers aangerand en verkrag. Waarlik, die toestand van hierdie vroue is die allertreurigste saak waarmee ek in hierdie oorlog te doen gehad het.*'

Botha's inleiding maakte indruk, al waren er onder de afgevaardigden die vervolgens aan het woord kwamen, nog genoeg die van geen wijken wilden weten. Met name de Vrijstaters die verslag uitbrachten van de situatie in hun regio, toonden zich volhardend. In navolging van hun hoofdcommandant De Wet verklaarden ze het nog wel een jaar vol te kunnen en willen houden.

Toen was het de beurt aan Smuts. Naar zijn bijdrage was uitgekeken. Wat viel er nog te verwachten uit de Kaapkolonie? Smuts kwam snel ter zake. Er waren daar bijna drieëndertighonderd commando's actief, die grote delen van met name het westelijke deel controleerden. De Afrikaner bevolking was in meerderheid op hun hand. Ze zouden het zonder moeite nog een tijd kunnen uithouden. Echter, de gehoopte algemene opstand zou er niet komen. Om twee redenen. De eerste was de schaarste aan paarden en aan gras. De Engelsen hadden alle paarden weggevoerd of afgemaakt, en gras groeide er gewoon niet. '*Die veld oor die hele Kaapkolonie is begroei met bossies.*' Dat dubbele tekort nekte elke grote operatie. De tweede reden was de zware straf die de Engelsen koloniale rebellen in het vooruitzicht stelden. Zijn conclusie was stellig: voortzetting van de oorlog hing meer af van de situatie in Transvaal en Oranje Vrijstaat dan die in de Kaapkolonie.

Smuts ontnuchterende verslag markeerde een duidelijk omslagpunt. Na hem kwamen er nog maar weinig Vrijstaters aan het woord, en des te meer Transvalers, die een veel somberder beeld schetsten van de toestand in hun districten. Die tendens zette zich de volgende dag door. In de loop van de vrijdagmiddag deed staatssecretaris Reitz een concrete suggestie om in ieder geval hun binnenlandse onafhankelijkheid te behouden. Als ze nu eens de Rand en – het protectoraat over – Swaziland afstonden? En dan verder geen buitenlandse politiek voerden? Voor die gedachte bleek voldoende steun. Besloten werd om Smuts en Hertzog opdracht te geven in samenspraak met de twee presidenten een conceptvoorstel te maken.

In de avondvergadering kregen Botha, De Wet en De la Rey, op verzoek van de afgevaardigden, nogmaals het woord. Botha greep de gelegenheid aan voor een uitvoerig, emotioneel betoog, waarin hij al zijn argumenten nog eens breed uitmat, nu met inbegrip van de bevindingen van Smuts. Alles wees volgens hem in dezelfde richting. '*Indien ons wil onderhandel, dan is dit nou die tyd. As die Here God dit wil, dan, hoe bitter ook, moet ons terme maak... Daar is gesê dat ons moet veg tot "die bittere einde", maar niemand sê waar dié bittere einde is nie. Is dit waar iedereen in sy graf lê of verban is*?'

De la Rey gebruikte minder tijd, maar had wel een belangrijke mededeling. Hij herhaalde dat hij bij aankomst in Vereeniging nog van geen opgeven had willen weten. Maar sinds hij uit de verhalen had gehoord hoe ernstig de toestand was in vele andere districten, '*voel ek die besware wat teen die voortsetting van die oorlog geopper is*'. Met andere woorden, De la Rey was om. Ook hij meende dat de tijd gekomen was om met de vijand te onderhandelen.

Alle ogen waren nu gevestigd op De Wet. Zou hij ook overstag gaan? Ze hadden beter kunnen weten. Hij had respect voor Botha, verzekerde hij de afgevaardigden, maar hij verschilde nog steeds met hem van mening. Alle argumenten die de Transvaalse commandant-generaal had genoemd, alle ellende die hij had geschetst, dat kon allemaal waar zijn. Echter, '*ek het met feite niks te doen nie. Die hele oorlog is 'n geloofsaak.*' En voor hem maakte het geen verschil '*of ons werklik na ons graf gaan, dan wel of ons die graf vir ons volkbestaan delf*'.

De volgende dag, zaterdag 17 mei, stemden de afgevaardigden in met het door Smuts en Hertzog uitgewerkte voorstel. Behoud van binnenlands zelfbestuur onder Brits oppertoezicht. Afstand van onafhankelijkheid wat betreft buitenlandse relaties. Afstand van een deel van het grondgebied. Dat waren de drie punten die zouden worden voorgelegd aan de Engelsen. Niet door Steyn en Burger dit keer, maar door de beproefde militaire leiders Botha, De la Rey en De Wet, juridisch ondersteund door Smuts en Hertzog. 's Avonds al arriveerden ze in Pretoria.[138]

Maandagochtend 19 mei 1902 werden ze ontvangen door Kitchener en Milner. Die waren blij verlost te zijn van de halsstarrige Steyn, maar kregen nu wel vijf nieuwe onderhandelaars tegenover zich. Dat kon complicaties geven, maar ook mogelijkheden. Wie zou erin slagen de tegenpartij uit elkaar te spelen? Zelf waren de twee Engelse onderhandelaars het nog steeds faliekant met elkaar oneens. Milner wilde de Boeren het liefst smekend op de knieën, Kitchener gunde hun een eervolle nederlaag. Maar hun reactie op het openingsvoorstel van de Boeren was eensgezind. Uitgesloten. Dit leek in niets op hetgeen de Britse regering tot uitgangspunt van een vredesplan had verklaard, namelijk de '*Middelburg proposals*'.

Na veel heen-en-weergepraat, de nodige schorsingen en opsplitsingen in subcomités legden de Boerenonderhandelaars zich daarbij neer. Smuts en Hertzog stelden vervolgens samen met Kitchener een aangepaste versie op. Die verschilde slechts in een paar, maar niet onbelangrijke, opzichten van het voorstel van ruim een jaar eerder. Ten gunste van de Boeren, welteverstaan. Die moesten nu weliswaar koning Edward VII als wettig staatshoofd erkennen, maar daar stond tegenover dat ze, met voorbijgaan van de door Roberts geproclameerde annexaties, formeel werden erkend als vertegenwoordigers van de *Government of the South African Republic* en die van de *Orange Free State*. Verder zouden de Boeren een schadevergoeding ontvangen van drie in plaats van één miljoen pond. En eventueel kiesrecht voor kleurlingen en zwarten zou pas aan de orde komen na invoering van zelfbestuur.[139]

Op 21 mei werd de tekst naar Londen getelegrafeerd. Privé stuurde Milner er nog een bericht achteraan, alleen bestemd voor Chamberlain. Daarin liet hij weten er niet rouwig om te zijn als het Britse kabinet de voorstellen zou verwerpen, dan wel ingrijpend wijzigen. Ze waren veel te gunstig voor de Boeren geworden. Kitchener had zich volgens hem laten meeslepen door zijn verlangen om de oorlog snel te beëindigen.

En wellicht ook door zijn persoonlijke sympathie voor de Boerenleiders, had Milner eraan kunnen toevoegen. Hoe verbeten ze elkaar ook hadden bevochten, de militairen aan de onderhandelingstafel bouwden al snel een goede verstandhouding op. Ook Kitcheners stafchef Ian Hamilton, ruim een maand eerder bij Roodewal nog verantwoordelijk voor de laatste grote Boerennederlaag, kon het prima vinden met zijn tegenstanders. Op 24 mei was hij te gast bij het diner voor de tweeëndertigste verjaardag van Smuts. Hij had tussen Botha en De la Rey gezeten, schreef hij opgetogen aan Churchill. Rechts van Botha zat De Wet; links van De la Rey zat Smuts. Ze hadden smakelijke verhalen verteld over al hun ontsnappingen. Hij had een kostelijke avond gehad, '*and never wish to eat my dinner in better company*'.[140]

Op 27 mei kwam het antwoord van Londen. Het Britse kabinet stemde op hoofdlijnen in met de nieuwe voorwaarden, met eigenlijk alleen redactionele wijzigingen. Chamberlain had het advies van Milner genegeerd. Tien punten bevatte de tekst. De Boerencommando's legden hun wapens neer en erkenden de Britse koning als soeverein. De (krijgs)gevangen Boeren konden op dezelfde conditie terug naar huis. Zij behielden hun persoonlijke vrijheid en bezit. Op enkele individuele gevallen na – drie, om precies te zijn – geen rechtsvervolging. Gebruik van het Nederlands toegestaan op scholen en in rechtbanken. Geweren voor eigen bescherming toegestaan met vergunning. Het militaire bestuur zo snel mogelijk vervangen door burgerlijk bestuur en vervolgens door zelfbestuur. Daarna pas zou de kwestie van '*Native Franchise*' aan de orde komen. Geen oorlogsbelasting. Speciale commissies voor de terugkeer van de bevolking en de wederopbouw van het land, waarvoor drie miljoen pond schadevergoeding en leningen op '*liberal terms*' beschikbaar waren.

Op 28 mei kregen de Boerenonderhandelaars de tekst voorgelegd.

Veel vragen hadden ze niet. Mochten de afgevaardigden in Vereeniging nog veranderingen aanbrengen? Nee, dat mochten ze niet, antwoordde Milner snel. Het was nu '*yes or no*'. Aansluitend las hij nog een document voor, opgesteld in Londen. Het handelde over de koloniale rebellen in de Kaapkolonie en Natal. Zij verloren hun kiesrecht – aanvankelijk levenslang, maar dat werd teruggebracht tot vijf jaar. Hun leiders zouden ook worden berecht, maar de doodstraf konden ze niet meer krijgen. Daarmee waren alle punten afgehandeld. 's Avonds om negen uur vertrokken de vijf Boerenleiders naar Vereeniging. De afspraak was dat ze uiterlijk 31 mei terug zouden zijn in Pretoria.

De volgende dag hadden ze heel wat uit te leggen aan de afgevaardigden. En dat deden ze ook, in ieder geval Botha, De la Rey en Smuts. Alle drie getroostten ze zich grote moeite om te verklaren waarom ze met een heel ander voorstel waren teruggekomen dan waarmee ze op pad waren gestuurd. Tot iets anders was de Engelse regering domweg niet bereid. De onderhandelingen afbreken was geen optie. Hun situatie was hopeloos. De aanvullende informatie die Botha in Pretoria had gekregen – deels uit Engelse bron, deels van Boereninformanten – was nog schokkender dan hijzelf al had gedacht. Van de 60 000 gewapende burgers waarmee ze de strijd waren begonnen, waren er nog maar 15 000 in het veld. 3800 waren er gesneuveld en 31 400 bevonden zich in krijgsgevangenschap. Het ontbrekende aantal noemde hij niet, maar iedereen kon uitrekenen dat er dus ook nog zo'n 10 000 *hendsoppers* en *joiners* waren. En dan het schrikbarende aantal doden onder de vrouwen en kinderen in de concentratiekampen. 20 000 waren dat er inmiddels. Hij kon met andere woorden '*geen heil vir ons sien in die voortsetting van die oorlog nie. Ek kan daarin alleen die uitdelging van ons volk sien*'.

Smuts viel Botha krachtig bij. Ook De la Rey riep de afgevaardigden op het voorstel aan te nemen. De twee Vrijstaatse onderhandelaars bleken echter andere meningen toegedaan. Hertzog twijfelde. De Wet twijfelde nog steeds niet. Hij pleitte ervoor het voorstel te verwerpen. '*Laat ons hierdie bittere stryd volhou en soos één man sê: Ons hou vol – dit kom niet daarop aan hoe lank nie, maar totdat ons ons onafhanklikheid oor ons bevestig kry.*'

Vervolgens kwamen de afgevaardigden zelf aan het woord. Twee dagen lang, donderdag 29 en vrijdag 30 mei, passeerden alle argumenten nog eens uitgebreid de revue. Verreweg de meeste Transvalers zaten op de lijn van Botha, terwijl de Vrijstaters die zich uitspraken – opnieuw veel geringer in aantal – De Wet steunden. De laatste won nog aan gezag toen Steyn zich vanwege zijn ziekte genoodzaakt zag ontslag te nemen als president. Zonder veel omhaal werd De Wet aangewezen als zijn (waarnemend) opvolger. Voor Botha en de andere Transvaalse leiders werd het daardoor des te belangrijker hem toch mee te krijgen in een gezamenlijk besluit.

Zaterdagochtend vroeg, vóór de vergadering, zochten Botha en De la Rey De Wet op in zijn tent. Konden ze het in ieder geval niet eens worden over de procedure? Alle argumenten waren gewisseld, het was 31 mei, die dag moest de beslissing vallen. Als Smuts en Hertzog de naar voren gebrachte standpunten zouden proberen samen te vatten, dan kon die tekst aan de afgevaardigden worden voorgelegd. Dan was het aan hen om voor of tegen te stemmen. De Wet ging akkoord, en stelde het ter vergadering zelf zo voor.

Smuts en Hertzog zetten zich snel aan hun taak. Ze stelden een verklaring op, waarin de belangrijkste argumenten om het Engelse voorstel te aanvaarden nog eens werden opgesomd. De algehele verwoesting van de twee republieken en de vernieling van alle middelen van bestaan. Het lijden en sterven van de vrouwen en kinderen in de concentratiekampen. De steeds actievere en agressievere deelname aan de oorlog van kleurlingen en zwarten, buiten en binnen de grenzen. De grootschalige confiscaties van privébezit. Het steeds verder slinken van het aantal actieve Boerencommando's. De honger en ontberingen waarmee 'dit strijdend overblijfsel' te kampen had. Dat alles maakte het 'niet gerechtvaardigd... met den oorlog voort te gaan, daar zulks alleen kan strekken tot den maatschappelijken en stoffelijken ondergang niet alleen van ons, maar ook van ons nageslacht'.

Om twee uur 's middags werd het voorstel ter stemming voorgelegd aan de afgevaardigden. De uitkomst was bijna een anticlimax. Met een overweldigende meerderheid van vierenvijftig tegen zes stemmen – drie Transvalers, drie Vrijstaters – werd het voorstel aanvaard. Burger sprak een laatste ernstig woord. Dominee J.D. Kestell ging voor in het afsluitend gebed. Daarna werden de vertegenwoordigers van Kitchener binnengeroepen. Onder doodse stilte deelde Botha hen mee dat de vergadering het vredesvoorstel van de Engelse regering had aanvaard.

In allerijl werd nu alles voorbereid voor de formele ondertekening. Namens Transvaal zou dat gebeuren door Burger, Reitz, Botha, De la Rey en de twee leden van de Uitvoerende Raad L.J. Meyer en J.C. Krogh. Oranje Vrijstaat werd vertegenwoordigd door De Wet, Hertzog en de twee regeringsleden W.C.J. Brebner en C.H. Olivier. Kort vóór elf uur 's avonds kwam hun trein aan in Pretoria. In Melrose House wachtten Kitchener en Milner hen op. De plechtigheid zelf was in vijf minuten gebeurd. Burger tekende als eerste, Milner als laatste. De Boerenoorlog was officieel beëindigd. De stilte was onwerkelijk. Kitchener was de eerste die sprak. '*We are good friends now!*'[141]

Epiloog

Winnaars en verliezers

Bloemfontein, 6 juli 2012

Vandaag sluit de termijn. Als er geen bezwaren zijn binnengekomen, is het nu definitief. De *Paul Kruger Avenue* in Bloemfontein heet voortaan *OR Tambo Street*. 'Oom Paul' wordt geschrapt van de straatnaambordjes, '*OR*' komt voor hem in de plaats. De Boerenleider die de oorlog begon tegen de Britten, wordt vervangen door de ANC-leider die de strijd aanging tegen het apartheidsregime.[1]

Heel opzienbarend is dat niet. Straten, steden en landen veranderen van naam als gevolg van politieke machtswisselingen. Zuid-Afrika is er zelfs tamelijk laat mee, achttien jaar nadat het ANC aan de macht kwam. Maar nu wordt er serieus werk van gemaakt. Niet alleen in Bloemfontein. Overal in Zuid-Afrika worden de bordjes verhangen. In Durban en in Kaapstad zo'n honderd tegelijk.[2]

Dat gaat gepaard met tumult. Het meest verhit zijn de gemoederen in Pretoria, de bestuurlijke hoofdstad van Zuid-Afrika. Daar gaat het om de naam van de stad zelf. Er ligt een officieel besluit om die te veranderen in Tshwane, en dat is hard aangekomen in de Afrikaner gemeenschap. Sinds Marthinus Pretorius de plaats in 1855 oprichtte en naar zijn vader noemde, is dit het Boerenbolwerk bij uitstek. Tot op de dag van vandaag zijn de Afrikaners er in de meerderheid, de bevolking is voor driekwart blank.[3]

De emoties laaien vooral zo hoog op omdat de beoogde nieuwe naam minstens zo symbolisch geladen is als de huidige. Tshwane was een legendarisch stamhoofd van de tegenwoordig als Ndebele bekende Matabele. Een verre voorganger dus van Mozelekatze en Lobengula. Hij zou al in de achttiende eeuw in het gebied hebben geheerst, ruim vóór de komst van de Voortrekkers. Het historisch bewijs daarvoor berust op mondelinge overlevering. In 2006 verrees *Chief* Tshwane al zes meter hoog in brons op het centrale plein van Pretoria, tegenover de bestaande standbeelden van vader en zoon Pretorius.

De symboliek kan niemand ontgaan. Standbeelden op een plein, naamgeving van een stad, dat gaat om invulling van publieke ruimte, dat is een politieke krachtmeting. Met een historische dimensie van concurrerende *invented traditions*. Pretoria en Tshwane staan voor uiteenlopende visies op de geschiedenis van Zuid-Afrika, voor tegengestelde antwoorden op vragen als: welke stam was hier eerder, de Matabele of de Voortrekkers? En meer algemeen: wie hebben dit land opgebouwd, de blanken of de zwarten? De antwoorden op die vragen zijn allesbehalve vrijblijvend. Ze bepalen de uitkomst van de meest fundamentele maatschappelijke vraag in het huidige Zuid-Afrika: van wie is dit land?[4]

Het eigen eeuwfeest, op 8 januari 2012, lijkt de ANC-leiders bewuster te hebben gemaakt van de kracht van historische argumenten. Het kerkje in Bloemfontein, waar het ANC werd opgericht, was op tijd opgeknapt voor de festiviteiten. Daar zal het niet bij blijven. Recent heeft de regering nog eens achtentwintig erfgoedprojecten aangekondigd die er, in de woorden van president Zuma, aan zullen bijdragen 'de overblijfselen van het koloniale en apartheidsverleden te corrigeren'.[5]

Zo lijkt het ANC uiteindelijk dan toch aan het langste eind te trekken. Daar zag het een eeuw geleden absoluut niet naar uit. Integendeel, als het ging om rechtspositie, waren de niet-blanke bevolkingsgroepen van Zuid-Afrika de grote verliezers van de Boerenoorlog.

De Vrede van Vereeniging die op 31 mei 1902 een einde maakte aan de oorlog, was voor zwarte leiders als Sol Plaatje een ontgoocheling. Alle opofferingen tijdens het beleg van Mafeking waren voor niets geweest. Als dank voor hun steun aan de Britten werden de zwarten verraden. Artikel 8 van het vredesverdrag oogde onschuldig, maar sloeg in feite alle hoop de bodem in. '*The question of granting the Franchise to Natives will not be decided until after the introduction of Self-Government.*' Oftewel, dat ging niet gebeuren, dat zouden de Boeren nooit toestaan. De Britten waren gezwicht voor hun verslagen tegenstanders. De blanken hadden het onderling op een akkoordje gegooid en de niet-blanke bevolking buitengesloten.

Die uitsluiting gold voor kleurlingen evengoed als voor zwarten. Zij gold ook voor de immigranten uit Brits-Indië die Mohandas Gandhi vertegenwoordigde. Hun loyaliteit tijdens de oorlog, hun ambulancekorps op Spionkop en andere slagvelden, het had allemaal niets betekend. Gandhi moest dezelfde conclusie trekken als Plaatje en alle andere leiders van niet-blanke bevolkingsgroepen.

En dat niet alleen in de twee voormalige Boerenrepublieken, maar ook in de Kaapkolonie en Natal. Artikel 8 was nog maar het begin. In de jaren daarna vonden Boer en Brit elkaar overal in Zuid-Afrika in het bepalen van de toekomst van hun zwarte en gekleurde landgenoten. Die zagen zij uitsluitend in de mijnen en op de landbouwbedrijven. Werkvolk, dat was in blanke ogen de enige bestemming van zwarten en kleurlingen. Daar was geen stemrecht voor nodig, en ook geen andere burgerrechten. Pasjes wel, in veelvoud, om te voorkomen dat ze maar zouden gaan en staan waar ze wilden.

Nog één keer kwam het tot georganiseerd verzet, in 1906 in Natal. Belastingverhoging was daar aanleiding voor het Zoeloestamhoofd Bambatha om in opstand te komen. De reactie van het Britse koloniale gezag was resoluut. De Bambatha-rebellie werd met grof geweld neergeslagen. Duizenden Zoeloes kwamen om, duizenden anderen kregen lijf- of gevangenisstraf.

Voor Gandhi was de opstand aanleiding het nog eens te proberen. Weer bood hij het koloniale bewind de diensten aan van de Brits-Indische gemeenschap, eerst in de vorm van een gevechtseenheid, vervolgens van een ambulancekorps. Dat laatste lukte, maar de achterliggende doelstelling werd opnieuw niet bereikt. Ook voor zijn achterban bleef de *colour line* onverbiddelijk. Verbitterd gooide hij het sindsdien over een andere boeg. Hij zocht niet langer acceptatie door de blanken, hij ging in verzet. *Satyagraha*, geweldloos verzet, werd zijn nieuwe strategie.

Zwarte leiders als Sol Plaatje kenden een ander breekpunt. Ook zij bleven nog jarenlang hopen op het welwillende deel van de Britse natie, ook zij zonder resultaat. De achterstelling van zwarten en kleurlingen werd compleet met de *Natives Land Act* van 1913. Die bepaalde dat zij geen land mochten bezitten, op enkele gebieden na, ter grootte van zeven procent van het totale grondgebied. Voor zwarte vertegenwoordigers uit heel Zuid-Afrika was het aanleiding hun krachten te bundelen in het *(South) African (Native) National Congress*.[6]

Op een heel ander, veel minder existentieel niveau, behoorde ook Nederland tot de verliezers van de Boerenoorlog. De bepalingen van de Vrede van Vereeniging stonden het gebruik van de Nederlandse taal op scholen en in rechtbanken nog wel toe, maar verder was de rol van het oude moederland uitgespeeld. De strategische 'Hollanderbolwerken' die president Kruger willens en wetens in Transvaal had laten verrijzen, waren al tijdens de oorlog ontmanteld. De NZASM, het trotse boegbeeld, was genationaliseerd; het Nederlandse spoorwegpersoneel door de Britten het land uitgezet.

De verpersoonlijking van de teloorgang – net als eerder van de totstandkoming – van de '*Dutch connection*' was Willem Leyds. Voor hem was de Vrede van Vereeniging een driedubbele nederlaag. De Boeren hadden verloren. Het was gedaan met de Nederlandse inbreng in Zuid-Afrika. En persoonlijk voelde hij zich overvallen. Hij was tot het einde toe blijven geloven in de goede afloop. Maar nu moest hij de realiteit onder ogen zien. Ook die van hemzelf. Hij was in één klap ambteloos en stateloos. Drieënveertig jaar, nog jong genoeg voor een nieuwe wending in zijn leven, maar wilde hij dat ook?

Na een paar dagen was hij eruit. Hij was te veel vergroeid met de Boerenzaak. De achttien jaar in en voor Transvaal lieten hem niet meer los. Begin juni 1902 schreef hij aan zijn broer 'dat ik den moed niet opgeef'. Hij was er van overtuigd dat 'op den duur het Boerenelement in Zuid-Afrika zegevierend zal zijn'. Aan dat einddoel wijdde Leyds ook de rest van zijn leven. Hij kreeg nog aanbiedingen genoeg. Hoogleraar in Leiden, consul-generaal in Teheran, maar hij koos voor Den Haag. Weer als Nederlands staatsburger, onveranderd ten bate van de *cause célèbre* die hem als beginnend jurist in de schoot was geworpen. Voortaan als schrijver van historische werken, met veelzeggende titels als *Het insluiten van de Boeren-republieken.*

Ondanks die levenslange toewijding zou hij niet vaak meer in Zuid-Afrika komen. In 1904 begeleidde hij het stoffelijk overschot van oud-president Kruger naar diens laatste rustplaats. Daarna nam hij zelden nog een uitnodiging aan. Hij verkoos de reflectie van zijn studeerkamer. Het openbare leven in Zuid-Afrika raakte in zijn ogen 'geheel verpolitiekt'. Hij wilde niet worden meegesleept in de onderlinge partijstrijd van de Afrikaners. Leyds legde zich toe op het (her)schrijven van de geschiedenis die hij eerst had helpen maken. Ook in dit schrijversleven was Paul Kruger zijn grote held en Engeland de bron van alle kwaad.

Maar de geschiedenis stond niet stil, en bezorgde hem bijna een ironisch levenseinde. Begin mei 1940 deed de dreigende Duitse inval de eenentachtigjarige Leyds besluiten Nederland te ontvluchten. De enige uitweg die restte, was Engeland. Dat zou wel een *sick joke* zijn geweest. Noodgedwongen bescherming zoeken in het land dat hij jarenlang hardnekkig had bestreden en aangeklaagd. Zover kwam het niet. Tijdens de voorbereidingen voor de overtocht werd hij ziek. Op 14 mei 1940 overleed Willem Leyds in een Haags ziekenhuis.[7]

Groot-Brittannië was de formele winnaar van de Boerenoorlog, maar haar verliezen logen er niet om. Ruim 22 000 omgekomen militairen, meer dan de helft als gevolg van ziekte. 400 000 dode paarden en muilezels. Een rekening van 217 miljoen pond. En daarbij niet te becijferen immateriële schade. De Britse militaire reputatie was geschaad, het morele prestige bezoedeld en de diplomatieke status verzwakt, met alle gevolgen van dien voor het nationale zelfvertrouwen. Tegen die achtergrond was het niet verwonderlijk dat Londen genoeg had van de oorlog, en in mei 1902 bereid bleek de Boeren verder tegemoet te komen dan een jaar eerder.

Voor Winston Churchill kwam de Vrede van Vereeniging niet als een verrassing. Via bevriende relaties als Ian Hamilton was hij goed op de hoogte van alle ontwikkelingen. Zo ook van de 'verbroedering' met de Boerengeneraals. Hamilton had van hen een veel hogere pet op dan van de '*Cape loyalists*' en de Uitlanders. Churchill was het volkomen met hem eens. Ook hij vond dat de Boeren er snel weer bovenop moesten worden geholpen. Zij waren '*the rock*' waarop de Britten in Zuid-Afrika moesten bouwen.[8]

Na de vrede zette Milner zich nog wel energiek in voor de totale verengelsing van de twee oude en de twee nieuwe koloniën, maar dat stuitte op te veel weerstand, ook binnen de Engelstalige gemeenschap zelf. Vergeven, vergeten en samenwerken met de Boeren, dat sprak steeds meer Britten aan, zowel in Londen als in Kaapstad en Durban. Naast de afgesproken drie miljoen pond schadevergoeding werd nog eens het tienvoudige bedrag aan leningen verstrekt voor de wederopbouw van het kaalgeslagen land.

In 1905 kreeg het verzoeningsproces een extra impuls. In Kaapstad werd Milner vervangen door de tot compromis bereide Lord Selborne. In Londen namen de liberalen de macht over van de conservatieven. Churchill, die kort tevoren van politieke kleur was veranderd, kreeg in het nieuwe kabinet een post als staatssecretaris voor de Koloniën. In die functie droeg hij concreet bij aan de ontwikkeling richting zelfbestuur. Op 31 mei 1910 was het zover. De vier koloniën werden verenigd tot de Unie van Zuid-Afrika, als dominion binnen het Britse rijk.

De Eerste Wereldoorlog werd de lakmoesproef. De Zuid-Afrikaanse regering sloeg een opstand van voormalige Boerencommando's neer en koos voor actieve steun aan Groot-Brittannië. Ze zette tienduizenden militairen in tegen de Duitse koloniën in zuidelijk Afrika en vervolgens ook in Europa. Voor velen van hen was het daar een weerzien met oude tegenstanders uit de Boerenoorlog, nu strijdend voor dezelfde zaak. Zoals Churchill. Hij was in de tussentijd politiek hoog gestegen en diep gevallen. Belust op rehabilitatie was hij begin 1916 weer tijdelijk terug in de loopgraven, nu als luitenant-kolonel van het 6e bataljon Royal Scots Fusiliers, in de buurt van Arras. Begin 1917 kwam het 1e bataljon hen aflossen. Met daarbij een Zuid-Afrikaanse majoor, ene Reitz.[9]

Vele Boeren waren in shock na de Vrede van Vereeniging. Hun verliezen waren nauwelijks te bevatten. 34000 mensenlevens, 6000 in de strijd, 28000 in de kampen, merendeels kinderen. Miljoenen koeien, schapen en paarden, ook dood. Tienduizenden boerderijen vernield. Al hun voorraden in rook opgegaan, alle landbouwgrond braak. En dat was alleen nog maar de zichtbare schade.[10]

Deneys Reitz maakte de verbijstering van heel dichtbij mee. Wat zich in mei 1902 in Vereeniging afspeelde, ging hem door merg en been. De zestig daar verzamelde Boerencommando's waren 'de keur van ons volk – allen dappere krijgslieden en zoo hard als ijser'. Nu lagen ze in hun tenten 'als kinderen te snikken... bij het graf van hun vrijheid'. Zijn vader had het helemaal te kwaad. Die had het ultimatum getekend dat de oorlog had ontketend, en nu ook het vredesverdrag dat de oorlog had beëindigd. Dat was meer dan hij kon verdragen. Hij vertrok naar Nederland, naar zijn vrouw en jongste kinderen. Deneys was solidair met zijn vader, maar koos zijn eigen ballingsoord. Hij vestigde zich op Madagaskar, en begon een transportbedrijf.[11]

En dan te bedenken dat het gezin Reitz er nog ongeschonden doorheen was gekomen. De meeste Boerenfamilies betreurden het verlies van dierbaren. Omdat ze waren omgekomen. Omdat ze in de oorlog een 'foute' keus hadden gemaakt, en daarna voor altijd hadden afgedaan. Of omdat ze niet loskwamen van het verleden. Voor de Boeren was dat het ware trauma van de verloren oorlog. Hij werd niet collectief verwerkt, maar voortgezet met andere middelen. De strijd tegen de Britten had hen diep verdeeld, en de vrede maakte daaraan geen einde. *Bittereinders* tegen *joiners*, dat bleef nog decennialang de bepalende scheidslijn in de Afrikaner gelederen.

Maar ogenschijnlijk herstelden de Boeren zich razendsnel van de nederlaag. Deneys Reitz stond daarvoor model. In december 1903 was hij terug in Pretoria. Financieel aan de grond, halfdood door de malaria. Jan Smuts en zijn vrouw namen hem in huis, en brachten hem weer tot leven. Hij ging studeren, werd advocaat, en was getuige van de economische wederopbouw en het politieke succes van Louis Botha's *Suid-Afrikaanse Party*, die zich richtte op samenwerking met Groot-Brittannië. In 1910 werd Botha de eerste premier van de Unie van Zuid-Afrika. Drie jaar later verenigde Barry Hertzog de tegenstanders van samenwerking in de *Nasionale Party*.

De Eerste Wereldoorlog stelde ook Reitz voor pijnlijke keuzes. Zijn oude strijdmakker Manie Maritz, de wreker van Leliefontein, de bommenslingeraar van O'Okiep, kwam in opstand, en vele duizenden *bittereinders* sloten zich bij hem aan, onder wie Christiaan de Wet en Koos de la Rey. Maar Reitz koos voor Botha, en vooral voor Smuts. Onder diens vertrouwde leiding hielp hij mee de opstand neer te slaan en Duits Zuidwest- en Duits Oost-Afrika te veroveren. Daarna meldde hij zich zelfs aan het Europese front. Dankzij Smuts, die was toegetreden tot het Britse *Imperial War Cabinet*, kwam hij terecht bij de Royal Scots Fusiliers, en trad hij in de loopgraven van Arras in de voetsporen van Churchill.

Ook nadien bleef Reitz trouw aan Smuts, nu in de politiek. Begin jaren twintig als parlementslid, in de jaren dertig als minister, onder meer van *Native Affairs*. Dat laatste tijdvak vormde een opmerkelijk intermezzo in de Afrikaner politiek. De *Suid-Afrikaanse Party*, na het overlijden van Botha geleid door Smuts, en de *Nasionale Party* van Hertzog legden hun geschilpunten bij, en fuseerden zelfs tot de *Verenigde Party*.

De Tweede Wereldoorlog maakte een einde aan het monsterverbond. Aloude anti-Britse sentimenten speelden weer op. Hertzog wilde neutraal blijven en blies de *Nasionale Party* nieuw leven in. Reitz volgde Smuts in onvoorwaardelijke steun aan Groot-Brittannië. Zijn laatste publieke functie was die van hoge commissaris in Londen. Domicilie houdend in het *South Africa House*, vlakbij de *Cabinet War Rooms*, waar Winston Churchill, inmiddels premier, leiding gaf aan de Britse oorlogsinspanningen.[12]

Het Voortrekkermonument, even buiten Pretoria, is een ambivalent bouwwerk. Het hinkt op twee gedachten, al is dat raar om te zeggen van een massieve steenklomp van veertig meter in het vierkant, omgeven door een granieten cirkel van vierenzestig ossenwagens. Maar het is juist die combinatie die intrigeert. Wat wordt hier uitgedrukt? Dat de Boeren zich zo onwrikbaar in dit land hebben gevestigd dat ze er altijd zullen blijven? Of juist dat ze op elk moment hun lager kunnen opbreken om verder te trekken naar een nieuw beloofd land?

Architect Gerard Moerdijk had het eerste voor ogen. Zijn bouwwerk zou wel duizend jaar blijven staan, dacht hij, en al die tijd getuigen van de historische betekenis van de Grote Trek. In 1949 werd het monument feestelijk ingehuldigd door premier Daniël Malan. Hij was de opvolger van Hertzog, en had Smuts bij de verkiezingen van een jaar eerder verslagen. De *Nasionale Party* was daarmee terug aan de macht. De al bestaande rassenscheiding werd aangescherpt en geformaliseerd tot een gesloten systeem. Twaalf jaar later, op 31 mei 1961, sloten de Afrikaners zich ook af van de buitenwereld. Zuid-Afrika werd een republiek, los van Groot-Brittannië. Op de dag af negenenvijftig jaar na de Vrede van Vereeniging kregen de *bittereinders* dan toch hun zin. De Boeren waren de baas in heel Zuid-Afrika.

Maar niet voor duizend jaar. Onder toenemende druk uit binnen- en buitenland moest het apartheidsregime dertig jaar later bakzeil halen. In 1990 zette president F.W. de Klerk de eerste stap. Het *African National Congress* werd toegestaan en Nelson Mandela vrijgelaten. Bij de eerste algemene verkiezingen voor alle rassen, in 1994, behaalde het ANC drieënzestig procent van de stemmen. Mandela werd president. Het land van de apartheid werd regenboognatie. Bij de laatste verkiezingen, in 2009, was er nog steeds een tweederdemeerderheid voor het ANC.

Het Voortrekkermonument staat er nog. Het heeft recentelijk zelfs, als eerste Afrikaner monument, de status gekregen van *national heritage site*. Bij de officiële toekenning op 16 maart 2012 presenteerde minister van Kunst en Cultuur Paul Mashatile het als een daad van verzoening, een erkenning van 'de diepe historische betekenis' van het monument voor de Afrikaner gemeenschap. Met een wrange bijsmaak voor de niet-blanke bevolking, dat liet hij ook duidelijk uitkomen. 'Een deel van ons verleden is pijnlijk,' verklaarde hij, 'het is een geschiedenis van uitsluiting, onderdrukking, overheersing en verdeeldheid. Echter, we kunnen dat deel van onze geschiedenis niet zomaar wegdenken.'

Wat het ANC wel kan, en volop doet, is er een ander verleden tegenover plaatsen. Letterlijk, net als het standbeeld van Tshwane tegenover vader en zoon Pretorius. In dezelfde toespraak kondigde Mashatile de uitbreiding aan van *Freedom Park*. Dat is sinds 2007 de tegenhanger van het Voortrekkermonument, welbewust niet meer dan luttele kilometers verderop aangelegd. Het is een groots opgezet themapark, waar het hele verhaal van het bonte Zuid-Afrikaanse verleden wordt gepresenteerd, van prehistorische tijden tot de dag van vandaag.

Niet duizend jaar vooruitblikkend dus, maar honderdduizenden jaren terugkijkend. *Freedom Park* geeft een ondubbelzinnig antwoord op de vraag wie in het zuiden van Afrika de oudste rechten heeft. Dat zijn niet de Afrikaners, dat moge duidelijk zijn. Ze zijn er al drieënhalve eeuw, maar die tijdsspanne valt in het niet bij de millennia aan menselijke bewoning van het gebied. Als uit die tijdrekening consequenties worden getrokken voor de machtsverhoudingen tussen de rassen in Zuid-Afrika – en de jongste generatie ANC-leiders dringt daar openlijk op aan – dan blijft het niet bij straatnamen en standbeelden. Dan is de echte kwestie de herverdeling van bezit, dan gaat het binnen afzienbare tijd om grond en grondstoffen. Als die strijd is beslecht, kan de winst- en verliesrekening van de Boerenoorlog opnieuw worden opgemaakt.[13]

Noten

Proloog

1 http://mg.co.za/article/2011-03-11-ancs-r15million-heritage-house-ripoff; http://m.news24.com/citypress/SouthAfrica/News/The-panel-beater-shop-with-a-multimillion-rand-price-tag-20110813.

2 http://www.anglo-boer.co.za/virtual-tour/; Albert Grundlingh, 'The National Women's Monument: The Making and Mutation of Meaning in Afrikaner Memory of the South African War', http://www.celat.ulaval.ca/histoire.memoire/histoire/cape1/grundlingh.htm.

3 Martin Bossenbroek, *Holland op zijn Breedst. Indië en Zuid-Afrika in de Nederlandse cultuur omstreeks 1900*, Amsterdam 1996.

4 Peter Warwick, *Black People and the South African War, 1899-1902*, Cambridge 1983. Vgl. ook Bill Nasson, *Abraham Esau's War: A Black South African War in the Cape, 1899-1902*, Cambridge 1991; Johan Wassermann, '"Sowing the seeds of rebellion": Chief Bhambatha kaMancinza and the Anglo-Boer War, 1899-1902', *African Historical Review* 39 no. 2 (2007) 91-106.

5 Toespraak Thabo Mbeki, http://www.info.gov.za/speeches/1999/991011 1133a1008.htm; toespraak Jacob Zuma, http://www.info.gov.za/speeches/1999/9910111133a1004.htm.

6 Zie ook de toelichting op zijn website, http://www.willemboshoff.com/documents/artworks/32000.htm.

7 Fransjohan Pretorius, *Historical Dictionary of the Anglo-Boer War* (Plymouth 2009) 107-108; vgl. http://www.measuringworth.com/calculators/ukcompare/relativevalue.php; Martin Meredith, *Diamonds, Gold and War. The Making of South Africa*, Londen 2007; Thomas Pakenham, *The Boer War*, Londen 1979; H.L. Wesseling, *Verdeel en heers. De deling van Afrika, 1880-1914*, Amsterdam 1991.

8 Keith Wilson ed., *The International Impact of the Boer War*, Chesham 2001.

9 André van Deventer, 'Gebruik van rolprent as 'n massa-medium tydens die ABO', lezing Anglo-Boer War Museum, 24 september 2011; Stephen Badsey, 'The Boer War as a Media War', in: Peter Dennis & Jeffrey Gredy eds., *The Boer War: Army, Nation and Empire* (Canberra 2000) 70-83; Stephen Bottomore, *Filming, Faking and Propaganda: The Origins of the War Film, 1897-1902*, Utrecht 2007; Vincent Kuitenbrouwer, *A War of Words. Dutch Pro-Boer Propaganda and the South African War (1899-1902)*, Amsterdam 2010;

Kenneth O. Morgan, 'The Boer War and the Media (1899-1902)', *Twentieth Century British History* 13 (2002) 1-16.

10 S.B. Spies, *Methods of Barbarism? Roberts and Kitchener and Civilians in the Boer Republics: January 1900-May 1902*, Kaapstad/Pretoria 1977.

11 Gregor Cuthbertson & A.M. Grundlingh eds., *Writing a Wider War. Rethinking Gender, Race, and Identity in the South African War, 1899-1902*, Athens 2002; Hermann Giliomee, *The Afrikaners. Biography of a People*, Londen 2011; Alwin de Jong, *Wil de ware Afrikaner opstaan? De Boerenoorlog als ijkpunt van nationalisme in Zuid-Afrika (1815-1925)*, bachelorscriptie Geschiedenis Universiteit Utrecht 2012; Lindie Korf, *D.F. Malan, a Political Biography*, Stellenbosch 2010; Peter Limb, *The ANC's Early Years: Nation, Class and Place in South Africa before 1940*, Pretoria 2010; Shula Marks & Stanley Trapido eds., *The Politics of Race, Class and Nationalism in Twentieth-Century South Africa*, Londen 1987; David Omissi & Andrew S. Thompson eds., *The Impact of the South African War*, Basingstoke/New York 2002; Hans Erik Stolten ed., *History Making and Present Day Politics: the Meaning of Collective Memory in South Africa*, Uppsala 2007; Christi van der Westhuizen, *White Power, the Rise and Fall of the National Party*, Kaapstad 2007; Nigel Worden, *The Making of Modern South Africa: Conquest, Apartheid, Democracy*, Oxford 2012.

12 Bill Nasson, *The War for South Africa: the Anglo-Boer War (1899-1902)*, Kaapstad 2010; Pakenham, *The Boer War*; Wesseling, *Verdeel en heers*.

13 Zie hieronder, p. 184.

14 P.J. van Winter, *Onder Krugers Hollanders. Geschiedenis van de Nederlandsche Zuid-Afrikaansche Spoorweg-Maatschappij*, Amsterdam 1937; B.J.H. de Graaff, *De mythe van de stamverwantschap. Nederland en de Afrikaners 1902-1930*, Amsterdam 1993; Chris A.J. van Koppen, *De Geuzen van de negentiende eeuw. Abraham Kuyper en Zuid-Afrika*, Maarssen 1992; R. Kuiper, *Zelfbeeld en wereldbeeld. Antirevolutionairen en het buitenland, 1848-1905*, Kampen 1992; M. Kuitenbrouwer, *Nederland en de opkomst van het moderne imperialisme*, Amsterdam/Dieren 1985; G.J. Schutte, *De Boerenoorlog na honderd jaar. Opstellen over het veranderende beeld van de Anglo-Boerenoorlog (1899-1902)*, Amsterdam 1997; G.J. Schutte, *Nederland en de Afrikaners. Adhesie en aversie: over stamverwantschap, Boerenvrienden, Hollanderhaat, Calvinisme en apartheid*, Franeker 1986.

Deel 1 – Voor de Goede Zaak

1 Martin Bossenbroek, 'Geschiedschrijving als hoger beroep. Willem Johannes Leyds, advocaat van de Boeren (1859-1940)', in: M.Ph. Bossenbroek, M.E.H.N. Mout & C. Musterd eds., *Historici in de politiek* (Leiden 1996) 191-211; aldaar 192-194; Kees van Hoek, *Kruger days. Reminiscences of dr.*

W.J. Leyds (Londen 1939) 2-4; F. Netscher, 'Dr. W.J. Leyds', in: idem, *Karakters* (Haarlem 1899) 112-138; aldaar 129-133; L.E. van Niekerk, *Kruger se regterhand. Biografie van dr. W.J. Leyds* (Pretoria 1985) 11-19.

2 Van Koppen, *Geuzen*, 26-68; Schutte, *Nederland*, 9-24.

3 F. Lion Cachet, *De Worstelstrijd der Transvalers aan het Volk van Nederland verhaald* (Amsterdam 1882) 561; zie verder Bossenbroek, *Holland*, 67-77, 259-260; Van Koppen, *Geuzen*, 69-103; Kuiper, *Zelfbeeld*, 124-133; Kuitenbrouwer, *Nederland*, 118-121; Kuitenbrouwer, *War of Words*, 24-34; Schutte, *Nederland*, 24-29.

4 W.J. Leyds, *De eerste annexatie van de Transvaal* (Amsterdam 1906) 366-382; Nasson, *The War*, 42-44; Wesseling, *Verdeel en heers*, 345-348.

5 Stuart Cloete, *African Portraits. A Biography of Paul Kruger, Cecil Rhodes and Lobengula, Last King of the Matabele* (Londen 1946) 159-161; Leyds, *Eerste annexatie*, 403-423; Nasson, *The War*, 44.

6 *De Standaard*, 14 november 1883, geciteerd in: Van Koppen, *Geuzen*, 116.

7 Bossenbroek, *Holland*, 175-177, 323; Van Koppen, *Geuzen*, 116-132.

8 Van Winter, *Onder Krugers Hollanders* I, 48-80.

9 Van Koppen, *Geuzen*, 110-114; Van Niekerk, *Kruger se regterhand*, 16-17; Van Winter, *Onder Krugers Hollanders* I, 65-66.

10 Bossenbroek, 'Geschiedschrijving', 194; Van Hoek, *Kruger days*, 3-4; W.J. Leyds, *Onze eerste jaren in Zuid-Afrika 1884-1889: intieme correspondentie van mevrouw Louise W.S. Leyds-Roeff en dr. W.J. Leyds, bestemd voor familie en belangstellenden* ('s-Gravenhage 1938) 1-2; Netscher, 'Dr. W.J. Leyds', 129-132; Van Niekerk, *Kruger se regterhand*, 17-19.

11 Leyds, *Onze eerste jaren*, 22-25.

12 Leyds, *Onze eerste jaren*, 3-4, 25, 60; Wesseling, *Verdeel en heers*, 144-146.

13 Leyds, *Onze eerste jaren*, 6-9, 25, 58.

14 Leyds, *Onze eerste jaren*, 9-25, 60-63.

15 Leyds, *Onze eerste jaren*, 25-29.

16 Van Hoek, *Kruger days*, 5-7; Leyds, *Onze eerste jaren*, 25-29; C.J. van der Loo, *De geschiedenis der Zuid-Afrikaansche Republiek (Transvaal) aan het volk verteld* (Zwolle 1896) 78-80, 167-190; Van Niekerk, *Kruger se regterhand*, 31-33.

17 Giliomee, *Afrikaners*, 215-223; Van Koppen, *Geuzen*, 92-94, 135-137; Leyds, *Onze eerste jaren*, 25-29; Van Niekerk, *Kruger se regterhand*, 31-33.

18 Giliomee, *Afrikaners*, 228-231; Van Hoek, *Kruger days*, 5-6; Leyds, *Onze eerste jaren*, 17, 25-30; Lion Cachet, *Worstelstrijd*, 349-351, 399-404; Meredith, *Diamonds*, 74-78; Antony Preston, *Geïllustreerde geschiedenis van Zuid-Afrika* (Alphen aan den Rijn 1995) 63.

19 Cloete, *African Portraits*, 25-84; Leyds, *Onze eerste jaren*, 30-32; Van Niekerk, *Kruger se regterhand*, 5-15, 50-54.

20 Cloete, *African Portraits*, 162-167; Leyds, *Onze eerste jaren*, 30-32; W.J. Leyds, *Het insluiten van de Boeren-republieken* (Amsterdam 1914) I, passim;

S.M. Molema, *The Bantu Past and Present* (Cape Town 1963) 43-54; Van Niekerk, *Kruger se regterhand*, 50-54; Wesseling, *Verdeel en heers*, 348-349.

21 J.A. Heese, *Die herkoms van die Afrikaner 1657-1867* (Kaapstad 1971) 1-55; Molema, *Bantu Past and Present*, 35-60; Robert Ross, *A Concise History of South Africa* (Cambridge 2008) 5-37.

22 Ross, *A Concise History*, 37-58; John J. Stephens, *Fuelling the Empire. South Africa's Gold and the Road to War* (Chichester 2003) 54-86.

23 Meredith, *Diamonds*, 22-59; Ross, *A Concise History*, 59-67; Wesseling, *Verdeel en heers*, 333-335.

24 Meredith, *Diamonds*, 63-104; Ross, *A Concise History*, 64-70; Wesseling, *Verdeel en heers*, 334-341.

25 Leyds, *Onze eerste jaren*, 74-76, 79, 91.

26 Meredith, *Diamonds*, 173-181; Stephens, *Fuelling the Empire*, 90-111, 152-165.

27 Cloete, *African Portraits*, 128-139; Meredith, *Diamonds*, 153-163; Stephens, *Fuelling the Empire*, 157-160.

28 Naamgevers waren de verantwoordelijke landmeter Johann Rissik en mijninspecteur Christiaan Johannes Joubert; zie: Pretorius, *Historical Dictionary*, 197.

29 Leyds, *Onze eerste jaren*, 91-96.

30 Charles van Onselen, *Studies in the Social and Economic History of the Witwatersrand 1886-1914*, 2 delen (Johannesburg 1982) passim.

31 Cloete, *African Portraits*, 136.

32 Meredith, *Diamonds*, 186-193, 293; Ross, *A Concise History*, 70-74; Stephens, *Fuelling the Empire*, 170-181; Wesseling, *Verdeel en heers*, 356-359.

33 Leyds, *Onze eerste jaren*, 128-129; Van Niekerk, *Kruger se regterhand*, 34, 48-50.

34 Leyds, *Onze eerste jaren*, 76, 80-84.

35 Van Hoek, *Kruger days*, 7.

36 Leyds, *Onze eerste jaren*, 85; Van Niekerk, *Kruger se regterhand*, 60.

37 Meredith, *Diamonds*, 170-171.

38 Leyds, *Onze eerste jaren*, 86-90.

39 Meredith, *Diamonds*, 184-185.

40 Leyds, *Onze eerste jaren*, 111-112; Van Niekerk, *Kruger se regterhand*, 59-60.

41 Leyds, *Onze eerste jaren*, 94-95, 98-99, 102, 104-105; Van Niekerk, *Kruger se regterhand*, 44-45; R.C. de Jong, G.M. van der Waal & D.H. Heydenrych, *NZASM 100: 1887-1899. The buildings, steam engines and structures of the Netherlands South African Railway Company* (Pretoria 1988) 36; *In memoriam NZASM* (Amsterdam 1910) 8-9; Stephens, *Fuelling the Empire*, 193-194; Van Winter, *Onder Krugers Hollanders* I, 161-166.

42 Van Niekerk, *Kruger se regterhand*, 42-45.

43 J.P. Fitzpatrick, *The Transvaal From Within. A Private Record of Public Affairs* (Londen 1899) 62-65.

44 Meredith, *Diamonds*, 169-171; Stephens, *Fuelling the Empire*, 145-148; Stanley Trapido, 'Imperialism, settler identities and colonial capitalism: the hundred year origins of the 1899 South African War', *Historia* 53 no. 1 (2008) 59-61; Stanley Trapido, 'Reflections on Land, Office and Wealth in the South African Republic, 1850-1900,' *Historia* 53 no. 1 (2008) 36-37; Van Winter, *Onder Krugers Hollanders* I, 115-116; II, 33-42.

45 Meredith, *Diamonds*, 296-301; Stephens, *Fuelling the Empire*, 177-178; Trapido, 'Reflections', 36-37; Van Winter, *Onder Krugers Hollanders* II, 33-42.

46 Van Niekerk, *Kruger se regterhand*, 128.

47 Fitzpatrick, *The Transvaal From Within*, 62-72; *In memoriam NZASM*, 8-9; De Jong e.a., *NZASM*, 31-37; Van Niekerk, *Kruger se regterhand*, 44-45; Van Winter, *Onder Krugers Hollanders* I, 118-171.

48 Lucas 11:15-17; zie ook: Mattheüs 9:34, 12:24-25; Marcus 3:22-25.

49 Leyds, *Onze eerste jaren*, 131, 187.

50 De Jong e.a., *NZASM*, 37-39; Van Niekerk, *Kruger se regterhand*, 46-47; Van Winter, *Onder Krugers Hollanders* I, 172-175, 209-219.

51 Leyds, *Onze eerste jaren*, 176; Van Niekerk, *Kruger se regterhand*, 63-66.

52 Leyds, *Onze eerste jaren*, 156; Van Winter, *Onder Krugers Hollanders* I, 220-234.

53 Leyds, *Onze eerste jaren*, 173-184, 190-191.

54 Leyds, *Onze eerste jaren*, 186, 192; Van Niekerk, *Kruger se regterhand*, 101-102.

55 Leyds, *Onze eerste jaren*, 194-203.

56 Leyds, *Onze eerste jaren*, 202-203, 213-215.

57 Van Niekerk, *Kruger se regterhand*, 110-113.

58 Bossenbroek, *Holland*, 95, 102, 112.

59 Bossenbroek, *Holland*, 206-207; Van Koppen, *Geuzen*, 137-140; Kuitenbrouwer, *War of Words*, 29-30; Schutte, *Nederland*, 101-117.

60 Leyds, *Onze eerste jaren*, 221-228.

61 Leyds, *Onze eerste jaren*, 172-203.

62 Van Niekerk, *Kruger se regterhand*, 144-177; Schutte, *Nederland*, 131-133.

63 Kuitenbrouwer, *War of Words*, 34-36; C.G.S. Sandberg, *Twintig jaren onder Krugers Boeren in voor- en tegenspoed* (Amsterdam 1943) 61; Schutte, *Nederland*, 117-128; Van Winter, *Onder Krugers Hollanders* II, 73-78.

64 Schutte, *Nederland*, 103-108.

65 Kuitenbrouwer, *War of Words*, 36-40; Sandberg, *Twintig jaren*, 61; Schutte, *Nederland*, 114-117; Van Winter, *Onder Krugers Hollanders* I, 247-250.

66 Van Winter, *Onder Krugers Hollanders* I, 247-289.

67 Van Niekerk, *Kruger se regterhand*, 100-102; Van Winter, *Onder Krugers Hollanders* II, 117-120.

68 Meredith, *Diamonds*, passim; Preston, *Geïllustreerde Geschiedenis*, 84-87; Wesseling, *Verdeel en heers*, 359-364.

69 De Jong e.a., *NZASM*, 44-47; Van Koppen, *De Geuzen*, 34-37; Van Niekerk, *Kruger se regterhand*, 92-95; Schutte, *Nederland*, 134-138; Van Winter, *Onder Krugers Hollanders* II, 124-149.

70 J. Cooper-Chadwick, *Three Years with Lobengula, and Experiences in South Africa* (Londen 1894) passim; Leyds, *Het insluiten* II, 195-306; Meredith, *Diamonds*, 207-237; Gustav S. Preller, *Lobengula. The Tragedy of a Matabele King* (Johannesburg 1963) passim; Wesseling, *Verdeel en heers*, 359-376.

71 Leyds aan Beelaerts van Blokland, 11-4-1890; in: Collectie-Leyds 30.

72 Leyds, *Het insluiten* II, 66-101; Meredith, *Diamonds*, 207-237.

73 Cooper-Chadwick, *Three Years with Lobengula*, passim; Ruth First & Ann Scott, *Olive Schreiner. A Biography* (New York 1980) 225; Leyds, *Het insluiten* II, 243-306; Meredith, *Diamonds*, 207-237; Preller, *Lobengula*, passim; Wesseling, *Verdeel en heers*, 359-376.

74 Leyds, *Het insluiten* II, 102-168, citaat 148; Meredith, *Diamonds*, 238-243.

75 Van Winter, *Onder Krugers Hollanders* II, 136-149.

76 De Jong e.a., *NZASM*, 47-49; Van Niekerk, *Kruger se regterhand*, 95-99; Van Winter, *Onder Krugers Hollanders* II, 150-189, 223-251.

77 Leyds aan waarnemend staatssecretaris Van Boeschoten, 26-1-1894; in: Collectie-Leyds 31; Van Niekerk, *Kruger se regterhand*, 99-100.

78 Cloete, *African Portraits*, 261; Wilson, *International Impact*, 27; Van Winter, *Onder Krugers Hollanders* II, 248.

79 Leyds aan Beelaerts van Blokland, 21-7-1895, in: Collectie-Leyds 31; Van Winter, *Onder Krugers Hollanders* II, 248.

80 Leyds aan Beelaerts van Blokland, 21-7-1895; in: Collectie-Leyds 31.

81 *Jaarverslagen NZASM*, 1894 en 1895; in: Archief NZASM; *In Memoriam NZASM*, 66-68.

82 Lady Sarah Wilson, *South African Memories: Social, Warlike & Sporting, from Diaries Written at the Time* (z.p. 1909) 23; First & Scott, *Olive Schreiner*, 234.

83 Van Hoek, *Kruger Days*, 20-22.

84 Meredith, *Diamonds*, 291-308; Nasson, *The War*, 45-49; Van Niekerk, *Kruger se regterhand*, 129-132; Stephens, *Fuelling the Empire*, 198-216; Wesseling, *Verdeel en heers*, 377-379.

85 Van Niekerk, *Kruger se regterhand*, 124-126; Stephens, *Fuelling the Empire*, 216-218.

86 Zie kaart op p. 26-27. Kaart spoorwegnet in Zuid-Afrika, in: *Jaarverslagen NZASM*, 1898; Van Winter, *Onder Krugers Hollanders* II, 190-222.

87 Meredith, *Diamonds*, 317-322; Van Niekerk, *Kruger se regterhand*, 103-106; Van Winter, *Onder Krugers Hollanders* II, 190-222.

88 Leyds aan waarnemend staatssecretaris Van Boeschoten, 17-10-1895, 31-10-1895, 6-11-1895; in: Collectie-Leyds 31.

89 Leyds aan Moltzer, 3-2-1895, 19-5-1895; in: Collectie-Leyds 31.

90 Leyds in dagboek aan Louise Leyds, 26-7-1895, Louise Leyds aan Leyds, 7-

8-1895, Leyds aan Moltzer, 13-9-1895; in: Collectie-Leyds 31.

91 Leyds aan Van Boeschoten, 17-11-1895 (2x); in Collectie-Leyds 31.

92 Leyds aan Moltzer, 10-11-1895; in: Collectie-Leyds 31; Leyds' telegram aan Beelaerts van Blokland, 18-12-1895; in: Collectie-Leyds 46; Leyds aan Moltzer, 25-12-1895; in: Collectie-Leyds 89.

93 Leyds aan Louise Leyds, 31-12-1895, 1-1-1896; in: Collectie-Leyds 31.

94 Van Niekerk, *Kruger se regterhand*, 139-140.

95 Cloete, *African Portraits*, 288-325; Meredith, *Diamonds*, 311-344; Nasson, *The War*, 50-51; Pakenham, *The Boer War*, 1-5; Wesseling, *Verdeel en heers*, 379-385; Van Winter, *Onder Krugers Hollanders* II, 252-268.

96 Leyds aan Louise Leyds, 5-1-1896; in: Collectie-Leyds 31; Van Niekerk, *Kruger se regterhand*, 139-141.

97 Leyds aan Louise Leyds, 5-1-1896; in: Collectie-Leyds 31; Van Niekerk, *Kruger se regterhand*, 145.

98 Leyds aan Louise Leyds, 29-1-1896; in: Collectie-Leyds 31; Van Niekerk, *Kruger se regterhand*, 142-143.

99 Leyds aan Louise Leyds, 8-2-1896; in: Collectie-Leyds 31; Van Hoek, *Kruger days*, 17-20; Van Niekerk, *Kruger se regterhand*, 144-145.

100 Meredith, *Diamonds*, 340-350; Van Niekerk, *Kruger se regterhand*, 147-148.

101 Leyds aan hertog Van Mecklenburg, 30-5-1896; in: Collectie-Leyds 31; Roy Mack, 'The Great Africa Cattle Plague Epidemic of the 1890's', *Tropical Animal Health and Production* (1970) 4, 210-219.

102 *Staats-almanak voor de Zuid-Afrikaansche Republiek* (1893) 56, (1897) 39, (1898) 39; *Jaarverslagen NZASM*, 1895, 1896; Fitzpatrick, *The Transvaal from Within*, 71-72.

103 Van Boeschoten aan Leyds, 4-6-1896, Leyds aan Kempner, 12-7-1896; in: Collectie-Leyds 31; J.H. Breytenbach, *Die Geskiedenis van die Tweede Vrijheidsoorlog in Suid-Afrika, 1899-1902* (Pretoria 1969) I, 77-89.

104 Breytenbach, *Die Geskiedenis* I, 77-89; Van Niekerk, *Kruger se regterhand*, 148-149; Van Winter, *Onder Krugers Hollanders* II, 258-259.

105 Meredith, *Diamonds*, 348-349.

106 Cloete, *African Portraits*, 339-349; First & Scott, *Olive Schreiner*, 225-231; Meredith, *Diamonds*, 354-361.

107 Peter J. Cain, *Hobson and Imperialism. Radicalism, New Liberalism, and Finance 1887-1938* (Oxford 2002) 59-63; Meredith, *Diamonds*, 349.

108 Meredith, *Diamonds*, 349-351; Pakenham, *The Boer War*, 25-31; Wesseling, *Verdeel en heers*, 382-385.

109 Lippert aan Van Boeschoten, 2-6-1896; in: Collectie-Leyds 31; Meredith, *Diamonds*, 349-353; Van Niekerk, *Kruger se regterhand*, 145-147.

110 Leyds aan Moltzer, 16-8-1896, Moltzer aan Kruger, 12-9-1896; in: Collectie-Leyds 31.

111 Leyds in dagboek aan Louise Leyds, 16-2-1897, 22-2-1897, 27-2-1897, 2-3-1897, 5-3-1897; in: Collectie-Leyds 32.

112 Chamberlain aan Leyds, 10-5-1897, Leyds aan Chamberlain, 11-5-1897, Leyds aan Van Boeschoten, 21-5-1897, Chamberlain aan Sir Harcourt, 15-5-1897, Leyds aan Chamberlain, 18-5-1897, Chamberlain aan Leyds, 22-5-1897; in: Collectie-Leyds 32.
113 Leyds in dagboek aan Louise Leyds, 17-3-1897, Eerste concept voorrede voor Collectie 1897, z.d.; in: Collectie-Leyds 32.
114 Leyds aan Van Boeschoten, 22-4-1897 en 30-4-1897: in: Collectie-Leyds 32.
115 Leyds aan Van Boeschoten, 30-4-1897; in: Collectie-Leyds 32; Van Niekerk, *Kruger se regterhand*, 153-154.
116 Van Niekerk, *Kruger se regterhand*, 134-135.
117 Lord Rothschild aan Leyds, 10-5-1897, Leyds aan Van Boeschoten, 15-5-1897; in: Collectie-Leyds 32.
118 Chamberlain aan Leyds, 10-5-1897; in: Collectie-Leyds 32.
119 Leyds aan wnd. staatssecretaris Van Boeschoten, 21-5-1897; in: Collectie-Leyds 32.
120 Leyds aan Van Boeschoten, particulier, 21-5-1897: in: Collectie-Leyds 32.
121 Leyds aan Van Boeschoten, 2-7-1897; in: Collectie-Leyds 32.
122 Chamberlain aan Leyds, 22-5-1897, 7-6-1897, Leyds aan Van Boeschoten, 21-7-1897, Leyds, Eerste concept voorrede voor Collectie 1897; in: Collectie-Leyds 32.
123 Leyds aan Chamberlain, 14-6-1897, Leyds aan Van Boeschoten, 2-7-1897; in: Collectie-Leyds 32.
124 Leyds aan regering Pretoria, 25-5-1897, Leyds aan wnd. staatssecretaris, 28-5-1897, Leyds aan wnd. staatssecretaris, 3-6-1897; in: Collectie-Leyds 32.
125 Leyds aan Van Boeschoten, 1-6-1897; in: Collectie-Leyds 32.
126 Leyds aan de consuls van de ZAR, 27-5-1897, Leyds aan Quarles, 27-5-1897, Leyds aan Van Boeschoten, 1-6-1897; in: Collectie-Leyds 32; Van Niekerk, *Kruger se regterhand*, 182-183.
127 H. Andreas aan Leyds, 10-5-1897, telegram Leyds aan regering Pretoria, 14-6-1897; in: Collectie-Leyds 32
128 Leyds aan Van Boeschoten, 2-7-1897; in: Collectie-Leyds 32.
129 Telegram regering in Pretoria aan Leyds, 12-6-1897, Leyds aan Chamberlain, 14-6-1897; in: Collectie-Leyds 32.
130 Chamberlain aan Leyds, 17-6-1897; in: Collectie-Leyds 32.
131 Leyds aan Van Boeschoten, 2-7-1897; in: Collectie-Leyds 32.
132 Leyds aan Van Boeschoten, 15-7-1897; in: Collectie-Leyds 32; Van Niekerk, *Kruger se regterhand*, 162-164.
133 Leyds aan regering Pretoria, 3-8-1897, Montagu White aan Leyds, 5-8-1897; in: Collectie-Leyds 32.
134 Leyds in dagboek aan Louise Leyds, 27-2-1898; in: Collectie-Leyds 35.
135 Overzicht tariefsverlagingen NZASM, opgesteld door Departement van Buitenlandsche Zaken te Pretoria voor de Transvaalse consul in Frankfurt, 17-11-1898; in: Collectie-Leyds 34; Van Niekerk, *Kruger se regterhand*, 135-137.

136 Leyds aan Louise Leyds, 24-3-1898; in: Collectie-Leyds 35.
137 W.J. Leyds, *Eenige correspondentie uit 1899* (Den Haag 1919) 200-206; Van Niekerk, *Kruger se regterhand*, 165-167.
138 Leyds in dagboek aan Louise Leyds, 8-3-1898, 12-3-1898, 5-4-1898, 10-4-1898, 14-4-1898, 20-4-1898; in: Collectie-Leyds 35; Van Niekerk, *Kruger se regterhand*, 191-195.
139 Van Niekerk, *Kruger se regterhand*, 183, 194.
140 John Darwin, *The Empire Project. The Rise and Fall of the British World-System 1830-1970* (Cambridge 2009) 234-235; Meredith, *Diamonds*, 365-373; Wesseling, *Verdeel en heers*, 387-389.
141 Meredith, *Diamonds*, 374-375; W. Basil Worsfold, *Lord Milner's Work in South-Africa* (Londen 1906) 107-114.
142 Darwin, *The Empire Project*, 236-238, 243-245; Meredith, *Diamonds*, 378-385.
143 Leyds, *Eenige correspondentie*, 1-2; Van Niekerk, *Kruger se regterhand*, 184-185, 202-203.
144 Leyds, notitie 'Voor de intimi', 1898; Leyds aan zijn broer Reinier, 9-7-1898, Leyds aan Reitz, 26-8-1898, Leyds aan Grobler, 14-10-1898; in: Collectie-Leyds 35; Leyds, *Eenige correspondentie*, 231-235; Van Niekerk, *Kruger se regterhand*, 195-200.
145 Leyds aan Reitz, 8-7-1898, Leyds aan Reitz, 19-8-1898, Leyds aan Reitz, 4-11-1898; in: Collectie-Leyds 35; Van Niekerk, *Kruger se regterhand*, 205-210.
146 Leyds, notitie 'Voor de intimi', 1898; Leyds aan Reitz, 16-12-1898 (2x), Leyds aan zijn moeder, 16-12-1898; in: Collectie-Leyds 35; Van Niekerk, *Kruger se regterhand*, 198-201.
147 Van Niekerk, *Kruger se regterhand*, 155-157.
148 Van Niekerk, *Kruger se regterhand*, 199.
149 Wesseling, *Verdeel en heers*, 391-392; Wilson, *International Impact*, 28-30, 146-148.
150 Wesseling, *Verdeel en heers*, 301-322; Wilson, *International Impact*, 72-75.
151 Smuts aan Leyds, 30-4-1899, en Grobler aan Leyds, 30-4-1899; in: Collectie-Leyds 36; Leyds, *Eenige correspondentie*, IX, 1, 11-13, 198-200; Darwin, *The Empire Project*, 238-241; Meredith, *Diamonds*, 387-399; Van Niekerk, *Kruger se regterhand*, 168-170; Pakenham, *Boer War*, 52-56; Wesseling, *Verdeel en heers*, 392-396.
152 Leyds, *Eenige correspondentie*, VI, 2-8, 200-211.
153 *Staats-almanak voor de Zuid-Afrikaansche Republiek* (1899) 36, 51, 53.
154 Darwin, *The Empire Project*, 238-239; Leyds, *Eenige correspondentie*, 38-43; Meredith, *Diamonds*, 389-409; Pakenham, *Boer War*, 46-70; Wesseling, *Verdeel en heers*, 396-399.
155 Leyds, *Eenige correspondentie*, 2-3, 200-211.
156 Fitzpatrick, *The Transvaal from Within*, passim; Leyds, *Eenige correspondentie*, 222-225; Pakenham, *Boer War*, 71-88.

157 Leyds, *Eenige correspondentie,* 112-115; Meredith, *Diamonds*, 409-415; Pakenham, *Boer War*, 89-92.

158 Meredith, *Diamonds,* 409-415; Pakenham, *Boer War,* 92-94.

159 Meredith, *Diamonds,* 420.

160 W.K. Hancock & Jean van der Poel eds., *Selections from the Smuts Papers. Volume I June 1886-May 1902* (Cambridge 1966) 313-322; Pakenham, *Boer War*, 102; S.B. Spies & Gail Nattrass eds., *Jan Smuts. Memoirs of the Boer War* (Johannesburg 1994) 24.

161 Het pamflet werd in eerste instantie gepubliceerd onder de naam van staatssecretaris Frank Reitz. Zie: F.W. Reitz, *Een eeuw van onrecht*, 2e druk (Dordrecht 1900) passim.

162 Leyds aan P.G.W. Grobler, 17-8-1899, en Leyds aan F.V. Engelenburg, 17-8-1899; in: Leyds, *Eenige correspondentie,* 106-109; Van Niekerk, *Kruger se regterhand*, 172.

163 Leyds, *Eenige correspondentie,* 2-3, 31-32, 200-211.

164 Idem, 16-19, 158-159.

165 Idem, 109-112, 118-123, 126-130, 150, 155-158, 175.

166 Idem, 79, 81, 171.

167 Idem, 30; Wilson, *International Impact,* 66-68.

168 Bossenbroek, *Holland*, 256-257; Van Koppen, *Geuzen*, 150-161.

169 Leyds, *Eenige correspondentie,* 25-26, 33, 216-218.

170 Leyds, *Eenige correspondentie,* 60-66, 83-85.

171 Idem, 83-89, 132-149, 165-166, 172-173.

172 Idem, 172-173, 179, 185-186; Leyds aan Lippert, 10-10-1899; in: Collectie-Leyds, 36; vgl. J.P. de Valk en M. van Faassen eds., *Dagboeken en aantekeningen van Willem Hendrik de Beaufort 1874-1918* (Den Haag 1993) I, 34, 49, 67-68.

Deel II – Als een jongensboek

1 Winston S. Churchill, *My Early Life, 1874-1904; with an introduction by William Manchester* (New York 1996) 74-230; Roy Jenkins, *Churchill*, (Londen 2002) 22-50; Brian Roberts, *Churchills in Africa* (Londen 1970) 119-138; Celia Sandys, *Churchill. Wanted Dead or Alive*, Edison 2005, 9-20.

2 Winston S. Churchill, *The Boer War: London to Ladysmith via Pretoria and Ian Hamilton's March* (z.p.z.d) 1-2; Churchill, *My Early Life*, 230-235; Omissi & Thompson, *Impact*, 100-105; Pakenham, *Boer War*, 113; Roberts, *Churchills*, 139; Sandys, *Churchill*, 21-23.

3 Zie p. 184.

4 Churchill, *My Early Life,* 230-235; Pieter G. Cloete, *The Anglo-Boer War – A Chronology* (Pretoria 2000) 34-35; Nasson, *War*, 88-90; Pakenham, *Boer War*, 71, 76, 93, 96-98, 103, 107, 110-113; Wesseling, *Verdeel en heers*, 399-402.

5 Churchill, *My Early Life*, 230-233; Roberts, *Churchills*, 138-139; Sandys, *Churchill*, 10-18.

6 Jenkins, *Churchill*, 51; Roberts, *Churchills*, 138-139; Sandys, *Churchill*, 13, 16, 22.

7 Churchill, *Boer War*, 1-6; Churchill, *My Early Life*, 234-238; Jenkins, *Churchill*, 51; Pakenham, *Boer War*, 156-157; Roberts, *Churchills*, 138-140; Sandys, *Churchill*, 22-26.

8 J.E.H. Grobler, *The War Reporter. The Anglo-Boer War through the Eyes of the Burghers* (Johannesburg/Cape Town 2011) 1-10; Pakenham, *Boer War*, 157-160.

9 Churchill, *Boer War*, 7-12; Churchill, *My Early Life*, 239-240; Pakenham, *Boer War*, 166; Roberts, *Churchills*, 140-141; Sandys, *Churchill*, 26-29.

10 Hancock & Van der Poel, *Selections*, 313-322; vgl. hierboven, p. 186.

11 Leopold Scholtz, *Waarom die Boere die oorlog verloor het* (Pretoria 1999) 28-45.

12 Breytenbach, *Geskiedenis* I, 26-31, 75-76, 105-106, 153-155; Cloete, *Anglo-Boer War*, 48; Grobler, *War Reporter*, 2; Hancock & Van der Poel, *Selections*, 562; Pretorius, *Historical Dictionary*, 204-205, 445-447; Sandberg, *Twintig jaren*, 228; Schutte, *Boerenoorlog*, 40; Scholtz, *Waarom*, 28-43; Wesseling, *Verdeel en heers*, 400-402.

13 Breytenbach, *Geskiedenis* I, 75-76, 105-106, 146-178; Cloete, *Anglo-Boer War*, 39, 48, 339-340; Nasson, *War*, 74-84; Pakenham, *Boer War*, 125, 164, 179; Pretorius, *Historical Dictionary*, 445-446.

14 Breytenbach, *Geskiedenis* I, 141-146; Pakenham, *Boer War*, 125-127; Pretorius, *Historical Dictionary*, 448-449; Wesseling, *Verdeel en heers*, 399-400.

15 Zie hierboven, p. 45-46.

16 Churchill, *Boer War*, 13-21; Churchill, *My Early Life*, 240-243; Roberts, *Churchills*, 140-141; Sandys, *Churchill*, 28-31.

17 Breytenbach, *Geskiedenis* I, 237-263; Cloete, *Anglo-Boer War*, 44-45; Grobler, *War Reporter*, 7; Pakenham, *Boer War*, 133-141; Pretorius, *Historical Dictionary*, 137-138, 220-221; Scholtz, *Waarom*, 47-55.

18 Breytenbach, *Geskiedenis* I, 62-68; Hans Jannasch, *Onder Boeren, Britten en Bantoes* (Amsterdam 1942) 190-207; J.W. Meijer, *Dr H.J. Coster, 1865-1899* (Pretoria 1983) passim; Pretorius, *Historical Dictionary*, 108, 480-481; Sandberg, *Twintig jaren*, 215-227; G.J. Schutte ed., *Beste ouders: brieven uit de Transvaal van Karel van den Berg 1896-1900* (Amsterdam 1999) 300-311; G. Vissering, *Een Hollander in Zuid-Afrika* (Amsterdam 1900) 5-31.

19 Churchill, *Boer War*, 22-34; Churchill, *My Early Life*, 243-244; Jenkins, *Churchill*, 52; Roberts, *Churchills*, 141, 162-164; Sandys, *Churchill*, 30-31.

20 Churchill, *Boer War*, 24, 35-36; Churchill, *My Early Life*, 243-244; Jenkins, *Churchill*, 52; Roberts, *Churchills*, 162-166; Sandys, *Churchill*, 43-46.

21 Churchill, *Boer War*, 22-26, 28, 33; Churchill, *My Early Life*, 243; Roberts, *Churchills*, 162-164; Sandys, *Churchill*, 32-34, 37-43.

22 Breytenbach, *Geskiedenis* I, 303-341; Cloete, *Anglo-Boer War*, 48-49; Grobler, *War Reporter*, 9; Pakenham, *Boer War*, 142-155; Pretorius, *Historical Dictionary*, 231-236, 490-491; Scholtz, *Waarom*, 47-55; M.C.E. van Schoor, *Christiaan Rudolph de Wet. Krygsman en volksman* (Pretoria 2007) 68-69.

23 Churchill, *Boer War*, 26-27, 31-34; Sandys, *Churchill*, 32-33, 39-41.

24 Churchill, *Boer War*, 36-44; Churchill, *My Early Life*, 244-253; Jenkins, *Churchill*, 53; Roberts, *Churchills*, 166-169; Sandys, *Churchill*, 47-55.

25 Churchill, *Boer War*, 45-79; Churchill, *My Early Life*, 253-262; Jenkins, *Churchill*, 53-55; Roberts, *Churchills*, 169-180, 197-206; Sandys, *Churchill*, 58-89; Frederick Woods ed., *Young Winston's Wars. The Original Despatches of Winston S. Churchill. War Correspondent 1897-1900* (Londen 1972) 173-179.

26 Churchill, *Boer War*, 49-73; Cloete, *Anglo-Boer War*, 46-65; Grobler, *War Reporter*, 11-19; Pretorius, *Historical Dictionary*, 116-117; Roberts, *Churchills*, 173, 202-203.

27 W.J. Leyds, *Tweede verzameling (correspondentie 1899-1900)* ('s-Gravenhage 1930) I, XII-XIII, 78, 175-178; L.E. van Niekerk, *Dr. W.J. Leyds as Gesant van die Zuid-Afrikaansche Republiek* (Pretoria 1980) 143-179, 230-256; Wilson, *International Impact*, 43-64.

28 Leyds, *Tweede verzameling* I, XI, II, 57-59; Ulrich Kröll, *Die internationale Buren-Agitation 1899-1902* (Münster 1973) 67-122, 197-206; Van Niekerk, *Leyds as Gesant*, 144-148, 230-256; Wilson, *International Impact*, 25-42, 65-78.

29 Bossenbroek, *Holland*, 252-253; Kuitenbrouwer, *War of Words*, 129-164; Leyds, *Tweede verzameling* I, 81-82.

30 Bossenbroek, *Holland*, 351 en passim; Leyds, *Tweede verzameling* I, XI-XII, 69-70, 126-134, 142, 207-209, 223-224.

31 Leyds, *Tweede verzameling* I, 183-184; Van Niekerk, *Leyds as Gesant*, 288.

32 Leyds, *Tweede verzameling* I, IX-X, 94-98, 160-161, 176, 186-187; Van Niekerk, *Leyds as Gesant*, 286-287; Wilson, *International Impact*, 107-122.

33 First & Scott, *Olive Schreiner*, 236-238; Leyds, *Tweede verzameling* I, 140-141, 156-157; Pretorius, *Historical Dictionary*, 430-431; William T. Stead, *Shall I Slay My Brother Boer? An Appeal to the Conscience of Britain* (Londen 1899) 61-63 en passim.

34 Bernard Porter, *The Absent-Minded Imperialists. Empire, Society, and Culture in Britain* (Oxford 2004) 176-180; Roberts, *Churchills*, 174-175.

35 Churchill, *Boer War*, 77-83; Churchill, *My Early Life*, 261-271; Jenkins, *Churchill*, 55-60; Roberts, *Churchills*, 204-210; Sandys, *Churchill*, 89-98; Andrew Thompson, 'Imperial Propaganda during the South African War', in: Cuthbertson, *Writing*, 303-328.

36 Churchill, *Boer War*, 88-91; Churchill, *My Early Life*, 271-286; Jackie Grobler ed., *The War Diary of Johanna Brandt* (Pretoria 2007) 37-38; Jenkins, *Churchill*, 56-61; Roberts, *Churchills*, 208-215, 235-242; Sandys, *Churchill*, 99-125.

37 *In Memoriam NZASM*, 97-107; De Jong e.a., *NZASM 100*, 223-231; Van Winter, *Onder Krugers Hollanders* I, 270-271, II, 337-347.
38 Breytenbach, *Geskiedenis* I, 127-130; Diana Cammack, *The Rand at War, 1899-1902. The Witwatersrand & the Anglo-Boer War* (Londen 1990) 38-82; *In Memoriam NZASM*, 105-106.
39 Cammack, *Rand*, 50-54, 83-100; Warwick, *Black People*, 127-137.
40 Jenkins, *Churchill*, 60-61; Roberts, *Churchills*, 235-241; Sandys, *Churchill*, 99-115.
41 Churchill, *My Early Life*, 288-295; Jenkins, *Churchill*, 60-61; Roberts, *Churchills*, 243-247; Sandys, *Churchill*, 126-131.
42 Churchill, *Boer War*, 91-95; Churchill, *My Early Life*, 295-300; Jenkins, *Churchill*, 61-62; Roberts, *Churchills*, 247-254; Sandys, *Churchill*, 131-140, 142-143.
43 Breytenbach, *Geskiedenis* I, 364-366; Nasson, *War*, 124, 132-134; Pakenham, *Boer War*, 160-165; Pretorius, *Historical Dictionary*, 62-64.
44 Breytenbach, I, 396-399, II, 99-166; Cloete, *Anglo-Boer War*, 59-69; Grobler, *War Reporter*, 15, 17, 22; Nasson, *War*, 135-138, 143-147; Pakenham, *Boer War*, 188-206; Pretorius, *Historical Dictionary*, 32, 164, 285-288, 259-262.
45 Breytenbach, *Geskiedenis* I, 196-225; Cloete, *Anglo-Boer War*, 66; Grobler, *War Reporter*, 14-21; Nasson, *War*, 139-142; Pakenham, *Boer War*, 214-215; Pretorius, *Historical Dictionary*, 434-436.
46 Breytenbach, *Geskiedenis* I, 226-337; Cloete, *Anglo-Boer War*, 57-58, 60, 70-73; Grobler, *War Reporter*, 13-14, 16, 19, 23, 25; Nasson, *War*, 147-153; Pakenham, *Boer War*, 215-218, 224-241; Pretorius, *Historical Dictionary*, 90-92, 493-494.
47 Roberts, *Churchills*, 216-234; Sandys, *Churchill*, 28-29.
48 Breytenbach, *Geskiedenis* I, 386-394, 411-413, 459-461; Nasson, *War*, 111-116; Pretorius, *Historical Dictionary*, 255-258; Warwick, *Black People*, 28-38.
49 Zie deel I, p. 63.
50 Breytenbach, *Geskiedenis* II, 392-404; Cloete, *Anglo-Boer War*, 41, 46-47, 50-52, 54-56, 60, 62; Grobler, *War Reporter*, 6-7, 12, 14-15, 19; Nasson, *War*, 116-122; Pakenham, *Boer War*, 181-190; Pretorius, *Historical Dictionary*, 212-214; Warwick, *Black People*, 129-130.
51 Breytenbach, *Geskiedenis* II, 333-349; Nasson, *War*, 106-110; Pakenham, *Boer War*, 238-241; Pretorius, *Historical Dictionary*, 236-238.
52 Churchill, *Boer War*, 95-105; Churchill, *My Early Life*, 301-306; Jenkins, *Churchill*, 61-62; Sandys, *Churchill*, 138-148.
53 Churchill, *Boer War*, 135-138, 150; Churchill, *My Early Life*, 305-306, 311-312; Cloete, *Anglo-Boer War*, 86-89; Grobler, *War Reporter*, 34-35; Pakenham, *Boer War*, 284-304; Roberts, *Churchill*, 280-281; Sandys, *Churchill*, 158, 162-163.
54 Breytenbach, *Geskiedenis* III, 1-61; Cloete, *Anglo-Boer War*, 75, 79-81; Grobler, *War Reporter*, 25-30; Pretorius, *Historical Dictionary*, 117, 210, 256, 332-335.

55 Churchill, *Boer War*, 106-111
56 Zie hierboven, p. 55-56.
57 Breytenbach, *Geskiedenis* III, 62-106; Churchill, *Boer War*, 112-126; Cloete, *Anglo-Boer War*, 82-86; Grobler, *War Reporter*, 31, 33; Nasson, *War*, 154-155; Pakenham, *Boer War*, 277-284; Pretorius, *Historical Dictionary*, 486-487.
58 Breytenbach, *Geskiedenis* III, 113-167; Churchill, *Boer War*, 127-131; Churchill, *My Early Life*, 307-308; Cloete, *Anglo-Boer War*, 82-86; Sandys, *Churchill*, 149-154.
59 Breytenbach, *Geskiedenis* III, 168-219; Churchill, *Boer War*, 137-139; Churchill, *My Early Life*, 311-312; Pakenham, *Boer War*, 288-305; Pretorius, *Historical Dictionary*, 426-428, 455, 486-487, 501-502; Sandys, *Churchill*, 161-163.
60 Breytenbach, *Geskiedenis* III, 219-230; Churchill, *Boer War*, 139-140; Churchill, *My Early Life*, 312-314.
61 Breytenbach, *Geskiedenis* III, 230-236; Churchill, *Boer War*, 140, 150-151; Churchill, *My Early Life*, 314; Pretorius, *Historical Dictionary*, 425-428.
62 Zie hierboven, p. 275.
63 Breytenbach, *Geskiedenis* III, 237-437; Churchill, *Boer War*, 156-178; Churchill, *My Early Life*, 314-322; Cloete, *Anglo-Boer War*, 91-94, 101, 103-104; Grobler, *War Reporter*, 39-40, 42, 44; Nasson, *War*, 161-165; Pakenham, *Boer War*, 344-349; Pretorius, *Historical Dictionary*, 325, 468-469; Roberts, *Churchill*, 283-286; Sandys, *Churchill*, 167, 170-173.
64 Breytenbach, *Geskiedenis* IV, 101-231; Cloete, *Anglo-Boer War*, 91, 95-97; Grobler, *War Reporter*, 29, 41; Nasson, *War*, 167-171; Pakenham, *Boer War*, 314-320, 327-328; Pretorius, *Historical Dictionary*, 388-389.
65 Cloete, *Anglo-Boer War*, 98; Steve Lunderstedt ed., *Summer of 1899. The Siege of Kimberley 14 October 1899 to 15 February 1900* (Kimberley 1999) 220-228; Pakenham, *Boer War*, 321-328; Pretorius, *Historical Dictionary*, 212-215; Brian Roberts, *Kimberley: Turbulent City* (Kaapstad 1985) 313-333.
66 Breytenbach, *Geskiedenis* III, 359-371; Grobler, *War Reporter*, 37.
67 Breytenbach, *Geskiedenis* III, 444-525; Churchill, *Boer War*, 179-194; Churchill, *My Early Life*, 322-324; Cloete, *Anglo-Boer War*, 104-110; Grobler, *War Reporter*, 46; Pakenham, *Boer War*, 356-361; Pretorius, *Historical Dictionary*, 325-327; Roberts, *Churchills*, 286; Sandys, *Churchill*, 173-174.
68 Breytenbach, *Geskiedenis* IV, 232-239; Pakenham, *Boer War*, 318-320.
69 Breytenbach, *Geskiedenis* IV, 232-430; Cloete, *Anglo-Boer War*, 104-111; Grobler, *War Reporter*, 43-45; Nasson, *War*, 172-178; Pakenham, *Boer War*, 331-342; Pretorius, *Historical Dictionary*, 110-111, 217-218, 309-315, 388-389.
70 Zie hierboven, p. 238-239.
71 Breytenbach, *Geskiedenis* III, 526-572; Churchill, *Boer War*, 195-210; Churchill, *My Early Life*, 324-326; Cloete, *Anglo-Boer War*, 111-112; Grob-

ler, *War Reporter*, 46; Nasson, *War*, 156-161; Pakenham, *Boer War*, 356-368; Pretorius, *Historical Dictionary*, 327-329; Roberts, *Churchills*, 286-287; Sandys, *Churchill*, 174-178.

72 Roberts, *Churchills*, 286-291; Sandys, *Churchill*, 169-170, 182-184.

73 Joseph J. Doke ed., *M.K. Gandhi: An Indian Patriot in South Africa* (Londen 1909) 52-57; Eric Itzkin, 'The Indian War Memorial: National Memory and Selective Forgetting', *Historia* 54 no. 1 (2009) 147-158; Shula Marks, 'British Nursing and the South African War', in: Greg Cuthbertson e.a. eds., *Writing a Wider War. Rethinking Gender, Race, and Identity in the South African War, 1899-1902* (Athens 2002) 159-185; Russell Miller, *The Adventures of Arthur Conan Doyle* (Londen 2008) 204-219; Stephen M. Miller, *Volunteers on the Veld. Britain's Citizen-Soldiers and the South African War, 1899-1902* (Norman 2007) 55-76.

74 Breytenbach, *Geskiedenis* III, 568-572; Churchill, *Boer War*, 211-224; Pakenham, *Boer War*, 224-225, 237-238, 293, 347, 352-355; Pretorius, *Historical Dictionary*, 274-278; J.C. de Villiers, *Healers, Helpers and Hospitals. A History of Military Medicine in the Anglo-Boer War* (Pretoria 2008) I, 127-163, 309-333; II, 13-117.

75 Zuster Hellemans, *Met het Roode Kruis mee in den Boeren-Vrijheidsoorlog* (Amsterdam 1901) 47-120; De Villiers, *Healers*, I, 426-432.

76 Pretorius, *Historical Dictionary*, 275-276; De Villiers, *Healers*, 340-374.

77 Van Niekerk, *Leyds as gesant*, 125-132; Pretorius, *Historical Dictionary*, 275-276; De Villiers, *Healers*, 413-556.

78 W.J. Leyds, *Tweede verzameling (correspondentie 1899-1900)* (Den Haag 1930) I, 516-523.

79 Leyds, *Tweede verzameling* I, 302-303, 383-384, 445, 454-455.

80 Zie hierboven, p. 244-246; Leyds, *Tweede verzameling* I, 385, 402-403, 439-440, 447, 466-467; W.J. Leyds, *Derde verzameling (correspondentie 1900)* (Den Haag 1931) I, 115-117; Van Niekerk, *Leyds as gesant*, 144-149.

81 Leyds, *Tweede verzameling* I, 308-309, 356-359, 369-372.

82 Zie hierboven, p. 243-244; Leyds, *Tweede verzameling* I, 416-417, 464-465 en II, 175.

83 Breytenbach, *Geskiedenis* V, 23-26, 557-563; Leyds, *Tweede verzameling* I, 413, 416-417, 468-469, 476-477, 494-496 en II, 175-186.

84 Breytenbach, *Geskiedenis* V, 285-288; Pakenham, *Boer War*, 381-385; De Villiers, *Healers*, I, 287-293 en II, 105-112.

85 Churchill, *Boer War*, 225-236; Churchill, *My Early Life*, 327-334; Roberts, *Churchills*, 309-312; Sandys, *Churchill*, 184-189; Woods, *Young Winston's Wars*, 138.

86 Churchill, *Boer War*, 5, 237-240; Vincent J. Cirillo, *Bullets and Bacilli. The Spanish-American War and Military Medicine* (Piscataway 1999) 138-145; Miller, *Adventures*, 212-217; Pretorius, *Historical Dictionary*, 276-277; Sandys, *Churchill*, 189-191; De Villiers, *Healers*, I, 287-293 en II, 105-112.

87 Breytenbach, *Geskiedenis* V, 3-4, 107, 123-125; Churchill, *Boer War*, 237-245; Churchill, *My Early Life*, 335-336; Cloete, *Anglo-Boer War*, 118, 120, 121, 136 ; Grobler, *War Reporter*, 51, 61; Pakenham, *Boer War*, 375-380; Pretorius, *Historical Dictionary*, 337; Roberts, *Churchills*, 312-314; Sandys, *Churchill*, 192-194.

88 Breytenbach, *Geskiedenis* V, 156-171; Cloete, *Anglo-Boer War*, 119-120, 122-125, 129-136; Grobler, *War Reporter*, 51-52, 59-61; Pakenham, *Boer War*, 386-389; C.R. de Wet, *De strijd tusschen Boer en Brit. De herinnering van den Boeren-generaal C.R. de Wet* (Amsterdam/Pretoria 1902) 80.

89 Breytenbach, *Geskiedenis* V, 156-284; Cloete, *Anglo-Boer War*, 119-120, 122-125, 129-136; Grobler, *War Reporter*, 51-52, 59-61; Pakenham, *Boer War*, 390-394; Pretorius, 292-293, 400-402; De Wet, *Strijd*, 88-112.

90 Breytenbach, *Geskiedenis* V, 156-158, 171-172, 418-419; Cloete, *Anglo-Boer War*, 118; Grobler, *War Reporter*, 61, 66; Leyds, *Tweede verzameling* I, XVIII, 501-506 en II, 178-179; Leyds, *Derde verzameling*, VII-XII, 8-19, 25-40, 47, 50-51.

91 Churchill, *Boer War*, 244-272; Churchill, *My Early Life*, 335-341; Roberts, *Churchills*, 312-315; Sandys, *Churchill*, 192-197.

92 Breytenbach, *Geskiedenis* V, 506; Churchill, *Boer War*, 290-316; Churchill, *My Early Life*, 341-344; Roberts, *Churchills*, 316-317; Sandys, *Churchill*, 198-200.

93 Zie hierboven, p. 53-57.

94 Hellemans, *Met het Roode Kruis mee*, 143-164.

95 Cloete, *Anglo-Boer War*, 142-145; Grobler, *War Reporter*, 67-68; Pretorius, *Historical Dictionary*, 141-142, 255-258.

96 John L. Comaroff ed., *The Boer War Diary of Sol T. Plaatje. An African at Mafeking* (Johannesburg 1973) 111-159; Pat Hopkins & Heather Dugmore, *The Boy. Baden-Powell and the Siege of Mafeking* (Rivonia 1999) XV-XVIII, 167-175; Pakenham, *Boer War*, 396-418; Pretorius, *Historical Dictionary*, 22-24, 255-258; 331-332; Roberts, *Churchills*, 292-308; Warwick, *Black People*, 30-38.

97 Cloete, *Anglo-Boer War*, 142-145; Pakenham, *Boer War*, 414-418; Porter, *Absent-Minded Imperialists*, 52-53, 194-196; Pretorius, *Historical Dictionary*, 22-24, 255-258; Roberts, *Churchills*, 304-308.

98 Zie hierboven, p. 223.

99 Cammack, *Rand*, 101-109; Cloete, *Anglo-Boer War*, 147-148; Grobler, *War Reporter*, 63; Leyds, *Tweede verzameling* II, 202-203; Leyds, *Derde verzameling*, II, 34-38.

100 Breytenbach, *Geskiedenis* V, 515-549; Churchill, *Boer War*, 328-350; Churchill, *My Early Life*, 344-349; Cloete, *Anglo-Boer War*, 150-152; Pakenham, *Boer War*, 419-433; Pretorius, *Historical Dictionary*, 128-129; Roberts, *Churchills*, 316-320; Sandys, *Churchill, 198-203*.

101 Breytenbach, *Geskiedenis* V, 542-556; Churchill, *Boer War*, 351-356, 387-

390; Churchill, *My Early Life*, 349-352; Cloete, *Anglo-Boer War*, 151-157; Grobler, *War Reporter*, 71-76; Nasson, *War*, 199-203; Pakenham, *Boer War*, 431-434; Roberts, *Churchills*, 320-322.

102 Breytenbach, *Geskiedenis* V, 535-556; Cloete, *Anglo-Boer War*, 153-157; Grobler, *War Reporter*, 71-77; Hancock & Van der Poel, *Selections*, 537-553; Pretorius, *Historical Dictionary*, 396-397.

103 Churchill, *Boer War*, 389-401; Cloete, *Anglo-Boer War*, 158-160; Grobler, *War Reporter*, 77; Hancock & Van der Poel, *Selections*, 547-561; `Pakenham, *Boer War*, 434; Pretorius, *Historical Dictionary*, 122-123; Roberts, *Churchills*, 328-329; Sandys, *Churchill*, 204-208.

104 Leyds, *Derde verzameling*, deel I, XVI-XVII, 134-135, 146-147.

105 Leyds, *Derde verzameling*, deel I, X-XII, 150-155, deel II, 65-70.

106 Leyds, *Derde verzameling*, deel I, 107, 113-115.

107 Leyds, *Derde verzameling*, deel I, XX-XXIII, deel II, 49-64.

108 *Het Nieuws van den Dag*, 12-6-1900; daarin ook de vertaalde citaten.

109 Churchill, *Boer War*, 400-401; Churchill, *My Early Life*, 353-354; Roberts, *Churchills*, 323-331; Sandys, *Churchill*, 204-209.

Deel III – Dood en verderf

1 Deneys Reitz heeft zijn wederwaardigheden in de Boerenoorlog opgetekend in gedeeltelijk in het Nederlands gedeeltelijk in het Engels gestelde 'Herinneringen'. Deze bevinden zich in de Brenthurst Library in Johannesburg en zijn niet gepubliceerd. Wel citeert zijn biograaf G.J. Calitz er uitvoerig uit, in: *Deneys Reitz (1882-1944): Krygsman, avonturier en politikus* (Pretoria 2008). Reitz zelf heeft deze 'Herinneringen' gebruikt voor zijn in 1929 gepubliceerde *Commando: A Boer Journal of the Boer War* (Londen 1929) en de Afrikaanse vertaling *Kommando. 'n Boere-dagboek uit die Engelse oorlog* (Bloemfontein 1929). In de tekst wordt afwisselend geciteerd uit zijn 'Herinneringen' (via de biografie van Calitz) en uit de Engelse en Afrikaanse versie van zijn gepubliceerde dagboek. Dat verklaart de drie verschillende talen in de citaten.

2 Calitz, *Deneys Reitz*, 78; Grobler, *War Reporter*, 71-75, 78; Nasson, *War*, 197; Pakenham, *Boer War*, 430-431; Pretorius, *Historical Dictionary*, 371-372; F.W. Reitz, *Outobiografie en 62 Gedigte* (Tafelberg 1978) 43-44; 103-110. Reitz, *Kommando*, 103-110.

3 J. Ploeger, *Die lotgevalle van die burgerlike bevolking gedurende die Anglo-Boereoorlog, 1899-1902*, 5 delen (Pretoria 1990), 13:5-14.

4 Cloete, *Anglo-Boer War*, 155-163; Grobler, *War Reporter*, 75, 79, 81; A.M. Grundlingh, *Die 'Hendsoppers' en 'Joiners'. Die rasionaal en verskynsel van verraad* (Pretoria/Kaapstad 1979) 7-44, 58-62; Leyds, *Vierde verzameling* II, 93-96; Ploeger, *Lotgevalle*, 13, 13-24; Pretorius, *Historical Dictionary*, 388-

391; S.B. Spies, *Methods of Barbarism? Roberts and Kitchener and Civilians in the Boer Republics: January 1900-May 1902* (Kaapstad/Pretoria 1977) 90-95, 101-117.

5 W.L. von R. Scholtz, *Generaal Christiaan de Wet as veldheer* (Leiden 1978) 183; M.C.E. van Schoor, *Christiaan Rudolph de Wet. Krygsman en volksman* (Pretoria 2007) 107-108.

6 Grundlingh, *'Hendsoppers'*, 20-25; Ploeger, *Lotgevalle*, 11:10, 16, 18, 20, 14:13-16; Pretorius, *Historical Dictionary*, 109-110, 406-407.

7 Leyds, *Derde verzameling*, II, 89; Ploeger, *Lotgevalle*, 13:11, 14.

8 Cloete, *Anglo-Boer War*, 154-163, 167-170; Grobler, *War Reporter*, 78-86; Nasson, *War*, 199-205; Ploeger, *Lotgevalle*, 11:4-5, 11-13, 20, 23, 25, 26, 43; 12:1-3; 13:19-23.

9 Calitz, *Deneys Reitz*, 92-93; Reitz, *Outobiografie*, 43-45; Reitz, *Kommando*, 110-115.

10 Albert Blake, *Boereverraaier. Teregstellings tydens die Anglo-Boereoorlog* (Kaapstad 2010) 59-62; Cloete, *Anglo-Boer War*, 171, 174; Mark Coghlan, 'The other De Wet. Piet de Wet and the Boer "Hendsoppers in the Anglo-Boer War"', http://samilitaryhistory.org/vol116mc.html; Grobler, War Reporter, 89; Grundlingh, *'Hendsoppers'*, 241-251; Pretorius, *Historical Dictionary*, 121-122, 244-246; Pieter le Roux, 'Verraaier of held: verdere gedagtes oor Genl Piet de Wet', *Knapzak* 21, 2 (oktober 2009) 139-142; Scholtz, *De Wet*, 194-195; Van Schoor, *De Wet*, 109-118; C.W.L. de Souza, *No charge for delivery* (Kaapstad 1969) 134-135; De Wet, *Strijd*, 166-168, 184.

11 Calitz, *Deneys Reitz*, 92-93; Cloete, *Anglo-Boer War*, 172-176; Grobler, *War Reporter*, 90; Reitz, *Kommando*, 115-117.

12 Cloete, *Anglo-Boer War*, 171-181; Grobler, *War Reporter*, 87, 90; Spies, *Methods*, 128-137.

13 Cloete, *Anglo-Boer War*, 171-181; Emily Hobhouse, *The Brunt of the War and Where It Fell* (Londen 1902) 22-28; Pakenham, *Boer War*, 451-455; Ploeger, *Lotgevalle*, 13:36-40, 28:10-14, 22-40; Pretorius, *Historical Dictionary*, 104; Spies, *Methods*, 43-44, 128-137.

14 Cloete, *Anglo-Boer War*, 170-181; Grobler, *War Reporter*, 86-91; Pakenham, *Boer War*, 438-445; Pretorius, *Historical Dictionary*, 57-58, 353-355.

15 Cloete, *Anglo-Boer War*, 170-181; Grobler, *War Reporter*, 89-93; Pakenham, *Boer War*, 445-451; Pretorius, *Historical Dictionary*, 120-121; Von Scholtz, *De Wet*, 221-246; De Wet, *Strijd*, 176-197.

16 Leyds, *Derde verzameling* I, IX-X, 195-196, 228-229, 235-236, 238, 256-260; II, 90-93.

17 Leyds, *Derde verzameling* I, 184-187, 192-193, 197-198.

18 Zie hierboven, p. 169.

19 Leyds, *Derde verzameling* I, 264-273, 280; II, 94-101.

20 Cloete, *Anglo-Boer War*, 181-185; Grobler, *War Reporter*, 93, 95; Pakenham, *Boer War*, 451, 454-456; Pretorius, *Historical Dictionary*, 33-36; Reitz, *Kommando*, 117-119.

21 Cloete, *Anglo-Boer War*, 187-188; Grobler, *War Reporter*, 95; Pretorius, *Historical Dictionary*, 36, 228.
22 Cloete, *Anglo-Boer War*, 186-187; Grobler, *War Reporter*, 96; Reitz, *Kommando*, 117-123.
23 Calitz, *Deneys Reitz*, 93-94; Reitz, *Kommando*, 124-126.
24 http://www.tokencoins.com/oompaul.htm.
25 Zie hierboven, p. 76-78.
26 Grobler, *War Reporter*, 95; Spies, *Methods*, 116-124.
27 Spies, *Methods*, 124-127.
28 Cloete, *Anglo-Boer War*, 188-193; Grobler, *War Reporter*, 95; Grundlingh, *'Hendsoppers'*, 54-58; Ploeger, *Lotgevalle*, 14:21-26, 29:15-18; Pretorius, *Historical Dictionary*, 104-105; Spies, *Methods*, 143-153.
29 Zie hierboven, p.256; Churchill, *My Early Life*, 355-356; Sandys, *Churchill*, 209-211.
30 Zie hierboven, p. 324.
31 Churchill, *My Early Life*, 355-361; Robert Rhodes James ed., *Winston S. Churchill. His Complete Speeches 1897-1963*. Volume I 1897-1908 (New York/Londen) 53-61; Jenkins, *Churchill*, 64-66; Sandys, *Churchill*,211-215; http://en.wikipedia.org/wiki/United_Kingdom_general_election_1900.
32 Hancock & Van der Poel, *Smuts Papers* I, 340-342; Pakenham, *Boer War*, 470-474; Von Scholtz, *De Wet*, 287-293; S.B. Spies and Gail Nattrass eds., *Jan Smuts. Memoirs of the Boer War* (Johannesburg 1994) 110-133.
33 Pakenham, *Boer War*, 470-476; Pretorius, *Historical Dictionary*, 54; Von Scholtz, *De Wet*, 276-293; De Wet, *Strijd*, 226-230.
34 Calitz, *Deneys Reitz*, 94-97; Reitz, *Kommando*, 126-129.
35 *Algemeen Handelsblad*, 23 november 1900; *The New York Times*, 23 november 1900.
36 *Algemeen Handelsblad*, 24-25 november 1900; Leyds, *Vierde verzameling* II, 1-7.
37 Leyds, *Vierde verzameling* II, 7-14; vgl. hierboven, p. 114-118, 134, 142.
38 *Algemeen Handelsblad*, 14 december 1900; Bossenbroek, *Holland*, 343-344; Leyds, *Vierde verzameling* I, 25, II 15-22.
39 Churchill, *My Early Life*, 361-363; Rhodes James, *Churchill. His Complete Speeches* I, 62-63; Jenkins, *Churchill*, 68-71; Sandys, *Churchill*, 212-213; *The New York Times*, 13 december 1900.
40 Cloete, *Anglo-Boer War*, 199-207; Von Scholtz, *De Wet*, 293-314; De Wet, *Strijd*, 232-256.
41 Jennifer Hobhouse Balme, T*o Love One's Enemies. The Work and Life of Emily Hobhouse* (Cobble Hill 1994) 1-84; Pakenham, *Boer War*, 501-503; Rykie van Reenen ed., *Emily Hobhouse. Boer War Letters* (Kaapstad/Pretoria 1984) 1-46.
42 Calitz, *Deneys Reitz*, 97-101; Cloete, *Anglo-Boer War*, 205-206; Grobler, *War Reporter*, 101; Pakenham, *Boer War*, 476-481; Pretorius, *Historical Dictiona-*

ry, 303-304; Reitz, *Kommando*, 130-141; Spies & Nattrass, *Jan Smuts*, 146-157.

43 Grundlingh, *'Hendsoppers'*, 82-95, 248; Ploeger, *Lotgevalle*, 14:32-37; Spies, *Methods*, 202-203.

44 Grundlingh, *'Hendsoppers'*, 107; *Nieuwe Tilburgsche Courant*, 13 februari 1901; Spies, *Methods*, 205-206.

45 Grundlinch, *'Hendsoppers'*, 109-117; Spies, *Methods*, 205-206.

46 Blake, *Boereverraaier*, 142-156; Grundlingh, *'Hendsoppers'*, 95-96, 101-104; Spies, *Methods*, 203-206.

47 Zie hierboven, p. 329.

48 Ploeger, *Lotgevalle*, 30:34-38; Spies, *Methods*, 170-190.

49 Calitz, *Deneys Reitz*, 102-103; Cloete, *Anglo-Boer War*, 208, 218-219; Grobler, W*ar Reporter*, 105; Pakenham, *Boer War*, 496-499; Reitz, *Kommando*, 142-148.

50 Zie hierboven, p. 45 en 221.

51 Hobhouse, *Brunt*, 116-120; Hobhouse Balme, *To Love*, 85-98; Ploeger, *Lotgevalle*, 41:26-27, 36-38; 42:3-4; 43:6; Pretorius, *Historical Dictionary*, 102-106; Van Reenen, *Emily Hobhouse*, 46-57; Spies, *Methods*, 190-201.

52 Cloete, *Anglo-Boer War*, 218-229; Grobler, *War Reporter*, 110; Von Scholtz, *De Wet*, 321-370; De Wet, *Strijd*, 264-290.

53 Calitz, *Deneys Reitz*, 103-105; Reitz, *Kommando*, 149-154.

54 Zie hierboven, p. 58.

55 Warwick, *Black People*, 110-124.

56 Nasson, *Abraham Esau's War*, 120-141.

57 Pakenham, *Boer War*, 468-469, 496, 501-505.

58 Churchill, *My Early Life*, 364-367; Rhodes James, *Churchill. His Complete Speeches* I, 65-70.

59 Zie hierboven, p. 52.

60 Zie hierboven, p. 425.

61 Reitz, *Kommando*, 154-160.

62 Zie hierboven, p. 179-180.

63 George Arthur, *Life of Lord Kitchener* (Londen 1920) II, 18-26; Cloete, *Anglo-Boer War*, 226; Grobler, *War Reporter*, 109, 112; J.D. Kestell & D.E. van Velden, *Die vredesonderhandelinge tussen die Regerings van die twee Suid-Afrikaanse Republieke en die Verteenwoordigers van die Britse Regering wat uitgeloop het op die Vrede wat op 31 Mei 1902 op Vereeniging gesluit is* (Kaapstad 1982) 123; Nasson, *War*, 223-224; Pakenham, *Boer War*, 487-491, 499-500, 504; Pretorius, *Historical Dictionary*, 282; Von Scholtz, *De Wet*, 371-372; De Wet, *Strijd*, 294-297

64 Reitz, *Kommando*, 161-169.

65 Zie hierboven, p. 321-323.

66 Leyds, *Vierde verzameling* II, 103-109.

67 Cloete, *Anglo-Boer War*, 232; Eric Rosenthal, *General De Wet. A Biography* (Cape Town 1946), 84-85; De Wet, *Strijd*, 296.

68 Zie hierboven, p. 365-366.
69 Cloete, *Anglo-Boer War*, 238; Grobler, *War Reporter*, 115; Grundlingh, *'Hendsoppers'*, 152-153; Hancock &Van der Poel, *Selections* I, 389-391; Rosenthal, *General De Wet*, 85-87; De Wet, *Strijd*, 300-304.
70 Leyds, *Vierde verzameling* II, 84-88; Pakenham, *Boer War*, 513.
71 Hancock & Van der Poel, *Selections* I, 395-396; Leyds, *Vierde verzameling* I, XXVIII, 186, 248-249.
72 Hancock & Van der Poel, *Selections* I, 397-399; Leyds, *Vierde verzameling* I, X-XII,252-254.
73 Cloete, *Anglo-Boer War*, 241-245; Grobler, *War Reporter*, 116, 118; Grundlingh, *'Hendsoppers'*, 153; Hancock & Van der Poel, *Selections* I, 400-402; Leyds, *Vierde verzameling* II, 86-87, 89-92; Pakenham, *Boer War*, 520-521; De Wet, *Strijd*, 304-309.
74 Cloete, *Anglo-Boer War*, 236; Hobhouse, *Brunt*, 114-125; Emily Hobhouse, *Report of a Visit to the Camps of Women and Children in the Cape and Orange River Colonies* (Londen 1901) 5-12; Pakenham, *Boer War*, 506-507; Van Reenen, *Emily Hobhouse*, 123.
75 Cloete, *Anglo-Boer War*, 240; Pakenham, *Boer War*, 501-503; Van Reenen, *Emily Hobhouse*, 115-116, 121.
76 Cloete, *Anglo-Boer War*, 242, 244; Hobhouse, *Report*, 14-15; Pakenham, *Boer War*, 503-504, 508; Van Reenen, *Emily Hobhouse*, 121-123, 125-126; W.T. Stead, *Methods of Barbarism: 'War is War' and 'War is Hell?' The Case for Intervention* (Londen 1901).
77 Cloete, *Anglo-Boer War*, 244-245; Hobhouse, *Brunt*, 126-137; Hobhouse, *Report*, 13-14; Pakenham, *Boer War*, 504-510; Van Reenen, *Emily Hobhouse*, 126, 461.
78 Reitz, *Kommando*, 170-196.
79 Zie hierboven, p. 385.
80 Reitz, *Kommando*, 197-200.
81 Cloete, *Anglo-Boer War*, 242, 246-247, 252; Pakenham, *Boer War*, 513; Pretorius, *Historical Dictionary*, 432-433.
82 Cloete, *Anglo-Boer War*, 256-258; Grobler, *War Reporter*, 121; Pakenham, *Boer War*, 499, 522, 529, 535-538, 545-546; Pretorius, *Historical Dictionary*, 27-28, 46-47; Spies, *Methods*, 233-239.
83 Cloete, *Anglo-Boer War* , 245-246; Leyds, *Vierde verzameling* I, XXXVIII-XXXIX, 364-365; II, 125-128, 184-189.
84 Leyds, *Vierde verzameling* I, XL, 304; II, 114-124.
85 Hobhouse, *Brunt*, 135-140; Hobhouse Balme, *To Love*, 277-328.
86 Leyds, *Vierde verzameling* I, XXIV-XXVI, 122-123, 152, 154-158, 164-165, 263-265, 279-280, 342, 356-359, 459-460.
87 Hobhouse, *Brunt*, 319-346; Ploeger, *Lotgevalle*, hoofdstukken 41 en 42; Pretorius, *Historical Dictionary*, 104-106, 145-146, 184-185; Spies, *Methods*, 221-227, 252-269.

88 Churchill, *My Early Life*, 367-370; Rhodes James, *Churchill. His Complete Speeches* I, 70-86.
89 Rhodes James, *Churchill. His Complete Speeches* I, 87-90.
90 Rhodes James, *Churchill. His Complete Speeches* I, 95-109.
91 Calitz, *Deneys Reitz*, 108-109; Hancock & Van der Poel, *Smuts Papers* I, 430-431; Reitz, *Kommando*, 200-205.
92 Zie hierboven, p. 279.
93 Zie hierboven, p. 242; Pretorius, *Historical Dictionary*, 210-211; Warwick, *Black People*, 45-46.
94 Zie hierboven, p. 64-65.
95 Nasson, *Abraham Esau's War*, 19-21; Pretorius, *Historical Dictionary*, 29-31, 42-44, 210-211, 317-318, 443-444; Warwick, *Black People*, 63-74, 87-90, 96-109, 119-122.
96 Zie hierboven, p. 470-471.
97 Cloete, *Anglo-Boer War*, 247, 255-256; Warwick, *Black People*, 19-25.
98 Zie hierboven, p. 109.
99 Cloete, *Anglo-Boer War* , 254-256; Pretorius, *Historical Dictionary*, 421, 444; Warwick, *Black People*, 100-101, 107.
100 Zie hierboven, p. 419-420.
101 Pakenham, *Boer War*, 528-532.
102 Zie hierboven, p. 491-492 en noot 85.
103 Cloete, *Anglo-Boer War*, 344; Ploeger, *Lotgevalle*, hoofdstuk 43; Pretorius, *Historical Dictionary*, 102-106; Warwick, *Black People*, 145-157.
104 Calitz, *Deneys Reitz* , 109-116; Cloete, *Anglo-Boer War*, 266; Hancock & Van der Poel, *Smuts Papers* I, 410-412, 422-427; Reitz, *Kommando*, 205-236.
105 Calitz, *Deneys Reitz*, 115-116; Hancock & Van der Poel, *Smuts Papers* I, 412-413, 422-427; Reitz, *Kommando*, 236-244.
106 Zie hierboven, p. 405-406, 408.
107 Leyds, *Vierde verzameling* I, XXXIV-XXXVI, 378-379, 392-393, 450-451; II, 135-141; http://avalon.law.yale.edu/19th_century/hague02.asp.
108 Calitz, *Deneys Reitz*, 116-117; Pretorius, *Historical Dictionary*, 464-465; Reitz, *Kommando*, 246-255.
109 Calitz, *Deneys Reitz*, 116-119; Hancock & Van der Poel, *Smuts Papers* I, 419-428; Reitz, *Commando*, 250, 264-265; Reitz, *Kommando*, 255-274.
110 Zie hierboven, p. 174-175.
111 Zie hierboven, p. 443.
112 Leyds, *Vierde verzameling* I, XXXVI, XL-XLI, XLV-XLVI, 448-450,462-465; II, 153-155, 158, 161-162; Wilson, *International Impact*, 110-112.
113 Zie hierboven, p. 502-503.
114 Hancock & Van der Poel, *Smuts Papers* I, 437-505.
115 Calitz, *Deneys Reitz*, 120-123; Reitz, *Kommando*, 277-293.
116 Cloete, *Anglo-Boer War*, 296; Hancock & Van der Poel, *Smuts Papers* I, 513;

Nasson, *Abraham Esau's War*, 108-114; Pretorius, *Historical Dictionary*, 240-241, 265-266; Reitz, *Kommando*, 294-295; Warwick, *Black People*, 122.
117 Blake, *Boereverraaier*, 230-238; Pretorius, *Historical Dictionary*, 95; Reitz, *Kommando*, 288-290; zie hierboven, p. 415.
118 Zie hierboven, p. 443-444; Blake, *Boereverraaier*, 30-44, 84-115, 158-175.
119 Blake, *Boereverraaier*, 45-62, 202-204; Grundlingh, *'Hendsoppers'*, 198-230; Pretorius, *Historical Dictionary*, 200-202.
120 Blake, *Boereverraaier*, 68-72, 284-285; Hancock & Van der Poel, *Smuts Papers* I, 446.
121 Blake, *Boereverraaier*, 64-67.
122 Zie hierboven, p. 456.
123 Churchill, *My Early Life*, 368; Cloete, *Anglo-Boer War*, 294-295, 310, 317; Grobler, *War Reporter*, 133; Leyds, *Vierde verzameling* I, 603-604; II, 198-203; Pretorius, *Historical Dictionary*, 224-225, 249, 404-406.
124 Zie hierboven, p. 270-272, 346, 388, 402, 405.
125 Cloete, *Anglo-Boer War*, 304-305; Grobler, *War Reporter*, 137; Pakenham, *Boer War*, 549, 556; Pretorius, *Historical Dictionary*, 503-504.
126 Cloete, *Anglo-Boer War*, 308-311; Grobler, *War Reporter*, 139; Pakenham, *Boer War*, 549, 556; Pretorius, *Historical Dictionary*, 280-281, 461-462.
127 Calitz, *Deneys Reitz*, 124-130; Cloete, *Anglo-Boer War*, 316-317; Reitz, *Commando*, 298-313; Reitz, *Kommando*, 294-309.
128 Reitz, *Kommando*, 310-314.
129 Kestell & Van Velden, *Vredesonderhandelinge*, 15-20; Leyds, *Vierde verzameling* II, 177-183.
130 Zie hierboven, p. 522; Leyds, *Vierde verzameling* I, XLVII-L.
131 Leyds, *Vierde verzameling* I, 155-157.
132 Leyds, *Vierde verzameling* I, 672.
133 Zie hierboven, p. 476.
134 Zie hierboven, p. 465-466.
135 Arthur, *Life of Lord Kitchener* II, 86-94; Cloete, *Anglo-Boer War*, 321-324; Kestell & Van Velden, *Vredesonderhandelinge*, 15-50; Pakenham, *Boer War*, 551-554.
136 Zie hierboven, p. 413.
137 Calitz, *Deneys Reitz*, 131-134; Reitz, *Kommando*, 314-318.
138 Cloete, *Anglo-Boer War*, 326-328; Kestell & Van Velden, *Vredesonderhandelinge*, 51-91.
139 Cloete, *Anglo-Boer War*, 328; Kestell & Van Velden, *Vredesonderhandelinge*, 90-116; zie hierboven, p. 465-467.
140 Pakenham, *Boer War*, 561.
141 Cloete, *Anglo-Boer War*, 329-332; Kestell & Van Velden, *Vredesonderhandelinge*, 116-175; Pakenham, *Boer War*, 564-570.

Epiloog

1 http://www.bloemfontein.co.za/renaming-big.jpg.
2 http://dailymaverick.co.za/article/2012-03-29-south-africa-the-return-of-the-name-changing-cliffhanger.
3 http://www.afriforum.co.za/t-hemde-tee-naamsveranderinge.
4 Zie hierboven, p. 59-60, 107-108. Vgl. ook de recente opwinding over historisch geïnspireerde 'blanke' respectievelijk 'zwarte' songs, met als duidelijkste voorbeelden enerzijds het in Afrikaner kringen populaire nummer *'De la Rey'* van Bok van Blerk, anderzijds het door de ANC *Youth League* nieuw leven ingeblazen strijdlied *'awudubhule ibhunu'* (*'Shoot the Boer'*). Albert Grundling, 'Die historiese in die hede: dinamika van die De la Rey-fenomeen in Afrikanerkringe, 2006-2007', *New Contree*, 53 (2007) 135-154.
5 http://www.info.gov.za/speech/DynamicAction?pageid=461&sid=27620&tid=69127;
http://www.info.gov.za/speech/DynamicAction?pageid=461&sid=28766&tid=74709.
6 Lake & Reynolds, *Drawing*; Nasson, *War*; Warwick, *Black People*, passim.
7 Leyds, *Vierde verzameling* I, XLIX-LI, 756-757; Bossenbroek, 'Geschiedschrijving', 209-210; Van Niekerk, *Kruger se regterhand,* 356.
8 Pakenham, *Boer War*, 561-562.
9 Jenkins, *Churchill*, passim; Pretorius, *Historical Dictionary*, 80, 107-108, 374-376; Deneys Reitz, *Trekking On* (Londen 1933) 122-123, 149-150.
10 Cloete, *Anglo-Boer War*; Nasson, *War*; Pakenham, *Boer War*; Pretorius, *Historical Dictionary*, passim.
11 Calitz, *Deneys Reitz*, 135-137; Reitz, *Kommando*, 319-321.
12 Deneys Reitz, *No Outspan* (Londen 1943) passim.
13 Zie hierboven, p. 561-562; Marc Howard Ross, *Cultural Contestation in Ethnic Conflict* (Cambridge 2007) 240-250;
http://www.info.gov.za/speech/DynamicAction?pageid=461&sid=25951&tid=60804;
http://www.freedompark.co.za/cms/index.php?option=com_content&vie=article&id=29&Itemid=35&phpMyAdmin=17b790ef730b81da09a13c43c12692b2.

Bronnen en literatuur

Het geraadpleegde archiefmateriaal – de Collectie-Leyds en het archief van de Nederlandsche Zuid-Afrikaansche Spoorweg-Maatschappij – bevindt zich in het Nationaal Archief te 's-Gravenhage respectievelijk het Zuid-Afrikahuis te Amsterdam. De hieronder vermelde literatuur is grotendeels te vinden in het Afrika Studiecentrum te Leiden en het Zuid-Afrikahuis te Amsterdam. De medewerkers van de genoemde instellingen, alsmede die van het *Oorlogsmuseum van die Boererepublieke* te Bloemfontein, bedank ik hartelijk voor hun medewerking. De studenten Geschiedenis aan de Universiteit Utrecht die hebben deelgenomen aan mijn colleges over de Boerenoorlog bedank ik zeer voor hun inspirerende enthousiasme.

Alberts, Paul ed., *Die Smarte van Oorlog. Verontregting van Boerevroue en -kinders tydens die Anglo-Boereoorlog 1899-1902*, Brandfort 2005.

Arthur, George, *Life of Lord Kitchener*, Londen 1920.

Badsey, Stephen, 'The Boer War as a Media War,' in: Peter Dennis & Jeffrey Grey eds., *The Boer War: Army, Nation and Empire* (Canberra 2000) 70-83.

Berg, Karel van den, inl. G.J. Schutte, *Beste ouders: brieven uit de Transvaal van Karel van den Berg 1896-1900*, Amsterdam 1999.

Blake, Albert, *Boereverraaier. Teregstellings tydens die Anglo-Boereoorlog*, Kaapstad 2010.

Boje, John & Fransjohan Pretorius, '"Kent gij dat volk?" The Anglo-Boer War and Afrikaner identity in postmodern perspective', *Historia* 56 (2012) 59-72.

Bossenbroek, Martin, 'Geschiedschrijving als hoger beroep. Willem Johannes Leyds, advocaat van de Boeren (1859-1940)', in: M.Ph. Bossenbroek, M.E.H.N. Mout & C. Musterd eds., *Historici in de politiek* (Leiden 1996) 191-211.

Bossenbroek, Martin, *Holland op zijn Breedst. Indië en Zuid-Afrika in de Nederlandse cultuur omstreeks 1900*, Amsterdam 1996.

Bossenbroek, Martin, 'The Netherlands and the Boer War. Their wildest dreams: the Representation of South Africa in Culture, Imperialism and Nationalism at the Turn of the Century', in: K.M. Wilson ed., *The International Impact of the Boer War* (Leeds 2001) 123-139.

Bottomore, Stephen, *Filming, Faking and Propaganda: The Origins of the War Film, 1897-1902*, Utrecht 2007.

Brandt, Johanna, *Die Kappie Kommando of Boerevrouwen in Geheime Dienst*, Kaapstad 1913.

Breytenbach, J.H., *Die geskiedenis van die Tweede Vryheidsoorlog in Suid-Afrika, 1899-1902*, 6 delen, Pretoria 1969.
Cain, P.J., *Hobson and Imperialism. Radicalism, New Liberalism, and Finance 1887-1938*, Oxford/New York 2002.
Calitz, G.J., *Deneys Reitz (1882-1944): Krygsman, avonturier en politikus*, Pretoria 2008.
Cammack, Diana, *The Rand at War 1899-1902. The Witwatersrand & the Anglo-Boer War*, Londen 1990.
Churchill, Winston S., *The Boer War: London to Ladysmith via Pretoria and Ian Hamilton's March*, z.p.z.d.
Churchill, Winston S., *My Early Life, 1874-1904; with an introduction by William Manchester*, New York 1996.
Cirillo, Vincent J., *Bullets and Bacilli: The Spanish-American War and Military Medicine*, Piscataway 1999.
Cloete, Pieter G., *The Anglo-Boer War – A Chronology*, Pretoria 2000.
Cloete, Stuart, *African Portraits. A Biography of Paul Kruger, Cecil Rhodes and Lobengula, Last King of the Matabele*, Londen 1946.
Comaroff, John L. ed., *The Boer War Diary of Sol T. Plaatje: an African at Mafeking*, Johannesburg 1973.
Conan Doyle, Arthur, *The War in South Africa, Its Cause & Conduct*, New York 1902.
Cooper-Chadwick, J., *Three Years with Lobengula, and Experiences in South Africa*, Londen 1894.
Cuthbertson, Gregor & A.M. Grundlingh eds., *Writing a Wider War. Rethinking Gender, Race, and Identity in the South African War, 1899-1902*, Athens 2002.
Darwin, John, *The Empire Project: The Rise and Fall of the British World-System 1830-1970*, Cambridge 2009.
Direko, Winkie I. e.a., *Suffering of War. A photographic portrayal of the suffering in the Anglo-Boer War*, Bloemfontein 2003.
Doke, Joseph J. ed., *M.K. Gandhi: An Indian Patriot in South Africa*, Londen 1909.
Ferreira, Jeanette ed., *Boereoorlogstories. 34 verhale oor die oorlog van 1899-1902*, 2e uitgave, Kaapstad 2011.
First, Ruth & Ann Scott, *Olive Schreiner. A Biography*, New York 1980.
Fitzpatrick, J.P., *The Transvaal from Within. A Private Record of Public Affairs*, Londen 1899.
Giliomee, Hermann, *The Afrikaners. Biography of a People*, Kaapstad 2010.
Godby, Michael, 'Confronting horror: Emily Hobhouse and the concentration camp photographs of the South African War', *Kronos*, 32 (2006) 34-48.
Graaff, B.J.H. de, *De mythe van de stamverwantschap. Nederland en de Afrikaners 1902-1930*, Amsterdam 1993.
Grobler, Jackie ed., *The War Diary of Johanna Brandt*, Pretoria 2007.
Grobler, Jackie, *The War Reporter. The Anglo-Boer War Through the Eyes of the Burghers*, Johannesburg/Cape Town 2011.

Grundlingh, Albert, *The Dynamics of Treason. Boer Collaboration in the South African War of 1899-1902*, Pretoria 2006.
Grundlingh, A.M., *Die 'Hendsoppers' en 'Joiners'. Die rasionaal en verskynsel van verraad,* Kaapstad 1979.
Grundlingh, Albert, 'Die historiese in die hede: dinamika van die De la Rey-fenomeen in Afrikanerkringe, 2006-2007', *New Contree*, 53 (2007) 135-154.
Grundlingh, Albert, 'The National Women's Monument: The Making and Mutation of Meaning in Afrikaner Memory of the South African War', *http://www.celat.ulaval.ca/histoire.memoire/histoire/cape1/grundlingh.htm.*
Grundlingh, Albert, 'Reframing remembrance: the politics of the centenary commemoration of the South African War of 1899-1902', *Journal of Southern African Studies*, 30 no. 2 (2004) 359-375.
Hancock, W.K. & Jean van der Poel eds., *Selections from the Smuts Papers. Volume I: June 1886-May 1902*, Cambridge 1966.
Heese, J.A., *Die herkoms van die Afrikaner 1657-1867*, Kaapstad 1971.
Hellemans, Zuster, *Met het Roode Kruis mee in den Boeren-Vrijheidsoorlog*, Amsterdam 1901.
Heyningen, Elizabeth van, 'Costly mythologies: the concentration camps of the South African War in Afrikaner historiography', *Journal of Southern African Studies*, 34 no. 3 (2008) 495-513.
Hobhouse, Emily, *The Brunt of the War, and Where It Fell*, Londen 1902.
Hobhouse, Emily, *Report of a Visit to the Camps of Women and Children in the Cape and Orange River Colonies*, Londen 1901.
Hobhouse Balme, Jennifer ed., *To Love One's Enemies. The Work and Life of Emily Hobhouse*, Cobble Hill 1994.
Hoek, Kees van, *Kruger days. Reminiscences of dr. W.J. Leyds*, Londen 1939.
Hopkins, Pat & Heather Dugmore, *The Boy: Baden-Powell and the Siege of Mafeking*, Rivonia 1999.
Ingham, Kenneth, *Jan Christian Smuts. The Conscience of a South African*, Londen 1986.
In memoriam NZASM, Amsterdam 1910.
Itzkin, Eric, 'The Indian War Memorial: National Memory and Selective Forgetting', *Historia* 54. No. 1 (2009) 147-158.
Jaarverslagen NZASM, 1895-1898.
Jannash, Hans, *Onder Boeren, Britten en Bantoes*, Amsterdam 1942.
Jansen, Ena en Wilfred Jonckheere eds., *Boer en Brit. Ooggetuigen en schrijvers over de Anglo-Boerenoorlog in Zuid-Afrika*, Amsterdam 2006.
Jenkins, Roy, *Churchill*, Londen 2002.
Jong, Alwin de, *Wil de ware Afrikaner opstaan? De Boerenoorlog als ijkpunt van nationalisme in Zuid-Afrika (1815-1925)*, bachelorscriptie Geschiedenis (Utrecht 2012).
Jong, R.C. de, G.M. van der Waal & D.H. Heydenrych, *NZASM 100: 1887-1899, the buildings, steam engines and structures of the Netherlands South African Railway Company*, Pretoria 1988.

Kapp, Pieter, '31 mei 1902-31 mei 2002: twee vredes, twee visies, een toekoms: die betekenis van die Anglo-Boereoorlog vir vandag en more', *Tydskrif vir Geesteswetenskappe*, 42 no. 4 (2002) 273-281.

Kestell, J.D., *Met de Boeren-commando's. Mijne ervaringen als veldprediker*, Amsterdam/Pretoria 1902.

Kestell, J.D. & D.E. van Velden, *Die vredesonderhandelinge tussen die Regerings van die twee Suid-Afrikaanse Republieke en die Verteenwoordigers van die Britse Regering wat uitgeloop het op die Vrede wat op 31 Mei 1902 op Vereeniging gesluit is*, Kaapstad 1982.

Koppen, Chris A.J. van, *De Geuzen van de negentiende eeuw. Abraham Kuyper en Zuid-Afrika*, Maarssen 1992.

Korf, Lindie, *D.F. Malan, a Political Biography*, Stellenbosch 2010.

Krebs, Paula M., *Gender, Race, and the Writing of Empire. Public Discourse and the Boer War*, Cambridge 1999.

Kröll, Ulrich, *Die internationale Buren-Agitation 1899-1902*, Münster 1973.

Kuiper, R., *Zelfbeeld en wereldbeeld. Antirevolutionairen en het buitenland, 1848-1905*, Kampen 1992.

Kuitenbrouwer, M. *Nederland en de opkomst van het moderne imperialisme*, Amsterdam/Dieren 1985.

Kuitenbrouwer, Vincent, *A War of Words. Dutch pro-Boer propaganda and the South African War (1899-1902)*, Amsterdam 2010.

Lake, Marilyn & Henry Reynolds, *Drawing the Global Colour Line. White Men's Countries and the International Challenge of Racial Equality*, Cambridge 2008.

Lester, Alan, *From Colonization to Democracy: A New Historical Geography of South Africa*, Londen 1996.

Lester, Alan, *Imperial Networks. Creating Identities in Nineteenth-Century South Africa and Britain*, Londen 2001.

Leyds, W.J., *Eenige correspondentie uit 1899*, 's-Gravenhage 1919.

Leyds, W.J., *De eerste annexatie van de Transvaal*, Amsterdam 1906.

Leyds, W.J., *Het insluiten van de Boeren-republieken*, 2 delen, Amsterdam 1914.

Leyds, W.J., *Onze eerste jaren in Zuid-Afrika 1884-1889: intieme correspondentie van mevrouw Louise W.S. Leyds-Roeff en dr. W.J. Leyds, bestemd voor familie en belangstellenden*, 's-Gravenhage 1938.

Leyds, W.J., *Tweede, derde en vierde verzameling (correspondentie 1899-1902)*, 8 delen, 's-Gravenhage 1930-1934.

Limb, Peter, *The ANC's Early Years: Nation, Class and Place in South Africa before 1940*, Pretoria 2010.

Lion Cachet, F., *De worstelstrijd der Transvalers aan het volk van Nederland verhaald*, Amsterdam 1882.

Loo, C.J. van der, *De geschiedenis der Zuid-Afrikaansche Republiek (Transvaal) aan het volk verteld*, Zwolle 1896.

Lunderstedt, Steve ed., *Summer of 1899. The Siege of Kimberley 14 October to 15 February 1900*, Kimberley 1999.

Mack, Roy, 'The Great Africa Cattle Plague Epidemic of the 1890's'. *Tropical Animal Health and Production*, 1970.
Magubane, Zine, *Bringing the Empire Home: Race, Class, and Gender in Britain and Colonial South Africa*, Chicago 2004.
Marks, Shula & Stanley Trapido eds., *The Politics of Race, Class and Nationalism in Twentieth-Century South Africa* , Londen 1987.
Medalie, David, 'A century later: new fictional representations of the Boer War', *Journal of Southern African Studies*, 30 no. 2 (2004) 377-392.
Meijer, J.W., *Dr. H.J. Coster, 1865-1899*, Pretoria 1983.
Meredith, Martin, *Diamonds, Gold and War: The Making of South Africa*, Johannesburg 2007.
Miller, Russell, *The Adventures of Arthur Conan Doyle*, Londen 2008.
Miller, Stephen M., *Volunteers on the Veld. Britain's Citizen- Soldiers and the South African War, 1899-1902*, Norman 2007.
Molema, S.M., *The Bantu Past and Present*, Cape Town 1963.
Morgan, Kenneth O., 'The Boer War and the Media (1899-1902)', *Twentieth Century British History* 13 (2002) 1-16.
Muller, H.P.N., *Zuid-Afrika: reisherinneringen*, Leiden 1889.
Nasson, Bill, *Abraham Esau's War: A Black South African War in the Cape, 1899-1902*, Cambridge 1991.
Nasson, Bill, 'Commemorating the Anglo-Boer War in Post-apartheid South Africa', in: Daniel J. Walkowitz & Lisa Maya Knauer eds., *Memory and the Impact of Political Transformation in Public Space* (Durham 2004) 277-294.
Nasson, Bill, *The War for South Africa: the Anglo-Boer War (1899-1902)*, Kaapstad 2010.
Nederland – Zuid-Afrika. Gedenkboek uitgegeven door de Nederlandsch Zuid-Afrikaansche Vereeniging, bij gelegenheid van haar vijftig-jarig bestaan, 1881-1931, Amsterdam 1931.
Netscher, F., 'Dr. W.J. Leyds', in: idem, *Karakters* (Haarlem 1899) 112-138.
Niekerk, L.E. van, *Dr. W.J. Leyds as Gesant van die Zuid-Afrikaansche Republiek*, Pretoria 1980.
Niekerk, L.E. van, *Kruger se regterhand. Biografie van dr. W.J. Leyds*, Pretoria 1985.
Omissi, David & Andrew S. Thompson eds., *The Impact of the South African War*, Basingstoke/New York 2002.
Onselen, Charles van, *Studies in the Social and Economic History of the Witwatersrand 1886-1914. 1 New Babylon. 2 New Nineveh*, Johannesburg 1982.
Pakenham, Thomas, *The Boer War*, Londen 1979.
Penning, L., *De verkenner van Christiaan de Wet: een verhaal uit den Engels-Zuid-Afrikaanschen oorlog 1899-1902*, 's-Gravenhage 1902.
Pienaar, Philip, *Met Steyn en De Wet, belangrijke mededeelingen en persoonlijke ervaringen*, Middelburg 1902.
Plaatje, Solomon Tshekisho, *Native Life in South Africa. Before and Since the European War and the Boer Rebellion*, New York 1916.

Ploeger, J., *Die lotgevalle van die burgerlike bevolking gedurende die Anglo-Boereoorlog, 1899-1902*, 5 delen, Pretoria 1990.
Porter, Bernard, *The Absent-Minded Imperialists. Empire, Society, and Culture in Britain*, Oxford/New York 2004.
Preez, Max du, *Of Warriors, Lovers, and Prophets. Unusual stories from South Africa's past*, Kaapstad 2004.
Preller, Gustav S., *Lobengula: The Tragedy of a Matabele King*, Johannesburg 1963.
Preston, Antony, *Geïllustreerde Geschiedenis van Zuid-Afrika*, Alphen aan de Rijn 1995.
Pretorius, Fransjohan, Stephan Hofstatter & Wilhelm Snyman, *The Great Escape of the Boer Pimpernel: Christiaan de Wet – the Making of a Legend*, Pietermaritzburg 2001.
Pretorius, Fransjohan, *Historical Dictionary of the Anglo-Boer War*, Plymouth 2009.
Pretorius, Fransjohan, *Kommandolewe tydens die Anglo-Boereoorlog 1899-1902*, Kaapstad/Johannesburg 1991.
Raath, A.W.G. & R.M. Louws eds., *Die konsentrasiekamp te Bethulie gedurende die Anglo-Boereoorlog*, Bloemfontein 1991.
Raath, A.W.G. & R.M. Louw eds., *Vroueleed. Die lotgevalle van die vroue en kinders buite die konsentrasiekampen 1899-1902*, Bloemfontein 1993.
Reenen, Rykie van ed., *Emily Hobhouse. Boer War Letters*, Kaapstad/Pretoria 1984.
Reitz, Deneys, *Commando: A Boer Journal of the Boer War*, Londen 1929.
Reitz, Deneys, *Kommando. 'n Boere-dagboek uit die Engelse oorlog*, Bloemfontein 1929.
Reitz, Deneys, *No Outspan*, Londen 1943.
Reitz, Deneys, *Trekking On*, Londen 1933.
Reitz, F.W., J. de Villiers Roos & J.C. Smuts, *Een eeuw van onrecht*, Pretoria 1899.
Reitz, F.W., *Outobiografie en 62 Gedigte*, Tafelberg 1978.
Rhodes James, Robert ed., *Winston S. Churchill. His Complete Speeches 1897-1963. Vol.1 1897-1908*, New York/Londen.
Roberts, Brian, *Churchills in Africa*, Londen 1970.
Roberts, Brian, *Kimberley: Turbulent City*, Kaapstad 1985.
Rosenthal, Eric, *General De Wet. A Biography*, Cape Town 1946.
Ross, Marc Howard, *Cultural Contestation in Ethnic Conflict*, Cambridge 2007.
Ross, Robert, *A Concise History of South Africa*, 2nd edition, Cambridge 2008.
Roux, Pieter le, 'Verraaier of held: verdere gedagtes oor Genl Piet de Wet', *Knapzak* 17, 3 (november 2005) 18-22.
Sandberg, C.G.S., *Twintig jaren onder Krugers Boeren in voor- en tegenspoed*, Amsterdam 1943.
Sandys, Celia, *Churchill Wanted Dead or Alive*, Edison 2005.
Schmidl, Erwin A., 'The Anglo-Boer War in a century of peace', *Historia*, 52 no. 1 (2007) 155-171.

Schoeman, Karel, *In liefde en trou. Die lewe van pres. en mev. M.T. Steyn*, Kaapstad/Pretoria/Johannesburg 1983.
Schoeman, Karel ed., *Witnesses to War: Personal Documents of the Anglo-Boer War from the collections of the South African library*, Cape Town 1998.
Scholtz, Leopold, *Waarom die Boere die oorlog verloor het*, Pretoria 1999.
Scholtz, Leopold, & Ingrid Scholtz, 'Regverdige oorlog: 'n verkennende historiese studie oor die bruikbaarheid van die begrip, deel 1, deel 2', *Tydskrif vir Geesteswetenskappe*, 41 no. 4 (2001) 243-257 en *idem*, 42 no. 1 (2002) 14-26.
Scholtz, W.L. von R., *Generaal Christiaan de Wet as veldheer*, Leiden 1978.
Schoor, M.C.E. van, *Christiaan Rudolph de Wet. Krygsman en volksman*, Pretoria 2007.
Schutte, G.J., *De Boerenoorlog na honderd jaar. Opstellen over het veranderende beeld van de Anglo-Boerenoorlog (1899-1902)*, Amsterdam 1997.
Schutte, G.J., *Nederland en de Afrikaners. Adhesie en aversie: over stamverwantschap, Boerenvrienden, Hollanderhaat, Calvinisme en apartheid*, Franeker 1986.
Schutte, G.J., 'Nederland en de eerste Transvaalse Vrijheidsoorlog, 1880-1881', *Tijdschrift voor Geschiedenis* 94 (1981) 565-594.
Schutte, G.J., 'Willem Johannes Leyds', in: J. Charité & A.J.C.M. Gabriels eds., *Biografisch Woordenboek van Nederland* IV ('s-Gravenhage 1994) 292-294.
Souza, C.W.L. de, *No charge for delivery*, Kaapstad 1969.
Spiers, Edward M., 'The learning curve in the South African War: Soldiers' perspectives', *Historia. Joernaal van die Historiese Genootskap van Suid-Afrika/Journal of the Historical Association of South Africa*, 55.1 (2010) 1-17.
Spies, S.B. & Gail Nattrass eds., *Jan Smuts. Memoirs of the Boer War*, Johannesburg 1994.
Spies, S.B., *Methods of Barbarism? Roberts and Kitchener and Civilians in the Boer Republics: January 1900-May 1902*, Kaapstad/Pretoria 1977.
Staats-almanak voor de Zuid-Afrikaansche Republiek, Pretoria 1894, 1897, 1898, 1899.
Stanley, Liz & Helen Dampier, 'Cultural entrepreneurs, proto-nationalism and women's testimony writings: from the South African War to 1940', *Journal of Southern African Studies*, 33 no. 3 (2007) 501-519.
Stanley, Liz, *Mourning becomes: post/memory and commemoration of the concentration camps of the South Africa War*, Manchester 2006.
Stanley, Liz, '"A strange thing is memory": Emily Hobhouse, memory work, moral life and the "concentration system"', *South African Historical Journal*, 52 (2005) 60-81.
Stead, W.T., *Methods of Barbarism: 'War is War' and 'War is Hell?' The Case for Intervention*, Londen 1901.
Stead, W.T., *Shall I Slay My Brother Boer? An Appeal to the Conscience Of Britain*, Londen 1899.
Stephens, John J., *Fuelling the Empire. South Africa's Gold and the Road to War*, Chichester 2003.

Stolten, Hans Erik ed., *History Making and Present Day Politics: the Meaning of Collective Memory in South Africa*, Uppsala 2007.

Trapido, Stanley, 'Imperialism, settler identities and colonial capitalism: the hundred year origins of the 1899 South African War,' *Historia* 53 no. 1 (2008) 46-75.

Trapido, Stanley, 'Reflections on Land, Office and Wealth in the South African Republic, 1850-1900', *Historia* 53 no. 1 (2008) 26-44 [oorspr. 'The South African Republic: Class Formation and the State, 1850-1900', *Societies of Southern Africa in the 19th and 20th Centuries* 3 (1973) 53-65].

Unger, Frederic William, *With 'Bobs' and Kruger. Experiences and observations by an American Boer war correspondent in the field with both armies*, z.p. 1901 (reprint Cape Town/Johannesburg 1977).

Valk, J.P. de & M. van Faassen eds., *Dagboeken en aantekeningen van Willem Hendrik de Beaufort 1874-1918*, 2 delen, Den Haag 1993.

Ver Loren van Themaat, H., *Twee jaren in den Boerenoorlog*, Haarlem 1903.

Vermeulen, Bram, *Help, ik ben blank geworden. Bekentenissen van een Afrika-correspondent*, Amsterdam/Rotterdam 2009.

Viljoen, B.J., *Mijn herinneringen uit den Anglo-Boeren-oorlog*, Amsterdam 1902.

Villiers, J.C. de, *Healers, Helpers and Hospitals: A History of Military Medicine in the Anglo-Boer War*, 2 delen, Pretoria 2008.

Vissering, G., *Een Hollander in Zuid-Afrika*, Amsterdam 1900.

Wagenaar, H.D., *Nederlandse onderwijzers in Zuid-Afrika: een analyse van brieven en postkaarten van Nederlandse onderwijzers ten tijde van de Anglo-Boerenoorlog (1899-1902)*, Rotterdam 2008.

Warner, Philip, *Kitchener. The Man behind the Legend*, Londen 1985.

Warwick, Peter, *Black People and the South African War, 1899-1902*, Cambridge 1983.

Wassermann, Johan, '"Sowing the Seeds of Rebellion": Chief Bhambatha ka-Mancinza and the Anglo-Boer War, 1899-1902', *African Historical Review*, 39 no.2 (2007) 91-106.

Wesseling, H.L., *Verdeel en heers. De deling van Afrika, 1880-1914*, Amsterdam 1991.

Wessels, André & Annette Wohlberg, 'Black People and race relations in the largest Anglo-Boer War concentration camp: Merebank, 1901-1902', *New Contree*, 49 (2005) 33-47.

Wessels, André & Anna-Karin Evaldsson, 'Die herdenking van historiese gebeurtenisse', *Werkwinkel*, 1 no. 1 (2006) 147-165.

Wessels, André, 'Trauma tydens en na afloop van die Anglo-Boereoorlog van 1899 tot 1902: Enkele historiese perspektiewe', *Knapzak* 21, 2 (oktober 2009) 143-158.

Westhuizen, Christi van der, *White Power, the Rise and Fall of the National Party*, Kaapstad 2007.

Wet, Christiaan de, *De strijd tussen Boer en Brit. De herinnering van den Boeren-generaal C.R. de Wet*, Amsterdam/Pretoria 1902.

Wilson, Keith ed., *The International Impact of the Boer War*, Chesham 2001.
Wilson, Lady Sarah, *South African Memories: Social, Warlike & Sporting, from Diaries Written at the Time*, z.p. 1909.
Winter, P.J. van, 'Dr. Leyds en Zuid-Afrika', *Jaarboek van de Maatschappij der Nederlandse Letterkunde* (1942) 13-36.
Winter, P.J. van, *Onder Krugers Hollanders. Geschiedenis van de Nederlandsche Zuid-Afrikaansche Spoorweg-Maatschappij*, 2 delen, Amsterdam 1937.
Woods, Frederick ed., *Young Winston's Wars. The Original Despatches of Winston S. Churchill. War Correspondent 1897-1900*, Londen 1972.
Worden, Nigel, *The Making of Modern South Africa: Conquest, Apartheid, Democracy*, Oxford 2012.
Worsfold, W. Basil, *Lord Milner's Work in South Africa*, Londen 1906.
Zweers, Louis, *De Boerenoorlog. Nederlandse fotografen aan het front*, Den Haag 1999.

Register van namen

MIX
Papier van verantwoorde herkomst
FSC® C019440
FSC
www.fsc.org

Uitgeverij Athenaeum—Polak & Van Gennep stelt alles in het werk om op milieuvriendelijke en duurzame wijze met natuurlijke bronnen om te gaan. Bij de productie van dit boek is gebruikgemaakt van papier dat het keurmerk van de Forest Stewardship Council (FSC) mag dragen. Bij dit papier is het zeker dat de productie niet tot bosvernietiging heeft geleid.